W0183632

Dr. Mary Sheedy Kurcinka

# Wie anstrengende Kinder zu großartigen Erwachsenen werden

Dr. Mary Sheedy Kurcinka

# Wie anstrengende Kinder zu großartigen Erwachsenen werden

## Der Erziehungsratgeber für besonders geforderte Eltern

mvgverlag

**Bibliografische Information der Deutschen Nationalbibliothek:**
Die Deutsche Nationalbibliothek verzeichnet diese Publikation in der Deutschen Nationalbibliografie; detaillierte bibliografische Daten sind im Internet über http://d-nb.de abrufbar.

**Für Fragen und Anregungen:**
info@mvg-verlag.de

5. Auflage 2019
© 2017 by mvg Verlag, ein Imprint der Münchner Verlagsgruppe GmbH
Nymphenburger Straße 86
D-80636 München
Tel.: 089 651285-0
Fax: 089 652096

Die englische Originalausgabe ist 1992 unter dem Titel *Raising Your Spirited Child* bei Harper Perennial erschienen. Die vorliegende deutsche Übersetzung basiert auf der Ausgabe von First William Morrow paperback
© 2015 Mary Sheedy Kurcinka, Ed.D. All rights reserved.

Alle Rechte, insbesondere das Recht der Vervielfältigung und Verbreitung sowie der Übersetzung, vorbehalten. Kein Teil des Werkes darf in irgendeiner Form (durch Fotokopie, Mikrofilm oder ein anderes Verfahren) ohne schriftliche Genehmigung des Verlages reproduziert oder unter Verwendung elektronischer Systeme gespeichert, verarbeitet, vervielfältigt oder verbreitet werden.

Übersetzung: Christa Trautner-Suder, Weilheim
Redaktion: Petra Holzmann, München
Umschlaggestaltung: Verena Frensch, München
Umschlagabbildung: Shutterstock.com/Ihnatovich Maria, Magenta10
Satz: des2com_Matthias von der Preuß, Berlin
Druck: GGP Media GmbH, Pößneck
Printed in Germany

ISBN Print 978-3-86882-864-1
ISBN E-Book (PDF) 978-3-96121-111-1
ISBN E-Book (EPUB) 978-3-96121-112-8

Weitere Informationen zum Verlag finden Sie unter

www.mvg-verlag.de
Beachten Sie auch unsere weiteren Verlage unter www.m-vg.de

*Dieses Buch widme ich:*
*Meinem Ehemann, Joseph Michael Kurcinka –*
*ohne dein Verständnis, deinen Scharfsinn und*
*dein Organisationstalent hätte ich es nicht geschafft.*
*Meinen Kindern, Joshua Thomas und Kristina Leah*
*Sheedy Kurcinka – ohne euch hätte ich nichts davon erfahren.*
*Meinen Eltern, Richard und Beatrice Sheedy –*
*ohne euch gäbe es mich nicht.*

# Inhalt

# Vorwort

> *»Sie haben mir versprochen, meine Tochter würde eine großartige Erwachsene werden und genau das ist sie geworden!«*
>
> *Lydia, zweifache Mutter*

Willkommen bei der Lektüre von *Wie anstrengende Kinder zu großartigen Erwachsenen werden.* Ich bin Mary, lizensierte Dozentin im Eltern- und Kindercoaching, selbst Mutter temperamentvoller Kinder, die inzwischen erwachsen sind, und werde Sie durch dieses Buch begleiten. Mit Freude kann ich Ihnen mitteilen, dass sich die Informationen und Strategien in *Wie anstrengende Kinder zu großartigen Erwachsenen werden* bereits langfristig bewährt haben.

Als Eltern eines temperamentvollen Kindes haben Sie vielleicht manchmal das Gefühl, Sie wären damit ganz allein. Das sind Sie aber nicht. Tausende vor Ihnen sind diesen Weg gegangen, und es gibt inzwischen Informationen, die dabei helfen, bestimmte Sachen zu verbessern. Jeden Tag werden Erfahrungsberichte von Eltern, die diese Informationen erfolgreich nutzen konnten, auf meiner Facebook-Seite der Gruppe für *Wie anstrengende Kinder zu großartigen Erwachsenen werden* gepostet oder landen in meinem E-Mail-Account.

So schrieb Lydia: »Sie haben mir beigebracht, meinem Kind zuzuhören. Seit meine Tochter merkt, dass ich ihr zuhöre und sie respektiere, hat sie großes Selbstvertrauen und versteht sich endlich selbst. Kürzlich hat sie ihr Studium in drei Hauptfächern abgeschlossen. Sie hatte mit großen Schwierigkeiten zu kämpfen und hat sie alle bewältigt. Ich wünschte mir, ich wäre auch so ›beeltert‹ worden, wie ich sie ›beeltert‹ habe.«

In dieser dritten Auflage von *Wie anstrengende Kinder zu großartigen Erwachsenen werden* wurden in jedes Kapitel neue Informationen und die aktuellsten Forschungsergebnisse eingefügt. Es wurden neue Tipps mit aufgenommen, wie Sie sich auf die Stärken Ihres Kindes konzentrieren können, gelassen bleiben, Zusammenbrüche abfangen, klare Grenzen setzen können, eine lösungsorientierte Familie werden und die Häufigkeit von Konflikten mit Gleichaltrigen und Geschwistern reduzieren können. Außerdem finden Sie einen Leitfaden für die Wahl einer Schule, die für Ihr Kind »passt«.

Das Kapitel 16 »Bettgehzeit und nächtliches Aufwachen« wurde ebenfalls völlig neu formuliert. Jahrelange Arbeit mit einzelnen Familien hat mir bei der Feinabstimmung der hilfreichsten Informationen geholfen sicherzustellen, dass Ihre Familie den Schlaf bekommt, den sie braucht und verdient.

Als ich mich hinsetzte, um die erste Version von *Wie anstrengende Kinder zu großartigen Erwachsenen werden* zu schreiben, war ich Mutter von zwei Kleinkindern und gab Kurse für Eltern im Rahmen des Minnesota Early Childhood Family Education Program. Damals frustrierten mich die bestehenden Lehrpläne, und es war wichtig für mich, mit anderen Eltern zu sprechen, die verstanden, was ich mit einem Kind durchmachte, das fünfundvierzig Minuten schreien konnte, weil der Toast in Dreiecke geschnitten war und nicht wie erwartet in Rechtecke. Mit einem Kind, das lieber sterben wollte, als die Antwort Nein zu akzeptieren, und so empfindlich war, dass es die Nähte in den Socken störten. Mit einem Kind, das in gängigen Erziehungsratgebern entweder gar nicht auftauchte oder in schrecklich negativer Art besprochen wurde – mit Begriffen, die ich nicht akzeptieren wollte.

Ich brachte in diese ersten Kurse über temperamentvolle Kinder die neuesten Forschungsberichte und Studien über kindliche Entwicklung, Kommunikation, Persönlichkeit, Temperament und Typ ein. Wir kauten sie durch, zerpflückten sie und überlegten uns Möglichkeiten, wie wir sie als Hilfe dafür nützen könnten, widerstrebende kleine Personen angezogen, gefüttert oder ins Bett zu bekommen und mit etwas weniger Auseinandersetzungen durch ein Geschäft zu lotsen. Indem wir unsere Geschichten teilten, erlaubten wir es uns untereinander, einen Blick in unser Zuhause, unsere Schulen und die unmittelbare Nachbarschaft zu werfen. Wir entdeckten Ähnlichkeiten in den Dingen, über die wir uns sorgten, und mussten manchmal laut schreien. Wir teilten die Regeln, die in unseren Familien vorherrschten, die disziplinarischen Methoden, die funktionierten, und solche, die nicht funktionierten. Wir erfuhren, was jeder von uns tat, um eine gesunde Beziehung zu seinem temperamentvollen Kind aufzubauen.

In der vorliegenden Ausgabe von *Wie anstrengende Kinder zu großartigen Erwachsenen werden* kamen weitere Geschichten von Eltern hinzu, die an meinen Workshops teilgenommen, im Rahmen privater Konsultationen meinen Rat in Anspruch genommen oder mir geschrieben haben, um ihre Erfahrungen zu teilen. Wie ihre Vorgänger waren auch diese Eltern bereit, ihre Fragen, Ängste, ihre bevorzugten Strategien und Horrorgeschichten mit Ihnen zu teilen. Alle Berichte sind wahr, die Altersangaben sind korrekt, nur die Namen, Orte und diesbezügliche beschreibende Details wurden frei erfunden. Ich habe festgestellt, dass es den Menschen nichts ausmacht, wenn wir in ihre Fenster schauen, solange wir ihre Adresse nicht bekannt geben.

Etwas habe ich jedoch nicht verändert: die Einleitungsseiten. Denn sehr oft haben mir Leser gesagt: »Als ich die ersten Seiten gelesen habe, musste ich weinen. Natürlich hat mir die Logik gesagt, dass auch andere Eltern Kinder wie meine Tochter großziehen, aber ich bin ihnen nie begegnet, und ich fing doch an zu glauben, dass meine Tochter vielleicht die einzige ihrer Art ist …« Daher bleibt der Anfang unverändert. Er ist eine Einladung an Sie, noch andere Eltern von sehr lebhaften Kindern auf dem wilden, manchmal zur Verzweiflung treibenden, aber herzerquickenden Weg kennenzulernen, ein Kind großzuziehen, das völlig normal, in allem aber »etwas mehr« ist.

Ich muss zugeben, dass diese anderen Eltern eine viel größere Gruppe bilden, als ich es je erwartet hätte. Nie hätte ich mir selbst in meinen kühnsten Träumen vorstellen können, dass *Wie anstrengende Kinder zu großartigen Erwachsenen werden* Leser in aller Welt finden würde. Aber genau das ist passiert. Das Buch ist ein Freund, den man bei sich hat, es findet seinen Platz auf dem Nachttisch oder wird heruntergeladen, wenn die Antwort auf eine Frage gesucht wird, eine Strategie gelernt werden muss und eine optimistische Zukunftsvision benötigt wird.

Ich bin jedes Mal überwältigt, wenn ich von Eltern gefragt werde, wie es sein kann, dass ich ihre Kinder so gut kenne, ohne ihnen je begegnet zu sein, oder ob ich es irgendwie geschafft hätte, bei ihnen eine Videokamera zu verstecken. Tatsächlich habe ich einfach den Geschichten zugehört und habe die Gemeinsamkeiten darin erkannt. Anscheinend sind wir nicht allein, egal wo wir leben, auch wenn sich unsere Kulturen und Länder unterscheiden.

So haben sie sich tatsächlich gefunden. Vierundzwanzig Stunden am Tag chatten Mitglieder der Facebook-Gruppe *Raising Your Spirited Child* miteinander, teilen ihre Geschichten und bieten einander Unterstützung und hilfreiche Vorschläge an. Sie besuchen meine Website unter http://www.parentchildhelp.com/, um mich wissen zu lassen, dass sie dankbar sind für das Buch, das »Gutes gebracht hat« oder um private Konsultationen zu planen. Sie sprechen sich gegenseitig in Geschäften, Schulen und Parks an, um zu sagen: »Ich war auch einmal an diesem Punkt und heute ist mein Kind einfach nur fantastisch.« *Sehr lebhaft und temperamentvoll* sind nicht nur Begriffe. Dazu gehört auch eine Vision, die uns zueinander zieht, damit wir uns auf die Stärken unserer Kinder konzentrieren.

Und Sie müssen wissen, dass auch unser Motto für *Wie anstrengende Kinder zu großartigen Erwachsenen werden* unverändert bleibt:

Fortschritt, nicht Perfektion

Eltern zu sein, eine gesunde Beziehung zu einem Kind aufzubauen, ist ein nie endender Prozess. Es gibt gute Tage und miserable Tage. Wenn wir uns Fortschritt zum Ziel setzen, müssen wir nicht auf ein unklares Finale warten. Stattdessen können wir jede Sekunde, in der wir etwas verstanden haben, jeden im Sande verlaufenen Machtkampf und jede innige Umarmung als Erfolg verbuchen. Wir können zu uns selbst freundlich sein, können glücklich sein über Momente des Friedens und Stunden »pädagogischer Stärke«, selbst wenn der Tag insgesamt nicht perfekt ist. Wir können uns selbst die Zeiten vergeben, in denen wir voller Frustration grollen oder wütend aufbrausen, indem wir erkennen, dass wir zwar nicht ausfallend werden dürfen, aber doch nur Menschen sind. Fortschritt braucht Zeit. Man kann nicht von heute auf morgen Haltungen verändern, alte Fertigkeiten stärken und neue erlernen. Darum müssen wir jeden noch so winzigen Erfolg mitzählen. Zum Glück sind diese winzig kleinen Erfolge wie nasse, klebrige Schneeflocken: Sie können sich zu einem Schneeball zusammenfügen. Zusammengerollt bilden sie eine glückliche und gesunde Beziehung. Und eines Tages, so hoffen wir, werden auch Sie, wie so viele vor Ihnen, sagen können: »Ich bin zu der Überzeugung gelangt, dass ein lebhaftes Temperament ein wunderbares Geschenk ist.« Vielleicht werden Sie sogar erkennen, dass auch Sie selbst so temperamentvoll sind!

Nehmen Sie sich nun eine Tasse Kaffee, Tee oder was Sie sonst mögen, und entdecken Sie die »Geheimnisse«, wie Sie ein temperamentvolles, lebhaftes Kind großziehen. Picken Sie sich heraus, was für Sie passend ist, und lassen Sie den Rest links liegen. Nur Sie können wirklich wissen, was Sie und Ihr Kind brauchen. Vergessen Sie aber nicht: Unser Ziel ist Fortschritt, nicht Perfektion.

# ERSTER TEIL

## Das Temperament verstehen

# 1

# Wer ist dieses temperamentvolle Kind?

*»Eine Gelegenheit, sich zu verlieben, Nahrung für Frustrationen, eine Quelle der Angst und ein endloses Puzzle – das ist mein temperamentvolles Kind.«*

*Abby, zweifache Mutter*

Das Wort, das temperamentvolle Kinder von anderen Kindern unterscheidet, ist mehr. Es sind ganz normale Kinder, sie haben nur mehr Intensität, mehr Beharrlichkeit, sind empfindlicher, haben eine höhere Wahrnehmungsfähigkeit, und an Veränderungen passen sie sich schwerer an als andere Kinder. Alle Kinder besitzen diese Merkmale, bei temperamentvollen Kindern sind diese jedoch sehr stark ausgeprägt und haben eine große Bandbreite, die von anderen Kindern nicht erreicht wird. Temperamentvolle Kinder sind der Flummi in einem Zimmer voller Gummibälle. Andere Kinder springen vielleicht neunzig Zentimeter hoch. Bei einem temperamentvollen Kind geht jeder Sprung bis zur Decke.

Es ist schwer zu beschreiben, wie es sich anfühlt, Mutter oder Vater eines temperamentvollen Kindes zu sein. Die Antwort fällt immer wieder anders aus, ist tagesabhängig oder sogar momentabhängig. Wie beschreibt man die Erfahrung, zehnmal am Tag innerhalb von Sekunden das Wechselbad von Freude und Frust zu erleben? Wie erklärt man die Vorahnung morgens um acht Uhr, dass es ein guter oder ein schrecklicher Tag werden wird?

Die guten Tage könnten gar nicht besser sein. Sie werden geweckt von einer liebevollen Umarmung und einem schnellen Küsschen. Ihr Kind erobert Sie mit seinen lustigen Mätzchen im Sturm, wenn es beispielsweise vor dem Hund steht, einen Klacks Erdnussbutter in der Handfläche versteckt und fragt: »Ist Grace eine hundsgemeine Schwester?« Der Hund lauscht aufmerksam. Die Hand bewegt sich wie eine Zauberwand leicht auf und ab. Die Hundenase folgt dem Geruch und scheint zustimmend zu nicken. Da müssen Sie einfach lachen.

Tiefsinnige Äußerungen kommen aus seinem Mund, frühreif und viel zu intellektuell für ein Kind dieses Alters. Es erinnert sich an Erlebnisse, die Sie längst vergessen haben, und zieht Sie ans Fenster, um Regentropfen zuzusehen, die wie Diamanten vom Himmel fallen. An den guten Tagen ist es verblüffend, überraschend, wunderbar, lustig, interessant und von großartigen Momenten durchsetzt, ein Elternteil eines temperamentvollen Kindes zu sein.

Die schrecklichen Tage sind eine völlig andere Geschichte. An solchen Tagen sind Sie nicht sicher, weitere vierundzwanzig Stunden mit diesem Kind auszuhalten. Es fällt schwer, sich als Elternteil gut zu fühlen, wenn Sie dem Kind nicht einmal seine Socken anziehen können, wenn Sie immer nur ermahnend mit ihm gesprochen haben, wenn die harmlose Tatsache, dass Sie Hühnchen statt der erwarteten Tacos auf den Tisch bringen, einen wütenden Aufstand auslöst, wenn Ihnen klar wird, dass Sie innerhalb von fünf Jahren mehr öffentliche Orte verärgert verlassen haben als die meisten anderen Eltern im Laufe ihres gesamten Lebens.

Sie fühlen sich abgekämpft, ausgelaugt und viel zu alt dafür, selbst wenn Sie zwischen zwanzig und dreißig waren, als Ihr Kind zur Welt kam. Es ist manchmal schwierig, ein Kind zu lieben, das einen nachts aufweckt und beim Einkaufen blamiert.

An den schlechten Tagen ist es verwirrend, frustrierend, anstrengend, herausfordernd und löst Schuldgefühle aus, Vater oder Mutter eines temperamentvollen Kindes zu sein. Sie überlegen, ob Sie die einzigen Eltern mit einem solchen Kind sind, denken beunruhigt daran, was wohl in den Teenagerjahren auf Sie zukommen wird, wenn Sie schon jetzt, in den ersten Jahren, nicht wissen, was Sie tun sollen.

## DIE ENTDECKUNG DES TEMPERAMENTS

Sie haben vielleicht schon in der Schwangerschaft bemerkt, dass dieses Kind anders ist als andere Kinder, normal, aber anders. Vielleicht hat es während der Schwangerschaft so fest geboxt, dass Sie ab dem sechsten Monat nicht mehr gut schlafen konnten. Oder sie haben es erst später gemerkt, als die Säuglingsschwestern der Säuglingsabteilung betroffen den Kopf schüttelten und Ihnen viel Glück wünschten. Ihnen kann diese Erkenntnis auch erst Jahre später gekommen sein. Anfangs dachten Sie vielleicht, alle Kinder seien so. Möglicherweise kam Ihr »Erwachen« bei der Geburt eines zweiten Kindes – eines Kindes, das bei Familienfesten durchschlief, anstatt zu brüllen, und sich ein hübsches Kleidchen anziehen ließ, anstatt die Spitze abzureißen. Oder es war bei der Geburt des Kindes Ihrer Schwägerin, das sofort einschlief, egal, wohin man es legte. Ihre Schwägerin strahlte voller Stolz, als hätte sie etwas richtig gemacht, während Ihr Kind weiterschrie und sich aufregte, sodass sich alle Blicke im Raum auf Sie richteten mit der stillschweigenden Anklage: »Was stimmt nicht mit deinem Kind?" Intuitiv haben Sie sich gegen diese Blicke und die Anklagen zur Wehr gesetzt, haben gewusst oder geglaubt, dass Ihr Kind schwieriger zu erziehen ist, waren sich aber nicht wirklich sicher, ob Sie recht haben, und wenn Sie recht hatten, wussten Sie nicht, warum.

## WARUM »TEMPERAMENTVOLL«?

Wahrscheinlich ist Ihnen der Begriff »Temperamentvolles Kind« nicht sehr geläufig. Als mein Sohn Joshua geboren wurde, gab es keinerlei Kurse oder Bücher über temperamentvolle Kinder. Die einzigen Informationen, die ich finden konnte und die ein Kind wie ihn beschrieben, verwendeten Worte wie *schwierig, mit ausgeprägtem Willen, dickköpfig, Sargnagel* oder *Dennis, der Plagegeist.* Dabei merkte ich, dass Joshua viel Ähnlichkeit mit seinem Vater hatte, einem energiegeladenen, sensiblen, leidenschaftlichen und umsichtigen Erwachsenen, den ich innig liebe. An den »guten« Tagen begann ich daher, ein besseres Wort zu finden, um Josh zu beschreiben. An solchen Tagen stellte ich fest, dass dieses Kind, das mich in den Wahnsinn treiben konnte, Persönlichkeitszüge besaß, die tatsächlich Stärken waren, wenn man sie verstand und in gute Bahnen lenkte.

Mein Wörterbuch definiert »temperamentvoll« auch als lebhaft, kreativ, leidenschaftlich, begierig, voller Energie und Mut und mit sehr durchsetzungsfähiger Persönlichkeit. Temperamentvoll – das fühlt sich gut an, das klingt gut, es vermittelt das spannende Potenzial dieser Kinder, verschweigt aber auch nicht die Herausforderungen, mit denen ihre Eltern konfrontiert werden. Wenn wir uns dafür entscheiden, unsere Kinder als temperamentvoll zu betrachten, geben wir ihnen und uns selbst Hoffnung. So richtet sich unser Fokus auf ihre Stärken anstatt auf ihre Schwächen, damit versehen wir sie aber nicht mit einem weiteren Etikett, sondern wir versuchen, sie dadurch besser zu verstehen.

## Die Merkmale

Jedes temperamentvolle Kind ist einmalig, es besitzt jedoch ausgeprägte Merkmale, die deutlich zeigen, was es *mehr* hat. Nicht jedes temperamentvolle Kind besitzt alle der folgenden fünf Merkmale, aber jedes weist genügend davon auf, um es von der Masse abzuheben.

1. INTENSITÄT: Am leichtesten erkennt man die lauten, effektvollen temperamentvollen Kinder. Sie weinen nicht, sie brüllen. Sie sind laut, wenn sie spielen, wenn sie lachen und sogar, wenn sie duschen und dabei aus voller Kehle singen, während sich der Warmwassertank leert.

Aber auch stille, aufmerksam beobachtende Kinder können temperamentvoll sein. Sie beurteilen jede Situation, bevor sie auf den Plan treten, als würden sie für jede Bewegung eine Strategie entwickeln. Ihre Intensität konzentriert sich eher nach innen, als nach außen.

Egal worauf sich die Intensität dieser temperamentvollen Kinder fokussiert, die Reaktionen sind immer stark. Einen Mittelweg gibt es selten. Sie quengeln nicht, sie brüllen. Sie können lächelnd und lachend in ein Zimmer gehüpft kommen, um es dreißig Sekunden später wutentbrannt wieder zu verlassen. Ihre Wutanfälle sind impulsiv und ausdauernd.

2. BEHARRLICHKEIT: Sobald temperamentvollen Kindern eine Idee oder Aktivität wichtig ist, können sie sich komplett darauf fixieren. Dann sind sie engagiert, zielorientiert und wollen nicht davon ablassen. Sie zu einem Sinneswandel zu bewegen, wird ein

größeres Unterfangen. Sie diskutieren gerne und haben keine Angst, sich durchzusetzen.

3. EMPFINDLICHKEIT: Sehr bewusste temperamentvolle Kinder reagieren rasch auf die geringsten Geräusche, Gerüche, Lichter, Texturen oder Stimmungsänderungen. Sie werden in größeren Menschenansammlungen leicht von der Flut an Empfindungen überwältigt. Es wird eine bedeutende Leistung, sie durch ein Einkaufszentrum, einen langen Gottesdienst, eine Karnevalsveranstaltung oder ein Familientreffen zu lotsen, ohne dass es in einem Tränenmeer endet. Das Anziehen kann zur Qual werden. Ein widerspenstiger Faden oder eine kratzige Beschaffenheit kann Kleidung für sie unerträglich machen.

Diese Kinder saugen jede Empfindung und Emotion auf, auch Ihre Gefühle. Sie erzählen Ihnen, dass Sie einen verkorksten Tag haben werden, noch bevor Sie es selbst merken, und sie schreien und schmollen sogar an Ihrer Stelle.

4. HOHE WAHRNEHMUNGSFÄHIGKEIT: Wenn Sie ein temperamentvolles Kind in sein Zimmer schicken, damit es sich anzieht, wird es dies nie tun. Irgendetwas auf dem Weg in sein Zimmer – vielleicht ein helles Licht am Fenster – wird seine Aufmerksamkeit fesseln, und es wird das Anziehen vergessen. Es kann zehn Minuten dauern, um das Kind aus dem Haus ins Auto zu bringen. Es bemerkt alles – den neuen Ölfleck, die weiße Feder im Vogelnest und den Tau im Spinnenetz. Häufig wirft man diesen Kindern vor, sie würden nicht zuhören.

5. SCHLECHTES ANPASSUNGSVERMÖGEN: Temperamentvolle Kinder tun sich mit Veränderungen schwer. Sie hassen Überraschungen und wechseln nicht so einfach von einer Aktivität oder

Idee zur nächsten. Wenn Ihr Kind zum Abendessen Hamburger vom Grill erwartet, bewahre der Himmel Sie davor, mit dem Vorschlag heimzukommen, essen zu gehen. Selbst wenn Sie das Lieblingsrestaurant vorschlagen, wird Ihr Kind sagen: »Nein, ich will Hamburger vom Grill.«

Es ist für diese Kinder schwierig, mit jeder Art von Veränderung zurechtzukommen: ein Spiel zu beenden, um zum Essen zu kommen, sich in den verschiedenen Jahreszeiten anders zu kleiden, bei der Oma zu schlafen anstatt daheim, ins Auto zu steigen und dann wieder aus dem Auto auszusteigen – alle diese Aktivitäten lassen bei temperamentvollen Kindern, die lange brauchen, um sich auf etwas neu einzustellen, einen Kampf erwarten.

Jedes temperamentvolle Kind ist einmalig, doch die meisten sind intensiver, ausdauernder, empfindlicher, haben eine höhere Wahrnehmungsfähigkeit und können sich Veränderungen schlechter anpassen. Viele, aber nicht alle, besitzen vier zusätzliche »Bonus«-Merkmale: Aspekte ihrer Persönlichkeit, die es noch herausfordernder machen können, ihre Eltern zu sein.

6. PROBLEME MIT DER REGELMÄSSIGKEIT: Es ist ein tägliches Geduldsspiel für Eltern temperamentvoller Kinder herauszufinden, wann diese schlafen oder essen werden. Es erscheint unmöglich, sie an irgendeine Art von Zeitplan zu gewöhnen. Eine Nacht mit achtstündigem ungestörtem Schlaf ist für Sie nur noch eine ferne Erinnerung an die Zeit vor ihrer Geburt.

7. HOHE ENERGIE: Die Geschichten, die ich von Eltern über ihre temperamentvollen Kinder höre, sind wirklich verblüffend – so wie die eines zwei Wochen alten Babys, das die gesamte Länge eines Doppelbetts hinunter»robbte« und kurz davor war, auf dem Boden zu landen, als sein Vater nach ihm schaute. Oder die Ge-

schichte von dem Kleinkind, das die Backofentür öffnete und sie dazu nutzte, um auf die Arbeitsplatte und von dort aus oben auf den Kühlschrank zu klettern.

Nicht alle temperamentvollen Kinder sind Kletterer und Springer. Aber alle neigen zu großer Geschäftigkeit: Sie zappeln, zerlegen Dinge, gehen auf Erkundungstour und verfolgen bestimmte Projekte – von dem Moment an, an dem sie aufwachen, bis sie irgendwann endlich schlafen. Obgleich sie gelegentlich als »wild« angesehen werden, ist ihre Energie in der Regel fokussiert und verfolgt einen Zweck.

Es mag Sie überraschen, dass nicht alle temperamentvollen Kinder energiegeladen sind. Doch meist ist es diese hohe Energie, die als Erstes die Aufmerksamkeit der Eltern auf sich zieht. Daher habe ich sie auch in den Untertitel dieses Buches aufgenommen. Sieht man jedoch genauer hin, ist es in der Regel eher die Bewegungsintensität oder Hartnäckigkeit, als die Energie selbst, die Probleme bereitet.

8. ERSTE REAKTION: Typisch für viele temperamentvolle Kinder ist, dass sie vor allem Neuen erst einmal zurückschrecken. Jede unbekannte Idee, jeder unbekannte Ort, jede unbekannte Person trifft auf ein heftiges »Nein!«, oder das Kind versteckt sich schnell hinter Ihnen oder in einem anderen Zimmer. Diese Kinder brauchen Zeit, um mit einer Sache oder Person warm zu werden, bevor sie bereit sind mitzumachen.

9. STIMMUNG: Für manche temperamentvollen Kinder ist die Welt ein ernster Ort. Sie sind analytisch, prüfen Erlebnisse akribisch, entdecken Fehler und machen Änderungsvorschläge. Selbst wenn sie beim Fußball drei Tore geschossen haben, fokussieren sie sich auf das eine, das sie verpatzt haben. Sogar wenn sie sich für etwas begeistern oder sich über ein Geschenk freuen, werden Sie

das vielleicht nur schwer merken, da das Lächeln bei diesen Kindern ein seltenes Vergnügen ist.

Die Bonus-Eigenschaften sind nicht bei allen temperamentvollen Kindern vorhanden, sollte Ihr Kind jedoch eine davon besitzen, müssen Sie noch einfallsreicher sein. Sie leben nicht nur mit einem Kind zusammen, das in allem *mehr* ist, sondern werden auch mit der Erschöpfung konfrontiert, die das Leben mit einem Kind mit sich bringt, das energiegeladen ist, nur selten einen vorhersehbaren Schlaf- und Essenszeitplan einhält, starken Widerstand gegenüber neuen Situationen und Dingen zeigt und Sie seltener mit einem Lächeln belohnt. Verzweifeln Sie nicht. Auch diese Kinder haben ihr Potenzial!

## SIE SIND NICHT ALLEIN

Vater oder Mutter eines temperamentvollen Kindes zu sein, kann ein einsames Unterfangen sein. Da diese Kinder *mehr* sind, bleiben viele Ratschläge, die für das Aufziehen anderer Kinder funktionieren, bei temperamentvollen Kindern wirkungslos. Es wäre lächerlich, die Wutanfälle Ihres temperamentvollen Kindes zu ignorieren. Es kann sich eine Stunde lang wie wild aufführen, weil Sie die Tür aufgemacht haben, während es erwartet hatte, dies selbst zu tun. Schicken Sie es für eine Auszeit in sein Zimmer, und es wird dieses auseinandernehmen. Es lässt sich nicht ablenken von etwas, was es unbedingt tun oder haben will. Selbst wenn ein Gegenstand weggesperrt ist, wird es über Hindernisse klettern, darunter durchkriechen oder diese umgehen, um ihn wiederzubekommen. Als Ergebnis können Sie das Gefühl haben, verrückt zu sein, können überlegen, was Sie falsch machen, sich dafür schelten, nicht »die Kontrolle zu gewinnen« und denken, sie seien der einzige Elternteil auf der Welt mit einem Kind, das sich so aufführt.

Genau so fühlte sich Abby, bis sie anderen Eltern begegnet ist, die verstanden, was es bedeutet, ein Kind zu haben, das in allem *mehr* ist. Abby ist eine von Tausenden von Müttern und Vätern, mit denen ich in meinen Kursen für Familienbildung gearbeitet habe. Sie musste lächeln, als sie mir von dem ersten Mal erzählte, als sie die Worte *temperamentvolle Kinder* gelesen hatte. Sie standen in großen blauen Buchstaben auf dem Whiteboard am Eingang zu dem Familienzentrum, an dem ich unterrichtete. Im Eingangsbereich dieses Zentrums gab es ein großes hölzernes Klettergerüst, das zum Klettern einlud, ein blaues Trampolin und übergroße rote Kissen.

An diesem ersten Tag hatte sie das Gebäude eilig betreten, ihren dreijährigen Sohn Owen im Schlepptau. Sie waren zu spät dran für den Kurs. Später erzählte sie mir, dass sie an diesem Tag durch einen Faden in Owens Socke ausgebremst worden waren, der die einfache Aufgabe, Socken anzuziehen, in eine viertelstündige Geduldsprobe verwandelt hatte, während der sie sorgfältig alle losen Fäden entfernt und die Socke so lange gedreht hatte, bis sie sich für ihn richtig anfühlte. Darauf folgten Tränen und Geschrei, weil die Etiketten im Kragen seines Pullovers ihn am Hals kratzten und die Ärmelbündchen zu eng waren.

Nun, zwei Monate später, haben sich ihre Vermutungen bestätigt: Das Großziehen eines temperamentvollen Kindes verlangt mehr. Aber sie kann heute Owens Empfindlichkeit schätzen, kann seine »Auslöser« vorhersehen und Wutausbrüche vermeiden. Sie hat gelernt, dass es Verständnis, Geschicklichkeit und Geduld verlangt, mit dem Temperament umzugehen, dass dies jedoch möglich ist. Ja, es kann sogar Spaß machen.

Genau wie Abby habe auch ich von anderen Eltern gelernt. Und ich habe mit ihnen gelacht und mich mit ihnen gesorgt. Ich habe ihr Verständnis für das Leben mit einem temperamentvollen Kind und ihre Unterstützung wertgeschätzt. Ich habe meine Notizen und Tagebucheinträge aus diesen Jahren aufbewahrt und mir nun selbst die Aufgabe gestellt, die Informationen und Methoden festzuhalten, die das Leben mit dem Temperament belohnender und vergnüglicher machen.

Bevor wir nun ein Stück des Weges gemeinsam gehen, möchte ich Sie an ein paar Dinge erinnern. Ich habe sie in Form eines Credos aufgeschrieben. Für mich sind sie die wesentlichen Grundlagen für das Leben mit temperamentvollen Kindern und den Aufbau einer gesunden und warmherzigen Beziehung zu ihnen. Ich empfehle Ihnen, dieses Credo für die schlimmen Tage, an denen Sie sich sehr allein fühlen, an die Kühlschranktür zu hängen und sie an guten Tagen mit einer Freundin oder einem Freund zu teilen.

### Ein Credo für die Eltern temperamentvoller Kinder

1. Sie sind nicht allein. Persönlichkeitsforschungen zufolge passt auf 15 bis 20 Prozent aller Kinder die Beschreibung des temperamentvollen Kindes. Folglich gibt es also Millionen Eltern, die sich in Sie hineinversetzen können und verstehen, mit welchen Herausforderungen Sie es zu tun haben. Ihr Kind ist weder merkwürdig noch ein Sonderling. Sie sind nicht die schlechtesten Eltern der Welt. Sie sind nicht die einzigen Eltern eines solchen Kindes. Sie sind von Freunden umgeben.

2. Es liegt nicht an Ihnen, dass Ihr Kind temperamentvoll ist. Es gibt einen genetischen Faktor dafür, temperamentvoll zu sein, aber wie sich die Gene eines Menschen im Verhalten ausdrücken, wird signifikant von Lebensereignissen beeinflusst. Sie sind nur einer von vielen Einflüssen im Leben Ihres Kindes. Der andere Elternteil, Verwandte, Geschwister, Lehrer, Nachbarn, Freunde, Lebenserfahrungen und die Welt insgesamt spielen alle eine Rolle. Sie machen einen großen Unterschied aus, aber nicht den einzigen.

3. Sie sind nicht machtlos. Dieses Buch enthält Informationen, die Ihnen helfen werden, Ihr temperamentvolles Kind zu verstehen. Sie können sie lesen und anwenden. Sie können Fertigkeiten stärken, die Sie bereits haben, und neue erlernen. Sie können die Auseinandersetzungen reduzieren und in Frieden mit Ihrem temperamentvollen Kind leben – an den meisten Tagen zumindest. Fortschritt, nicht Perfektion ist unser Ziel.

4. Sie dürfen für sich selbst sorgen. Ihr eigenes Bedürfnis nach Schlaf, Ruhe, Erwachsenengesprächen ohne Unterbrechung, nach Liebe, einem gemütlichen Bad, einem Spaziergang um den Block und Zeit für eigene Projekte ist legitim. Es ist kein Zeichen von Versagen, eine Freundin/einen Freund um Hilfe zu bitten, einen Babysitter zu engagieren oder Verwandten die Gelegenheit zu geben, eine Beziehung zu Ihrem Kind aufzubauen, während Sie eine Pause einlegen. Wenn Sie Ihren Bedürfnissen gerecht werden, sind Sie ruhiger und können dann auch Ihr Kind besser beruhigen.

5. Sie können sich an Ihrem temperamentvollen Kind erfreuen und es feiern. Sie können sich auf seine Stärken konzentrieren, sein empfindsames und liebevolles Herz wertschätzen und Ihre Fantasie anregen lassen von seinen wilden Geschichten und verrückten Kreationen. Es ist angemessen und richtig, dass Sie Ihrem Kind sagen, wenn es etwas gut macht, und nicht, wenn es etwas schlecht macht, ihm richtiges Verhalten beizubringen, anstatt es für arglose Fehler zu bestrafen. Ihr temperamentvolles Kind besitzt Persönlichkeitszüge, die wir bei Erwachsenen schätzen. Sie können seine Tugenden nicht früh genug loben.

## WENN TEMPERAMENTVOLLE KINDER ERWACHSEN WERDEN

Da ich gelernt habe, mich auf die Stärken temperamentvoller Kinder zu fokussieren, ist mir klar geworden, dass ich von Erwachsenen umgeben bin, die selbst einmal temperamentvolle Kinder waren. Von Erwachsenen, die ich bewundere und an denen ich meine Freude habe: Sie sind intensive Menschen.

Es gibt geschichtliche Persönlichkeiten, bei denen ich stark vermute, dass auch sie temperamentvolle Kinder waren. National Public Radio hat in einer Sendung Thomas Edison gewürdigt. Ich erinnere mich, dass ich in mich hineinlachen musste, als ich den Rundfunksprecher sagen hörte: »Thomas Edison erfand den Fonografen, die elektrische Glühbirne, den Telegrafen, die Filmkamera und den Filmprojektor. Er war ein Mann, der nicht wusste, wann es an der Zeit ist aufzuhören.«

Ich dachte an seine Mutter. Ich überlegte, wie oft das Essen wohl kalt geworden war, wenn er wieder einmal vergaß, zum Essen heimzukommen, oder wie oft sein Vater ihn angeschrien haben mochte, er solle aufhören, zu Hause alles auseinanderzunehmen. Heute erfreuen wir uns an seinen Erfindungen, wenn wir uns bei einem Film entspannen oder zu jeder Tageszeit ein gutes Buch lesen können. Wir rühmen seine Ausdauer, seine Zielstrebigkeit, sein ausgeprägtes Wahrnehmungsvermögen und seine Tatkraft.

Dann sind da noch die normalen Leute, nicht die, die wir in Filmen sehen oder über die wir hören, sondern die Menschen, mit denen wir jeden Tag leben wie mein Ehemann, der die kleinen Dinge des Lebens bemerkt und mich zum Lachen bringt. Oder meine Freundin, die so viel Energie besitzt, dass sie bei mir sogar dann noch einspringt, nachdem sie sich um ihre eigenen Dinge gekümmert hat. Und meine Nichte, die beim Monopoly nicht aufgibt, die uns alle besiegt, wenn wir anderen bankrottgegangen sind.

Das alles sind Menschen, die gelernt haben, sich selbst zu verstehen, ihre Stärken gut zu nutzen und ihre Schwächen zu minimieren. Sie sind normal. Sie sind mehr als normal. Sie sind temperamentvoll.

## TEMPERAMENTVOLL ODER EIN MEDIZINISCHES-PROBLEM?

Es kann beängstigend sein, ein Kind zu haben, das so stark und entschlossen ist, und Sie werden sich vielleicht fragen, ob noch mehr dahinterstecken könnte. Daher werde ich oft gefragt: »Woher wissen Sie, ob Ihr Kind einfach temperamentvoll ist oder ob es ein medizinisches Problem hat wie eine Aufmerksamkeitsstörung mit oder ohne Hyperaktivität, eine sensorische Integrationsstörung, eine Störung im Sozialverhalten mit oppositionellem Trotzverhalten, eine tiefgreifende Entwicklungsstörung oder sonstige Störungen?«

Was ich in den Jahrzehnten gelernt habe, in denen ich mit temperamentvollen Kindern und ihren Familien gearbeitet habe, ist, dass temperamentvolles Verhalten absolut in den Rahmen typischen menschlichen Verhaltens passt – es ist in allem mehr, aber normal.

Wenn Sie das Temperament verstehen und die Informationen nutzen, die Sie in diesem Buch finden, können Sie Ihrem Kind die Fertigkeiten beibringen, die es braucht, um mit seinem Temperament umzugehen und es gut zu nutzen. Es wird sich in der Schule auf die jeweilige Aufgabe fokussieren und erfolgreich sein können. Es wird problemlos zu einer Gruppe von Kindern auf dem Spielplatz gehen und mit Gleichaltrigen spielen. Und wenn Sie es bitten zu warten, bis es an der Reihe ist, ins Auto zu steigen oder sich anzuziehen, wird es in der Lage sein, diesen Aufforderungen nachzukommen, ohne auszurasten – meistens zumindest. Genau wie die anderen Kinder, die Sie kennen, wird Ihr temperamentvolles Kind unter Ihrer Anleitung letztlich mit Erfolg die Aktivitäten und Aufgaben eines normalen Tages bewältigen. Häufig wird es dabei glänzen.

Ein temperamentvolles Kind kann aber *auch* ein medizinisches Problem haben. So kann es beispielsweise temperamentvoll sein *und* eine Verarbeitungsstörung oder Entwicklungsverzögerung haben. *Oder* sein Verhalten kann eher ein medizinisches Problem als ein ausgeprägtes Temperament widerspiegeln. Sein Verhalten kann sich von einem »typischen« temperamentvollen Verhalten bis zu extremeren Varianten desselben Verhaltensmerkmals erstrecken, die eine Entwicklungsstörung oder eine neurologische Störung anzeigen können.

Wenn Sie daher Ihrem Kind die Fertigkeiten beibringen, mit seinem Temperament gut umzugehen und ihm Gelegenheit geben, diese zu üben, es aber dennoch weiter damit zu kämpfen hat, sich in der Schule zu konzentrieren, sich einer Gruppe von Gleichaltrigen anzuschließen oder es jedes Mal ausrastet, wenn Sie eine Kleinigkeit von ihm verlangen – vertrauen Sie Ihrer Intuition. Ihr Bauchgefühl wird Ihnen sagen, wenn Häufigkeit, Intensität oder Dauer seines Verhaltens anders sind als bei anderen Kindern, die Sie kennen – auch anderen temperamentvollen Kindern.

Nehmen Sie sich die Zeit, Verhaltensweisen, die Ihnen Sorgen bereiten, zu notieren oder auf Video aufzunehmen und dann einen Kinder- oder Jugendmediziner zu konsultieren, eine örtliche Organisation oder eine sonstige Berufsgruppe aufzusuchen, die mit Kindern arbeitet. Deren Erfahrung und Sichtweise kann Ihnen zu erkennen helfen, ob Ihr Kind temperamentvoll ist und tatsächlich ein medizinisches Problem vorliegt, d.h. ob das Verhalten Ihres Kindes mehr widerspiegelt als typische Probleme in Zusammenhang mit seinem ausgeprägten Temperament.

In diesem Fall *suchen* Sie die medizinische Hilfe, die Ihr Kind braucht. Eine frühe Diagnose und Behandlung sind entscheidend, aber selbst wenn bei Ihrem Kind eine medizinische Diagnose gestellt wird, lesen Sie dieses Buch weiter. Zusätzlich zu therapeutischen Hilfen ist es gleichermaßen wichtig, dass Sie Ihrem Kind weiterhin die nötigen Strategien beibringen, um seine Gefühle und Bedürfnisse respektvoll auszudrücken, einschließlich der Worte und Handlungen, um mit seiner Intensität und Empfindlichkeit umgehen zu können, mit neuen Situationen zurechtzukommen und mit anderen zu kooperieren. Damit stellen Sie ihm sowohl die erforderliche Behandlung als auch die nötigen Informationen und die nötige Übung zur Verfügung, die es für eine positive Entwicklung braucht. Lassen Sie mich Ihnen also die Hoffnung und das Handwerkszeug vermitteln, damit Sie eine Familie aufbauen können, in der sich Ihr Kind mit seinem Temperament positiv entwickeln kann.

# 2

# Eine andere Sichtweise

## Auf die Stärken bauen

*»Als ich ein kleiner Junge war, nannten sie mich einen Lügner, jetzt, wo ich erwachsen bin, nennen sie mich einen Schriftsteller.«*

*Isaac Bashevis Singer*

Ich sammle gerne Etiketten. Alle Arten von Etiketten: solche, die auf Dosen kleben, und solche, mit denen Menschen klassifiziert werden. Heute habe ich das Etikett auf einer Suppendose genau gelesen. Es ist knallrot auf einem sehr hellen Weiß. Mit seinen kräftigen fröhlichen Farben macht es mich glücklich. Einige gelbe Farbkleckse verkünden mir, dass es eine »HÜHNERSUPPE mit BUCHSTABENNUDELN und Gemüse ist«. Es ist interessant, wie sie das Gemüse verstecken und die Buchstabennudeln hervorheben. Das Etikett auf der Rückseite nennt die Zutaten, und ein Siegel bestätigt, dass die US-Regierung diese Suppe geprüft hat. Das Etikett sagt mir viel. Noch bevor ich die Dose öffne, weiß ich, was darin ist, und ein Stempel bestätigt, dass die Regierung den Inhalt geprüft hat. Firmen geben Tausende, ja Millionen von Dollar für die Entwürfe solcher Etiketten aus, um sicherzustellen, dass wir sie verlockend finden und die Waren kaufen wollen.

## SCHAUEN WIR UNS UNSERE ETIKETTEN AN

Die Etiketten, mit denen Menschen gekennzeichnet werden, sind nicht immer so bezaubernd. Es gibt sie in vielen Formen, Spitznamen wie »Griesgram« und »Heulsuse«, Titel wie »Besserwisser« und »Boss« und Schlagworte wie »Lahmarsch« und »Tagträumer«. Einige sind hell und bunt, und ich fühle mich gut, wenn ich sie höre, z. B. *kleiner Scooter* und *Spatzilein.* Einige wie *Heulsuse* und *Griesgram* sind düster und trostlos und haben einen sauren Beigeschmack, wenn sie über meine Lippen kommen. Alle Etiketten unterstreichen eine besondere Eigenschaft, ein feststellbares Merkmal. Sie sagen mir etwas über einen Menschen, selbst wenn ich ihm nie begegnet bin. Leider beinhalten diese Bezeichnungen nicht eine bestimmte Abstufung, sodass ich, wenn ich *Griesgram* höre, nie weiß, ob der betroffene Mensch ein bisschen oder sehr griesgrämig ist.

Temperamentvolle Kinder scheinen geradezu um Etiketten zu betteln und zwar um keine sehr positiven. Alle Kinder werden einmal mit Beinamen belegt, aber temperamentvollen Kindern gelingt es, eine Überfülle an schrecklichen, elenden und schlecht gestalteten Etiketten einzusammeln, die wie lästige Mücken auf ihrem Rücken kleben und dabei kleine Beulen auf der zarten glatten Haut hinterlassen. Das kann in jeder Familie vorkommen, so wie es bei Caroline der Fall war.

»Mein Mann sagt, wir hätten sie Hilde taufen sollen, dann hätten wir sie ›Hilde, die Wilde‹ nennen können.« Caroline sagte das lachend, während wir ihrer dreijährigen Tochter Hazel zuhörten, die ihre Spielkameraden im Sandkasten »kommandierte«.

»Aber ernsthaft, mir war nie klar, wie einfach es ist, ihr ein Etikett anzuhängen, und allmählich sehe ich, welchen Einfluss das auf sie hat. Sie ist die Jüngste, das Überraschungsbaby in unserer Familie. Sie ist so anders als unsere beiden ersten Kinder, sodass wir sie immer als ›Wilde Hummel‹ bezeichnet haben. Gestern hat meine Mutter sie getadelt, weil sie auf der Couch herumhüpfte. Hazel entschuldigte sich mit den Worten: ›Oma, das ist in Ordnung. Ich bin doch die wilde Hummel.‹«

Klebt ein Etikett erst einmal an uns, neigen wir dazu, passend zu diesem Etikett zu handeln, selbst wenn es falsch ist. Dieser scheinbar magische Sprung vom Etikett in die Wirklichkeit wird als ›Pygmalion-Effekt‹ bezeichnet und ist von Forschern gut dokumentiert. Tatsächlich lernen Kinder von anderen Menschen, wer sie sind. Denken Sie einmal an temperamentvolle Kinder, die Sie kennen. Welche Worte wählen Sie, um diese Kinder zu beschreiben? Klingen sie wie Formulierungen von Werbeagenturen, die für Millionen Dollarbeträge kreiert werden, wie Worte, die den Wunsch in Ihnen wecken, mehr solcher temperamentvoller Kinder zu haben? Sind es Beschreibungen, aufgrund derer andere Sie um die Möglichkeit beneiden, ein temperamentvolles Kind aufzuziehen? Etiketten, die Sie vor Stolz schwellen lassen, bei denen Sie anerkennend lächeln und vor Freude vor sich hinlachen? Positive Worte, bei denen im Fokus steht, was gut ist, nicht was falsch ist?

Seien wir ehrlich: Das ist ziemlich unwahrscheinlich.

Die meisten von uns sehen sich einer Palette an ausgesprochenen und unausgesprochenen Kennzeichnungen gegenüber, die Einfluss darauf haben, wie wir über unsere temperamentvollen Kinder denken, empfinden und wie wir uns ihnen gegenüber verhalten. Wenn wir eine gesunde Beziehung zu ihnen aufbauen wollen, müssen wir diese Etiketten auf den Tisch legen, müssen sie zerlegen und dann die neu gestalten, die dafür verantwortlich sind, dass wir und unsere Kinder uns mies fühlen – die Etiketten, die unseren Blick trüben und das Potenzial in unseren Kindern verbergen.

## DAS THEMA ETIKETTEN

In jeder Familie gibt es andere Etiketten. Sie müssen die Ihren zerlegen und neu entwerfen, aber lassen Sie sich von mir in einen meiner Kurse für temperamentvolle Kinder einladen und hören Sie sich einige Etiketten an, die andere Eltern zusammengestellt haben. Glauben Sie mir, Sie sind nicht der einzige Elternteil, der insgeheim einige trostlose Eindrücke über ein temperamentvolles Kind in sich trägt.

Der Beginn eines Kurses für temperamentvolle Kinder ist ein chaotisches Ereignis, denn dann sind vierzehn Eltern und meist achtzehn Kinder gleichzeitig da. Der Tumult ist das Erste, was auffällt – eine Geräusch-Collage. Da sind glückliche Geräusche dabei: aufgeregtes Geschrei, Gelächter und die »Schau mal«-Rufe nach Mama und Papa, wenn flinke kleine Körper von der Rutsche aufs Trampolin springen. Oder ängstliche Geräusche: Protestgeschrei und Erklärungen wie »Ich will nicht«, wenn Kinder ihre Arme um die Beine von Mutter oder Vater schlingen und die Erwachsenen zwingen, mit steifen Beinen durch den Raum zu gehen. Die ersten Minuten verbringen die Familien gemeinsam, dann trennen sie sich. Die Kinder machen mit ihrem Programm weiter, während die Eltern in eine Diskussionsgruppe gehen.
»Das heutige Thema sind Etiketten«, verkünde ich und gebe jedem Elternteil drei Karteikarten. Ich bitte sie, auf jede Karte ein Wort zu schreiben, das ihr Kind an »schlechten Tagen« beschreibt. Einige bitten sofort um mehr Karteikarten und behaupten, drei würden nicht annähernd ausreichen. Alle lachen. Es ist ein gutes

Gefühl zu merken, dass auch andere Menschen einige ungute Gedanken hegen.

Manche Eltern füllen die Karten sofort aus. Andere rutschen auf ihrem Stuhl herum, zögern, ihr Stift schwebt noch in der Luft. Die Vorstellung, so schreckliche Gedanken öffentlich zuzugeben, ist für sie fast unerträglich. Ich versichere, dass die Karten nach vorne gegeben, gemischt und wieder ausgeteilt werden. Niemand muss die Urheberschaft für das Etikett, das er geschrieben hat, übernehmen. Sie können ganz ehrlich sein.

Nachdem die Karten gemischt wurden, lasse ich sie herumgehen und jeder am Tisch nimmt sich eine. Mike, ein zurückhaltender und beobachtender Vater von zwei Kindern – eines davon ist temperamentvoll –, bricht das Schweigen.

*»Streitlustig«*, liest er. »O ja, mein Sohn Jayden streitet über alles. Gestern hat er versucht, mich davon zu überzeugen, dass die Sonne nicht scheint. Ich bin nicht blind, die Sonne schien. ›Schau aus dem Fenster‹, sagte ich zu ihm. ›Die Sonne scheint.‹ Und wissen Sie, was Jayden darauf geantwortet hat? ›Ja, in China aber nicht.‹«

Die anderen lachen und denken an ihre eigenen ausweglosen Debatten. Als das Gelächter verstummt ist, dreht Jennifer eine Karte um.

*»Hört nie auf«*, liest sie.

Dieses Mal schaltet sich Abby mit ein. »Ich habe vier Kinder, und Bea hält mich vierundzwanzig Stunden am Tag auf Trab. Von dem Moment an, wo sie aufwacht, bis zu dem Moment, wo sie einschläft, bin ich im Dienst. Ich bin fertig. Ich brauche eine Pause.«

»Ich auch«, stimmt Amanda zu. »Elizabeth ist zwei Jahre alt, und ich warte noch immer darauf, dass sie nachts endlich durchschläft. Ich weiß nie, wann sie einschlafen und wann sie wieder aufwachen wird.« Dann fügt sie mit einem verlegenen Blick in die Runde hinzu: »Und Sex. Was ist das? Ich glaube mich zu erinnern, dass es um Liebemachen geht. Zumindest einmal muss ich das ja gehabt haben.«

Die anderen johlen vor Vergnügen.

»Ich kann gar nicht glauben, dass noch jemand außer mir das geschrieben hat«, gesteht Sarah und zeigt ihre Karte. *Aggressiv* steht dort in großen fetten Buchstaben

»Falls das irgendjemandem hilft«, wirft Jacob ein, »ich habe *explosiv* geschrieben. Die täglichen ›Raketenstarts‹ sind mehr, als ich ertragen kann. Allmählich fühle ich mich wie ein Berufsastronaut.«

»Also vielleicht ist mein Kind gar nicht so schlimm, wie ich dachte«, kichert Laura. »Ich bin schon frustriert, weil sie so *pingelig* ist. Die Pfannkuchen müssen auf beiden Seiten gleich braun sein. Ihre Kleidung muss sich *richtig anfühlen.*«

Die Liste wird immer länger.

- anspruchsvoll
- völlig verrückt
- destruktiv
- aufsässig
- unvorhersehbar
- total anstrengend
- diktatorisch
- explosiv
- streitlustig
- dickköpfig
- pingelig
- laut
- grob
- weinerlich
- unflexibel
- durch nichts von seinem Plan abzubringen

Es ist eine schockierende Liste, die alle überraschend trifft. Stille hängt im Raum, die Ungeheuerlichkeit der Liste hat uns schmerzlich getroffen. Jeder Begriff ist ein Etikett und sagt etwas über den »Inhalt« aus. Diese Begriffe wirken auf uns nicht verlockend und wecken definitiv keine Begehrlichkeiten. Unbewusst weichen wir zurück, als hätten wir einen Schlag abbekommen.

»Stellen Sie sich ein Kind vor«, beginne ich mit leiser Stimme, »das versucht, ein gesundes Selbstgefühl zu entwickeln und mit Begriffen wie *dickköpfig*, *explosiv* und *streitlustig* beschrieben wird. Dabei sind aber nicht nur die Kinder betroffen, sondern auch wir. Lassen Sie mich Ihnen zeigen, was ich meine.«

Ich weise jede Mutter und jeden Vater an zu sagen: »Mein Kind ist ...« und dann dem Partner die Liste laut vorzulesen. Als ich in die Runde blicke, bemerke ich, dass Jennifers Hals und Gesicht von heftiger Röte überzogen sind. Sie wischt sich einige Tränen ab, wendet sich mir zu, schüttelt den Kopf und sagt: »Das kann ich nicht.«

»Es ist in Ordnung, wenn wir Sie auslassen«, versichere ich ihr. Plötzlich explodiert ein Durcheinander von Stimmen um sie herum, als andere Eltern jedes Etikett laut vorlesen. Dann wird es still im Raum. Mit hängenden Schultern sacken alle auf ihren Stühlen zusammen. »Was geschieht in Ihrem Körper?«, frage ich in die Runde.

»Mir ist übel«, antwortet Megan und hält sich den Bauch.
Mit einer Hand auf ihrem Herzen sagt Abby mit zitternder Stimme: »Mein Herz rast.«

Lyssa fächelt ihrem Gesicht Luft zu: »Ich habe eine Hitzewallung.«

Jennifer wischt sich eine weitere Träne aus dem Gesicht.

## Was das Etikett mit uns macht

Die Etiketten, die wir verwenden, scheinen einfach nur Worte zu sein, sie haben jedoch die Macht, unsere Kampf- oder Fluchtreaktion auszulösen. Dabei handelt es sich um eine unbewusste physiologische Reaktion, bei der Herzfrequenz und Puls sprunghaft ansteigen, unsere Atmung sich beschleunigt und Blut rasch in unsere Extremitäten fließt – alles als Vorbereitung auf Kampf oder Flucht. Ich nenne diesen Zustand die »rote Zone«.

In der roten Zone erleben wir den Tunnelblick. Völlig auf die potenzielle Bedrohung eingestellt, verlieren wir unsere Fähigkeit, zu denken, Probleme zu lösen, die Stimmen anderer zu hören oder ihnen in die Augen zu blicken. Diese Reaktionen machen es uns unmöglich, uns in unsere Kinder hineinzuversetzen. In diesem Zustand nehmen wir sogar neutrale Gesichter als wütend und zurückweisend wahr. Wir halten arglose Handlungen für absichtlich und boshaft. Anstatt uns unseren Kindern zuzuwenden, um ihnen Trost und Fürsorge anzubieten, programmieren die negativen Etiketten unser Gehirn darauf, »kampfbereit« zu sein.

Wie ein wirbelnder Hurrikan zerstört diese Negativität unsere Beziehung. Sie ist so mächtig, dass der Psychologe John Gottman in Paar-Gesprächen feststellte, dass er bei einem Verhältnis von 2,9 negativen Äußerungen auf eine positive Äußerung vorhersagen konnte, dass dieses Paar auf eine Scheidung zusteuerte. Hingegen hatten Paare mit einer gesunden Beziehung ein Verhältnis von nur einem negativen Kommentar auf fünf positive Äußerungen.

Sie können noch heute damit beginnen, keine Worte mehr zu verwenden, die ein negatives Bild Ihres Kindes projizieren. Es ist wirklich kein so großer Sprung von *pingelig* zu *wählerisch* oder sogar von *unausstehlich* zu *spektakulär*. Durch ein verändertes Vokabular können Sie dafür sorgen, dass Ihr Kind von Ihnen und anderen anders wahrgenommen wird. Sie können ein neues Bild schaffen, das sich gut anfühlt, gut aussieht und sozial gebilligten Standards entspricht. Damit nützen Sie Ihrem Kind und sich selbst. Die physiologischen Reaktionen Ihres Körpers und Ihres Gehirns werden sich verändern, da negative Etiketten im Nervensystem wie schon erwähnt eine durch Angst verursachte Kampf- oder Fluchtreaktion auslösen können (weshalb die Eltern, die die Etiketten für Ihre

Kinder laut vorlasen, starke körperliche Reaktionen empfanden). Die Verwendung der neuen Sprache wird Ihren Organismus beruhigen und Ihnen helfen, sich sogar an schlechten Tagen vertrauensvoll und kompetent zu fühlen.

## Neue Etiketten entwerfen

Nehmen Sie ein Blatt Papier und schreiben Sie auf der linken Seite alle Worte auf, die Ihnen einfallen, um die verrückten, unausstehlichen Dinge zu beschreiben, die Ihr temperamentvolles Kind macht. Sorgen Sie dafür, auch die schlimmsten nicht auszulassen – also auch die, bei denen Sie die wenigsten Chancen sehen, sie durch positive Begriffe ersetzen zu können. Nehmen Sie in Ihre Liste auch Begriffe auf, die Sie von Verwandten, Freunden und Lehrern als Beschreibung Ihres Kindes gehört haben und bei denen Sie vor Wut entbrannt oder vor Beschämung ganz klein geworden sind. Tragen Sie alles zusammen.

Atmen Sie nun einmal tief durch, entspannen Sie Ihre Schultern, wackeln Sie mit den Zehen und schauen Sie sich einige Lieblingsfotos von Ihrem temperamentvollen Kind an, Fotos auf dem Computer oder Handy oder eingerahmte Fotos – oder Bilder, die Sie im Gedächtnis haben. Fokussieren Sie sich auf Bilder, auf denen sein forscher Blick, das ansteckende Grinsen, der gelenkige Körper oder sein verrückter »persönlicher Stil« beim Outfit zur Geltung kommen. Haben Sie dieses Bild vor Ihrem inneren Auge, während Sie sich die Liste mit den miserablen Etiketten wieder ansehen. Das wird Ihnen helfen, das verborgene Potenzial in jedem der Worte zu entdecken.

Wenn Sie sich die Liste genau anschauen, werden Sie sehen, dass diese elenden Etiketten häufig Stärken widerspiegeln, die auf die Spitze getrieben werden. Finden Sie diese Stärken heraus und benennen Sie sie. So kann beispielsweise mit etwas Anleitung und Kompetenztraining *Dickköpfigkeit* in *Ausdauer* verwandelt werden – und diese steht bei der Vorhersage künftigen Erfolges an erster Stelle. *Aufgedreht* kann bei entsprechender Fokussierung zu *energiegeladen* werden. Die Möglichkeiten sind endlos.

Ihre Liste kann ähnlich aussehen wie diese, die in unserer Gruppe entstanden ist:

| **Alte negative Etiketten** | **Neue spannende Etiketten** |
| --- | --- |
| • anspruchsvoll | • hält an hohen Standards fest |
| • völlig verrückt | • kreativ |
| • destruktiv | • leidenschaftlich neugierig |
| • aufsässig | • charakterfest |
| • unvorhersehbar | • flexibel |
| • weinerlich | • ausdrucksstark |
| • grob | • ehrlich |
| • explosiv | • leidenschaftlich |
| • streitlustig | • künftiger Rechtsanwalt |
| • dickköpfig | • zielorientiert |
| • pingelig | • wählerisch |
| • diktatorisch | • stark |
| • durch nichts von seinem Plan abzubringen | • fokussiert |
| • unflexibel | • traditionsbewusst |
| • total anstrengend | • energiegeladen |
| • laut | • voller Eifer |

»Mein Kind ist …« Ich lade die Gruppe ein, zusammen mit mir die neue spannende Etikettenliste laut vorzulesen. Immer mehr stimmen ein. Ein Lächeln breitet sich aus. Ein Seufzer der Erleichterung begleitet das letzte Wort.

»Wie fühlen Sie sich jetzt?«, frage ich.

»Voller Hoffnung«, erklärt Mike. »Es ist spannend, das Potenzial zu erkennen.«

Abby atmet lange und tief aus. »Ruhig.«

Jennifer lächelt. »Viel besser.«

Wenn wir ein positives Bild vor uns haben, verändert sich unsere Reaktion. Herzfrequenz und Puls verlangsamen sich und erlauben uns, den Stimmen anderer zuzuhören, zu denken, Probleme zu lösen und sogar einen gewissen Sinn für Humor beizubehalten. Das Gehirn sagt dem Körper: »Wir sind in Sicherheit. *Das ist jemand, den wir lieben und der uns liebt.*« Als Ergebnis lächeln wir noch mehr. Wir bieten unserem Gehirn weitere positive Informationen an. Unsere Geduld nimmt dann zu, und wir gönnen sogar unseren Kindern eine Pause. Neutrale Gesichter und Handlungen werden genau so wahrgenommen – neutral. Sie werden nicht mehr als potenzielle Bedrohung oder absichtliches Aufstacheln fehlgedeutet.

Die Entwicklungspsychologin J.J. Goodnow stellte bei ihren Forschungsarbeiten tatsächlich fest, dass Eltern, deren Kinder eine hohe Sozialkompetenz hatten, gelegentliche soziale »Rangeleien« ihrer Kinder nicht als Zeichen von Aggressivität auffassten. Stattdessen wurden solche Fehltritte einer eher temporären Ursache zugeschrieben, bei einem energiegeladenen Kind beispielsweise der Tatsache, dass es zu lange gespielt hatte. Das Ergebnis war, dass sie ihrem Kind gegenüber nicht wütend wurden, sondern sich dies einfach merkten, um es künftig früher aufzufordern, das Spiel zu beenden und dieses Problem damit zu vermeiden. Diese optimistische Sichtweise sorgte dafür, dass Eltern und Kind zusammenarbeiteten.

Sie können sich selbst beibringen, Ihre neuen Etiketten zu verwenden, wenn Sie über Ihre Kinder sprechen oder diese maßregeln. Zu dem Fünfjährigen, der sich weigert, das neue Outfit anzuziehen, das die Oma geschickt hat, können Sie beispielweise sagen: »Du hast wirklich ein ausgeprägtes Stilgefühl.« Und zu der Achtjährigen, die sich weigert, ins Bett zu gehen, bevor sie nicht das letzte Kapitel in ihrem Buch gelesen hat: »Du bist sehr ausdauernd und hältst an deinen Zielen fest.«

Mir ist klar, dass Sie jetzt vielleicht denken: *Bekommt das Kind damit nicht einfach seinen Willen?* Lassen Sie mich betonen, dass dies der Anfang der Unterhaltung ist – nicht das Ende. Letztlich werden Sie Ihrem Kind die Fertigkeiten beibringen, flexibel zu sein und ein kreativer Problemlöser zu werden. Damit solche Lektionen auch gehört und verarbeitet werden können, muss Ihr Kind ruhig sein. Das wird aber nicht der Fall sein, wenn Sie verärgert sind und Ihr Kind für dickköpfig oder schwierig halten.

Die Gefühle und Bilder, die das neue Etikett entstehen lässt, sind völlig anders als die durch die miesen Etiketten hervorgerufenen. Es ist ein gutes Gefühl, Mutter oder Vater eines Kindes zu sein, das durchsetzungsfähig, engagiert, wählerisch, ausdrucksstark, analytisch, begeistert und charismatisch ist. Diese Begriffe beschreiben möglicherweise sogar das Kind, das Sie sich erträumt haben.

Das Maßregeln kann beginnen, wenn Sie »Ihrem Kind näherkommen«. Durch das Visualisieren seiner Stärken werden Sie Ihrem Kind gegenüber ruhig und empathisch. Wenn Sie Ihr leidenschaftliches, kluges, neugieriges Kind vor sich sehen, das gerade zu kämpfen hat, erinnern Sie sich leichter daran, dass es Fertigkeiten erlernen kann, um die Dinge besser zu machen. Ihr Kind wiederum, das durch Ihr Vorgehen spürt, dass es von Ihnen geliebt wird und bei Ihnen sicher ist, wird sich Ihnen zuwenden, sich Ihrer Anleitung öffnen, und es wird ruhig genug sein, um diese auch zu hören.

## Die Hürden nehmen

Abby seufzt und sinkt tiefer in ihren Stuhl, als sie gesteht: »Ich versuche es wirklich. Ehrlich, ich wache nicht mit dem Plan auf, ihn einen ›kleinen Trottel‹ zu nennen. Aber an manchen Tagen ist das so schwer.«

Es ist ganz einfach, in die Falle zu tappen, Kinder mit Etiketten zu versehen. Selbst wenn Sie tendenziell ein unglaublich positiver Mensch sind, können Sie im Umgang mit Ihrem Kind in den Strudel negativer Etiketten geraten. Sie wissen vielleicht nicht einmal, wie es dazu kommen konnte. Wenn Sie Mutter oder Vater eines temperamentvollen Kindes sind, können die Emotionen roh und echt sein, Gefühle wie:

ANGST: »An manchen Tagen muss ich unweigerlich denken: ›Er ist genau wie mein Bruder.‹ Mein Bruder schneidet im Leben nicht gut ab.«
ERSCHÖPFUNG: »Jeden Tag denke ich: ›Wie lange wird es noch dauern, bis er mich wieder auf die Palme bringt?‹ Ich sage mir, dass ich es schon noch eine halbe Stunde aushalten werde, bis mein Mann nach Hause kommt, aber dann ruft er an und sagt, dass er später heimkommt!«
INKOMPETENZ: »An Tagen, an denen ich völlig überfordert bin, sagt meine Frau: ›Ruf deine Mutter an. Sie hat sechs Kinder großgezogen. Frag Jenna, wie sie es gemacht hat.‹ Ich kann nur sagen, dass ich nicht weiß, wie Jenna es gemacht hat, aber dass sie viel geweint hat.«

SCHAM: »Ich frage mich, ob ich etwas falsch mache. Ich sehe in meinem Kind sehr viel von mir – meine schlechten Eigenschaften. Ich bin ungeduldig und dickköpfig und mein Kind ist genauso. Meine Eltern ließen mich unmissverständlich wissen, dass ›brave Kinder‹ nicht ungeduldig und dickköpfig sind. Es bringt mich in Rage, wenn mein Kind sich so verhält.«

Diese Gefühle können schwer auf Ihrer Brust lasten und Ihre besten Absichten zunichtemachen. Das muss aber nicht sein. Es ist wirklich möglich, diese Last wie ein »Untier« zu verjagen. Ängste lassen sich beruhigen, sobald Ihnen klar geworden ist, dass temperamentvolle Kinder Gleichaltrige übertreffen können. Energie ersetzt die Erschöpfung, wenn Selbstfürsorge als wesentlich und edel anerkannt wird. Effizienz und Selbstvertrauen merzen Inkompetenz aus, wenn Sie das passende Handwerkszeug an wirksamen Strategien zur Hand haben. Hochstimmung lässt die Scham verblassen, wenn Sie bei einem Blick in den Spiegel erkennen, dass auch Sie temperamentvoll sind. Sie sind normal. Sie sind *mehr.*

Lesen Sie weiter. Ich liefere Ihnen die Insider-Informationen, damit Sie dem Untier die Tür weisen können.

## Gute Etiketten sind ansteckend

Das Spannende an einer Veränderung des Vokabulars, das wir zur Beschreibung unserer temperamentvollen Kinder nutzen, ist, dass es ansteckend ist. Das hat Erica entdeckt.

»Es war verblüffend!«, äußerte sie. »Als ich Silas mit positiven Begriffen beschrieb, fingen meine Verwandten und seine Lehrer auch damit an. Wenn jemand klagte: ›Silas ist schrecklich laut‹, antwortete ich: ›Er ist richtig theatralisch, nicht wahr? Lassen Sie ihn nach draußen gehen, dann können wir das mehr schätzen.‹ Anfangs waren sie verdutzt, aber nach ein paar Minuten stimmten sie zu, dass er wirklich eine theatralische Art haben könnte. Nachdem ich das ein paarmal gemacht hatte, hörte ich, wie meine Mutter sagte: ›Silas, deine theatralische Seite kommt wieder zum Vorschein. Lass uns Musik anstellen und zusammen tanzen.‹ Es klappte sogar in der Schule. Als seine Lehrerin mir sagte, Silas sei dickköpfig, nickte ich zustimmend, sagte jedoch: ›Zu Hause stellen wir auch fest, dass er sehr ausdauernd ist.‹ ›So habe ich das bisher gar nicht gesehen‹, antwortete seine Lehrerin. ›Vermutlich ist es gar nicht schlimm, oder?‹ So veränderte sich die Art, wie sie ihn sah. Es ist wirklich ansteckend!«

Jason nickte zustimmend. »Auch für mich haben die Etiketten wirklich etwas verändert. Ich wurde geduldiger. Leo will immer selbst in seinen Autositz klettern. Wenn ich versuche, ihm zu helfen, bekommt er einen Wutanfall. Ich dachte, er sei dickköpfig und nicht kooperativ. Als ich ihn jedoch als selbstständig und zielorientiert betrachtete, merkte ich, dass dies gute Eigenschaften sind. Dieser Gedanke machte es mir leichter, zu warten und ihm ein paar Minuten Zeit zu geben. Leo bemerkte den Unterschied. Er rastet nicht mehr so schnell aus, wenn ich ihm schließlich ein bisschen helfe. Ich hätte niemals gedacht, dass ein paar Worte einen so großen Unterschied bewirken könnten. Aber so war es.«

Lassen Sie nicht zu, dass andere Sie mit verletzenden Etiketten einschüchtern. Bringen Sie ihnen bei, Worte zu verwenden, die das Potenzial Ihres Kindes widerspiegeln, indem Sie selbst diese Worte verwenden. Sie müssen mit anderen deswegen nicht einmal streiten. Lenken Sie deren Gedanken lediglich auf positivere Begriffe um.

Wie die Firmen, die Millionen von Dollars für die Entwicklung der Etiketten ausgeben, mit denen sie ihre Produkte kennzeichnen, müssen auch wir mit Bedacht handeln. Wenn Sie die negativen Bilder fallen lassen und bei sich selbst und anderen die neuen Etiketten einführen, die sich auf Stärken und Potenziale fokussieren anstatt auf Schwächen, umgeben Sie Ihr Kind mit einer Schutzhülle. Diese positiven Etiketten verändern nicht nur Ihr Vokabular, sondern auch Ihre Wahrnehmung und als Ergebnis daraus auch Ihr Handeln.

Der erste Schritt zum Aufbau einer gesunden, lebenslangen Beziehung zu Ihrem temperamentvollen Kind beginnt mit der Wahl der Worte, die Sie verwenden, um den »Inhalt« zu beschreiben. So einfach ist das.

# 3

# Wodurch wird ein Kind temperamentvoll?

## Warum es tut, was es tut

*»Da war eine Person in mein Leben gekommen. Eine reale Person, kein programmierbarer Roboter und keine leere, beschreibbare Schieferplatte, sondern eine Person, die auf ihre ganz eigene Art mit mir sprach und mir mitteilte, was sie mochte und was sie hasste – normalerweise mit einer sehr lauten und fordernden Stimme.«*

*Sue, dreifache Mutter*

Die Fenster an zwei Seiten des Zimmers lassen den herbstlichen Sonnenuntergang herein und tauchen den gesamten Raum in eine rosa Farbe. Bevor die Familien zum Kurs kommen, schreibe ich gerne das Programm für den Abend auf das Whiteboard, aber heute schreibe ich nur eine einzige Frage auf:

»Wodurch wird ein Kind temperamentvoll?«

Die Eltern schlendern in den Besprechungsraum, unterhalten sich, nehmen sich einen Kaffee und suchen sich einen Stuhl. Es wird geseufzt, geächzt und nervös gelacht, als sie die Frage auf der Tafel lesen.

»Diese Frage versuche ich seit drei Jahren zu beantworten«, ruft Heather aus, ohne zu warten, bis jeder Platz genommen hat. »Ich habe mehr Nächte wach gelegen, als ich mich überhaupt erinnern möchte, und habe meine Schwangerschaft Revue passieren lassen. Was habe ich gegessen? Was habe ich gemacht? Ich habe mich dafür gescholten, Wasserski gefahren zu sein, als ich im zweiten Monat war. Auch wenn ich da noch gar nicht wusste, dass ich schwanger war, hätte ich es nicht tun sollen.«

Jason fügte an: »Ich denke immer wieder über die Geburt von Seth nach. Wie lange und schwer sie war. Vielleicht hätten wir einen Kaiserschnitt verlangen sollen.«

»Und ich dachte, es lag gerade am Kaiserschnitt«, meldete sich Kristin zu Wort.

»Ich hatte die Vermutung, es könnte daran gelegen haben, dass Jayden ein Frühchen war«, bemerkte Mike nachdenklich. »Er kam sechs Wochen zu früh und war die ersten Tage ziemlich krank.« Abby verzog das Gesicht. »Ich werde das Gefühl nicht los, dass ich bei meiner Tochter irgendwie versagt habe.«

Ich hob die Hand, um die Aufmerksamkeit der Eltern auf mich zu ziehen. »Warten Sie einen Moment!« Ich musste beinahe schreien, um mir Gehör zu verschaffen. »Sie haben damit nichts zu tun.« Alle Köpfe wandten sich mir zu. Ein hörbarer Seufzer der Erleichterung ging durch den Raum.

## WAS IST TEMPERAMENT?

Ihr Kind ist nicht durch irgendwelche Handlungen von Ihnen temperamentvoll geworden. Die aktuelle Persönlichkeitsforschung zeigt, dass Gene die Persönlichkeit beeinflussen. Temperamentvoll zu sein, hat nichts mit einer schwierigen Schwangerschaft oder Geburt zu tun oder damit, ob Sie gestillt oder Ihr Kind mit dem Fläschchen gefüttert haben. Anscheinend werden Kinder mit einer spezifischen Tendenz dafür geboren, wie sie handeln und auf Menschen und Ereignisse in ihrem Leben reagieren, und diese Tendenz kann festgestellt und vorhergesagt werden. Diese emotionalen und Verhaltensmuster sind biologisch und neurochemisch untermauert. *Dieses Muster – die erste und natürlichste Art, wie ein Kind auf seine Umwelt reagiert – wird als sein Temperament oder seine Veranlagung bezeichnet.*

Das Temperament beeinflusst eine Reihe von Merkmalen, beispielsweise wie schnell ein Kind wütend wird, wie lange es wütend bleibt und wie lange es dauert, bis es sich wieder völlig beruhigt hat. Temperamentvolle Kinder rasten schneller aus, sie können innerhalb von Sekunden auf 180 sein. Daher kann sich Ihr Kind eben noch ganz großartig verhalten und im nächsten Moment seinen Bruder schlagen und mit den Türen knallen.

Das Temperament steuert auch die Empfindlichkeit gegenüber dem, was man sieht, hört, riecht, schmeckt und gegenüber den Emotionen anderer. Die Unterschiede können Sie sehr gut beim Besuch eines Freizeitparks beobachten. Ein Kind bettelt, so lange zu bleiben, bis der Park schließt, ein anderes weigert sich, bei irgendeinem Fahrgeschäft mitzufahren, bekommt Würgreiz beim Geruch von Hotdogs und will nach zwanzig Minuten nach Hause. Wenn Sie seine Bitte, wieder zu gehen, ignorieren, saust es davon, und Sie müssen einen Sprint hinlegen, um es einzufangen, bevor es den Ausgang erreicht hat.

Auch das Energieniveau ist je nach Temperament unterschiedlich. Ein Kind mit aktivem Temperament bewegt sich nicht nur gerne, sondern *braucht* die Bewegung. Von diesem Kind zu verlangen, dass es längere Zeit still sitzt – und zu sagen, dass es dies auch könnte, wenn es nur wollte –, ist etwa so, als würde man Ihnen sagen, Sie sollten eine volle Blase ignorieren. Es baut sich ein Druck auf. Das Temperament Ihres Kindes signalisiert ein Bedürfnis, auf eine besondere Art zu handeln. Dieses Bedürfnis kommt von innen und ist echt.

Kinder werden mit ihrem eigenen Temperament geboren, so wie sie mit dunklen oder blonden Haaren zur Welt kommen. Das bedeutet nicht, dass dieses Temperament starr und unveränderlich ist. Genau wie die Haare, die frisiert, geschnitten oder gefärbt werden können, aber dennoch Haare bleiben, kann auch das Temperament sein Erscheinungsbild verändern, je nachdem wie damit umgegangen wird, wobei es grundsätzlich jedoch gleich bleibt. Ein vom Temperament her aktives Kind wird immer energiegeladen sein. Mit der Zeit wird sich jedoch verändern, wie sich dies äußert. Das Kleinkind, das die Backofentür geöffnet und dafür benutzt hat, auf die Arbeitsplatte und von dort auf den Kühlschrank zu klettern, um sich das Spielzeug zu holen, das Sie dort versteckt hatten, wird im Alter von dreißig Jahren gelernt haben, besser nicht auf einen Kühlschrank zu klettern. Die Wahrscheinlichkeit ist jedoch sehr groß, dass aus diesem Kind ein Erwachsener geworden ist, der in der Mittagspause fünf Kilometer joggt und an den Wochenenden zum »Spaß« Berge besteigt. Dieser Erwachsene drückt seine Energie anders aus, ist aber noch immer temperamentvoll.

## WAS DIE FORSCHUNG SAGT

Temperament ist nicht gleichbedeutend mit Persönlichkeit. Persönlichkeit ist die Kombination aus Temperament, kulturellen Einflüssen und Lebenserfahrungen. Da das Temperament als wichtiger Baustein der Persönlichkeit angesehen wird, hat es die Wissenschaftler seit Jahrhunderten neugierig gemacht. Heute nimmt die Temperamentforschung exponentiell zu. Psychologen, Kulturanthropologen, Verhaltensgenetiker, Neurobiologen und viele andere interessieren sich dafür. Leider haben sie noch keinen Konsens über eine Definition des Temperaments erzielt und sind sich auch nicht völlig einig über dessen Merkmale. Allerdings stimmen sie darin überein, dass das Temperament individuelle Unterschiede widerspiegelt und genetisch, biologisch und neurochemisch untermauert ist. Das Temperament ist bereits in den frühen Lebensjahren offenkundig und bleibt relativ stabil, kann sich aber durch Reife, Erfahrung und Erziehung verändern.

Zeitgenössische Wissenschaftler untersuchen mehrere verschiedene Theorien über das Temperament. Mary Rothbart, emeritierte Professorin für Psychologie an der University of Oregon und ihre Kollegen definieren Temperament als »individuelle Unterschiede der Reaktivität und Selbstregulation«. Diese Auffassung habe ich bei meiner Arbeit übernommen, weil ich mir dabei das Temperament als »unseren inneren Motor« vorstelle. Bei Motoren gibt es Unterschiede in der Größe, Leistung und dem Ansprechverhalten. Ihr temperamentvolles Kind hat den »Motor« eines Sportwagens.

Ich habe die Arbeit von Stella Chess und Alexander Thomas für das Verständnis temperamentvoller Kinder als grundlegend empfunden. Chess und Thomas, beide Professoren für Psychiatrie am New York University Medical Center, waren in den 1950er-Jahren unter den Ersten, die die vorherrschenden Theorien der Zeit hinterfragten, wonach alle Kinder als »unbeschriebenes Blatt« auf die Welt kommen und ihre Persönlichkeit erst durch die Erziehung bestimmt wird. Nach der Theorie des unbeschriebenen Blattes machte die Erziehung den Unterschied aus, nicht die Natur. Heute hört man Überbleibsel dieser Philosophie noch immer in Kommentaren wie: »Er wäre nicht so geworden, wenn du ihn nicht so verwöhnt hättest« oder »Gib ihn eine Woche in meine Obhut und ich werde seine Fehler beheben.« Diese Ansicht über das Temperament übersieht oder minimiert die biologische Grundlage individueller Unterschiede.

In ihrer klinischen Praxis und als Eltern von vier sehr unterschiedlichen Kindern sahen Chess und Thomas zu viele Fälle, in denen der einseitige Erziehungsansatz die Reaktionen der Kinder nicht angemessen erklärte. Irgendetwas fehlte. Diese Leerstelle im Verständnis veranlasste sie, die inzwischen berühmte New York Longitudinal Study (New Yorker Längsschnittstudie) durchzuführen. Chess und Thomas beobachteten zusammen mit ihrem Kollegen H.G. Birch 133 Kinder beim Essen, Anziehen und Spielen mit Freunden und befragten auch deren Eltern und Lehrer. Anhand der Ergebnisse dieser Studie identifizierten Chess, Thomas und Birch neun deutliche Unterschiede in der Reaktion von Kindern auf die Welt, wobei einer dieser Unterschiede die Intensität der Reaktionen war – ähnlich des von Rothbart identifizierten Merkmals der Reaktivität. Auch wenn nicht alle Wissenschaftler den neun »Dimensionen« des Temperaments zustimmen, die von Chess, Thomas und Birch formuliert wurden, haben die drei nach meiner Auffassung völlig recht, was das Verständnis temperamentvoller Kinder anbelangt.

Nun aber möchte ich, dass Sie sich klarmachen, wie sehr Sie beeinflussen können, wie Ihr Kind sein lebhaftes Temperament ausdrückt.

## SIE MACHEN DEN UNTERSCHIED AUS

An diesem Punkt fühlen Sie sich möglicherweise etwas entmutigt und sind der Meinung, Sie könnten nichts tun, um den Ausdruck des Temperaments zu verändern, wenn dieses biologische und genetische Grundlagen hat. Ja, Ihr temperamentvolles Kind hat die Anlage dazu, aber Biologie ist kein Schicksal. Wir wissen, dass die Natur und die Erziehung zählen. Wie sich das Temperament Ihres Kindes letztlich manifestiert, hängt von seinem Alter, seinen Erfahrungen und der Art seiner Erziehung ab. Dr. med. David Reiss von der George Washington University hat einmal gesagt: »Ob und wie stark Gene, auf denen Verhaltensweisen aufbauen, ›eingeschaltet‹ werden oder sich ausdrücken, hängt von der Interaktion und den Beziehungen eines Kindes mit und zu den wichtigen Menschen in seinem Leben ab.«

Sie können das Temperament Ihres Kindes nicht auswählen, Ihr Kind kann es ebenso wenig. Das erledigt Mutter Natur für uns. Aber Sie können viel bewirken. Sie sind es, die Ihrem Kind zu erkennen helfen, wenn sein Motor zu heiß läuft. Sie sind es, die Ihrem Kind die Worte beibringen, mit denen es beschreiben kann, was es empfindet. Sie sind es, die ihm Strategien beibringen, um die Spur reibungslos zu wechseln und zu bremsen, ohne ins Schleudern zu kommen. Tägliches Üben mit Ihrem Kind lässt, wie uns die Wissenschaftler sagen, neue Pfade in seinem Gehirn entstehen, sodass die effizienteren Fertigkeiten leichter zugänglich und selbstverständlicher werden.

Anfangs sind Sie in dieser Beziehung der »Fahrer«. Wenn Sie das Temperament verstehen, können Sie die »Motorhaube« öffnen, um zu sehen, was im Motor Ihres Kindes vor sich geht. Wenn Sie die Reaktionen und die Gründe, die dahinterstecken, erst einmal verstehen, können Sie lernen, damit zu arbeiten, können in den

Kurven des Lebens bei Bedarf herunterschalten, werden die Stellen erkennen, an denen Sie die Geschwindigkeit anpassen müssen und in einem Tempo fahren, in dem sein Motor schnurren kann.

So wie man nie versuchen würde, einen Sportwagen in ein Nutzfahrzeug umzufunktionieren, ist es entscheidend, den Fehler zu vermeiden, einem Kind mit intensivem, energiegeladenem und sensiblem Temperament zu sagen, es solle anders sein. Wenn Sie das Temperament Ihres Kindes verstehen und damit arbeiten, helfen Sie Ihrem Kind, seine Energie in geordnete Bahnen zu lenken. Wenn Sie die Ausdauer Ihres Kindes anerkennen, bringen Sie ihm bei, Probleme kreativ zu lösen und flexibel zu werden. Wenn Sie seine Sensibilität wertschätzen, helfen Sie ihm zu erkennen, wann es eine Pause einlegen muss. Sie bringen ihm bei, seine Gaben und Fähigkeiten voll zu nutzen.

Irgendwann werden Sie Ihre Rolle als Fahrer gegen die des Leiters der Boxenmannschaft tauschen und Ihrem temperamentvollen Kind den Fahrersitz überlassen. Zu diesem Zeitpunkt wird es verstanden haben, wie sein Motor arbeitet, und geschickt darin sein, sanft zu beschleunigen, effizient zu schalten und zu bremsen, ohne ins Schlingern zu kommen. Klug, ausdauernd und begeistert über seine Fähigkeit, die Herausforderungen der Strecke zu meistern, wird es Gleichaltrige wahrscheinlich hinter sich lassen.

Es braucht Zeit und Übung, Ihrem Kind bei der Aneignung der Fähigkeiten zu helfen, um problemlos über die Straßen des Lebens zu steuern. Bis der zweifache Vater Jason die Bedeutung des Temperaments entdeckte, schien bei ihm zu Hause ein unterschwelliger Krieg zu wüten. Die Fronten waren abgesteckt, und jeden Tag wurde gekämpft.

»Ehrlich gesagt, ängstigte mich dieser ›Krieg‹«, erzählte er mir. »Ich bin gewöhnlich ein zurückhaltender und stiller Typ. Kleinigkeiten ärgern mich nicht. Aber wenn ich fünf Minuten versucht hatte, meinen sechsjährigen Sohn ins Bett zu bekommen, verwandelte ich mich in einen knurrenden Bären. Dann erfuhr ich etwas über das Temperament. Mit einem Schlag wurde mir klar, dass mein Sohn sich nicht so verhielt, um mich zu reizen. Er hatte einen Grund, er brauchte eine Vorwarnung, um seine Dinge zu Ende zu bringen. Als ich das erkannt hatte, konnte ich damit arbeiten. So einfache Kleinigkeiten, wie ihn zehn Minuten im Voraus vorzuwarnen oder mir ein paar Minuten Zeit zu nehmen, um herauszufinden, was er gerne zu Ende bringen wollte, bevor er sich fertig machte, um ins Bett zu gehen, schienen wirklich zu helfen. Heute weiß ich, dass ich ihn mit der Ankündigung ›Es wird gleich Zeit, ins Bett zu gehen‹ nicht mehr überrasche. Es ist, als spielten wir im selben Team. Ich kann kaum glauben, wie viel mehr Freude ich an meinem Sohn habe, wenn ich nicht ständig mit ihm kämpfen muss. Wissen Sie, er ist ein wirklich netter kleiner Junge.«

## MACHEN SIE SICH EIN BILD VOM TEMPERAMENT IHRES KINDES

Wie bereits dargelegt, haben die Wissenschaftler Chess, Thomas und Birch gezeigt, dass es beim Temperament neun verschiedene Merkmale gibt. Jedes kann auf einer Achse zwischen einer leichten und einer starken Reaktion oder zwischen hochgradig und gering platziert werden. Jeder Mensch hat sein eigenes Temperament, seinen eigenen, einmaligen Stil. Temperamentvolle Kinder neigen dazu, auf der Achse immer die Seite der starken Reaktion zu belegen, aber auch andere Kinder können bei einem oder mehreren dieser Merkmale zu dieser Seite tendieren. Was uns beim Verständnis des temperamentvollen Kindes hilft, ist das Gesamtbild.

Bedenken Sie, dass es kein perfektes Temperament gibt. Jedes Temperamentsmerkmal hat positive und negative Aspekte. Eltern sorgen für den Unterschied, indem Sie einem Kind helfen, seine besonderen Qualitäten auf die vorteilhafteste Weise herauszubilden.

Wenn Sie im Folgenden die verschiedenen Eigenschaften prüfen, überlegen Sie, welches die typischen, ganz natürlichen Reaktionen Ihres Kindes sind. Welche Reaktionen würden Sie vorhersehen?

### 1. *Intensität*

Wie stark reagiert Ihr Kind emotional? Lacht und weint es laut und energisch oder sanft und leise?

| 1 | 2 | 3 | 4 | 5 |
|---|---|---|---|---|
| LEICHTE REAKTION | | | | STARKE REAKTION |
| »Quiekt«, wenn es weint | | | | Weint niemals einfach nur, sondern schreit oder explodiert |
| Es ist beinahe überraschend, wenn es böse wird | | | | Ein ständiges Auf und Ab der Gefühle |
| Reagiert leicht und zurückhaltend | | | | Jede Reaktion ist tief und stark |
| Lächelt, wenn es zufrieden ist | | | | Schreit vor Vergnügen |
| Arbeitet sich normalerweise durch ein Problem, ohne frustriert zu werden | | | | Ist leicht frustriert |

Daniel Goleman, Ph. D., Autor von *Emotionale Intelligenz*, schrieb einmal in der *New York Times*: »Psychologen haben beobachtet, dass einige Menschen selbst bei alltäglichen Ereignissen in einen emotionalen Aufruhr gelangen, während andere unter den herausforderndsten Umständen gelassen bleiben. Diese Gefühlsniveaus kennzeichnen das gesamte emotionale Leben eines Menschen: Wer die tiefsten Tiefpunkte erlebt, erlebt auch die erhabensten Höhen, wie die Forschung zeigt. Diese individuellen Unterschiede scheinen sich bereits in der frühen Kindheit oder sogar von Geburt an zu zeigen und bleiben lebenslang ein wichtiger Charakterzug.«

Sogar im Säuglingssaal eines Krankenhauses zeigen sich Unterschiede in der emotionalen Intensität. Einige Babys »quieken«, wenn sie Hunger haben. Andere schreien so laut, dass es durch die Gänge hallt. Temperamentvolle Kinder werden bereits intensiv geboren, ihr Motor läuft hochtourig. Für die Eltern eines temperamentvollen Kindes ist es (beinahe) unvermeidlich, dass es in der Verwandtschaft eines dieser Quiek-Babys gibt. Bei Familientreffen wimmert das Quiek-Baby, während das temperamentvolle Kind laut plärrt!

Mit diesem lebhaften Schreihals ist aber alles in Ordnung. Er hat nur ein intensiveres Temperament. Das ist überhaupt nicht schlimm. Es bedeutet, dass dieses Kind sich auch stärker begeistern kann, dass es überschwänglicher und eifriger ist.

Temperamentvolle Kinder erleben jedes Gefühl, jede Empfindung tief und stark. Es kommt bei ihnen zu einer körperlichen Reaktion, die stärker ist als bei weniger intensiven Menschen. Ihr Herz hämmert, das Adrenalin fließt durch ihren Körper, und ihr Puls rast. Sie sind nicht laut, weil sie wissen, dass sie andere damit ärgern, sie sind laut, weil sie tatsächlich eine so starke Aufregung, einen so starken Schmerz oder eine andere Emotion empfinden. Ihre Intensität ist echt. Es ist ihre erste und natürlichste Reaktion. Wenn Sie oben auf der Skala die 4 oder 5 markiert haben, können Sie vorhersagen, dass Ihr Kind leicht erregbar, leicht frustriert und emotional ist. Wenn Sie wissen, dass Ihr Kind intensiv ist, können Sie eine starke Reaktion erwarten und einen Plan entwickeln, um ihm zu helfen, diese geeignet auszudrücken oder aufzulösen.

**2. Ausdauer**

Wenn Ihr Kind mit etwas beschäftigt ist und Sie ihm sagen, es solle diese Aktivität beenden, hört es dann leicht auf, oder kämpft es darum, weitermachen zu können?

| 1 | 2 | 3 | 4 | 5 |
|---|---|---|---|---|
| HÖRT LEICHT AUF | | | | HÄLT DARAN FEST |
| Kann ziemlich problemlos auf eine andere Aktivität umgeleitet werden | | | | Lässt nicht locker, lässt sich von einer Idee oder Aktivität nur schwer abbringen |
| Weint ein paar Minuten und hört dann auf | | | | Hält daran fest, kann stundenlang weinen |
| Akzeptiert ein Nein als Antwort | | | | Akzeptiert ein Nein nie als Antwort |

Chess und Thomas beobachteten in ihren Studien, dass einige Kinder eine Aktivität schnell beenden können, während andere trotz starker Hindernisse weitermachen. Lebhafte Kinder »beißen sich fest«. Wenn sie etwas tun wollen, dann sofort, und dann können sie es auch nicht so einfach beenden. Ich erinnere mich an einen Besuch bei Freunden in Colorado. Wir waren zum Abendessen ausgegangen, und als wir zurückkamen, war es schon dunkel. Es war ein kalter Novemberabend mit Windböen, die uns unsere Schals ins Gesicht peitschten und uns den Zufahrtsweg hinunterschoben. Ohne weiter darüber nachzudenken, nahm ich ihre zweijährige Tochter auf den Arm und trug sie aus dem kalten Wind hinein ins Haus. Als wir drinnen waren, drehte sie sich um und schlug mich!

Ich hatte ihre Pläne verdorben. Sie war fest entschlossen gewesen, die Stufen selbst hinaufzusteigen. Ich versuchte, sie zu überreden, ihren Mantel auszuziehen, aber sie wollte nicht. Ein weniger ausdauerndes Kind hätte vielleicht aufgegeben, nicht so Claire. Sie stand brüllend an der Tür und schlug mit ihren Fäusten auf sie ein. Es war offensichtlich, dass für sie nichts anderes akzeptabel sein würde, als ihr diese Tür zu öffnen und sie hinausgehen zu lassen. Ich trat zurück und ließ sie gehen, wobei ich sie daran erinnerte, dass sie das nächste Mal einfach sagen könnte: »Ich gerne selbst zur Tür gehen.« Der Wind fegte sie beinahe vom Treppenabsatz, aber sie ging diese Stufen hinunter und dann entschlossen wieder hinauf. Erst nachdem sie die Tür wieder zugemacht hatte, war sie bereit, ihren Mantel auszuziehen. Es war für sie nicht infrage gekommen, sich von ihrem Ziel abbringen zu lassen!

Der Rat, das Geschrei eines hartnäckigen Kindes zu ignorieren, ist nutzlos, ein frustrierender Witz. Auch wenn andere Kinder vielleicht innerhalb weniger Minuten einschlafen, nachdem man sie ins Bett gelegt hat, kann dieses Kind stundenlang schreien, bis Mama oder Papa einen Weg finden, es zu beruhigen und ihm zu helfen, damit aufzuhören. Ignorieren funktioniert jedenfalls nicht. Beharrliche Kinder schreien dann nur noch lauter und länger.

Aufräumen kann eine weitere Situation sein, bei der die Beharrlichkeit ins Spiel kommt. Das entschlossene Kind will vielleicht erst jedes Bauklötzchen aus der Kiste benützt haben, bevor es mit dem Spielen aufhören und zum Essen kommen kann.

Beharrliche Kinder sind mit Eifer bei der Sache. Wenn sie einen Keks wollen, kommen sie immer wieder, bis sie einen bekommen. Sie sind zielorientiert und nicht gewillt, einfach aufzugeben.

Viele Eltern temperamentvoller Kinder verblüfft die Tatsache, dass lebhafte Kinder sowohl beharrlich sein als auch eine hohe Wahrnehmungsfähigkeit haben können. Sie staunen, wie diese Kinder zwei Anweisungen ihrer Eltern vergessen, sich aber an ihr fünfzehn Kilometer entferntes Lieblingsrestaurant erinnern können und darauf bestehen, dorthin zu gehen. Die Antwort ist einfach: Lebhafte Kinder sind beharrlich, wenn sie motiviert sind und ein persönliches Interesse an einer Idee oder Aktivität haben. Wenn es ihre eigene Idee ist, lassen sie nicht locker. Ist es hingegen die Idee anderer, interessieren sie sich sehr viel mehr für das, was sonst noch um sie herum vorgeht.

Die Welt braucht beharrliche Menschen, als Elternteil eines beharrlichen Kindes können Sie aber damit rechnen, mehr Energie und Geschicklichkeit zu benötigen, um dessen Kooperation zu gewinnen. Kombinieren Sie jedoch diese Beharrlichkeit mit den Fertigkeiten, flexibel im Denken zu sein und Probleme kreativ zu lösen, dann können diese Kinder Großartiges vollbringen.

### *3. Empfindlichkeit*

Wie empfindlich reagiert Ihr Kind auf leichte Geräusche, Emotionen und Unterschiede von Temperatur, Geschmack und Beschaffenheit? Reagiert es leicht auf bestimmtes Essen, auf Etiketten in der Kleidung, lästige Geräusche oder Ihren Stresspegel?

| 1 | 2 | 3 | 4 | 5 |
|---|---|---|---|---|
| IN DER REGEL NICHT EMPFINDLICH | | | | SEHR EMPFINDLICH |
| Schläft auch bei lauten Alltagsgeräuschen | | | | Braucht Ruhe, um schlafen zu können |
| Stört sich nicht an kratzigen Textilien | | | | Eine Sockennaht muss genau richtig platziert werden |

| | |
|---|---|
| Fühlt sich durch seltsame Gerüche nicht belästigt | Klagt über Licht, Geräusche und Gerüche, vor allem in Menschenansammlungen |
| Isst alles | Ist beim Essen wählerisch |
| Nimmt Stress nicht wahr | Greift Ihren Stress auf |
| Wird nicht übermäßig davon beeindruckt, wie sich etwas anfühlt | Reagiert stark darauf, wie sich etwas anfühlt, ob angenehm oder unangenehm |

Wissenschaftler haben signifikante Unterschiede festgestellt, wie Kinder auf Anblicke, Geräusche und Gerüche in ihrer Umgebung reagieren. Einige Kinder scheinen durch kratzige Kleidung, laute Geräusche oder seltsame Gerüche nicht gestört zu werden, während andere extrem empfindlich reagieren.

Temperamentvolle Kinder werden mit einer Superausstattung an Sensoren geboren. Während viele andere Kinder in einem Zimmer voller Leute einschlafen können, bleiben temperamentvolle Kinder hellwach und registrieren jedes Geräusch und alles, was sie sehen. Es kann ein schwieriges Unterfangen werden, mit ihnen in einem Hotel oder bei der Oma zu schlafen. Das Bettzeug hat einen fremden Geruch, das Kissen fühlt sich nicht richtig an. Sensible Kinder reagieren auch auf Emotionen und dienen als Anzeiger für den Stress innerhalb einer Familie. Wenn Sie selbst sich am schlechtesten fühlen, benimmt sich auch Ihr Kind ausgerechnet dann am schlechtesten.

Für ein sensibles Kind ist jedes Erlebnis ein Beschuss seiner Sinne. Es sieht, hört und riecht Dinge, die andere – einschließlich seiner Eltern und Geschwister – möglicherweise gar nicht bemerken. In unserem Kurs illustrierte Mike dieses Phänomen eines Tages mit folgender Geschichte von einem Ausflug mit seiner Tochter.

Das örtliche Kino zeigte einen Klassiker. Es sollte ein großartiges Vater-Tochter-Erlebnis werden – nur Ellie, *Dornröschen* und ich. Sie durfte das Abendessen auslassen, und ich kaufte ihr Popcorn und eine Süßigkeit. Was brauchte sie mehr? In dem Moment, als die Lichter im Kino ausgingen, fing sie an zu brüllen. »Daddy«, rief sie nach Luft schnappend, »es ist zu dunkel, ich sehe nichts. Ich bekomme Gänsehaut!«

Sie sprang auf meinen Schoß, als der Film begann.

»Es ist zu laut«, beklagte sie sich und presste ihre Handflächen auf ihre Ohren. »Meine Ohren tun weh.«

Ich konnte sehen, dass sie kurz davor war auszurasten. Ich hatte das schon einmal erlebt und ging deshalb mit ihr hinaus in den Vorraum. »Ellie, es ist alles in Ordnung. Wir können nach Hause gehen. Ich muss *Dornröschen* nicht unbedingt sehen. Wir können es uns auch im Internet anschauen«, sagte ich zu ihr.

»Nein! Nein«, protestierte sie. »Ich kann damit umgehen. Ich will bleiben.«

Wir schoben uns zurück auf unsere Plätze, zwängten uns an der Familie vorbei, die neben uns saß, und von denen jeder einen kräftigen Brustkorb hatte. Sie hielt sich ihr Sweatshirt vor Mund und Ohren, um die Geräusche zu dämpfen. Alles schien gut zu gehen, bis die Familie neben uns anfing, ihr Popcorn und ihre gesalzenen Erdnüsse geräuschvoll zu mampfen.

»Daddy, sie kauen zu laut«, beklagte sie sich. »Sag ihnen, sie sollen ihren Mund beim Essen zulassen.«

Ich schaute zu dem Vater hinüber. Ein Blick und ich wusste, dass er mindestens 110 Kilo wog, und begann zu rechnen. Ich bringe 70 Kilo auf die Waage. Es führte kein Weg dahin, ihm zu sagen, er solle den Mund zulassen. Ich behauptete, nichts zu hören, und weigerte mich einzuschreiten.

Dieses eine Mal akzeptierte sie meine Weigerung und vergrub ihren Kopf noch tiefer in ihrem Sweatshirt. Plötzlich legte sie die Hand auf den Magen.

»Igitt, Daddy, ich rieche Popcorn und Erdnüsse, und jemand hat Mundgeruch. Davon wird mir schlecht.«

Ich griff nach der Popcorntüte und hielt sie ihr vors Gesicht, aber sie fand ihre eigene Lösung und zog sich ihr Sweatshirt über die Nase. Nun schauten nur noch ihre Augen über den rosa Kragen. Ich wandte mich dem Film zu und dachte, ich könnte ihn nun vielleicht anschauen.

Ellie saß gekrümmt auf ihrem Platz, den Kopf ins Sweatshirt vergraben, die Hände weiterhin über die Ohren gelegt. Sie seufzte, und ich war gespannt, was als Nächstes kommen würde.

Durch ihr Sweatshirt hindurch fragte sie: »Was ist passiert? Wohin ist die Fee gegangen? Wenn mir die Arzthelferin in den Finger sticht, schlafe ich dann auch so lange?«

Sie behielt während des gesamten Films einen fortlaufenden Dialog bei. Der Dicke neben uns warf uns vernichtende Blicke zu. »Pscht«, ermahnte ich sie. Sie sprach leiser, aber ihre Fragen gingen weiter.

»Hat ihr der Stich mit der Spindel wehgetan? Wärst du traurig, wenn ich so lange schlafen würde?« (Ich kam gerade zu der Ansicht, das könnte eigentlich recht angenehm sein).

Die Familie neben uns suchte sich einen anderen Platz, die ganze Sitzreihe wackelte, als sie sich hinauskämpften. Ich war überrascht, dass sie sich darüber nicht beklagte. Es schien Stunden, wenn nicht Tage zu dauern, bis endlich der Abspann kam. Ich war erschöpft. Sie sprang mit schwingenden Armen zur Tür hinaus.

»Das machen wir bald wieder!«, rief sie.
»Niemals«, dachte ich, »niemals!«

Ellie versuchte nicht, diesen besonderen Ausflugstag zu ruinieren. Ellie ist nur sehr empfindlich. Sie bemerkt jedes Geräusch, jeden Geruch, helles Licht, und alle Beschaffenheiten um sich herum saugt sie förmlich auf und reagiert darauf. Wie Mike sagte: »Sie reagiert bei einer für mich fast nicht wahrnehmbaren Reizschwelle.« Wenn ein Reiz intensiver ist, reagiert sie sehr stark.

Wenn ihr Kind von seinem Temperament her empfindlich ist und Dinge hört, riecht und fühlt, die Sie kaum wahrnehmen, können Sie damit rechnen, dass Essen, Kleidung, Menschenmengen, laute Feiern und weitere, stark auf die Sinne wirkende Aktivitäten leicht zu Auslösern werden. In diesen Fällen ärgern Sie sich nicht, weil Sie glauben, Ihr Kind sei absichtlich ungezogen, sondern erkennen Sie, was tatsächlich los ist: Es ist die erste und natürlichste Reaktion Ihres Kindes, und Sie können ihm helfen, damit umzugehen.

Wenn Sie über Empfindlichkeit lesen, werden Sie vielleicht überlegen, wie Sie ein empfindlich veranlagtes Kind von einem Kind unterscheiden können, das eine Reizverarbeitungsstörung aufweist. Das ist eine Frage der Ausprägung. Bei einem Kind wie Ellie, das von seiner Anlage her empfindlich ist, werden Sie feststellen, dass es Reize in seiner Umgebung aufmerksam registriert, durch sie verärgert oder gereizt wird, aber mit Ihrer Hilfe in der Lage sein wird, Wege zu finden, damit umzugehen. Ihr Kind wird wählerisch sein bei seiner Kleidung, seinem Essen oder Lieblingsveranstaltungen, und obgleich es anfangs vielleicht durcheinander ist, wird es von den Empfindungen nicht völlig überwältigt oder unfähig sein, an solchen Veranstaltungen teilzunehmen.

Ein Kind mit Reizverarbeitungsstörung wird sich entschieden von bestimmten Empfindungen zurückziehen oder mit seinem ganzen Körper eine bestimmte Art von Stimulation suchen. Die Reaktion bei solchen Kindern ist stärker, intensiver und durchdringt den ganzen Körper – als ob sie stark verängstigt seien, bereit für eine »Kampf- oder Fluchtreaktion«. Dieser »Druck« kann so stark werden, dass er die täglichen Aufgaben beeinträchtigt und es dem Kind unmöglich macht, an bestimmten Aktivitäten teilzunehmen.

Anders als bei Kindern mit empfindlicher Veranlagung reicht es bei Kindern mit einer Reizverarbeitungsstörung nicht aus, ihnen durch Veränderungen der Umgebung zu helfen, damit zurechtzukommen. Um ihnen erfolgreich zu helfen, brauchen sie zusätzlich eine Therapie bei einem Beschäftigungstherapeuten.

### *4. Hohe Wahrnehmungsfähigkeit*

Nimmt Ihr Kind Menschen, Farben, Geräusche und Gegenstände in seiner Umgebung wahr? Vergisst es häufig, worum Sie es gebeten haben, weil etwas anderes seine Aufmerksamkeit gefesselt hat?

| 1 | 2 | 3 | 4 | 5 |
|---|---|---|---|---|
| NIMMT KAUM ETWAS DAVON WAHR | | | | NIMMT SEHR VIEL WAHR |
| Bleibt bei seiner Aufgabe, ohne den Vögeln draußen vor dem Fenster zuzuschauen | | | | Bemerkt Dinge, die den meisten anderen Leuten entgehen |

| | |
|---|---|
| Geht achtlos an dem Regenbogen vorbei, der sich in der neuen Ölpfütze spiegelt | Verbringt fünf Minuten damit, das Lichtspiel in der neuen Ölpfütze zu beobachten |
| Kann problemlos mehrere Anweisungen behalten und ausführen | Vergisst mehrere Anweisungen |

Wissenschaftler haben deutliche Unterschiede darin festgestellt, wie bewusst sich die verschiedenen Menschen ihrer Umwelt sind. Temperamentvolle Kinder sind nicht nur empfindlicher, sie nehmen auch mehr wahr. Sie registrieren alles. Wenn Sie mit einem temperamentvollen Kind auf der Autobahn fahren, wird es den Habicht bemerken, der in fünfzehn Metern Höhe oben auf einem Lichtmast sitzt. Wenn Sie mit ihm spazieren gehen, wird es die glänzende Münze entdecken, die im Gras versteckt sitzt.

Ihre hohe Wahrnehmungsfähigkeit kann lebhafte Kinder in Schwierigkeiten bringen, weil es manchmal den Anschein erweckt, sie würden nicht zuhören. Bitten Sie ein lebhaftes Kind, es solle sich anziehen, und es wird verschwinden. Eine halbe Stunde später können Sie es aber immer noch im Schlafanzug finden – aus dem Fenster schauend und die Wolkenformationen beobachtend oder mit dem Ball spielend, über den es auf dem Weg in sein Zimmer gestolpert ist. Der eigentlich zehn Sekunden dauernde Weg vom Nachbarsgarten in ihren Garten kann bei einem Kind mit hoher Wahrnehmungsfähigkeit zwanzig Minuten dauern. Es bemerkt den Tau im Gras, das neue Vogelnest im Apfelbaum und das zarte Spinnennetz, das zwischen den Blumen gewebt wurde. Es wird stehen bleiben, um den Regenbogen zu beobachten, der sich auf dem Garagenboden in einem frischen Ölfleck spiegelt.

Die scharfen Beobachtungen sehr aufnahmefähiger Kinder nähren eine reiche Fantasie. Sie werden auf die Königskrone hinweisen, die die Streifen des Staubsaugers auf dem Teppich hinterlassen haben und auf den Buchstaben B, den die Spaghettisoße auf ihrem Teller bildet. Sie denken sich Geschichten aus und entwerfen verrückte Kostüme.

Es kann ein Ding der Unmöglichkeit sein, ein Baby mit hoher Wahrnehmungsfähigkeit in einem Zimmer mit vielen Leuten zu stillen. Unter den stillenden Müttern in meiner Gruppe für temperamentvolle Kinder kursiert folgender Dauerwitz: »Sie werden noch für Ihre lang gezogenen Brüste bekannt, wenn Sie versuchen, Ihr Baby während eines Gesprächs in einem Zimmer mit vielen Leuten zu stillen, weil es jedes Mal, wenn jemand spricht oder vorbeigeht, den Kopf dreht, um zu schauen oder zuzuhören, und dabei die Brustwarze nicht auslässt.« – Eine schmerzhafte Dehnung. Kindern mit hoher Wahrnehmunsfähigkeit kann es auch schwerfallen, Entscheidungen zu treffen. Häufig überfordert es sie, alle Optionen in Erwägung zu ziehen, wodurch sogar eine einfache Entscheidung qualvoll wird. Leah, eine Erwachsene mit hoher Wahrnehmungsfähigkeit, erklärte mir, was dabei geschieht.

Ich ging in meinen Lieblingscoffeeshop und dachte: »Es dauert höchstens fünf Minuten. Ich bestelle einfach meinen üblichen Grande Americano mit Sahne. Ganz simpel!« Aber an diesem Morgen gab es drei – nicht eines, sondern drei – riesige Werbeschilder für die Kaffeezubereitungen mit Kürbisaroma. Es war nicht irgendein Morgen im Coffeeshop. Es war ein *Herbst*morgen.

Ich konnte meinen Herzschlag kräftig spüren, als die Kürbisschlacht in meinem Gehirn explodierte. »Sollte ich meinen Americano gegen einen Latte mit Kürbisaroma eintauschen? Nein, tu das nicht. Der ist zu süß. Du bist allergisch auf Milch. Davon wird dir schlecht. Vielleicht mit Sojamilch? Nein, ich hasse Soja.« Der Kampf in meinem Gehirn ging weiter, während die Grenze, die anfangs eine unüberwindliche Mauer zwischen mir und dem Koffeinglück darzustellen schien, sich in einen reißenden Fluss verwandelte.

Viel zu schnell fragte der Kassierer: »Kann ich Ihnen helfen?« Ich stand wie angewurzelt, wie ein Reh im Scheinwerferlicht. Mein Gesicht verzog sich in einem letzten Ringkampf mit meiner Zunge. Ich bin sicher, wenn ich drei Jahre alt gewesen wäre und nicht dreißig, hätte ich mich auf den Boden geworfen, hätte getreten und geschrien: »MAMA, ICH WILL KAFFEE UND KÜRBISAROMA!« Zwei Minuten später verließ ich den Coffeeshop, durchgeschwitzt wie nach einem Fünf-Kilometer-Lauf und nicht wie nach einem sechsminütigen Aufenthalt im Coffeeshop.

»Aber«, fuhr sie fort, und bei der Erinnerung huschte ein Lächeln über ihr Gesicht, »in meiner rechten Hand hatte ich einen großen Americano (ich hatte das Gespür dafür gehabt, ihn eine Nummer kleiner zu wählen) und in meiner linken Hand einen Latte mit Kürbisaroma.«

Kinder mit dieser Eigenschaft, also mit einer hohen Wahrnehmungsfähigkeit, werden am häufigsten mit Kindern verwechselt, die das Aufmerksamkeitsdefizitsyndrom (ADS) aufweisen. Eine hohe Wahrnehmungsfähigkeit, die nicht in geordnete Bahnen gelenkt wird, kann als Zerstreutheit wahrgenommen werden. Der Unterschied zwischen einem sehr wahrnehmungsfähigen temperamentvollen Kind und einem Kind mit ADS liegt darin, dass ein temperamentvolles Kind alles in seiner Umgebung wahrnimmt, diese Informationen aber verarbeiten kann und letztlich dazu in der Lage ist, die wichtigste Information auszuwählen. Als Ergebnis kann es sich auf eine Aufgabe fokussieren und diese erledigen oder eine Entscheidung treffen. Ein Kind mit ADS hingegen wird trotz aller Bemühungen nicht in der Lage sein, die wichtigste Information herauszufinden, auf die es achten sollte, und wird auch beim besten Willen nicht in der Lage sein, sich auf eine Aufgabe zu fokussieren und diese zu erledigen.

Wenn Sie bei der Wahrnehmungsfähigkeit Ihres Kindes die 4 oder 5 markiert haben, wissen Sie, dass Ihr Kind überdurchschnittlich viel von seiner Umgebung mitbekommt. Es wird Ihre Hilfe brauchen, um zu lernen, wie es die wichtigsten Botschaften herausfiltern kann. Durch zusätzliche optische Hinweise wie Fotos, Gegenstände, Farben, Zeichnungen oder Pfeile können es Ihrem Kind erleichtern, Sie zu »hören«. Wenn es genügend Zeit zur Verarbeitung bekommt, wird es Entscheidungen effizienter treffen können.

### 5. *Anpassungsfähigkeit*

Wie schnell passt sich Ihr Kind Veränderungen seines Zeitplans oder seiner Routine an? Wie kommt es mit Überraschungen zurecht?

| 1 | 2 | 3 | 4 | 5 |
|---|---|---|---|---|
| PASST SICH SCHNELL AN | | | | PASST SICH LANGSAM AN |
| Kann problemlos eine Aktivität beenden und mit etwas anderem beginnen | | | | Weint oder regt sich auf, wenn eine Aktivität endet und etwas anderes beginnt |

| | |
|---|---|
| Reagiert flexibel auf Veränderungen der Routine | Wird durch Veränderungen seiner Routine aus der Fassung gebracht |
| Wird durch Überraschungen nicht aus der Fassung gebracht | Wird durch Überraschungen aus der Fassung gebracht |
| Wechselt schnell vom Wachzustand in den Schlaf oder aus dem Schlaf in den Wachzustand | Braucht Zeit, um vom Schlaf in den Wachzustand und vom Wachzustand in den Schlaf zu finden |
| Verlässt den Park, das Haus eines Freundes oder eine Veranstaltung mit wenig oder keiner Aufregung | Regt sich auf, wenn es den Park, das Haus eines Freundes oder eine Veranstaltung verlassen soll |

Es gibt große Unterschiede, wie sich jeder Einzelne an Veränderungen und Übergänge anpasst. Manche Kinder nehmen wenig Notiz davon. Für andere sind Übergänge oder Veränderungen jeder Art mit Stress verbunden. Temperamentvolle Kinder passen sich Veränderungen in der Regel sehr langsam an. Sie hassen Überraschungen und brauchen Zeit oder eine Vorwarnung, um von einer Aktivität zu einer anderen überzugehen. Auch der Übergang vom Wachsein zum Schlafen oder vom Schlafen zum Wachsein kann längere Routineabläufe beim Zubettgehen oder

Aufstehen verlangen. Solche Kinder können ausrasten, wenn sie sich hetzen müssen.

Die Frage der Anpassungsfähigkeit ist Ihnen möglicherweise neu. Vielleicht haben Sie gar nicht bemerkt, wie Ihr Kind reagiert. Dabei kann die Anpassungsfähigkeit einer der Hauptgründe sein, warum Sie und Ihr Kind täglich Auseinandersetzungen haben. Ein Kind, das sich nur langsam auf etwas Neues einstellt, rastet aus, weil Sie seinen Toast in Dreiecke schneiden, während es Rechtecke haben wollte, oder weil Sie bei Burger King halten, während es erwartet hatte, dass sie bei Chipotle Mexican Grill essen. Mittagsschlaf, Essenszeit, Zubettgehzeit oder das Abholen vom Kindergarten oder von der Schule sind alles tägliche Übergangsphasen, die diesen Kindern schwerfallen. Wenn ein Aushilfsbusfahrer Dienst hat, ein Aushilfslehrer oder eine Aushilfskindergärtnerin, können Sie wetten, dass Ihr temperamentvolles Kind einen schwierigen Tag hat. Auch bis es sich an die Zeitumstellung gewöhnt hat, können drei Wochen vergehen. Eine neue Jahreszeit und die dadurch unvermeidliche andere Kleidung können sich als Quelle heftiger Auseinandersetzungen erweisen. Wenn Ihr Kind ein Spiel beenden soll, um zum Essen zu kommen, kann es dies als signifikanten Eingriff empfinden. Es kann sogar Tränen zur Folge haben, wenn ein anderes Kind unerwartet versucht, sich einem langsam anpassungsfähigen Kind und dessen Freunden beim Spielen anzuschließen. Temperamentvolle Kinder stellen sich tatsächlich so langsam um. Oft merken sie gar nicht, dass sie Ihnen damit das Leben schwer machen. Aber sie brauchen einfach nur Zeit, um sich etwas Neuem anzupassen.

Sasha wurde klar, dass das Einkaufen zu einem Kampf wurde, weil Nora nur langsam anpassungsfähig war.

Ich verstand nicht, warum Nora jedes Mal zu schreien anfing, wenn ich sie ins Auto setzte und wieder aus dem Auto holte, um in ein Geschäft zu gehen. Mein älteres Kind liebte es, mit mir einkaufen zu gehen. Es war immer eine besondere Zeit, nur ein Kind und ich. Ich wollte diese besondere Zeit auch mit Nora teilen. Aber Nora hasste es. Sie konnte es nicht ausstehen, an einen Ort und wieder von dort wegzugehen. Es war ein Kampf, sie zur Tür hineinzubringen und ein noch größerer Kampf, sie anschließend wieder nach draußen zu bringen. Jetzt ist mir klar, dass sie sich aufregt, weil es zu viele Übergänge sind und diese Übergänge zu schnell aufeinander folgen. Sie kann sich einfach nicht so schnell darauf einstellen. Einkaufen ist mit Nora keine besondere Zeit!

Wenn Sie verstehen, wie Ihr Kind auf Übergänge und Veränderungen reagiert, haben Sie den Schlüssel, um seine Kooperation zu gewinnen. Passt sich Ihr Kind nur langsam an, müssen Sie trainieren, erst einmal selbst solche Übergänge zu erkennen, Ihr Kind auf diese Übergänge hinzuweisen und sich dann beide darauf vorzubereiten. Vorhersehbare Routineabläufe erlauben es Ihrem Kind vorherzusehen, was wann geschehen wird – wodurch tägliche Trotzanfälle drastisch abnehmen. Der Verzicht auf unnötige Übergänge ist sogar noch besser: Lassen Sie Ihr Kind beispielsweise bereits angezogen zum Frühstück kommen, anstatt es nach dem Frühstück noch einmal zum Anziehen in sein Zimmer zu schicken.

### 6. Regelmäßigkeit

Gibt es bei Ihrem Kind eine Regelmäßigkeit bezüglich seiner Essenszeiten, Schlafenszeiten, der nötigen Menge an Schlaf und bestimmten Körperfunktionen?

| 1 | 2 | 3 | 4 | 5 |
|---|---|---|---|---|
| REGEL-MÄSSIG | | | | UNREGEL-MÄSSIG |

| | |
|---|---|
| Schläft fast jeden Tag zur selben Zeit ein | Schläft nie zur selben Zeit ein |
| Hat in regelmäßigen Abständen Hunger | Hat jeden Tag zu anderen Zeiten Hunger oder »vergisst« zu essen |
| Hat immer zur gleichen Zeit Stuhlgang | Hat sehr unregelmäßig Stuhlgang |

Bei ihren Studien haben Forscher beobachtet, dass einige Kinder problemlos immer zu bestimmten Zeiten, d.h. regelmäßig schliefen und aßen, während andere Kinder mehr Hilfe von den Erwachsenen brauchten, um in eine Routine zu kommen. An einigen Tagen hielten diese Kinder einen dreistündigen Mittagsschlaf, am nächsten Tag gar keinen. Sie hatten zu unterschiedlichen Tageszeiten Hunger. Das heißt, das alles war sehr unregelmäßig. Diese Unregelmäßigkeit kann sich auch darauf auswirken, wie Kinder mit Essenszeiten, Schlafenszeiten und dem Sauberwerden zurechtkommen und wann sie morgens aufstehen.

Der Körper eines temperamentvollen Kindes, das von Natur aus unregelmäßig ist, lässt sich nicht so leicht vorhersehbare Muster oder Rhythmen aufzwingen. Häufig haben diese Kinder ein »Schlaffenster« von nur 15 Minuten. Wenn Sie dies verpassen, kann es 45 Minuten dauern, bis Sie Ihr Kind zum Schlafen gebracht haben.

Entscheidend ist eine konsequente Routine. Wenn Sie unregelmäßigen Kindern erlauben, am Wochenende lange aufzubleiben, wird es eine Woche oder sogar noch länger dauern, bis Sie sie wieder auf Kurs haben. Ein fester Zeitplan mag zwar für diese Kinder nicht passend erscheinen, jedoch brauchen gerade diese Kinder, wenn sie den nötigen Schlaf bekommen sollen, mehr als andere die Hilfe ihrer Eltern und Hinweise aus ihrer Umgebung, um ihre innere Uhr zu stellen.

Sechs kleine Mahlzeiten, gleichmäßig über den Tag verteilt, helfen Kindern, die gerne einmal das Essen »vergessen« ebenfalls, tagsüber den Blutzuckerspiegel und das Energieniveau zu halten. So vermeiden Sie auch die Frustration, dass Ihr Kind beim Abendessen keinen Hunger hat, aber genau dann etwas essen möchte, wenn der Tisch längst abgeräumt wurde. Wenn Sie sein Temperament verstehen, können Sie mit ihm kooperieren.

Wenn Sie bei der Regelmäßigkeit auf der Skala die 4 oder 5 markiert haben, können Sie damit rechnen, dass es eine Herausforderung sein wird, in Ihrem Zuhause regelmäßige Routineabläufe durchzusetzen, wobei diese aber extrem wichtig sind.

### 7. Energie

Ist Ihr Kind ständig in Bewegung und beschäftigt oder ruhig und untätig? Muss es rennen, springen und seinen ganzen Körper nutzen, um sich gut zu fühlen?

| 1 | 2 | 3 | 4 | 5 |
|---|---|---|---|---|
| RUHIG | | | | SEHR AKTIV |
| Bleibt beim Schlafen immer am selben Platz | | | | Scheint kurz vor dem Explodieren zu sein, wenn es immer am selben Platz bleiben muss |
| Sitzt längere Zeit da und spielt friedlich | | | | Ist immer in Bewegung, zappelt sogar im Sitzen |

| | |
|---|---|
| Scheint sich an Tagen ohne körperliche Betätigung oder ohne Zeit im Freien wohlzufühlen | Ist an Tagen ohne körperliche Betätigung oder ohne Zeit im Freien wild und reizbar |

Auch beim Energieniveau wurden individuelle Unterschiede festgestellt. Einige Kinder saßen längere Zeit still, andere waren immer in Bewegung.

Viele temperamentvolle Kinder sind energiegeladen, das heißt jedoch nicht, dass alle Kletterer und Springer sind. Einige scheinen wirklich unglaublich viel Energie zu besitzen. Sie gehen nicht, sie rennen. Sie können durch keine Tür gehen, ohne hochzuspringen, um den Türrahmen oben zu berühren. Sie fallen in der Schule oder am Esstisch schon einmal vom Stuhl. Das liegt nicht daran, dass sie nicht aufpassen oder nicht versuchen, Regeln einzuhalten, sie haben einfach einen so starken Bewegungsdrang. Eine lange Autofahrt kann ein Albtraum sein, wenn nicht häufige Pausen eingelegt werden, damit das Kind seine überschüssige Energie loswerden kann.

Das Energieniveau ist auch ein wichtiger Faktor beim Aufmerksamkeitsdefizitsyndrom. Dabei bereitet nicht die Menge an Aktivität oder Energie Sorge, sondern der Fokus dieser Aktivität. Der Sechsjährige beispielsweise, der herumzappelt und immer wieder vom Stuhl aufspringt, während er seine Aufgabe erledigt, ist ein Kind mit aktivem Temperament. Das Kind, das durchs Zimmer schwirrt und seine Aufgabe nie erledigt, könnte ADS haben.
Nicht einmal die erfahrensten Fachleute können nur durch Beobachtung eines Kindes eine ADS-Diagnose stellen. Sollten Sie sich Sorgen machen, Ihr Kind könnte ADS haben, ist es wichtig, dass Sie es vollständig körperlich und psychologisch untersuchen lassen.

Wenn Ihr Kind ein energiegeladenes Temperament hat, können Sie damit rechnen, dass es viel Bewegung braucht. Das ist vorhersehbar und Sie können diese Information nutzen, um erfolgreich für Ihr Kind zu planen.

### 8. Erste Reaktion

Was ist die erste Reaktion Ihres Kindes, wenn es sich mit anderen Leuten treffen soll, eine neue Aktivität oder Idee ausprobieren oder an einen bisher unbekannten Ort gehen soll?

| 1 | 2 | 3 | 4 | 5 |
|---|---|---|---|---|
| IST SOFORT DABEI | | | | VERWEIGERT SICH ZUERST ODER SCHAUT ERST ZU, BEVOR ES MITMACHT |
| Zögert in neuen Situationen nicht | | | | Ist zurückhaltend, bevor es mitmacht |
| Scheint durch Tun zu lernen | | | | Lernt durch Beobachten |
| Ist neuen Aktivitäten gegenüber offen | | | | Ist bei neuen Aktivitäten oder Dingen unglücklich |
| Fügt sich einer neuen Anforderung in der Regel ohne viel Aufhebens | | | | Sagt sofort Nein, wenn Sie es bitten, etwas Neues zu machen |

Die Forscher stellten Unterschiede dabei fest, wie Menschen anfänglich auf neue Situationen reagieren – diese Unterschiede halten sich lebenslang. Einige Menschen zögern nicht und sind sofort dabei. Sie scheinen durch Tun zu lernen. Andere sind zurückhaltend und scheinen durch Beobachtung zu lernen. Sie ziehen es vor, eine neue Situation erst zu prüfen, bevor sie sich darauf einlassen. Bei den temperamentvollen Kindern tendiert normalerweise jeweils die Hälfte zur einen oder anderen Gruppe. Die eine Hälfte der Kinder springt bei neuen Situationen sofort ins kalte Wasser, was durchaus auch wörtlich zu verstehen ist und ihnen entsprechende Probleme einhandelt. Sie springen, bevor sie schauen. Die andere Hälfte hält sich zurück und weigert sich häufig mitzumachen. Es kann sein, dass diese Kinder weinen und sich auf den Boden werfen, dass sie um sich schlagen und schreien, wenn sie mit etwas Neuem konfrontiert werden. Diese Hälfte stellt die meisten Eltern vor die größten Herausforderungen, weil unsere Kultur Draufgänger tendenziell mehr unterstützt.

Wie ein Kind auf neue Situationen reagiert, lässt sich sehr einfach und frühzeitig feststellen. Laura erinnert sich an Hazels hysterische Reaktion, als sie das erste Mal gebadet wurde.

»Wenn man sich das Video von ihrem ersten Bad anschaut, könnte man meinen, die Farben seien verfälscht, weil ihre Haut beinahe lila aussieht. Da war nichts verfälscht, sie hat tatsächlich so geschrien.«

Ob es das erste Bad, der erste Schultag, ein neues Essen, ein neuer Autositz oder der erste Versuch eines Schwimmunterrichts ist, viele temperamentvolle Kinder wollen das alles nicht ausprobieren und beharren auch auf ihrer Ablehnung. Es ist wichtig, dies als erste Reaktion zu verstehen – nicht als letzte Entscheidung. Wenn Sie Ihrem Kind Zeit lassen, es unterstützen und neue Erfahrungen in kleine, überschaubare Schritte aufteilen, wird es häufig seine Meinung ändern und am Ende mit Freude mitmachen.

Lyssa erkannte, dass es Milos erste Reaktion war, die einen Familienausflug in eine schwere Auseinandersetzung verwandelte.

Ich hatte geplant, den Nikolaus zu besuchen. Es sollte ein ganz besonderer Ausflug werden, um ihn in der Stadt zu treffen. Ich war so aufgeregt, weil ich wusste, dass es ein spannender Tag werden würde, an dem wir die Weihnachtsdekorationen sehen, mit dem Nikolaus sprechen und anschließend den traditionellen Lebkuchen bekommen würden – so wie ich früher, als ich Kind war. Ich hatte Milo noch nichts davon erzählt, und als ich es dann tat, fing er an zu weinen. Er wollte seine Jacke nicht anziehen und riss sich seine Fausthandschuhe so schnell wieder herunter, kaum dass ich sie ihm angezogen habe. Ich musste ihn um sich schlagend und schreiend ins Auto tragen. Ich wiederholte immer wieder: »Du wirst es toll finden. Wir sehen den Nikolaus, und du wirst begeistert sein!«

Ich war wütend. Er ruinierte meinen besonderen Ausflug! Er weinte und schmollte die ganze Zeit, dreißig Minuten Autofahrt. Ich drehte die Musik auf und ließ ihn brüllen. Aber ich vermute, dass dies die Zeit war, die er brauchte, um sich an den Gedanken zu gewöhnen. Als wir dort waren, spazierte er durch die Ausstellung, saß beim Nikolaus auf dem Schoß und erzählte ihm alles Mögliche, so süß und liebenswert. Später merkte ich, dass ich Glück hatte, denn es waren auch Kinder dort, die sich nicht einmal auf den Schoß des Nikolaus setzen wollten. Anschließend machten wir beide ein zweistündiges Schläfchen. Ich war erschöpft und schwor mir, so etwas nicht noch einmal zu machen.

Dieses Jahr fragte mich mein Sohn: »Mama, wann sehen wir den Nikolaus wieder? Das hat so viel Spaß gemacht.« Ich hätte ihn auf der Stelle erwürgen können.

Wie reagiert Ihr Kind normalerweise auf neue Situationen und neue Leute? Wenn Sie auf der Skala die 4 oder 5 markiert haben, können Sie davon ausgehen, dass Ihr Kind sich gegen neue Situationen sperren wird. Sie können das voraussehen und Enttäuschungen vermeiden, denn Sie wissen, dass Ihr Kind seine Meinung vielleicht ändert, wenn Sie mit ihm zusammen daran arbeiten.

**9. Stimmung**

Ist Ihr Kind in der Regel glücklich und zufrieden oder meist ernst, analytisch oder sogar pathetisch?

| 1 | 2 | 3 | 4 | 5 |
|---|---|---|---|---|
| IN DER REGEL POSITIV | | | | EHER ERNST UND ANALYTISCH |
| In der Regel gut gelaunt | | | | In der Regel ernst |
| Positiv | | | | Sieht jeden Makel und was man verbessern müsste |

Das neunte Merkmal schließlich, das kennzeichnend für das Temperament ist, beschreibt die Unterschiede in der Stimmung. Viele der von Chess und Thomas beobachteten Kinder waren in der Regel zufrieden, positiv gestimmt und lächelten. Andere Kinder hingegen neigten dazu, ernster und analytischer zu sein und bemerkten die Schwachstellen in Situationen und an anderen Leuten. In meinen Kursen für temperamentvolle Kinder hat rund die Hälfte der Kinder eine im Allgemeinen positive und zufriedene Stimmung. Die andere Hälfte ist definitiv anstrengender für die Eltern. Diese Kinder sind ernster, weinen mehr und scheinen negativer eingestellt zu sein, da sie immer Vorschläge machen, wie man eine Aktivität verbessern könnte. Wir sind es gewohnt, dass Erwachsene uns sagen, wie wir etwas besser machen können, aber es ist schon etwas schwierig, von einem Kind einen Rat anzunehmen, das einem erzählt, es sei Zeit, nach Hause zu gehen, weil man schon genug Geld ausgegeben habe oder man solle doch noch etwas mehr Balsamico an das Salatdressing geben.

Auf eine allgemeine Frage wie »Wie war's heute in der Schule?« werden ernstere Kinder mit Kommentaren antworten wie »langweilig«, »doof« oder »schön«. Sie werden sagen, sie hätten nichts Interessantes erlebt, obgleich sie einen Ausflug zu ihrem Lieblings-Naturerlebniszentrum gemacht haben. Sie wollen gar nicht undankbar oder desinteressiert wirken. Sie sehen die Welt einfach aus einer analytischeren Perspektive.

Wenn Ihr Kind analytisch veranlagt ist, können Sie damit rechnen, dass es Ihnen bewertend antwortet – oder gar nicht. Dieses Kind wird über einen Ausflug oder ein Geschenk nicht in Begeisterung ausbrechen, sondern Ihnen Verbesserungsvorschläge dafür machen. Wenn Sie erkennen, dass es so reagiert, weil dies seine erste und spontane Reaktion ist und nicht, weil es absichtlich widerborstig oder undankbar sein will, können Sie ihm beibringen, diplomatischer zu werden und die Gefühle anderer zu respektieren.

Eine plötzliche Veränderung seiner Stimmung ist kein Anzeichen für eine Veränderung seines Temperaments. Vielmehr kann sie Anlass zur Sorge sein und zeigen, dass das Kind unter einer Depression leidet. Falls Sie sich Sorgen wegen Ihres Kindes machen, sollten Sie es ärztlich untersuchen lassen.

Gehen Sie nun alle Merkmale hinsichtlich des Temperaments noch einmal durch und zählen Sie Ihre Antworten zusammen. Markieren Sie die Summe unten auf der Skala.

**Ergebnis**

| 9–18 | 19–28 | 29–45 |
|---|---|---|
| ZURÜCKHALTENDES, BEDÄCHTIGES KIND | AUFGEWECKTES KIND | TEMPERAMENTVOLLES KIND |

Dies ist natürlich keine wissenschaftliche Analyse, sondern lediglich eine Skizze, es sind die ersten Pinselstriche eines Gesamtbildes der Persönlichkeit Ihres Kindes, sozusagen »ein Blick unter seine Motorhaube«. Sie können sie als Richtlinie verwenden, die Ihnen zu verstehen hilft, wer Ihr Kind ist und welche Gaben und Herausforderungen es mitbringt. So ähnlich wie eine Route Map im Internet, die Ihren Startpunkt erkennt, Ihnen bei der Planung der besten Route hilft und vorhersagt, wo die Problemstellen liegen könnten. Wenn Ihr Kind von seinem Temperament her intensiv ist, wissen Sie dies nun. Sie können mit starken Reaktionen rechnen und ihm beibringen, seine Intensität aufzulösen oder in geeignete Bahnen zu lenken. Wenn Ihr Kind sich gegen neue Situationen sträubt, können Sie seine Reaktion voraussagen und ihm die nötigen sozialen Fertigkeiten beibringen, um sich respektvoll auszudrücken, außerdem auch Strategien, die ihm helfen werden, sich wohler zu fühlen.

Temperament ist eine Realität: eine innere Gegebenheit. Es hat nichts zu tun mit dem schwierigen Alter von zwei, sechs oder dreizehn Jahren. Temperament bleibt. Ihr Kind kann sich sein Temperament nicht aussuchen, genauso wenig wie Sie dies können, aber wenn Sie verstehen, was Temperament bedeutet, können Sie die ersten und spontanen Reaktionen Ihres Kindes vorhersagen und den Erfolg planen.

# 4

# Was zusammenpasst und was nicht

## Wie Eltern und Kinder zueinander finden

*»Jeder von uns leuchtet anders, dadurch wird unser Licht jedoch nicht weniger hell.«*

*Albert Einstein*

Gretchen meldete sich in der Gruppe immer als Letzte zu Wort. Ihre dunklen Augen nahmen die Worte und Gesten der anderen auf, aber ihre Kommentare waren selten. Ihre Tochter Asher war die Art von Kind, das man »spürt«, bevor man es hört, und hört, bevor es in einen Raum hineinplatzt. Das Porträt ihres Kindes entsprach nicht dem Traumkind, das Gretchen sich erhofft hatte.

»Ich hätte mir nie vorstellen können, ein Baby wie Asher zu haben«, sagte sie. »Ich dachte, ich würde sie stundenlang knuddeln, mit ihr sprechen und singen. Aber Asher kam schon strampelnd zur Welt. Sie wollte nicht geknuddelt werden, es sei denn, sie bestimmte den Zeitpunkt. Als Baby wollte sie herumgetragen werden, um die Welt zu betrachten. Ich erinnere mich, wie ich sie mit vierzehn Monaten einmal schluchzend auf dem Schoß hielt und dachte: ›Warum kannst du nicht so sein wie andere Kinder? Warum kann ich nicht die richtigen Dinge tun, damit du das Kind wirst, das ich erwartet hatte?‹ Ich versuchte, mit meiner Partnerin darüber zu sprechen, aber die wurde böse, als ich es ihr erzählte. Es war einfach kein Problem für sie, aber für mich war es eins. Ich hatte dieses Phantomkind in meinem Kopf. Ich wusste, wie es aussehen und handeln sollte und wie unsere Beziehung sein würde. Aber unsere Realität war genau das Gegenteil davon.«

## DAS TRAUMKIND LOSLASSEN

Das Porträt, das Ihnen das Temperament Ihres Kindes zeigt, entspricht vielleicht nicht Ihren Erwartungen oder Wünschen. Für Sie wird es wie für Gretchen vielleicht eine der schwierigsten Aufgaben als Mutter oder Vater sein, Ihr »Traumkind« loszulassen. Vielleicht werden Sie den Verlust dieses Kindes betrauern, das nie Wirklichkeit geworden ist. Es ist ein Schlag ins Gesicht zu erkennen, dass es keine schnelle Lösung gibt, keine zehn einfachen Schritte zum Erfolg und keine perfekte Strafe, die aus Ihrem lebhaften Kind dieses Traumkind machen.

Ihr Kummer kann Sie blind machen. Er kann verhindern, dass Sie die besonderen Eigenschaften Ihres Kindes sehen. Er kann Sie zwingen, Ihre Zeit und Energie mit dem verzweifelten Versuch zu verbringen, Ihr Kind zu verändern, es Ihren Erwartungen an das »perfekte« Kind anzupassen, an dieses Kind, das es nicht gibt.

Julius Segal schrieb einmal: »Wird die unverwechselbare Natur eines Kindes abgelehnt, wird damit eine der zentralen Tatsachen der menschlichen Entwicklung geleugnet: die außergewöhnliche Bandbreite individueller Unterschiede, die ein Kind vom Moment seiner Geburt an kennzeichnen.«

## AUF BEZIEHUNGEN FOKUSSIEREN

Ein temperamentvolles Kind kommt nicht nur mit charakteristischen körperlichen Merkmalen zu uns, sondern auch mit der Veranlagung, sehr lebhaft zu sein. Wir haben keine Kontrolle über das Grundtemperament unseres Kindes, aber es liegt an uns, unsere Reaktion darauf zu verändern. Wir können aufhören, unser Kind als »Problem« zu betrachten und stattdessen unsere Energien darauf fokussieren, wirksamere Wege zu entdecken, mit ihm eine gute Beziehung aufzubauen, zusammenzuarbeiten und uns gegenseitig an unserer Gesellschaft zu erfreuen.

Jerome Kagan, ein Wissenschaftler der Harvard University, sagte in einem Gespräch mit mir: »Wir versuchen, unsere Lieben zu verändern, und wenn das nicht gelingt, gibt es Reibungspunkte und Konflikte. Menschen lassen sich nicht einfach verändern. Es gehört zu den größten Tragödien der menschlichen Interaktion, dass wir glauben, der Wille könne alles verändern – er kann es nicht.«

Es ist in Ordnung, Tränen zu vergießen, die Fantasien zu beklagen, die nicht Wirklichkeit geworden sind, aber Ihr Kind braucht es, dass Sie vorwärts gehen und das Bild des Traumkindes loslassen, damit die Beziehung zu Ihrem temperamentvollen Kind nicht gestört wird. Es ist nun an der Zeit anzufangen, sich auf Ihr echtes Kind zu fokussieren und zu entdecken, wie Sie tagtäglich mit seiner besonderen Veranlagung zurechtkommen und die Schönheit im »Porträt« seines Temperaments sehen können.

## TEMPERAMENT UND DISZIPLINARISCHE MASSNAHME

Kevin, groß, breiter Brustkorb, dichter dunkler Bart und eine Baseballkappe tief über die Augen gezogen, stieß sich mit finsterem

Blick mit seinem Stuhl vom Tisch ab. »Ich kapiere das nicht. Was hat das alles mit disziplinarischen Maßnahmen zu tun?«

Ich sprang auf, schnappte mir einen Whiteboardmarker und zeichnete einige Flammen. Sie stellten mich vor künstlerische Herausforderungen, waren zum Glück jedoch erkennbar.

»Wie löschen Sie ein Feuer?«, fragte ich.

»Mit Wasser!«, antwortete Kevin in gereiztem Ton.

»Was ist mit brennendem Fett?«, fuhr ich fort.

Er verdrehte die Augen, bevor er antwortete: »Die Herdplatte abschalten? Mit Backpulver ersticken?«

»Und was ist bei einem Waldbrand?«

Entnervt hob Kevin die Arme in die Luft.

Die anderen schalteten sich ein und riefen ihre Antworten, bis wir eine detaillierte Liste hatten.

- Ein Gegenfeuer entzünden
- Einen Streifen abholzen
- Feuerdämmende Mittel nutzen

Nachdem wieder Ruhe eingekehrt war, fragte ich: »Was passiert, wenn Sie Wasser auf brennendes Fett gießen?«

»Es wird wie verrückt spritzen«, erklärte Jason, unser ortsansässiger Feuerwehrmann.

»Und werden wir bei einem Lagerfeuer ein Gegenfeuer entzünden?«, fragte ich weiter.

»Nein!«, erwiderte die Gruppe einstimmig.

»Richtig!«, erklärte ich. »Um die wirksamste Strategie zum Löschen zu wählen, müssen Sie wissen, was brennt. Mithilfe des Temperaments können Sie den Brandherd identifizieren – die Gefühle und Bedürfnisse hinter den Flammen des anstrengenden Verhaltens Ihres Kindes.«

Für Eltern eines temperamentvollen Kindes kann sich jeder Tag wie ein Lotteriespiel anfühlen. Immer wieder rastet ihr Kind aus und sie haben keine Ahnung, was eigentlich geschehen ist und warum. Sie können sich so machtlos und unfähig fühlen, dass sie kapitulierend die Hände heben und fragen wollen: »Warum passiert mir das? Warum habe ausgerechnet ich dieses Kind bekommen?«

Wenn Sie erkennen, dass es im Verhalten Ihres Kindes Muster gibt, anhand derer Sie potenzielle Brennpunkte vorhersehen können, verschieben sich die Gewinnchancen plötzlich zu Ihren Gunsten. Es ist möglich, den »Brandherd« zu identifizieren, ihn auszuschalten (zumindest manchmal), geeignete Vorsichtsmaßnahmen zu treffen und, falls nötig, die wirksamste Methode zu wählen, um die Flammen des Fehlverhaltens daran zu hindern, sich weiter auszubreiten.

Studien zeigen, dass Eltern zu einer scharfen Reaktion neigen, wenn sie glauben, ihr Kind sei verzogen oder weine einfach nur so. Sie glauben seinen Signalen oder Bedürfnissen nicht. Wenn Sie jedoch den Zusammenhang mit seinem Temperament verstehen, so erkennen Sie das Bedürfnis Ihres Kindes und können mitfühlend reagieren. Sie können abschätzen, mit welchen Problemen Ihr Kind konfrontiert ist, anstatt zu glauben, es versuche absichtlich, Sie zu blamieren.

Disziplinarische Maßnahme und Strafe sind nicht gleichbedeutend. Disziplin bedeutet Anleitung. Ihr Wissen um das Temperament ermöglicht es Ihnen, Ihrem Kind ein geschickter Wegweiser zu sein.

In den folgenden Kapiteln werde ich Ihnen helfen, den Zusammenhang zwischen den täglichen Auseinandersetzungen und dem Temperament Ihres Kindes zu erkennen. Sobald Sie diese Zusammenhänge erkannt haben, können Sie für jedes spezielle Problem Strategien entwickeln.

Beispielsweise hielten Sie Ihr Kind vielleicht für ungehorsam, wenn es nicht zum Essen kam, nachdem Sie es gerufen hatten. Nachdem Sie sein Temperament verstehen, werden Sie entdecken, dass die unwillige Reaktion tatsächlich das Ergebnis seiner langsamen Anpassungsfähigkeit oder seiner Beharrlichkeit ist. Ihr Kind ist nicht absichtlich unkooperativ.

Ein Kind, das sich nur langsam umstellen kann, braucht für den Wechsel von einer Aktivität zu einer anderen Zeit. Durch das Erlernen von Methoden, die das Temperament des Kindes berücksichtigen, können Sie mit ihm zusammen daran arbeiten und seine Kooperation gewinnen. Sie können beispielsweise Ihr Kind vorwarnen, dass es in zehn Minuten Mittagessen gibt, und ihm so die Zeit geben, die es für die Umstellung braucht. Oder Sie entwickeln eine konsequente Routine mit einer spezifischen Aktivität wie dem Aufräumen der Spielsachen oder Lesen eines Buches, woran dann sofort das Mittagessen anschließt. Solche Methoden geben dem Kind, das sich nur langsam umstellt, die nötige Zeit und Routine, um reibungslos und leicht von einer Aktivität zu einer anderen wechseln zu können.

Wenn Sie gut zusammenarbeiten, können Sie Ihrem Kind auch Formulierungen beibringen, die es anwenden soll, zum Beispiel: »Manchmal fällt es mir schwer aufzuhören.« Oder: »Ich hätte gerne noch eine Minute mehr Zeit.« Oder: »Ich komme sofort.« Oder: »Lass uns über den heutigen Zeitplan sprechen.« Das Ergebnis wird eine stärkere und gesündere Beziehung sein, weil Sie das Temperament Ihres Kindes berücksichtigen und nicht versuchen, es zu ändern. So werden Sie Ihrem Kind auch Fertigkeiten beibringen, die es braucht, um erfolgreich zu sein.

## ERKENNEN, DASS ES EIN GEBEN UND NEHMEN IST

Ich möchte nicht nur über das Temperament Ihres lebhaften Kindes sprechen, sondern auch über Ihr eigenes Temperament. Der Aufbau einer gesunden Beziehung zu Ihrem temperamentvollen Kind ist ein Geben und Nehmen. Sie müssen Ihre eigenen Reaktionen ebenso verstehen wie die Ihres Kindes. Manchmal wird das Leben mit einem lebhaften Kind nicht nur durch die Stärke seiner Reaktionen zu einer Herausforderung, wichtig ist auch, wie sehr seine Reaktionen zu Ihren Reaktionen passen oder nicht passen. Die Zusammenarbeit mit Ihrem Kind kann leichter werden, wenn Sie Ihr eigenes Temperament verstehen.

In Kapitel 3 haben Sie die verschiedenen Merkmale der Temperamente geprüft, um sich ein Bild vom Temperament Ihres Kindes zu machen. Nun möchte ich ein Selbstporträt von Ihnen. Ordnen Sie sich bei den folgenden Tabellen bei jedem Merkmal auf der Skala entsprechend ein. Es ist bei Erwachsenen schwieriger, die Eigenschaften der Temperamente zu unterscheiden, weil sie von Motivationen und erlernten Fertigkeiten durchsetzt sind, aber versuchen Sie Ihr Bestes, in den folgenden Situationen Ihre typische Reaktion zu erkennen. Vergessen Sie nicht, dass es dabei kein Ideal gibt.

Wenn Sie ein Bild Ihres eigenen Temperaments haben, können Sie es mit dem Ihres Kindes vergleichen. Worin sind Sie sich ähnlich? Worin unterscheiden Sie sich? Wo passen Sie problemlos zusammen und wo sprühen die Funken? Ausgehend von diesen Informationen werden Sie eine besser funktionierende Beziehung zu Ihrem lebhaften Kind aufbauen können.

## Ein Blick auf Ihr eigenes Temperament:

### 1. *Intensität*

Wie stark reagieren Sie emotional? Sind Sie schnell aufgebracht, oder sind Ihre Reaktionen eher zurückhaltend?

| 1 | 2 | 3 | 4 | 5 |
|---|---|---|---|---|
| Ich reagiere leicht. | | | | Ich reagiere stark. |

**2. Beharrlichkeit**

Wenn Sie mit etwas beschäftigt sind und gebeten werden, damit aufzuhören, können Sie dann leicht aufhören? Neigen Sie bei frustrierenden Aufgaben eher dazu, leicht aufzugeben, oder beißen Sie sich durch?

| 1 | 2 | 3 | 4 | 5 |
|---|---|---|---|---|
| Ich gebe leicht auf. | | | | Ich beiße mich fest, gebe nicht auf. |

**3. Empfindlichkeit**

Wie sehr nehmen Sie leise Geräusche, Emotionen, Temperaturunterschiede, Geschmack und Beschaffenheit wahr? Reagieren Sie leicht auf bestimmte Speisen, Etiketten in der Kleidung oder störende Geräusche?

| 1 | 2 | 3 | 4 | 5 |
|---|---|---|---|---|
| In der Regel bin ich nicht empfindlich. | | | | Ich bin sehr empfindlich. |

**4. Wahrnehmungsfähigkeit**

Nehmen Sie Menschen, Farben, Geräusche und Gegenstände in Ihrer Umgebung sehr genau wahr? Vergessen Sie häufig, was Sie tun wollten, weil etwas anderes Ihre Aufmerksamkeit fesselt?

| 1 | 2 | 3 | 4 | 5 |
|---|---|---|---|---|
| Ich nehme kaum etwas wahr. | | | | Ich nehme sehr viel wahr. |

**5. Anpassungsfähigkeit**

Wie schnell können Sie sich Änderungen in Ihrem Terminplan oder Ihren Routineabläufen anpassen? Wie kommen Sie mit Überraschungen zurecht?

| 1 | 2 | 3 | 4 | 5 |
|---|---|---|---|---|
| Ich stelle mich schnell um. | | | | Ich stelle mich nur langsam um. |

**6. Regelmäßigkeit**

Haben Sie ziemlich regelmäßige Essenszeiten, Schlafenszeiten, einen regelmäßigen Schlafbedarf und regelmäßige sonstige Körperfunktionen?

| 1 | 2 | 3 | 4 | 5 |
|---|---|---|---|---|
| Regelmäßig | | | | Unregelmäßig |

**7. Energie**

Sind Sie immer in Bewegung und beschäftigt, oder sind Sie eher ruhig? Brauchen Sie körperliche Bewegung, damit es Ihnen gut geht?

| 1 | 2 | 3 | 4 | 5 |
|---|---|---|---|---|
| Ruhig | | | | Aktiv |

**8. Erste Reaktion**

Wie reagieren Sie (in der Regel) auf eine neue Idee, Aktivität, einen neuen Ort oder eine neue Person?

| 1 | 2 | 3 | 4 | 5 |
|---|---|---|---|---|
| Ich bin sofort dabei. | | | | Ich lehne es anfangs ab. |

### *9. Stimmung*

Sind Sie in der Regel meist glücklich und zufrieden oder eher ernst und analytisch?

| 1 | 2 | 3 | 4 | 5 |
|---|---|---|---|---|
| In der Regel bin ich positiv gestimmt. | | | | Ich bin eher ernst und analytisch. |

### Ergebnis

| 9–18 | 19–28 | 29–45 |
|---|---|---|
| ZURÜCKHALTENDER ELTERNTEIL | AUFGEWECKTER ELTERNTEIL | TEMPERAMENTVOLLER ELTERNTEIL |

Nun haben Sie es: das Porträt Ihres eigenen Temperaments!

Vergleichen Sie Ihr Porträt mit dem Ihres Kindes. Was erkennen Sie dabei?

»Ich sehe, dass Jayden im Gegensatz zu mir sehr empfindlich ist«, kommentierte Mike diese Frage, nachdem wir die Übung in der Gruppe gemacht hatten. »Kein Wunder, dass ich nicht sehr verständnisvoll bin, wenn ihn seine Klamotten kratzen. Ich kann mir einfach nicht vorstellen, wie sich das für ihn anfühlt.«

»Es sieht so aus, als wären wir beide empfindlich«, antwortete Abby. »Wir passen insofern wirklich gut zusammen, es bedeutet aber auch, dass Geräusche, die sie auf die Palme bringen, auch mir unter die Haut gehen. Sie braucht meine Hilfe, um gelassen zu bleiben, aber ich habe keine Energie dafür übrig. Ich brauche meine Energie, um mich selbst unter Kontrolle zu halten.«

»Asher und ich, wir sind beide intensiv«, fügte Gretchen an. »Wir rasten beide bei denselben Dingen aus.«

»Vielleicht ist es tatsächlich das unterschiedliche Temperament, das für Auseinandersetzungen am Esstisch sorgt«, bemerkte Sarah. »In meiner Familie ist es ein besonderer Teil des Tages, zu einer gemeinsamen Mahlzeit am Tisch zu sitzen. Ich schätze das wirklich sehr. Aber Kevin«, sagte sie und stupste ihn mit dem Ellenbogen an, denn er saß neben ihr, »und unser Sohn spazieren beim Essen immer in der Küche herum. Sie halten es beide nicht aus, im Esszimmer auf ihren Stühlen zu sitzen. Ich dachte, sie wollen mich damit ärgern, aber auf dieser Tabelle sehe ich, dass beide eine 5 beim Energieniveau haben und ich nur eine 1. Wir passen darin nicht zusammen. Vielleicht liegt da das Problem.«

Kevin nickte. »Wenn ich den ganzen Tag gearbeitet habe, kann ich nicht einfach so dasitzen. Ich muss mich bewegen. Es war für Sarah schwer, das zu verstehen.«

Es ist nicht wirklich wichtig, ob Sie als Eltern lebhaft oder gelassen sind. Beides hat seine Vor- und Nachteile. Wichtig ist nur, dass Sie erkennen, worin Sie und Ihr Kind oder andere Familienmitglieder ähnlich und worin Sie unterschiedlich sind. Welche Auslöser bringen Sie auf die Palme? Wann ist es für Sie schwierig, die Reaktionen anderer zu verstehen? Wenn Sie das erkennen, können Sie wirksamer reagieren.

Eine Woche später kamen Sarah und Kevin strahlend zum Kurs. »Raten Sie, was wir gemacht haben!«, sagte Sarah lachend.

Ich zuckte mit den Schultern. »Ich habe nicht die leiseste Ahnung.«

»Wir haben neue Esszimmerstühle gekauft«, rief sie aus. »Sie schaukeln, rollen und drehen sich! Nun können sich Kevin und unser

Sohn nach Herzenslust bewegen, aber sie sind dennoch am Tisch und auf ihren Stühlen. So sind wir nun alle zufrieden.«

Nachdem Sarah und Kevin ihr unterschiedliches Temperament verstanden hatten, konnten sie ihre jeweiligen Bedürfnisse respektieren und in einer Weise darauf reagieren, die sich für beide gut anfühlt. Was ein Machtkampf hätte werden können, wurde zu einer Episode kreativer Problemlösung – zu einer erfolgreicheren Beziehung.

Auch Sie können eine stärkere Beziehung zu Ihrem lebhaften Kind aufbauen. Auch Sie können Methoden erlernen, die eine bessere Beziehung ermöglichen. Dabei werden Sie außerdem das »Phantomkind« loslassen und mehr Freude an dem Kind haben können, das tatsächlich mit Ihnen zusammenlebt.

Übrigens: Wenn Sie Ihre »Erste Reaktion« mit 4 oder 5 bewertet haben, können Sie damit rechnen, sich mehr anstrengen zu müssen, um in der Beziehung zu Ihrem Kind etwas zu verändern. So ist Ihr Lebensstil. Sie gehen vorsichtig an neue Ideen und neue Situationen heran. Vergessen Sie nicht, sich selbst Zeit zum Überlegen zuzugestehen. Ihre erste Reaktion ist vielleicht nicht Ihre endgültige Entscheidung. Denken Sie darüber nach und entscheiden Sie erst dann.

# ZWEITER TEIL

## Mit dem lebhaften Temperament arbeiten

# 5

# Extrovertiert oder introvertiert

## Für Energie sorgen, um klarzukommen

*»Wirklich die Augen geöffnet hat mir die Feststellung, dass ich, wenn ich mich alleine zu Hause um die Kinder kümmere, viel länger Geduld habe, wenn ich zwischendurch wenigstens einmal am Telefon oder persönlich mit einem anderen Erwachsenen sprechen kann.«*

*Katie, dreifache Mutter*

Der Schulbus fuhr brummend durchs Viertel und spuckte an jeder Ecke Kinder aus. Ich sperrte die Haustür auf in Erwartung meines temperamentvollen Sohnes und meiner aufgeweckten Tochter, die gleich hereinplatzen würden. Josh – größer, älter und schneller – stieß die Tür als Erster auf. Er warf seine Schultasche in der Diele auf den Boden, ignorierte (wie immer) die Haken an der Garderobe, rief: »Heute habe ich etwas über die Genetik gelernt« und verschwand im Wohnzimmer zu seiner Lieblingsshow im Fernsehen.

Kristina lag etwas zurück, dann erreichte auch sie die Haustür. Sie nahm sich genügend Zeit, verschiedene Unterlagen aus der Schultasche zu holen und sie mir dann vors Gesicht zu halten, als sie zur Tür hereinkam. »Ich hatte heute die Aufgabe, aufs Dach zu steigen«, verkündete sie, während sie mir in die Küche folgte.

»Wir hatten Schnuppertag«, fuhr Kristina fort. »Ich sollte eigentlich beim Improvisationstheater mitmachen, aber ich habe mich anders entschieden, daher begleiteten wir zu dritt den Techniker Doug. Wir sind aufs Dach gestiegen und sahen dieses *Dings* im Heizraum, das täglich kontrolliert werden muss. Auch samstags und sonntags und sogar wenn er krank ist, sonst könnte die ganze Schule in die Luft fliegen – PENG!«

Ohne Luft zu holen, hielt sie mir die Papiere näher vor die Nase. »Ich muss Matheblätter machen und dir aus meinem Buch vorlesen. Hör mal, Mama, ich will dir jetzt gleich aus meinem Buch vorlesen. Ach Mama, kann ich mit Kellen spielen? Ich habe Kellen gesagt, ich würde zu ihm kommen. Kann ich zu Kellen gehen? Mama, was gibt es zu essen?«

Sie wartete nicht einmal meine Antwort ab, bevor sie ihre nächste Frage stellte. Fünfzehn Minuten, nachdem sie nach Hause gekommen war, wusste ich alles, was an diesem Tag passiert war, einschließlich der Laune ihres Lehrers, wie es ihr ging und was sie für den nächsten Tag geplant hat.

Ich machte mich davon, um nach Josh zu sehen. »Was hast du denn über Genetik gelernt?«, fragte ich. »Nicht viel«, murmelte er, den Blick auf die Show geheftet.

»Erfahre ich etwas darüber, oder muss ich noch warten?«

»Du musst warten, Mama«, antwortete er, wobei er mir erlaubte, »meinem« Bedürfnis zu folgen und ihm einen Kuss auf die Wange zu geben, dann wandte er sich wieder seiner Show zu. Schweigen. Nichts über seinen Tag. Zwei Kinder, zwei unterschiedliche Arten, am Ende eines geschäftigen Schultages die Batterien wieder aufzuladen.

Kristina ist extrovertiert. Sie quasselt nicht einfach nur. Sie bezieht ihre Energie von mir. Sie zieht es vor, die Welt »außerhalb« ihres Körpers einzubeziehen, indem sie mit Leuten spricht, ihre Ideen und Erfahrungen teilt. Wenn ich mir nicht die Zeit nehme, mit ihr zu reden, wird sie unleidlich und noch anspruchsvoller, weil ihr die Puste ausgeht. Wenn ich ihr erlaube, ihre Batterien an meinen wieder aufzuladen, ist alles in Ordnung.

Joshua ist introvertiert. Er ist nicht dickköpfig oder ungesellig. Er zieht es lediglich vor, mit der Welt »innen« zu interagieren, indem er seine Gedanken und Ideen reflektiert, bevor er sie mit anderen »außerhalb« teilt. Er erholt sich, indem er Zeit allein verbringt. Wenn er seine Abschaltzeit bekommt, spielt er danach gut mit anderen Kindern und kooperiert mit mir. Bekommt er diese Zeit nicht, wird er mürrisch.

## WIE WIR UNSERE ENERGIE GEWINNEN

Extroversion und Introversion beschreiben, wie wir unsere Energie gewinnen, einen wichtigen Bereich der Persönlichkeitsentwicklung. Dabei können wir uns unsere bevorzugte Art nicht aussuchen. Genau wie beim Temperament erhalten wir von Mutter Natur unsere Veranlagung verschlüsselt in unseren Genen.

Ein temperamentvolles Kind kann entweder introvertiert oder extrovertiert sein. Was es ist, spielt keine Rolle. Es gibt keine richtige oder falsche Präferenz. Beide, ob Extroversion oder Introversion, haben ihre Stärken und Schwächen. Wichtig ist jedoch, dass Sie die Präferenz Ihres Kindes entdecken, weil es große Unterschiede darin gibt, wie Introvertierte und Extrovertierte ihre Batterien wieder aufladen.

Extrovertierte brauchen »Action«, damit es ihnen gut geht. Je mehr Orte sie zur Auswahl haben, wo sie hingehen können oder je mehr Leute sie treffen können, desto besser geht es ihnen. Wenn es ein Problem gibt, wollen sie darüber sprechen. Diese starke Aktivität und Interaktion, bei der Extrovertierte neue Energie gewinnen, überfordert Introvertierte.

Der Motor Introvertierter schnurrt, wenn sie Zeit für sich allein haben, wenn sie Ruhe und Raum für sich bekommen, um zu denken. Haben sie die Möglichkeit, ein Problem abzuwägen, bevor sie darüber sprechen, können sie klarer denken.

Wenn Sie die Anlage Ihres Kindes erkennen, verstehen Sie besser, woher es seine Energie bezieht, um klarzukommen, und Sie können ihm beibringen, seine Batterien wieder aufzuladen, bevor es überfordert wird. Es verlangt eine große Anstrengung, Intensität in Form von Selbstbehauptung und nicht in Form von Aggressivität auszudrücken. Es bedeutet eine Kraftanstrengung, sich auf neue Situationen einzustellen und für reibungslose Übergänge zu sorgen. Es ist harte Arbeit, in einem lauten, überfüllten Raum die Gelassenheit und Ruhe nicht zu verlieren. Temperamentvolle Kinder, deren Energieniveau stark gesunken ist, verlieren die Selbstkontrolle. Sie haben einfach nicht mehr die Kraft, ihr Verhalten zu verbessern. Ist ihr Energieniveau hoch, haben sie genügend Power, ihre Stärken zu zeigen. Je mehr Gelegenheit Ihr lebhaftes Kind bekommt, seine bevorzugte Energiequelle anzuzapfen, desto ruhiger und zufriedener wird es sein.

In einem meiner Kurse erklärte Kelsey: »Ich hatte nie verstanden, warum Leah immer in ihrem Zimmer verschwand, wenn andere Leute einen Tag mit uns verbrachten, bis ich etwas über Introvertierte und Extrovertierte hörte. Heute weiß ich, dass sie introvertiert ist – sie braucht Zeit für sich allein, um neue Energie zu tanken. Gestern habe ich auf ein kleines Mädchen im selben

Alter wie Leah aufgepasst. Leah war gerade erst aufgestanden und noch nicht bereit, zu reden oder zu spielen. Normalerweise hätte ich zu ihr gesagt: ›Wir haben einen Gast. Es ist unhöflich, nicht mit ihr zu sprechen und nicht mit ihr zu spielen.‹ Dieses Mal respektierte ich Leah jedoch. Ich sagte ihrer Freundin, dass Leah gerade erst aufgewacht sei und noch etwas Zeit brauchte, bis sie mit ihr spielen würde. Inzwischen könne sie mit mir frühstücken. Eine halbe Stunde später war Leah bereit, und sie spielten wunderbar zusammen.«

## Introvertierte

Introvertierte sind die Babys, die bei Familienfesten überfordert sind, es sind die Kleinkinder, die eine Zeit lang mit ihren Großeltern spielen und sie dann schlagen, weil es ihnen zu viel wird, es sind die Kinder im Schulalter, die plötzlich »verschwinden«, wenn eine Freundin oder ein Freund zu Besuch kommt. Nach einem Schultag sind sie von den Aktivitäten und Reizen erschöpft. Sie brauchen eine Pause, brauchen die Möglichkeit, neue Energie zu tanken, indem sie Raum und Ruhe haben. Geschwister können sich ausgeschlossen fühlen von einem introvertierten Kind, das sich wohl dabei fühlt, allein zu spielen.

Introvertierte können zwar sehr gesellig sein, ihre Energievorräte werden durch die Interaktion mit anderen, speziell mit Leuten, die keine engen Freunde sind, jedoch rasch aufgebraucht. Dann wollen sie nur noch nach Hause gehen oder sich entziehen, indem sie sich vor den Fernseher setzen oder ein Videospiel spielen, da sie gemerkt haben, dass man sie dabei gewöhnlich in Ruhe lässt (langfristig sind diese elektronischen Auszeiten leider nicht immer dazu geeignet, um neue Energie zu tanken, aber darüber sprechen wir später).

Es kann bis zur Schlafenszeit dauern, bis Introvertierte bereit sind, über die Höhepunkte des Tages zu erzählen. Man muss ihnen gezielte Fragen stellen, um die Fortsetzung von Ereignissen des Vortags und das Ende einiger alter Geschichten zu erfahren. Diese Kinder teilen ihren Kummer und ihre Sorgen in kleinen Häppchen. Sie müssen gut zuhören, um sie nicht zu verpassen. Wenn Sie »nur« bis zur Zubettgehzeit warten müssen, um zu erfahren, was im Leben Ihres Kindes vor sich geht, haben Sie es sogar noch gut. Manchmal dauert es Tage oder sogar Wochen. Und selbst dann erzählt Ihnen vielleicht jemand anders (in der Regel ein extrovertierterer Freund) von dem Ereignis, lange bevor Ihr introvertiertes Kind dies macht.

In unserer Gesellschaft sind drei von vier Menschen introvertiert. Introvertierte werden häufig missverstanden und gedrängt, sich zu ändern. Für ein introvertiertes temperamentvolles Kind ist das sehr schwierig.

## Extrovertierte

Extrovertiert sind oft die Babys, die unbedingt so gehalten werden wollen, dass sie herumschauen und sich mit den anderen in ihrer Umgebung »unterhalten« können. Es sind die Kleinkinder, die endlos plappern, auch wenn die Worte noch keinen Sinn ergeben. Im Schulalter sind es die Kinder, die aus dem Schulbus springen und Ihnen sofort etwas über ihren Tag erzählen. Ein extrovertiertes Kind muss Ihnen seine Gedanken mitteilen, solange sie noch frisch sind. Es folgt Ihnen durchs Haus oder durch die Wohnung, verlangt, dass Sie ihm zuhören und zapft Ihre Energie an. Es kann sogar sein, dass Sie nicht einmal auf die Toilette gehen können, ohne dass es Ihnen folgt, um die einseitige Unterhaltung fortzusetzen. Wenn Sie ihm sagen, dass Sie gerne etwas Privatsphäre hätten, scheint es überrascht zu sein und verlässt den Raum, bleibt aber vor der Tür, sodass Sie weiterhin hören, wie es Ihnen über seinen Tag erzählt. Selbst nach einem zwanzigminütigen Monolog geht ihm der Atem nicht aus. Zum Glück für Sie ist Ihr Kind dann wahrscheinlich bereit, mit einem Freund zu spielen. Wenn kein Freund verfügbar ist, werden Sie selbst von Ihrem Kind zu einer Aktivität verpflichtet, da es weiterhin seine Energie aus Ihnen bezieht.

Temperamentvolle extrovertierte Kinder können ihre Eltern auslaugen. Direkt nach dem Aufwachen haben sie bereits etwas zu erzählen. Ihre Geschwister können sich ungeliebt und ausgeschlossen fühlen, da die lebhafte Quasselstrippe die Aufmerksamkeit und die Zeit der Eltern ständig beansprucht.

## DIE THEORIE

Die Begriffe Introversion und Extroversion sind der Theorie der psychologischen Typenlehre entnommen, die der Schweizer Psychologe Carl Gustav Jung vor über siebzig Jahren erstmals beschrieben hat. Er postulierte, das menschliche Verhalten könne in vorhersehbare Kategorien oder Präferenzen eingeteilt werden. Sein Rahmenwerk wurde unabhängig von der Arbeit von Chess und Thomas über die Temperamente entwickelt und beschreibt verschiedene Bereiche der Persönlichkeitsentwicklung. Jung glaubte wie andere Forscher im Bereich der verschiedenen Temperamente, dass wir mit spezifischen Präferenzen geboren werden, die sowohl genetisch bedingt sind als auch frühe Lebenserfahrungen widerspiegeln.

Otto Kroeger und Janet Thuesen in *Type Talk* zufolge »glaubte Jung, eine gesunde Entwicklung basiere auf einer lebenslangen Pflege dieser Präferenzen, nicht auf deren Veränderung«. Angeregt durch die Arbeiten von Jung, widmeten Katherine Briggs und ihre Tochter Isabel Briggs Myers über zwanzig Jahre der Entwicklung des Myers-Briggs'schen Typenindikators, um die von Jung beschriebenen Präferenzen zu differenzieren. Sie hofften, anderen dabei helfen zu können, die Unterschiede zwischen den Menschen zu verstehen und wertzuschätzen.

Heute haben wir zusätzlich zu diesen psychologischen Theorien genaue wissenschaftliche Untersuchungsmethoden wie bildgebende Verfahren mittels MRT, die uns helfen, die physiologische Basis Introvertierter und Extrovertierter zu beschreiben. Aus Langzeitstudien wissen wir zudem, dass die Präferenz für Introversion oder Extroversion über die Zeit hinweg eine der stabilsten Eigenschaften ist.

In jeder Familie gibt es wahrscheinlich eine Mischung aus Introvertierten und Extrovertierten. Wenn wir unsere Präferenzen erkennen und unsere Unterschiede verstehen, hilft uns dies, die sozialen Aktivitäten zu organisieren, die Extrovertierte brauchen, und die ruhigen Rückzugsmöglichkeiten zu schaffen, die für Introvertierte so wichtig sind. Fehlverhalten verschwindet, wenn das Energieniveau hoch genug ist und die Fertigkeiten zur Bewältigung reibungslos eingesetzt werden können.

## ERMITTELN SIE DIE ENERGIEQUELLE IHRES KINDES

Für unsere Zwecke ist eine offizielle Studie über psychologische Typen nicht erforderlich. Ihr Kind gibt Ihnen die Informationen, die Sie brauchen, wenn Sie es nur sorgfältig beobachten und ihm gut zuhören. Lesen Sie die folgenden Listen. Prüfen Sie, mit welcher Äußerung in jeder Gruppe Sie übereinstimmen.

Es kann sein, dass Ihr Kind sowohl extrovertierte als auch introvertierte Tendenzen aufweist, aber Sie sollten herausfinden, welches seine bevorzugte Tendenz ist (anders gesagt, welche Präferenz Sie am häufigsten sehen).

Wenn Ihr Kind extrovertiert ist, wird es wahrscheinlich …

- ☐ gerne in Gesellschaft anderer Leute sein. Es bezieht seine Energie aus einer Gruppe, wird eher nicht von ihr überfordert und ist begierig auf mehr.
- ☐ sofort über seine Erlebnisse und Ideen erzählen wollen.
- ☐ beim Sprechen denken. Es wird durchs Haus gehen, seinen Rucksack suchen und dabei sagen: »Ich suche meinen Rucksack.«
- ☐ mehr reden als zuhören.
- ☐ Probleme bekommen, weil es andere unterbricht.
- ☐ nicht gerne in sein Zimmer geschickt werden, um dort allein zu sein.
- ☐ sich nicht vorstellen können, warum Sie allein in einem Zimmer sitzen wollen und immer wieder vorbeikommen, um Sie »aufzumuntern«.
- ☐ mitteilen, was es denkt und fühlt.
- ☐ viel Bestätigung brauchen. Sie werden vielleicht an seinem Selbstvertrauen zweifeln, weil es ständig verlangt, dass Sie ihm sagen, wie gut es etwas macht.

Wenn Ihr Kind introvertiert ist, wird es wahrscheinlich …

- ☐ lieber erst beobachten und zuhören, bevor es bei einer Aktivität mitmacht.
- ☐ Dinge gerne für sich allein machen oder mit ein oder zwei guten Freunden oder Familienmitgliedern.
- ☐ schlechte Laune bekommen, wenn es zu lange unter Leuten ist, besonders unter Fremden oder in größeren Gruppen.
- ☐ von Tagesereignissen erst später erzählen wollen, manchmal erst nach Tagen oder Wochen.
- ☐ ein ausgeprägtes Gefühl für persönlichen Freiraum haben und es nicht mögen, wenn jemand zu nahe bei ihm sitzt oder in sein Zimmer kommt. Es steht gerne etwas abseits von einer Gruppe.

- ☐ eine »Auszeit« in seinem Zimmer genießen.
- ☐ anfangs nicht gleich auf eine Frage antworten.
- ☐ Gäste zu Hause als »Eindringlinge« betrachten.
- ☐ viel mit Familienmitgliedern sprechen, aber gegenüber Unbekannten stiller sein.

Zählen Sie zusammen, wie vielen Aussagen in jeder Gruppe Sie zustimmen.

**Gesamtergebnis**

……… Extrovertierte Aussagen

……… Introvertierte Aussagen

Wenn Sie unsicher sind, nachdem Sie die Aussagen gelesen haben, müssen Sie sich vielleicht in den nächsten Wochen genauer auf Ihr Kind einstellen und es sorgfältiger beobachten. Denken Sie auch über seine Vergangenheit nach. Hat es irgendwelche Verhaltensmuster gezeigt?

Bei der Überprüfung jeder Aussage werden Sie vielleicht feststellen, dass Ihr Kind sehr extrovertiert oder sehr introvertiert ist, es ist aber auch möglich, dass sich nur leichte Präferenzen zeigen. Beides ist in Ordnung. Jeder von uns ist sowohl zur Extroversion als auch zur Introversion fähig, aber wir ziehen eines davon vor. Eine Freundin beispielsweise, deren Tochter lebhaft und introvertiert ist, teilte mir mit, dass sie bei ihrer Tochter beides erkenne: »McKenzie bat, eine Freundin zu sich einladen zu dürfen. Wir hatten über Introvertierte und Extrovertierte gesprochen, daher kannte sie die Begriffe. Heute sagte sie: ›Der extrovertierte Teil von mir sagt, ich möchte eine Freundin hier haben, aber der introvertierte Teil von mir sagt, nur für kurze Zeit.‹«

Wenn Ihr Kind, wie McKenzie, introvertiert ist, kann es lernen, die Aspekte seiner extrovertierten Seite zu genießen. Es wird seine Energie jedoch weiterhin auf introvertierte Art aufladen. Dasselbe gilt für Extrovertierte, die auch ihre introvertierte Seite erleben, aber dennoch Anregung suchen, um ihre Batterien wieder aufzuladen.

Traditionell beschreibt der Begriff *introvertiert* jemanden, der schüchtern und sozial ungeschickt ist. Es ist wichtig, nicht zu vergessen, dass Introversion und Extroversion als psychologische Typen *keine* sozialen Fertigkeiten beschreiben. Sie beschreiben, wie wir unsere Energie beziehen. Sowohl Introvertierte als auch Extrovertierte können gut mit anderen Leuten umgehen. Ihr Kind kann ein sozial geschickter extrovertierter Mensch sein – oder ein sozial geschickter Introvertierter. Entscheidend ist, was nach einer sozialen Aktivität geschieht. Das introvertierte Kind wird erschöpft sein und eine ruhige Aktivität für sich allein brauchen, während das extrovertierte Kind aufgedreht und für weitere Aktionen bereit sein wird.

Die Welt braucht beide, Extrovertierte und Introvertierte. Unsere Unterschiede sorgen für eine gesunde Balance und können wirklich Spaß machen. Wir müssen nur bedenken, dass Introvertierte es vorziehen, ihren inneren Energiespeicher zum Wiederaufladen zu nutzen, während Extrovertierte frische Energie von außen beziehen.

## DIE RICHTIGE WORTWAHL

In einem Kurs bezeichneten wir den zwanzig Monate alten Derrick als unseren künftigen »Medizintechniker«. Er biss und nahm Blutproben von jedem Körperteil, der in seine Nähe kam. Da er verbal noch nicht geschickt genug war, um anderen sein Bedürfnis nach Raum zum Atmen zu erklären, biss er jedes Mal zu, wenn man ihm zu nahe kam. Die Strategie war sehr wirksam, aber es war klar, dass dieses Verhalten aufhören musste. Seine Kindergärtnerin übte wiederholt mit ihm, er solle immer dann, wenn ihm jemand zu nahe kam, sagen: »Ich brauche mehr Platz.«

Eines Tages bemerkte Derricks Kindergärtnerin, dass er anfing, gereizt zu werden, was häufig vorkam, bevor er zubiss. »Was brauchst du, Derrick?«, fragte sie ihn. Mit kleinem, aber festem Stimmchen verkündete er: »Ich brauche mehr Platz.« Er schnappte sich seine Decke und seinen Lieblingslaster und trottete die Treppe hinunter in die »Höhle«. Bald wird Derrick sein Bedürfnis nach mehr Platz äußern können, bevor er gefragt wird. Das Beißen, um sich Raum zu verschaffen, wird aufhören.

Für temperamentvolle Kinder ist es äußerst wichtig, über die richtigen Worte zu verfügen, um zu beschreiben, woher sie ihre Energie beziehen und was sie brauchen, um ihre Batterien neu aufzuladen. Wird ein entsprechender Wortschatz aufgebaut, können sie ihre Energiequellen anzapfen, ohne auf Schlagen, Beißen, Schreien oder Streiten zurückgreifen zu müssen. Nachfolgend einige Sätze, die Sie bei der Arbeit mit Ihrem Kind unterstützen.

**Temperamentvolle introvertierte Kinder sollten immer wieder Sätze hören wie:**

- Du denkst, bevor du sprichst.
- Du brauchst Ruhe und Auszeiten, damit es dir gut geht.
- Du hast gerne Zeit für dich allein.
- Du baust tiefe und lang anhaltende Freundschaften auf.

**Temperamentvolle extrovertierte Kinder sollten immer wieder Sätze hören wie:**

- Du beziehst Energie, wenn du mit anderen Leuten zusammen bist.
- Du überlegst, indem du über deine Gedanken und Gefühle sprichst.
- Du bist gerne beschäftigt.
- Dir fällt es leicht, mit anderen zu reden.

Wenn temperamentvolle Kinder solche Botschaften wiederholt hören, lernen sie, ihre Präferenz für Extroversion oder Introversion einzuschätzen, und zu verstehen, was sie brauchen, um ihren Energiespeicher gut gefüllt zu halten. Dieselben Botschaften geben ihnen auch die Hoffnung, dass sie bald selbst in der Lage sein werden, durch Worte zu bekommen, was sie brauchen. Worte wie diese:

**Ein introvertiertes temperamentvolles Kind kann folgende Äußerungen lernen:**

- Ich brauche Platz und Ruhe.
- Ich möchte eine Weile allein sein.
- Lass mich darüber nachdenken.
- Ich brauche etwas Zeit, um das allein zu machen.

**Ein extrovertiertes temperamentvolles Kind kann folgende Äußerungen lernen:**

- Ich bin gerne beschäftigt.
- Ich bin gerne mit anderen zusammen.
- Ich möchte gerne darüber reden.
- Können wir das zusammen machen?

Das problematische Verhalten eines Kindes kann sich in Luft auflösen, wenn man weiß, ob das Kind extrovertiert oder introvertiert ist. Wie wahr das ist, stellte Erica fest, deren sechsjähriger Sohn Jake introvertiert ist.

»Wie war dein Tag?«, pflegte Erica fröhlich zu fragen, wenn Jake nach der Schule ins Auto stieg. Nur zu oft schrie er: »Ruhe!« Von dieser Grobheit ließ er sich auch nicht abhalten, wenn man ihm sein geliebtes Videospiel wegnahm oder auch einmal zurückschrie. Erst als Erica etwas über Introversion und Extroversion erfuhr, wurde ihr klar, dass er introvertiert ist und nach einem langen Schultag verzweifelt Ruhe sucht. Sie erklärte Jake: »Ich glaube, dass du introvertiert bist und andere Leute gerne magst, aber besonders nach der Schule erst einmal eine Pause brauchst. Lass uns einen Plan aufstellen. Es ist wichtig, den anderen zu begrüßen, und es ist für dich wichtig, eine Auszeit zu haben. Von jetzt an kannst du sagen: ›Hallo Mama! Ich rede später mit dir.‹ Dann kannst du deine Kopfhörer aufsetzen, deine Lieblingsmusik hören und dich ausruhen.«

Heute freuen sich Erica und Jake auf das Abholen von der Schule. Erica und Jake kommen inzwischen gut miteinander aus, weil sie wissen, dass Jake eine Erholungszeit braucht und weil er das Vokabular gelernt hat, um sich respektvoll auszudrücken.

## ENERGIEQUELLEN FÜR INTROVERTIERTE

Sie können Ihrem Kind nicht nur durch ein geeignetes Vokabular helfen, besser zurechtzukommen, sondern auch, indem sie seinen Energiespeicher gefüllt halten. Marti Olsen Laney schreibt in *The Hidden Gifts of the Introverted Child:* »Ein introvertiertes Kind braucht Zugang zu seinen Gedanken, Gefühlen und Wahrnehmungen, um sich lebendig und ausgeglichen zu fühlen. Durch ein Zuviel an äußeren Reizen – Aktivität, Geräusche, Geschwätz – wird es erschöpft.« Auch wenn jeder Mensch seine Batterien anders auflädt, finden Sie hier einige übliche Energiequellen für introvertierte temperamentvolle Kinder.

1. ZEIT FÜR SICH ALLEIN: In einer Gruppe zu sein, zwingt Introvertierte, extrovertiert zu agieren, was für sie sehr anstrengend sein kann. Durch Geselligkeit wird ihre Energie aufgezehrt. Wenn Ihr Kind nach der Schule streitsüchtig und schlecht gelaunt ist, ist es vielleicht introvertiert und braucht etwas Zeit für sich allein.

»Ich bin Tagesmutter«, erklärte Kristin eines Abends in der Gruppe. »Meine Tochter fängt an, die anderen Kinder zu ärgern, sobald sie zur Tür hereingekommen ist. Es ist fast so, als bettle sie darum, in ihr Zimmer geschickt zu werden.«

Introvertierte brauchen ihre private Zeit. Für introvertierte Kinder ist es oft schwierig, sich taktvoll aus der Affäre zu ziehen und für sich allein zu spielen, weil der soziale Druck verlangt, Teil einer Gruppe zu sein. Sie verstehen nicht, dass sie einfach Zeit für sich allein *brauchen*, wenn sie nicht gut aufgelegt sind. Sie wissen nur, dass es sie aufregt und schlecht gelaunt werden lässt, wenn sie mit Leuten zusammen sind. Daher ärgern sie die anderen Kinder, bis sie in ihr Zimmer geschickt werden. Oder sie hören plötzlich auf, mit ihren Freunden zu spielen und schnauzen sie an: »Ich hasse euch! Geht nach Hause!« *Das nicht erkannte Bedürfnis nach Zeit für sich allein ist einer der Hauptgründe dafür, dass temperamentvolle Kinder ausrasten, mit ihren Geschwistern streiten oder garstig werden.*

Wenn Ihr Kind introvertiert ist, müssen sie ihm verstehen helfen, dass es Zeit für sich allein braucht, um neue Energie zu tanken. Wenn Ihr Kind sehr unruhig wird, sagen Sie ihm: »Ich glaube, dein Körper sagt dir, dass du jetzt etwas Zeit für dich allein brauchst.« Wenn es gerade mit anderen Kindern spielt, können Sie ihm beibringen, taktvoll zu sagen: »Es war toll mit euch. Können wir später weiterspielen?« Wenn das nicht möglich ist, ermutigen Sie Ihr Kind, die Aktivität zu unterbrechen, um etwas zu trinken oder auf die Toilette zu gehen. Dort kann es ein paar Minuten trödeln, um die nötige Pause zu bekommen. Wenn Sie Ihrem Kind das beibringen, lernt es geeignete Wege, sich einer Gruppe zu entziehen und sich die nötige Pause zu verschaffen.

Verhindern Sie, dass Ihr Kind sich in einen Miesepeter verwandelt, indem Sie zum Beispiel für die Zeit direkt nach der Schule ein Ritual einführen, bei dem es sich erholen kann: ein kleiner Imbiss und etwas Zeit in seinem Zimmer, um zu lesen, Tagträumen nachzuhängen, Musik zu hören oder zu spielen, bevor es für weitere Aktivitäten bereit ist. Das Alleinsein füllt seinen Energievorrat wieder auf und erlaubt es ihm, Reserven anzulegen, um später wieder mit einer Gruppe aktiv zu sein.

Nach einem Erntedankfest erzählte uns eine Mutter Folgendes: »Tara zog sich irgendwann zurück, um allein zu spielen. Meine Mutter sah sie gehen und sagte: ›Was für eine gute Idee – lasst uns alle ein Plätzchen finden, um etwas allein zu sein.‹«

Jüngere introvertierte Kinder wollen vielleicht nicht so gerne »allein« sein, sondern lieber ein ruhiges Plätzchen abseits der Menge finden, um mit Mama oder Papa oder einem anderen vertrauten Erwachsenen zu kuscheln. Sie brauchen eine Pause, möchten aber ihre »Sicherheitsperson« bei sich haben.

Extrovertierte müssen der Versuchung widerstehen, die Introvertierten zu drängen, in der Gruppe zu bleiben. Ein paar Minuten allein können für das introvertierte Kind den Unterschied zwischen einem vernünftigen, gesprächsbereiten Menschen und einem Griesgram ausmachen. Introvertierte sind sich selbst die besten Freunde. Sie können allein eine tolle Zeit verbringen. Für einen Extrovertierten ist das schwer zu verstehen.

Genauso, wie Sie den Nahrungsbedarf für Ihr Kind einplanen, sollten Sie auch seinen Energiebedarf einplanen. Wenn Ihre Nachbarn Sie das nächste Mal einladen, zusammen in den Zoo zu gehen und anschließend ein Picknick zu machen, überlegen Sie und denken Sie an Ihr introvertiertes Kind. Wie wird es während eines so langen geselligen Tages an seine Energievorräte kommen? Könnten Sie selbst mit dem Auto fahren und ihm zwischen dem Zoobesuch und dem Picknick die nötige Pause verschaffen? Könnten Sie einplanen, sich im Zoo eine Zeit lang von den anderen zu trennen, um mit Ihrem Kind an einem ruhigen Fleckchen die Schneeaffen zu beobachten?

Wenn es nicht möglich ist, für eine Gelegenheit zu sorgen, bei der Ihr Kind neue Energie tanken kann, gehen Sie vielleicht nur in den Zoo und lassen das Picknick danach weg. Besser nur eine gelungene Aktivität, als beides zu versuchen und in einem Desaster zu enden. Vergessen Sie nicht, dass Ihr introvertiertes Kind andere Menschen wirklich gerne mag. Es braucht nur zum Aufladen seiner Energie Zeit für sich allein. Vermeiden Sie es bei der Planung Ihrer Aktivitäten, seine Energievorräte gänzlich zu verbrauchen.

2. PHYSISCHER RAUM: Physisch genügend Raum zu haben, ist für Introvertierte sehr wichtig. Kürzlich rief mich die Mutter eines Vierjährigen an. Sie sagte, ihr Sohn habe Probleme im Kindergarten, weil er schubse, wenn sie in einer Reihe stehen. Ich fragte sie, ob er ihr erzählt habe, warum er das macht.

Sie antwortete: »Er hat nur gesagt, dass er den kleinen Jungen neben sich gehauen hat, weil der dort nicht stehen sollte.«

»Das ergibt für mich Sinn«, antwortete ich.

»Was meinen Sie?«, fragte die Mutter.

»Introvertierte brauchen Platz. Diesen Platz mit anderen zu teilen, verlangt von introvertierten temperamentvollen Kindern sehr viel Energie. Wenn sie müde werden, schaffen sie das nicht sehr gut. Ihr Sohn muss lernen, dass er einen gewissen Platzbedarf hat. Er kann sich ans Ende der Reihe stellen, wo er etwas Abstand halten kann. Er kann lernen zu sagen: ›Bitte rücke ein Stückchen weiter‹ oder: ›Ich fühle mich wohler, wenn ich etwas mehr Platz habe.‹ Allein schon das Bewusstsein dafür, dass es anstrengend ist, Platz mit anderen zu teilen, kann dem Kind zu erkennen helfen, wann seine Energiereserven sich leeren und neu aufgefüllt werden müssen.«

Den Bedarf nach mehr Raum werden Sie auf vielerlei Art erkennen: bei dem Kind, das im Auto seinen eigenen Sitz haben muss, weil es sonst nörgelt, dass jemand sein Bein berührt, ihm ins Gesicht pustet oder zu viel redet; bei der Zweijährigen, die um sich schlägt, weil Sie ihr die Mütze abgenommen oder den Pullover ausgezogen haben, nicht nur, weil sie es selbst machen wollte – was für Zweijährige normal ist –, sondern auch, weil Sie in ihren persönlichen Raum eingedrungen sind; und bei dem Zweijährigen, der ein Springseil in die Mitte der Couch legt, um seine Hälfte zu markieren.

Weitere Hinweise können sein, wenn ein Kind es nicht ausstehen kann, sein Zimmer mit einem anderen zu teilen, oder wenn ein

Kind an seine Zimmertür ein Schild hängt, auf dem steht »Unbefugten Zutritt verboten«, um deutlich zu machen, wie wichtig genügend Raum für sein Wohlbefinden und seine Energievorräte ist. Und Sie können es auch daran erkennen, wenn Ihr Kind in der Schule Probleme bekommt, weil es sich weigert, bei Gruppenaktivitäten nah bei anderen zu sitzen.

Dieses Bedürfnis nach genügend Raum kann für Extrovertierte schwer verständlich sein. Extrovertierte helfen gerne und sind gerne mit anderen zusammen. Platz ist kein Problem für sie. Extrovertierte müssen einfach wissen, dass es Introvertierte total verrückt macht und ihnen ihre Energie raubt, wenn man zu nahe neben ihnen sitzt, zu nahe neben ihnen steht, sie berührt, wenn dies unerwünscht ist, oder unangekündigt ihr privates Zimmer betritt. Introvertierte sind nicht selbstsüchtig oder weisen andere zurück, wenn sie um genügend Raum bitten. Gibt man Introvertierten den benötigten Platz, so gibt man ihnen Energie. Sie können Ihrem introvertierten Kind beibringen, sich seines Platzbedarfs bewusst zu werden, und können ihm helfen, bereits als Kleinkind kreative und taktvolle Wege zu erlernen, diesen Platz auch zu bekommen.

Als der zweijährige Seth erstmals in eine neue Kita ging, fing er an zu brüllen, als die anderen Kinder auf ihn zurannten, um ihn zu begrüßen. Sie waren begierig darauf, ihn zu sehen, aber Seth war introvertiert und brauchte genügend Platz – besonders bei der ersten Begegnung mit einer Gruppe. Zum Glück erkannte seine Kindergärtnerin, was los war, und holte fünf Hula-Hoop-Reifen für die Kinder. Jedes Kind konnte sich entscheiden, ob es einen Hula-Hoop-Reifen haben wollte, um seinen Platz »abzugrenzen«. Seth war der Einzige, der sich einen Reifen nahm und verwahrte diesen direkt neben seinem Garderobenhaken.

Jeden Morgen half ihm sein Papa bei der Ankunft in der Kita, seine Jacke aufzuhängen und anschließend einen Fleck zu finden, wo er in seinem Reifen sitzen konnte. Mit seiner Decke und einem griffbereiten Schnuller spielte Seth hier ein paar Minuten still mit seinem Lieblingsspielzeug. Seine Kindergärtnerin erklärte den anderen Kindern, dass Seth ein bisschen Zeit und Platz für sich brauchte, bevor er bereit war zu spielen. Die Kleinkinder respektierten das konkrete Symbol und warteten.

Die Kindergärtnerin sagte Seth außerdem, er könne ihnen mitteilen, wenn er bereit sei, mit in den großen Raum zu kommen. Zehn Minuten nachdem er angekommen war, ließ er sich von einer Kindergärtnerin helfen, seinen Reifen wegzuräumen, und fing an, mit den anderen Kindern zu spielen. Dieses Arrangement ging drei Wochen so weiter. Da Seth nun wusste, dass sein »definierter Platz« bei Bedarf verfügbar war und er sich in der neuen Umgebung auch wohler fühlte, kam er nach dieser Zeit einfach zur Tür herein, blieb kurz stehen, um zu beobachten, was die anderen machten, und fing dann an zu spielen. Da sein Bedarf nach genügend Platz verstanden und respektiert wurde, ging er nun gerne in die Kita.

3. ZEIT ZUM NACHDENKEN: Introvertierte denken gerne erst über ein Problem nach, bevor sie darüber sprechen. Marti Olsen Laney zufolge »werden bei Introvertierten im Gehirn längere Schaltwege beschritten, die unbewusste und komplexe Informationen umfassen. Folglich dauert die Informationsverarbeitung länger. Introvertierte sind aber auch in der Lage, mehr emotionale und intellektuelle Inhalte aufzunehmen, die für die neuen Informationen relevant sind.«

Extrovertierte sprechen gerne über Probleme und haben in der Regel sofort eine Antwort parat. Das kann eine Streitquelle sein. Der Extrovertierte, der darauf besteht, dass der Introvertierte über ein Problem *sprechen soll*, wird durch den Introvertierten frustriert, der sich erst einmal zurückhält und versucht, den nötigen Raum zum *Denken* zu bekommen, um sich durch ein Problem durchzuarbeiten. Ein introvertierter Mensch ist nicht bereit, seine Gedanken zu teilen, bevor er Gelegenheit hatte, diese zu reflektieren. Je frustrierter der Extrovertierte durch die fehlende Begeisterung des Introvertierten für eine Diskussion wird, desto mehr Energie verbraucht der Introvertierte bei dem Versuch, sich zu entziehen. Wenn Introvertierte Zeit zum Nachdenken haben, sind sie auch bereit, über das Problem zu sprechen.

Extrovertierten, die ein Problem beim Reden verarbeiten und deshalb sofort darüber sprechen wollen, fällt es jedoch nicht leicht, Introvertierten die Zeit zum Nachdenken zu geben, bevor sie antworten.

Während ich an diesem Kapitel schrieb, wurde mir das perfekte Beispiel dafür präsentiert. Ich bat meinen Mann, mir die drei wichtigsten Dinge zu nennen, die er als Introvertierter braucht. In Erwartung seiner Antwort stand ich da. Er fing an zu lachen. »Ich brauche Zeit, um darüber nachzudenken«, antwortete er und fügte dann hinzu: »Ich weiß, dass du jetzt sofort eine Antwort haben möchtest.« Er hatte recht (übrigens warte ich immer noch, aber ich weiß, dass seine Antwort, wenn er sie mir einmal geben wird, sehr aufschlussreich sein wird und sich die Wartezeit gelohnt haben wird).

Extrovertierte dürfen nicht vergessen, dass die Pause oder die verzögerte Antwort eines Introvertierten nicht bedeuten, dass er nicht nachdenkt. Er schmollt auch nicht, hat weder Probleme mit dem Gehör, noch ignoriert er die Frage. Räumen Sie Ihrem introvertierten Kind vor seiner Antwort genügend Zeit zum Überlegen ein, so versorgen Sie es mit Energie.

Wenn Sie merken, dass Sie frustriert werden, weil Ihr Kind nicht sofort auf Ihre Fragen antwortet, verändern Sie Ihren Ansatz, so wie Megan es getan hat. »Als ich merkte, dass mein Sohn introvertiert ist und Zeit zum Nachdenken braucht, änderte ich meine Strategie«, erzählte sie uns eines Tages im Kurs. »Heute frage ich ihn etwas und füge dann hinzu: ›Denk darüber nach. Ich bin in ein paar Minuten wieder da, um zu hören, wie du dich entschieden hast.‹ Dann gehe ich und mache irgendetwas anderes und wenn ich zu ihm zurückkomme – hat er eine Antwort.« Wenn Sie Ihrem introvertierten Kind Zeit zum Nachdenken geben, arbeiten Sie gut zusammen.

Die Zubettgehzeit ist für Introvertierte eine Zeit, in der sie gerne zu reden beginnen. Es kann oft so wirken, als wollten sie das Schlafen hinauszögern, aber es ist tatsächlich so, dass sie Zeit hatten, über ihren Tag nachzudenken und nun bereit sind, ihre Gedanken mit Ihnen zu teilen. Beginnen Sie frühzeitig mit der Zubettgeh-Routine und planen Sie mindestens zehn oder fünfzehn Minuten »Redezeit« mit ein. So fühlen Sie sich nicht gehetzt oder verpflichtet, die Unterhaltung zu beenden, weil es sonst zu spät wird.

4. KEINE UNTERBRECHUNG DER AKTIVITÄT: Wenn Sie jemals überlegt haben, warum Ihr Kind Sie nur selten begrüßen kommt, wenn Sie nach Hause kommen, könnte es sein, dass es introvertiert ist und seinen Energievorrat hütet. Ist ein introvertiertes Kind beschäftigt, mag es nicht, dass Sie stehen bleiben, um es zu begrüßen und erwarten, dass es mit Ihnen spricht. Von sich aus wird es tatsächlich selten kommen. Wenn Sie wollen, dass Ihr introvertiertes Kind sozial respektvoll ist, bringen Sie ihm bei, Hallo zu sagen und dann an seine Aufgabe zurückzukehren. Damit respektieren Sie sein Bedürfnis, seinen Energievorrat aufzuladen.

Es ist ein entscheidender Schritt zum guten Benehmen Ihres introvertierten Kindes, wenn Sie ihm helfen, seinen Energievorrat aufzufüllen. Weiß ein Kind, wie es auftanken kann, und tut das auch, hat es die nötige Energie, um seine Stärken zu maximieren. Wenn Ihr introvertiertes lebhaftes Kind das nächste Mal anfängt, sich schlecht zu benehmen, überprüfen Sie im Geist sein Energiekonto. Hat Ihr Kind viele Leute gesehen? War es gezwungen, seinen Raum zu teilen? Musste es schnelle Antworten geben? Wurde es bei seiner Tätigkeit ständig unterbrochen? Wenn Sie auch nur eine dieser Fragen mit Ja beantworten, können Sie das sonnige Gemüt Ihres Kindes bereits dadurch zum Vorschein bringen, dass Sie ihm Zeit für sich allein verschaffen, damit es neue Energie tanken kann.

Ich lief Libby über den Weg, vier Jahre, nachdem sie an einem meiner Kurse für temperamentvolle Kinder teilgenommen hatte. »Mary«, rief sie, »ich hatte schon vor, Sie anzurufen. Erinnern Sie sich, dass Eric, mein kleiner Introvertierter, eine Zeit lang schön mit anderen Kindern spielte, aber unvermeidlich der Punkt kam, an dem er unleidlich wurde und schließlich um sich schlug? Es war so unangenehm. In dem Kurs lernte ich, ihm erkennen zu helfen, wann er eine Pause braucht. Inzwischen ist er acht Jahre alt und verbrachte gestern den ganzen Tag mit seinem Bruder und seinen Cousins. Sie spielten erst Fußball und dann Verstecken und anschließend Kicker. Ich beobachtete, dass Eric sich hin und wieder von der Gruppe entfernte. Einmal kam er, um etwas Wasser zu trinken, und beschäftigte sich ein paar Minuten mit seinem Tablet. Zehn Minuten später ging er wieder hinaus. Neunzig Minuten später kam er herein und ging auf die Toilette, blieb dann stehen und spielte ein paar Minuten mit dem Hund, bevor er wieder nach draußen ging. Er spielte den ganzen Tag, ohne die Kontrolle über sich zu verlieren. Er hat tatsächlich gelernt, wie er neue Energie tanken kann.«

## ENERGIEQUELLEN FÜR EXTROVERTIERTE

Ihr extrovertiertes temperamentvolles Kind hat völlig andere Energiequellen als ein introvertiertes Kind. Ruhe und Alleinsein, die von seinen introvertierten Gegenspielern so dringend benötigt werden, ermüden den Extrovertierten. Genau wie bei den Introvertierten ist jeder Extrovertierte einmalig, aber auch hier gibt es einige Energiequellen, die allen gemeinsam sind und deren Nutzung Sie Ihrem Kind beibringen können.

1. ZEIT MIT ANDEREN MENSCHEN: Extrovertierte sammeln ihre Energie außerhalb. Sie mögen andere Leute nicht nur, sie brauchen sie. Lebhafte extrovertierte Kinder sind am zufriedensten und benehmen sich am besten, wenn sie mit anderen zusammen sein können. Zwingt man sie, allein zu Hause zu bleiben, oder erwartet man von ihnen, sich selbst zu unterhalten und über einen längeren Zeitraum allein zu spielen, erschöpft sie das. Als Eltern eines temperamentvollen extrovertierten Kindes ist es für Sie wichtig, alle Ressourcen zu nutzen. Sie haben als Mutter oder Vater, speziell wenn Sie introvertiert sind, keine Chance, alle Interaktionen abzudecken, die Ihr extrovertiertes temperamentvolles Kind braucht.

In meiner Facebook-Gruppe für temperamentvolle Kinder gaben sich Eltern gegenseitig Vorschläge, wie sie ihren extrovertierten Kindern helfen konnten, ihre Energievorräte aufzufüllen. »Es hat uns beide gerettet, sie in der Vorschule anzumelden«, schrieb jemand, während jemand anderes verriet: »Wir verbringen drei oder vier Stunden pro Tag im Park, bei der Vorlesestunde in der Bücherei, auf dem Spielplatz im Einkaufszentrum, in Eltern-Kind-Kursen, die von der Gemeinde angeboten werden, am Strand, beim Wandern und im Museum. Wenn wir nach Hause kommen, lege ich ihn zu einem Schläfchen ins Bett und breche zusammen!«

Wenn Ihr Kind in der Schule oder in einem Kinderbetreuungsprogramm angemeldet ist, wird sein Bedürfnis nach Interaktion vielleicht erfüllt, aller Wahrscheinlichkeit nach wird es jedoch nach weiteren Freizeitaktivitäten lechzen, um seine Energievorräte gefüllt zu halten. Die Herausforderung bei diesem extrovertierten Dynamo besteht darin, das Kind nicht zu sehr zu verplanen. Da es Aktivitäten sucht, hat es eine große Palette an Interessen und endlose Energie. Es glänzt gerne in vielen Dingen, daher ist es sehr wichtig, ihm das Setzen von Prioritäten beizubringen, um es im Gleichgewicht zu halten. Sogar Extrovertierte brauchen gelegentlich eine kleine Auszeit.

Manche Eltern extrovertierter Kinder sorgen sich, ihre Kinder seien zu unselbstständig, weil sie ständig die Gesellschaft anderer brauchen. So erging es Becca.

»Olivia ist die einzige Extrovertierte in unserer Familie. Wir konnten nie verstehen, warum sie ständig Freunde um sich haben wollte. Ich machte mir Sorgen über zu viel Druck von Gleichaltrigen. Ich fing an zu überlegen, ob wir etwas falsch gemacht haben, weil sie andere Leute so sehr zu brauchen schien. Wir versuchten, sie ›abzuhärten‹, indem wir darauf bestanden, dass sie Zeit alleine verbrachte, aber sie wurde dadurch nur übellaunig. Heute verstehe ich, was sie macht, und ermutige sie viel mehr. Sie ist dadurch zufriedener und benimmt sich sehr viel besser.«

Extrovertierte haben viele Freunde, sie brauchen Freunde und können sich nicht vorstellen, ohne sie eine schöne Zeit zu haben. Das Zusammensein mit Freunden gibt Extrovertierten Energie. Verschaffen Sie Ihrem extrovertierten Kind genügend Gelegenheiten, seine Energie in Gesellschaft anderer aufzuladen.

Wenn es nötig ist, dass Ihr extrovertiertes Kind eine Weile selbstständig spielt oder arbeitet, fangen Sie damit an, es praktisch zu beschäftigen, und gehen Sie dann kurz weg. Bleiben Sie aber in Hörweite, damit Ihr Kind auf Sie als Energieschub zurückgreifen kann, während es beschäftigt ist.

2. FEEDBACK: Extrovertierte brauchen Feedback, um ihr Energieniveau hoch zu halten, sie lieben Feedback und können gar nicht genug davon bekommen. Nur ein paar Worte positiver Bestärkung, und der Extrovertierte ist im Höhenflug und zu allen Taten bereit. Introvertierte werden sich vielleicht wundern, wie man so viel Bestätigung brauchen kann.

Ich bin sehr extrovertiert und brauche viel Bestätigung durch meinen introvertierten Mann. Einmal waren wir übereingekommen, am Valentinstag etwas zu unternehmen, statt Geschenke auszutauschen. Aber mein Mann kannte mich gut. Kurz nachdem er zur Arbeit gegangen war, fand ich auf dem Küchentisch eine Valentinskarte. Darauf stand, dass er mich liebte. Eine Stunde später fand ich eine weitere Karte auf der Tastatur meines Computers – eine zweite Bestätigung seiner Liebe. Als ich das Mittagessen zubereitete, fand ich eine weitere Karte im Kühlschrank. Ich war entzückt, aber das Beste war die Karte, die ich auf unserem Bett fand. Die Vorderseite war eine fortlaufende Erklärung in Regenbogenfarben: »ich liebe dich ich liebe dich ich liebe dich …« Innen in der Karte stand: »So, bist du jetzt zufrieden? Schönen Valentinstag«, unterschrieben mit Joes Krakelschrift. Mit vier Karten waren meine Bedürfnisse übererfüllt!

Ihr temperamentvolles extrovertiertes Kind braucht Feedback, um seine Energie aufzuladen. Es ist nicht einfach Gequengel, wenn es um ihre Bestätigung oder Reaktion bittet. Es hat nichts mit mangelndem Selbstvertrauen zu tun, wenn es Ihre aufmunternden Worte braucht. Feedback füllt seine Energievorräte wieder auf.

Es kann anstrengend sein, einem lebhaften extrovertierten Kind genügend Feedback zu geben. Sie müssen Ihrem Kind beibringen, auch vom anderen Elternteil, von Großeltern, Freunden, Lehrern und Nachbarn Aufmerksamkeit und Reaktionen zu erbitten, nicht nur von Ihnen. Schützen Sie sich davor, Ihr eigenes Energiekonto nicht zu überziehen.

3. MENSCHEN, DIE BEIM DENKEN HELFEN: Extrovertierte denken beim Reden. Um ein Problem zu lösen oder ihren Stress abzubauen, müssen sie mit jemandem reden, der ihnen zuhört. Oft brauchen sie nicht einmal eine Antwort von ihrem Zuhörer. Alles, was sie brauchen, um ihr Problem durchzuarbeiten, ist die Möglichkeit, sich zu äußern. Von Tony Bouza, Expolizeichef von Minneapolis, hörte man einmal, wie er sagte: »Mein Mund ist meinem Gehirn etwa elf Minuten voraus. Ich bin immer wieder überrascht zu hören, was ich zu sagen habe.«

Sorgen Sie dafür, Ihrem temperamentvollen extrovertierten Kind genügend Gelegenheiten zu bieten, Ihnen von seinen Sorgen und Nöten zu erzählen und seine Gedanken mit Ihnen zu teilen. Ihr Kind plappert nicht einfach nur, es denkt und schöpft dabei neue Energie.

Durch das Bedürfnis, beim Denken zu reden, handelt sich manches extrovertierte Kind in der Schule Probleme ein. Es spricht außer der Reihe. Der Lehrer stellt der Klasse eine Frage und erwartet, dass die Kinder sich melden, wenn sie antworten wollen. Das lebhafte extrovertierte Kind jedoch hört eine Frage und antwortet spontan. Seine Gedanken purzeln in Form gesprochener Worte aus seinem Mund.

Wenn Sie Ihrem Kind klarmachen, dass es für einen extrovertierten Menschen schwierig ist zu denken, ohne gleichzeitig zu reden, können Sie ihm dabei helfen, seine Antwort zurückzuhalten. Spenden Sie seinen guten Ideen Beifall, erklären Sie ihm jedoch, dass es im Unterricht seine Gedanken bei sich behalten muss, bis es von der Lehrerin oder vom Lehrer aufgerufen wird. Noch besser ist es, wenn Sie eine Lehrerin oder einen Lehrer finden, der die Kinder in kleine Gruppen aufteilt, in denen jeder sprechen darf. Dann hat sich das Problem mit dem Melden erledigt. Wir sprechen in Kapitel 21 noch genauer darüber.

Sie sollten Ihrem extrovertierten Kind auch beibringen, anderen mitzuteilen, dass es einfach nur »spricht, um zu denken« oder lautes Brainstorming betreibt. Seine endgültige Entscheidung oder Meinung hat es damit noch nicht getroffen. Sonst könnte es andere irritieren, wenn es seine Meinung später scheinbar geändert hat.

## ERKENNEN SIE IHRE EIGENE ENERGIEQUELLE

Bei Ihrem Bemühen, Ihr temperamentvolles Kind zu verstehen, müssen Sie auch sich selbst verstehen. Woher beziehen Sie Ihre Energie? Was ist Ihre Präferenz?

Um Ihnen erkennen zu helfen, welcher Typ Sie sind, habe ich die folgenden Fragen zusammengestellt. Lesen Sie sie durch. Prüfen Sie, welcher Aussage in jeder Gruppe Sie zustimmen. Vielleicht stimmen Sie Aussagen sowohl im introvertierten als auch im extrovertierten Abschnitt zu. Das liegt daran, dass wir beide Präferenzen nutzen können. Schauen Sie sich die Fragen genau an und überlegen Sie sorgfältig: Was fühlt sich für Sie am angenehmsten an? Was wäre Ihre erste Wahl – nicht das, was man Ihnen beigebracht hat, sondern das, was wirklich zu Ihnen passt? Viele Introvertierte merken gar nicht, dass Sie eigentlich die Introversion der Extroversion vorziehen, weil man Ihnen immer gesagt hat, introvertiert zu sein, bedeute, ungesellig zu sein. Manche haben ihre Präferenz so stark unterdrückt, um anderen zu gefallen, dass sie die Verbindung dazu beinahe verloren haben. Um sich als Elternteil eines lebhaften Kindes ein hohes Energieniveau zu erhalten, ist es wichtig, dass Sie Ihre wahre Energiequelle finden.

Wenn Sie extrovertiert sind, werden Sie wahrscheinlich …

- ☐ nach einem geschäftigen Tag mit jemandem reden wollen.
- ☐ auf jede Frage sofort eine Antwort parat haben.
- ☐ jeden Freitagabend mit Freunden verbringen wollen.

- ☐ feststellen, dass Sie von einer Aktivität zur nächsten eilen.
- ☐ das Bedürfnis haben und es gerne hören, dass andere Sie lieben und Ihre Arbeit schätzen.
- ☐ ein paar Freunde zum Abendessen einladen wollen und letztlich merken, dass Sie die gesamte Nachbarschaft eingeladen haben.
- ☐ Ihrem introvertierten Kind sagen, es soll aus seinem Zimmer herauskommen und ein paar Freunde anrufen.
- ☐ ein Problem lösen, indem Sie mit jemandem die Lösungsmöglichkeiten durchsprechen.
- ☐ gerne ein Gespräch beginnen.
- ☐ einen Babysitter beschäftigen.
- ☐ problemlos persönliche Dinge über sich mitteilen.
- ☐ häufig beim Verlassen einer Party mit sich selbst schimpfen, weil Sie zu viel geredet und zu wenig zugehört haben.
- ☐ den Umgang mit anderen Leuten brauchen und genießen und sich erschöpft fühlen, wenn Sie zu viel Zeit allein oder nur mit kleineren Kindern verbracht haben.
- ☐ eine neue Idee oder Erfahrung sofort mit jemandem teilen wollen und beim Erzählen Freude empfinden und Energie gewinnen.

Wenn Sie introvertiert sind, werden Sie …

- ☐ nach einem anstrengenden Tag wahrscheinlich mit Ihrem Tablet irgendwo sitzen oder vor dem Fernseher entspannen.
- ☐ wahrscheinlich alles tun, sogar die Toilette putzen, wenn jemand zustimmt, einen Babysitter anzurufen.
- ☐ es sich wahrscheinlich nicht vorstellen können, für Freitagabend eine Gruppe von Gästen einzuladen.
- ☐ es wahrscheinlich anstrengend finden, über einen längeren Zeitraum in einer Gruppe zu sein.
- ☐ persönliche Informationen wahrscheinlich nur mit Menschen teilen, die Ihnen sehr nahe stehen.

- ☐ wahrscheinlich erst nachdenken, bevor Sie eine Frage beantworten, und sich häufig selbst schelten, eine Antwort, die Sie wussten, nicht gegeben zu haben.
- ☐ von Extrovertierten wahrscheinlich häufig zweimal dasselbe gefragt, weil diese annehmen, Sie hätten die Frage nicht gehört, weil Sie nicht sofort geantwortet haben.
- ☐ ein Abendessen nur mit der Familie oder einer guten Freundin/einem guten Freund wahrscheinlich einem Abendessen mit der gesamten Nachbarschaft vorziehen.
- ☐ sich bei großen Familientreffen zwischendurch wahrscheinlich auf die Toilette zurückziehen oder mit dem Hund Gassi gehen.
- ☐ ein Problem wahrscheinlich lösen, indem Sie es selbst überdenken oder eine Antwort im Internet suchen, bevor Sie mit jemand anderem darüber sprechen.
- ☐ es wahrscheinlich satt haben, Extrovertierten immer wieder sagen zu müssen, wie wunderbar sie arbeiten und wie sehr Sie sie lieben und schätzen.
- ☐ wahrscheinlich dafür bekannt sein, Ihre Kinder mit Süßigkeiten zu bestechen, um im Austausch fünf Minuten in Ruhe gelassen zu werden.
- ☐ nachts lange aufbleiben, um »Zeit für sich alleine« zu haben.
- ☐ wahrscheinlich ins Fitnessstudio gehen, die Kinder in der Kinderbetreuung abgeben und sich dann in die Sauna zurückziehen.

Zählen Sie in jeder Gruppe zusammen, wie vielen Aussagen Sie zugestimmt haben. Wenn Sie mehr extrovertierte Aussagen angekreuzt haben, beziehen Sie Ihre Energie aus äußeren Quellen. Wenn Sie mehr introvertierte Aussagen angekreuzt haben, kommt Ihre Energie aus inneren Quellen.

**Gesamtergebnis**

......... Extrovertierte Aussagen

......... Introvertierte Aussagen

## FÜLLEN SIE IHRE ENERGIEVORRÄTE WIEDER AUF

Wenn Sie verstehen, welcher Typ Sie sind, verstehen Sie auch Ihre Reaktionen auf Ihre Kinder, und dies wiederum hilft Ihnen, auch Ihre eigenen Bedürfnisse zu erfüllen.

Die Erkenntnis, introvertiert zu sein, erlaubte es Laura, um mehr Raum zu bitten.

»Ich verstand nicht, warum es mich so aufbrachte, wenn meine Tochter auf mir herumkletterte und mit ihrem Gesicht an meinem klebte, wenn sie mit mir sprach. Inzwischen weiß ich, dass sie extrovertiert ist. Sie liebt Nähe. Ich bin introvertiert und brauche meinen Platz. Ich empfand mich immer als sehr gemein, wenn ich sie wegschob. Inzwischen sage ich ihr, dass ich sie liebe, aber meinen Platz brauche!«

Bei Steve haben die Schuldgefühle nachgelassen, seit er weiß, welcher Typ er ist. »Das erste Mal in meinem Leben fühle ich mich nicht familienfeindlich«, ließ Steve verlauten. »Ich bin introvertiert und brauche Zeit für mich allein. Ich hatte früher immer Schuldgefühle, wenn ich mir diese Zeit nahm, weil es so familienfeindlich wirkte. Heute haben wir alle eine Erklärung dafür, warum ich manchmal Zeit für mich brauche. Meine Frau nimmt es mir nicht mehr übel, weil sie versteht, dass ich zufriedener und aufmerksamer bin, wenn ich dann wiederkomme.«

Und Megan versteht heute, warum sie sich nach einem Tag mit ihren Kindern so ausgelaugt fühlte, obgleich sie gerne zu Hause war.

»Ich bin sehr extrovertiert. Ich *brauche* Leute um mich herum. Ich wusste nicht, dass der Umgang mit meinen Kindern meinen Bedürfnissen als extrovertierte Erwachsene nicht genügte. Ich bin gerne zu Hause mit meinen Kindern und wollte das auch nicht ändern. Daher habe ich angefangen, viel mehr Aktivitäten zusammen mit anderen Eltern zu planen, und ich telefoniere, um mit anderen in einer engeren Verbindung zu bleiben. Jetzt habe ich viel mehr Energie. Mein Mann hat den Unterschied bemerkt und weiß es zu schätzen.«

Marathonläufer wissen, dass sie, auch wenn sie gut trainiert haben, häufig eine Pause einlegen müssen, um etwas zu essen und zu trinken, wenn sie es bis ins Ziel schaffen wollen. Wenn Sie introvertiert sind, sollten Sie täglich etwas Zeit für sich allein einplanen. Stehen Sie früh genug auf, um im Bad ihre Ruhe zu haben. Bleiben Sie mit dem Auto ein Stück vor dem Kindergarten stehen und hören Sie noch Ihre Lieblingsmusik, bevor Sie die Kinder abholen. Anstatt am Samstagnachmittag noch ins Lebensmittelgeschäft zu rennen, gönnen Sie sich lieber ein Schläfchen, auch wenn es dann abends wieder nur Sandwichs mit Erdnussbutter gibt.

Wenn Sie extrovertiert sind, sorgen Sie dafür, andere Erwachsene als Gesprächspartner zu haben. Wenn Sie in einer Firma angestellt sind, nutzen Sie die Mittagszeit für einen Spaziergang mit einer Freundin oder einem Freund. Planen Sie eine Gesprächszeit mit Ihrem Partner oder einem anderen Erwachsenen fest für die Zeit ein, nachdem die Kinder im Bett sind. Wenn Sie nicht außer Haus arbeiten, planen Sie tägliche Ausflüge ein, bei denen Ihre Kinder mit anderen spielen und Sie sich mit anderen Erwachsenen austauschen können.

Jede dieser Aktivitäten liefert Ihnen ein paar Momente, um Ihr müdes Gehirn und Ihren müden Körper ausruhen zu lassen und etwas für Ihr Wohlbefinden zu tun, sodass Sie anschließend wieder etwas für das Wohlbefinden Ihres Kindes tun können. Für Eltern temperamentvoller Kinder ist das ein Muss.

## ZUSAMMENARBEITEN

Sobald Sie die Energiequelle Ihres Kindes und Ihre eigene Energiequelle verstehen, können Sie anhand dieser Informationen feststellen, worin Sie einander ähnlich sind und worin Sie sich unterscheiden. So können Sie gut zusammenarbeiten, um Ihr jeweiliges Energieniveau hoch zu halten. Andernfalls kann es passieren, dass es zu großen Diskrepanzen zwischen Ihnen kommt, wie bei Lindsey und ihrem Sohn.

Es war etwa zwanzig Uhr, als mein Telefon läutete.

»Mary, hast du eine Minute Zeit? Ich muss mit jemandem reden können«, sagte die Stimme am anderen Ende der Leitung.
Es war Lindsey und an ihrer Stimme konnte ich hören, dass es mit einer Minute nicht getan sein würde. »Natürlich«, antwortete ich dennoch.

»Ich weiß einfach nicht, wie ich Sawyer meine Aufmerksamkeit schenken kann«, sagte sie.

Ich fand, dies war eine interessante Bemerkung seitens einer Frau, die ich als sehr engagierte Mutter kannte.

»Er verlangt meine Aufmerksamkeit immer zur falschen Zeit.«

Das verstand ich.

»Wenn er aus der Schule nach Hause kommt, bin ich bereit, mich mit ihm zu unterhalten. Dann ist er aber nicht dazu bereit. Wenn er zum Reden bereit ist, bin ich mit der Zubereitung des Abendessens beschäftigt. Ich will meine Arbeit nicht unterbrechen, um mich stattdessen mit ihm zu beschäftigen. Ich habe Hunger und will etwas essen! Nach dem Abendessen ist er energiegeladen. Zur Zubettgehzeit läuft er auf Hochtouren und ich bin fertig. ›Mama, ich will dir jetzt etwas über meine Idee erzählen!‹, verlangt er. Meine einzige Antwort ist dann ein langgezogenes monotones ›Geh ins Bett, Sawyer.‹ ›Nie sprichst du mit mir‹, beklagt er sich nun. Dann fange ich an zu schreien: ›Hör auf zu quengeln! Geh jetzt ins Bett!‹ Und so endet der Tag. Ich bin erschöpft und er hatte keine Gelegenheit, seine Geschichten zu teilen. Unsere Energien passen nicht zusammen. Wir sind beide gewillt zu teilen, aber nicht zur selben Zeit. Es fühlt sich an, als würden wir nie eine Verbindung bekommen. Ich weiß nicht mehr, was ich tun soll.«

Lindsey und ihr Sohn »verpassten« einander, weil sie auf unterschiedliche Art ihre Energie bezogen und Informationen teilten. Die extrovertierte Lindsey wollte sofort mit ihm reden, wenn er nach Hause kam. Der introvertierte Sawyer musste erst neue Energie tanken, indem er etwas Zeit für sich allein hatte, bevor er für eine Unterhaltung bereit war. Lindsey hatte das Gefühl, Sawyer ignoriere sie und weigere sich, seinen Tag mit ihr zu teilen. Sawyer wiederum dachte, seine Mutter schiebe ihn weg, sodass er sich noch weiter zurückzog. Später, wenn Sawyer zum Reden bereit gewesen wäre, war Lindsey durch ihren Ärger ausgelaugt. Sie war zu müde und zu verletzt, um eine gute Zuhörerin zu sein. Während unseres Gesprächs erklärte ich Lindsey die Unterschiede zwischen Introvertierten und Extrovertierten. Nachdem sie ihre verschiedenen Energiequellen verstanden hatte, konnte sie eine neue Strategie erarbeiten. Sie beschloss, eine Freundin anzurufen und mit ihr zu reden, anstatt Sawyer zu drängen, er solle etwas erzählen, sobald er nach Hause kam. Das Reden würde ihre Energievorräte auffüllen. Später, wenn Sawyer für eine Unterhaltung bereit war, würde ihr Energieniveau durch das Gespräch mit ihrer Freundin hoch sein. Sie würde nicht mehr vom Ärger ausgelaugt sein, weil sie nun verstand, dass Sawyer neue Energie tankte, indem er sie nach der Schule erst einmal ausblendete.

Würden wir allein leben, wäre unser Persönlichkeitstyp nicht wichtig. Wegen unserer Beziehungen müssen wir jedoch unseren jeweiligen Lebensstil verstehen und herausfinden, wie wir *zusammen*arbeiten können –, wie wir Ideen teilen, Probleme lösen und neue Energie tanken können – ohne den anderen zu erschöpfen.

Wenn Sie die Bedürfnisse Introvertierter und Extrovertierter respektieren können, ist es einfacher, Ihren eigenen Stil und den Ihres Kindes zu akzeptieren und wertzuschätzen. Sie können häufiger und bequemer auf Ihre Energievorräte zurückgreifen. Es geht ohne Auseinandersetzung. Es ist kein Eingriff. Bei beiden bleibt das Energieniveau hoch. Die guten Tage werden häufiger sein als die schlechten Tage.

## INTROVERTIERTE – EINE ZUSAMMENFASSUNG

Introvertierte Kinder beziehen ihre Energie aus dem Alleinsein oder dem Zusammensein mit ein oder zwei vertrauten Personen. Sie ziehen es vor, mit ihrer inneren Welt zu interagieren, indem sie ihre Gedanken und Ideen reflektieren, bevor sie diese mit anderen nach außen hin teilen. Sie erholen sich, wenn sie Ruhe und genügend Raum haben. Ist diese Voraussetzung erfüllt, spielen sie gut mit anderen Kindern und sind kooperativer. Ist sie nicht erfüllt, werden sie reizbar.

***Introvertierte lebhafte Kinder müssen immer wieder Sätze hören wie:***

- Du denkst, bevor du sprichst.
- Du hast gerne Zeit für dich allein.
- Du brauchst Zeit für dich allein und Ruhe, um neue Energie zu schöpfen.
- Du baust tiefe und lang anhaltende Beziehungen auf.

***Pädagogische Tipps:***

- Sorgen Sie dafür, dass Ihr introvertiertes Kind Gelegenheit hat, neue Energie zu tanken, indem es Zeit für sich allein hat.
- Helfen Sie Ihrem Kind zu verstehen, dass es Raum braucht, und wie es darum bitten kann, ohne andere zurückzuweisen.
- Geben Sie Ihrem introvertierten Kind Zeit zum Nachdenken, bevor Sie seine Antwort erwarten.
- Vermeiden Sie es, Ihr Kind bei einer Beschäftigung zu unterbrechen.

***Wenn Sie ebenfalls introvertiert sind:***

- Erkennen Sie an, dass Sie auch selbst das Bedürfnis nach Zeit für sich allein haben, um neue Energie zu tanken.
- Lassen Sie andere wissen, dass Sie Zeit zum Nachdenken brauchen, bevor Sie antworten können.
- Schätzen Sie Ihre Beobachtungsgabe.

## EXTROVERTIERTE – EINE ZUSAMMENFASSUNG

Extrovertierte beziehen Ihre Energie von anderen Menschen. Sie beziehen Ihre Umwelt gerne mit ein, indem sie mit Leuten sprechen und ihre Ideen und Erfahrungen teilen. Wenn sie keine Gelegenheit bekommen, mit anderen zu reden, werden sie schlecht gelaunt und anspruchsvoller, weil ihnen die Puste ausgeht.

***Extrovertierte lebhafte Kinder müssen immer wieder Sätze hören wie:***

- Du bist gerne mit anderen Leuten zusammen.
- Du überlegst, indem du über deine Gedanken und Gefühle sprichst.
- Du bist gerne beschäftigt.

**Pädagogische Tipps:**

- Ihr extrovertiertes Kind braucht andere Menschen, damit es besser neue Energien tanken kann.
- Geben Sie Ihrem Kind sehr viel Feedback.
- Verbringen Sie Zeit mit Ihrem Kind, um zu reden, damit es mit Problemen besser fertigwerden kann.
- Machen Sie sich klar, dass sein Bedürfnis nach der Gesellschaft anderer Menschen und nach Feedback kein Zeichen für mangelndes Selbstvertrauen ist.

**Wenn Sie ebenfalls extrovertiert sind:**

- Vermeiden Sie es, sich mit Kleinkindern zu Hause zu isolieren.
- Planen Sie täglich Ausflüge mit anderen Eltern und Kindern.
- Erkennen Sie an, dass Sie Zeit mit anderen Erwachsenen brauchen, um neue Energie zu tanken.
- Nehmen Sie sich die Zeit, Probleme und wichtige Themen mit anderen zu besprechen, bevor Sie eine Entscheidung treffen.
- Lassen Sie andere wissen, dass Sie Feedback brauchen.

# 6

# Intensität

## Sie sind es, die starke Emotionen Ihres Kindes zuerst zerstreuen können

*»Ich habe gelernt, dass ein Mensch manchmal nicht mehr braucht als eine Hand, die er halten kann und ein verständnisvolles Herz.«*
*Unbekannt*

Dunkelhaarig und mit lebhaften blauen Augen saß der neun Monate alte Dakota auf dem Schoß seiner Mutter und hörte aufmerksam der Kindergärtnerin zu, die eine Geschichte vorlas. Plötzlich imitierte die Kindergärtnerin eine Figur des Märchens, die weinte. Dakotas Körper versteifte sich, er riss die Augen weit auf und seine Lippen zitterten. Er wandte sich zu seiner Mutter um und suchte in ihrem Gesicht nach Hinweisen. Er dachte: »Bin ich in Gefahr? Muss ich alarmiert sein und auch weinen?« Das »Weinen« aber war nur vorgetäuscht und die Geschichte tatsächlich albern. Also lachte seine Mama, und genauso machte es nun auch Dakota. Unabsichtlich hatte sie Dakota die richtige Reaktion »gezeigt«.

Als Eltern merken wir, dass sich unsere Kinder an uns wenden, um getröstet zu werden. Was wir möglicherweise jedoch nicht merken, ist, dass unsere Kinder auf uns, die Erwachsenen in ihrem Leben, auch Hilfe suchend schauen, um herauszufinden, was wir fühlen, und um ihre Emotionen zu regulieren. Wir sind ihre Vorbilder. Wenn wir verärgert sind, werden auch sie verärgert. Wenn wir ruhig bleiben, bleiben auch sie ruhig.

Diese Fähigkeit, uns selbst zu beruhigen oder, wie die Wissenschaftler es beschreiben, »uns selbst zu regulieren«, führt zu biologischen Veränderungen in unserem Körper. Veränderungen, die es uns erlauben, geradlinig zu denken und als Ergebnis daraus Situationen gut zu bewältigen. Den meisten von uns wurde nie beigebracht, Freude an dem Reichtum zu empfinden, den intensive Emotionen in unser Leben bringen, ebenso wenig hat man uns in den Sicherheitsmaßnahmen unterrichtet, die gebraucht werden, um diese Intensität angemessen zu nutzen. Um unseren Kindern helfen zu können, ihre intensiven Emotionen zu verstehen und mit ihnen umzugehen, müssen wir unsere eigenen Fertigkeiten der Selbstregulation weiterentwickeln. Wenn wir den Umgang mit unseren eigenen Emotionen gut beherrschen, ist es sehr viel einfacher, diese Fertigkeiten auch unseren intensiven temperamentvollen Kindern anzuerziehen.

## DER UMGANG MIT IHREN EIGENEN INTENSIVEN EMOTIONEN

Es fällt schwer, als Elternteil eines temperamentvollen Kindes nicht frustriert zu werden – vor allem, wenn das Leben einen beutelt, einem den Schlaf raubt und ein Kind beschert hat, das die Bitte, sich seine Schuhe anzuziehen, in ein zwanzigminütiges Gerangel verwandelt. Es verleitet dazu, das Kind mit allen denkbaren

Strafen zu belegen und ihm alles Mögliche zu verbieten, angefangen bei der Zeit, die es vor einem Bildschirm verbringen darf, bis hin zum Besuch bei einer Freundin/einem Freund, auch wenn Sie verflixt genau wissen, dass dies nicht funktionieren wird. Aber irgendwie scheinen Sie in einem Teufelskreis gefangen zu sein. An diesem Punkt beginnen sich Zweifel einzuschleichen. Vielleicht sind Sie für die Elternrolle ungeeignet. Vielleicht sind Sie nicht die richtige Mutter/der richtige Vater für dieses Kind. Noch schwerer zu ertragen ist die Angst, alles könne außer Kontrolle geraten.

So muss es sich aber nicht anfühlen. Sie sind durchaus in der Lage, die Reaktionen Ihres Kindes zu verändern.

Ist Ihnen je aufgefallen, dass das Erste, was Sie sagen, entweder Öl ins Feuer gießt oder dieses löschen kann? Dass auch Ihr Kind friedlicher wird, wenn Sie es weniger hart angehen? Es ist tatsächlich so, dass Ihre Gedanken, Worte und Taten die Macht haben, die intensiven Reaktionen Ihres Kindes zu verändern. Wahr ist auch, dass es mit viel Arbeit, gemeinsamen Bemühungen, unendlicher Geduld und auch einigen Tränen verbunden ist. Aber Sie können die Fertigkeiten erlernen, an den meisten Tagen gelassen zu bleiben – und wirklich Freude an Ihrem Kind zu haben.

## Die Theorie

Im Lauf eines Tages durchlaufen Ihr Kind und Sie verschiedene Stadien des Wohlbefindens. Wie leicht es Ihnen beiden fällt, gelassen zu bleiben und ein gutes Team zu bilden, hängt davon ab, in welcher »Zone« Sie sich jeweils befinden. In Kapitel 2 habe ich Ihnen die rote Zone spannungsgeladener Energie vorgestellt. In diesem Kapitel wollen wir diesen Begriff etwas genauer erkunden und auch einen Blick auf die grüne Zone ruhiger Energie werfen. Stellen Sie sich einen Moment lang vor, am Rand einer Klippe zu stehen. Ein Schritt nach rechts, und Sie stürzen in den Abgrund unkontrollierter Intensität – die rote Zone. Ein Schritt nach links entfernt Sie hingegen vom Klippenrand in Richtung einer lieblichen grünen Wiese – in die grüne Zone.

In der roten Zone befindet sich Ihr Körper in einem Zustand angespannter Erregung. In Ihrem Körper ist ein natürliches Warnsystem angesprungen, das den Spiegel der Stresshormone steigen lässt und alle Systeme in Alarmbereitschaft hält, bereit zum Kampf. In diesem Zustand hören Sie Ihrem Kind nicht mehr zu, Sie wollen es nicht einmal anschauen und stoßen es weg. Die biologische Reaktion überwältigt Körper und Geist. Die Emotionen explodieren.

»Steig ins Auto ein«, fauchen Sie vielleicht Ihre Tochter mit zusammengebissenen Zähnen an. Sie reagiert nicht. »Ab ins Auto«, wiederholen Sie. Aber Ihre Tochter will etwas anderes machen. Das Einsteigen ins Auto steht bei ihr momentan nicht auf dem Programm. Sie wissen, dass sie wahrscheinlich einen ausgeprägten Wutanfall bekommen wird, wenn Sie weiter insistieren.

Plötzlich merken Sie, dass Sie zurückschrecken; dass Sie hoffen, sie werde einsteigen; dass Sie wütend sind, weil sie nicht auf Sie hört; dass Sie sauer auf sich selbst sind, weil Sie so ein Hühnchen sind. Warum lassen Sie ihr das durchgehen? Adrenalin beginnt durch Ihren Körper zu zirkulieren, da Ihr Gehirn allen Körpersystemen meldet: »Achtung Bedrohung, bereit machen zu Kampf oder Flucht!« Und genau das würden Sie am liebsten tun.

Ihnen ist der Gedanke an eine weitere öffentliche Szene unerträglich, Sie stehen da und warten, zählen schweigend bis zehn. Aber es funktioniert nicht, und Sie merken, wie Sie immer tiefer in dem dunklen Strudel der Emotionen versinken, bis es schließlich keinen Weg zurück in einen ruhigen Zustand zu geben scheint. Dann passiert es unwillkürlich. Sie brüllen: »AB INS AUTO JETZT!« Das Gebrüll Ihrer Tochter steht Ihrem in Intensität und Timing in nichts nach. Sie und Ihr Kind sind soeben über die Klippe in die rote Zone gestürzt, schnappen nach Luft, während Sie sich in der Abwärtsspirale der negativen Emotionen befinden. Sie haben das Gefühl, zu ertrinken.

Der Psychologe John Gottman bezeichnet dies als »emotionale Überflutung« und erklärt: »Die Überflutung ist Gift für die Beziehung. Die extreme körperliche Reaktion macht rationales Denken unmöglich.«

Dieser plötzliche Anstieg chaotischer Emotionen macht Sie und Ihr Kind auch zu Gegnern, verfangen in einem Kampf bis zum Ende. Wer wird gewinnen? In diesem Kampf gibt es aber keinen Sieger. Letztlich lässt der Machtkampf jeden geschlagen und verletzt zurück, und Ihre Beziehung ist beschädigt. Anstatt die Fertigkeit zur Kooperation zu entwickeln, wird Ihr Kind ironischerweise lernen, wütend zu werden, damit Sie zurückweichen. Oder es wird lernen, die Lautstärke seines Protestes zu verstärken, damit Sie diesen auch hören. Wissenschaftler sagen uns, dass wir es letztlich langfristig mit mehr und nicht mit weniger Verhaltensproblemen zu tun haben werden, wenn wir in einer feindseligen Beziehung mit unseren Kindern gefangen sind. Noch beunruhigender ist, dass wir die Liebe zu unseren Kindern verlieren werden.

An diesen Punkt wollen wir nicht kommen. Zum Glück müssen wir das auch nicht.

Gehen Sie zurück an den Klippenrand. Dieses Mal machen Sie einen Schritt nach links und betreten die grüne Zone ruhiger Energie. Ihr Körper und Ihr Geist sind friedlich. In dieser Zone spüren Sie und Ihr Kind, dass Ihre Herzen tief in Ihrer Brust langsam schlagen. Ihr Puls ist ebenso gleichmäßig wie der Ihres Kindes. Sie sind aufeinander fokussiert, können einander zuhören und haben Freude an der Anwesenheit des anderen. In dieser grünen Zone lässt es sich mit Emotionen besser umgehen.

In dieser Zone bitten Sie Ihre Tochter nun wieder, ins Auto einzusteigen. Sie macht es einfach, oder wenn sie sich widersetzt, können Sie schnell genug reagieren, gehen in die Hocke, um mit ihr auf Augenhöhe zu sein, ihr Mitgefühl zu äußern, wie frustrierend es für sie sein muss, ihre Aktivität nun zu unterbrechen, und ihr dann zu helfen, einen Schlusspunkt zu finden. Beide bleiben ruhig, hören einander zu und kooperieren. Es gibt keinen Machtkampf.

Als Folge dieser positiven ruhigen Reaktion treten weniger Verhaltensprobleme auf, weil ihr Kind sich sicher und respektiert fühlt. Es hört Ihnen zu, weil auch Sie ihm zugehört haben. Die grüne Zone erlaubt es uns, Liebe zu unseren Kindern zu empfinden und diese Liebe zu bewahren. Es ist unser Ziel, in der grünen Zone zu bleiben, und auch wenn dies nicht immer gelingen wird, gibt es doch Strategien, die häufiger in die grüne Zone führen.

## Eine Frage der Perspektive

Haben Sie jemals überlegt, ob Eltern, die ruhiger zu bleiben scheinen, ein Geheimrezept haben? Sie haben es. Es ist die Art und Weise, wie sie ihr Kind sehen. »Ich akzeptiere, dass mein Sohn so ist, wie er ist«, sagte mir Amanda eines Tages. »Er ist sehr sensibel. Ich merke sehr oft, dass er vor irgendetwas Angst hat. Er ist anders als andere Kinder. Wenn ich ihn so sehe, habe ich mehr Mitgefühl mit ihm.«

Steve, Vater von drei Kindern, erklärte: »Ich habe gemerkt, dass es mehr eine Frage der Biologie als des Verhaltens ist. Normalerweise regt sich meine Tochter über etwas auf, was mit mir nichts zu tun hat. Sie hasst mich nicht. Sie kann nur einfach ohne meine Hilfe nicht auf die Bremse treten.«

Und für Lydia ging es darum, ihre Tochter lieben zu lernen. »Ich war so sauer auf meine Tochter und so sauer auf mich selbst, weil ich keine Ahnung hatte, wie ich sie erziehen sollte. Aber nachdem ich all diese Dinge gelernt habe, habe ich mich verändert. Ich fing an, ihr zuzuhören und ihre Meinung zu respektieren. Ich hörte auf, sie zu bestrafen, stattdessen konnten wir miteinander reden und Dinge aufarbeiten.«

Diesen Eltern gelingt es, das Verhalten ihres Kindes nicht persönlich zu nehmen. Anstatt zu glauben, ihr Kind kämpfe gegen sie, können sie genügend Abstand halten, um zu erkennen, dass es einen Grund für dieses Verhalten gibt, der aber nichts mit ihnen zu tun hat. Dieses Bewusstsein erlaubt es ihnen, sich nicht persönlich angegriffen zu fühlen, und folglich können sie ruhig bleiben. Ihre Herzfrequenz steigt nicht. Sie bleiben engagiert, sodass sie Empathie ihrem Kind gegenüber empfinden können. Mit der Empathie kommt auch das Verständnis dafür, dass eine emotionale Überflutung auf Kinder beängstigend wirkt. Sie wollen nicht an diesen Punkt kommen.

Diese andere Sichtweise erlaubt es ihnen zu sagen: »Es gibt einen Grund dafür, dass mein Kind aufgebracht ist. Wir finden ihn heraus. Wir können kooperieren. Wir sind ein Team.«

## Prüfen Sie Ihren inneren Monolog

Wenn Sie merken, dass Sie intensive Reaktionen Ihres Kindes negativ interpretieren, ist die Wahrscheinlichkeit groß, dass Sie auf sich selbst und Ihr Kind wütend werden. Anstatt mit der Intensität Ihres Kindes oder mit Ihrer eigenen Intensität zu arbeiten, wollen Sie diese so schnell wie möglich loswerden, damit das »schlechte« Verhalten aufhört. In diesem Fall werden Sie sich wahrscheinlich Dinge sagen hören, die Sie direkt in die rote Zone bringen. Diese Erfahrung machte Sasha.

»Jeden Morgen schien meine Tochter, nur mich zu akzeptieren, und abends war es dasselbe. Ich hätte schwören können, dass sie strategisch die perfekte Methode anwandte, um mich verrückt zu machen. Immer dachte ich: ›Sie manipuliert mich. Sie weiß genau, welche Knöpfe sie bedienen muss, ich werde ihr aber nicht die Kontrolle überlassen.‹ Ich kann mir sicher die Bemerkung sparen, dass sie nur den Mund aufmachen musste und schon war ich in der roten Zone.«

Die Botschaften, die wir in uns tragen, nennt man »Innerer Monolog«. Es ist sehr wichtig, diese Botschaften aufzudecken, zu analysieren und zu betrachten, besonders wenn es um Botschaften über intensive Emotionen geht. Wenn Sie merken, dass Sie unterschwellig Botschaften denken oder murmeln wie in der Liste unten, ist es höchste Zeit, Ihren inneren Monolog zu verändern.

Mein Kind manipuliert mich.
Mein Kind stellt mich auf die Probe.
Mein Kind wird wieder aufsässig.
Mein Kind mag mich nicht.
Mein Kind ist außer Kontrolle.
Mein Kind versucht, mit allem ungestraft davonzukommen.

Verwerfen Sie alle Botschaften, die einen Sieger und einen Verlierer beinhalten. Alle Gedanken, die den Fehdehandschuh werfen, müssen verschwinden. Sie und Ihr Kind haben dasselbe Interesse und treten nicht *gegeneinander* an.

**Werfen Sie trennende Botschaften über Bord:**

- Mein Kind manipuliert mich.
- Mein Kind stellt mich auf die Probe.
- Mein Kind wird wieder aufsässig.
- Mein Kind mag mich nicht.
- Mein Kind ist außer Kontrolle.
- Mein Kind versucht, mit allem ungestraft davonzukommen.
- Mein Kind sorgt absichtlich dafür, dass ich zu spät zur Arbeit komme.

**Ersetzen Sie sie durch Botschaften, die Sie und Ihr Kind zu einem »Team« machen:**

- Mein Kind ist ängstlich.
- Mein Kind erkundet, wie die Welt funktioniert.
- Irgendetwas muss mein Kind aus der Fassung gebracht haben. Ich fühle mich in der Defensive, aber ich kann zuhören, bevor ich etwas sage.
- Vielleicht habe ich mich zu schnell bewegt und zu laut gesprochen.
- Mein Kind ist gestresst. Es ist wunderbar, sensibel zu sein und die Emotionen anderer lesen zu können, aber mein Kind hat es noch nicht gut gelernt, richtig damit umzugehen.
- Mein Kind versucht zu lernen, was in Ordnung ist und was nicht. Es fällt meinem Kind schwer, sich von mir zu trennen.

Nachdem wir diese Übung im Kurs gemacht hatten, berichtete Sasha: »Ich war ruhiger. Was mir wirklich sehr geholfen hat, war, mir selbst zu sagen: ›Es liegt daran, dass sie müde ist. Sie war gestern lange auf.‹ Oder: ›Wir waren zu sehr eingespannt. Es gab viel zu viele Übergänge.‹ Das hat für uns beide einen sehr großen Unterschied gemacht.«

Vielleicht denken Sie jetzt, dass wir für unsere temperamentvollen Kinder nur Entschuldigungen suchen. Das stimmt nicht. Wir werden unseren Kindern vielmehr die Fertigkeiten beibringen, mit diesen Emotionen besser umzugehen. Das Lernen beginnt jedoch mit dem entsprechenden Verständnis.

## Innehalten

Meine Freundin Lynn sagt gerne: »Bei der Arbeit mit Kindern muss man langsam gehen, um schnell voranzukommen.« Durch ein Kind, das »ausrastet«, kommen wir oft in Versuchung, uns in eine Auseinandersetzung zu stürzen, aber damit würden wir nur reagieren. Unser Ziel ist hingegen eine wohlüberlegte Antwort. Das verlangt ein Innehalten. Stopp! Durchatmen! Denken! Tiefes Durchatmen versorgt das Gehirn mit dem zum Denken benötigten Sauerstoff, dabei wird der Teil im Gehirn besser durchblutet, der beim logischen Denken und Planen der nächsten Schritte aktiv werden muss. So können Sie sich selbst ermahnen, nicht zu schreien, kein Spielzeug Ihres Kindes durchs Zimmer zu schleudern, Ihr Kind nicht wegzustoßen oder zu kritisieren. Alles Dinge, bei denen Sie sich, wie Sie aus Erfahrung wissen, anschließend schlecht fühlen würden.

Wenn Sie merken, dass Sie mit Ihrem Kind über den Klippenrand geraten, erlauben Sie es sich, aus der Schusslinie zu treten. Es ist sehr viel besser, tief durchzuatmen, als es zu einem Machtkampf und Auseinandersetzungen kommen zu lassen.

»Ich bin genauso intensiv wie er«, berichtete Matt im Kurs. »Die Dinge, die ihn reizen, machen auch mich verrückt. Es ist dann, als würden zwei Kinder aufeinander losgehen und nicht, als wäre nur ein Kind beteiligt. Die einzige Überlebensmöglichkeit für uns beide besteht darin, dass ich mich ein paar Sekunden ausklinke, um mich zu beruhigen.«

Sagen Sie Ihrem Kind in einer solchen Situation, dass Sie momentan zu aufgebracht sind, um sich mit ihm befassen zu können, dass Sie aber in ein paar Minuten zurück sein werden. Entfernen Sie sich anschließend und atmen Sie zehnmal tief und langsam, um sich zu beruhigen. Damit informieren Sie Ihr Nervensystem, dass es die Alarmglocken und die Flucht- oder Kampfreaktion wieder abschalten und die Durchblutung der für das Denken zuständigen Areale im Gehirn verbessern kann. Vergessen Sie nicht, dass Ihr Kind ausrastet, weil es intensiv ist, und nicht, weil Sie eine schlechte Mutter oder ein schlechter Vater sind. Schrittweise werden mit zunehmender Reife und unter Ihrer guten Anleitung die Häufigkeit und das Ausmaß der Wutanfälle abnehmen.

## Bitten Sie um Hilfe

»Mein Mann Ben und ich sind übereingekommen, dass wir uns gegenseitig unterstützen wollen – egal, was geschieht«, erzählte Molly in der Gruppe. »Heute Morgen konnten wir diese Vereinbarung testen! Ich wusste, dass unser neunjähriger Wyatt von dem Moment an, in dem er aufwachte, zunehmend ungenießbar werden würde«, erzählte sie uns. »Er war übermüdet. Ein lockerer Backenzahn hing nur noch an einem Ende der Wurzel, wodurch er praktisch nichts essen konnte und bei jeder Berührung des Zahns von einem stechenden Schmerz durchfahren wurde. Ich hatte das ganze Frühstück über sein Jammern und Stöhnen gehört und ihm dann zugesehen, wie er langsam die Treppe hinaufging, um sich zu kämmen. Ich wusste, dass es Ärger geben würde. Sein Haar war zu lang geworden. Für den nächsten Tag hatten wir einen

Friseurtermin, aber mein Bauchgefühl sagte mir, dass dies einen Tag zu spät war.«

Sie machte eine Kunstpause, dann fuhr sie fort. »Ich lauschte auf das Unwetter, das sich zusammenbraute und wartete auf den Ausbruch, von dem ich wusste, dass er kommen würde, den ich jedoch nicht zu verhindern versuchte, weil ich mein Frühstück beenden wollte!« Wir nickten alle verständnisvoll. »Ich schaffte jedoch nur drei Bissen, bevor es losging: ›Mamaaaaaaaaa!‹, brüllte er. ›Mein Haar lässt sich nicht kämmen.‹ Ich nahm noch einen Bissen und lief die Treppe hinauf. Er hatte recht, es war ein wildes Durcheinander. Seine Haare widersetzten sich seinen Bemühungen, sie um seinen Kopf zu drapieren. Ich warf einen Blick auf sein Arsenal an Kosmetikprodukten: Wasser, Stylingsprays und Schaum. ›Hast du es mit Gel probiert?‹, fragte ich. ›Da ist keins‹, beklagte er sich. Ich durchsuchte den Badschrank und fand eine halb volle Flasche. ›Probier es damit‹, sagte ich.

Gemeinsam verteilten wir Gel auf seinem gesamten Kopf. Ich dachte, es würde funktionieren, bis auf seinem Oberkopf kleine Haarbüschel hochsprangen wie kleine Saugnäpfe von einer Wand. Er rastete aus, warf sich auf sein Bett und fing an zu brüllen. Ich hatte keine Idee mehr und definitiv wenig Geduld.«

An dieser Stelle versank sie fast in ihrem Stuhl, zuckte mit den Achseln und hob bestürzt ihre Hände. Wir warteten auf die Fortsetzung.

»Ich suchte mir Hilfe«, erklärte sie. »Ich warf meinem Mann einen stechenden Blick zu, der unten beim Frühstück saß.

›Ich kann nicht‹, sagte er. ›Ich könnte schon losbrüllen, wenn ich ihm nur zuhöre.‹

Da habe ich ihm meinen richtigen ›Blick‹ zugeworfen«, sagte sie und demonstrierte dies für uns, indem sie die Arme verschränkte, ihre Wangen aufblies und uns anstarrte. Dann fuhr sie fort:

»Er verstand die Botschaft und ging nach oben.

›Ich kann so nicht in die Schule gehen‹, heulte Wyatt.

Mein Mann warf einen Blick auf unser Arsenal. ›Ach du meine Güte, was erwartest du auch?‹, witzelte er. ›Du hast ja eine Giftmülldeponie auf deinem Kopf angelegt.‹

Ich konnte mich nicht beherrschen und lachte los, und das tat auch unser Sohn. Mein Mann hatte die Situation mit Humor geklärt. Die Explosion war vorüber. Einfach so. Wir bekamen seine Frisur leidlich hin, und er ging zur Schule.«

Wenn Sie mittendrin stecken, müssen Sie wissen, wann der Zeitpunkt gekommen ist, sich zurückzuziehen und sich Hilfe zu holen. Wenn diese Person jemand ist, mit der Sie zusammenleben, senden Sie Ihre Signale aus wie Molly es bei ihrem Mann gemacht hat. Drücken Sie sich mit Gesten oder Worten so aus, dass Sie eindeutig signalisieren: »Ich brauche jetzt deine Hilfe!« Es ist unerlässlich, dass die Eltern lebhafter Kinder zusammenarbeiten. Es ist kein Zeichen von Schwäche, wenn Sie sich helfen lassen. Damit erkennen Sie Ihre eigene Intensität und Ihre Grenzen an und akzeptieren sie.

Tadeln oder Lächerlichmachen befeuert das Intensitätsniveau nur noch weiter. Teamwork ist wirklich wichtig. Sie müssen darüber sprechen, wie Sie reagieren, wenn Ihr Kind aufgebracht ist. Sie müssen entscheiden, wie Sie einander helfen und unterstützen können. Wenn Sie kooperieren, nehmen Sie der heftigen Reaktion Ihres Kindes die Schärfe. Sie werfen einen rettenden Anker, der verhindert, dass Sie in den Abgrund der roten Zone stürzen.

Wenn es Ihnen und Ihrem Partner unmöglich erscheint, an einem Strang zu ziehen, holen Sie sich professionellen Rat und setzen diese wöchentlichen Termine auf der Prioritätenliste nach oben, um Kooperation zu lernen. Wissenschaftler am Gottman Institute haben festgestellt, dass Kinder unglücklich verheirateter

Eltern physiologisch chronisch erregt sind. Das Ergebnis ist, dass sie leichter aufgebracht werden und länger aufgebracht bleiben. Kinder brauchen es, dass ihre Eltern zusammenhalten, damit sie in der grünen Zone bleiben können, wo sie ruhig und für Ihre Anleitung offen sind.

Wenn Sie alleinerziehend sind, denken Sie möglicherweise, Sie könnten niemanden um Hilfe bitten. Alleinerziehende sagen oft: »Ich kann doch nicht einfach Freunde anrufen und vielleicht deren Essens- oder Familienzeit stören«, oder: »Ich will niemanden belästigen.« Guten Freunden macht es aber nichts aus, angerufen zu werden. Sie schätzen die Möglichkeit zu helfen und die Freude des Gebens. Suchen Sie jemanden aus, der Ihr Kind mag und diesem nicht kritisch gegenübersteht. Sie müssen das Vertrauen haben können, Unterstützung zu finden, und können dann ruhig anrufen. Als Elternteil eines temperamentvollen Kindes müssen Sie Ihre Ressourcen kennen und nutzen. Wichtig ist jemand, der Ihnen den Rücken freihält.

## Machen Sie Selbstfürsorge zu einer Priorität

Seien Sie freundlich zu sich selbst. Die Arbeit mit einem lebhaften Kind verlangt Überlegungen, Anstrengung und Geschicklichkeit. Haben Sie Ihr Kind erfolgreich ins Bett gebracht, machen Sie Ihren eigenen Schlaf ebenfalls zu einer Priorität. Gut ausgeruht ist es sehr viel leichter, in der grünen Zone zu bleiben. Ausreichender Schlaf ermöglicht es Ihnen, fokussierter, energiegeladener, geduldiger und besser mit Ihren Kindern umzugehen.

Bevor Sie mit einer abendlichen Aktivität beginnen, fragen Sie sich, ob diese wirklich noch erledigt werden muss. Anfangs mag es sich erholsam anfühlen, vor dem Fernseher zu sitzen, E-Mails zu checken oder in den sozialen Medien aktiv zu sein; wenn Sie dadurch jedoch später ins Bett kommen, ist es das vielleicht nicht wert. Wenn Sie vor dem Schlafen ein paar Minuten zum Abschalten brauchen, sollten Sie überlegen, ob Tagebuchschreiben nicht eine gute Möglichkeit sein könnte, sich mit Ihren Emotionen zu befassen, vielleicht ja auch eine Meditation, Beten oder Yoga.

Bedenken Sie einfach, dass Sie zu der Wahrscheinlichkeit, dass der nächste Tag ein guter Tag wird, beitragen können, indem Sie einfach das Licht ausmachen, Ihr Kopfkissen aufschütteln und es sich erlauben, die Stunden Schlaf zu bekommen, die Sie verdienen und brauchen. Ausreichender Schlaf verhindert, dass Sie »Teil des Problems« werden.

Übrigens: Wenn Sie mit einem Partner schlafen, kuscheln Sie. Berührung lässt den Endorphinspiegel ansteigen – Endorphine sind diese wohltuenden und beruhigenden Wirkstoffe, die wir brauchen, um uns friedlich zu fühlen. Ich wünsche Ihnen süße Träume!

## Genießen Sie Ihre Erfolge

Zwei Wochen nach unserem ersten Gespräch über den Umgang mit intensiven Emotionen, zeigte Laura ein strahlendes Lächeln. »Es bewirkt tatsächlich einen Unterschied! Ich merke jetzt, dass ich beim Heimkommen, wenn ich meine Sachen nur für fünf oder zehn Minuten ruhen lasse und meiner Tochter Aufmerksamkeit schenke, uns beide in die grüne Zone bringen kann. Dann ist sie zufrieden, und wir können uns hinsetzen und essen. Wenn ich das nicht mache und noch geschäftig herumrenne, saugt sie das auf wie ein Schwamm. Das Nörgeln beginnt, und der Abend wird schlechter. Mein Verhalten macht wirklich den Unterschied aus.«

Laura war nicht die Einzige, die einen Erfolg erlebte. Auch Angela berichtete erfreut: »Ich sorge dafür, dass wir unseren Schlaf bekommen, und mein Mann und ich kooperieren seither besser. Ich signalisiere ihm auch: ›Ich brauche deine Hilfe‹, sodass ich kurz weggehen kann und er da ist; so unterstützt er mich. Dadurch reagiere ich anders auf unseren Sohn. Gestern Abend beispielsweise war seine Schwester bei einer Freundin eingeladen. Er wollte auch hingehen, war aber nicht eingeladen. Früher hätte ich ihn angeschrien: ›Du bist nicht eingeladen worden. Du kannst nicht einfach zu jemandem gehen, der dich nicht eingeladen hat.‹ Aber dieses Mal atmete ich tief durch und hörte ihm zu. Ich sagte: ›Es scheint nicht fair zu sein. Du wärst auch gerne mitgegangen. Was kann ich tun, damit es für dich leichter wird?‹ Er beruhigte sich und hörte mir zu. Wir beschlossen, zusammen ein Spiel zu spielen.«

Fangen Sie noch heute Abend damit an, drei Dinge aufzuschreiben, die heute gut geklappt haben. Vergessen Sie auch kleine Erfolge nicht, beispielsweise: »Seine Intensität liegt oft bei 11, aber heute nur bei 7,5. Es ist noch immer anstrengend, aber es wird besser.«

Bald werden Sie feststellen, dass es vor sechs Monaten noch täglich zu einem Wutanfall kam und inzwischen nur noch ein oder zwei Mal pro Woche. Klopfen Sie sich selbst auf die Schulter und sagen Sie: »Ich habe mir vorgenommen, heute nicht zu schreien, und ich habe tatsächlich nicht geschrien!«

Wenn Sie innehalten, um Ihren Erfolg zu genießen, können Sie sich auf die Stunden konzentrieren, an denen Ihr Kind wach war und alles gut lief, anstatt über die eine Stunde nachzugrübeln, die nicht so toll war. Ihre Fortschritte sind dokumentiert. Sie können dann an schlechten Tagen, wenn Sie es am meisten brauchen, Ihre Einträge nachlesen. Dort sehen Sie dann schwarz auf weiß Beispiele für Ihre zunehmende Kompetenz und die Höhepunkte der sich entwickelnden Fertigkeiten Ihres Kindes.

Temperamentvolle Kinder sind aufgrund ihrer genetischen Veranlagung ausgelassener und stürmischer. Unter Ihrer Anleitung können sie jedoch lernen, sich zu beruhigen und diese starken Emotionen in andere Bahnen zu lenken. Vielleicht nicht jedes Mal, aber oft genug, um Sie hoffen zu lassen. Durch eine Veränderung Ihrer Reaktion können Sie die Reaktion Ihres Kindes wirklich verwandeln.

## SICH WOHLFÜHLEN MIT INTENSIVEN EMOTIONEN

Es wird Ihnen leichter fallen, mit Ihren eigenen intensiven Emotionen umzugehen, wenn Sie sich klarmachen können, auf welche Weise diese Intensität Ihrem Leben mehr Reichtum und Tiefe geben kann. Ich mache in meinen Kursen immer gerne ein paar Minuten ein Brainstorming darüber, was an intensiven, leidenschaftlichen Emotionen großartig ist.

»Meine Intensität erlaubt es mir, viel zu leisten«, antwortete Eric. »Ich kann Kunststücke vollbringen, die anderen nicht gelingen.« Seine Stimme wurde lebhafter. »Ich erledige meine Arbeit mit Begeisterung. Ich kann andere motivieren. In der Arbeit geben sie mir immer die Neulinge, weil sie wissen, dass ich sie auf den Weg bringe und zu einem Team aufbaue.«

Er legte eine Pause ein, und Jennifer ergriff das Wort. »Ich sehe es an meinem Mann. Er ist leidenschaftlich und engagiert. Seine Beziehungen sind tief und bedeutungsvoll. Er ist ehrenamtlich sehr aktiv. Letztes Jahr führte er eine Kampagne an, die 10.000 Dollar zusammenbrachte, um einiges an Ausstattung für unsere Schule zu kaufen.«

»Ich bin überzeugend«, fügte Sharon überschwänglich an.

Intensität, die man gut im Griff hat, gibt unserem Leben Würze und Reiz. Sie ist der Charakterzug, der es uns und unseren temperamentvollen Kindern erlaubt, lebendig, aufgeweckt und begeistert zu sein. Sie ist der Antrieb, den man braucht, um Karate-Champion, erfolgreicher Kunstturner, ein leidenschaftlich kreativer Mensch, ein spritziger Entertainer oder eine charismatische Führungspersönlichkeit zu werden. Wenn wir uns mit positiven

Botschaften über Intensität füttern, können wir vor einem Spiegel stehen und uns voller Stolz sagen: »Intensität gibt meinem Leben einen Mehrwert. Ich fühle mich wohl mit meiner Intensität. Ich kann meine Intensität akzeptieren. Ich kann die Intensität meines Kindes feiern. Ich kann meinem Kind helfen, mit seiner Intensität gut umzugehen. Ich habe keine Angst vor der Intensität.«

(Falls Sie weitere Informationen darüber wünschen, wie Sie gelassen bleiben können, lesen Sie mein Buch *Kids, Parents, and Power Struggles.*)

## INTENSIVE EMOTIONEN – EINE ZUSAMMENFASSUNG

Um unseren Kindern helfen zu können, ihre intensiven Emotionen zu verstehen und mit ihnen umzugehen, müssen wir uns der Entwicklung unserer eigenen Fertigkeiten in der Selbstregulation widmen. Wenn wir unsere eigenen Emotionen gut im Griff haben, ist es deutlich einfacher, unseren intensiven temperamentvollen Kindern diese Fertigkeiten beizubringen.

***Sagen Sie sich selbst Sätze wie:***
Mein Kind ist ängstlich.
Mein Kind erkundet, wie die Welt funktioniert.
Irgendetwas muss mein Kind aus der Fassung gebracht haben.
Mein Kind ist gestresst.
Es fällt meinem Kind schwer, sich von mir zu trennen.

***Pädagogische Tipps:***
Halten Sie inne und atmen Sie einmal tief durch, bevor Sie reagieren.
Bitten Sie um Hilfe.
Machen Sie die Selbstfürsorge zu einer Priorität.

***Genießen Sie Ihre Erfolge:***

Schreiben Sie jeden Abend drei Dinge auf, die an diesem Tag gut geklappt haben.

Schreiben Sie auch kleine Erfolge auf.

Würdigen Sie, wie die intensiven Emotionen Ihrem Leben mehr Reichtum und Tiefe verleihen.

# 7

# Intensität

## Lehren Sie Ihr Kind Fertigkeiten der Selbstregulation

*»Ich weiß nicht, warum ich immer die Extreme suche, zu hoch oder zu tief, dazwischen gibt es nichts.«*

*Billy Joel*

Flotten Schrittes kam Megan in ihren Mukluk-Boots mit schwarzen schlenkernden Bommeln zusammen mit ihrer dreijährigen Tochter Greta in mein Hotel. Greta trug ein rotes Samtkleid mit weißem Pelzbesatz und eine knallig pinke Strumpfhose. Sie rannte die Treppe rauf und runter, als ich in die Lobby kam. Sie waren zwei Stunden mit dem Auto gefahren, um mich abzuholen, den Großteil davon im Stadtverkehr. »Ich habe keinen Babysitter bekommen«, erklärte Megan. »Die ersten beiden Stunden ging es gut, ich weiß aber nicht, wie die Rückfahrt werden wird.«

Die Chancen standen nicht gut für uns. Es war Mittagszeit, und wir würden über die Zeit des Mittagsschlafs hinaus unterwegs sein. Megan wollte erst durch die Stadt durch sein und dann eine Mittagspause einlegen. Die erste Stunde verlief glatt, aber dann kam Greta an ihre Grenzen. Vom Rücksitz ertönte die Klage: »Ich will zu einem Burger King.« Dann wieder, dieses Mal lauter: »Ich will zu einem Burger King.« Die Forderung bekam nun etwas Verzweifeltes. Wir verließen rasch den Highway und fuhren auf den Parkplatz eines Restaurants. Unglücklicherweise war es kein Burger King. Gretas Lippen zitterten vor Enttäuschung. Megan sagte nichts. Sie stieg einfach aus dem Van, öffnete die hintere Tür, holte Greta aus ihrem Sitz und nahm sie liebevoll in die Arme. Vielleicht eine Minute, vielleicht zwei. Aber in dieser Zeit geschah etwas Magisches. Megans Liebkosung brachte Greta wieder ins Gleichgewicht. Sie konnte sich neu organisieren, die Enttäuschung bewältigen, dass da kein Burger King war und das Mittagessen im Restaurant absolvieren. Was zu einem fünfundvierzigminütigen öffentlichen Wutanfall hätte werden können, verlief auf dem Parkplatz im Sande. Megans liebevolle Reaktion ebnete den Weg und ermöglichte es Greta, ihre intensiven Emotionen unter Kontrolle zu behalten.

Intensive Emotionen sind die treibende Kraft hinter den starken Reaktionen Ihres Kindes. Sie sind die unsichtbare Macht, die jede Reaktion des temperamentvollen Kindes unmittelbar und stark erfolgen lässt. Werden die intensiven Emotionen gut beherrscht, erlauben sie temperamentvollen Kindern eine emotionale Tiefe und Freude, die von anderen selten erlebt wird. Durch ihr Potenzial jedoch, ebenso gut kreativ wirken als auch Chaos anrichten zu können, sind sie das Merkmal des Temperaments, dessen Beherrschung am schwierigsten zu erlernen ist.

Temperamentvolle Kinder verstehen ihre eigene Intensität nicht. Sie wissen nicht, warum sie so laut schreien, dass unsere Ohren schmerzen. Sie wissen nicht, warum sie noch immer um den Hund weinen, der seit zwei Jahren tot ist. Sie wissen nicht, warum sie bei Dingen die Fassung verlieren, die uns geringfügig erscheinen. Sie tun es einfach.

Sie müssen vor ihrer Intensität jedoch keine Angst haben. Auch wenn es so scheinen mag, als seien ihre Reaktionen völlig unvorhersehbar, ist diese Intensität eine physiologische Antwort ihres Körpers. Man kann tatsächlich erkennen, wann eine solche Reaktion zu entstehen beginnt (meistens zumindest), wie es bei Megan der Fall war, und kann wirksame Strategien entwickeln, um diese Reaktion zu entschärfen, bevor die Auseinandersetzung überhaupt ausbricht. Diese Strategien können temperamentvollen Kindern helfen, die Macht ihrer intensiven Emotionen zu verstehen und wertzuschätzen, und ihnen beibringen, sie zu steuern, anstatt sich von ihnen steuern zu lassen. Beginnen Sie damit, Signale aufzugreifen.

## SIGNALE AUFGREIFEN

Ich stand mit meiner Kollegin Lynn am Rand des Schulhofs, als sie plötzlich wegging, um mit einem Mädchen auf der Schaukel zu sprechen. »Macht dich irgendetwas traurig?«, fragte sie das Kind. Auf mich wirkte das Mädchen absolut zufrieden. Auf Lynns Frage jedoch stiegen ihr Tränen in die Augen, sie deutete auf mehrere Kinder und sagte: »Sie wollen nicht mit mir spielen.«

Später fragte ich Lynn: »Woher wusstest du, dass sie traurig ist?«

»Ich habe eine kleine Falte zwischen ihren Augenbrauen gesehen«, erklärte Lynn.

Ich beobachte Lynn seit Jahren und habe noch immer zu kämpfen, eine so gute Beobachterin zu werden wie sie. Kürzlich beharrte ich darauf, sie möge mir ihr Geheimnis verraten. »Wonach suchst du? Was spürst du? Was hörst du, um Bescheid zu wissen?« Für sie scheint es so selbstverständlich zu sein. Mit der Zeit lernte ich, dass sie sehr spezifische Hinweise aufgreift. Sie sieht Veränderungen in den Körperbewegungen und im Gesichtsausdruck, hört eine Veränderung der Sprachmelodie und spürt Dinge, die mir entgehen.

Ein Bewusstsein für solche Hinweise kann Ihnen sagen, dass die Intensität der Emotionen Ihres Kindes zunimmt. Jedes Kind signalisiert seine wachsende Intensität anders, aber jedes Kind sendet erkennbare Signale dafür aus, dass es in die rote Zone unterwegs ist. Wenn Sie lernen, diese Signale aufzugreifen, können Sie Vorsorge treffen, bevor Ihr Kind überfordert ist.

In unserer Gruppe erkundeten wir, wie solche Signale aussehen, klingen und sich anfühlen. Unser heutiges Thema war der Umgang mit der Intensität der Emotionen. Als die Eltern hereinkamen, gab ich ihnen die Anweisung: »Wenn Ihr Kind heute Vormittag in der roten Zone war, setzen Sie sich bitte auf die linke Seite, und wenn Ihr Kind in der grünen Zone war, setzen Sie sich rechts hin.«

»Bei Ihnen also auch?«, sagte Luke und nickte seinen Kollegen in der roten Zone zu. Es ist immer gut zu wissen, dass man nicht allein ist.

»Was haben Sie gesehen, gehört oder gespürt, weswegen Sie die rote Zone gewählt haben?«, fragte ich. Die Antworten folgten rasch.

»Leo hat gebrüllt, als ich ›Guten Morgen‹ gesagt habe.«

»Hazel war weinerlich. Ich glaube, irgendetwas hat sie schon früh geweckt.«

»Ethan konnte sich nicht entscheiden, was er zum Frühstück wollte. Letztlich hat er dann kaum etwas gegessen.«

»Ellie wollte sich nicht anziehen lassen.«

Steve schnaubte: »Bea wollte sich nicht nur nicht anziehen lassen, sie wollte auch, dass ich sie aus dem Bett hole.«

Ob durch Gebrüll, weil sie Anweisungen nicht folgen wollten oder sich mit ihren Geschwistern stritten, diese Kinder hatten ihren Tag in der roten Zone begonnen.

Ich wandte mich den Eltern in der grünen Zone zu: »Was haben Sie heute Morgen gehört, gesehen oder gespürt, weswegen Sie die grüne Zone gewählt haben?«, fragte ich.

»Claire war vergnügt. Als ich in ihr Zimmer kam, rief sie ›Guten Morgen, Mami!‹ und hat mich fest umarmt«, berichtete Heather.

»Megan war bereits aufgestanden und hatte sich angezogen, als ich in ihr Zimmer kam.«

»Die Jungs haben vor dem Frühstück ohne Streitereien gespielt«, fügte Greg an.

»Silas hat zugehört und gemacht, worum ich ihn gebeten habe. Er hat auch sein Frühstück gegessen.«

Kinder, die den Tag in der grünen Zone begannen, waren zufrieden, kooperativ und selbstständig.

Ich erstellte anhand ihrer Antworten eine Tabelle und fügte eine weitere Option an: die gelbe Zone. In dieser Zone »kommt der Motor auf Touren«, aber die Fahrt geht nicht über den Rand der Klippe hinaus.

| Grüne Zone | Gelbe Zone | Rote Zone |
|---|---|---|
| · Zufrieden<br>· Selbstständig<br>· Koordiniert<br>· Kooperativ<br>· Entscheidungsfreudig<br>· Engagiert<br>· Fühlt sich wohl. Braucht keinen Schnuller, Schmusetier, etc.<br>· Isst und schläft gut | · Etwas weinerlich oder lauteres Weinen<br>· Will Hilfe<br>· Stolpert<br>· Leichte Probleme mit dem Zuhören, sagt Dinge wie: »Na und?«<br>· Kann sich schwer entscheiden<br>· Schaut weg | · Weint, schreit<br>· Schaltet ab, ist nicht in der Lage, sich anzuziehen, zu gehen, seine Hausaufgaben zu machen, etc.<br>· Fällt, lässt Dinge fallen<br>· Streitlustig, widerborstig<br>· Nichts kann man ihm recht machen |

| | | |
|---|---|---|
| | · Unterbricht sein Spiel, bleibt nicht bei einer Sache oder zieht sich an einen ruhigen Platz zurück<br>· Hitzig und kribbelig. Finger im Mund, will einen Schnuller, kaut auf seinem Shirt/Stift, etc.<br>· Probleme beim Essen, schläft schlecht ein | · Wendet den Blick ab, läuft weg, versteckt sich<br>· Aufgedreht, wild, albern<br>· Schlägt, boxt, schreit<br>· Schläft nicht, isst nicht |

Nehmen Sie sich eine Minute Zeit, um die Tabelle durchzugehen. Markieren Sie jeden Hinweis, der Ihnen bei Ihrem Kind auffällt. Bemerken Sie Signale, wenn Ihr Kind anfängt, die grüne Zone zu verlassen und in die gelbe Zone zu kommen? Oder muss es in die rote Zone kommen, bis Ihnen etwas auffällt?

Lebhafte Kinder lassen einen wissen, dass die Intensität ihrer Emotionen steigt, entweder indem sie aufgedreht oder lauter werden, Regeln austesten, sich über eine Entscheidung aufregen oder weil ihre Koordination nachlässt. Der Psychologe John Gottman konstatiert: »Sie müssen nicht warten, bis Ihr Kind unkontrolliert weint, um zu merken, dass es traurig ist, oder bis es vor Wut schreit, um seinen Zorn zu spüren.« Emotionen lassen sich viel leichter kontrollieren, wenn ihre Intensität geringer ist – wenn sie noch in der gelben Zone sind.

Denken Sie über Ihr Kind nach. Welche Hinweise gibt es Ihnen? Wie verändern sich seine Körperbewegungen? Was geschieht mit seiner Stimmlage? Wodurch fühlt es sich gereizt, worauf es sonst nicht weiter reagiert, wenn es ruhig ist? Achten Sie auf diese Veränderungen. Speichern Sie sie in Ihrem Kopf ab. Das nächste Mal, wenn sich das Verhalten Ihres Kindes zu verändern beginnt, erkennen Sie es als Signal, auf das Sie reagieren. Durch Übung wird sich Ihre Beobachtungsgabe verfeinern. Bald werden Sie wie Lynn sogar diese »kleine Falte« zwischen den Augenbrauen Ihres Kindes erkennen, und Sie werden Ihr Kind auffangen können, bevor es die Linie überschreitet.

## NEHMEN SIE VON IHREN EIGENEN HINWEISEN NOTIZ

Anna seufzte, als wir darüber sprachen, unseren Kindern bei der Kontrolle ihrer intensiven Emotionen zu helfen. »Ich sehe es einfach nicht«, klagte sie. »Ich könnte schwören, dass es keine ›gelben Hinweise‹ gibt. Rowan schnellt ohne Zwischenstufe von gut auf wütend. Es ist unmöglich, ihn einzufangen, und bevor ich weiß, was eigentlich los ist, sind wir mittendrin. Ich würde am liebsten brüllen. Manchmal setze ich mich hin und weine.«

Wenn Sie anfangen, sich stärker auf die Hinweise Ihres Kindes zu fokussieren, mag es zuerst so wirken, als tauche Ihr Kind ohne Vorwarnung in die rote Zone ein. Wenn Sie jedoch genau aufpassen, werden Sie allmählich feststellen, dass Sie es auch in Ihrem eigenen Körper spüren können, wenn die Intensität der Emotionen Ihres Kindes zu steigen beginnt. Daher sind die gelben Hinweise Ihres Kindes oft eher leicht irritierende als offenkundige Anzeichen.

Wenn Sie Ihr Kind zum Frühstück zwischen Joghurt und Pancakes wählen lassen und es sich nicht entscheiden kann, so ist das frustrierend. Sie versuchen, nett zu sein, aber Ihr Kind zieht den Vorgang in die Länge, und bald kommt der Punkt, an dem die Zeit drängt. Ihre Nackenmuskeln spannen sich an, Ihre Stimme wird schärfer und ungeduldiger. Plötzlich spüren Sie, dass mit zunehmender Verärgerung Ihr Puls beschleunigt, Ihre Atmung flacher und schneller wird. Diese Veränderungen in *Ihrem* Körper sind Hinweise darauf, dass Sie sich beide auf die rote Zone zubewegen. Wenn Sie das bewusst wahrnehmen, können Sie innehalten, überlegen und Schritte unternehmen, um alle Beteiligten zu beruhigen. Wahrscheinlich jedoch haben Sie die Signale Ihres Kindes ignoriert in der Hoffnung, sich getäuscht zu haben. Vielleicht waren Sie müde oder in Eile und dachten, Sie hätten jetzt keine Zeit, sich mit dem Kummer Ihres Kindes zu befassen. Vielleicht haben Sie die Hinweise missachtet, weil sie glaubten, das negative Verhalten Ihres Kindes würde sich nur verstärken, wenn Sie darauf reagieren. Mit dem Lesen von Hinweisen ist es jedoch wie mit dem Wahrnehmen von Rauchgeruch. Wenn Sie dem Hinweis rasch nachgehen, können Sie das Feuer vielleicht ersticken, bevor es Sie beide verschlingt.

Versäumen Sie es hingegen, auf die gelben Hinweise Ihres Kindes zu achten, wird die Intensität Ihrer eigenen Emotionen zunehmen. Sie werden Ihre Forderungen nach Kooperation oder Folgsamkeit verstärken. Plötzlich werden Sie sich und Ihr Kind in der roten Zone wiederfinden und sich fragen, wie zum Teufel Sie dort hingekommen sind.

Wenn Sie also über die Signale Ihres Kindes nachdenken, berücksichtigen Sie auch Ihre eigenen. Was geschieht mit Ihrem Tonfall oder der Intensität Ihres Handelns? Ärgern Sie sich plötzlich über Dinge, die an einem guten Tag an Ihnen abperlen würden? Verlieren Sie die Geduld? Gieren Sie nach Schokolade oder anderen Süßigkeiten, um Ihre Energie wenigstens vorübergehend anzukurbeln? Fühlen Sie sich müde oder schnell überfordert? Das alles sind gelbe Hinweise, die Ihnen sagen, dass es Zeit wird, etwas zu verändern.

Sie können sich selbst beibringen, Ihre Hinweise zu überwachen. Halten Sie tagsüber immer wieder einmal inne und fragen Sie sich, was Sie fühlen. »Wie stark ist die Intensität meiner Emotionen?«

Als wir darüber sprachen, unsere eigene Intensität im Alltag zu prüfen, äußerte sich Ashley entmutigt. »Jedes Mal, wenn ich mir Zeit genommen habe, um mich selbst zu überprüfen, war ich aufgebracht, müde, wütend oder frustriert. Vielleicht denke ich immer erst daran, wenn ich schon in diesem Zustand bin. Ich weiß es nicht.«

Angespannte Muskeln und unsere Laune sind ein Barometer für den Zustand unseres Körpers. Robert Thayer schreibt: »Wippen mit dem Fuß und Trommeln mit den Fingern sind unfehlbare Anzeichen von Anspannung. Stellen Sie diese bei sich fest, können Sie sicher sein, entgegen Ihrer Annahme nicht ruhig zu sein.«

Es kann manchmal sehr schwierig sein, die Empfindungen im eigenen Körper zu bemerken. Wenn Ihnen klar wird, dass Sie häufig gehetzt sind oder zu wenig Schlaf haben, ist eine leichte Anspannung zu Ihrer zweiten Natur geworden. Bemühen Sie sich aber, künftig möglichst gut darauf zu achten. Diese Achtsamkeit wird Ihnen helfen, gelassener zu bleiben. Auch Ihr Kind wird dann gelassener bleiben und lernen, Hinweise selbst wahrzunehmen.

## KINDERN BEIBRINGEN, SIGNALE ZU ERKENNEN

Eines Tages, als ich zur Beobachtung in einer Schulklasse war, hörte ich, wie die Lehrerin, Julie Nelson, zu einem Kind sagte: »Meine Güte, du hattest heute Morgen so viel Stress, als du in die Schule gekommen bist. Ich konnte das an deinen Schultern sehen.« Das Mädchen nickte feierlich und flüsterte: »Ach Frau Nelon, ich dachte schon, es würde jetzt immer so bleiben.«

Julie ist eine erfahrene Erzieherin. Sie weiß: Wenn sie beschreibt, was sie sieht, lernen die Kinder allmählich, auf ihre eigenen Hinweise zu achten und diese zu benennen. Letztlich wünschen wir uns, dass unsere Kinder ihre zunehmende Intensität selbst bemerken, um sich eher auf ihre innere Kontrolle als auf unsere Kontrolle verlassen zu können.

Bringen wir ihnen die richtigen Worte bei, können wir davon ausgehen, dass die Kinder ungefähr mit dreieinhalb oder vier Jahren Worte sagen werden wie: »Mama, in mir sprudelt es«, oder

»Papa, ich bin total aufgedreht«, oder »Ich habe einen sehr schwierigen Morgen.«

Tiffany, eine Mutter, die an meinem Kurs teilnahm, schüttelte ungläubig den Kopf, als ich behauptete, Kinder könnten lernen, ihre eigenen Hinweise zu erkennen. »Vorsichtig ausgedrückt finde ich meine neunjährige Tochter nicht wirklich offen dafür, über die zunehmende Intensität ihrer Emotionen zu sprechen«, sagte sie. »Ich kann nicht glauben, dass das funktioniert.«

Tiffany hat recht. Sie können einem Kind keine neuen Begriffe oder das Aufgreifen seiner eigenen Hinweise beibringen, wenn es in der roten Zone ist. Später jedoch, wenn es sich beruhigt hat und wieder in der grünen Zone ist oder wenn Sie es in der gelben Zone aufhalten können, können Sie ihm darlegen, was Sie sehen, indem Sie beispielsweise sagen: »Damon, wenn ich sehe, wie unruhig du im Haus unterwegs bist, weiß ich, dass es Zeit für dich wird, ein ruhiges Plätzchen zu finden.« Oder: »Oscar, wenn du zu stolpern anfängst, solltest du aufhören zu laufen und ein Buch lesen.« Oder: »Wenn du dich nicht entscheiden kannst, hilft es, einmal tief durchzuatmen.« Dabei reicht es nicht aus, die Anzeichen einmal zu beschreiben. Sie müssen sich angewöhnen, jedes Mal darüber zu sprechen. Ihre Aufgabe ist es, Ihrem Kind gegenüber Empathie zu zeigen, es anzuleiten und dann zu warten, während es übt.

Laura wandte sich lachend zu Tiffany um: »Das dauert nur ungefähr vier Jahre«, witzelte sie und erklärte dann: »Als Connor vier Jahre alt war, warf er einem beleidigende Worte an den Kopf oder schlug seinen Bruder, wenn er wütend war. Inzwischen ist er acht Jahre alt. Gerade gestern habe ich ihn wieder beobachtet. Er spielte mit seinem Bruder und seinen Cousins. Ich wusste, dass ihn etwas zu frustrieren begann. Er sah, dass ich ihm zuschaute. Anstatt auszurasten, verließ er die Gruppe, schüttelte den Kopf, als er an mir vorbeiging und murmelte: ›Ich schäume vor Wut.‹ Dann ging er auf unser Laufband und lief dort ein paar Minuten.

Das reichte, um ihn zu beruhigen und wieder in die grüne Zone zu bringen. Anschließend spielte er noch eine halbe Stunde Verstecken mit den anderen. Er lernt wirklich, seine eigenen Hinweise aufzugreifen.«

So wie Connor können Kinder ihre Wutanfälle selbst unterbinden, wenn sie gelernt haben, ihre eigenen Hinweise zu erkennen.

## DIE RICHTIGEN WORTE VERWENDEN

Der erste Schritt eines Kindes zum Umgang mit seinen starken Reaktionen ist, entsprechende Signale beobachten zu lernen. Lebhafte Kinder brauchen auch das Vokabular, um ihre Emotionen zu benennen. Wenn sie uns sagen können, dass sie wütend sind, müssen sie nicht nach uns treten, um die Botschaft zu übermitteln. Worte kontrollieren die Impulse. Ohne die richtigen Worte haben Kinder keine Schutzmechanismen, um ihre Reaktionen zu verlangsamen. Temperamentvolle Kinder können keine Emotionen beherrschen, die sie nicht benennen können.

### Auf die Stärken fokussieren

Der Aufbau des Vokabulars beginnt mit den Worten, mit denen wir Intensität beschreiben und erklären.

Der dreijährige Al ist ein blonder Mini-Tornado. »Ich habe viel Schwung«, teilte er mir mit. »Mein Papa sagt, es ist okay, viel Schwung zu haben – solange man niemandem damit wehtut!«

»Ich rede gern und viel«, erklärte eine Fünfjährige, »genau wie mein Opa Rick.«

»Meine Mama spielt Flüsterspiele mit mir, damit ich übe, leiser zu sprechen, weil ich normalerweise sehr dramatisch bin«, rief die sechsjährige Libby.

»Ich reagiere sehr stark«, crzählte mir die achtjährige Amy.

Diese Kinder, die teilweise erst drei (oder sogar erst zwei) Jahre alt sind, verstehen, was Intensität bedeutet, und kommen gut damit klar. Man hat ihnen nicht gesagt, sie seien wild, aggressiv oder explosiv. Die Begriffe, mit denen ihre Intensität beschrieben wird, haben sich auf positive Weise auf den Schwung, die Kraft und die Energie fokussiert, die sie in sich haben. Es sind diese Begriffe, die dafür sorgen, dass sie sich mit ihrer Intensität wohlfühlen, anstatt ihretwegen beschämt oder geängstigt zu sein. Daher müssen sie nicht wild herumrennen, brüllen, schlagen oder mit Dingen werfen, um sich auszudrücken. Sie können stattdessen darüber sprechen.

Die Sprachentwicklung ist vergleichbar mit einem Eisberg. Ein Großteil liegt verborgen unter der Oberfläche. Zwei Drittel der Sprachentwicklung erfolgen, unsichtbar für uns, im Gehirn. Monate, manchmal Jahre bevor Kinder sich mit ihren eigenen Worten mitteilen, verstehen sie, was andere sagen.

Eltern temperamentvoller Kinder, die es lernen, gut mit ihrer Intensität umzugehen, sprechen über diese Intensität und benennen die Emotionen. Sie trösten das weinende Kleinkind, indem sie ihm sagen, dass sie verstehen, wie frustrierend es ist, warten zu müssen, bis das Essen warm ist. Sie sagen ihm, dass sie seine Wut verstehen. Es sei schwer, aufzuhören draußen zu spielen und ins Haus zu kommen. Bald werden die Kinder mitteilen können: »Ich werde frustriert.« – »Ich bin gereizt.« – »Ich bin müde.« Das geschieht nicht über Nacht, aber der Augenblick wird kommen.

Dem Psychologen John Gottman vom Gottman Institute zufolge zeigen Studien, dass Kinder, die diese Art von Botschaften empfangen, »emotional gecoacht« sind und sich besser selbst trösten und ihre Aufmerksamkeit fokussieren können. Daraus ergibt sich, dass sie in der Schule und mit Gleichaltrigen besser zurechtkommen, weniger Verhaltensprobleme haben und positivere Emotionen zeigen.

Es ist nie zu spät. Ältere Kinder, die diese Worte bisher nicht gehört haben, müssen sie eben jetzt hören. Wenn Sie unsicher sind, wie gut Ihr Kind das Vokabular für Emotionen versteht, machen Sie einen einfachen Test. Spielen Sie ein Spiel, bei dem Sie Ihr Kind bitten, Leute zu nennen, bei denen es den Ausdruck verschiedener Emotionen erlebt hat. Beispiel: »Fällt dir jemand ein, der glücklich war?« (Ich finde es für ein Kind einfacher, zuerst über die Emotionen anderer zu sprechen und dann dieses Wissen auf die Achtsamkeit für seine eigenen Emotionen zu übertragen.) Warten Sie ab, ob Ihr Kind Ihnen ein Beispiel von jemandem nennen kann, der glücklich war. Wenn es keine Antwort weiß oder nicht versteht, was das Wort bedeutet, darf es die Frage überspringen. Befragen Sie Ihr Kind weiter, fragen Sie aber jedes Mal nach einer anderen Emotion. Nehmen Sie Begriffe wie *gereizt*, *frustriert*, *eifersüchtig*, *verschreckt* und *ängstlich*. Beispiel: »Fällt dir jemand ein, der gereizt war?«

Die Antworten, die Ihr Kind gibt oder auch nicht gibt, sind gute Hinweise darauf, wie gut es seine Emotionen versteht und ausdrücken kann. Wenn ich diese Fragen während einer privaten Konsultation stelle, sind die Kinder häufig nicht in der Lage, eine Situation zu beschreiben, wo jemand eifersüchtig oder ängstlich war. Viele haben keine Vorstellung davon, was Eifersucht oder Angst ist, dennoch erleben sie diese Emotionen täglich.

Wenn wir von temperamentvollen Kindern erwarten, dass sie mit ihren starken Emotionen gut umgehen, müssen wir diese tagtäglich benennen und Beispiele dafür bringen. Denken Sie einmal darüber nach. Wenn ein Kind artikulieren kann, dass sein Bruder es reizt oder dass es eifersüchtig ist, haben wir die Chance, ihm zu helfen, lange bevor die Geschwister sich gegenseitig aufschaukeln. Es mag unbequem sein, über Emotionen zu sprechen. Häufig werde ich gefragt: »Betteln Sie nicht geradezu um einen Wutausbruch, wenn Sie mit den Kindern über ihre Intensität sprechen? Bringen

Sie die Kinder nicht erst auf bestimmte Gedanken oder bringen Sie nicht Worte für Gefühle hervor, die eigentlich gar nicht vorhanden sind?«

Aus meiner Erfahrung und meinen Beobachtungen und Gesprächen weiß ich, dass temperamentvolle Kinder intensiv spüren, ob jemand mit ihnen darüber gesprochen hat oder nicht. Ignorieren schafft die Intensität nicht aus der Welt. Fragen Sie Kinder einmal, was in ihrem Körper geschieht, dann werden sie Ihnen erzählen, dass sie spüren, wie das Blut in ihren Adern strömt oder Hornissen durch ihren Körper schwirren. Wenn ihnen nie jemand gesagt hat, dass andere Leute solche Empfindungen auch haben oder wenn niemand ihnen geholfen hat, diese Gefühle zu benennen – wie Besorgnis, Frustration, Aufregung und Hochstimmung –, werden sie durch solche Empfindungen geängstigt. Einige sorgen sich, krank zu sein. Andere fühlen sich eigenartig, wieder andere verloren und überfordert. Empfindungen und Emotionen werden bestätigt, wenn darüber gesprochen wird. Sie werden dann als legitim empfunden und Kinder werden durch ihr Vorhandensein nicht mehr geängstigt. Außerdem hilft es Kindern zu wissen, was sie mit diesen Emotionen tun können, wie sie darauf am besten reagieren und wie sie mit ihrer Intensität umgehen können. Das Wichtigste ist, dass sich durch das Benennen der Emotionen die Herzfrequenz verlangsamt, wodurch eine Rückkehr in die grüne Zone einfacher wird.

»Reden, reden, reden – das ist alles, was wir tun«, erzählte TJ. »Meine Frau sagt unserer Tochter jedes Mal einen Begriff für ein Gefühl oder weist auf eine Körperbewegung hin, die ein sicheres Anzeichen für ein Problem ist. Ich bin es so leid, diesem Gerede immer zuzuhören – aber es funktioniert! Inzwischen versuche ich, es auch so zu machen.«

**Intensive temperamentvolle Kinder müssen immer wieder Sätze hören wie:**
Du bist so begeistert.
Du bist ausdrucksstark und aufgeweckt.
Das kann frustrierend sein.
Du bist sehr aufgebracht, aber du bist ein guter Problemlöser und wirst herausfinden, was zu tun ist.
Intensiv zu sein bedeutet nicht, aggressiv zu sein.
Ich überlege, ob du besorgt, wütend, traurig (oder welche Emotion gerade passend ist) bist.
Dein Körper regt sich sehr auf.

Wenn Kinder solche Botschaften immer wieder hören, können sie diese in »Ich«-Botschaften verwandeln.

**Ein intensives temperamentvolles Kind kann lernen, sich selbst zu sagen:**
Ich werde aufgebracht.
Ich bin dabei, in die rote Zone zu kommen.
Ich kann wütend sein, ohne jemandem wehzutun.
Ich bin wirklich aufgeregt.
Ich begeistere mich gerne.
Mein Blut fängt an zu kochen. Ich muss hier weggehen.
Ich bin schlecht drauf.
Ich empfinde sehr starke Emotionen, aber ich muss mich davon nicht überwältigen lassen.

Durch ein geeignetes Vokabular geben wir den Kindern das Handwerkszeug, um ihre Bedürfnisse zu äußern.
»Mehr als einmal während unseres Urlaubs«, so berichtete Matt in der Gruppe, »hat unser sechsjähriger Shane gesagt: ›Ich glaube,

das wird mir zu viel heute. Können wir ins Hotel zurückgehen und das an einem anderen Tag machen?‹«

Das Nette an der Verwendung geeigneter Worte ist, dass es sogar so weit kommen kann, dass Ihr Kind Ihnen aus einer Situation heraushilft – wie der vierjährige Jasper seiner Mama.

»Wir waren seit mehreren Stunden im Einkaufszentrum shoppen«, erzählte sie den anderen Eltern in dem Kurs. »Ich hasse shoppen. Jasper konnte sehen, dass ich über einen sehr langsamen Angestellten aufgebracht war. ›Es ist schwer zu warten‹, sagte er zu mir. Da musste ich wirklich lächeln. Wie oft habe ich das schon zu ihm gesagt? Er bewahrte mich davor auszurasten!«

Nehmen Sie sich ein paar Minuten Zeit und schreiben Sie die Begriffe auf, die Ihr Kind verwendet, um seine eigenen intensiven Emotionen zu beschreiben. Fragen Sie Ihr Kind, was es in sich fühlt, wenn es wütend oder aufgebracht ist. Nennen Sie ihm positive Worte, die es das nächste Mal, wenn es sich so fühlt, verwenden kann. Lassen Sie Ihr Kind wissen, dass Sie ihm genau zuhören werden, und helfen Sie ihm, die starken Gefühle zu zerstreuen, bevor es ausrastet.

## BERUHIGENDE AKTIVITÄTEN

Hinweise aufzugreifen und über die Intensität zu sprechen, sind zwei entscheidende Schritte, um zu lernen, mit starken Emotionen gut umzugehen. Aber wir müssen auch vorbeugende Maßnahmen ergreifen. Intensive temperamentvolle Kinder können uns mit ihren intensiven Emotionen geradezu überrollen. Unwissentlich können wir diese Intensität noch steigern, anstatt sie aufzulösen, weil wir durch ihren Eifer wie gebannt sind. Wenn sie hektisch werden, nehmen wir an, sie bräuchten noch mehr Anregungen, und spielen wilde Musik, planen mehr Aktivitäten oder ermuntern sie, im Gang auf und ab zu rennen, weil wir nicht erkennen, dass sie an diesem Punkt nicht noch mehr Aktivität brauchen, sondern vielmehr Hilfestellung, um wieder herunterzukommen.

Maßvolle beruhigende Aktivitäten – über den Tag verteilt – werden dem Kind helfen, in der grünen Zone zu bleiben. Solche Aktivitäten vergrößern im Körper den Vorrat an natürlichen beruhigenden Wirkstoffen und verschaffen ihm damit eine Reserve, auf die es bei Bedarf zugreifen kann. Wenn Sie zusammen mit Ihrem Kind an solchen Aktivitäten teilnehmen, werden Sie beide Spaß haben. Gemeinsam verbrachte Zeit, in der man Freude an der Gesellschaft des anderen hat, baut starke und gesunde Beziehungen auf. Je mehr schöne Erinnerungen Sie abspeichern können, desto einfacher ist es, die »nicht so guten« loszulassen.

Zu den beruhigenden Aktivitäten gehören:

1. SCHLAF- UND SIESTA-ZEIT: Es war 15:50 Uhr an einem regnerischen Sommernachmittag, als ich meine Freundin Lynn fragte, ob ich in ihrem Child Development Center den Raum mit den Kindern im Schulalter besuchen dürfte. »Sie halten jetzt gleich ihre Siesta«, sagte sie. Ich war überrascht und hob belustigt die Augenbrauen. »Sie haben heute Abend alle irgendetwas vor«, erklärte sie. »Deshalb halten wir von 16 bis 17 Uhr Siesta. Eine Stunde Ruhezeit.«

Als ich das Zimmer betrat, war das Licht gedimmt, sanfte Musik war zu hören, und in den Regalen lag ein Sortiment für ruhige Aktivitäten bereit. Bücher, Baseballkarten zum Sortieren und Stapeln, Legosteine, Perlen und andere Materialien zum Auffädeln, Baukastensysteme, Puzzles, Audiobücher, Papier und Stifte, Ausmalbücher, Steckperlen und es gab sogar ein oder zwei gemütliche Plätze zum Schlafen. Elektronische Geräte waren verboten.

Ein Kind beanspruchte das Bett schnell für sich und schlief sofort ein. Rowan ging zu einem Schaukelstuhl, in den er sich setzte, um zu lesen. Ben holte sich ein Puzzle. Nora bastelte aus Perlen, die sie selbst zusammengesucht hatte, Schmuck. Brookes, Kai und Connor suchten sich die Baseballkarten aus, jeder nahm einige Hundert, und sie fingen an, Kartenhäuser zu bauen. Shevan entschied sich für Papier und Stifte. Es gab kein Gezanke, keine Beschwerden, die Kinder spielten einfach, ohne zu reden, waren völlig auf ihre Aktivität konzentriert. Ohne sich dessen bewusst zu sein, übten sie, sich mit wenig Reizen wohlzufühlen. Außerdem lernten sie eine sehr wichtige Lektion über Ausgeglichenheit, über ihren Körper, und wie wichtig es ist auszuruhen, um gelassen bleiben zu können. Als sie um 17 Uhr von ihren Eltern zum Baseball oder Fußball abgeholt wurden, hatten sie für die abendlichen Aktivitäten neue Energie getankt.

John Bates von der Indiana University hat festgestellt, dass generell alle Kinder durch Schlafmangel beeinträchtigt werden, temperamentvolle Kinder jedoch wirklich darunter leiden. Daher ist es so wichtig, dass Ihr Kind nachts schläft und wenn nötig tagsüber einen Mittagsschlaf oder eine Auszeit hat. Räumen Sie dem Schlaf für sich und Ihr lebhaftes Kind Priorität ein. Je besser ausgeruht Sie beide sind, desto gelassener werden Sie sein.

2. WASSER: »Wenn Silas anfängt auszurasten, dann geht es ab in die Badewanne«, erklärte Laura. »Es gibt Tage, da sieht der Junge aus wie ein schrumpeliges Äpfelchen, weil er dreimal in der Wanne war, aber dabei beruhigt er sich am besten. Ich habe noch zwei Kinder. Sie brauchen das Baden nicht in der Art wie Silas, aber falls nötig setze ich sie zusammen mit ihm in die Wanne. Für ihn ist es wichtig, und die beiden anderen haben Spaß daran.«

»Ich fing an, Elsa zur Beruhigung zu baden, als sie noch ein Baby war«, erzählte Maggie. »Wenn sie heute, mit dreizehn, nach einem schweren Schultag nach Hause kommt, steuert sie direkt die Badewanne an. Dort bleibt sie über eine Stunde lang, liest und singt vor sich hin. Heraus kommt eine völlig neue Person.«

»Wasser funktioniert bei Luke hervorragend«, berichtete Caroline. »Wenn wir unterwegs sind, können wir ihn beruhigen, indem wir einfach einen kühlen nassen Waschlappen auf seine Stirn legen.«

»Libby geht nicht gerne in die Badewanne«, sagte Victoria, »aber wenn ich sie in der Spüle spielen lasse, während ich das Essen zubereite, beruhigt sie sich. Besonders mag sie es, wenn ich sie die Kartoffeln und Karotten für unser Essen schrubben lasse.«

Ob warm oder kalt, Wasser kann auf lebhafte Kinder sehr beruhigend wirken. Wenn man sie in ein warmes gemütliches Bad taucht, Wasser zwischen zwei Behältern hin- und hergießt oder einfach nur Wasser zwischen ihren Fingern hindurchlaufen lässt, nimmt die Intensität ihrer Emotionen ab, und sie kommen wieder in die grüne Zone zurück.

Das Schöne bei Wasser ist, dass es in jedem Alter beruhigend wirkt. Meine Freundin Rachel hat immer das »Spaß-Bad« dazu genutzt, um ihre sehr lebhafte dreijährige Tochter zu beruhigen. Bis zum letzten Muttertag war ihr gar nicht klar, wie wichtig dieses Baden für Jamie war. An diesem Muttertagsmorgen hielt Jamie eine Flasche Badesalz fest umklammert und bestand darauf, dass ihre Mama ein Bad nehmen solle. Während sich die Wanne mit Wasser und Seifenblasen füllte, holte Jamie ihre Lieblingsbücher. Als Rachel in der Wanne lag und die Seifenblasen sie am Kinn kitzelten, begann Jamie, ihr »vorzulesen«. Dann sprang sie auf, lief in die Küche und kam mit einem Teller Cracker mit Erdnussbutter und einem Glas Milch zurück. »Alles Gute zum Muttertag«, rief Jamie und war entzückt, ihrer Mutter mit einer beruhigenden Aktivität eine Freude zu machen.

3. VORSTELLUNGSGABE: Die meisten temperamentvollen Kinder haben eine blühende Fantasie. Diese können Sie nutzen, um die Intensität der Emotionen Ihres Kindes zu mäßigen und um Spaß zu haben.

»Oma Leah wirft sich in Schale« ist ein fantasievolles Spiel, bei dem sich ein angespanntes Kind überall und jederzeit beruhigt. Das Kind soll so tun, als ginge es auf einen schicken Ball oder eine Kostümparty. Nun wird es dafür »angezogen«. Lassen Sie das Kind vor Ihnen stehen oder auf Ihrem Schoß sitzen. Zuerst tun Sie so, als würden Sie ihm das Haar waschen, Sie massieren seinen Kopf und fahren mit den Fingern über seine Kopfhaut wie Wasser, das aus einem Duschkopf spritzt. Sie können seine Ohren mit einem imaginären Diamantohrring oder Piratenring kitzeln. Wenn die Fantasie Ihres Kindes Make-up vorsieht, fahren Sie mit den Fingerspitzen ganz leicht über seine Wangen, über seine Augenbrauen, seinen Nasenrücken und die Konturen seiner Lippen. Die sanfte Berührung beruhigt Ihr Kind. Bei einem Jungen können Sie so tun, als würden Sie ihn rasieren – tragen Sie Rasierschaum auf seine Wangen auf und streichen Sie dann mit den Fingerspitzen über sein Gesicht wie mit einem Rasiermesser.

Fahren Sie mit dem Finger um den Hals des Kindes, um ihm eine Goldkette anzulegen oder um dort ein Seidentuch zu drapieren. Fahren Sie mit den Fingern seine Wirbelsäule entlang, um einen imaginären Reißverschluss zu schließen oder um seine Taille, um einen Gürtel anzulegen. Vergessen Sie die Strümpfe nicht, die über jede einzelne Zehe gezogen und dann über den Knöchel und sogar über die Wade hochgezogen werden.

Ringe und Armbänder bilden den Abschluss. Schieben Sie auf jeden Finger einen Ring, zuerst einen Rubin, dann einen Diamanten und schließlich einen Goldring auf den kleinen Finger. Zum Schluss kommt eine Armbanduhr oder ein goldenes Armband um das Handgelenk. Nun ist das Kind für den Ball oder die Party bereit und hat sehr viel bessere Laune.

Auch Improvisationstheater kann funktionieren. Ich habe einmal einer Musiklehrerin zugeschaut, die mit einer Gruppe junger Kinder arbeitete. Sie versuchte, ihnen die Begriffe forte und piano beizubringen. Sie bat die Kinder, sie sollten sich vorstellen, Blätter eines Baumes zu sein. Wenn sie das Lied laut spielte, sollten sie sich einen kräftigen Wind vorstellen, der die »Blätter« in der Luft tanzen lässt. Wenn die Musik sanfter und leiser wird, hört der Wind auf, und die »Blätter« sinken auf den Boden.

Am Ende der Stunde tanzte ein sehr lebhaftes Kind noch immer im Wind. »Ich glaube, in deinem Körper weht sehr viel Wind«, sagte die Lehrerin zu ihm. »Atme tief ein und dann blase den ganzen Wind aus deinem Körper hinaus.« Das Kind blies seine Backen auf und ließ die Luft in einem stetigen Strom entweichen, dabei schrumpfte seine Brust sichtbar, als die Luft weniger wurde.

»Da haben wir's«, sagte die Lehrerin. »Merkst du, wie die Blätter in dir alle hinuntersinken? Sie liegen jetzt auf einem Haufen und schlafen ein.«

Das Kind nickte und ging ruhig zur Tür. Seine gute Vorstellungsgabe hatte ihm geholfen, seine Erregung und Energie auf positive Art aufzulösen.

Ältere Kinder und Teenager können auch ermuntert werden, ihre Vorstellungsgabe in Theater- oder Improvisationsklassen zu nutzen. Ihr Wahrnehmungsvermögen einer subtilen Körpersprache und von Stimmmodulationen kann sie zu hervorragenden Darbietungen befähigen.

4. AKTIVITÄTEN FÜR DIE SINNE: Lebhafte Kinder sind sehr empfänglich für sinnliche Eindrücke. Sie haben Freude an Aktivitäten, bei denen sie Dinge berühren, riechen, ertasten, hören oder sehen können. Es kann beruhigend auf sie wirken, ihre Sinne zu nutzen. Ältere Kinder können davon profitieren, ihre Lieblingsmusik zu hören, Kaugummi zu kauen, mit dem Strohhalm zu trinken, über den glatten Rand ihrer Lieblingsdecke oder ihres Kuscheltiers zu streichen (es gibt keine Notwendigkeit, dieses aufzugeben – man kann es ja geheim halten) oder eine Lieblingslotion oder ein Lieb-

lingsöl zu benützen, insbesondere mit Lavendel. Auch Gartenarbeit oder Backen sind in allen Altersstufen beliebte sensorische Aktivitäten.

In einem typischen Vorschulprogramm werden Sie normalerweise ein oder zwei sensorische Aktivitäten finden. Ich ermuntere die Lehrer immer, viel sensorisches Material zu verwenden, weil alle Kinder es lieben und temperamentvolle Kinder es brauchen. Es ist wichtig, solche Materialien zu Hause zu haben, weil sie sich großartig bewähren, um intensive Gefühle zu zerstreuen.

Zum Beispiel sind Knetmasse und Hüpfkitt für die Aktivierung der Sinne beliebt. Da es dafür keine richtige oder falsche Nutzung gibt, kann ein zweijähriges Kind diese Knetmasse ziehen und rollen, während ein achtjähriges Kind ein Blockhaus, imaginäres Essen oder dergleichen daraus gestalten kann. Viele Eltern lebhafter Kinder haben immer Knetmasse im Schrank, um es bei Bedarf griffbereit zu haben.

Jede gute Vorschule verfügt über einen Tisch zum Trainieren der Sinne. Normalerweise ist es einfach nur ein Tischrahmen, dessen Mittelteil fehlt, dort kann beispielsweise eine Schüssel hingestellt werden. Die Schüssel wird dann mit Wasser, Sand, Haferflocken, Maismehl, Schnee, Papierschnipseln oder sonstigen Dingen gefüllt. Lebhafte Kinder zieht es immer zu diesem Tisch in unserem Klassenzimmer. Sie können auch selbst einen sensorischen Tisch zusammenstellen. Dazu brauchen Sie lediglich eine Schüssel oder einen Eimer. Der Tischrahmen ist entbehrlich. Legen Sie nur eine wasserfeste Tischdecke unter die Schüssel oder den Eimer, damit der Boden nicht nass wird. Füllen Sie den Eimer mit warmem Seifenwasser und sorgen Sie dafür, dass eine Pipette und Schwämme zur Hand sind für eine lustige und beruhigende Aktivität. Wenn das Kind lang genug mit den Schwämmen gespielt hat, lassen Sie es seine Teller oder Lieblingsspielsachen und Puppen waschen. Wenn Sie kein Wasser in die Schüssel tun wollen, probieren Sie es mit Sand, Haferflocken oder Maismehl. Legen Sie Tassen, Löffel, Trichter und verschiedene andere Behälter dazu, so ist für stundenlangen Spaß gesorgt.

Eine weitere beruhigende Übung ist es, die Wand in der Dusche mit Rasierschaum zu verschönern, als seien es Fingerfarben. Den kann man hinterher einfach abduschen.

Rückenkratzen und Nackenmassagen fühlen sich in jedem Alter gut an. Wir alle brauchen gesunde, nicht sexuell motivierte Berührung auch Jugendliche.

Manchmal sehnt sich Ihr Kind nach einem gewissen Druck auf dem Körper. Eine feste Umarmung ist vielleicht genau das, was es braucht. Es kann auch helfen, ihm ein enges T-Shirt aus Stretchmaterial anzuziehen oder es nachts beim Schlafen mit einer schwereren Decke zuzudecken. Der Druck auf seinen Körper wird beruhigend wirken (der Jugendliche, der Bücher und Klamotten auf seiner Bettdecke stapelt und dann zum Schlafen darunterkriecht, ist vielleicht nicht unordentlich, sondern schafft sich damit seine eigene schwere Decke).

Beim Säugling, der noch zu jung ist, um von einem sensorischen Tisch oder einer schweren Decke zu profitieren, genügt es vielleicht, ihn zu halten. Wissenschaftler in Kanada haben entdeckt, dass sich ein Säugling desto leichter beruhigen lässt, je mehr Körperkontakt er hat. Ihre körperliche Anwesenheit hilft ihm, seinen Körper zu regulieren.

Wenn Sie also nicht gerade Auto fahren und Ihr Kind im Kindersitz bleiben muss, holen Sie es aus Sitz- und Haltevorrichtungen heraus, nehmen Sie es auf den Arm oder tragen Sie es beispielsweise in einem Tragetuch am Körper. Es kann auch durch eine Massage, ein leises Schlaflied oder einen Spaziergang beruhigt werden. Manchmal hilft es, einen hellen Raum etwas zu verdunkeln.

Für lebhafte Kinder sind normalerweise alle Aktivitäten sehr verlockend und beruhigend, bei denen die Sinne genutzt werden.

5. KÖRPERLICHE BETÄTIGUNG UND WIEDERHOLTE BEWEGUNGEN: »Ich habe versucht, den vierjährigen Derrick dazu zu bekommen, seine Schuhe anzuziehen, damit wir seine Schwester abholen können«, erzählte mir Nadeen. »Er trödelte und grummelte vor sich hin, als ich versuchte, ihn anzutreiben. Ich sagte ihm, wir müssten jetzt wirklich losgehen, um nicht zu spät zu kommen und er antwortete: ›Aber MAMA, was machen wir denn mit den Bienen in meinem Körper?‹

Erschrocken fragte ich: ›Spürst du Bienen in deinem Körper?‹

›Ja!‹, rief er.

›Na gut, dann wollen wir sie loswerden! Sollen wir hüpfen?‹

Wir hüpften auf dem Minitrampolin. Fünf Minuten später stieg er, ohne Theater zu machen, ins Auto.«

Körperliche Betätigung, vor allem sich wiederholende Bewegungen, führen dazu, dass der Körper beruhigende Stoffe produziert. Diese machen es für Ihr Kind leichter, in der grünen Zone zu bleiben. Planen Sie täglich regelmäßige Bewegung genauso wie die Mahlzeiten ein. Gehen Sie nach Möglichkeit gleich morgens nach draußen. Bieten Sie Ihrem Kind viele Gelegenheiten zu rennen, zu klettern, Fahrrad zu fahren, zu schaukeln, zu schwimmen oder Inlineskate zu fahren. Ermuntern Sie Ihr Kind dazu, »Schwerarbeit« zu leisten, wie etwas zu ziehen, zu schieben oder etwas Schweres – aber nicht zu Schweres – zu tragen, beispielsweise den Wäschekorb.

Wenn Sie nicht nach draußen gehen können, schlagen Sie ihm vor, sich in einen Schaukelstuhl zu setzen und zu lesen, auf einer sich drehenden Scheibe zu sitzen, auf einem Fahrradtrainer zu treten oder auf einem Minitrampolin zu springen. Und wenn es keine Gelegenheit hat, mit seinen großen Muskeln zu arbeiten, sorgen Sie für Spielzeug wie ein Slinky oder Finger-Puzzle, damit es seine kleinen Muskeln bewegen kann. Solche körperlichen Aktivitäten erhöhen die Konzentration der »Beruhigungsmittel« von Mutter Natur.

6. LESEN: Wenn Sie sich in einer Sackgasse befinden – es weder Wasser noch irgendwelche sensorischen Aktivitäten gibt und Ihre Fantasie Sie verlassen hat, und es außerdem auch noch regnet –, probieren Sie es mit Lesen. Viele Eltern temperamentvoller Kinder haben festgestellt, dass es bereits ausreicht, ein Buch zu holen und ihr Kind einzuladen, sich auf ihren Schoß oder neben sie zu setzen – speziell in einen Schaukelstuhl –, damit ein rasch steigender Intensitätspegel wieder sinkt. Ihr Kind lernt dabei nicht nur, wie wirksam Lesen ist, um starke Gefühle in den Griff zu bekommen, sondern erfährt auch den von Büchern ausgehenden Zauber. Besuchen Sie die örtliche Bücherei oder suchen Sie auf Flohmärkten nach gebrauchten Büchern. Haben Sie die Lieblingsbücher Ihres Kindes immer griffbereit – egal, wie alt Ihr Kind ist.

7. TIEFES ATMEN: Sogar Kleinkinder können lernen, tief zu atmen, um sich zu beruhigen. Sagen Sie einfach: »Atme ein.« Atmen Sie selbst anschließend übertrieben ein, um zu demonstrieren, was Sie meinen. Vielleicht ist es hilfreich, dass Ihr Kind sich die Hand auf den Bauch legt, um zu spüren, wie die Luft einströmt. Machen Sie weiter mit: »Atme aus.« Atmen Sie selbst wieder übertrieben langsam aus. Den Daumen als »Geburtstagkerze« hochzuhalten, die ausgepustet werden soll, kann ebenfalls helfen, dieses langsame Ausatmen zu demonstrieren.

8. HUMOR: Um diese Geschichte ganz verstehen zu können, müssen Sie etwas über meinen Mann wissen. Er ist 1,74 Meter groß, wiegt 77 Kilogramm und ist sehr lebhaft. Er liebt Filme, in denen die Kleinen gewinnen, und ist so gutmütig, dass er jedem etwas abkauft, der an der Tür klingelt. Er hat aber auch noch eine andere Seite. Sein Vater wuchs am Oberen See bei den Eisenerzdocks auf und erfreute uns gerne mit Geschichten darüber, wie er von den Frachtern sprang. Ich glaubte ihm, auch wenn niemand je den

Wahrheitsgehalt überprüfen konnte. Ich fürchte, diese Macho-Aktivitäten haben einen Einfluss darauf gehabt, wie sich sein Sohn, mein Mann, gelegentlich ausdrückt.

Eines Tages kam unser Sohn von der Schule nach Hause, stieß die Tür auf und stürmte in die Küche, wobei er seine Schultasche auf den Boden und gegen den Kühlschrank warf. »Lass den Quatsch«, befahl ich. »Was ist denn in dich gefahren?«

»Diese alte Hexe auf dem Schulhof hat mich beschuldigt, ich hätte gerauft, aber das habe ich gar nicht«, brüllte er.

»Das war sicher peinlich«, antwortete ich.

»Es war nicht peinlich«, korrigierte er mich. »Ich habe ja nicht gerauft.«

»Gut, dann war es sicher unangenehm«, antwortete ich.

»Blöde Hilfskraft«, bellte er. »Sie muss blind sein.«

Ich verlor allmählich die Geduld und versuchte es mit einer Moralpredigt. »Das nächste Mal solltest du vielleicht sorgfältiger darauf achten, wo du stehst«, bemerkte ich.

Mein Kommentar steigerte seine Wut nur noch. Er wütete weiter, bis sein Vater nach Hause kam.

»Was ist denn hier los?«, fragte er, als er die explosive Stimmung in der Küche bemerkte. Ich berichtete ihm rasch die Details und hoffte, er wüsste, was zu tun sei. Als er zu Josh hinüberging, sah ich, dass sich sein Brustkorb leicht aufblähte, und ich wusste, dass er irgendetwas vorhatte.

»Kein Problem«, sagte er zu Josh.

Ich schnappte nach Luft. Josh blickte auf – total schockiert.

»Was meinst du?«, stammelte er.

Joe fuhr fort: »Nächstes Mal sagst du zu der Dame einfach: ›Hey, Lady, haben Sie Blut auf dem Boden gesehen?‹«Dann schlug er sich auf die Brust und erklärte: »Wenn ich raufe, ist immer Blut am Boden!«

Joshs Augen traten hervor. Ich fiel beinahe in Ohnmacht. Viele Jahre gewaltfreier Erziehung gingen soeben den Bach hinunter. Ich stellte mir vor, wie dieses Kind wieder in die Schule gehen, die klugen Worte seines Vaters wiederholen und für den Rest des Jahres beurlaubt werden würde.

»Das kannst du nicht sagen!«, japste ich.

Inzwischen brüllten beide vor Lachen, Josh hatte gemerkt, dass sein Vater einen Spaß gemacht hatte. Seine intensive Emotion hatte sich durch Humor wortwörtlich in Luft aufgelöst.

Lachen senkt den Pegel unserer Stresshormone und lässt den Pegel der Wohlfühlhormone steigen. Später, als sich alle wieder beruhigt hatten, besprachen wir produktivere Möglichkeiten, einen Streit auf dem Schulhof zu lösen.

Bei temperamentvollen Kindern, die mit ihrer Intensität gut umgehen können, ist Humor ein häufiger Gast im Haus – nicht Sarkasmus oder Lächerlichkeit, sondern fröhliches Herumalbern und herzliches Lachen. Tun Sie sich keinen Zwang an, an solchem Humor Freude zu haben, nutzen Sie ihn, um Spannungen abzubauen und die Familie zusammenzubringen.

Genau das tat auch Todd: »Manchmal mache ich etwas völlig Unerwartetes«, sagte er lachend. »Gestern Abend hörte ich Ben mit seiner Schwester streiten. Ich war gut gelaunt, daher schlich ich auf allen Vieren um die Ecke und knurrte sie an wie ein Hund. Sie waren so überrascht, dass sie zu kichern anfingen. Sie sprangen auf meinen Rücken, um auf mir zu reiten, und der Streit war beendet.« Amanda nutzte Humor, um sich Machtkämpfen zu entziehen. »McKenzie hatte mir beim Vorbereiten des Abendessens wirklich sehr geholfen. Sie hatte den Tisch gedeckt, die Salatblätter zerkleinert und einige Töpfe gespült. Nach dem Essen bat ich sie, ihren Teller in die Spüle zu stellen. Sie begann, störrisch zu werden. ›Ups, du warst wohl schon zu lange brav‹, bemerkte ich.

Eine Sekunde schwieg sie verblüfft. ›Genau‹, antwortete sie dann lächelnd und trug ihren Teller in die Küche.«

Humor ist ein herrliches Werkzeug, um die Intensität von Emotionen zu verringern.

9. AUSZEIT – JEDOCH NICHT ALS STRAFE: Eine Pause einzulegen, ist eine der wirksamsten beruhigenden Strategien für Jugendliche und Erwachsene. Leider haben wir die Auszeit zu einer Strafe für Kinder umfunktioniert. Anstatt unseren Kindern beizubringen, dass eine Auszeit die Gelegenheit bietet, eine Pause einzulegen, um wieder die Kontrolle über sich zu gewinnen, ist sie zu einem gefürchteten Befehl geworden. »Geh in dein Zimmer und komm erst wieder heraus, wenn ich es dir sage!« Oder: »Du bleibst jetzt auf dem Stuhl sitzen und bewegst dich keinen Zentimeter weg!« Wir glauben, wenn der Befehl dem Kind nicht wehtue, werde er nichts bringen, und fühlen uns besser, wenn das Kind weint und brüllt, um uns zu zeigen, dass es sich wirklich miserabel fühlt. Es geht jedoch allen eine Gelegenheit zur Erholung verloren, wenn wir zu kämpfen haben, das Kind im Zimmer zu halten, und dieses seine Energie darauf verwendet, gegen die Tür zu treten und Gegenstände an die Wand zu werfen.

Ich möchte den Eltern temperamentvoller Kinder empfehlen, die Auszeit so aufzufassen wie ein Basketball-Trainer: als Gelegenheit, eine Pause einzulegen, dem Körper Erholung zu gönnen und zusammen den weiteren Spielplan zu besprechen.

Der Vergleich einer Auszeit für ein Kind mit einer Auszeit im Sport mag hinken. Die meisten Dreijährigen, ja sogar noch Achtjährige – insbesondere temperamentvolle Kinder – gehen in der Regel nicht problemlos vom Spielfeld, wenn eine Auszeit ausgerufen wird, sie hören auch nicht aufmerksam zu, während der weitere Spielplan besprochen wird. Stattdessen werfen sie sich eher auf den Boden, treten, brüllen und halten sich die Ohren zu, wenn man versucht, mit ihnen zu sprechen. Was also sollen Eltern tun?

Sie können damit anfangen, Ihr Kind an die Hinweise zu erinnern, die sein Körper ihm gibt: Botschaften, die sagen »Ich bin müde« oder »Es wird mir zu viel«. Helfen Sie Ihrem Kind zu erkennen, dass angespannte Muskeln, eine laute Stimme oder das Pochen des Blutes in seinen Adern Signale sind, dass es eine Auszeit braucht. Wenn wir unserem Kind beigebracht haben, dass eine Auszeit eine Gelegenheit ist, sich aus dem Geschehen zurückzuziehen, und keine Strafe, kann es sich mit einer Pause wohlfühlen. Eine Pause einlegen bedeutet, einen ruhigen, bequemen Platz zu finden. Das kann das Schlafzimmer sein oder ein Eckchen in dem Zimmer, in dem Sie sich befinden. Auszeit verlangt keine Isolation. Anfangs werden Sie Ihrem Kind freundlich helfen müssen, den richtigen Platz zu finden, weg von Aktivität und Reizen. Sprechen Sie leise, helfen Sie ihm, die Ruhe zu hören und zu fühlen, die Frustration aus seinem Körper entweichen zu spüren, zu merken, wie der Herzschlag langsamer wird.

Sie werden jetzt vielleicht seufzen und überlegen, was Sie inzwischen mit dem Baby machen sollen, das weint, weil es Hunger hat, oder mit dem Kleinkind, das an Ihrem Bein hängt, oder mit dem Telefon, das läutet. Vergessen Sie das Telefon, legen Sie das Baby ein paar Minuten in die Wiege, nehmen Sie das Kleinkind mit oder setzen Sie es an einen sicheren Platz, während Sie Ihrem temperamentvollen Kind helfen, einen bequemen Ort zu finden, wo es eine Pause einlegen kann.

Sie können einen solchen Platz leichter zugänglich und einladender gestalten, indem Sie in jedem Zimmer einen Ruhekorb aufstellen. Füllen Sie jeden Korb mit Kuscheltieren, Büchern, Legos, Spielsachen für ruhige Aktivitäten, Stickern, Malstiften und sonstigen Dingen, die Ihr Kind beruhigen. Ihr Kind muss dann nicht irgendwohin »gehen« – die Körbe sind direkt dort, wo sie gebraucht werden. Ermuntern Sie Ihr Kind, sich in dem Korb das auszusuchen, was es am liebsten machen will, bis sich sein Körper wieder beruhigt hat. Oder nehmen Sie ein Buch aus dem Korb, wenn Ihr Kind Hilfe braucht, und lesen ihm vor. Sie unterstützen damit nicht schlechtes Verhalten, sondern beruhigen Ihr Kind. Der pädagogische Moment kommt noch – nachdem Ihr Kind sich beruhigt hat. Falls Ihr Kind wegzugehen versucht, bevor es sich beruhigt hat, bringen Sie es zu dem Korb zurück und helfen ihm wieder, dort eine Beschäftigung zu finden, bis sein Körper ruhig ist.

Kinder müssen erst lernen, wie ein entspannter Körper aussieht. Zeigen Sie Ihrem Kind, dass es Sie anschaut, wenn es ruhig ist. Es hält seine Arme und Beine ruhig. Es kann zuhören und antworten. Seine Stimme ist ruhig. Die Auszeit ist erst vorbei, wenn Sie gemeinsam diese Dinge sehen können und der Körper Ihres Kindes von diesem friedlichen Gefühl erfüllt ist. Und was ist die Konsequenz, die Auszeit als eine Chance zur Entspannung zu sehen? Ein Kind, das eine Pause einzulegen lernt, bevor es ausrastet, wird kein schlechtes Verhalten mehr an den Tag legen.

Haben Kinder erst einmal gelernt, auf die Hinweise ihres Körpers zu reagieren, und verstehen die Auszeit als gute Gelegenheit, mit ihrem Stress umzugehen, können sie von sich aus eine solche Auszeit in Anspruch nehmen. Dann können Sie tatsächlich beobachten, dass sich Ihr Kind von einer Aktivität entfernt und in sein Zimmer oder zum Ruhekorb geht, um von sich aus eine kurze Pause einzulegen. Intuitiv bringt das Kind seinen Körper zurück in die grüne Zone.

Für temperamentvolle Kinder ist es besonders wichtig, die Auszeit als beruhigende Aktivität zu erfahren, wenn sie ins Teenageralter kommen. Wenn die Hormone im Körper zu zirkulieren beginnen, wird es für sie noch schwieriger, ihre intensiven Emotionen in den Griff zu bekommen. Sie sind nun zu groß, als dass man sie zu einer Auszeit zwingen könnte, diese müssen sie jetzt selbst wählen. Wenn sie sich mit Auszeiten wohlfühlen, werden sie diese auch nutzen und ihre starken Emotionen erfolgreich in den Griff bekommen.

Kinder, die ihre intensiven Emotionen verstehen, und die erkennen, dass sie diese kontrollieren und in sportliche, kreative und andere geeignete Aktivitäten lenken können, fühlen sich mit sich selbst wohl. Die Anzahl heftiger Ausraster nimmt drastisch ab. Dies nennt man »Disziplinieren als Vorbeugung«. Es lehrt Kinder, wie sie sich »richtig« verhalten, indem sie in der grünen Zone bleiben, wo es einfacher ist, mit starken Emotionen umzugehen und Auseinandersetzungen im Keim zu ersticken.

Dabei sehen sich die Eltern der Herausforderung gegenüber, der ruhende Pol zu sein. Daher ist es so wichtig, einen Plan für den »entscheidenden Moment« zu haben.

## KOOPERIEREN

Selbst wenn Sie die Signale Ihres Kindes im Blick hatten, ihm ein angemessenes Vokabular beigebracht und seine Tage mit beruhigenden Aktivitäten ausgefüllt haben, wird der entscheidende Moment kommen, in dem das Kind emotional auf der Kippe steht. Ihre eigenen Emotionen tauchen auf. Das kann so schnell gehen, dass keine Zeit zum Nachdenken bleibt. Wichtig ist, dafür einen Plan zu haben, genau zu wissen, was Sie sagen und tun werden. Dann erfolgt Ihre Reaktion automatisch. Nachdenken erübrigt sich. Ich will Ihnen zeigen, was ich meine.

»Das ist meins! Ich hatte es zuerst!« Aus dem Wohnzimmer hörte man einen beginnenden Streit, während ich mit Kate und Todd am Küchentisch saß. Kate schüttelte den Kopf. »Da geht es wieder los.« Sie seufzte. Da ich zu einer Privatkonsultation bei ihnen zu Hause war, machte ich mich zu den beiden Jungen auf. Der vierjährige Wyatt presste das iPad gegen seine Brust und drehte sich von dem krallenden Griff des sechsjährigen Kyle weg. Als Kyle mich kommen sah, schreckte er zurück.

»Ich will euch helfen«, sagte ich und näherte mich ihnen. Kyle warf mir einen Blick zu, in seinen Augen war Verwirrung zu lesen, als überlege er, ob er weglaufen oder zu seiner Verteidigung schreien sollte. Aber ich beugte mich hinunter und fuhr ruhig fort: »Ich habe deine Hand gesehen, die nach ihm geschlagen hat. Was hast du versucht, ihm damit zu sagen?« In diesem Moment drehte er sich zu mir hin und war zur Zusammenarbeit bereit.

Warum ermahnte ich sie nicht wegen ihres Streits? Ließ ich ihnen ihr schlechtes Benehmen einfach durchgehen? Dahinter steckt die Erkenntnis: Bevor wir unseren temperamentvollen Kindern etwas beibringen können, müssen wir sie für uns gewinnen. Wenn wir wie eine Planierraupe auftreten, wird sich ihre Reaktion noch verstärken, um uns etwas entgegenzusetzen. Dann werden aus dem Geschrei Tritte. Flinke Körper entziehen sich unserem Griff und die Worte *Ich hasse dich* treffen uns wie ein Stich ins Herz.

Temperamentvolle Kinder müssen wissen, dass ein Erwachsener, der zu ihnen kommt, ihnen helfen will. Er ist kein Feind oder Gegner, der schreien, drohen oder sie packen wird, sondern jemand, der ihnen helfen wird, sich zu beruhigen und herauszufinden, was zu tun ist. Jemand, der Sätze sagt wie:

Ich will dir helfen.
Ich versuche, dich zu verstehen.
Was brauchst du?
Ich glaube, du hattest etwas Wichtiges zu sagen. Was wolltest du ihr/ihm sagen?

Überlegen Sie sich Sätze, mit denen Sie einen gemeinsamen Nenner mit Ihrem Kind finden können. Üben Sie diese Sätze, bis Sie zu Ihrer zweiten Natur geworden sind. Wenn dann ein kritischer Moment naht, sind Sie bereit.

Die Entscheidung, einen gemeinsamen Nenner zu finden, bedeutet nicht, dass Sie Ihrem Kind »nachgeben«. Eine herzliche und einfühlsame Antwort auf die negativen Emotionen Ihres Kindes öffnet vielmehr das Tor für den »pädagogischen Moment«. Wissenschaftler bestätigen, dass Kinder, auf die unterstützend eingegangen wird, wenn sie aufgebracht sind, bessere Fertigkeiten der Problembewältigung entwickeln. Ihre Reaktion bewirkt tatsächlich eine Veränderung in der Reaktion Ihres Kindes.

»Es funktioniert«, musste Rob eine Woche später im Kurs anerkennen. »Leo spült gerne das Geschirr, was großartig ist. Wenn aber jemand einen schmutzigen Teller in der Spüle hat stehen lassen, flippt er aus. Ich wünschte mir, er wäre flexibler. Also habe ich versucht, ihm zu sagen, das sei doch keine große Sache oder habe ihm vorgeschlagen, den Brausekopf zu verwenden und auf der anderen Seite der Spüle zu arbeiten. Aber darüber regte er sich nur noch mehr auf. Heute Morgen ist es wieder passiert, dieses Mal habe ich mich aber zurückgehalten und gesagt: ›Bäh, da steht ein schmutziger Teller in der Spüle. Ich werde dir helfen. Was brauchst du?‹ Er hat sich sofort beruhigt. Dann sagte er zu mir: ›Dad, warum nehme ich nicht einfach den Brausekopf?‹« Kopfschüttelnd fügte Rob hinzu: »Ich schätze, mit ein bisschen Empathie erreicht man wirklich viel.«

Also: Wenn Sie einen gemeinsamen Nenner finden, wirkt dies beruhigend auf Ihr Kind.

Als Elternteil eines temperamentvollen Kindes braucht man viel Überlegung, Fokus und Aufmerksamkeit. Die Belohnung für diese Mühen ist ein deutlicher Rückgang der Häufigkeit von Wutanfällen. Aber seien wir ehrlich, an manchen Tagen wird einfach alles den Bach hinuntergehen, obgleich alle Beteiligten sich darin verbessert haben, die Intensität der Emotionen in den Griff zu bekommen. Ich sage Ihnen das, weil ich nicht will, dass Sie in Ihren Versuchen nachlassen, wenn doch mal wieder etwas schiefgelaufen ist. Die Strategien wirken, aber nicht immer. Daher ist es wichtig, dass Sie auch wissen, was zu tun ist, wenn trotz bester Bemühungen wieder einmal alle in der roten Zone landen. Lesen Sie also weiter.

## INTENSITÄT – EINE ZUSAMMENFASSUNG

Die Intensität der Emotionen ist die treibende Kraft hinter den heftigen Reaktionen eines temperamentvollen Kindes. Sie ist der unsichtbare Anstoß, der jede Reaktion eines lebhaften Kindes unmittelbar und stark ausfallen lässt. Wird die Intensität gut gesteuert, erlaubt sie dem temperamentvollen Kind eine emotionale Tiefe und Freude, die von anderen selten erlebt wird. Durch ihr Potenzial jedoch, ebenso gut kreativ zu wirken als auch Chaos anzurichten, ist sie ein Merkmal des Temperaments, dessen Beherrschung schwierig zu erlernen ist.

***Ein temperamentvolles Kind muss immer wieder Sätze hören wie:***

Du machst alles mit großem Eifer und großer Begeisterung.
Du bist begeistert, ausdrucksstark und voller Energie.
Durch deine Intensität kannst du ein großartiger Sportler, Anführer, Performer etc. werden.
Dich können manche Dinge schnell frustrieren.
Intensiv zu sein, bedeutet nicht, aggressiv zu sein.

***Pädagogische Tipps:***

Helfen Sie Ihrem Kind zu lernen, auf die Hinweise zu achten, zum Beispiel Veränderungen in seinem Körper, die eine zunehmende Intensität der Emotionen anzeigen.

Bringen Sie Ihrem Kind Sätze bei, mit denen es seine starken Emotionen ausdrücken kann.
Bieten Sie Ihrem Kind Aktivitäten an, die es beruhigen, wie ein warmes Bad, Lesen und ruhiges fantasievolles Spielen.
Arbeiten Sie mit Humor, um intensive Reaktionen in Luft aufzulösen.
Achten Sie darauf, dass Ihr Kind genügend Schlaf bekommt.
Reservieren Sie Zeit für körperliche Betätigung.
Bringen Sie Ihrem Kind bei, dass eine Auszeit eine Möglichkeit ist, eine Pause einzulegen und sich danach wieder besser zu fühlen.

***Wenn Sie selbst auch intensiv sind:***
Fürchten Sie die Intensität der Emotionen Ihres Kindes nicht.
Bedenken Sie, dass Sie ein Team sind.
Planen Sie im Voraus, was Sie im entscheidenden Moment sagen wollen, um mit Ihrem Kind einen gemeinsamen Nenner zu finden.

# 8

# Trotzanfälle

## Was Sie tun können, wenn alles fehlschlägt

*»Ich war in der schwarzen Zone.«*
*»Was ist die schwarze Zone?«*
*»Etwas viel Schlimmeres als die rote Zone.«*

*Dakota, fünf Jahre alt*

Du musst mir *sofort* helfen!«, stieß die Stimme am Telefon hervor. Es war der Hilferuf einer Freundin, die am anderen Ende des Landes lebt. Anscheinend hatte ihr Sohn Jayden den Tag damit zugebracht, alles ihm Mögliche zu tun, um sie auf die Palme zu bringen: Er hatte geflucht, seine Schwestern geboxt, Widerworte gegeben und sich bei allem, um was sie ihn gebeten hatte, verweigert. Vor lauter Verzweiflung hatte sie ihn soeben in sein Zimmer geschickt, wo er für den Rest seines Lebens vermodern sollte. Nachdem er Bettlaken und Bettdecken heruntergerissen hatte, warf er sich als hysterisches Häufchen auf sein Bett, wo er auch noch war, als sie anrief.

Manchmal können Sie sich noch so sehr bemühen, mit Ihrem lebhaften Kind zu kooperieren, es kommen einfach nicht die richtigen Worte und Sätze heraus. Die beruhigenden Aktivitäten waren erfolglos. Zu viele Übergänge, zu viele Reize oder zu viel Stress – und nun ist Ihr Kind mitten in einem Tobsuchtsanfall. Die Wucht ist durchdringend. Sie fühlen sich verletzt und vielleicht sogar zu keiner Reaktion fähig.

Alle Kinder erleben Wutanfälle oder Ausraster, wie auch immer Sie es nennen wollen, bei temperamentvollen Kindern haben diese jedoch noch mehr Kraft und Schwung und treten häufiger auf. Meine Freundin, die fünf Kinder großgezogen hat, die heute alle erwachsen sind, sagt: »Wenn ich alle Wutanfälle meiner vier jüngeren Kinder zusammenzählen würde, käme als Gesamtergebnis nicht annähernd die Zahl heraus, auf die es meine Älteste gebracht hat. Heute kann ich sagen, dass sie eine exzellente Erwachsene ist, aber es ist ein Wunder, dass wir beide das noch erleben dürfen.«

## TEMPERAMENTVOLLE KINDER ERLEBEN TROTZANFÄLLE AUFGRUND EINES SPILLOVER-EFFEKTS

Jaydens Ausraster sah wie ein klassischer Trotzanfall aus. Er klang auch so, war aber keiner. Als ich mit Jaydens Mutter sprach, merkte ich, dass Jaydens Ausraster nichts mit einem Machtkampf oder dem Versuch zu tun hatte, etwas durchzusetzen. Er war nicht einmal als persönlicher Angriff auf seine Mutter gemeint. Sein Ausraster hatte sich seit Stunden oder sogar Tagen zusammengebraut. Während der letzten drei Wochen hatte sein Vater von sechs Uhr morgens bis weit nach Mitternacht in Verhandlungen gesteckt. Die Mutter, die mit drei Vorschulkindern allein zu Hause war, fühlte sich erschöpft und hatte nur noch wenig Geduld. Jayden ist ein temperamentvolles Kind. Er ist von seiner Veranlagung her sehr sensibel. Er saugte den Stress und die Belastungen geradezu auf, die seine Familie erlebte, bis das Fass zum Überlaufen kam. Dann explodierte er und machte aus seinem Zimmer ein Chaos. So etwas bezeichnet man als Trotzanfall durch einen Spillover-Effekt.

Stella Chess und Alexander Thomas beschrieben diese Art von Trotzanfall zuerst in ihrem inzwischen zum Klassiker gewordenen Buch *Know Your Child.* Sie definieren einen Spillover-Trotzanfall als »ein chaotisches Überschwappen von Emotionen«. Temperamentvolle Kinder sind durch ihre genetische Veranlagung, die die Neigung zu explosiven Reaktionen fördert, sehr viel anfälliger für Spillover-Trotzanfälle – ausgelöst durch eine Flut von Emotionen, die sie überrollt und die über die von ihrem Temperament gesetzte Grenze hinausgehen, sie in den Griff zu bekommen. *Nach meiner Erfahrung sind die meisten Trotzanfälle temperamentvoller Kinder tatsächlich Spillover-Trotzanfälle.* Sie sind nicht geplant. Sie haben nicht das Ziel zu manipulieren (ehrlich gesagt glaube ich nicht, dass Kinder jemals die Absicht haben zu manipulieren, auch wenn sie manchmal zusätzlich zu Spillover-Trotzanfällen vielleicht Grenzen austesten oder Regeln ergründen wollen – mit diesen Themen befassen wir uns später in diesem Kapitel).

Ein Spillover-Trotzanfall kann durch Ignorieren nicht gestoppt werden, weil dadurch der eigentliche Auslöser unberücksichtigt bleibt, in diesem Fall die Tatsache, dass Ihr Kind mit einem Temperamentsproblem zu kämpfen hat. Dieses Problem hat eine körperliche Reaktion ausgelöst und es tief in die rote Zone gebracht. Ihr Kind braucht Ihre Hilfe, damit es die Quelle der emotionalen Flut entdecken und stoppen kann. Es braucht Ihre Hilfe, damit es sich wieder beruhigen und die Selbstkontrolle zurückgewinnen kann. Ohne diese Anleitung kann es stundenlang toben, weil seine inneren Abwehrmechanismen zusammengebrochen sind und einen Sturm heftiger Emotionen entfesselt haben. Für die Eltern ist es schmerzlich, Zeuge davon zu werden. Für das Kind ist es beängstigend, dies zu durchleben. Ihr temperamentvolles Kind will nicht an diesen Punkt kommen.

Die siebenjährige Lindsey veranschaulicht dies. »Werde ich mich jemals selber stoppen können?«, jammerte sie, nachdem sie einen besonders überwältigenden Trotzanfall durchgemacht hatte. Die Antwort lautet Ja. Aber es verlangt die Geduld, Unterstützung und Hilfe von den Erwachsenen in ihrem Leben.

## SPILLOVER-TROTZANFÄLLE TAUCHEN BEREITS IM SÄUGLINGSALTER AUF

Da Spillover-Trotzanfälle mit dem Temperament zusammenhängen, tauchen sie bereits im Säuglingsalter auf.

»Travis war erst eine Woche alt, als er das erste Mal davon überwältigt wurde«, berichtete Erica während einer Diskussion über Trotzanfälle. »Genau zu der Zeit, als er ein Schläfchen hielt, kamen Gäste. Fremde nahmen ihn auf den Arm und sprachen mit ihm. Der Geräuschpegel im Zimmer war sehr hoch. Sein Vater und ich versuchten, gute Gastgeber zu sein, Kaffee einzuschenken und dafür zu sorgen, dass jeder etwas zu essen bekam. Wir waren nicht auf ihn fokussiert. Travis hatte jeden Einzelnen aufmerksam betrachtet, aber da er sensibel ist und sich nur langsam anpasst, wurde er mit den Eindrücken nicht fertig. Unvermittelt wurde er rot im Gesicht und fing an zu schreien. Die Schluchzer kamen tief aus seinem Inneren und überwältigten ihn komplett.«

Spillover-Schreianfälle im Säuglingsalter sind häufig die ersten Anzeichen für ein lebhaftes Temperament. Für Kinder wie Travis führt eine Überforderung zu Schluchzern, die aus den Tiefen der Seele kommen. Die Bewegungen der Kinder sind ruckartig, ihre Gesichter dunkelrot. Aber nicht alle Spillover-Schreianfälle sehen gleich aus, insbesondere wenn die Kinder größer werden und sich entwickeln.

Casey, die einen Sohn Oscar hat, in dessen Augen das Funkeln seines Temperaments zu sehen ist, erklärte: »Oscar weint nicht. Stattdessen kommt er in einen Aktivitätsrausch. Letzten Sonntag hatten wir Freunde zum Essen eingeladen. Er war so aufgeregt, dass seine intensiven Emotionen wenige Minuten nach Ankunft der Gäste außer Kontrolle gerieten. Er war eine Art fliegende Untertasse, die in alle Richtungen durchs Zimmer flog. Es war unmöglich, ihn zu stoppen.«

Courtneys Sohn Jasper schreit nicht und rastet nicht aus. Seine intensiven Emotionen richten sich nach innen. »Letzte Woche konnte Jasper sich die Schuhe nicht zubinden«, erzählte sie in der Gruppe. »Ich sah, dass er wirklich frustriert wurde, aber er brüllte nicht. Stattdessen fiel er mit dem Gesicht voraus auf den Boden, sein Körper sank zusammen wie ein Pappkarton, der im Regen steht. ›Ich kann es nicht‹, jammerte er, dann fing er an zu weinen.«

Der siebenjährige Luke rennt weg. »Immer wenn ich ihm sage, dass es Zeit ist, den Park zu verlassen, haut er ab«, berichtete Luke. »Das bringt mich auf hundertachtzig.« Dann gestand er seufzend: »Ehrlich gesagt, ängstigt es mich zu Tode.«

Egal ob Ihr Kind in seiner Not brüllt, vor Aufregung wild herumtobt, wegläuft oder völlig blockiert, entscheidend ist zu erkennen, dass es ein temperamentvolles Kind ist, das von seinen eigenen Emotionen überschwemmt wird und sich jenseits der Grenze befindet, wo es noch damit zurechtkommen könnte. Sein Gehirn wurde geradezu überfallen. Es weiß nicht, was es tun soll oder wie es damit aufhören kann. Das müssen Sie ihm beibringen.

## DIE RICHTIGEN WORTE FINDEN

Das Problem ist natürlich, dass über Trotzanfälle geredet wird, als würden die Kinder irgendwo auf eine Insel gehen und dort stehen und schreien. Niemand spricht darüber, wie es sich *anfühlt*, Mutter oder Vater dieses Kindes zu sein, das eine ganze Warteschlange an der Kasse zurückweichen lassen kann, indem es sich auf dem Boden windet und ein markerschütterndes Geschrei von sich gibt. In Internet-Chats wird nie darüber gesprochen, wie man sich für eine Verspätung entschuldigt, weil das Kind nicht ins Auto einsteigen wollte (es sei denn, Sie sind in der Facebook-Gruppe *Raising Your Spirited Child*, wo solche Gespräche häufig vorkommen). Und Berichte über Weihnachtsfeste sparen die Realität aus, voller Entsetzen zusehen zu müssen, wie das achtjährige Kind ausflippt, weil die Oma das Cranberry-Gelee nicht wie in den letzten acht Jahren sternförmig geschnitten hat. Trotzanfälle – dabei erleben nicht nur die Kinder eine starke Reaktion. Sie, ich und andere Eltern müssen die durchdringende Intensität temperamentvoller Kinder überstehen.

Es mag wie eine unerreichbare Heldentat erscheinen, bei einem solchen Trotzanfall gelassen zu bleiben. Aber je heftiger Sie versuchen, Ihr Kind unter Kontrolle zu bringen, desto erfolgloser fühlen Sie sich. Ihre Methoden funktionieren nicht, aber Sie wissen nicht, was Sie anders machen könnten. An diesem Punkt ist es nicht einfach, ruhig innezuhalten und sich zu fragen: »Worum geht es hier eigentlich wirklich?« Sie wollen vielleicht am liebsten in das Geschrei Ihres Kindes einstimmen. Aber das sollen Sie nicht und das wollen Sie in Ihrem eigenen und im Interesse Ihres Kindes auch nicht. Stattdessen können Sie lernen, einmal tief durchzuatmen und sich zu sagen: »Mein Kind hat einen Spillover-Trotzanfall. Ich werde es ihm nicht nachmachen.«

Diese kurze Pause kann stark verändern, was anschließend passiert.

## WAS SIE »IM EIFER DES GEFECHTS« TUN KÖNNEN

Heute folgte der Trotzanfall auf die einfache Bitte, ihr Kind solle duschen gehen. Gestern waren es die Hausaufgaben. Früher brannte die Sicherung beim Anziehen durch. Laura kam sich vor wie eine Figur in einem unlösbaren Rätsel, bei dem sie nie wusste, was das Kreischen, Werfen, Treten und Zwicken bedeuten sollte, für das Ihre Tochter in solchen Momenten anfällig war. Laura merkte, dass sie immer frustrierter wurde, bis auch sie anfing, zu schreien und mit den Türen zu knallen.

»Wir haben alles versucht«, erzählte sie mir. »Wir haben sie angeschrien, ihr Dinge verboten, sie in ihr Zimmer geschickt und sie festgehalten.«

Einschüchterung beendet Spillover-Trotzanfälle nicht, aber Zuhören beendet sie.

**_Halten Sie inne, um Zuzuhören:_**

Ihre erste Reaktion, wenn Ihnen ein Kissen an den Kopf geworfen wurde, wird vielleicht sein, sich Ihr Kind zu schnappen und zu schreien: »Was soll das denn?« Einige Drohungen oder Konsequenzen könnten noch beigemischt werden, um sicherzustellen, dass Ihr Kind eindeutig verstanden hat, wie verärgert Sie sind. Ich rate Ihnen, diesem Drang zu widerstehen. Verstehen Sie mich nicht falsch. Heftiges und destruktives Verhalten ist inakzeptabel. Sie werden sich mit diesem Verhalten beschäftigen – aber dies ist nicht der richtige Moment dafür, der kommt später. Zuerst müssen Sie Ihrem Kind helfen, sich von der physiologischen Explosion der Emotionen zu erholen, die in seinem Körper zirkulieren. Solange sein Körper nicht zur Ruhe gekommen ist, kann es Sie nicht anschauen, Sie nicht hören und ist auch unfähig zu denken.

Wenn Ihr Kind etwas macht, was gefährlich, schmerzhaft oder respektlos sich selbst, anderen oder seiner Umgebung gegenüber ist, stoppen Sie es (Tipps dazu, wie Sie das tun können, gebe ich Ihnen später). Während Sie Ihr Kind stoppen, erinnern Sie sich jedoch selbst: »Meine erste Aufgabe ist es, eine Verbindung zu meinem Kind zu bekommen und es zu beruhigen.« Verwenden Sie die Aussage, die Sie für den (in Kapitel 7 besprochenen) *entscheidenden Moment* gewählt haben, wie: »Ich will helfen.« Atmen Sie anschließend einmal lange und tief durch und seien Sie empathisch: »Ich sehe, dass du auf keinen Fall duschen willst.« Widerstehen Sie der Versuchung, die Tatsache zu konstatieren: »Du musst duschen«, oder zu predigen: »Du musst doch sauber sein.« Empathie beruhigt. Tatsachen und Predigten schaffen das nicht.

Aber lassen Sie es nicht dabei bewenden. Bei privaten Konsul tationen mit Familien frage ich: »Was glauben Sie, hat Ihr Kind in dieser Situation gefühlt oder gebraucht?« Viel zu oft folgt eine lange Pause, bevor geantwortet wird: »Das habe ich nie gefragt.« Um Spillover-Trotzanfälle stoppen zu können, müssen Sie verstehen, wodurch sie ausgelöst werden. Stellen Sie Ihrem Kind Fragen wie: »Welchen Grund hat es, dass du nicht duschen willst?« Oder: »Was ist mit den Socken, die du nicht magst?« Wenn Ihr Kind darauf keine Antwort hat, stellen Sie Fragen oder machen Sie Äußerungen, die ihm zeigen, dass Sie es zu verstehen versuchen. »Liegt es daran, dass du beim Duschen vielleicht Wasser in die Augen oder Ohren bekommst?«

Gehen Sie im Geist eine Liste des Temperaments Ihres Kindes durch, um die Quelle für dieses Überborden zu identifizieren. Wenn Ihr Kind introvertiert ist und jemand in seinen Raum eingedrungen ist, fragen Sie: »Hat er/sie dich zu sehr bedrängt?«

Wenn es Ihrem Kind schwerfällt, sich umzustellen, und es am Tag viele Übergänge gab, können Sie etwas sagen wie: »Hättest du mehr Zeit gebraucht, um dein Spiel zu beenden?«

Wenn Ihr Kind energiegeladen ist und sich körperlich noch nicht austoben konnte, können Sie sagen: »Du hast ziemlich lange still gesessen. Brauchst du Zeit zum Rennen und Spielen?«

Wenn Sie einfach nur Nein zu einem beharrlichen Kind gesagt

haben, können Sie es versuchen mit: »Hat es dich frustriert, dass ich Nein gesagt habe?«

Was auch immer der Auslöser war: Wenn Sie ihn identifizieren, können Sie ihn nach Möglichkeit ausschalten. Wenn Sie ihn benennen, hilft dies Ihrem Kind zu verstehen, was mit ihm geschehen ist. Das allein wirkt bereits beruhigend, weil das Benennen einer Emotion die Herzfrequenz verlangsamt. So lernt das Kind auch die richtigen Worte, dies es verwenden kann, wenn es das nächste Mal einen ähnlichen Ansturm von Emotionen oder Empfindungen erlebt.

Zuhören bedeutet nicht zustimmen. Es bedeutet nicht, dass Sie Ihre Autorität aufgeben oder es Ihrem Kind erlauben, mit seinem schlechten Verhalten »durchzukommen«. Sie versuchen, Ihr Kind zu beruhigen und die Ursache des Ausbruchs zu verstehen und zu beseitigen.

Sprechen Sie mit einem lebhaften Säugling übrigens so, wie Sie mit einem älteren Kind sprechen würden. Sie werden nicht dieselbe Art von Reaktion bekommen, aber eines Tages, vielleicht früher, als Sie sich vorstellen können, wird es so sein.

Als ich Laura diese Strategie vorschlug, seufzte sie. »Aber es ist so schwer, die Ruhe zu haben, um zuzuhören. Ich bin jemand, der einen Plan hat. Ich möchte die Dinge zu Ende führen.«

Leider eskaliert die Situation nur, wenn Sie versuchen, Ihr Widerstand leistendes Kind (Hinweis auf die rote Zone) stärker zu drängen.

Letztlich fand Laura heraus, dass ihre Tochter Marcella sehr sensibel ist. Marcella wollte nicht duschen, weil sie Wasser in Augen und Ohren bekam. Mit diesem Wissen kann Laura nun mit Marcella zusammenarbeiten, um eine Lösung zu finden. Sie könnten entscheiden, dass Marcella badet und nicht duscht. Oder Marcella könnte sich einen Waschlappen vor die Augen halten. Es gibt viele Lösungsmöglichkeiten.

Wenn Marcella Widerstand leistet, kann Laura ihr ein paar Minuten Zeit geben, um sich zu beruhigen, und dann eine klare Grenze setzen: »Du musst sauber sein. Du kannst dir etwas ausdenken, sonst denke ich mir etwas aus, und mein Plan ist, dass ich den Duschkopf halte, sodass wir den Wasserstrahl von deinen Augen weghalten können. Ich stelle den Wecker auf fünf Minuten. Wenn du bis dahin keinen anderen Plan hast, nehmen wir meinen.«

Als Laura diese Strategie nutzte, sagte Marcella sofort: »Ich habe einen Plan. Ich bade.«

Ich weiß, dass Sie befürchten, es könnte einen weiteren Trotzanfall geben, wenn Sie das erste Mal den Wecker stellen, aber wenn Sie konsequent bleiben, wird Ihr Kind lernen, dass Sie auch wirklich tun, was Sie angekündigt haben. Das Ergebnis wird sein, dass es schnell mit einem eigenen Plan kommen wird (in den Kapiteln 9 und 10 zeige ich Ihnen, wie Sie kooperieren und klare Erwartungen formulieren können).

Nun werden Sie vielleicht erleichtert seufzen. Der Trotzanfall ist vorbei. Am liebsten würden Sie ihn vergessen, aber das sollten Sie nicht. Um künftige Trotzanfälle zu verhindern, müssen Sie am Ball bleiben.

## ZUSAMMENARBEITEN: DEN TROTZANFALL NACHBESPRECHEN UND DEN PÄDAGOGISCHEN MOMENT NUTZEN

Wenn Ihr Kind einen Trotzanfall hatte, ist es sehr wichtig, die Situation noch einmal zu besprechen, nachdem es sich beruhigt hat, um ihm geeignete Worte und Verhaltensweisen beizubringen, auf die es künftig zurückgreifen kann. Ich nenne dies eine Nachbesprechung. Eine solche Nachbesprechung kann kurz nach dem Trotzanfall erfolgen, eine Stunde später oder, bei einem älteren Kind, auch ein oder zwei Tage später – aber sie muss stattfinden.

Diese Nachbesprechung besteht aus vier Schritten.

1. HELFEN SIE IHREM KIND, SEINE GEFÜHLE ODER BEDÜRFNISSE ZU VERSTEHEN. Wählen Sie einen Zeitpunkt, an dem Sie und Ihr Kind ruhig sind. Nutzen Sie Ihre Erkenntnisse, die Sie aus dem Verständnis seines Temperaments, dem Gespräch mit Ihrem Kind und Ihren Überlegungen zu dem Geschehen vor dem Trotzanfall gewonnen haben. Was wollte Ihr Kind mitteilen, als es geschlagen oder geschrien hat? Machen Sie das Gespräch mit Ihrem Kind zu einer Einladung zur Zusammenarbeit. Sie könnten beispielsweise sagen: »Was heute passiert ist, hat sich für niemanden gut angefühlt. Lass uns einen Plan aufstellen, damit so etwas nicht wieder passiert.« Es besteht keine Notwendigkeit für eine Ermahnung, die Ihr Kind sofort in die Defensive treiben würde. Wenn Sie das Temperament Ihres Kindes kennen, haben Sie Anhaltspunkte für seine Emotionen.

| Wenn auf das Temperament Ihres Kindes Folgendes zutrifft: | Was Sie in diesem Fall sagen können: |
|---|---|
| Ihr Kind passt sich langsam an und ist ausgerastet, als Sie spät dran waren und ihm gesagt haben, dass Sie nicht wie geplant bei der Eisdiele anhalten können. | Ich glaube, das kam für dich unerwartet. |
| Es ist sensibel und ist Ihnen im Einkaufszentrum weggelaufen. | Ich überlege, ob dich der Lärm vielleicht gequält hat. |
| Es ist beharrlich und wollte sich Ihrem Plan nicht fügen. | Ich denke, dass du vielleicht einen anderen Plan hattest. |
| Es hat keine Regelmäßigkeit, hat seinen Mittagsschlaf ausgelassen und ist beim Abendessen ausgerastet. | Ich habe gesehen, dass du gegähnt hast, daher glaube ich, dass du müde warst. |
| Es ist extrovertiert und ist in ein Gespräch hineingeplatzt. | Du willst dich gerne an einem Gespräch beteiligen. |

Wie Sie sehen, enthalten diese Sätze keine Wertung, wie es der Fall wäre, wenn Sie beispielsweise sagen würden: »Du hast dich heute elend gefühlt.« Die Sätze sind zudem ergebnisoffen und beinhalten die Möglichkeit, dass Ihre Vermutung falsch sein könnte. Sie *sagen* dem Kind nicht, was es gefühlt hat, sondern Sie überlegen, was es gefühlt haben *könnte*. Es wird Sie wissen lassen, ob Sie sich täuschen. Dann können Sie weitersprechen, bis Sie das Richtige herausgefunden haben.

2. VERDEUTLICHEN SIE DIE ERWARTUNG. Die Erwartungen sind auf die Werte fokussiert, die Sie in Ihrer Familie pflegen. Sie können Ihre eigenen Werte aufstellen, dennoch nenne ich nachfolgend einige, die mir wichtig sind. In unserer Familie gilt:

Egal wie wütend wir sind, wir tun niemandem und nichts weh.
Es ist wichtig, respektvoll zu sein.
Es ist wichtig zusammenzuarbeiten.
Es ist wichtig, Angekündigtes auch in die Tat umzusetzen.
Es ist wichtig, sauber zu sein.

3. BRINGEN SIE IHREM KIND DIE SÄTZE ODER VERHALTENSWEISEN BEI, AUF DIE ES DAS NÄCHSTE MAL ZURÜCKGREIFEN SOLL, WENN ES DIESE EMOTION ODER DIESES BEDÜRFNIS EMPFINDET. Seien Sie dabei konkret.

***Das nächste Mal kannst du sagen:***
»Kann ich bitte baden, damit ich kein Wasser in die Augen bekomme?«
»Das war eine Überraschung. Ich hatte etwas anderes erwartet.«
»Hier ist es zu laut. Können wir bitte gehen?«
»Ich hatte etwas anderes vor. Mama, höre mir bitte zu.«

»Ich bin müde.«
»Ich mag diese Regel nicht. Können wir bitte darüber sprechen?«
»Es fällt mir schwer, hier wegzugehen. Können wir planen, wann wir wieder hierher kommen?«
»Das erscheint mir nicht fair.«

4. ÜBUNG. Es ist sehr wichtig, dass Sie und Ihr Kind die Sätze auch wirklich üben, die es verwenden soll. Spielen Sie nach Möglichkeit noch einmal die Szene des Trotzanfalls durch. Hat sich Ihr Kind beispielsweise geweigert, an Ihrer Hand zu gehen, oder ist es weggelaufen, als Sie aus dem Schulhaus gegangen sind, gehen Sie, wenn es sich wieder beruhigt hat, noch einmal zurück. Verlassen Sie dann das Schulhaus wieder, wobei Sie dieses Mal das Handgeben auf dem Parkplatz üben.

Wenn es nicht möglich ist, die tatsächliche Situation zu wiederholen, spielen Sie die Situation woanders durch. Wenn Ihr Kind introvertiert ist und ungerne verbal übt, lassen Sie es zuhören, während Sie sprechen. Sie können Ihr Kind fragen: »Willst du es sagen, oder soll ich es sagen, und du hörst zu?« Wenn es lieber zuhören will, spielen Sie Ihrem Kind die Handlungen oder Sätze vor, erinnern Sie es aber anschließend: »Nächstes Mal erwarte ich, dass du das sagst oder machst.«

Laura beschrieb mir später, welches Gespräch sich daraus mit Marcella ergab: »Ich habe bis zum nächsten Tag gewartet«, sagte sie. »Wir waren beide allein im Zimmer, als ich sagte: ›Was gestern passiert ist, war wirklich für alle erschreckend. Lass uns einen Plan aufstellen, damit so etwas nicht noch einmal passiert.‹ Marcella war auf der Hut. Wir hatten so ein Gespräch bisher noch nie geführt. Ich fuhr fort: ›Ich glaube, du hattest gestern wirklich viel Spaß mit deinen Cousinen. Aber du bist introvertiert. Weißt du, was das bedeutet? Es bedeutet, dass du gerne mit anderen Leuten zusammen bist, aber nach einer gewissen Zeit eine Pause brauchst. Ich glaube, du warst erschöpft und hast eine Auszeit gebraucht. Aber direkt nachdem deine Cousinen gegangen waren, habe ich dich gebeten zu duschen. Du duscht nicht gerne, weil du empfindlich bist und es dich stört, wenn du Wasser in die Augen bekommst.‹ Es lief besser als erwartet«, gab Laura zu. »Daher erinnerte ich sie: ›Egal wie wütend wir sind, es ist nicht in Ordnung, jemandem wehzutun.‹ Marcella sah niedergeschlagen aus. Ich wollte nicht weiter darauf eingehen, weil ich wusste, dass sie sich schlecht fühlte. ›Lass uns einen Plan machen‹, lud ich sie ein. ›Das nächste Mal, wenn du vor dem Duschen mehr Zeit brauchst, kannst du sagen: ›Mama, kann ich erst noch ein paar Minuten Zeit für mich haben?‹ Oder: ›Mama, ich bin schon so müde, kann ich stattdessen bitte baden?‹ Marcella sah sehr erleichtert aus. Ich wusste, dass wir das üben sollten, daher lud ich sie ein, das zu probieren. ›Zeit zum Duschen‹, sagte ich zu ihr. ›Mama, kann ich bitte baden statt duschen?‹, antwortete sie. Wir fingen beide an zu lachen und tauschten ein High Five aus. Das Gespräch endete damit, dass ich sie erinnerte: ›Nächstes Mal erwarte ich, dass du so etwas sagst.‹ Marcella hat zustimmend genickt.«

NACHBESPRECHEN MIT KLEINKINDERN: Das Nachbesprechen einer Situation muss bei Kleinkindern dem jeweiligen Entwicklungsstand angepasst werden. Im Gehirn eines Kleinkindes schreit alles: »Mach es! Versuch es! Finde heraus, was passieren wird!« Ein Kleinkind hat ein kurzes Gedächtnis. Zeigen Sie ihm jedes Mal, wenn Sie es stoppen mussten, wie es sich stattdessen hätte verhalten sollen. Wenn Ihr Kleinkind einen Spielzeuglaster auf Sie geworfen hat, nehmen Sie den Laster und sagen Sie: »Gib mir den Laster in die Hand.« Fordern Sie das Kind auf zu üben, Ihnen den Laster in die Hand zu geben. (Vielleicht hat jemand dem

Kind beigebracht, einen Ball zu werfen. Nun hat es noch nicht gelernt, dass wir zwar einen Ball werfen, ein anderes Spielzeug aber dem anderen in die Hand geben.)

Häufig zögern Eltern temperamentvoller Kinder, noch einmal auf einen Trotzanfall zurückzukommen. Aus Angst, damit könnten sie bei ihrem Kind erneut etwas auslösen, meiden Sie das Thema. Doch wenn Sie einen Trotzanfall mit ihm besprechen, gewinnt Ihr Kind Verständnis für seine Emotionen und lernt, was es sagen und wie es sich verhalten kann, um damit umzugehen. Damit geben Sie Ihrem Kind eine Art Sicherheitsgurt an die Hand, der es davor bewahrt, über die Klippe in die rote Zone zu fallen.

Ob Ihr Kind ruhig genug ist, um die Situation im Nachhinein zu besprechen, erkennen Sie daran, dass es Sie anschauen kann. Seine Stimme ist normal. Es kann seine Gliedmaßen stillhalten. Es hört auf Ihre Stimme anstatt auf die Umgebungsgeräusche. Es kann auf Ihre Fragen antworten. Ist dies nicht der Fall, bringen Sie es zu seinem Ruhekorb, oder wenn es mindestens vier Jahre alt ist, lassen Sie es eine Pause einlegen, bis es ruhig ist. Bei einem Kleinkind sollten Sie das Gespräch bald folgen lassen, solange es sich an den Vorfall noch erinnert.

WIEDERGUTMACHUNG LEISTEN: Wenn es während des Spillover-Trotzanfalls ein »Opfer« gab, gehört zur Nachbesprechung der Situation auch eine Wiedergutmachung. Sobald Ihr Kind sich beruhigt hat, bringen Sie es wieder mit diesem Opfer zusammen. Bringen Sie Ihrem Kind bei, das Opfer zu fragen, was es braucht. Braucht es Eis oder ein Pflaster? Braucht es eine Umarmung? Will es hören, dass Ihr Kind später mit ihm spielen wird? Was auch immer es braucht, der Protagonist soll die Wiedergutmachung leisten.

Wie Sie sehen, erzwingt das Leisten einer Wiedergutmachung keine Entschuldigung. Daher ist ein obligatorisches »Entschuldigung« bedeutungslos. Durch das Fokussieren auf die Bedürfnisse des Opfers lehren Sie Empathie. Das Ergebnis kann bemerkenswert sein.

Nach dem Duschvorfall verbrachte Marcella, ohne dazu aufgefordert worden zu sein, dreißig Minuten damit, für Laura eine Karte zu schreiben, auf der in Druckbuchstaben, wie sie es als Sechsjährige eben konnte, »Es tut mir leid« stand. Das war ehrlich gemeint.

DIE SITUATION AUCH FÜR SICH SELBST NOCH EINMAL BETRACHTEN: Wenn wir uns gegenüber ehrlich sind, merken wir, dass wir bei dem Trotzanfall vielleicht auch eine gewisse Rolle gespielt haben, natürlich nicht absichtlich, aber weil auch wir Lernende sind. Überlegen Sie nach einem Trotzanfall, was passiert ist. Gibt es etwas, das Sie künftig anders machen könnten und das Ihnen beiden helfen könnte, nicht in die rote Zone zu geraten?

Als ich Laura diese Frage stellte, antwortete sie: »Ich bin auch introvertiert. Rückblickend hätte ich nach dem Besuch der Cousinen genauso eine Pause gebraucht wie Marcella. Künftig werde ich Pausen vor größeren Übergängen einplanen. Wir brauchen nur ein paar Minuten, aber die sind entscheidend.«

Laura erkannte auch, dass sie wegen ihres eigenen Mangels an Energie Marcellas Hinweise nicht wahrgenommen hatte, die zeigten, dass sie sich in die gelbe Zone – und weiter in die rote Zone bewegte. Sie schwor sich, künftig besser darauf zu achten.

WENN IHR KIND SCHLÄGT, TRITT UND MIT SACHEN WIRFT: Wenn Sie anders vorgehen und zuerst innehalten und zuhören, werden Sie das Risiko drastisch verringern können, dass

Ihr Kind an den Punkt kommt, wo es schlägt, tritt oder Sachen kaputt macht. Kommt Ihr Kind jedoch trotz Ihrer Bemühungen um Verständnis für die Situation an diesen Punkt, müssen Sie es stoppen. Sagen Sie mit fester Stimme: »Wenn du nicht selbst aufhören kannst, werde ich dir dabei helfen.« Oder: »Ich kann nicht zulassen, dass du dir selbst oder anderen wehtust.« Nehmen Sie ein jüngeres Kind auf den Schoß. Setzen Sie sich mit ausgestreckten Beinen auf den Boden und setzen Sie Ihr Kind in dieselbe Richtung, wie Sie selbst sitzen. Schlingen Sie Ihre Beine um seine Beine, damit es Sie nicht treten kann. Legen Sie Ihre Arme um Ihr Kind, sodass es Sie nicht schlagen kann. Halten Sie es gut fest, damit es Ihnen keinen Kopfstoß geben oder Sie beißen kann, aber quetschen Sie es nicht. Atmen Sie tief durch. Sagen Sie sich selbst: »Mein Kind wird von Emotionen überschwemmt. Sein Gehirn wurde gekapert. Mein Kind richtet sich nicht gegen mich.« Solche Gedanken helfen Ihnen, ruhiger zu bleiben. Denken Sie daran, dass Sie im Flugzeug die Anweisung erhalten, zuerst die Sauerstoffmaske aufzusetzen. Beruhigen Sie sich selbst, damit Sie Ihr Kind beruhigen können.

Wahrscheinlich wird Ihr Kind brüllen: »Lass mich los!« Versichern Sie ihm, dass Sie es loslassen werden, sobald seine Stimme sanft und seine Arme und Beine ruhig sind. Halten Sie es liebevoll, aber fest, bis es sich beruhigt hat. Fordern Sie es auf, mit Ihnen zusammen zu atmen. Wenn es sich beruhigt, lassen Sie es los. Falls es erneut zu schlagen beginnt, halten Sie es wieder fest und sagen Sie ihm: »Ich sehe, du bist noch nicht so weit.« Halten Sie es so lange, bis es sich beruhigt hat.

WENN IHR KIND SIE ANBRÜLLT ODER FLUCHT ODER SIE MIT SCHIMPFWORTEN BEDENKT: Es ist nicht ungewöhnlich, dass Ihr Kind mitten in einem Trotzanfall hässliche Ausdrücke brüllt. Das ist tatsächlich bereits ein Fortschritt – es verwendet Worte und schlägt nicht. Akzeptieren können Sie das aber natürlich nicht. Gehen Sie jedoch nicht in die Falle. Sie kümmern sich später darum, jetzt versuchen Sie zuerst, Ihr Kind vor dem Abtauchen zu bewahren. Sagen Sie mit fester, aber freundlicher Stimme: »Ich weiß, dass du gerade richtig böse auf mich bist. Versuche es noch einmal. Sage es so, dass ich Lust habe zuzuhören.« Warten Sie anschließend. Falls nötig wiederholen Sie: »Ich werde dir helfen. Probiere es noch einmal.«

Ein Kind, das brüllt: »Ich hasse dich!« oder »Ich werde dir auf den Kopf hauen« ist häufig ein Kind, das wütend darüber ist, dass man ihm nicht zugehört hat, oder das etwas als ungerecht empfunden hat. Sie haben nun die Chance, ihm verstehen zu helfen, dass starke Emotionen nichts sind, wovor man sich fürchten muss, sondern dass sie respektvoll ausgedrückt werden müssen. Seien Sie aufmerksam. Lassen Sie Ihr Kind wissen, dass Sie seine Wut verstehen. Mit den Schimpfwörtern werden Sie sich befassen, sobald Ihr Kind sich beruhigt hat. Dann werden Sie ihm beibringen zu sagen: »Ich finde nicht, dass das gerecht war«, anstatt: »Ich hasse dich.«

Kleinkinder schreien oft aus Frust, wenn sie die Worte nicht zur Verfügung haben, um beispielsweise zu sagen, dass sie das Spielzeug haben möchten, das Sie gerade weggeräumt haben. Wegen ihrer Intensität ist es verlockend, das Geschrei sofort abzustellen, indem man ihnen gibt, was sie wollen. Damit verstärkt man jedoch ahnungslos dieses Verhalten. Dabei geht es um den Trotzanfall mit dem Ziel, Grenzen auszutesten, von dem ich am Anfang des Kapitels gesprochen hatte. Kinder mit intensiven Emotionen, die für ihr Schreien »belohnt« wurden, verhalten sich weiter so, auch wenn sie längst über die geeigneten sprachlichen Fähigkeiten verfügen würden. Daher ist es so wichtig, dass Sie zu Ihrem Kind hingehen, wenn es schreit. Stellen Sie eine Verbindung her und beruhigen Sie es, indem Sie sagen: »Ich höre dir zu. Ich werde dir helfen.« Verlangen Sie dann, dass Ihr Kind angemessen sagt: »Das Spielzeug, bitte.« Warten Sie, bis es das gesagt hat. Geben Sie ihm das Gewünschte NICHT, solange es sich nicht beruhigt hat. Sie wollen ihm beibringen, aufzuhören und es neu zu versuchen. Sie geben ihm das Gewünschte erst, wenn es in respektvollem Ton darum gebeten hat (bestätigen Sie anfangs auch die kleinste Veränderung der Stimmlage). Sobald Ihr Kind gelernt hat, mit respektvollerer Stimme zu sprechen, erwarten Sie von ihm, dass es mit Ihnen zusammenarbeitet und Sie auf eine für beide Seiten akzeptable Lösung kommen (mehr dazu in Kapitel 9).

SEIEN SIE PRÄSENT UND BIETEN SIE KÖRPERLICHE NÄHE AN: Nicht bei jedem Kind, das einen Spillover-Trotzanfall erlebt, schaltet das Gehirn in den »Kampf«-Modus. Einige Kinder schalten ab und brauchen einfach Zeit und Raum, um sich zu erholen. Wichtig ist Ihre Präsenz. In einer Kita habe ich eines Morgens beobachtet, wie eine Mutter ihr Vorschulkind brachte. In dem Moment, als die Mutter zur Tür hinausging, fing das kleine Mädchen an, zu brüllen und zu treten. Ich erkannte darin ein Kind, das sich nur langsam umstellt und mit dem Übergang Probleme hat, aber den Kindergärtnerinnen und der Mutter war das Temperament nicht vertraut und sie verstanden nicht, was geschah. Sie schickten die Kleine in eine Ecke, wo sie sich ausweinen sollte, während sie mit ihren Beschäftigungen fortfuhren. Ich ging zu ihr. Sie kannte mich nicht, und ich spürte, dass sie nicht von mir angefasst werden wollte. Mit entspanntem Körper sagte ich ihr, dass ich nicht näher kommen würde, wenn sie das nicht wollte. Ich setzte mich in der Nähe auf den Boden, präsent und verfügbar. Allmählich rückte sie näher, bis schließlich ihr Kopf auf meinem Schoß lag. Erst dann hörte sie auf zu weinen.

Mit so starken Emotionen alleine gelassen zu werden, kann für Kinder sehr beängstigend sein. Sie brauchen Ihre ruhige körperliche Präsenz, die ihnen zeigt, dass Sie sich kümmern und verfügbar sind.

Wenn Ihr Kind durch eine Umarmung zu beruhigen ist, umarmen Sie es. Haben Sie keine Sorge, damit eine schlechte Gewohnheit anzufangen. Wenn Sie glauben, dass Ihr Kind das will, und selbst wenn Sie fürchten, damit sein schlechtes Verhalten zu verstärken, umarmen Sie es. Wäre Ihr Kind hingefallen und hätte ein aufgeschlagenes Knie, würden Sie es auch trösten. Bei einem Trotzanfall erlebt es emotionalen Schmerz und braucht ebenfalls Ihr Mitgefühl.

John Gottman nennt dies den Schiebetür-Moment. Ihr Kind drückt sein Bedürfnis nach einer Verbindung aus. Sie haben die Wahl. Wenn Sie die Tür aufschieben und hindurchgehen, lassen Sie Ihr Kind wissen, dass Sie da sind, um ihm zu helfen. Schließen Sie die Tür hingegen und wenden sich ab, zwingen Sie Ihr Kind zu einer Eskalation, um Sie zurückzuholen. Eine warmherzige Reaktion ist keine »schlechte Angewohnheit«. Berührung lässt die Konzentration an beruhigenden Stoffen im Körper Ihres Kindes steigen, verlangsamt seinen Puls und stoppt die emotionale Überforderung. Das Gute an einer Umarmung ist, dass diese auch Ihrem eigenen Herzen guttut.

Wenn Sie merken, dass Sie aufgebracht sind, müssen Sie sich vielleicht ein paar Minuten von Ihrem Kind entfernen. Sagen Sie ihm, dass Sie kurz weggehen, um sich selbst zu beruhigen, versichern Sie ihm aber, dass Sie zurückkommen. Sie brechen die Verbindung nicht ab. Sie nehmen sich eine Pause. Das ist eine gute Sache.

GEBEN SIE IHREM KIND RAUM: Manchmal kann eine Berührung die Intensität der Emotionen eines lebhaften Kindes aber steigern, anstatt sie zu beruhigen. Dies gilt besonders für introvertiertere Kinder. Diese Kinder brauchen mehr Raum. Sie signalisieren Ihnen dies, indem sie sich entziehen oder Ihre Hand wegstoßen.

Oder sie sagen Dinge wie: »Schau mich nicht an! Geh weg.« Oder: »Geh aus meinem Zimmer!« Falls dies auf Ihr Kind zutrifft und es im Vorschulalter oder älter ist und weder sich selbst noch anderen wehtun wird, respektieren Sie seine Grenzen und entfernen Sie sich ein Stück weit. Lassen Sie Ihr Kind wissen, dass Sie wieder nach ihm schauen werden. Sie sind verfügbar. Sie kümmern sich. Denken Sie daran, Ihrem Kind später bei einer Aufarbeitung geeignete Sätze beizubringen wie: »Ich brauche jetzt etwas Raum.« Oder: »Wir können darüber reden, wenn ich eine Pause gehabt habe.« Oder: »Ich brauche nur ein paar Minuten.«

Christina stimmte dem zu. »Das Schlimmste, was ich machen kann, ist der Versuch, Rowan auf den Arm zu nehmen. Er braucht meine Nähe, will aber nicht gehalten werden.«

Wenn Sie ein extrovertierter Elternteil sind, ist es oft sehr schwer für Sie, Ihr Kind nicht zu berühren oder das Problem nicht sofort mit ihm zu besprechen. Wenn es aufgebracht ist, interpretieren Sie seinen Rückzug oder sein Brüllen als Aufforderung zu mehr Kontakt. Das liegt daran, dass Sie selbst, wenn Sie aufgebracht sind, häufig Berührung und eine Verbindung bevorzugen und brauchen. Wenn das so ist, müssen Sie sich bei einem introvertierten Kind jedoch bemühen, Ihre erste »natürliche« Reaktion zu stoppen und stattdessen das Bedürfnis Ihres Kindes nach Raum und Ruhe respektieren. Es wird bald bereit dafür sein, mit Ihnen zu kuscheln und zu sprechen, aber eben nur etwas später. Sie können ihm sagen: »Ich fasse dich nicht an, aber ich bleibe in deiner Nähe, bis dein Körper sich beruhigt hat.«

ERMUNTERN SIE IHR KIND, SICH ZU BEWEGEN: Wenn Ihr Kind in einen Spillover-Trotzanfall abgleitet, strömt viel Blut in seine Muskeln, und die Stresshormone Adrenalin und Cortisol werden in seinem Organismus freigesetzt und sagen ihm, es solle sich bewegen. Das ist der Grund, warum Ihr Kind vielleicht »durchgeht«. Irgendwie muss es diese viele Energie loswerden. Wir müssen ihm also nur beibringen, dies sicher und angemessen zu tun. Wenn Ihr Kind klein ist, nehmen Sie es an der Hand und gehen schnellen Schrittes mit ihm. Ist es schon älter, ermuntern Sie es, aufzustehen und im Flur schnell auf und ab zu laufen, einige Treppen zu steigen oder sich auf andere Weise zu bewegen. Ist es älter und hat das Bedürfnis zu rennen, helfen Sie ihm, einen sicheren Platz dafür zu finden, lassen Sie es beispielsweise außen ums Haus rennen, oder gehen Sie mit ihm zu einer örtlichen Laufbahn, auf einen Spielplatz oder in einen Park.

Ich ziehe es vor, die Bewegung in die Beine, weniger in Hände und Arme zu lenken, das heißt, ich ermuntere Kinder nicht, einen Sack oder ein Kissen zu boxen. Ich möchte, dass sie ein körperliches Ventil haben, auf das sie auch in der Schule und schließlich am Arbeitsplatz zurückgreifen können. Es ist eigentlich immer akzeptabel, aufzustehen und ein Glas Wasser zu trinken oder auf die Toilette zu gehen, hingegen ist es kaum jemals akzeptabel, auf einen Tisch einzuhämmern.

SPRECHEN SIE LAUT, WENN ES IN DER ÖFFENTLICHKEIT GESCHIEHT: Maggie hörte aufmerksam zu, als wir darüber sprachen, wie mit Spillover-Trotzanfällen umzugehen sei, dann schüttelte sie den Kopf. »Zu Hause kann ich mein Kind umarmen oder mich mit ihm bewegen, und das funktioniert perfekt. Ich merke, wie es sich entspannt. Es fängt an zu reden, seine Stimmlage verändert sich von quengelig zu normalem Umgangston. Ich habe dasselbe aber auch im Lebensmittelgeschäft versucht, und da funktioniert es nicht.«

Es ist eine sehr spezielle Situation, wenn ein Kind in einem Restaurant, an einem Ort der Andacht oder bei einer Familienfeier einen Trotzanfall bekommt. Es ist so herausfordernd in der Öffentlichkeit, weil es wegen des höheren Reizpegels schwieriger ist, den Herzschlag zu verlangsamen und den Körper zu beruhigen. Häufig kommt hinzu, dass Sie nicht auf Ihr Kind fokussiert sind und dessen Emotionen-Intensität bereits sehr hoch geworden ist, bevor Sie es merken. Außerdem spüren Sie den Druck durch die Erwartungen anderer und die sozialen Regeln.

Alice Honig, Professorin an der Syracuse University, sagt dazu: »Ignorieren Sie Fremde, Sie werden sie niemals wiedersehen.«

Kümmern Sie sich um sich selbst und Ihr Kind. Wenn Sie mit Freunden oder der Familie unterwegs sind, bitten Sie diese um Hilfe. Wenn Ihnen das unangenehm ist, fokussieren Sie sich auf das, was Sie brauchen, um sich selbst und dann Ihr Kind zu beruhigen. Mit den Freunden oder Verwandten oder mit anderen Eltern auf dem Spielplatz befassen Sie sich später.

Sprechen Sie, während Sie Ihr Kind beruhigen, laut genug, sodass andere um Sie herum Ihren klaren, souveränen Tonfall hören. Sie werden sich besser fühlen, wenn andere hören, dass Sie mit der Situation kompetent umgehen. Es hält andere auch davon ab, unerwünschte Ratschläge zu erteilen.

»Wir hatten gerade ein Essen im Restaurant beendet«, erklärte Hillary in einem Kurs über Wutanfälle. »Wyatt wollte noch nicht gehen. Er malte das Tischset aus und wollte das noch beenden. Ich konnte das aber nicht abwarten, weil ich meine Tochter von der Schule abholen musste. ›Zeit zu gehen‹ sagte ich ihm. Er fing an, sich zu winden und zu protestieren. Mir war klar, dass ich ihn nicht so einfach aus dem Lokal bringen würde. Alle schauten zu uns herüber. Ich fing an, laut mit ihm zu sprechen. ›Ich weiß, dass es dir schwerfällt, jetzt zu gehen. Du hast dein Bild noch nicht fertig gemalt. Wir müssen aber deine Schwester abholen, du kannst das Bild mitnehmen und zu Hause fertig malen.‹ Ich weiß nicht, ob es ihm half, aber so konnte ich mich unter Kontrolle halten.«

Lassen Sie sich von den Meinungen anderer nicht verunsichern. Wenn es Fremde sind, kann es Ihnen egal sein, was sie denken. Wenn es Freunde sind, werden sie Sie unterstützen, andernfalls sind es vielleicht keine echten Freunde. Wenn es Verwandte sind, hören Sie ihnen zu und entscheiden dann, wie Sie mit dem Rat umgehen wollen. Er kann hilfreich oder für Ihr Kind unpassend sein. Sie entscheiden.

SCHLAGEN IST KEINE LÖSUNG: Es würde die Reaktion tatsächlich noch verstärken und das Kind weiter in die rote Zone bringen, weil sich die Flut von Emotionen noch vergrößern würde. Und seien wir ehrlich – wenn wir schlagen, erleben wir nur unseren eigenen Spillover-Wutanfall. Mein Rat, meine Bitte lautet, das lebhafte Kind NICHT zu schlagen. Hinter der harten Schale, die das Verhalten des temperamentvollen Kindes darstellt, befindet sich ein sehr weicher Kern. Und aufgrund der durchdringenden Intensität von Emotionen eines temperamentvollen Kindes kann das Schlagen sehr schnell außer Kontrolle geraten.

## SUCHEN SIE NACH DEM AUSLÖSER

Spillover-Trotzanfälle fühlen sich für alle Beteiligten schrecklich an. Wenn Sie übliche Auslöser erkennen, lässt sich mancher Trotzanfall verhindern.

## SPITZENZEITEN

Spillover-Trotzanfälle können zu jeder Tageszeit und an jedem Wochentag auftreten, es scheint jedoch gewisse Spitzenzeiten zu geben, auf die Sie wirklich vorbereitet sein sollten. Ich habe in einer Gruppe von Eltern einmal gefragt, wann deren Kinder die meisten Spillover-Trotzanfälle hatten. Sie erzählten mir, das sei zwischen vier und sechs Uhr nachmittags. Ich verstand ihre Antwort nicht richtig und dachte, sie hätten gesagt: »Wenn ihre Eltern Sex haben wollen«, was auch zutreffen könnte. Die Tageszeit oder Situation, zu der ein Kind am häufigsten ausrastet, ist individuell verschieden, aber zu wissen, dass es Spitzenzeiten dafür gibt, kann Ihnen helfen, in dieser Zeit verstärkt auf Hinweise zu achten und geduldiger zu sein.

SPÄTNACHMITTAGS: Sehr häufig treten Trotzanfälle spätnachmittags auf, weil eine emotionale Überflutung leichter zustande kommt, wenn alle müde sind und Hunger haben, wenn sich den ganzen Tag über Empfindungen angesammelt oder Übergänge angehäuft haben. Wenn Ihr Kind nun ausrastet, hatte es sehr wahrscheinlich zu wenig Schlaf. Notieren Sie einmal, wie lange Ihr Kind schläft und achten Sie auf Unterschiede in seinem Verhalten je nach Schlafdauer. In meiner Privatpraxis habe ich festgestellt, dass über 90 Prozent der Kinder, die täglich Trotzanfälle haben, zu wenig Schlaf bekommen. Das gilt für alle Altersgruppen, vom Kleinkind bis zum Teenager. Wenn es eine Zauberkur gegen Trotzanfälle gibt, dann ist es ausreichender Schlaf.

An Tagen, an denen Ihr Kind keinen ausreichenden Schlaf hatte oder es eine Zeitumstellung gab, planen Sie den Spätnachmittag sorgfältig. Überlegen Sie, eine oder mehrere Aktivitäten abzusagen, besonders solche, bei denen Ihr Kind mit anderen kooperieren muss. Bleiben Sie fokussiert, schalten Sie Reize aus oder kontrollieren Sie, wie sich sein Körper verhält. Ihr Kind hat zu dieser Tageszeit einfach nicht genügend Energie dafür. Es wird bei Schlafmangel leichter überfordert. Sehr wahrscheinlich haben auch Sie weniger Energie, ihm zu helfen.

MORGENS: Das morgendliche Aufstehen, Anziehen und Sich-Verabschieden ist für alle Kinder schwierig, aber wenn sich

Ihr Kind nur langsam umstellt, empfindlich und intensiv ist, kann es jeden Morgen für Spillover-Trotzanfälle reif sein. Ein Kind, das sich langsam anpasst, findet es nicht nur schwierig, morgens eine Aufgabe nach der anderen zu erledigen, sondern sein Gehirn hat auch damit zu kämpfen, aus dem Schlaf- in den Wachzustand zu wechseln. Wenn Sie Ihr Kind morgens wecken müssen, ist das Risiko für einen Trotzanfall signifikant höher.

Um solche morgendlichen Trotzanfälle zu verringern, sollten Sie Hetze vermeiden. Geben Sie Ihrem Kind genügend Zeit, langsam wach zu werden, bevor es tätig werden muss. Erledigen Sie möglichst viel der Morgenroutine bereits am Vorabend. Planen Sie Zeit ein, um Kontakt mit Ihrem Kind zu haben und mit ihm zu kuscheln. Ein paar Minuten, in denen Sie gemeinsam essen und etwas Zeit haben, um empathisch zu äußern, wie schwer es ist, in Gang zu kommen und sich zu verabschieden, können helfen, das morgendliche »Überlaufen des Fasses« zu verhindern.

WENN IHR STRESSPEGEL HOCH IST: Als ich erstmals gebeten wurde, über temperamentvolle Kinder zu sprechen, kamen die Anfragen von örtlichen Gemeindegruppen und Kirchen, daher aß ich oft noch mit meiner Familie zu Abend und stürzte dann los, um den Workshop abzuhalten. So kam es unvermeidlich dazu, dass ich, während ich zur Tür hinauseilte, um anderen Eltern zu erzählen, wie sie erfolgreich mit ihren temperamentvollen Kindern umgehen können, mein eigenes Kind anschrie. Frustriert, aber mehr noch beschämt, ertappte ich mich eines Abends dabei, wie ich schrie: »Ich kann das nicht! Ich bin eine Betrügerin! Wie kann ich anderen Leuten erzählen, wie sie erfolgreich mit ihrem temperamentvollen Kind umgehen können, wenn ich mein eigenes Kind anschreie?«

Zum Glück kam ich dahinter, dass Joshua meine Unruhe wegen der Vortragsverpflichtungen aufgriff. Wenn ich mich mit zunehmender Anspannung in mich zurückzog und von ihm entfernte,

jagte ihm dies Angst ein. Alles in seinem kleinen Gehirn sagte ihm, hinter mir herzulaufen und mich zurückzuhalten – und genau das tat er. Leider erkannte ich nicht, was er da tat, und da er noch jung und ungeschickt war, ließen seine Methoden sehr zu wünschen übrig. Es endete für uns beide mit noch mehr Not.
Nachdem ich verstanden hatte, was da geschah, entschied ich mich dafür, Zeit mit ihm zu verbringen, bevor ich losmusste, und zu gehen, bevor meine Unruhe ihren Höhepunkt erreichte. Anstatt mit ihm in der Küche zu streiten, saß ich auf dem Parkplatz vor dem Veranstaltungsort des Workshops, bis es Zeit war hineinzugehen. Der Unterschied war gewaltig. Anstatt mit Geschrei trennten wir uns mit Küssen und Umarmungen. Unser Auseinandergehen erfolgte friedlich, und ich fühlte mich nicht mehr wie eine Betrügerin.

Ihr temperamentvolles Kind nimmt Ihren Stress auf wie ein leistungsstarkes Sauggerät. Seine Spillover-Trotzanfälle sind ein Warnsignal. Halten Sie inne und überlegen Sie, was geschehen ist. Ist ein Elternteil öfter auf Reisen gewesen oder hat länger gearbeitet? Machen Sie sich Sorgen um Ihren Job? Hat die Familie in irgendeiner Form Zuwachs bekommen? War jemand krank? Gab es eine signifikante Unterbrechung Ihres üblichen Zeitplans? Haben Sie Eheprobleme? Gab es eine Naturkatastrophe? Lebhafte Kinder saugen alles auf, bis das Fass überläuft. Niemand ist gegen stressige Ereignisse im Leben immun, aber Sie können Ihr Kind schützen, indem Sie Ihren eigenen Stresspegel überwachen.

»Ich hatte die ganze Woche in L.A. gearbeitet«, berichtete uns Andrea. »Als ich zur Tür hereinkam, fand ich in der Küche ein Chaos vor, und die Einkaufsliste, die ich als ›Tipp‹ für meinen Mann auf die Arbeitsplatte gelegt hatte, lag auch noch dort. Ich war wütend. Libby, meine lebhafte Tochter, fasste meinen Stress auf und verlangte sofort meine Aufmerksamkeit. ›Mama, bringst du mich zu meiner Freundin? Mama, du hörst mir ja gar nicht zu!‹ Ich merkte, wie mir die Röte ins Gesicht stieg. Bevor ich jedoch anfing zu schreien, stoppte ich mich zum Glück und überlegte: ›Was fühle ich? Was brauche ich?‹ Ich merkte, dass ich total erschöpft war und mir wünschte, mein Mann könnte meine Gedanken lesen, dass wir Lebensmittel brauchten und er sie einkaufen sollte. Realitätscheck: Ich hatte ihn nie gebeten, das zu tun. Ich hatte nur die Liste sichtbar liegen gelassen. Es war nicht fair, wütend auf ihn zu sein. Und ich hatte Libby versprochen, sie dürfe mit ihrer Freundin spielen, wenn ich wieder nach Hause kam. Ich setzte mich. ›Gib mir eine Minute‹, sagte ich. ›Ich muss nur kurz ausruhen.‹ Nach wenigen Minuten konnten wir uns verständigen.«

Durch die richtige Handhabung Ihres eigenen Stresspegels werden Sie für Ihr Kind zum ruhenden Pol. Wenn Sie erkennen, dass Sie am Rande Ihres eigenen Spillover-Zusammenbruchs stehen, akzeptieren Sie, dass es so nicht funktioniert und machen Sie etwas anderes.

Überlegen Sie, mit Ihrem Kind zu spielen. Wählen Sie eine Aktivität, bei der Sie beide kichern müssen, was Ihnen wieder zeigt, wie viel Spaß Sie mit diesem Kind haben können. Setzen Sie sich in einen bequemen Schaukelstuhl und lesen Sie zusammen. Die stetige Bewegung wird Sie beide beruhigen. Gehen Sie hinaus – an der frischen Luft scheint alles leichter zu bewältigen zu sein. Wenn es draußen hässlich oder dunkel ist, geht es ab in die Badewanne.

Wenn Sie Ihre eigenen Emotionen und Bedürfnisse erkennen, können Sie Ihrem Kind wirklich dabei helfen, ein Abgleiten in die Tiefen eines Spillover-Trotzanfalls zu verhindern.

ENTWICKLUNGSBEDINGTE ZUNAHME VON TROTZANFÄLLEN: Kinder durchlaufen bei den Trotzanfällen eine wellenartige Entwicklung. Den jeweiligen Anstieg können Sie im Kalender markieren. Irgendwann rund um ihren Geburtstag *und* in der Mitte zwischen zwei Geburtstagen können Sie mit Problemen rechnen. Sie sollten auch auf signifikante entwicklungsbedingte

Veränderungen achten wie das Laufenlernen, einen Wachstumsschub oder die bevorstehende Pubertät. Auch die Einschulung, der Übertritt in eine höhere Schule oder sonstige signifikante Entwicklungsstufen begünstigen Trotzanfälle.
Einen bevorstehenden entwicklungsbedingten Anstieg erkennen Sie daran, dass Ihr Kind unleidlich und unkooperativ wird. Es bringt möglicherweise Dinge nicht mehr zustande, die es wenige Wochen zuvor noch geschafft hat. Nichts scheint ihm recht zu sein. Es ist leicht frustriert. Sie brauchen sich nur einmal umzudrehen, schon weint es wieder wegen irgendetwas. Ihr Kind ist nicht kooperativ. Erst will es in den Arm genommen werden, dann stößt es Sie weg. Es ist wütend – wütend auf Sie, auf die Welt und auf sich selbst. Es wird noch leichter durch *alles* aufgebracht.

Entwicklungstheoretiker sagen uns, dass dies eine Zeit der Auflösung ist, eine Zeit, in der Kinder von einer Entwicklungsstufe in eine andere wechseln. Ihre inneren Systeme werden neu strukturiert, es entsteht ein neues, komplexeres Verständnis von der Welt. Stellen Sie sich fünf Bauklötze vor. Stapeln Sie diese alle aufeinander. Dieser Stapel entspricht Ihrem fünfjährigen Kind – es ist seine innere Struktur, die bestimmt, wie es die Welt sieht und wie es darauf reagiert. Es funktioniert gut, aber wenn Ihr Kind auf seinen sechsten Geburtstag zugeht, treten Änderungen ein. Ein neues Klötzchen kommt hinzu, das jedoch nicht einfach oben auf den Stapel hinzugefügt wird. Stattdessen fällt der Turm zusammen, er löst sich auf und es wird ein neuer Bau aus sechs Bauklötzen gebildet. Dieses Mal kann der Bau die Form einer Pyramide haben mit drei Klötzen als Basis, zwei in der Mitte und dem sechsten auf der Spitze. Es ist ein völlig anderer Bau. Während des Aufbaus, der drei bis sechs Wochen dauern kann, scheint nichts mehr von dem zu funktionieren, womit Ihr Kind bisher gut zurechtgekommen ist. Es wird schnell überfordert und ist anfälliger für Spillover-Trotzanfälle.

Schalten Sie dann einen Gang zurück. Planen Sie voraus. Während das Kind körperlich in die Höhe schießt, bildet es sich zurück. Gestern konnte es sich noch selbst anziehen, plötzlich ist es nicht mehr in der Lage, allein in seine Socken zu schlüpfen. Rechnen Sie damit und seien Sie immer einen Schritt voraus, um sich nicht »manipuliert« zu fühlen. Bevor es um Hilfe bittet, fragen Sie: »Ist heute ein Tag, an dem du Hilfe beim Anziehen brauchst oder kannst du es alleine?« Wenn es sagt, dass es Hilfe braucht, helfen Sie ihm. Geben Sie ihm aber einen freundlichen Anstoß, indem Sie sagen: »Vielleicht kannst du es morgen wieder selbst machen und wir haben stattdessen Zeit, zusammen zu lesen.« Bald wird es dies wollen.

Entwicklungsbedingte Anstiege kommen bei allen Kindern vor, aber wie immer sind die Reaktionen bei lebhaften Kindern sehr viel ausgeprägter. Markieren Sie dies im Kalender, seien Sie auf Anstiege vorbereitet.

LEERE ENERGIESPEICHER: Leere Energiespeicher können ebenfalls zu Spillover-Trotzanfällen führen. Wenn Ihr Kind introvertiert ist und noch keine Zeit hatte, neue Energie zu tanken, wird es kritisch. Da muss nur ein anderes Kind »schauen« oder ihm zu nahe kommen und schon geht der Anfall los. Wenn Ihr Kind extrovertiert ist und noch keine Gelegenheit hatte, mit anderen Kindern zu spielen oder mit Ihnen zu interagieren, rechnen Sie mit einem Ausraster. Bei niedriger Toleranzschwelle kann nichts die Flut an Emotionen stoppen.

ANGST: »Das ist doof. Ich will nicht! Du kannst mich nicht zwingen!« Spillover-Trotzanfälle treten häufig in neuen Situationen auf oder wenn ein temperamentvolles Kind Angst hat, es könnte einen Fehler machen. Wenn es diese Angst nicht versteht, wird es leider widerborstig und unleidlich, anstatt uns zu sagen, dass es Angst hat. Es wirft dann mit Ausdrücken um sich, die uns abschrecken, während es eigentlich unsere Unterstützung bräuchte. Erkennen Sie, dass die Ursache für den Widerstand wahrscheinlich Angst ist und sprechen Sie darüber. Teilen Sie neue Fertigkeiten in kleine, leicht erfüllbare Schritte auf. Erfolg baut auf Erfolg auf. Die Angst wird weniger, wenn Ihr Kind von einer Stufe zur nächsten weitergeht.

Das ist nur ein Beispiel dafür, welcher Zündstoff sich häufig hinter Spillover-Trotzanfällen verbirgt. Beobachten Sie genau, um zu merken, wann Ihr Kind am anfälligsten dafür ist.

GENIESSEN SIE ERFOLGE: Wir helfen unseren temperamentvollen Kindern am besten, mit ihren starken Gefühlen umzugehen, wenn wir uns auf das fokussieren, was sie gut gemacht haben. Es dauert, bis man gelernt hat, die Notbremse zu ziehen. Auf diesem Weg ist es wichtig zu feiern. Genießen Sie kleine Erfolge. Sagen Sie Ihrem Kind: »Du warst sehr aufgebracht, aber du hast daran gedacht, mich nicht zu schlagen.« Oder: »Ich habe dich sagen hören, dass du frustriert bist. Du wirst wirklich erwachsen.« Oder: »Ich habe gesehen, dass du weggegangen bist, anstatt deinen Bruder wegzustoßen. Du kannst stolz auf dich sein.« Fokussieren Sie sich auf das, was Ihr Kind angemessen geschafft hat. Das ist es, was Sie künftig wieder sehen wollen. Achten Sie auf diese Dinge. Es gibt immer etwas, was Ihr Kind richtig macht. Finden Sie es.

KÜMMERN SIE SICH UM SICH SELBST: Trotzanfälle sind für jeden anstrengend. Am Ende eines langen emotionalen Tages bestellen Sie am besten einen Babysitter und gehen aus, oder Sie springen in die heiße Badewanne oder genehmigen es sich einfach, einmal früh ins Bett zu gehen. Der Umgang mit Trotzanfällen erschöpft auch Mütter und Väter. Sorgen Sie für sich selbst. Dann können Sie Ihrem Kind gegenüber loyal sein.

## WENN DIE TROTZANFÄLLE NICHT AUFHÖREN

Es gibt Zeiten, da gehen Trotzanfälle weiter, obgleich Sie sich sehr bemühen, die Intensität der Emotionen Ihres Kindes zu verstehen und ihm wirksame Möglichkeiten beibringen, diese Intensität zu reduzieren und gut damit umzugehen. Wenn Sie merken, dass Sie wütend werden, böse auf Ihr Kind sind, sein Potenzial nicht sehen können oder einen weiteren Tag mit ihm fürchten, ist es an der Zeit, professionelle Hilfe in Anspruch zu nehmen. Möglicherweise hat es ja vielleicht nicht nur ein lebhaftes Temperament, sondern auch ein medizinisches Problem. Oder es handelt sich eher um ein medizinisches Problem als um ein Temperament. Hören Sie auf Ihr Bauchgefühl. Es gibt wirklich Menschen, die Ihnen helfen können.

Lassen Sie sich einen Termin geben. Kümmern Sie sich um Ihre Beziehung und nehmen Sie die Hilfe und Unterstützung in Anspruch, die Ihr Kind braucht, um klarzukommen. Kinder sind nicht auswechselbar. Es ist jetzt an der Zeit, eine lebenslange Beziehung aufzubauen. Die Zeit, die Mühe und das Geld lohnen sich.

## SPILLOVER-TROTZANFÄLLE – EINE ZUSAMMENFASSUNG

Durch ihre heftigen Reaktionen sind temperamentvolle Kinder sehr viel anfälliger für Spillover-Trotzanfälle. Sie werden von Emotionen überflutet, die sie überfordern und ihre Fähigkeit übersteigen, damit umzugehen.

***Temperamentvolle Kinder, die einen Spillover-Trotzanfall erleben, müssen immer wieder Sätze hören wie:***

Das ist eine Art Überschwemmung.

Du wirst von deinen Emotionen überwältigt.

Ich bin da. Ich werde dir helfen.

Es ist in Ordnung, wenn du weinst, aber du darfst nicht treten oder beißen.

Wir werden das, was dich überschwemmt, stoppen, wenn wir es irgendwie können.

***Pädagogische Tipps:***

Bleiben Sie bei Ihrem Kind oder ganz in seiner Nähe. Es kann für Ihr Kind sehr beängstigend sein, mit so starken Emotionen allein gelassen zu werden.

Gehen Sie im Geist eine Checkliste des Temperaments Ihres Kindes durch, um den Auslöser für die Überschwemmung zu identifizieren (zu viele Übergänge, ein Übermaß an Reizen etc.).

Stoppen Sie es nach Möglichkeit.

Reduzieren Sie die Anforderungen an Ihr Kind während der Spitzenzeiten für Trotzanfälle, vor allem spätnachmittags, bei entwicklungsbedingten Zeiten, wenn Ihr eigener Stresspegel hoch ist und wenn die Energiereserven geschrumpft sind.

Sorgen Sie dafür, dass Ihr Kind den Schlaf bekommt, den es braucht.

Prügeln Sie Ihr Kind nicht. Schlagen kann schnell außer Kontrolle geraten, wenn man aufgeregt ist.

Kommen Sie später auf den Anfall zurück, wenn sich alle wieder beruhigt haben, um Ihrem Kind verstehen zu helfen, was es gefühlt hat. Bringen Sie ihm weitere geeignete Sätze und Verhaltensweisen bei, die es nutzen kann.

Genießen Sie Erfolge – auch wenn diese sehr klein sind.

***Der Umgang mit Ihren eigenen starken Gefühlen:***
Erkennen Sie, dass Ihr Kind überfordert ist.
Sorgen Sie für sich selbst, damit Sie genügend Energie haben, um Ihrem Kind zu helfen.
Wenn die Trotzanfälle trotz Ihrer größten Bemühungen weitergehen, sollten Sie wissen, wann es Zeit ist, professionelle Hilfe in Anspruch zu nehmen.

# 9

# Beharrlichkeit

## Entscheiden Sie, wann es sich zu kämpfen lohnt und wann Sie besser Ja sagen

*»Der Unterschied zwischen Ausdauer und Bockigkeit ist, dass das eine auf einem starken Willen beruht und das andere auf einer starken Ablehnung.«*

*Henry Ward Beecher*

Als meine Tochter das Haus verließ, um zu studieren, suchte sie sich eine Universität in einem von Bergen umgebenen Tal aus. An einem Herbsttag beschlossen sie und eine andere junge Frau zu wandern. Unten im Tal war es ein wunderschöner warmer Tag, daher kamen sie nicht auf die Idee, sich aufs Gebirge vorzubereiten. Stellen Sie sich ihre Überraschung vor, als sie, nachdem sie einige Hundert Höhenmeter bergauf gefahren waren und auf einen Forstweg abbogen, in sechzig Zentimeter hohem Schnee feststeckten. Sie hatten keine Schaufel bei sich, keine Anoraks und niemand wusste, wo sie waren. Ihre Handys hatten keinen Empfang.

Ich fragte sie: »Was habt ihr dann gemacht?«

»Na ja, Mama«, antwortete sie trocken, »ich muss zugeben, dass es anfangs etwas beängstigend war, und meine Freundin flippte aus. Aber ich habe einmal tief durchgeatmet und dann zu ihr gesagt: ›Sarah, ich stamme aus einer problemlösenden Familie!‹ Das reichte, um sie zum Lachen zu bringen und uns beide zu beruhigen. Dann stiegen wir aus, suchten im Kofferraum und fanden eine Kaffeebüchse. Mit der haben wir uns aus dem Schnee geschaufelt.«

Wenn ich diese Geschichte in meinen Workshops erzähle, müssen die Zuhörer unvermeidlich lachen, aber die Aussage *»Wir sind eine problemlösende Familie«* ist tatsächlich sehr beeindruckend. Dieser Satz impliziert sofort, dass wir in unserer Familie einander zuhören und kooperieren. Das gemeinsame Problemlösen mit anderen ist für beharrliche Kinder (wie meine Tochter) eine sehr wichtige Fertigkeit.

Das Leben mit dem »Rohdiamanten« eines beharrlichen Kindes ist nicht einfach. Sagt man zu diesen Kindern Nein und durchkreuzt ihre Bemühungen, so riskiert man ihren Zorn. Schon als Säugling sind sie unglaublich entschlossen und stark. Sie stoßen und boxen, wo andere Kinder nicht stoßen und boxen. Sie verlangen mehr als andere Kinder. Und sie geben niemals auf. Es ist nahezu unmöglich, sie zu ignorieren oder abzulenken.

Die Beharrlichkeit ist bei ihnen das Temperamentsmerkmal, das bei Machtkämpfen eine Hauptrolle spielt. Wird an der Beharrlichkeit nicht gearbeitet, kann sie ein tägliches Tauziehen provozieren, das beide Beteiligte mit schmerzenden Armen und wehem Herzen zurücklässt. Wenn Sie ein beharrliches Kind haben, ist es entscheidend, nicht länger am entgegengesetzten Ende des Taus zu ziehen, sondern vielmehr ein Team zu bilden. Wenn Ihr Kind nach Osten zieht (und erklärt »ich will nicht«), rammen Sie nicht Ihre Fersen in den Boden und ziehen nach Westen (wobei Sie entgegnen: »Doch, du wirst«). Lockern Sie stattdessen Ihren Griff und gehen Sie Richtung Norden (wobei Sie sagen: »Lass uns zusammenarbeiten«). Wenn Sie dies tun, wird Ihr Kind sich entspannen und ebenfalls Richtung Norden gehen, sodass Sie beide als Team vorwärtskommen – meistens zumindest. Sie müssen dann nicht jeden Tag miteinander kämpfen. Sie können eine problemlösende Familie werden, in der Beharrlichkeit und das Engagement für ein Ziel einen hohen Stellenwert genießen und die Fähigkeit zur Kooperation eine Fertigkeit ist, an deren Perfektionierung gearbeitet wird. Alles beginnt damit, über Beharrlichkeit zu sprechen.

## DIE RICHTIGEN WORTE WÄHLEN

Beharrlichkeit ist ein Anzeichen für künftigen Erfolg. Hartnäckigkeit kann sogar über Talent triumphieren. Durchhaltevermögen, Entschlossenheit, Charakterstärke und Gewissenhaftigkeit sind alles Synonyme für Beharrlichkeit. Martin Luther King und die Gebrüder Wright waren sehr beharrliche Persönlichkeiten. Temperamentvolle Kinder müssen von uns hören, dass wir ihre Beharrlichkeit wertschätzen.

»Es machte mich immer ganz verrückt«, erzählte mir Kim während eines Gesprächs. »Immer wenn ich meiner Tochter sagte, sie solle etwas machen, bestand sie darauf, es auf ihre Art zu tun. Erst als ich mir einmal mein eigenes Temperament anschaute, merkte ich, dass ich selbst auch beharrlich bin. Es gab tatsächlich Zeiten, da hat mir meine Beharrlichkeit Probleme bereitet, aber meistens war sie für mich von Vorteil. Nun kann ich ihr wenigstens zuhören, ohne mich aufzuregen, wenn sie sich etwas anders vorstellt. Ich bringe sie nicht von ihrer Entschlossenheit ab.«

Werfen Sie einen Blick auf Ihre üblichen Etiketten – und auf die Sätze, mit denen Sie Beharrlichkeit beschreiben. Helfen Sie Ihrem Kind, sich zu verstehen und sich gut damit zu fühlen?

**Beharrliche Kinder müssen immer wieder Sätze hören wie:**
Du bist engagiert und entschlossen.
Du weißt, was du willst.
Du bist durchsetzungsfähig.
Deine Freunde werden dich nie zu etwas überreden können, was du nicht willst.
Du bist selbstständig und kompetent.
Du hast den Schwung, große Dinge zu vollbringen.

Wenn Kinder solche Sätze hören, lernen sie rasch, diese in Botschaften zu verwandeln, die sie selbst sagen können, wenn sie mit anderen zusammenarbeiten. Zum Beispiel:
Ich habe eine Idee.
Können wir darüber reden?
Lass uns einen Plan aufstellen.
Lass uns zusammenarbeiten.
Ich weiß, dass ich das schaffen kann!

Wenn wir die Beharrlichkeit unserer Kinder wertschätzen und ihnen die passenden Worte beibringen, um ihre Entschlossenheit respektvoll auszudrücken, sind sie offener für eine Zusammenarbeit mit uns. Sie sehen uns eher als hilfreiche Unterstützung und nicht als Mauer, die ihre Bemühungen behindert. Es ist unsere Aufgabe, sie in ihrer Beharrlichkeit zu ermutigen und ihnen gleichzeitig beizubringen, uns, andere Leute und ihre Umgebung zu respektieren. Für uns geht es darum anzuerkennen, dass »Ja – wir können zusammenarbeiten« eine sehr akzeptable und gesunde Antwort ist. Es ist eine Einstellung, die unseren Kindern ein »Wir schaffen das«-Gefühl vermittelt, das sie lebenslang begleiten wird.

## GUTE ELTERN SAGEN JA

Die Entscheidung, Probleme gemeinsam zu lösen, ist ein Prozess, bei dem Sie und die Gegenseite teils gemeinsame, teils entgegengesetzte Interessen vertreten. Um eine für beide Seiten akzeptable Vereinbarung zu erreichen, diskutieren Sie miteinander. Die meisten von uns haben die Erfahrung gemacht, dass Diskutieren bedeutet, den Eltern zu widersprechen – ein Tabu-Verhalten für uns. Früher hatte man nicht das Ziel, zu einer Einigung zu kommen. Wenn uns unser Vater sagte, wir sollten etwas tun, wurde erwartet, dass wir das auch machten, ob wir damit einverstanden waren oder nicht. Verhandeln war keine Option. Früher dachten wir tatsächlich, es gäbe nur zwei mögliche Ergebnisse: Entweder du gewinnst, oder ich gewinne. Zum Glück gibt es eine andere Möglichkeit, die zu einer Win-win-Lösung führt.

Wenn wir eine problemlösende Familie werden, blockieren uns keine Ringkämpfe, bei denen es einen Sieger und einen Verlierer gibt. Der Fokus liegt nicht darauf, was die Beteiligten tun wollen oder nicht tun wollen, sondern darauf, gemeinsame Interessen und Lösungen zu finden. So wird die Intensität von Emotionen reduziert, kreative Problemlösungen werden möglich und das Gefühl der Teamarbeit wird gefördert: Zwei Individuen kooperieren, respektieren einander und finden Lösungen, die beiden das Gefühl von Würde und persönlicher Stärke geben. Das ist die Art von Beziehung, die unsere temperamentvollen Kinder dazu bringt, mit uns zusammenzuarbeiten – und die sogar dafür sorgen kann, dass die Teenagerjahre viel einfacher zu bewältigen sind.

Zu einer problemlösenden Familie wird man in drei Schritten:

1. Ja, Sie versuchen zu verstehen, was Ihrem Kind wichtig ist.
2. Ja, Sie erklären, was Ihnen wichtig ist.
3. Ja, Sie lösen das Problem gemeinsam.

## Versuchen Sie zu verstehen

Der Versuch, Ihr Kind zu verstehen, hat nichts damit zu tun, dass Sie Ihre Autorität aufgeben. Siegreiche Coachs haben eine Fülle von Strategien, aus denen sie schöpfen können. Je nach Situation können sie dafür optieren, Verständnis zu gewinnen, die Stellung zu halten oder nachzugeben. Es ist eine Entscheidung, die auch Sie als Anführer auf dem Spielfeld des Lebens kontrollieren.

Meine Kollegin Lynn demonstrierte dies kürzlich. Das Paidea Child Development Center, das Lynn gehört und von ihr geleitet wird, hat von 6:45 bis 18:00 Uhr geöffnet. Innerhalb dieser Zeitspanne ist von 9:00 bis 16:30 Uhr Unterricht. Eine Regel besagt, dass die Kinder während der unterrichtsfreien Stunden zusammen mit Freunden oder alleine mit einem von zu Hause mitgebrachten Spielzeug spielen können. Um 9:00 Uhr müssen jedoch alle mitgebrachten Spielsachen bis zum Ende der Unterrichtszeit in das jeweilige Regalfach des Kindes geräumt werden.

An diesem Morgen hatte Jacob seinen Lieblingsdinosaurier mitgebracht. Als seine Lehrerin ihm sagte, der Unterricht würde gleich anfangen und es sei Zeit, seinen Dinosaurier wegzuräumen, rastete Jacob aus. In diesem Moment kam Lynn ins Klassenzimmer.

»Du magst deinen Dinosaurier sehr«, sagte sie.

Jacob protestierte: »Er ist kein Spielzeug von daheim.«

»Ach, dann ist der Dinosaurier für alle da?«, fragte Lynn. »Wenn er nur für dich ist, dann ist er ein Spielzeug von zuhause. Paidea-Spielsachen sind für alle da.« Dann machte sie einfach eine Pause, ließ das Gesagte einen Moment nachwirken, bevor sie fortfuhr: »Er gehört dir, möchtest du ihn also in mein Büro legen oder in dein Regalfach, damit er dort sicher ist, bis du wieder damit spielen kannst?«

Jacob überlegte einen Moment, bevor er antwortete: »In dein Büro«, dann ging er mit Lynn dorthin, um das Spielzeug abzulegen.

Innezuhalten, um Verständnis zu finden, erfordert nicht, das Kind davon zu überzeugen, dass es sich irrt. Das Kind muss auch nicht mit Ihrer Meinung übereinstimmen. Ebenso wenig besagt es, dass Sie einfach machen werden, was Ihr Kind will, ohne Ihre eigenen Interessen zu berücksichtigen. Es ist vielmehr ein Vorgang, um zu verstehen, was das Kind denkt und fühlt. Durch Ihren Versuch, Ihr Kind zu verstehen, erhalten Sie die Information, die Sie brauchen, um zu entscheiden, was als Nächstes zu tun ist.

Der Schlüssel zum Verständnis liegt darin, ein guter Zuhörer zu sein.

EIN GUTER ZUHÖRER WERDEN: Eines Tages fragte ich bei meinem Kurs die Gruppe: »Woran merken Sie, ob jemand Ihnen zuhört?« Darauf folgte als nächste Frage: »Woran merken Sie, dass Ihnen jemand NICHT zuhört?« Bei einem schnellen Brainstorming stellten wir die folgende Liste zusammen:

| Dass Ihnen jemand zuhört, merken Sie daran, dass die Person … | Dass Ihnen jemand NICHT zuhört, merken Sie daran, dass die Person … |
|---|---|
| Sie anschaut. | Sie nicht anschaut. |
| still ist. | Sie unterbricht. |
| auf Sie und das, was Sie sagen, fokussiert ist. | etwas anderes macht. |
| passend zu dem antwortet, worüber Sie sprechen. | unpassend antwortet. |
| nicht irgendetwas anderes macht. | die Augen verdreht. |
| nickt. | einen glasigen Blick hat. |
| die Arme entspannt am Körper liegen hat. | die Arme vor der Brust verschränkt. |
| einen Gesichtsausdruck hat, der zu dem Gesagten »passt«. | die Stirn runzelt oder die Nase rümpft, als sei sie bereit aufzuspringen. |

Abby erzählte: »Ich weiß immer, ob mein Bruder am Computer sitzt, wenn wir telefonieren. An seinen Antworten merke ich, dass er nicht wirklich zuhört.«

Bei einem Blick auf die »Hört-nicht-zu«-Liste witzelte Crystal: »So ist es bei mir daheim täglich.«

»Wir wollen uns einmal anschauen, wie sich das anfühlt«, wies ich die Gruppe an. »Suchen Sie sich einen Partner. Einer von Ihnen ist der Redner und der andere der Zuhörer. Wenn Sie der Redner sind, äußern Sie etwas, was Ihnen wichtig ist. Die Zuhörer nutzen die Fertigkeiten für gutes Zuhören.«

Schnell verlor sich die Gruppe in tiefen Gesprächen. Gelächter ertönte und Köpfe nickten, die Partner wandten sich einander zu. Ich musste das Licht aus- und einschalten, um ihre Aufmerksamkeit wieder zu gewinnen. »Wie hat sich das angefühlt?«, fragte ich. »Ich habe mich wirklich gewürdigt gefühlt«, antwortete Maddie. »Ich hätte gerne noch mehr geteilt.«

Steve stimmte zu: »Gut. Ich fühlte mich respektiert.«

»Rollentausch«, wies ich die Teilnehmer an. »Wer Redner war, wird nun Zuhörer, aber dieses Mal ein Zuhörer, der NICHT richtig zuhört.«

Stimmen ertönten, nahmen rasch an Lautstärke zu. Plötzlich schrie Abby regelrecht und als Heather tatsächlich Rob anstieß, beendete ich den Versuch. »Hoppla, wie hat sich das angefühlt?«, fragte ich.

Heather blickte zornig. »Er hat weiter auf sein Telefon geschaut. Er hat mir überhaupt nicht zugehört!«

»Echt beschissen«, verkündete Abby kopfschüttelnd.

Mit einem Achselzucken sagte Matt: »Ich habe einfach aufgehört zu reden.«

Genau so fühlen sich unsere Kinder, wenn wir ihnen nicht wirklich zuhören.

Zuhören zu wollen, verlangt von uns, das Multitasking oder Nachdenken darüber, was wir sagen wollen, zu beenden und uns stattdessen darauf zu fokussieren, was unser Kind uns zu sagen hat. Wir müssen unsere Körpersprache prüfen, um sicherzustellen, dass sie vermittelt: »Ich will dich verstehen.« Wenn Sie sich dabei engagieren, werden Sie entdecken, dass Zuhören die Abwehrhaltung Ihres Kindes auflöst.

Sollten Sie merken, dass Sie zu aufgebracht sind, um sich fokussieren zu können, müssen Sie vielleicht auf die Methoden »gelassen bleiben« zurückgreifen, die in Kapitel 6 erläutert wurden, und zu Ihrem Kind sagen: »Warte. Ich brauche eine Minute für mich, bevor ich dir wirklich zuhören kann.« Dann ziehen Sie sich kurz zurück, atmen tief durch und beruhigen sich. Sobald Sie ruhig sind, können Sie weiter versuchen, Ihr Kind zu verstehen.

Nach dieser Übung bat ich die Eltern, an das letzte Mal zu denken, als sie mit ihrem beharrlichen Kind gestritten haben. »Worüber haben Sie gestritten?«, fragte ich. Es war eine einfache Frage. Die Antworten kamen sofort.

»Gestern beim Mittagessen«, sagte Christopher, »fragte ich Dylan, ob er Wasser oder Milch möchte. Seine Antwort war: ›Ich will Limonade.‹«

»Bei uns war auch das Mittagessen der Streitauslöser«, fügte Crystal an. »Ich sagte meiner Zehnjährigen, sie solle sich an den Tisch setzen. Sie behauptete, sie hätte keinen Hunger und wollte zu ihrer Freundin gehen.«

Wenn Sie Ihr Kind fragen, ob es Wasser oder Milch trinken möchte und es antwortet: »Ich will Limonade«, haben beide Seiten Position bezogen: Wasser und Milch kontra Limonade. Positionen drücken aus, was der jeweilige Partner will. Das kann alles sein; von »ich will« gegenüber »ich erlaube es nicht« bis »ich will eine Freundin besuchen« gegenüber »du setzt dich jetzt zum Mittagessen an den Tisch«.

Dies sind Positionen, die uns jedes Mal in eine bestimmte Ecke stellen. Wie zwei Boxer im Ring können wir den Gong in unseren Köpfen beinahe hören, der den Beginn des Kampfes anzeigt. Die Frage hängt in der Luft. Wer wird gewinnen, und wer wird verlieren? Die Herausforderung besteht darin, aus den Ecken herauszukommen und eine Lösung zu finden, die für beide akzeptabel ist, und sich eher auf gemeinsame Interessen zu fokussieren – warum wir dies wollen – als auf unsere Positionen, was wir wollen. Anstatt nach den Boxhandschuhen zu greifen, können wir uns selbst beibringen, aufzuhören und nach einer Klarstellung zu suchen, warum dies wichtig ist. Wir fangen mit der Frage an: »Worum geht es?«

WORUM GEHT ES: Jedes Mal, wenn Sie und Ihr Kind eine feste Position einnehmen, gibt es dafür einen Grund: ein Interesse oder ein Bedürfnis, dem Sie gerecht werden wollen. Um eine Lösung für unsere Differenzen zu finden, müssen wir diese Interessen aufklären. Warum ist uns das wichtig? Vertritt Ihr Kind eine andere Position als Sie, widerstehen Sie der Versuchung, es zu drängen oder das Gespräch mit Kritik oder Geringschätzung zu beginnen. Bleiben Sie stattdessen offen dafür zu verstehen, was Ihrem Kind wichtig ist. Was fühlt es oder braucht es?

Im Kurs fragte ich Christopher, was seiner Meinung nach für Dylan an der Limonade wichtig war.

»Vielleicht wollte er sie, weil ich in meiner Kaffeetasse heimlich Limonade hatte?« Er lachte. Die Gruppe kicherte mit ihm – das hatten wir alle schon einige Male versucht.

»Was für einen anderen Grund könnte er gehabt haben?«, fragte ich die Gruppe, nur um sicher zu sein, dass wir alle möglichen Interessen in Betracht zogen.

»Vielleicht hatte er Milch und Wasser satt«, meinte Greg.

»Meine Tochter mag gerne Eiswürfel«, sagte Stephanie. »Sie möchte Limonade, damit sie Eiswürfel bekommt.«

Eine ähnliche Frage stellte ich Crystal. »Was meinen Sie, warum Ihre Tochter das Mittagessen auslassen und zu einer Freundin gehen wollte?«

»Sie hatte den ganzen Vormittag allein gespielt«, antwortete Crystal. »Sie ist extrovertiert und ich bin sicher, dass sie neue Energie tanken musste.«

»Was für einen Grund hätte es sonst noch geben können?«, fragte ich.

»Vielleicht hatte sie wirklich keinen Hunger«, meinte Crystal.

Egal, welches Gefühl oder Bedürfnis dahintersteckt, es ist wichtig, dass wir unser Bestes tun, um es herauszufinden. Beugen Sie sich auf Augenhöhe zu Ihrem Kind hinunter und hören Sie ihm zu – hören Sie ihm wirklich zu. Fordern Sie Ihr Kind auf, Ihnen mehr zu erzählen. »Was ist daran so wichtig für dich, zu deiner Freundin zu gehen?« Wie Sie sehen, habe ich das Wort was und nicht warum verwendet. Kinder finden es normalerweise schwierig, zu erkennen, warum sie etwas fühlen oder brauchen.

Ist Ihr Kind noch zu jung, um Ihnen antworten zu können, oder bietet es keine Antwort an, müssen Sie vielleicht raten, indem Sie beschreiben, was Sie sehen, hören oder über die Situation wissen: »Du willst also heute kein Mittagessen haben. Was ist los?« Oder: »Ich höre dich sagen, dass du nicht essen willst, Was ist los?« – »Bist du traurig, weil die Mama weg war?« – »Du warst den ganzen Vormittag zu Hause. Hast du deshalb jetzt das Bedürfnis hinauszugehen?«

Wenn Sie weiter auf Empfang bleiben, werden Sie erfahren, was geschehen ist, und erkennen, dass Ihr Kind beispielsweise ein bestimmtes Spielzeug wollte oder sich ausgelaugt fühlt. Haben Sie auch keine Hemmungen, es mit Humor zu probieren und etwas so Albernes zu sagen wie: »Bist du böse, weil im Garten keine Elefanten sind?«

Sogar ein zweijähriges Kind wird merken, dass Sie zu verstehen versuchen, was ihm wichtig ist. Seine Anspannung wird dadurch abnehmen.

Haken Sie nach. Wenn die Antwort Ihres Kindes für Sie lächerlich klingt, haken Sie weiter nach. Eines Tages, als ich das Paidea-Zentrum besuchte, weigerte sich die dreijährige Lily, ihren Anorak anzuziehen, um hinauszugehen. Ich beobachtete, wie Tammy, ihre Kindergärtnerin, zu ihr sagte: »Du willst also heute den Anorak nicht anziehen, was ist los?«

»Es ist zu windig«, erklärte Lily.

Es war gar nicht windig, aber anstatt ihr zu widersprechen, stellte Tammy klar: »Ach so, du willst also nicht hinausgehen, weil es zu windig ist?«

Lily nickte und fügte dieses Mal hinzu: »Und auf dem Parkplatz steht ein großer Müllaster.«

»Aha«, antwortete Tammy und überprüfte, ob sie alles richtig verstanden hatte. »Du willst im Haus bleiben, weil draußen ein großer Müllaster ist, nicht weil es zu windig ist.« Lily seufzte, ihre Schultern entspannten sich, als sie merkte, dass ihre Kindergärtnerin ihr geholfen hatte herauszufinden, was wirklich los war. Lily hatte Angst vor dem großen lauten Laster.

Nachzuhaken mag Ihnen vielleicht unangenehm sein, so wie Casey. Im Kurs erzählte uns Casey: »Wenn ich Leo fragen würde, was los ist, würde er antworten: ›Nichts‹. Das hielt mich bisher davon ab. Ich wollte ihn nicht bedrängen. Ich dachte, neugierig zu sein, würde es nur schlimmer machen. Als ich ihm nun jedoch dargelegt habe, dass er zwar sagte, es sei alles in Ordnung, ich aber an seinem finsteren Blick sehen könnte, dass das nicht stimmt, war es, als ginge in seinem Kopf ein Licht an. Er sah einen Weg, der es ihm ermöglichte, sich auszudrücken.«

Haben Sie keine Angst nachzuhaken. Kontrollieren Sie aber Ihre Stimmlage und prüfen Sie vorab die Fragen, die Sie stellen.

Wenn Sie sich Dinge sagen hören wie »Warum schmollst du?« oder »Warum bist du schon wieder wütend?« enthalten Ihre Worte ein Urteil. Sie klingen eher einschüchternd, wie jemand, der einen Zeugen verhört, und nicht wie jemand, der etwas verstehen will. Bedenken Sie auch, dass Sie nicht versuchen sollten, Ihr Kind aufzumuntern oder ihm seine Gefühle auszureden. Wenn Ihnen nichts einfällt, fragen Sie einfach »Was ist los? Erzähl mir mehr. Ich möchte es wirklich verstehen«, und: »Gibt es noch irgendetwas, was du mir sagen willst?« Dass Sie die Gefühle Ihres Kindes wirklich verstanden haben, erkennen Sie daran, dass Sie sehen, wie sich sein Körper entspannt.

Sobald Sie Ihr Kind verstanden haben, sind Sie an der Reihe zu erklären, was für Sie wichtig ist. Damit können Sie verhindern, in einen Machtkampf hineingezogen zu werden – was mir kürzlich passierte.

Bestürzt rief ich Lynn an. »Hilf mir zu verstehen, was geschehen ist. Ich habe gerade verloren!«

Sie erinnerte mich: »Zuhören bedeutet nicht, dass du alles aufgibst, was für dich wichtig ist.«

Mein Blutdruck sank sofort wieder. (Später wiederholte ich mir: »Es ist ein nie endender Prozess – Fortschritt ist unser Ziel, nicht Perfektion.«)

## Erklären Sie, was für Sie wichtig ist

An festgefahrenen Positionen und deren Auflösung sind immer beide beteiligt. Ihr Interesse ist ebenso wichtig wie das Ihres Kindes. Bei diesem Schritt vermitteln Sie Ihrem Kind nicht nur, was Ihnen wichtig ist, sondern Sie vermitteln ihm auch Ihre Familienwerte. Es mag schneller und einfacher erscheinen, auf dem Gehorsam des Kindes zu bestehen, indem Sie erklären »Weil ich das so gesagt habe!« Ohne ein Gespräch darüber hat Ihr Kind jedoch keine Ahnung, warum dieses spezielle Thema für Sie so wichtig ist. Wenn Sie sich die Zeit nehmen, dies zu erklären, machen Sie Ihre Werte deutlich. Dann hat Ihr Kind die Information, die es braucht, um sich diese Werte ebenfalls anzueignen.

Kommen wir wieder auf Christopher in der Gruppe zurück. Ich fragte: »Warum wollten Sie, dass Dylan Milch oder Wasser trinkt?«

»Weil sonst nichts mehr im Kühlschrank war«, antwortete er.

»Welche Gründe könnte das sonst noch gehabt haben?«, fragte ich die Gruppe.

»Gute Ernährung«, bot Stephanie an.

»Was ist mit Ihnen, Crystal?«, fragte ich. »Warum wollten Sie, dass Ihre Tochter zu Mittag isst?«

»Weil sie durchdreht, wenn sie nichts isst«, antwortete sie. »Und ich hatte auch keine Lust, um 14 Uhr dann noch einmal ein Mittagessen machen zu müssen.«

Eine Erklärung dessen, was wichtig für Sie ist, beinhaltet kein Predigen oder Beschuldigen wie: »Mir gefällt der grobe Ton nicht, in dem du mit mir gesprochen hast.« Es ist einfach eine Erklärung Ihrerseits wie:

Ich erwarte, respektvoll behandelt zu werden.
Ich habe die Sorge, dass du dich schrecklich fühlen wirst, wenn du nichts isst.
Ich muss wissen, dass du genügend Nährstoffe bekommst.
Deine Sicherheit ist mir wichtig.
Es ist mir wichtig, pünktlich zu sein.

Durch eine Erklärung dessen, was Ihnen wichtig ist, sehen Sie Ihre eigenen Gefühle und Bedürfnisse klarer. Wenn Sie darauf zu achten beginnen, warum Sie beide ihre jeweiligen Positionen beziehen, werden Sie feststellen, dass es dafür einen anderen Grund gibt, als einen Gewinner und einen Verlierer zu ermitteln. Nun, da klar geworden ist, was für Sie beide, Sie und Ihr Kind wichtig ist, sind Sie bereit, das Problem gemeinsam zu lösen.

## Das Problem gemeinsam lösen

»Wie können wir das lösen?«, fragte Tammy Lily. »Du willst im Haus bleiben, weil draußen der große Müllaster ist, nicht weil es zu windig ist. Ich mache mir Sorgen, weil im Haus keine Kindergärtnerin ist und es für dich nicht sicher wäre, allein im Haus zu bleiben. Fallen dir drei Dinge ein, die wir machen könnten, um die Situation zu lösen?«

Lily runzelte die Stirn. »Aber ich will nicht rausgehen.«

»Wie wäre es denn, wenn du deinen Anorak anziehst und ich mit dir zusammen warte, bis der Mülllaster weggefahren ist? Dann gehen wir zusammen hinaus auf den Spielplatz.« Lily zog ihren Anorak an, und sobald der Mülllaster dröhnend davonfuhr, ging sie an Tammys Hand hinaus.

Das Problem gemeinsam zu lösen, bedeutet, die Interessen beider Seiten zu berücksichtigen. Es gibt keinen Verlierer. Jeder gewinnt. Die Kinder fühlen sich bestärkt, lernen gleichzeitig jedoch, wie wichtig es ist, die Interessen anderer zu berücksichtigen. Bevor Sie gemeinsam mit Ihrem Kind nach einer Lösung suchen, formulieren Sie erneut, was für jeden von Ihnen wichtig ist. »Du willst zu deiner Freundin gehen. Ich muss jetzt gleich das Essen machen.«

Fordern Sie Ihr Kind dann auf, das Problem gemeinsam mit Ihnen zu lösen, indem Sie einen Satz anfügen wie:

Wie können wir das lösen?
Fallen dir drei Dinge ein, die wir tun könnten, damit es für uns beide in Ordnung ist?
Was könnten wir tun?

Wenn Ihr Kind vorschlägt: »Bring mich zu meiner Freundin«, besteht keine Notwendigkeit, ärgerlich zu werden oder sofort Nein zu sagen. Stellen Sie einfach fest: »Das ist eine Idee. Nenne mir noch zwei.« Prüfen Sie gemeinsam weitere mögliche Lösungen, bis Sie auf eine Idee kommen, die jeden zufriedenstellt. Brainstorming hilft Ihnen, auf JA zu kommen. Die Regel beim Brainstorming besagt, dass alles möglich ist. An diesem Punkt wird nichts bewertet, verworfen oder lächerlich gemacht. Sie können alle möglichen Lösungen nennen. Auch das Einwerfen einiger scherzhafter Ideen kann die Anspannung lösen und Sie zusammenarbeiten lassen, bis die richtige Lösung gefunden wurde.

Ich teilte meine Klasse in zwei kleine Gruppen auf. Eine sollte Christopher und Dylan helfen, eine akzeptable Lösung zu finden, die andere Crystal und ihrer Tochter.

**Christophers Gruppe kam mit diesen Vorschlägen:**
Zu Mittag gibt es Milch oder Wasser und als Snack später Limonade und Popcorn.
Eiswürfel ins Wasser geben.
Christopher kann zum Mittagessen ebenfalls Milch trinken und sich die Limonade für später aufheben, wenn Dylan draußen ist.

**Crystals Gruppe schlug vor:**
Das Mittagessen wird ausgelassen.
Die Tochter soll sich etwas zu essen einpacken und zu ihrer Freundin mitnehmen.
Die Freundin wird zum Mittagessen eingeladen.
Mittagessen gibt es erst um 14 Uhr.

Nachdem wir die Listen durchgegangen waren, bat ich Christopher und Crystal, die Lösung auszusuchen, die ihnen für Ihr Kind und sich am ehesten akzeptabel erschien. Christopher entschied sich für die Eiswürfel im Wasser, weil er glaubte, dass Dylan vor allem darauf scharf war. Crystal entschied sich dafür, die Freundin zum Mittagessen einzuladen.

Durch gemeinsames Brainstorming mit Ihrem Kind können Sie sehen, dass Ihnen viele Lösungsmöglichkeiten zur Verfügung stehen – Lösungen, die sich für beide gut anfühlen. Je jünger das Kind ist, desto mehr Lösungen werden Sie entwickeln. Je älter das Kind ist, desto mehr werden Sie zurücktreten und Ihr Kind seine flexiblen Denkfähigkeiten nutzen lassen, um das Problem zu lösen. Seien Sie bei der Suche nach Lösungen fantasievoll. Temperamentvolle Kinder sind unglaublich kreativ. Eine Mutter erzählte mir, sie habe die Forderung Ihres Vorschulkindes nach Früchtegummis ganz einfach dadurch beendet, dass sie so tat, als gebe sie ihm eine Tüte davon, und dabei geräuschvoll kaute. Ein anderer Elternteil spielte seinem Kleinkind, das mit dem Auto fahren wollte, eine Autofahrt vor. Temperamentvolle Kinder können lernen, diese wunderbare Vorstellungsgabe zu nutzen, um sehr gute Problemlöser zu werden.

Mit der Entscheidung, Ja zu sagen und das temperamentvolle Kind eine neue Idee ausprobieren oder die Lösung für ein Problem suchen zu lassen, lernt es eine wichtige Fertigkeit fürs Leben. Für beharrliche Kinder ist es nämlich ein wichtiger Durchbruch, wenn sie merken, dass sie gute Problemlöser sind. Es hilft ihnen, Kämpfe zu beenden, bevor sie richtig angefangen haben. Kürzlich erzählte mir Jessica, eine Mutter aus einem meiner Kurse:

Mein fünfjähriger Sohn Aiden kam, mit seinem Pyjama in der Hand, die Treppe herunter. Dieser war auf links gewendet. Früher wäre daraus ein 45 Minuten dauernder Wutanfall geworden. Als ich sein ärgerliches Gebrummel hörte, sagte ich zu ihm: »Was ist los? Ich helfe dir.« Er blieb stehen, schaute mich an und entgegnete mit einem völlig überzeugten Tonfall: »Mama, gib mir nur eine Minute. Ich bin doch ein Problemlöser!« Er atmete einmal tief durch, breitete den Pyjama auf dem Boden aus und zog ihn richtig rum an. Es hat Wunder gewirkt, ihm das Losen von Problemen beizubringen.

Denken Sie an die Kämpfe zurück, die Sie in letzter Zeit mit Ihrem lebhaften Kind ausgefochten haben. Überlegen Sie, ob die »Suche nach dem *Ja* einen davon hätte verhindern können. Das nächste Mal, wenn Sie in eine ähnliche Situation kommen, seien Sie darauf vorbereitet, Ihrem Kind die erste Lektion darin zu erteilen, was es bedeutet, eine problemlösende Familie zu sein.

## WENN IHR KIND NOCH NICHT SPRICHT

Um zum *Ja* zu gelangen, sind kommunikative Fertigkeiten erforderlich, über die Säuglinge und Kleinkinder noch nicht verfügen, dennoch haben auch sie starke eigene Ideen. Das Erziehen eines temperamentvollen Säuglings und Kleinkindes ist anstrengend. Je seltener Sie aufstehen und hinter Ihrem eifrigen kleinen Forscher herlaufen oder Ihr Kind stoppen müssen, das wild entschlossen ist, etwas auszuprobieren, desto mehr Energie sparen Sie und desto weniger Kämpfe müssen Sie ausfechten. Für diese Altersgruppe gibt es eine andere Möglichkeit, *Ja* zu sagen.

### Sorgen Sie für eine bejahende Umgebung

Gehen Sie einmal in eine Kinderkrippe, dann werden Sie dort eine Umgebung vorfinden, die auf das Ja ausgerichtet ist. Dort gibt es Stühle, auf die die Kleinen allein hinauf- und hinunterkommen sowie kleinkindgerechte Tische. Es gibt Regale und Haken in einer Höhe, die Kinder ohne Hilfe erreichen. Es gibt kleine Tassen für ihr Wasser, die sie gut alleine halten können. Auf einem Trampolin, in einem Schaukelschiff oder an einem Klettergerüst können sich die energiegeladenen Kinder austoben. Es gibt Spielsachen zum Schieben und Reiten. Vielleicht hängen sogar bruchsichere Spiegel waagerecht statt senkrecht wenige Zentimeter über dem Boden, sodass auch sehr junge Babys den Kopf heben und sich selbst beobachten können. Alles in diesem Raum sagt: »Zeig mir, was du alles schon ganz allein fertigbringst«, »Erkunde«, »Lerne« und: »Fühle dich eigenständig«. Das ist ein bejahendes Umfeld. Die Erzieherinnen haben ausgesucht, welche Materialien, Möbel und Ausstattungsgegenstände für die Kinder verfügbar sein sollen, sodass sie nun mehr Zeit haben, um mit den Kindern zu reden und ihnen etwas beizubringen, anstatt sie ermahnen oder mit ihnen streiten zu müssen.

Wir können und wollen unser Zuhause nicht in die Räumlichkeiten einer Kita verwandeln, aber wir können uns zu Hause einmal umschauen und eine bejahende Umgebung planen, die den Hausfrieden fördert. Ist Ihr Zuhause ein Ort, an dem Kinder gut leben können, oder ist es ein Schlachtfeld, auf dem sich Eltern und entschlossene, energiegeladene kleine Forscher gegenüberstehen? Gibt es Schränke, auf die kleine Entdecker Zugriff haben dürfen? Oder ist es jedes Mal ein Kampf, wenn Ihr Kleinkind in die Küche kommt? Gibt es außer der Couch noch eine weitere Möglichkeit, zu hüpfen oder zu springen? Wo sind die Bücher? Sind sie gut erreichbar? Wo befinden sich die elektronischen Geräte? Müssen Sie darum betteln, dass keine Knöpfe gedrückt oder Stecker gezogen werden? Wo sind die Haken für Anoraks? Kann sich das Kind ohne Hilfe einen Pullover holen? Wie groß sind die Trinkgläser, und wo werden sie aufbewahrt? Sind sie für ein Kind gut erreichbar und von der Form her gut zu handhaben, ohne dass etwas verschüttet wird? Je mehr Orte bei Ihnen zu Hause kindersicher und gut zu handhaben sind, desto weniger Kämpfe werden Sie mit Ihrem beharrlichen Kind darüber austragen müssen, Dinge selbst holen zu wollen oder die Finger davon zu lassen.

Ja, ein Kind muss lernen, Dinge zu respektieren, die anderen gehören, aber in den ersten Jahren sagt das Gehirn jedem Kind, es solle herausfinden, wie die Welt funktioniert. Dies ist ein wichtiges Entwicklungsstadium. Kommt dann noch ein beharrliches Temperament hinzu, wird der Forscherdrang stärker als die Fähigkeit des Kindes, sich selbst zurückzuhalten. Indem Sie eine bejahende Umgebung schaffen, arbeiten Sie mit dem und nicht gegen das Temperament Ihres Kindes. Sie schätzen und genießen seinen Forscherdrang und seine Entschlossenheit und vermeiden unnötige Kämpfe. Das hat nichts mit Nachgeben zu tun, sondern mit Kooperieren.

## KOOPERIEREN

Nach einem Ja zu suchen, verlangt Anstrengungen und braucht Zeit; letztlich kann es Ihnen jedoch Zeit sparen. David, Vater von zwei Kindern, wuchs in einer sehr strengen, autoritären Familie auf. »Wenn mein Vater sagte: ›Spring‹, dann sprang man. Ich hatte so meine Zweifel an der Suche nach dem Ja«, sagte er und sah mich eindringlich an. »Ein Teil von mir wird tatsächlich wütend, wenn ich nur daran denke. Letzten Samstagvormittag wollten meine Frau und ich in die Stadt fahren, um nach einem Bücherregal zu suchen. Die Kinder rasteten aus. Sie hassen einkaufen. Sie wollten nicht mit. Ich war wütend. Warum konnten sie nicht einfach gehorchen und ohne Theater ins Auto einsteigen? Ich rastete aus, daher übernahm meine Frau das Ruder.«

»Papa möchte dort hinfahren, und ihr wollt es nicht«, sagte sie. »Was können wir da machen?«

»Wir könnten vielleicht die Nachbarn anrufen?«, meldete sich der Ältere zu Wort. »Du hast letzte Woche auf ihre Kinder aufgepasst. Vielleicht können wir bei ihnen bleiben, und du kannst mit Papa alleine fahren.«

»O ja«, sagte die Jüngere. »Das machen wir.«

Anfangs zögerte ich, die Nachbarn zu belästigen, außerdem hatte ich mich auf eine nette gemeinsame Familienzeit eingestellt. Ich gab jedoch nach, nachdem mir klar war, dass wir tatsächlich auf die Nachbarskinder aufgepasst hatten und es offenbar keine »nette« gemeinsame Zeit werden würde. Die Kinder riefen die Nachbarn an, diese waren einverstanden, und meine Frau und ich fuhren allein los.

Es war sehr friedlich mit uns beiden auf der Fahrt, dennoch war ein Teil von mir noch frustriert. Meine Frau wies mich schließlich darauf hin, dass die Kinder meist ohne große Auseinandersetzung mit uns mitkamen. Sie war es auch, die sagte: »Wir wollen doch unsere Kinder zu Erwachsenen erziehen, die für ihre eigenen Bedürfnisse eintreten, Probleme lösen und gelegentlich auch Autoritäten infrage stellen können.«

Das war nicht die Art von Erziehung, die ich erlebt hatte, aber ich hatte auch jahrelang daran arbeiten müssen, um für mich selbst sprechen zu können und den Mut zu haben, gelegentlich auch für meine Interessen einzustehen. Es ist für mich nur etwas schwierig, meine Kinder so völlig anders zu erziehen, als ich erzogen wurde. Ich beruhigte mich ein bisschen, aber dann dachte ich an die zwanzig Minuten, die es gedauert hatte, um diese Lösung zu finden. Das machte mich erneut ganz verrückt. Es schienen zwanzig vergeudete Minuten zu sein. Meine Wochenenden sind sehr wertvoll für mich. Ich will sie nicht damit verbringen, mit meinen Kindern zu verhandeln.

Ich war noch immer verärgert, als wir nach Hause kamen, aber die Kinder waren in bester Laune, als wir sie abholten. Wir mussten den Ältesten zu seinem Basketballspiel bringen und beschlossen, auf dem Weg noch in weitere Geschäfte wegen der Bücherregale zu schauen. Sie kamen ohne zu murren mit. Sie schienen sogar

Spaß daran zu haben. Sogar am nächsten Tag zahlte es sich noch aus. Ich hatte einen Familienspaziergang vorgeschlagen.

Der Älteste meinte sofort: »Wir können nie machen, worauf wir Lust haben!«

»Moment mal. Was war gestern?«, erinnerte ich ihn.

»Ach stimmt«, stotterte er und zog seinen Anorak an.

Es wurde ein richtig netter Familienspaziergang. An diesem Abend wurde mir klar, dass die zwanzig Minuten, die wir damit zugebracht hatten, auf ein Ja zu kommen, nun für einen friedlichen Vormittag sorgten. Alle waren zufrieden. Jedem war zugehört worden, und jeder hatte bekommen, was er sich gewünscht hatte. Das daraus entstandene Wohlwollen wirkte sich ja auch noch auf den Nachmittag mit dem Basketballspiel und dem Einkaufsbummel aus. Es gab keinen Streit. Verhandeln war nicht nötig. Am nächsten Tag wurde als Konsequenz daraus ein sich abzeichnender Machtkampf über einen Familienspaziergang sofort beendet. Die am Samstagmorgen aufgewendeten zwanzig Minuten hatten tatsächlich für vierundzwanzig Stunden Harmonie gesorgt – das würde ich als sehr gute Investition bezeichnen!

Ich kann nicht garantieren, dass jede Suche nach einem *Ja* für vierundzwanzig Stunden Harmonie sorgen wird, aber sie ist auf jeden Fall eine gute Investition. Das Suchen nach einem Ja lehrt unsere beharrlichen Kinder, auch die Bedürfnisse anderer zu berücksichtigen, Probleme einvernehmlich zu lösen, flexibel im Denken zu sein und Entscheidungen zu treffen, mit denen alle leben können. Es bildet das Fundament für eine gesunde Beziehung – eine Beziehung, die das Jugendalter und darüber hinaus überdauern kann.

## Wenn Sie selbst ebenfalls beharrlich sind

So wie David finden es viele von uns schwierig, nach einem *Ja* zu suchen. Das mag an unserer eigenen Erziehung liegen oder daran, dass wir selbst ebenfalls beharrlich sind. Wir können ebenso stark und hartnäckig an etwas festhalten wie unsere Kinder.

»O ja, ich bin beharrlich!«, erklärte Kimberly während einer Gruppendiskussion:

Jackson und ich sind wie zwei Bullen, deren Hörner sich verkeilt haben. Meinen Buzzer drückt er, wenn er mir erzählt, ich hätte unrecht! Das macht mich *wirklich* wütend.

Gestern Nachmittag schrieb Jackson an einem Brief. Asher, unser Achtjähriger, übte Rechtschreibung und brauchte meine Hilfe. Sie machten mich beide verrückt. Jackson wollte wissen, wie man *neighbour* schreibt.

»N-e-i«, sagte ich.

»Nein, man schreibt es n-a«, insistierte er.

Ich sagte: »Man schreibt es n-e-i.«

»Nein, n-a«, blieb er bei seiner Meinung.

Es machte mich wütend. Er hatte mich etwas gefragt, und nun erzählte er mir, meine Antwort sei falsch. Für so etwas war ich absolut nicht in Stimmung.

»Wenn du die richtige Antwort nicht wissen willst, dann frag mich auch nicht«, blaffte ich. Er war so frustriert, dass er den Brief zerriss, an dem er so mühevoll gearbeitet hatte. Erst später merkte ich, dass er bereits »n-a« geschrieben hatte, bevor er mich gefragt hatte. Wenn die richtige Antwort »n-e-i« lautete, hatte er einen Fehler auf seinem Blatt stehen, den er nicht mehr entfernen konnte. Ich hatte mir nicht die Mühe gemacht herauszufinden, warum er mir widersprach oder warum er durch meine Antwort so frustriert war. Ich wollte mir die Zeit nicht nehmen. Schließlich war ich mit seinem Bruder beschäftigt, der nörgelnd vor mir saß.

An diesem Abend besuchten wir Freunde und deren Kinder. Ich hörte zufällig, wie der Fünfjährige seiner siebenjährigen Schwester gegenüber behauptete, ein roter Klotz sei schwarz.

»Er ist rot«, antwortete sie.

»Er ist schwarz«, behauptete er wieder.

Ich musste unwillkürlich an eine sehr ähnliche Unterhaltung wenige Stunden zuvor denken. Diese hier nahm jedoch ein weniger frustrierendes Ende. Die Schwester seufzte, schaute ihren Bruder an und entgegnete: »Du hast wirklich eine sehr kreative Art, die Dinge zu sehen.«

Ich konnte kaum glauben, eine Siebenjährige so antworten zu hören. Sie wusste, dass der Klotz rot war, und er wusste es natürlich auch, aber in diesem Moment wollte er, dass der Klotz schwarz ist. Ihre Antwort sagte: »Du bist kreativ«, nicht »Du täuschst dich«. Dennoch wusste sie, dass auch sie sich nicht täuschte. Beide ließen das Thema einfach fallen.

Beharrliche Kinder haben oft beharrliche Eltern. Um einen Machtkampf mit unseren Kindern zu vermeiden, müssen wir Eltern gelegentlich nachgeben. Uns muss klar werden, dass es keinen Kampf geben muss. Wir müssen nicht frustriert sein. Es stehen sich einfach zwei starke, eigensinnige Personen mit einer sehr unterschiedlichen Wahrnehmung ein und derselben Situation gegenüber. Die Welt braucht Menschen mit Überzeugung.

Wenn Sie daher das nächste Mal merken, dass Sie mit Ihrem Kind über etwas ziemlich Überflüssiges streiten, denken Sie an diese kluge Siebenjährige und erkennen Sie, wann der richtige Moment ist, etwas einfach fallen zu lassen oder Ihr Kind daran zu erinnern, dass Sie beide Problemlöser sind.

Das nächste Mal, wenn Kimberly und Jackson unterschiedlicher Meinung sind, könnte Kimberly zu Jackson sagen: »Erzähle mir mehr. Ich sage, man schreibt es n-e-i, und du sagst, man schreibt es n-a. Wie kann das sein?« Oder in einer anderen Situation: »Ich will, dass du dein Zimmer aufräumst, und du willst Videospiele spielen. Wie könnten wir uns einigen?« Einfache Klarstellungen, was für jeden Beteiligten wichtig ist, und ein Hinweis darauf, doch besser ein Team zu sein, können Machtkämpfen vorbeugen.

## Blockaden umgehen, um Probleme gemeinsam zu lösen

Amanda blickte finster drein. »Ich versuche ja, Probleme mit Bea zu lösen, aber sie läuft auf Hochtouren. Sogar wenn ich versuche, Empathie zu zeigen, regt sie sich weiter auf, und wenn sie erst einmal mitten in einem Trotzanfall ist, will sie nicht einmal mehr angefasst werden. Vor ein paar Tagen habe ich zu ihr gesagt: ›Ich glaube, du bist müde.‹

›Ich bin nicht müde. Du bist müde!‹, brüllte sie zurück.

Es ist wirklich schwierig herauszufinden, was sie empfindet, und wenn sie dabei so unausstehlich wird, habe ich gar keine Lust mehr, es zu versuchen.«

Um Probleme mit Ihrem Kind erfolgreich zu lösen, müssen Sie sich das vollständige Profil seines Temperaments anschauen. Wenn Ihr beharrliches Kind zusätzlich analytisch und ernsthaft ist, ist es wahrscheinlich ein eher sachliches Kind. Möglicherweise fühlt es sich durch die Beschäftigung mit Emotionen verletzlich. An diesen Punkt will es nicht kommen. Wenn Sie den Magen Ihres Kindes knurren hören und bemerken: »Du hast wohl Hunger«, wird es wahrscheinlich erwidern: »Ich habe keinen Hunger! Ich bin sauer!« Das Zugeben oder Besprechen von Fehlern führt zu Geschrei und knallenden Türen.

Trifft dies auf Ihr Kind zu, wechseln Sie auf konkrete Fakten: »Hat jemand etwas getan, was dir nicht gefiel?« – »Was wurde gesagt?« – »Wie sollte es deiner Meinung nach sein?«

Oder, nachdem dieses Kind zu einem sehr ausgeprägten Gerechtigkeitssinn neigt, könnten Sie fragen: »War irgendetwas unfair?« Das wird Ihr Kind zum Sprechen bringen! Erst wenn ein beharrliches und analytisches Kind Gelegenheit hatte, Ihnen etwas über seinen Plan zu erzählen oder zu beschreiben, was geschehen ist oder was unfair war, wird es bereit sein, das Problem mit Ihnen zu lösen.

Es gibt einen kleinen Test, mit dem Sie feststellen können, ob Ihr Kind analytisch ist. Wenn es sich das nächste Mal aufzuregen beginnt, bieten Sie ihm an, es in den Arm zu nehmen. Wenn es Sie wegstößt, haben Sie ein sachliches Kind. Bleiben Sie dann bei den Fakten. Später, wenn sich alle beruhigt haben, kommen Sie für eine Nachbesprechung darauf zurück, wie dies in Kapitel 8 »Trotzanfälle« beschrieben ist, und sprechen Sie dann mit Ihrem Kind darüber, was es empfunden hat. Es ist verlockend, diese Aufarbeitung auszulassen, weil das Problem ja gelöst wurde, aber damit Ihr sachliches Kind fähig wird, sich auf seine Emotionen einzulassen, ist es wichtig, diesen Schritt nicht zu überspringen. Schließlich können auch ernsthafte und analytische temperamentvolle Kinder lernen, ihre Emotionen zu schätzen und zu artikulieren.

Vergessen Sie nicht, dass Introvertierte Zeit brauchen, um ihre Emotionen wahrzunehmen und zu verarbeiten. Ein introvertiertes Kind wird vielleicht in sein Zimmer gehen und auch nicht herauskommen, wenn Sie ihm sagen, dass Sie mit ihm zusammenarbeiten wollen. Wenn das Kind schon alt genug ist, um gut lesen zu können, können Sie ihm helfen, ein Problemlöser zu werden, indem Sie ihm Nachrichten schreiben. Lyssa probierte dies mit ihrem neunjährigen Sohn aus.

Die Cousins waren zu Besuch. Wir hatten einen tollen Vormittag. Dann war Mittagessenszeit, und ich ließ jeden eine Nummer ziehen, bevor ich die entsprechenden Aufgaben verteilte. Das Nächste, was ich mitbekam, war, dass Luke in sein Zimmer rannte und die Tür absperrte. Ich versuchte, durch die Tür mit ihm zu reden, aber er wollte sie nicht aufmachen. Daher nahm ich einen Notizzettel und schrieb:

*Ich bin nicht zufrieden und möchte gerne wissen, was passiert ist. Könntest du mir bitte helfen, das besser zu verstehen, indem du das Kästchen ankreuzt, das es mir erklärt?*

- ☐ Wolltest du eine andere Aufgabe?
- ☐ Wolltest du etwas anderes zum Mittagessen?
- ☐ Hast du es unfair gefunden, dass ihr Nummern ziehen solltet?
- ☐ Wolltest du im Auto am Steuer sitzen? (»Ich versuchte, albern zu sein, wie Sie es empfohlen hatten.«)
- ☐ Sonstiges – bitte ausfüllen …

*Danke, wenn du mir hilfst, es zu verstehen. So werde ich es das nächste Mal wissen und etwas anders machen können.*
*In Liebe, Mama*

Ich schob den Zettel unter der Tür durch. Zehn Minuten später schob er ihn wieder nach draußen. Er hatte das Kästchen angekreuzt: »Wolltest du eine andere Aufgabe?« Und neben »Sonstiges« hatte er geschrieben: »Die anderen hatten wohl mehr Glück als ich.« Er hatte ein P.S. angefügt: »Sorry dafür, wie ich mich benommen habe.«

Wenn Ihr Kind anfangs Widerstand leistet, variieren Sie die Methoden und nehmen Sie sich die Zeit, um zu entdecken, was es fühlt. Es gehört zu den wichtigen Lebenskompetenzen, Verbindung mit den eigenen Emotionen zu haben.

Manchmal hat der Widerstand Ihres Kindes gegen eine Problemlösung auch mit seiner Sensibilität zu tun. Wie bei Cason:

Cason zog sein triefend nasses, magentarotes Lieblingstrikot aus der Waschmaschine. »Heute ist Mannschaftstag. Ich wollte es anziehen!«, jammerte er. »Das tut mir leid«, antwortete seine Mutter. »Das wusste ich nicht. Das ist eine große Enttäuschung für dich. Aber wir sind ja Problemlöser. Was könnten wir tun?« Tränen liefen über Casons Wangen.

»Wie wäre es, wenn wir ein anderes magentarotes Shirt finden?«, bot seine Mutter an, aber Cason kauerte sich auf die Couch und versteckte sein Gesicht in den Kissen. Cason brauchte es, ein Weilchen traurig zu sein.

Hochsensible Kinder brauchen Zeit, um sich von dem Ansturm heftiger Emotionen zu erholen. Warten Sie ab, geben Sie ihm Zeit und Raum. Diese Kinder müssen erst »fühlen«, bevor sie bereit dafür sind, das Problem zu lösen.

Wenn Sie gegen Mauern rennen, halten Sie inne und überprüfen Sie:

- Sind alle wieder ruhig? Falls nicht, warten Sie und kommen Sie etwas später darauf zurück.
- Hatten die introvertierten und hochsensiblen Familienmitglieder Zeit, ihre Gefühle zu verarbeiten? Zu den Introvertierten können Sie ebenso gehören wie Ihr Kind.
- Hatten die analytischen Familienmitglieder Gelegenheit zu prüfen, ob die Fakten stimmen und ob etwas unfair war?
- Sind Sie in Eile? Problemlösung braucht Zeit, letztlich spart sie aber auch Zeit. Je mehr Sie dies üben, desto schneller und geschickter wird Ihr Kind darin werden.

Wenn Sie gegen Mauern rennen, drängen Sie nicht weiter. Halten Sie stattdessen inne und analysieren Sie, was da abläuft. Sie können diese Mauern überwinden. Selbst beharrliche Kinder können es lernen, flexibel im Denken zu werden. Mit ihrer Intelligenz und ihrer Kreativität können sie sogar fantastische Problemlöser werden.

## SICH WOHLFÜHLEN MIT DER BEHARRLICHKEIT

Ob Sie einen kleinen Becher kaufen, sodass sich Ihr dreijähriges Kind seinen Saft selbst eingießen kann, oder ob Sie mit Ihrem zwölfjährigen Kind zwanzig Minuten lang versuchen, eine für beide Seiten angenehme Lösung zu finden – Sie können die Kooperation Ihrer Kinder gewinnen, wenn Sie nach Wegen suchen, Ja sagen zu können.

Kinder können mit ihren Fähigkeiten und ihrer Genialität verblüffen. Haben Sie keine Angst, flexibel zu sein. Nehmen Sie sich Zeit, um zu verstehen, was Ihrem Kind wichtig ist, und um zu erklären, was für Sie wichtig ist. Selbst wenn ein solches Gespräch länger dauert, als einfach darauf zu bestehen, dass etwas nach Ihrem Willen gemacht wird, haben Sie einen Kampf verhindert, Ihre Werte geteilt und eine Ich-kann-das-Haltung gefördert.

Wir wissen nie, welche Steine das Leben unseren beharrlichen Kindern in den Weg legen wird. Aber wenn sie aus einer problemlösenden Familie kommen, werden sie wahrscheinlich damit fertigwerden – sogar, wenn sie mitten im Gebirge stecken bleiben!

## BEHARRLICHKEIT – EINE ZUSAMMENFASSUNG

Beharrliche temperamentvolle Kinder stoßen und boxen, wenn andere Kinder nicht stoßen und boxen. Sie sind anspruchsvoller als andere Kinder. Es ist nahezu unmöglich, sie zu ignorieren oder abzulenken. Daher ist es so wichtig, ihnen beizubringen, Probleme zu lösen.

**_Beharrliche temperamentvolle Kinder müssen immer wieder Sätze hören wie:_**
Wir sind eine problemlösende Familie.
Du kannst sehr flexibel denken.
Du bist engagiert und entschlossen.
Du weißt, was du willst.
Du bist selbstständig und kompetent.

**_Pädagogische Tipps:_**
Fokussieren Sie sich darauf zu kooperieren.
Versuchen Sie zu verstehen, warum dieses Thema für Ihr Kind wichtig ist.
Erklären Sie, was für Sie wichtig ist.
Fordern Sie Ihr Kind zum gemeinsamen Brainstorming auf, um potenzielle Lösungen zu finden, denen Sie beide zustimmen können.

**_Wenn Sie selbst auch beharrlich sind:_**
Gönnen Sie sich Zeit, um loszulassen.
Erkennen Sie, dass gute Eltern Ja sagen.

# 10

# Beharrlichkeit

## Die Kämpfe auswählen – Nein sagen

*»Du kannst in der Öffentlichkeit nicht deine Unterhose zeigen.«*
*Sue, dreifache Mutter*

## GUTE ELTERN SAGEN NEIN

Es wird erzählt, dass es, als Lou Holtz vor Jahren erster Footballtrainer von Notre Dame wurde, es in der Mannschaft einen talentierten jungen Quarterback gegeben habe. Nachdem Holtz sich die Statistiken der letzten Saison angesehen hatte, stellte er jedoch fest, dass dieser Quarterback viele Interceptions (bestimmte Art, den Ball zu spielen) geworfen hatte. Er rief den jungen Quarterback in sein Büro. »Du bist ein großartiger Sportler«, sagte er. »Und du kannst damit rechnen, weiterhin startender Quarterback zu sein. Du wirst nächstes Jahr aber höchstens sieben Interceptions werfen.« Der junge Quarterback warf Holtz einen ratlosen Blick zu: »Woher wissen Sie das?« – »Weil du nach dem siebten bei mir auf der Bank sitzen wirst«, antwortete Holtz. Nach diesem Gespräch wusste der Quarterback:

- Was von ihm erwartet wurde.
- Was geschehen würde, wenn er die Erwartung nicht erfüllte.
- An welchem Punkt dies in die Tat umgesetzt werden würde.
- Dass er eine Wahl hatte. Er konnte sich dafür entscheiden, entweder hart zu arbeiten und zu spielen oder nachzulassen und auf der Bank zu sitzen.
- Die Verantwortung lag bei ihm.

Der Quarterback von Trainer Holtz saß in diesem Jahr nie auf der Bank. Er warf nur sechs Interceptions.

Das Vorgehen von Trainer Holtz wird als »Transparente Grenzsetzung« bezeichnet. Transparente Grenzsetzung bedeutet, dass es keine Überraschungen und keine plötzlich ausgesprochenen geheimnisvollen Strafen geben wird. Die Erwartungen und die Konsequenzen sind konkret und werden im Voraus genannt. Jeder ist vorgewarnt und weiß, was er zu erwarten hat. Wissenschaftler sagen uns, dass dies auch die Methode ist, mit der kompetente Eltern Grenzen setzen.

Während es für ein harmonisches Zusammenleben mit unseren temperamentvollen Kindern wesentlich ist, Ja zu sagen und ihnen problemlösende Fertigkeiten beizubringen, ist es ebenso wichtig, unmissverständlich Nein zu sagen. Temperamentvolle Kinder brauchen noch mehr als andere Kinder selbstsichere Eltern – Erwachsene, die, wenn es darum geht, die Grundregeln und Grundwerte des Lebens zu lehren, willens sind, ebenso beharrlich und unnachgiebig zu sein wie ihre Kinder. Eltern, die verstehen, dass es Kindern ein Gefühl von Sicherheit gibt, wenn sie klare Grenzen setzen und durchsetzen, anstatt »gemein« zu sein.

Meine Freundin Peni wies mich in einer ziemlich umständlichen Art darauf hin. Peni besitzt in Nebraska eine Rinderfarm.

Eines Tages unterhielten wir uns darüber, was wir durch das Erziehen unserer Kinder gelernt hatten. Peni meinte: »Oh, das Großziehen von Kindern ist genauso wie das Aufziehen von Rindern.« Ich muss gestehen, dass ich verblüfft war, denn ich würde normalerweise ein Kind nicht mit einem Rind vergleichen. Es klang für mich wie großer Mist (sorry, das musste jetzt sein). Ich schaute sie skeptisch an. Sie fuhr fort: »Du musst ihnen eine große Weide mit einem intakten Zaun zur Verfügung stellen. Gib ihnen viel Platz zum Herumwandern, aber innerhalb sicherer Grenzen. Und genau wie Kinder müssen die Rinder wissen, dass du für sie da bist.«

Ein intakter Zaun umgibt uns und schützt uns vor Unheil. Er markiert eine klare Grenze, einen Graben, der Probleme von uns fernhält. Wenn wir aber klare Grenzen setzen, sagen lebhafte Kinder niemals zu uns: »Danke, das ist genau das, was ich brauchte.« Tatsächlich brüllen sie vielleicht: »Ich hasse dich« oder: »Du bist die gemeinste Mutter/der gemeinste Vater der Welt.« Es ist nicht einfach, dem standzuhalten, vor allem, wenn Ihr Temperament nicht so beharrlich ist wie das Ihres temperamentvollen Kindes. Aber klare Grenzen stärken unsere Kinder, sie liefern ihnen ein stabiles, zuverlässiges Fundament. Es lohnt sich, solche Grenzen zu setzen. Fangen wir mit dem passenden Vokabular dafür an.

## Die richtigen Worte wählen

Die zweijährige Emily liebte das Handy ihres Vaters. Wenn er es nur eine Sekunde aus der Hand legte, schnappte Emily es sich. »Bring mir mein Handy«, forderte ihr Vater sie auf. Emily schaute in seine Richtung, bevor sie entzückt quietschte und dann mit dem Handy in der Hand davonlief. Wenn ihr Vater versuchte, es sich zurückzuholen, begann die Jagd, aber bevor er Emily gefangen hatte, warf sie das Handy durchs Zimmer.

Dieses Szenario enthält zwei wichtige Lektionen. Erstens ist Emilys Verhalten ein Beispiel für das klassische Verhalten von Kleinkindern. Kleinkinder lernen: Welche Regeln gelten hier? Was ist das Ergebnis meines Handelns? Was passiert, wenn ich weglaufe? Was passiert, wenn ich ein Handy werfe? Ist das anders, als wenn ich einen Ball werfe? Ihr »Austesten« sagt nicht vorher, dass sie künftig ein Störenfried sein wird. Ihr Lachen ist nicht herausfordernd, sondern spiegelt ihr Erstaunen wider, welche Reaktion eines Erwachsenen ihr Handeln auslöst. Daher ist es entscheidend wichtig, dass die Erwachsenen in ihrem Leben aufstehen, zu ihr gehen und ihr helfen, das Verhalten zu beenden. Wenn das geschieht, wird für sie klar: »Oh, das passiert also. Hier ist die Grenze. Sie ist nett und stark.«

Zweitens stellt dieses Szenario die Frage: »Wann sage ich Nein?«

Ich halte mich an folgende Richtlinie:

*Wenn etwas unsicher, verletzend oder respektlos gegenüber mir selbst, anderen oder meiner Umgebung ist, muss es beendet werden.*

Lebhafte Kinder müssen von uns, den Erwachsenen in ihrem Leben, immer wieder Sätze hören wie:

Ich sorge für deine Sicherheit.

Du kannst darauf zählen, dass ich das, was ich angekündigt habe, auch mache.

Wenn du nicht selber aufhören kannst, helfe ich dir aufzuhören.

Ich lasse dich wissen, was du zu erwarten hast. Ich werde dich nicht überraschen.

Du kannst dein Verhalten selbst wählen.

Durch Aussagen dieser Art weiß das Kind, dass es sich auf uns verlassen kann. Es kann darauf vertrauen, dass wir für seine Sicherheit sorgen. Wir stärken ihm den Rücken.

## TRANSPARENTE GRENZEN SETZEN

Trainer Holtz brüllte seinem jungen Quarterback nicht über das Footballfeld zu: »Hey, du! Hör auf, Interceptions zu werfen, sonst sitzt du auf der Bank!« Es gab keine scharfen Drohungen, um seine Folgsamkeit durch Angst zu erzwingen. Wissenschaftler sagen uns nämlich, dass ein scharfes und starres Vorgehen Verhaltensprobleme verstärkt und zu mehr Aggression führt. Holtz setzte sich unter vier Augen mit dem jungen Spieler zusammen.

Wenn Sie Ihr Kind stoppen müssen, brüllen sie es nicht quer durchs Zimmer an. Gehen Sie zu ihm und bücken Sie sich zu ihm auf Augenhöhe. Blicken Sie ihm in die Augen. Halten Sie es gegebenenfalls fest, damit es nicht wegläuft. Wenn es versucht, sich Ihrem Griff zu entwinden, sagen Sie zu ihm: »Ich werde dir helfen.« – »Ich sorge für deine Sicherheit.« – »Ich helfe dir, damit aufzuhören.« Legen Sie eine Pause ein, damit Ihr Kind sich so weit beruhigen kann, dass es Sie auch hört. Dann befolgen Sie diese drei Schritte:

1. Sagen Sie Ihrem Kind, was es tun soll.
2. Sagen Sie Ihrem Kind, was Sie tun werden, wenn es Ihnen nicht folgt.
3. Sagen Sie ihm, wann Sie das, was Sie angekündigt haben, tun werden.

Sprechen Sie mit fester Stimme. Eine feste Stimme ist weder barsch noch laut. Es ist eine Stimme, die Überzeugung ausstrahlt – eine Stimme, die unmissverständlich erklärt: »Folgendes erwarte ich … Ich werde dir helfen, diese Erwartung zu erfüllen.« Der Tonfall vermittelt Ihrem temperamentvollen Kind, dass Sie engagiert und bereit sind, aufzustehen und das Angekündigte jedes Mal durchzuziehen. Diese Form ruhiger, selbstsicherer Anweisung führt dazu, dass Kinder flexibler und verträglicher werden.

Nachdem Emilys Vater Luke einmal zu oft diese frustrierende Jagd hinter seiner Tochter her absolviert hatte, nahm er mit mir Kontakt auf. Gemeinsam erstellten wir einen Plan. Das nächste Mal, wenn sich Emily sein Handy schnappen würde, würde er zu ihr gehen, sich zu ihr hinunter beugen, seine Hand ausstrecken und sagen: »Emily, du kannst mir das Handy geben, dann schauen wir gemeinsam darauf. Wenn du es mir nicht gibst, kommt das Handy weg. Ich zähle bis drei, und du kannst wählen. Wenn du dich nicht entschieden hast, sobald ich drei sage, kommt das Handy weg. Du hast die Wahl.« Mit weiterhin ausgestreckter Hand und, falls nötig, Emily festhaltend, würde er mit selbstsicherer Stimme zählen. Seine Worte sollen nicht wie eine Drohung klingen. Er weiß, was er gegebenenfalls tun wird. Er nennt ganz einfach die Fakten:

»Eins. Du kannst es mir geben, dann schauen wir gemeinsam drauf. Wenn du es mir nicht gibst, kommt das Handy weg.« An dieser Stelle wartet er ein paar Sekunden. »Zwei.« Er wiederholt, was er erwartet. »Du kannst mir das Handy geben, dann schauen wir gemeinsam drauf. Wenn du es mir nicht gibst, kommt das Handy weg.« Er legt wieder eine kurze Pause ein. »Drei. Du hast dich entschieden, mir das Handy nicht zu geben, also kommt es weg.«

An diesem Punkt wird sich Emily auf den Boden werfen und brüllen: »Ich mach es.« Nun ist es jedoch entscheidend, dass Luke konsequent bleibt und sagt: »Tut mir leid. Du hast dich entschieden. Das nächste Mal kannst du dich anders entscheiden.« Weil er das gemacht hat, was er angekündigt hatte, wird Emily lernen, dass sie ihrem Vater vertrauen kann. Das wird nur wenige Male geübt werden müssen, bis sie feststellen wird, dass es zu ihrem Vorteil ist, sich dafür zu entscheiden, das zu tun, worum sie gebeten wurde.

Transparente Grenzen sind wirksam, weil Ihr Kind dabei weiß, was es zu erwarten hat. Sie sind das Versprechen, das Sie Ihrem

Kind geben: »Ich werde tun, was ich angekündigt habe und ich habe dir gesagt, was das sein wird. Du kannst meine Reaktion vorhersehen. Es gibt keine Überraschungen. Durch dein Verhalten kannst du wählen, was geschehen wird.« Dieses Wissen und diese Vorhersehbarkeit erlauben es Kindern, sich sicher zu fühlen.

Ein paar weitere Beispiele:

| Wofür Ihr Kind sich entscheiden kann: | Was Sie tun werden: | Wann Sie tun werden, was Sie angekündigt haben: |
|---|---|---|
| Du kannst wählen, auf dem Stuhl zu sitzen. | Wenn du dich dafür entscheidest, nicht auf dem Stuhl zu sitzen, nehme ich dich auf den Schoß. | Wenn ich sehe, dass du vom Stuhl kletterst, weiß ich, dass du auf meinem Schoß sitzen willst. |
| Du kannst wählen, im Auto leise zu sprechen und zum Training zu gehen. | Wenn du dich dafür entscheidest, im Auto zu brüllen, bringe ich dich nach Hause und du musst deinem Trainer erzählen, warum du nicht beim Training gewesen bist. | Wenn ich höre, dass deine Stimme im Auto laut wird, weiß ich, dass du dich dafür entschieden hast, dass ich umkehre und dich nach Hause bringe. |
| Du kannst wählen, meine Hand zu nehmen und über den Parkplatz zu gehen. | Wenn du dich dafür entscheidest, meine Hand nicht zu nehmen, trage ich dich. | Bevor wir aus dem Auto steigen, zähle ich bis drei. Wenn du dich dafür entschieden hast, meine Hand nicht zu nehmen, entscheide ich, dass ich dich trage. |
| Du kannst wählen, dein Zimmer aufzuräumen und dann zu der Party zu gehen. | Wenn du dich dafür entscheidest, nicht aufzuräumen, entscheide ich, dich nicht zu der Party zu bringen. | Wenn dein Zimmer um 17 Uhr nicht aufgeräumt ist, weiß ich, dass du dich entschieden hast, nicht auf die Party zu gehen. Es ist deine Entscheidung. |

| | | |
|---|---|---|
| Du kannst wählen, eine halbe Stunde deine elektronischen Geräte zu nutzen und sie dann auszuschalten. | Wenn du dich dafür entscheidest, die Geräte nicht auszuschalten, wenn die halbe Stunde vergangen ist, kommen sie für zwei Tage weg. | Wenn du dich dafür entscheidest, die Geräte nicht auszuschalten, weiß ich, dass du entschieden hast, sie die nächsten beiden Tage nicht zu nutzen. Es ist deine Entscheidung. |

## Machen Sie unmissverständlich und konkret klar, was Sie erwarten

Transparente Grenzen verlangen, dass Sie Ihr Kind vor eine spezifische und genau definierte Wahl stellen. Andernfalls finden Sie sich in einer Diskussion mit Ihrem künftigen kleinen Anwalt wieder, wie es bei Nicole passierte:

»Die Regel bei uns zu Hause besagte, dass die Nutzung von elektronischen Geräten begrenzt ist«, erzählte mir Nicole. »Ständig gab es deswegen Streit. Ich sagte den Kindern, sie sollten die Geräte ausschalten, und sie regten sich auf und behaupteten, sie hätten gerade erst angefangen oder sie würden noch gar nicht lange spielen. Erst als wir hier im Kurs darüber sprachen, merkte ich, dass unsere Erwartung nicht klar war. Was bedeutete es, zu viel Zeit mit elektronischen Geräten zu verbringen? Wie lange durften sie solche Geräte benutzen? Ich ging nach Hause und sagte: ›Wir brauchen eine unmissverständliche Regel. Sagen wir, pro Tag maximal eine Stunde elektronische Geräte außerhalb der Hausaufgaben.‹

›Aber was ist, wenn wir mitten in einem Spiel sind?‹, beklagten sie sich.

Also ließ ich sie ihr Lieblingsspiel spielen, und wir schauten, wie lange es bis zum Ende dauerte. Anhand dieser Information vereinbarten wir ein Zeitlimit, während dessen sie spielen durften, danach würden die Geräte ausgeschaltet.

Sie lamentierten, aber die elektronischen Geräte wurden ausgeschaltet. Ich bin sicher, dass es auch deswegen half, weil sie an der Entscheidung über die endgültige Regel mitgewirkt hatten. Wenn sie nun spielen, frage ich: ›Gilt damit das Zeitlimit?‹ Wenn sie Ja sagen, spielen sie, wenn sie Nein sagen, schalten sie selber aus, weil sie erkennen, dass sie ihre verfügbare Zeit für Klimbim verbrauchen. Die Streitereien haben aufgehört – sogar mit Kyle, der unglaublich hartnäckig ist.«

Prüfen Sie Ihre Erwartungen sehr genau. Sind diese unmissverständlich und konkret? Wann ist Zubettgehzeit? Welche Spielsachen werden geteilt? Wo kann Ihr Kind mit dem Fahrrad fahren? Welche Hausarbeiten müssen erfüllt werden? Fragen Sie Ihre Kinder, welche Erwartungen es ihrer Meinung nach bei Ihnen zu Hause gibt. Schauen Sie sich diese gemeinsam an und formulieren Sie sie bei Bedarf präziser.

Bedenken Sie auch, dass Kinder anders denken als Erwachsene und während Kindheit und Jugendzeit erst schrittweise auf das Erwachsenendenken umschalten. Für Kleinkinder ist die Welt schwarz-weiß. Wenn Sie wollen, dass Ihr Kleinkind auf einem Parkplatz an Ihrer Hand geht, muss das immer gelten. Kleinkinder verstehen Mehrdeutigkeit nicht. Wenn Sie Ihr Kind auf einem Parkplatz, der beinahe leer ist, frei herumlaufen lassen, von ihm jedoch erwarten, dass es an Ihrer Hand geht, wenn dort mehr los ist, verwirren Sie Ihr Kind. Es muss eine zuverlässige Regel erkennen können. Wenn die Regel wechselt, kommt es damit nicht zurecht. Erwartungen werden gelernt und verinnerlicht, wenn sie immer gleich bleiben, egal wie die Umstände sind. Kinder, die dem Vorschulalter entwachsen sind, sind vom Entwicklungsstand her für mehr Flexibilität bei den Regeln bereit – sie haben ein Zeitverständnis und können es akzeptieren, dass dreißig Minuten mehr vor dem Bildschirm heute bedeuten, dass es morgen dreißig Minuten weniger gibt. Vor dem Alter von fünf Jahren müssen Ihre Regeln und Erwartungen jedoch konkreter sein.

»Es hat funktioniert«, berichtete Luke eine Woche später. »Die ersten beiden Male musste ich das Handy verschwinden lassen, und sie bekam einen Trotzanfall, wie Sie vorhergesagt hatten. Beim dritten Mal jedoch war sie bereit, es mir zu geben, sodass wir gemeinsam darauf schauen konnten.« Nach einer kurzen Pause fügte er hinzu: »Ich merke jedoch, dass ich manchmal zwar weiß, was ich von ihr verlangen will, aber nicht, was ich tun will, wenn sie der Aufforderung nicht nachkommt.«

Genauso wichtig, wie zu wissen, welches Verhalten Sie von Ihrem Kind erwarten, ist die Entscheidung, was Sie tun werden, wenn das Kind die Erwartung nicht erfüllt.

## Konsequent bleiben

Es ist manchmal nahezu unmöglich, ein lebhaftes Kind dazu zu »bringen«, etwas zu tun. Dieses Wissen kann Ihnen ein Gefühl der Machtlosigkeit geben. Transparente Erwartungen beinhalten jedoch, dass Sie sich die Zeit nehmen zu bestimmen, wie Sie reagieren werden. Überlegen Sie in Ruhe, was Sie tun können. Können Sie Ihr Kind, wenn es noch klein ist, hochheben und woanders hinbringen? Können Sie eine Sache wegnehmen, wenn damit nicht sorgsam umgegangen wird? Können Sie, wenn die Zubettgehzeit nicht eingehalten wird, diese am nächsten Tag fünfzehn Minuten früher ansetzen? Können Sie zwei streitende Kinder voneinander trennen? Sind Sie dazu bereit, umzukehren und wieder nach Hause zu fahren, wenn Kinder im Auto ausrasten? Egal wofür Sie sich entscheiden, Sie müssen nur sicherstellen, dass es etwas ist, was Sie auch wirklich tun können und tun wollen.

Manchmal müssen Sie warten, bis sich Ihr Kind beruhigt hat, um das tun zu können, was Sie angekündigt haben. Wenn Ihr

Vorschulkind die tägliche Entscheidung, was es anziehen will, hinauszögert, können Sie sagen: »Ich stelle den Wecker auf fünf Minuten. Du kannst aussuchen, was du anziehen willst. Wenn du nichts ausgesucht hast, sobald der Wecker klingelt, werde ich etwas aussuchen, und du wirst es anziehen. Es ist deine Entscheidung.« Wenn der Wecker klingelt und das Kind nichts ausgesucht hat, werden Sie Ihr Kind erst ein paar Minuten beruhigen müssen, um einen Kampf zu vermeiden. Sobald es sich jedoch beruhigt hat, muss es, da es selbst keine Wahl getroffen hat, das anziehen, was Sie ausgesucht haben. Beim nächsten Mal kann Ihr Kind sich anders entscheiden.

Ob es darum geht, einen Haufen Spielsachen aufzuräumen oder eine kleine Hausarbeit zu erledigen – beim ersten Mal werden Sie Geduld brauchen, bis Ihr Kind es gemacht hat. Es kann zu seinem Beruhigungskorb oder an seinen Ruheort gehen (siehe Kapitel 7). Es kann noch etwas essen, wenn Essenszeit ist, schlafen, wenn Zubettgehzeit ist oder in die Schule gehen. Es muss sich nicht elend fühlen. Aber bevor es eine andere vergnügliche Aktivität beginnt oder irgendwelche elektronischen Geräte benutzt, muss die Aufgabe erledigt werden, und Sie müssen sicherstellen, dass dies geschieht. Das ist keine Drohung. Das ist ein Versprechen.

Wenden Sie diese Strategie das erste Mal an einem Wochenende oder zu einer Zeit an, zu der Sie sich nicht sorgen müssen, zu spät zu kommen. Sie müssen ebenso fest entschlossen sein, Ihr Ziel durchzusetzen, wie Ihr beharrliches Kind seins durchsetzen will. Je öfter Sie üben, das Angekündigte auch wirklich zu tun, desto kooperativer wird Ihr Kind werden. (Wenn Ihr Kind schon älter und widerborstig ist, lesen Sie weiter, wie Sie Situationen nachbesprechen und das Problem gemeinsam lösen können.)

Manchmal verlangt die Durchführung des Angekündigten, dass man auch willens ist, dies wirklich zu tun.

Laura verzog das Gesicht, bevor sie zugab: »Ich steckte wirklich in der Klemme. Eleanor hatte mit den Füßen in meinen Rücksitz getreten, als wir auf der Autobahn fuhren. Sie liebt die Märchenstunde in der Bücherei. Deshalb sagte ich ihr, wir könnten in die Märchenstunde in die Bücherei fahren, wenn sie ihre Beine im Auto stillhält. Würde sie weiter gegen meinen Sitz treten, würde ich umkehren und wieder nach Hause fahren. Sie war einverstanden, aber nach etwa drei Kilometern trat sie wieder gegen meinen Sitz. Ich fuhr bei der nächsten Ausfahrt von der Autobahn. Als sie merkte, dass ich umkehrte, bettelte sie, nicht nach Hause zu fahren, und versprach, mit dem Treten aufzuhören. Ich selbst wollte auch nicht wieder nach Hause. Ich brauchte diese Pause. Daher gab ich nach und fuhr wieder Richtung Bücherei. Wir waren etwa zwei Kilometer weit gekommen, da trat sie wieder gegen meinen Sitz.«

Wenn Sie das, was Sie angekündigt hatten, nicht in die Tat umsetzen, kommt es zu einer »Verstärkung«. Ihr Kind steigert sein Verhalten, um festzustellen, wo die Grenze ist. BEVOR Sie also Ihrem Kind ankündigen, was Sie tun werden, fragen Sie sich: »Kann ich das machen?« und: »Will ich das machen?« Ist dies nicht der Fall, überlegen Sie sich etwas anderes, was Sie tun werden. Ihr Kind muss wissen, dass es sich darauf verlassen kann, dass Sie das Angekündigte auch wirklich machen.

## DIE FEINABSTIMMUNG DER ZEITVORGABE

Als Luke und ich den Plan entwickelten, um das Handy-Problem anzugehen, riet ich ihm, bis drei zu zählen, damit Emily wüsste, wann sie handeln müsse. Wäre Emily schon mindestens fünf Jahre alt gewesen, hätte ich Luke nicht geraten zu zählen. Das Zählen führt bei älteren Kindern eher zu einer Steigerung des Verhaltens. Gelegentlich werden auch etwas ängstlichere Kinder panisch, wenn sie »eins« hören, weil sie Sorge haben, sich nicht rechtzeitig beruhigen und die richtige Wahl treffen zu können. Setzen Sie stattdessen eine vereinbarte Zeitgrenze, beispielsweise: »Bis 17 Uhr muss das Zimmer aufgeräumt sein.« Gehen Sie dann weg und geben Sie Ihrem Kind Raum und Zeit, die Aufgabe zu erledigen. Vermeiden Sie es, sich in der Nähe aufzuhalten oder Ihr Kind zu erinnern. Sie können, wenn Sie das wollen, zwanzig Minuten vor Ablauf der Zeit eine Vorwarnung geben: »Vergiss nicht, in zwanzig Minuten muss dein Zimmer aufgeräumt sein, wenn du zu der Party gehen möchtest.« Das genügt. Ihr Kind trifft die Entscheidung.

In einer zeitlich nicht beschränkten Situation können Sie nach dem Vorbild von Trainer Holtz ein spezifisches Verhalten einführen. Anstelle von sieben Interceptions als konkrete Grenze könnten Sie formulieren: »Wenn ich dich brüllen höre« oder: »Wenn ich sehe, dass du deinen Bruder schlägst.« Dabei gibt es keinen Bedarf für irgendwelche Auseinandersetzungen oder Debatten. Die Angaben sind konkret.

Wenn Sie Ihre Erwartungen sehr unmissverständlich formulieren und wissen, was Sie tun werden, falls Ihr Kind nicht folgt, fühlen Sie sich sehr viel selbstsicherer. Selbstsicherheit macht Sie stark, selbst wenn Sie mit der kraftvollen Energie eines sehr starken, beharrlichen, temperamentvollen Kindes konfrontiert werden.

## KOOPERIEREN

Letztlich wollen Sie erreichen, dass Ihr Kind sich selbst stoppt. Es soll eine Selbstkontrolle entwickeln und nicht von Ihnen als äußerer Kontrollinstanz abhängig sein. Während der späteren Vorschulzeit Ihres Kindes und endgültig, wenn es in die Schule kommt, werden Sie Ihre Energie darauf verwenden müssen, ihm zu helfen, sich selbst zu stoppen und gute Entscheidungen zu treffen.

»Der achtjährige Steven kam gestern Abend wieder zu spät nach Hause«, erzählte Tiffany den anderen Eltern in ihrer Gruppe. »Heute habe ich mich mit ihm hingesetzt und gesagt: ›Steven, wenn du dich verspätest, mache ich mir Sorgen. Wie können wir dir zu helfen, nicht zu vergessen, rechtzeitig nach Hause zu kommen?‹ Er sah mich an und sagte dann: ›Wie wäre es, wenn ich die Uhr trage, die ich von Oma bekommen habe? Sie hat eine Weckfunktion. Wenn du mir zeigst, wie man sie einstellt, kann sie mich daran erinnern, rechtzeitig heimzukommen.‹ Ist das zu glauben? Er kam ganz von selbst auf die Idee!«

Kinder im Kleinkindalter werden Sie eher stoppen, damit sie lernen, wo die Grenze ist. Bei älteren Kindern werden Sie eher sagen: »Lass uns gemeinsam an einer Verbesserung arbeiten.« Werden Kinder in diesen Prozess eingebunden, hilft man ihnen, die Fertigkeiten zur Selbstkontrolle zu entwickeln. Dies gilt insbesondere, wenn das Problem wiederholt auftritt. Wenn es jeden Abend zu einem Kampf wegen der Hausaufgaben oder wegen Zankereien zwischen den Geschwistern kommt, gibt es dafür einen Grund, ein Gefühl oder ein Bedürfnis, das bisher nicht erkannt wurde. Es ist dann an der Zeit, sich hinzusetzen und als *problemlösende Familie* aktiv zu werden.

## DIE BALANCE FINDEN

Lebhafte Kinder mögen es nicht, wenn wir Nein sagen. Die Intensität und Dauer ihrer darauffolgenden Reaktion können überwältigend wirken und uns zwingen, unser eigenes Urteil infrage zu stellen. Es kann sehr schwierig sein, bei der Kontrolle eine Balance zu finden. Wir müssen selbstsicher wirken, auch wenn wir uns gar nicht selbstsicher fühlen und uns an einer Front zubewegen, die nicht eindeutig definiert ist. Wenn wir Nein sagen, überlegen wir vielleicht, ob wir das lebhafte Temperament des Kindes verletzen oder unsere elterliche Autorität missbrauchen. Woher wissen wir, ob wir »überkontrollierend« sind? Oder ob wir unsere lebhaften Kinder die Kontrolle übernehmen lassen? Werden wir wissen, wann wir bei der Kontrolle die Balance gefunden haben? Wir merken es daran, wie wir uns fühlen.

## Bei zu wenig Kontrolle werden wir ärgerlich

Ashley schlang die Arme um ihren Körper, als wolle sie sich vor der Welt verstecken. Bei der Formulierung unmissverständlicher Erwartungen an ihren Sohn Jackson merkte sie, wie sie ins Wanken geriet.

»Ich will ihn ja nicht unterdrücken«, sagte sie mir. »Vielleicht sind Jungen einfach so. Meine Mutter war krank, als ich Kind war, und mein Vater war ständig auf Reisen. Mir hat nie jemand Grenzen gesetzt. Ich weiß nicht, wie sich Grenzen anfühlen. Ich kann voll gegen eine Mauer laufen und erkenne sie erst, wenn ich dagegen stoße. Jackson weiß, wann ich unsicher bin, und dann lässt er nicht locker. Ich glaube, er versucht herauszufinden, wo die Grenze ist, aber ich weiß gar nicht, wo sie ist. Dann werde ich wütend, weil ich das Gefühl habe, dass er sich alles erlauben kann.«

Wenn Ihr lebhaftes Kind beharrlicher ist, als Sie selbst es sind, müssen Sie sich eine sehr wichtige Frage stellen, bevor Sie eine Erwartung formulieren: Glauben Sie, dass diese Erwartung im besten Interesse Ihres Kindes und Ihrer Familie ist? Wenn Sie unsicher sind oder mit Nein antworten, verfolgen Sie diese Erwartung erst gar nicht weiter. Nur wenn Sie in den Spiegel blicken und voller Überzeugung sagen können: »Ja, das ist im besten Interesse aller«, werden Sie bereit sein, eine Erwartung zu formulieren und selbstsicher durchzusetzen. Ihr Kind wird viel weniger Widerstand leisten, als Sie je erwartet hätten.

Denken Sie darüber nach. Selbst wenn Sie zu den sensibelsten und am wenigsten beharrlichen Eltern der Welt zählen, werden Sie Ihr Kind, selbst wenn es sich heftig dagegen wehrt, resolut in den Autositz setzen und anschnallen. Sie würden sich dabei niemals Gedanken darüber machen, sie könnten damit seiner Seele Schmerz zufügen. Das Anschnallen ist für seine Sicherheit gesetzlich vorgeschrieben. Es ist im besten Interesse aller. Sie geben dabei nicht klein bei. Tatsächlich wissen Sie sehr wohl, wie Sie unmissverständliche Erwartungen durchsetzen können. Bauen Sie auf diesem Erfolg auf.

Nachfolgend ein Tipp, der helfen könnte: Die Sozialpsychologin Amy Cudder hat festgestellt, dass die Körpersprache Einfluss darauf hat, wie andere uns sehen, und dass sie auch unser Selbstbild verändert. Sogar wenn Sie nicht selbstsicher sind, verändert Ihre Körpersprache die Hormone in Ihrem Gehirn, wenn Sie eine selbstsichere Haltung einnehmen, wodurch sich auch Ihre Erfolgsaussichten erhöhen. Beginnen Sie gleich heute, sich vor den Spiegel zu stellen, mit den Händen an den Hüften, die Füße schulterbreit geöffnet und mit erhobenem Kopf. Erklären Sie mit fester und lauter Stimme: »Ich bin eine erfolgreiche Mutter/ein erfolgreicher Vater. Ich weiß, was ich tue. Es gibt einen Grund, warum mir diese Aufgabe gestellt wurde. Ich kann die Hilfsmittel finden, sie erfolgreich zu erfüllen.« Bleiben Sie zwei Minuten in dieser Haltung und machen Sie dann weiter mit Ihrem Tag. Sie werden feststellen, dass Sie mit der Zeit auch selbstsicher werden, wenn Sie nur vorgeben, es zu sein.

## Zu viel Kontrolle gibt uns das Gefühl, unser Kind militärisch zu drillen

Audrey war eine Frau, die man sofort wahrnahm, sobald sie einen Raum betrat. Durch ihre ausladenden und gebieterischen Gesten zog sie die Aufmerksamkeit auf sich. »Ich weiß, dass ich sehr kontrollierend bin«, sagte sie. »Ich höre, wie ich meinen Sohn mit Ermahnungen anherrsche. ›Hör auf damit! Vorsicht! Komm hierher. Geh aus dem Weg. Pass auf. Fass das nicht an.‹ So entsteht eine Anspannung, die unser Zuhause elektrisch auflädt, als lägen alle Nerven bloß. Zum Selbstschutz wird mein Sohn taub für mich und ignoriert alles, was ich sage, und wenn er mich nicht ignoriert, dann streitet er mit mir.«

Rob nickte, während Audrey sprach. »Ich lasse meinen Sohn nichts selber machen«, berichtete er. »Wenn ich überkontrollierend bin, denke ich immer, ich könnte es besser. Ich lasse ihm nicht die Zeit, den Reißverschluss an seinem Anorak selbst zuzumachen. Ich mache es, weil es bei mir schneller geht. Neulich nahm ich ihm an der Staffelei einen Pinsel aus der Hand und sagte: ›Hier, schau mal, ich kann das besser.‹ Die Augen meines Sohnes haben sich mit Tränen gefüllt und er sagte: ›Ich will nicht, dass du länger zu unserer Familie gehörst.‹«

»Ich merke, dass ich zu selten Ja sage«, gab Deb zu. »Beispielsweise wenn ich Nein gesagt habe, ohne ihm wirklich zugehört zu haben, oder wenn ich ihn unterbreche, bevor er seinen Satz zu Ende gesprochen hat.«

Wenn Sie sich wie ein Feldwebel vorkommen oder Schuldgefühle haben, weil Sie ständig in Kämpfe und Streitereien mit Ihrem beharrlichen Kind geraten, kann dies ein Zeichen dafür sein, dass Sie in der Beziehung zu Ihrem Kind häufiger sagen müssen: »Ja, lass uns zusammenarbeiten.« Nehmen Sie etwas Abstand und fragen Sie sich, ob Sie Ihrem Kind genügend Übungsmöglichkeiten für das Treffen von Entscheidungen oder das Erledigen von Aufgaben geben, zu denen es in der Lage ist? Ermutigen Sie Ihr Kind zu sagen: »Ich kann das selber«, und: »Ich habe eine tolle Idee«? Lassen Sie Ihr Kind wissen, dass Sie seine Beharrlichkeit respektieren und wertschätzen?

## Eine ausgewogene Kontrolle gibt uns das Gefühl, Fortschritte zu machen

Unser eigentliches Ziel ist es, ein Gefühl ausgewogener Kontrolle zu erreichen, einer Kontrolle also, bei der sowohl das beharrliche temperamentvolle Kind als auch seine Eltern das Gefühl haben, gehört und respektiert zu werden, bei der eine problemlösende Familie entsteht und die Erwartungen unmissverständlich sind.

***Wie fühlt sich eine ausgewogene Kontrolle an? Das sagen verschiedene Eltern dazu:***
»Man hat das Gefühl, dass jeder bekommt, was er braucht, und dass niemand zu kurz kommt.«
»Jeder fühlt sich respektiert und ist respektvoll.«
»Jeder nimmt sich Zeit, dem anderen zuzuhören. Es gibt weder Sieger noch Verlierer.«
»Jeder weiß, was er zu erwarten hat. Es gibt keine Überraschungen.«

Es ist ein schmaler Grat hin zu einer ausgewogenen Kontrolle. Je älter Ihr Kind wird, desto mehr arbeiten Sie gemeinsam daran. Eine Flut von »Arm-Pupsern«, die in einem Sommer das Paidea-Kinderzentrum heimsuchte, ist ein gutes Beispiel dafür:

Es begann in einem Klassenzimmer mit Kindern im Schulalter, als einige Jungen entdeckten, was für eindrucksvolle Geräusche sie mit ihren Achselhöhlen erzeugen können. Schon bald erhielten die gutturalen Geräuschsalven den Namen »Arm-Pupser«.

Lynn teilt meine Richtlinien, was ein akzeptables Benehmen ist und was nicht. Vor allem wenn es unsicher, verletzend oder sich selbst, anderen oder der Umgebung gegenüber respektlos ist, muss es aufhören. Jeder, der Jungen im Schulalter kennt und weiß, welchen Spaß sie an der Reaktion von Freunden auf Geräusche haben, die an bestimmte Körperfunktionen erinnern, weiß auch, dass eine einfache Regel sie niemals stoppen wird. Daher hielt Lynn ein Meeting ab. Allerdings kein Meeting von oben herab, nach dem Motto: ›Hier kommen die Anordnungen‹, sondern eher ein Gespräch über Respekt und angemessenes Verhalten. Sie holte alle Kinder zusammen und teilte ihnen mit, dass sie sich mit dieser Art von Begriffen nicht wohlfühlte. Damit machte sie die Grenze klar. Anstatt den Begriff »Arm-Pupser« zu verbieten und damit zu drohen, wenn der Begriff weiterhin benutzt würde, gäbe es Konsequenzen, forderte sie die Kinder auf, dafür eine andere Bezeichnung vorzuschlagen. Bald zermarterten sich achtunddreißig Kinder ihr Hirn, um Alternativen für die »Arm-Pupser« zu finden, wobei letztlich sieben Alternativen gefunden wurden. Diese Liste wurde anschließend zur Abstimmung vorgelegt. »Achselmusik« wurde mit Abstand Sieger.

Damit ließ es Lynn jedoch noch nicht bewenden. »Okay«, antwortete sie, »wir werden also das Musikmachen mit unseren Achselhöhlen als ›Achselmusik‹ bezeichnen. Nun wollen wir noch besprechen, wann und wo es akzeptabel ist, das zu tun.« Die Kinder wurden ganz still, nachdenklich erwogen sie diese Frage. Dann erklärte eines der Kinder: »Wenn wir in einer Band Musik machen!« Rasch platzte ein anderes heraus: »Auf dem Spielplatz!« Lynn verdeutlichte, wobei sie ihre Stimmführung wie eine Frage klingen ließ: »Okay, es ist also akzeptabel, auf dem Spielplatz oder beim Musizieren in einer Band mit den Achselhöhlen Musik zu

machen?« Feierlich nickten die Kinder zustimmend. Lynn machte eine Pause, überlegte und fragte dann: »Wann wäre es denn unpassend, dass ihr mit euren Achselhöhlen Musik macht?« Wieder wurden die Kinder eifrig aktiv, eines rief: »im Klassenzimmer«, ein anderes äußerte: »wenn der Lehrer spricht«. Ein drittes Kind, das sich selbstsicher meldete, bestätigte: »beim Essen!«
»Es gibt also nicht viele Orte, wo es passend ist, dass ihr mit euren Achselhöhlen Musik macht«, antwortete Lynn nachdenklich. »Schauen wir einmal, ob ich das richtig verstanden habe. Es wäre akzeptabel auf dem Spielplatz oder beim Musizieren in einer Band? Es wäre demnach im Klassenzimmer oder beim Essen nie akzeptabel?« Die Kinder nickten einhellig. Das war es – Meeting beendet. Und ebenso auch die Geschichte der »Arm-Pupser«, die irgendwie an Glanz eingebüßt hatten, nachdem daraus »Achselmusik« geworden war, noch dazu verbannt auf den Spielplatz.

Es waren weder Konsequenzen noch Drohungen oder Erklärungen geäußert worden, dass diese verboten seien. Stattdessen fand ein Gespräch statt, bei dem die Sichtweise sowohl der Erwachsenen als auch der Kinder angesprochen wurde. Die Kinder hatten eine Stimme und bekamen Gelegenheit, das Grenzensetzen, Problemlösen, Treffen von Entscheidungen und ihre Verhandlungsfertigkeiten unter Anleitung eines Erwachsenen zu üben. Brauchte das Zeit? Ja. Aber aufgrund dieses Gesprächs schätzen die Kinder nun, wie wichtig Respekt ist, warum Grenzen wichtig sind, wic ermittelt wird, wo eine Grenze sein sollte und – was am wichtigsten ist – sie verfügen über genügend Informationen, um zu diesen Werten zu stehen. Ausgewogene Kontrolle erlaubt es beharrlichen Kindern, mit uns zusammenzuarbeiten, ohne dass ihr Temperament unterdrückt wird. Während der Teenagerjahre wird genau das dafür sorgen, dass Ihre temperamentvollen Jugendlichen mit Ihnen kooperieren.

## BEHARRLICHKEIT – EINE ZUSAMMENFASSUNG

Temperamentvolle Kinder brauchen mehr noch als andere Kinder selbstsichere Eltern – Erwachsene also, die bereit sind, wenn es um das Lehren der Grundregeln und Grundwerte im Leben geht, ebenso beharrlich und unerbittlich zu sein wie ihre Kinder. Eltern, die es verstehen, dass das Aufstellen und Durchsetzen unmissverständlicher Grenzen Kindern ein Gefühl von Sicherheit gibt, nicht den Eindruck »gemein« zu sein.

***Beharrliche temperamentvolle Kinder müssen immer wieder Sätze hören wie:***

Ich sorge für deine Sicherheit.
Du kannst darauf zählen, dass ich das, was ich angekündigt habe, auch wirklich mache.
Wenn du nicht selbst aufhören kannst, helfe ich dir aufzuhören.
Du kannst durch dein Verhalten wählen, was geschehen wird.

***Pädagogische Tipps:***

Sagen Sie Ihrem Kind, was es tun kann.
Sagen Sie Ihrem Kind, was Sie tun werden, wenn es nicht folgt.
Sagen Sie Ihrem Kind, wann Sie das tun werden.

***Wenn Sie selbst nicht beharrlich sind:***

Fragen Sie sich, ob diese Erwartung Ihrer Meinung nach im besten Interesse Ihres Kindes ist.
Bauen Sie auf zurückliegende Erfolge auf.
Erkennen Sie an, dass gute Eltern auch einmal Nein sagen müssen.

# 11

# Sensibilität

## Verstehen, wie Ihr Kind sich fühlt

*»Wie gehen Sie mit einem Kind um, das sich an den ›Nähten‹ in seinen Socken stört und sich daher weigert, sie anzuziehen?«*

*Kelsey, dreifache Mutter*

»Meine Tochter Claire wurde in der Schule nicht mit ihrer Arbeit fertig«, erzählte Kim in der Gruppe. Ihre braunen Locken hüpften wie zur Betonung bei jedem Wort. »Die Lehrerin hatte den Kindern zu Beginn des Schuljahrs gesagt, wenn sie im Unterricht nicht mit ihrer Arbeit fertig würden, müssten sie während der Pause in der Bücherei bleiben, anstatt hinauszugehen. Claire arbeitete immer langsamer und langsamer. Es dauerte nicht lange, bis sie jede Pause in der Bücherei verbrachte. Schließlich fragte ich sie frustriert, warum sie nie mit ihrer Arbeit fertig wurde.

›Weil mich der Lärm auf dem Schulhof verrückt macht‹, antwortete sie. ›Die einzige Möglichkeit für mich, etwas Frieden und Ruhe zu bekommen, ist, nicht mit meiner Arbeit fertig zu werden!‹«

Sensible Kinder empfinden Emotionen, sehen Dinge, hören Geräusche und riechen Gerüche in einem Ausmaß, das wir Normalsterblichen nie kennenlernen werden. Sie nehmen uns nicht auf den Arm, wenn sie uns erzählen, dass bestimmte Socken ihren Füßen wehtun. Sie meinen es todernst, wenn sie sich weigern, in der Schule am Mittagessen teilzunehmen, weil die anderen Kinder schlürfende Geräusche von sich geben. Wenn Sie sie an einem kalten Wintertag ohne Jacke an der Bushaltestelle erwischen, stimmt es tatsächlich, dass sie nicht aufsässig sind, sondern dass ihnen warm ist. Sie erkennen den Unterschied zwischen verschiedenen Apfelmussorten, und wenn Sie es überprüfen, werden Sie feststellen, dass das Toilettenpapier in der Schule tatsächlich anders riecht und sich anders anfühlt als das Toilettenpapier zu Hause – genau wie sie gesagt haben.

Durch ihre Sensibilität können lebhafte Kinder tiefe Bindungen eingehen und andere unterstützen. Bekannte humanitär tätige Menschen sind mit dem Geschenk der Sensibilität gesegnet.

Probleme entstehen für sensible, empfindliche Kinder, wenn sie von der Menge an Reizen und emotionalem Stress um sie herum überfordert werden. Das passiert leicht, weil sensible Kinder Emotionen und Empfindungen sammeln und verdichten. Diese werden eher aufgesaugt als zerstreut. Dann kann sich ein Druck aufbauen, der das Kontrollsystem dieser Kinder überfordert.

Sharon Heller schreibt in ihrem Buch *Too Loud, Too Bright, Too Fast, Too Tight:* »Wenn wir uns emotional verletzlich fühlen, ist unser gesamtes Nervensystem aus dem Gleichgewicht und beeinträchtigt auch andere sensorische Systeme: Kommt dann noch ein Mückenstich, eine aufgesprungene Lippe oder ein Niednagel dazu, fühlen wir uns wie am Abgrund und die Welt wird lauter und greller.«

Es kann für unsere temperamentvollen Kinder anstrengend sein, mit all diesen Empfindungen umzugehen. Unsere Aufgabe ist es, ihnen dabei zu helfen zu lernen, die Konzentration an Reizen in ihrem Körper zu überwachen und ihnen beizubringen, wie sie ihre hohe Sensibilität in positiver Weise in den Griff bekommen können.

## DEN REIZPEGEL IM AUGE BEHALTEN

Ich empfehle den Eltern in meinen Kursen immer, wenn sie jemals das Gefühl haben sollten, die einzigen Eltern auf der Welt zu sein, die ein empfindliches temperamentvolles Kind haben, dann sollten sie einmal in das größte, lauteste und überfüllteste Geschäft in ihrer Gegend gehen. Dort werden sie temperamentvolle Kinder finden, die wie kleine Bomben zwischen den Regalreihen unterwegs sind, vor allem bei den Süßigkeiten und in der Spielzeugabteilung. Auf den ersten Blick mag es so erscheinen, als sei der Auslöser für die Ausbrüche die Weigerung der Eltern, eine Süßigkeit zu kaufen, der Wunsch, den Einkaufswagen zu schieben oder ein anderes unbedeutendes Problem. Der echte Auslöser jedoch verbirgt sich in den fluoreszierenden Lichtern, der Hintergrundmusik, den Leuchtreklamen, bunten Verpackungen und dem Gedränge der Leute, was alles zusammen eine stärkere Stimulation erzeugt, als ein sensibles Kind aushalten kann, besonders, wenn seine Energiespeicher ziemlich leer sind.

Als Elternteil eines sensiblen temperamentvollen Kindes müssen Sie sich auf Ihre Umgebung fokussieren. Machen Sie sich Hinweise auf Reize bewusst und erkennen Sie, wann für Ihr Kind die Grenze der Belastbarkeit erreicht ist – der Reizpegel, der über seine Fähigkeit hinausgeht, damit fertigzuwerden.

Jessica und Steve hatten nie bemerkt, wie sensibel ihr Sohn Kip war, bis sie in die Kurse für temperamentvolle Kinder kamen. Durch die Gespräche dort verstanden sie allmählich, dass ein Zuviel an Reizen der Hauptgrund für das wilde Verhalten ihres Sohnes war. Ein Verhalten, dem sie einfach durch eine Kontrolle des Reizpegels vorbeugen konnten, dem er ausgesetzt war. Im Kurs erzählte Jessica uns stolz, wie sie einen Trotzanfall hatten stoppen können, noch bevor er überhaupt begann: »Am Samstag sind wir mit unserem Kind auf einen großen Kunsthandwerkermarkt gegangen«, sagte sie. »Ich war noch kaum über die Schwelle gegangen, als mir der Lärmpegel der Aussteller auffiel, die ihre Waren anpriesen. Farbkleckse in Rot, Orange, Lila und Grün stürmten auf meine Augen ein. Von der Decke hingen Lampen, schwangen im Luftzug und bildeten Lichtmuster auf dem Boden. Und die vielen Menschen – es war nicht einmal genügend Platz, um sich umzudrehen. Ich schaute zu Kip und merkte, dass er das niemals durchhalten würde. Die vielen Reize würden ihn verrückt machen. Ich war sehr enttäuscht und auch frustriert. Ich wusste, dass wir das Eintrittsgeld nicht zurückbekommen würden. Ich atmete einmal sehr lange und tief durch, dann bat ich Steve inständig: ›Bitte, gib mir eine halbe Stunde. Kannst du ihm helfen, eine halbe Stunde durchzuhalten? Ich brauche nur eine halbe Stunde!‹«

Bevor Jessica und Steve etwas über Sensibilität erfahren hatten, waren ihnen Hinweise auf Reize nicht aufgefallen. Nun jedoch erkannte Jessica sofort eine drohende Katastrophe. Kip würde wahrscheinlich anfangen, Theater zu machen und zu toben, aber nicht, weil er ungezogen war, sondern weil diese Reize für ihn so eindringlich waren.

Das Überwachen des Reizpegels in der Umgebung Ihres Kindes ist entscheidend, um ihm dabei zu helfen, gut mit seiner Sensibilität umzugehen. Wenn Sie die Hinweise wahrnehmen können, die Ihnen sagen, dass sich ein sensibles Kind in einer Situation unter Beschuss fühlen wird, wissen Sie, wie Sie darauf reagieren müssen, um einen Zusammenbruch zu verhindern. Seien Sie besonders aufmerksam in Einkaufszentren, auf Messen, in Parks, an Stränden und auf Partys. Überall, wo mit viel Lärm, Gerüchen, heller Beleuchtung und großen Menschenmengen zu rechnen ist, ist Ihr sensibles Kind anfällig.

## DIE RICHTIGEN WORTE WÄHLEN

Da Jessica und Steve an meinem Kurs teilgenommen hatten, wussten sie, dass sie Kip helfen mussten zu verstehen, welchen Einfluss Menschenmengen und große Unruhe auf ihn haben. Kip war nicht klar, dass die Irritation und das Unbehagen, das er empfand, durch die Menschen, die hellen Lichter und den Lärm verursacht wurden. Es war wichtig, ihm zu vermitteln, dass er weder krank noch in Gefahr war. Er reagierte einfach auf die Reize.

»Was hast du zu Kip gesagt?«, fragte ich.

Steve antwortete: »Ich habe ihm gesagt: ›Hier ist es ziemlich voll. Hier ist viel Lärm und es gibt viele bunte Farben. Es könnte sein, dass du dich in deinem Inneren wieder so merkwürdig fühlst.‹ Ich wusste, dass er sich daran erinnern würde, weil er letzte Woche auf einer Party ausgerastet war und wir über dieses ›merkwürdige Gefühl‹ gesprochen hatten. Auf jeden Fall sagte ich ihm, er solle mir sagen, wenn dieses Gefühl wieder auftauchen würde. Ich würde ihm helfen, ein ruhiges Plätzchen zu finden.«

Durch Steves Hinweis auf die hellen Lichter, die Farben und die vielen Leute lehrte er Kip, selbst auf die Hinweise zu achten, um den Reizpegel zu erkennen. Eines Tages wird nicht mehr Jessica diejenige sein, die bemerkt, dass die Kunsthandwerksmesse für Kip zu viele Reize bietet. Kip wird es selbst erkennen.

Wenn Ihr Kind jahrelang seine Tränen eingesetzt hat, um sich auszudrücken, weiß es nicht, dass Worte wirksamer sein können. Sie müssen ihm die Begriffe beibringen, die die Empfindungen und Emotionen beschreiben, die es empfindet, und ihm zeigen, wie erfolgreich es ist, sie mit Worten mitzuteilen.

Prüfen Sie das Vokabular Ihres Kindes. Weiß es, was *kratzig*, *klebrig*, *eng*, *stinkend*, *laut* oder *kreischend* bedeutet? Kann es Ihnen sagen, wenn es traurig, einsam, verschreckt, erhitzt, irritiert oder überfordert ist? Antworten Sie ihm ehrlich, wenn es Sie fragt, ob Sie verärgert oder traurig sind? Für sensible Kinder ist es wichtig, dass ihre Beobachtungen bestätigt werden, und sie müssen über die passenden Begriffe verfügen, um ihre tiefen Emotionen und Empfindungen mitteilen zu können.

## REDUZIEREN SIE REIZE

»Jessica zog alleine los«, fuhr Steve fort. »Und ich bummelte mit Kip durch die Reihen zwischen den Ständen. Ich beobachtete ihn sehr sorgfältig, um das erste Anzeichen zu bemerken, falls sein Kessel kurz vor dem Explodieren sein würde. Es dauerte nur etwa zehn Minuten, bis ich merkte, dass er anfing, alle Benimmregeln zu vergessen. Er fasste alle Sachen grob an und schubste andere Leute weg. Ich sagte zu ihm: ›Ich glaube, du bekommst dieses merkwürdige Gefühl‹ und dirigierte ihn an die Snackbar. Dort war es ruhig. Er verschlang ein Joghurtparfait und beruhigte sich, aber ich traute ihm noch nicht zu, schon wieder zu den Ständen zurückzugehen. Ich wusste, dass wir es ausgereizt hatten, daher ging ich mit ihm nach draußen vor das Gebäude und ließ ihn dort die Rampen hinauf- und hinunterrennen.«

Steve hatte gelernt, dass man den Reizpegel für das Kind nach Möglichkeit reduzieren muss, wenn dieser zu hoch wird. Dabei hilft es beispielsweise, das Kind in einen ruhigen Raum zu bringen, ihm einen Spaziergang im Freien vorzuschlagen, den kratzigen Pullover auszuziehen, die beruhigenden Aktivitäten auszuüben, die in Kapitel 7 beschrieben wurden, oder alles andere, womit Sie die Reizüberflutung Ihres Kindes eindämmen können.

Wenn Ihr Kind mindestens drei Jahre alt ist, beziehen Sie es bei der Suche nach dem, was es braucht, mit ein. Fragen Sie beispielsweise: »Stört dich dieser Lärm? Dann suchen wir uns ein ruhiges Plätzchen.« – »Ist dir wegen der Jacke so warm? Dann ziehen wir sie aus.« Bringen Sie Ihrem Kind bei, wie es den Reizpegel selbst reduzieren kann, damit es das Gefühl hat, die Kontrolle zu haben – und fähig zu sein, mit seiner Sensibilität selbst gut umgehen zu können.

## WISSEN, WANN ES ZEIT WIRD ZU GEHEN

Jessica wusste aus Erfahrung, dass Kip die Unruhe auf der Kunsthandwerksmesse etwa dreißig Minuten würde aushalten können, danach jedoch würden sie ihr Glück überstrapazieren.

»Es dauerte nicht lange«, erzählte uns Steve, »bis Jessica mit einer Lampe in der Hand wieder auftauchte. Sie war bereit, wieder heimzufahren. Es war nicht der Ausflug, den wir uns vorgestellt hatten, aber auf seine Art war er dennoch erfolgreich gewesen. Kip hatte dreißig Minuten durchgehalten. Es hatte keine Wutanfälle gegeben – kein peinliches Geschrei. Wir waren ein Team gewesen, und das war ein gutes Gefühl. Ich wusste, eines Tages würde Kip uns sagen können, dass er genug hätte und ob wir bitte gehen könnten.«

Mica hatte Jessica und Steve bei ihrer Geschichte ruhig zugehört. Als diese beendet war, sagte sie anerkennend: »Das habt ihr großartig gemeistert, aber was macht ihr, wenn ihr bei jemandem eingeladen seid? Da könnt ihr ja nicht einfach gehen.«

»Ich habe eine tolle Methode, um aus Situationen herauszukommen, ohne die Gefühle anderer zu verletzen«, äußerte Andrea. »Immer wenn wir zu einer Einladung gehen, lasse ich den Gastgeber wissen, dass wir noch einen anderen Termin haben und wahrscheinlich relativ früh wieder gehen müssen. Ich sage nicht, dass dieser Termin meine taktvolle ›Rettung‹ für meine Tochter und mich ist. Ich habe ein Auge auf sie. Solange alles gut geht, lasse ich sie spielen, aber sobald ich höre, dass sie anfängt, launisch oder fordernd zu werden, weiß ich, dass sie kurz vor dem Ausrasten ist. Das ist der Moment, in dem ich sage: ›Es wird Zeit, dass wir zu unserem Termin kommen. Wir müssen uns beeilen.‹ Ich nehme sie auf den Arm und gehe schnell mit ihr hinaus. Sie ist erst sechzehn Monate alt, daher funktioniert das gut. Ich weiß, dass ich ihr, wenn sie älter ist, beibringen muss, selbst auf einen bevorstehenden Trotzanfall zu achten. Aber momentan ist es einfach angenehm, von anderen zu hören, wie nett es mit ihr war, und wieder eingeladen zu werden. Bevor ich auf die Idee mit den ›geheimnisvollen Terminen‹ gekommen bin, wurden wir nicht immer ein zweites Mal eingeladen.«

Wenn Sie genau beobachten, werden Sie merken, wie anstrengend Situationen mit vielen Menschen und Reizen für Ihr sensibles Kind sind. Das kann frustrierend sein, besonders wenn Sie sich wohlfühlen und nicht bereit sind, schon zu gehen. Den richtigen Zeitpunkt für einen Rückzieher zu erkennen, ist jedoch für den Erfolg Ihres Kindes und für Ihr Selbstwertgefühl als Elternteil entscheidend. Es fühlt sich miserabel an, sich mit einem schlecht gelaunten Kind zu verabschieden. Viel besser ist es zu gehen, solange noch alle gut gelaunt sind. Auf diese Weise hat ihr Kind ein Erfolgserlebnis und fühlt sich nicht als Versager. Mit Übung wird es nach und nach die Fertigkeiten lernen, Reize länger auszuhalten, aber das braucht Zeit.

## BESCHRÄNKEN SIE DIE NUTZUNG ELEKTRONISCHER GERÄTE

Kunsthandwerksmessen, Einkaufszentren und Strände sind nicht die einzigen Orte, an denen sensible Kinder leicht zu viele Reize aufnehmen. Eine Studie, in der die Nutzung von elektronischen Geräten in der Freizeit (nicht für schulische Zwecke) bewertet wurde, ergab, dass innerhalb der letzten fünf Jahre die Gesamtmenge an Medieninhalten, denen junge Leute täglich ausgesetzt sind, um mehr als eine Stunde zugenommen hat. Dabei sind sie den Medien nicht nur länger ausgesetzt, sondern betreiben auch »Multitasking« – das heißt, sie nutzen mehrere Medien gleichzeitig.

Viele temperamentvolle Kinder sind begierig auf elektronische Unterhaltung. Sie sind hingerissen von den kräftigen Farben und dem hohen Tempo und scheinen davon beruhigt zu werden. Folglich ist es sehr verlockend, ihnen die Nutzung elektronischer Geräte für ein paar Stunden zu erlauben, da sie in dieser Zeit anspruchslos sind. Beobachten Sie jedoch genau, was geschieht, nachdem die elektronischen Geräte ausgeschaltet wurden. Einige Kinder mögen tatsächlich ruhiger sein, die meisten jedoch werden eher überstimuliert als beruhigt, was dazu führt, dass ihr Verhalten anschließend noch anstrengender ist.

Sollte es im Schlafzimmer Ihres Kindes irgendwelche elektronischen Geräte geben, entfernen Sie diese. Vermeiden Sie es auch, zur Unterhaltung Ihrer Kinder im Auto elektronische Geräte zu nutzen (mit Ausnahme von Hörbüchern).

Sorgen Sie als Ausgleich für die Zeit, die vor einem Display oder Bildschirm verbracht wird, für ausreichend Zeit mit anderen Aktivitäten wie dem Spielen im Freien, mit Spielzeug, mit Lesen und Basteln, was auf sensible Kinder beruhigend wirken kann. Durch eine Beschränkung der Zeit, die lebhafte Kinder mit elektronischen Geräten zubringen, beugen Sie einer Überstimulierung vor und geben ihnen mehr Gelegenheiten, ihre zwischenmenschlichen Fertigkeiten zu üben. Das Verhalten der Kinder kann sich dadurch stark verbessern, ebenso wie ihre Noten in der Schule.

## PRÜFEN SIE IHR EMOTIONALES BAROMETER

Temperamentvolle Kinder sind das emotionale Barometer jeder Gruppe. Nicht nur Licht, Lärm und andere Empfindungen führen bei ihnen zu einer Überstimulierung, sondern auch ein Zuviel an Stress. Susan Cain schreibt in *Still: Die Kraft der Introvertierten:* »Bei ihnen scheinen die Grenzen schmaler zu sein, die sie von den Emotionen anderer Menschen und von den Tragödien und Grausamkeiten der Welt trennen.« Temperamentvolle Kinder haben gute Antennen für jeden, der in der roten Zone ist. Wenn Sie unglücklich oder gestresst sind, reagieren diese Kinder als Erste. Selbst wenn Sie glauben, sie würden Ihre Ängste oder Ihre Unruhe nicht bemerken, sie tun es doch – sogar schon als Säuglinge.

Temperamentvolle Kinder kennen diese Gefühle und erspüren sie bei anderen. Wird über diese Gefühle nicht gesprochen, können sie auf das temperamentvolle Kind beängstigend wirken. Ein geängstigtes Kind wird oft bockig. Es kooperiert nicht und vielleicht protestiert es heftig gegen jede Trennung von Ihnen. Sein Gehirn scheint ihm zu sagen: »Meine Familie ist bedroht. Ich bin sehr klein und will nicht alleinegelassen werden!« Andere Kinder schalten eher ab.

»Krissa spricht mit mir nicht über Gefühle«, klagte Crystal. »Sie will mir nicht erzählen, warum sie traurig oder wütend ist. Sie sagt einfach, sie wolle darüber nicht sprechen.«

»Ist Krissa introvertiert?«, fragte ich.

»Ja, das ist sie«, antwortete Crystal.

»Bedenken Sie, dass Introvertierte erst über Gefühle sprechen wollen, nachdem sie Gelegenheit hatten, darüber nachzudenken«, sagte ich. »Lassen Sie Ihre Tochter wissen, dass Sie ihr zur Verfügung stehen, wenn sie bereit ist, darüber zu reden, aber lassen Sie ihr genügend Zeit, über ihre Emotionen nachzudenken, bevor Sie erwarten, dass sie diese mit Ihnen teilt. Je mehr sie gedrängt wird, desto mehr wird sie sich entziehen. Introvertierte brauchen genügend Raum.«

Auch ein introvertiertes temperamentvolles Kind wird sich Ihnen öffnen, wenn es weiß, dass Sie ihm zuhören wollen, sobald es zum Reden bereit ist. Falls Sie eine kleine Hilfestellung brauchen, versuchen Sie, mit Büchern oder Puppen den Einstieg in die Unterhaltung zu finden. Manchmal ist es für das Kind einfacher, darüber zu sprechen, wie sich »Herr Pickles« fühlt, als wie es sich selbst fühlt.

»Mein Problem ist nicht, dass Ethan nicht reden will«, sagte Mya. »Er ist einfach so sensibel. Wenn er beim Spielen verloren hat, fühlt er sich am Boden zerstört. Er weint stundenlang, wenn ein Lieblingsspielzeug kaputtgegangen ist oder er einen Handschuh verloren hat. Wie geht man damit um, wenn jemand zu starke Gefühle hat?«

Sensibilität verbindet sich mit Intensität und führt dazu, dass temperamentvolle Kinder oft sehr weichherzig sind. Sie bauen tiefe und anhaltende Beziehungen auf. Sie haben einen sehr ausgeprägten Gerechtigkeitssinn. Sie sind leicht zu verletzen. Es ist entscheidend und wichtig, dass sie sowohl ihre Sensibilität als auch die Intensität ihrer Emotionen verstehen, um zu merken, dass das Leben ihnen zwar einen Eimer Wasser über den Kopf geschüttet hat, sie aber nicht ertrinken werden. Sie werden überleben.

Sprechen Sie mit Ihrem Kind über seine Gefühle und führen Sie es an beruhigende Aktivitäten heran. Helfen Sie ihm zu verstehen, dass es, auch wenn es die Emotionen, die es empfindet, nicht kontrollieren kann, die Reaktionen darauf selbst in der Hand hat. Es ist in Ordnung, traurig zu sein und zu weinen. Es ist in Ordnung, eine Pause einzulegen. Es ist absolut akzeptabel, zum Laufen zu gehen oder ein gutes Buch zu lesen. Es kann sehr tröstlich sein, sich einem Freund anzuvertrauen.

## ZIEHEN SIE EINE BESCHÄFTIGUNGSTHERAPIE IN BETRACHT

»Wir haben unserer vierjährigen Eleanor immer wieder gesagt, sie dürfe unbeaufsichtigt nicht zu nah an den See gehen. Wir sind deshalb nach der Ankündigung sogar wieder mit ihr nach Hause gefahren, aber egal, was wir sagen oder tun, es wirkt nicht, Sie geht immer wieder zurück ans Wasser«, klagte Stephanie. »Man könnte meinen, das Wasser wirke auf sie wie ein Sirenengesang.«

»Ben hält es nicht aus, in einem Wägelchen zu fahren oder auf dem Spielplatz zu schaukeln. Er schreit hysterisch, wenn man versucht, ihn zu zwingen. Und er hasst es, auf die Wange geküsst zu werden. Wenn man es dennoch macht, wischt er sich den Kuss weg. Sind alle temperamentvollen Kinder so empfindlich?«, wollte John wissen.

Manchmal merken wir bei der Arbeit mit unserem sensiblen temperamentvollen Kind, dass seine Sensibilität stärker zu sein scheint als bei anderen temperamentvollen Kindern. Es scheint auf der Skala eine Stufe höher gerutscht zu sein und sein Sensibilitätsgrad wird zu einer ernsten Störung des Alltags. Wenn Ihr Kind trotz all Ihrer Bemühungen ein so intensives Bedürfnis nach (starken) Empfindungen zu haben scheint, dass es immer wieder ans Wasser zurückgeht, seine Freunde attackiert oder alles in den Mund steckt, auch wenn es bereits vier Jahre alt ist, hören Sie auf Ihr Bauchgefühl. Sie sollten auch auf der Hut sein, wenn es andere Empfindungen ablehnt oder meidet, insbesondere leichte Berührungen (wie einen Kuss auf die Wange), Wasser über den Kopf oder die Bewegung auf einer Schaukel. Kommt zu diesen Verhaltensweisen eine schlechte Koordination und ein steifer oder schlaffer Muskeltonus hinzu, so sind dies laut Sharon Heller, Autorin von *Too Loud, Too Bright, Too Fast, Too Tight*, »Warnzeichen für eine sensorische Verarbeitungsstörung«.

Hören Sie auf Ihre Intuition. Fragen Sie Ihren Arzt oder Ihr zuständiges Schulamt, welchen Beschäftigungstherapeuten man Ihnen empfehlen kann, der Erfahrung mit Kindern mit sensorischen Verarbeitungsstörungen hat. Die Therapeutin oder der Therapeut kann Ihr Kind begutachten und nichtinvasive Methoden anwenden wie Deep Touch, Kompression der Gelenke, Hörtherapie mit Musik und »Schwerarbeit«, damit Ihr Kind alltägliche Situationen leichter bewältigen kann. In der Therapie kann eine »sensorische Diät« mit Aktivitäten und motorischen und sensorischen Wahrnehmungsmöglichkeiten zusammengestellt werden, die Ihrem Kind hilft, besser zu funktionieren.

## TÄGLICH WIEDERKEHRENDE SCHWIERIGE PHASEN

Sensibilität ist ein großes Problem, wenn wir versuchen, temperamentvolle Kinder anzuziehen, zu baden, zu füttern und zu pflegen. Ihre ausgeprägte Empfindlichkeit macht sie zu sehr wählerischen Essern, und ihre Wahrnehmung von Beschaffenheiten und Empfindungen lässt das Baden, Zähneputzen und Anziehen zu größeren Unterfangen werden. Diese täglichen Ereignisse sind aber auch wegen der langsamen Anpassungsfähigkeit, der starken Wahrnehmungsfähigkeit und der Beharrlichkeit lebhafter Kinder so schwierig. In den Kapiteln 17 und 18 beschreibe ich, wie Sie erfolgreich Ihren Weg durch diese täglich wiederkehrenden schwierigen Phasen finden können.

## KOOPERIEREN

Um unseren Kindern zu helfen, ihre Sensibilität zu verstehen und damit umzugehen, müssen wir auch an unserer eigenen Sensibilität arbeiten.

»Was passiert, wenn man auch selbst sensibel und empfindlich ist?«, fragte ich eine Elterngruppe. Sie lachten. Sie stöhnten und zauderten.

»Ich kann euch sagen, dass es alles andere als einfach ist!«, scherzte Megan. »Das, was Silas verrückt macht, geht mir auch auf die Nerven. Ich kann Lärm und Unruhe genauso wenig aushalten. Ich merke, wie ich zunehmend gereizt und kribblig werde, und sein Geschrei ist dann ein weiterer Reiz. Ich könnte brüllen.«

## Mit der eigenen Sensibilität umgehen

Wenn Sie selbst ebenfalls sensibel sind, ist es sehr wichtig, dass Sie den Reizpegel in Ihrer Umgebung ständig im Auge haben und das Unbehagen registrieren, das Sie empfinden. Sorgen Sie dafür, Ihre Energiereserven aufzufüllen, bevor Sie in eine »stimulierende« Situation kommen oder sofort danach, da Sie sich sonst wie ausgelaugt fühlen.

Im Lauf der Jahre dürften Sie gelernt haben, mit Ihrer Sensibilität umzugehen, und merken möglicherweise gar nicht mehr, dass der Trubel und die Eindrücke um Sie herum Sie stören. Wenn Sie jedoch genau auf Ihren Körper hören, werden Sie die Warnzeichen erkennen, die Ihnen sagen, dass Ihre Druckventile auf dem Prüfstand stehen. Sie bewegen sich in Richtung der roten Zone. Fokussieren Sie sich auf solche Hinweise. Lehren Sie sich selbst, entweder die Situation zu verlassen oder den Reizpegel zu reduzieren, solange Sie noch die Kraft haben, für sich und auch für Ihr Kind gut zu sorgen.

»Ich habe durch das Beobachten von Leo sehr viel über mich selbst gelernt«, berichtete Brent. »Ich hatte nie bemerkt, wie empfindlich ich bin. Ich dachte einfach, ich sei etwas aufgedreht, und mochte das nicht. Als ich gelernt habe, Leos Auslösereize zu erkennen, hat dies auch mir selbst geholfen. Vor ein paar Wochen waren wir in einer Eiskunstshow. Meine Frau und meine Tochter waren begeistert, aber Leo und ich wurden ganz verrückt. Bisher habe ich mich immer zum Bleiben gezwungen, auch wenn es die reine Qual für mich war. Nun, da es auch Leo zu viel wird, habe ich eine Entschuldigung, mit ihm zu gehen. Meiner Frau macht das nichts aus, weil sie versteht, was geschieht, und unsere Sensibilität bei anderen Gelegenheiten zu schätzen weiß.«

## Werfen Sie einen Blick auf Ihre »Informationstafel«

Empfindliche temperamentvolle Kinder sollen ihre stärkeren Reaktionen und ihr Zartgefühl genießen und sich damit wohlfühlen können.

»Mit welchen Begriffen helfen Sie Ihren Kindern, ihre Sensibilität zu verstehen?«, fragte ich die Gruppe.

»›Du bist sehr liebevoll‹«, antwortete Melissa. »Rowan ist so warmherzig und herzlich. Er ist ein wirklich tolles Kind.«

»›Du bist sensibel‹«, äußerte Laura. »Alex reagiert allerdings empfindlicher auf Licht, Beschaffenheiten, Geschmack und Farben als auf Gefühle.«

»›Du bist wählerisch‹«, gab John an. »Für Peyton muss sich einfach alles richtig anfühlen. Man muss die Etiketten aus seinen Kleidungsstücken herausschneiden. Die Ärmelbündchen dürfen nicht zu eng sein. Die Kartoffeln dürfen nicht stückig sein. Eines Tages wird er ein großartiger Designer oder Koch.«

Michael hörte der Gruppe still zu und fragte dann: »Wie kann ich meinem Sohn erzählen, ich sei froh, dass er sensibel ist, wenn ich innerlich dabei zusammenzucke? Meine eigene Sensibilität und auch die meines Sohnes beschämen mich. In meiner Kindheit hieß es: ›Jungen weinen nicht‹, und ich habe ständig wegen irgendetwas geweint. Ich habe Jahre für den Versuch gebraucht, meine Sensibilität unter Kontrolle zu bekommen.«

Um die Sensibilität unserer Kinder – insbesondere unserer Söhne – wertschätzen zu können, müssen wir gelegentlich alte Botschaften über Bord werfen und sie durch neue ersetzen, die den Wert dieser sensiblen, fürsorglichen Menschen widerspiegeln. Wir müssen die Stärke der Sensibilität neu bewerten und geeignete Begriffe finden, um sie zu würdigen. Dann kann sich zwischen Eltern und Kind eine besondere Bindung entwickeln, die für beide Seiten zu einer persönlichen Weiterentwicklung führt.

## SICH WOHLFÜHLEN MIT DER SENSIBILITÄT

Katie gestikulierte wild mit der Hand, als ich die Gruppe fragte, ob jemand in der zurückliegenden Woche einen Erfolg erlebt habe.

»Ich bin gelassen geblieben!«, rief sie.

»Was hat Ihnen geholfen, gelassen zu bleiben?«, fragte ich sie.

»Ich habe akzeptiert, dass Jayden ein wirklich sensibler kleiner Kerl ist. Er kann sich in andere einfühlen und ihre Emotionen lesen. Dieser Gedanke hilft mir, viel mitfühlender zu sein. Und ich weiß, dass ich ihm Fertigkeiten beibringen kann, um gut damit umzugehen und dieses Geschenk gut zu nutzen.«

Justin nickte zustimmend. »Kinder sind wirklich lernfähig. Abigail ist jetzt sieben. Sie sagte zu mir: ›Papa, ich will mit dir und meinen Cousinen zum Feuerwerk gehen, aber der Krach tut mir in den Ohren weh. Würdest du mir helfen, durchsichtige Ohrstöpsel zu finden, damit niemand sie bemerkt?‹ Ich tat es. Einmal während des Abends blieb sie stehen, sah mich an und hob den Daumen. Wir wussten beide, warum.«

Zwischen Eltern und Kind kann eine besondere Bindung, eine nonverbale Kommunikation bestehen, wenn beide Seiten die Sensibilität verstehen.

Es kann für Sie schwieriger sein, Ihr Kind zu verstehen, wenn Sie selbst nicht so sensibel sind. Die Reaktionen Ihres Kindes wirken auf Sie dann möglicherweise *überempfindlich* oder *übermäßig emotional.* Seien Sie freundlich zu Ihrem sensiblen Kind. Würdigen Sie, was es vielleicht fühlt, auch wenn Sie es nicht fühlen; was es möglicherweise hört, was Sie nicht hören; was es sehen kann, was Sie nicht sehen. Fordern Sie Ihr Kind auf, seine Erfahrungen mit Ihnen zu teilen und verbessern Sie Ihre eigene Sensibilität.

Wenn es meinen sensiblen Sohn nicht gäbe, hätte ich niemals bemerkt, dass sich, wenn ich um einen See herum gehe, der Wind auf meiner Wange, die zum See schaut, kühler anfühlt. Ich hätte nie den Duft eines Apfelkuchens so bewusst wahrgenommen, während er im Ofen ist. Mir wären Hunderte von Geräuschen, Gerüchen, Anblicken und Gefühlen entgangen, die mein Leben bereichert haben.

## SENSIBILITÄT – EINE ZUSAMMENFASSUNG

Sensible Kinder spüren Emotionen, sehen Dinge, hören Geräusche und riechen Gerüche in einem Ausmaß und einer Intensität, die Normalsterbliche zumeist nie kennenlernen werden. Zu Problemen kommt es bei sensiblen Kindern, wenn sie von der Menge an Reizen oder emotionalem Stress um sie herum überfordert werden.

***Sensible temperamentvolle Kinder müssen immer wieder Sätze hören wie:***

Du bist weichherzig.
Lärm stört dich.
Du bist liebevoll.
Du bist sehr empfänglich für Gefühle und sorgst dich um andere Menschen.
Du spürst den Stress anderer Menschen.

Du bist sehr wählerisch.
Du wirst einmal ein wunderbarer Koch, Künstler, Designer, Fotograf, Lehrer etc.

***Pädagogische Tipps:***
Sprechen Sie mit Ihrem Kind über die breite Palette von Empfindungen und Emotionen, die es erlebt. Bringen Sie ihm Begriffe bei, um diese zu beschreiben.

Werden Sie sensibel dafür, wie vielen Reizen Ihr Kind ausgesetzt ist. Lärm, Gerüche, helles Licht, viele Menschen etc. quälen Ihr Kind. Schützen Sie Ihr Kind vor Überstimulation. Begrenzen Sie die Zeit, die Ihr Kind mit elektronischen Geräten verbringt. Bringen Sie ihm bei, selbst zu erkennen, wann es überreizt wird, und um Hilfe zu bitten, die Reizüberflutung zu stoppen oder zu reduzieren.

***Wenn Sie ebenfalls sensibel sind:***
Machen Sie sich bewusst, dass Reize, die Ihr Kind qualen, auch Sie selbst irritieren.
Reduzieren Sie Reize, solange Sie noch genügend Energie haben, um mit Ihrer eigenen Sensibilität umzugehen und Ihrem Kind zu helfen, mit seiner umzugehen.
Füllen Sie Ihre Energiereserven wieder auf, nachdem Sie einer Situation mit vielen Reizen ausgesetzt waren.

# 12

# Leicht abzulenken oder besonders wahrnehmungsfähig

## Helfen Sie Ihrem Kind, Ihre Anweisungen zu hören

*»Wir können Ihren Anruf bearbeiten. Uns ist aber gerade nicht danach.«*

*Ziggy, amerikanische Comicfigur*

Ich stand eines Tages an der Kasse eines Supermarkts. Eine Kindergärtnerin mit drei Vorschulkindern im Schlepptau versuchte einzukaufen.

»Oscar, hierher«, rief sie. Oscar blieb stehen, wo er war.

»Oscar, kommst du bitte hierher«, wiederholte sie streng. Keine Reaktion. Schließlich ging sie zu ihm, berührte ihn an der Schulter und fauchte: »Oscar, ich habe dich gebeten, zu kommen.«

Er blickte zu ihr auf, einen Finger über den Lippen. »Pst, hören Sie die Glocke. Ich hasse es«, flüsterte er.

Ich spitzte die Ohren, um die Glocke zu hören. Zuerst hörte ich nichts, doch plötzlich wurde mir klar, dass er über die Glocke sprach, die jemand von der Heilsarmee draußen vor dem Geschäft läutete, um zu Spenden aufzurufen. Die Kindergärtnerin war ebenfalls verdutzt. Sie warf einen Blick durch den Laden, aber nachdem sie keine Glocke sah, wollte sie gerade weitersprechen. Da erreichte das schwache Gebimmel der Glocke auch ihr Ohr.

»Das ist die Glocke der Heilsarmee«, stellte sie fest und runzelte genervt die Stirn. »Du hasst die Glocke der Heilsarmee?«

»Sie erinnert mich an morgens«, entgegnete er nüchtern. »Jeden Morgen, wenn der Wecker klingelt, muss ich aufstehen!«

Dem äußeren Anschein nach hatte es ausgesehen, als würde Oscar nicht zuhören. Tatsächlich jedoch lauschte er sehr genau. Problematisch wurde es, weil er jedes Geräusch in seiner Umgebung wahrnahm und nicht wusste, welches davon das wichtigste war, auf welches er achten und antworten sollte. Er hörte die Kindergärtnerin, reagierte jedoch nicht, weil er auf die Glocke draußen vor dem Laden geachtet hatte. Er war nicht stur. Er machte das, was ihm sein Gehirn befahl.

## DIE RICHTIGEN WORTE WÄHLEN

Es gibt einen Comicstrip mit Ziggy, einer Comicfigur: »Wir können Ihren Anruf bearbeiten. Uns ist aber gerade nicht danach.« Möglich wäre jedoch auch, dass Ziggy sich nicht bewusst dafür entscheidet, die Information nicht zu bearbeiten, sondern tatsächlich so abgelenkt ist von der Flut an Geräuschen, die über ihn hereinbricht, dass er die Botschaft nicht richtig aufnehmen kann. Laut einer Forschungsarbeit von Dr. Stephen W. Porges von der University of Illinois in Chicago, nimmt unser Nervensystem eine ständige Risikobewertung vor, indem es die Informationen verarbeitet, die ihm durch die Sinnesorgane aus der Umgebung geliefert werden. Fühlt sich ein Kind sicher, befiehlt sein Gehirn seinen Gesichtsmuskeln unbewusst, Augenkontakt herzustellen, mit freundlichem Tonfall und Rhythmus zu sprechen und den Mittelohrmuskel so einzustellen, dass die menschliche Stimme besser von den Hintergrundgeräuschen unterschieden werden kann. Fühlt es sich hingegen bedroht, signalisiert das Gehirn denselben Muskeln spontan, die Augenlider zu senken, die Stimmmelodie zu reduzieren und den Mittelohrmuskel so einzustellen, dass die menschliche Stimme weniger scharf, die Umgebungsgeräusche dafür deutlicher wahrgenommen werden.

Temperamentvolle Kinder nehmen sehr viel wahr. Ihre Sinne sind geschärft und nehmen jeden Reiz in seiner Umgebung wahr, wobei eine ständige Risikobewertung erfolgt. Es ist für diese Kinder wichtig, von uns zu erfahren, dass sie Dinge hören, die andere nicht hören. Diese Wahrnehmungsfähigkeit verleiht ihnen ein Verständnis und Einblicke, mit denen sie ihren Altersgenossen voraus sind. Sie ist die Grundlage für einen geschärften Sinn für Humor und kreatives Denken. Es ist ein besonderes Geschenk, sehr wahrnehmungsfähig zu sein.

Problematisch wird es für das Kind mit hoher Wahrnehmungsfähigkeit, wenn es von den vielen Informationen bestürmt wird, die seine Sinne ihm liefern, und diese Informationen nicht ordnen kann. Es kämpft mit der Entscheidung, welche Botschaft am wichtigsten ist oder worauf es sich fokussieren sollte. Es wird von den Eindrücken überwältigt, verwirrt und kann sich auf die anstehende Aufgabe oder die Anweisung, die es von einem Elternteil oder Lehrer erhalten hat, nicht konzentrieren. Scheinbar hört es nicht zu. Unsere Aufgabe ist es, solchen Kindern verstehen zu helfen, was da geschieht und ihnen Methoden beizubringen, die wichtigsten Botschaften in ihrem Leben zu erkennen.

## KINDERN DABEI HELFEN ZUZUHÖREN

Um Kinder zu animieren, uns zuzuhören, können wir anfangen, so zu denken und zu handeln wie ein Marketingleiter einer großen

Firma. Wir müssen ihnen helfen, sich wohlzufühlen und ihnen einreden, dass unsere Botschaft unter allen anderen, die sie erhalten, die wichtigste ist.

Coca-Cola hat mehrere Mitbewerber. Deshalb müssen die Marketingleute die Kunden davon überzeugen, Coca-Cola anderen Marken vorzuziehen. Hierzu arbeiten sie mit einer Strategie, die von Werbetreibenden als »Gefühlserweiterung« bezeichnet wird. In die Werbung bauen sie Bilder von Familien ein, die zusammen spielen, tanzen und feiern. Sie verkaufen nicht einfach nur ein spritziges braunes, süßes Getränk, sie verkaufen Optimismus und Zufriedenheit. Die Coke-Botschaft hebt sich ab. Käufer mögen das. Sie hören zu und reagieren entsprechend.

Werbefachleute studieren die Neurobiologie. Sie wissen, dass die Strategie wirksam ist, ein gutes Gefühl zu erzeugen, weil damit das Wohlbefinden gefördert wird. Wenn wir uns wohlfühlen, teilt unser Gehirn dem Mittelohrmuskel mit: »Alles ist gut, mach weiter und höre auf die menschliche Stimme.« Daraufhin hören wir den Worten zu.

Wir müssen also wie die Werbefachleute bei unseren temperamentvollen Kindern unsere eigene Gefühlserweiterung entwickeln. Sie muss unseren Kindern zeigen, dass wir sie lieben. Wir wollen ihnen vermitteln, dass es sich gut anfühlt, mit uns zusammen zu sein und die Dinge zu tun, um die wir sie bitten.

Eines Tages schrie ich meine Kinder an. Ich sagte ihnen, ich sei es leid, dass sie mir nicht zuhörten oder taten, worum ich sie bat. »Aber Mama«, protestierte mein Sohn, »du hörst uns doch nicht zu. Du bist schlecht gelaunt. Du lässt uns keine Wahl. Wir bitten dich, uns zu helfen, und du gehst einfach weg. Du räumst sogar unsere Spielsachen weg, bevor wir mit dem Spielen fertig sind.«

Das zu hören, gefiel mir gar nicht. Ich hatte diese Standpauke nicht begonnen, um ihnen Gelegenheit zu geben, über mein Verhalten zu diskutieren. Militärischer Drill jedoch, bei dem wir unsere Befehle blaffen, schickt uns in die rote Zone, bereit zu Kampf oder Flucht. Im Kampf- oder Fluchtzustand müssen wir alle Geräusche aufnehmen, sodass wir nicht einmal mehr verarbeiten können, was gesagt wird.

»KRISSSSSS, schalte den Fernseher aus und ZIEH SOFORT DEINEN SCHLAFANZUG AN!«, ruft einen Fall von »Eltern-Taubheit« hervor. »Kris, komm auf meinen Schoß, dann kraule ich dir den Rücken, bevor wir dir den Schlafanzug anziehen« – und schon kommt das Kind angerannt. Umarmungen, ein Dankeschön, ein Kompliment, eine Frage, wie der Tag war oder aus welchem Buch vor dem Schlafen vorgelesen werden soll, sind alles Dinge, mit denen Sie Ihr Kind *anziehen*. Ihre warmherzige Botschaft sorgt für ein gutes Gefühl, diese Art von Gefühl, die es einem lebhaften Kind *ermöglicht*, eher auf Ihre Botschaft als auf die anderen Geräusche in der Umgebung zu hören. Prüfen Sie Ihre Botschaften. Sorgen Sie für dieses gute Gefühl? Helfen Sie dem Gehirn Ihres Kindes, auf Ihre Botschaften zu achten?

## Variieren Sie die Art, wie Sie Ihre Botschaften vermitteln

Unser Gehirn dürstet es nach Neuem, dann springt es schnell darauf an. Firmen haben durch ausgedehnte Marktforschung gelernt, dass sie ihr Vorgehen immer wieder ändern müssen, damit die Kunden tatsächlich auf ihre Botschaft reagieren. Daher überschwemmen sie uns und arbeiten dabei mit allen möglichen Formaten, Medien und Formen. Sie singen es uns vor, sie fassen es in Bilder. Man sieht es auf dem Lkw, der die Straße entlangfährt, in YouTube-Videos, auf Plakatwänden neben der Straße, auf dem T-Shirt oder der Baseballkappe eines Freundes und auf dem Stadtbus.

Probieren Sie es bei Ihrem Kind aus. Reagiert es am besten, wenn Sie ihm verbal mitteilen, es solle etwas tun, oder wenn Sie dies auf einen Zettel schreiben oder ihm ein Bild malen? Was passiert, wenn Sie die Aufforderung singen? Eine der erfolgreichsten Methoden in einer Klasse ist das »Aufräumlied«. Es ist eine einfache kleine Melodie, die freundlich daran erinnert, dass es »an der Zeit ist, die Arbeit beiseitezulegen, damit wir einen kleinen Imbiss einnehmen können«. Wenn Sie nicht singen wollen, versuchen Sie, den Tonfall Ihrer Stimme zu verändern. Eine Roboterstimme oder ein Flüstern fesselt die Aufmerksamkeit Ihres Kindes schnell. Schalten Sie eine Lampe ein und aus, bleiben Sie wie angewurzelt stehen, heben Sie die Hand, oder lassen Sie den Wecker klingeln. Variieren Sie die Methoden, die Ihnen am wirksamsten erscheinen oder arbeiten Sie mit einigen davon gleichzeitig.

Durch die Nutzung verschiedener Methoden ist es auch einfacher, eine Botschaft mehrmals zu äußern, ohne das Gefühl zu haben, sich zu wiederholen oder nachzubohren. Beobachten Sie eine Kindergärtnerin, dann können Sie sehen, dass sie zum Lichtschalter geht, um ein Lichtzeichen zu setzen. Dieses optische Signal bedeutet: »Stopp. Hört mir zu.« Dann singt sie vielleicht: »Es ist an der Zeit, die Arbeit beiseitezulegen«, eine akustische Botschaft. Zu denen, die darauf nicht reagieren, geht sie hin, berührt sie und erinnert sie – eine körperliche Botschaft. Schließlich kann sie anfangen, einigen Kindern zu helfen, die Klötze, mit denen sie gerade gespielt haben, aufzuräumen – damit demonstriert sie, was zu tun ist. So hat sie ihre Botschaft auf vier verschiedene Arten vermittelt. Mit dieser Methode kann sie sicher sein, dass jeder die Botschaft vernommen hat und weiß, worauf er seine Aufmerksamkeit fokussieren soll.

Berührung scheint eine sehr wichtige Methode zu sein, einem temperamentvollen Kind zu signalisieren, dass eine Botschaft wichtig ist. In unseren Gruppen mit temperamentvollen Kindern kündigen wir allgemein an, was nun kommt, anschließend gehen wir durch den Raum und berühren jedes Kind fest (kein Kitzeln) am Arm oder an der Schulter und wiederholen die Meldung. Diese Berührung ist eine wichtige Hilfe für die Kinder, um zu wissen, dass sie sich auf diese Information fokussieren sollen. Versuchen Sie, die Aufmerksamkeit Ihres Kindes durch eine Berührung zu gewinnen.

Sobald Sie wissen, welche Methoden bei Ihrem Kind am besten funktionieren, sagen Sie ihm, was Sie tun. Bringen Sie Ihrem Kind bei, um Anweisungen in schriftlicher Form zu bitten oder nah bei einer Lehrerin/Kindergärtnerin sitzen zu dürfen, sodass diese es problemlos berühren und ihm ein Zeichen geben kann.

## Stellen Sie Augenkontakt her

Werbefachleute wissen, dass sie den Blick potenzieller Kunden auf ihre Werbebotschaften lenken müssen, damit diese beachtet werden. Gehen Sie einmal durch einen Supermarkt. Produkte für Erwachsene sehen Sie auf Augenhöhe Erwachsener. Produkte für Kinder befinden sich auf der Augenhöhe von Kindern. Wenn Sie online sind, tauchen Bilder neben dem auf, was Sie gerade sehen. Firmen streiten sich tatsächlich um die Plätze, die am meisten direkten Augenkontakt gewährleisten.

Diese Methode können Sie ebenfalls nutzen. Wenn Sie wollen, dass Ihr Kind auf Sie hört, vermeiden Sie es, ihm quer durch ein Zimmer etwas zuzurufen. Bei dieser Strategie können Sie zwar Dampf ablassen, sie ist jedoch der am wenigsten erfolgreiche Weg, die Aufmerksamkeit eines lebhaften Kindes zu gewinnen. Gehen Sie stattdessen hin zu Ihrem Kind, beugen Sie sich herab und schauen Sie ihm in die Augen. Wenn Sie sich nicht hinunterbeugen wollen, heben Sie es hoch und setzen es auf die Arbeitsplatte oder einen Tisch, damit es auf Ihrer Augenhöhe ist.

Bei direktem Augenkontakt arbeitet das Gehirn Ihres Kindes mit Ihnen zusammen, und es fällt Ihrem Kind viel leichter, Ihre Botschaft zu verarbeiten.

Augenkontakt ist besonders wichtig, wenn ein Kind in einer Situation ist, in der es sich unwohl fühlt, wie bei der Begegnung mit einer fremden Person oder dem Besuch eines unbekannten Ortes. Dies gilt auch, wenn es nervös ist, Schmerz oder Unbehagen empfindet und schließlich, wenn das Haus voll ist mit Verwandten, Musik, Aktivitäten und weiteren Hintergrundgeräuschen. Wenn Sie das Kind zu sich heranholen, erreichen Sie seine Aufmerksamkeit und helfen ihm, Ihre Botschaft zu hören.

Was ist, wenn Ihr Kind Ihnen nicht in die Augen schauen will? Das kommt vor, und der Grund ist nicht, dass Ihr Kind Sie ärgern will. Sehr wahrscheinlich geschieht dies, weil es in der roten Zone ist. Augenkontakt herzustellen, verlangt, die extreme Wachsamkeit aufzugeben, die durch ein Übermaß an Reizen und das Aufnehmen zu vieler Eindrücke verursacht wird. Sie müssen Ihr Kind dann erst einmal beruhigen.

Wichtig ist, nicht zu vergessen, dass es sich jedes Mal, wenn wir unser lebhaftes Kind bitten, etwas zu tun oder mit etwas aufzuhören, um einen Übergang handelt – eine Veränderung, von der es schnell überfordert werden kann. Wir bitten unser Kind, elektronische Geräte auszuschalten und zum Essen zu kommen. Wir fordern es auf, seinen Bruder nicht zu schlagen, sondern stattdessen mit Worten zu kommunizieren. Die meisten lebhaften Kinder finden jeden Wechsel oder Übergang schwierig. Mit dem aufzuhören, was sie gerade tun, verlangt ein Umschalten im Gehirn, das Verarbeiten dessen, was neu und anders ist.

Wenn sich Ihr Kind von Ihnen mit einer ausdrücklichen Bewegung abwendet, die zu sagen scheint: »Wenn ich dich nicht sehe, höre ich dich auch nicht«, bleiben Sie ruhig. Ihr Kind ist in der roten Zone und versucht, sich selbst wieder ins Gleichgewicht zu bringen. Warten Sie einen Moment. Wenn es dies zulässt, berühren Sie sanft seinen Rücken, aber häufig wird es, wenn es an diesen Punkt gelangt ist, nicht berührt werden wollen. In diesem Fall sagen Sie einfach: »Ich sehe, dass du noch nicht bereit bist zu reden. Ich werde warten.«

Emma arbeitete mit diesen Strategien, als sie eines Tages genau in dem Moment aus dem Fenster schaute, als ihr vierjähriger Sohn und sein Spielkamerad in einen Eimer pinkelten, der neben dem Sandkasten stand.

»Ich wartete, bis er ins Haus kam«, erzählte sie im Kurs, »dann sagte ich ihm: ›Ich habe gesehen, dass du in den Eimer gepinkelt hast.‹

›Wir haben einen Pipi-Topf benützt‹, informierte er mich seelenruhig.

›Im Pipi sind Keime‹, sagte ich zu ihm. ›In unserer Familie gibt es die Regel, dafür immer auf die Toilette zu gehen. Ich möchte daher, dass du sagst: Mama, ich werde nur noch in die Toilette pinkeln.‹

Das gefiel ihm nicht, und ich glaube, es beschämte ihn auch. Als Nächstes hat er sich auf den Boden geworfen, unter den Tisch gerollt und seine Ohren zugehalten. Anfangs war ich wirklich verärgert, aber dann fiel mir ein, was wir im Kurs besprochen hatten. Ich holte einmal tief Luft und sagte: ›Ich sehe, dass du noch nicht bereit bist, darüber zu reden.‹

Er nahm die Hand von einem Ohr und informierte mich: ›Ich kann mit einem Ohr hören.‹

›Aber du bist noch nicht ganz bereit, also werde ich warten‹, sagte ich.

Er brauchte ungefähr noch zwei oder drei Minuten, aber es funktionierte. Er kam unter dem Tisch heraus und sagte: ›Mama, ich pinkle nur noch in die Toilette.‹

Damit war der Fall erledigt, ohne halbstündigen Wutanfall und zumindest die letzten drei Tage ohne weitere Nutzung eines Pipi-Topfs.«

Ob Ihr Kind sich abwendet, die Augen schließt, sich unter dem Tisch versteckt oder seine Ohren zuhält – es ist wichtig, nicht zu vergessen, dass es nicht absichtlich respektlos ist. Es ist überfordert und braucht etwas Zeit, bevor es Ihnen zuhören kann. Warten Sie und bringen Sie ihm dann bei, dass es beim nächsten Mal sagen kann: »Mama, ich brauche einen Moment«, oder: »Ich bin zu aufgebracht, um jetzt gleich darüber zu reden«, anstatt sich abzuwenden.

## Fassen Sie sich kurz

Sie werden bemerken, dass Coke uns nicht erzählt, wir würden uns wohlfühlen, weil das Produkt so großartig ist. »Es enthält die Zusammensetzung XYZ, entwickelt von HW und Co, und wir sind davon überzeugt, dass Sie es mögen werden.« – Keineswegs. Coca-Cola weiß, dass wir alle so beschäftigt sind, dass nur ein paar Sekunden Zeit bleiben, um unsere Aufmerksamkeit zu gewinnen und ihre Botschaft zu vermitteln. Sie fassen sich kurz. In einer Werbeaktion endeten die Wohlfühlbilder mit dem Foto einer Coca-Cola-Flasche neben den Worten *Open Happiness.*

Bei lebhaften Kindern, die alles aufnehmen, was sich in ihrer Umgebung abspielt, können auch wir nicht erwarten, ihre Aufmerksamkeit länger als ein paar Sekunden zu fesseln. Das heißt, unsere Botschaft muss prägnant und auf den Punkt gebracht sein: Zeit für einen Imbiss. Schuhe. Ins Freie gehen. Komm. Bleib stehen. Die Gründe, warum wir wollen, dass sie stehen bleiben oder ins Bett gehen, sind zwar wichtig, es reicht jedoch, wenn wir sie erst dann mitteilen, wenn wir sicher sind, die volle Aufmerksamkeit zu haben. Unsere erste Interaktion mit unserem Kind ist nur die Überschrift – der Satz, der seine Aufmerksamkeit gewinnt und von anderen Ablenkungen abzieht. Wenn wir wissen, dass das Kind auf unsere Botschaft hört, können wir ihm weitere Anweisungen geben. Manchmal geraten wir nur deshalb unmerklich in Schwierigkeiten, weil unsere erste Botschaft zu komplex ist. Wenn Ihnen die Reaktion Ihres Kindes auf Ihre Anweisungen nicht gefällt, überprüfen Sie die Unmissverständlichkeit Ihrer Botschaft.

## Sagen Sie klipp und klar, was Sie meinen

Ist Ihnen schon einmal aufgefallen, dass eine Firma niemals sagt: »Bitte kaufen Sie Nike«, oder: »Kaufen Sie Nike, okay?« Nein. Nike sagt: *Kaufen Sie unser Produkt.* Die Firma weiß, dass *bitte* und *okay* problematisch sein können, weil damit eine klare Anweisung in eine Frage verwandelt wird. Beispielsweise wollen Sie nach einem langen Tag, dass Ihre Kinder um 20 Uhr ins Bett gehen, stimmt's? Stimmt! Also sagen Sie ihnen »Zeit, ins Bett zu gehen«, denn so meinen Sie es auch. Vielleicht aber haben Sie sich, ohne es zu merken, möglicherweise selbst sabotiert, indem Sie an Ihre Anweisung ein *okay* oder bitte angefügt haben. Anstatt unmissverständlich zu sagen: »Zeit, ins Bett zu gehen«, sagen Sie: »Zeit, ins Bett zu gehen, okay?« oder: »Geh jetzt bitte ins Bett.« Das passiert sehr leicht. Temperamentvolle Kinder können nämlich eine so erbitterte Reaktion auf unsere Anweisungen an den Tag legen, dass wir *bitte* und *okay* als eine Art Puffer anfügen. Es ist von unserer Seite ein Hilfsmittel, um die intensive Reaktion, die wir erwarten, zu zerstreuen. Wenn jedoch *bitte* und *okay* angefügt werden, verstehen unsere lebhaften Kinder unsere Anweisungen als eine Frage und antworten sofort mit einem lautstarken Nein.

Die Wahl der richtigen Worte ist entscheidend, um die Kooperation unseres Kindes zu gewinnen. Wenn Sie wollen, dass Ihr Kind etwas Bestimmtes macht, worüber Sie gar nicht erst diskutieren wollen, sorgen Sie dafür, eine unmissverständliche Anweisung zu erteilen: »Zeit, ins Bett zu gehen.« – »Du spielst jetzt im Garten.« – »Zeit zu gehen.« – »Wasch deine Hände vor dem Essen.« Und »Laut Schulordnung musst du in der Schule Schuhe anhaben.« Das alles sind eindeutige Anweisungen. Sie sagen dem Kind unmissverständlich und in einfachen Worten, was es tun soll. Sorgen Sie dafür, Ihre Anweisung nicht unabsichtlich zu verschleiern, indem Sie die Worte *bitte* oder *okay* anfügen oder gar am Ende der Anweisung die Stimme heben wie bei einer Frage, wenn es tatsächlich keine Wahlmöglichkeit gibt.

## Sagen Sie Ihrem Kind, was es tun kann

Sie werden vielleicht bemerkt haben, dass uns Disneyland nicht sagt, wir sollten nicht zu der Freizeitparkkette Six Flags gehen. Das liegt daran, dass wir uns nicht gerne sagen lassen, was wir nicht tun sollen. Auch Kinder wollen hören, was sie *tun können.* Das gilt besonders für intensive, beharrliche, temperamentvolle Kinder. Um die gewünschte Reaktion zu erhalten, fokussieren Sie Ihre Anweisungen daher auf Dinge, die Ihr Kind tun soll.

Ich besuchte eine Vorschule, als eins der Kinder, das neu in der Klasse war, quer durch den Raum flitzte. Es war eine der Aktionen, die häufig eine entschiedene Warnung wie »PASS AUF« oder »STOPP« zur Folge haben, manchmal auch eine Auszeit wegen unpassenden Verhaltens. Anstatt den kleinen Jungen jedoch zu ermahnen, dirigierte ihn seine Lehrerin zu dem von ihr erwünschten Verhalten. Sie stoppte ihn in seinem Lauf und flüsterte ihm ins Ohr: »Damon, in diesem Klassenzimmer gehen wir langsam.« Dann erklärte sie mit lebhafter Stimme: »Wir üben das jetzt!« Gerade aufgerichtet, mit herausgedrückter Brust und jedes Bein übertrieben bei jedem Schritt anhebend, ging sie Richtung Tisch. Er hielt ihre Hand und ahmte jeden Schritt nach. Als sie ihr Ziel erreicht hatten, lachten beide, und sie bot ihm zur Beglückwünschung ein High Five an. Auf einen roten Stuhl am anderen Ende des Raums deutend, forderte sie ihn auf: »Versuche es noch einmal, diesmal allein!« Langsam und methodisch bewegte er sich vorwärts, jeder Schritt war eine konzentrierte Anstrengung, seinen Körper unter Kontrolle zu halten. Nachdem er den Stuhl erreicht hatte, drehte er sich mit einem breiten Grinsen im Gesicht zu ihr um. »Du lernst wirklich gut!«, rief sie. »Genau so gehen wir hier in unserem Klassenzimmer.« Seiner neuen Fertigkeit sicher, lächelte er.

Keine zwei Minuten später jedoch raste er, begeistert vom Anblick eines neuen Spielzeugs, von seinem Tisch in die Spielecke. Nachdem die Lehrerin hinter ihm hergegangen war, beugte sie sich zu ihm hinunter und flüsterte ihm wieder ins Ohr: »Erinnerst du dich, dass wir hier langsam gehen?« Er nickte ernst und nahm ruhig ihre Hand, als sie ihn zurück zu seinem Tisch dirigierte. »Probiere es wieder«, forderte sie ihn auf. »Ich weiß, dass du es kannst.« Dann trat sie zurück, um seine Anstrengungen anzuerkennen. Wieder setzte er bedächtig einen Fuß vor den anderen, wobei er jedes Mal über seine Schulter zu ihr zurückblickte, um ihr zustimmendes Nicken zu sehen. Als er sein Ziel erreicht hatte, ging sie strahlend zu ihm. »Ich wusste, dass du es kannst!« In der Spielecke stehend lächelte er strahlend, beugte sich dann vor und umarmte sie fest! »Danke!«, sagte er.

Als ich die beiden beobachtete, musste ich innerlich lächeln. Sie hatte seine Kooperation – und sein Herz – gewonnen, weil sie ihm gesagt hatte, was er tun konnte.

Die Lehrerin erkannte, dass dieses beharrliche und aktive Kind hart daran arbeitete, seine Körperbewegungen zu verlangsamen. Sie würdigte seine Energie, bemerkte jedoch auch, dass sie ihm beibringen musste, sich sicher durch das Klassenzimmer zu bewegen. Um sicherzustellen, gehört zu werden, gab sie ihre Anweisungen sowohl mündlich als auch körperlich. Sie sagte nicht nur »Geh langsam«, sondern demonstrierte dies mit ihrem ganzen Körper, indem sie große bewusste Schritte machte. Sie unterstrich damit, was sie meinte. Und sie tat es in einer Weise, die dem Kind zeigte, dass es sicher war und sogar Spaß machte, mit ihr zu kooperieren. Das Ergebnis war, dass die Lehrerin die von ihr erwünschte Reaktion erhielt.

Hören Sie einmal selbst auf Ihre Anweisungen. Sagen diese Ihrem Kind, was es tun kann? Sagen Sie: »Setz dich auf deinen Stuhl« anstatt »Geh runter vom Tisch«? »Trink dein Wasser« anstatt »Hör auf, damit zu spielen«? Ist Ihr Ton einladend? Wenn Ihre Botschaft Ihrem lebhaften Kind mitteilt, was es tun kann, werden Sie mit sehr viel größerer Wahrscheinlichkeit die erhoffte Reaktion erhalten.

## KOOPERIEREN

Kinder mit hohem Wahrnehmungsvermögen haben häufig Eltern mit hohem Wahrnehmungsvermögen. Genau wie Ihr Kind müssen Sie sich vielleicht sehr anstrengen, um zu entscheiden, welche Information für Sie am wichtigsten ist. Das ist nicht einfach, besonders, wenn Sie sich auch selbst leicht ablenken lassen.

Marni rief mich eines Tages zu Hause an, besorgt wegen ihres dreijährigen Sohnes. Es war eine typische Frage: »Wie schaffe ich es, ihn morgens ohne Kampf angezogen und abgefüttert aus dem Haus zu bekommen?«

Ich fragte sie, was sie bisher gemacht hatte. Sie erklärte, sie habe eine Routine eingeführt, die sie jeden Morgen befolgten. Um sieben Uhr standen sie auf, kuschelten ein paar Minuten, dann folgte das Anziehen, Frühstücken, Zähneputzen und Kämmen. Vor dem Anziehen der Anoraks oder Jacken und dem Verlassen des Hauses waren noch ein paar Minuten zum Spielen eingeplant.

»Klingt gut«, antwortete ich.

Sie erzählte mir, es funktioniere recht gut. Sie stritten weniger, aber sie hatte immer noch das Gefühl, hetzen zu müssen, um aus dem Haus zu kommen.

»Egal, wie früh wir aufstehen, uns scheint immer die Zeit davonzulaufen«, klagte sie. Als sie mehr über ihre Morgenroutine erzählte, merkten wir beide, dass Marni genau wie ihr Sohn ein hohes Wahrnehmungsvermögen hat und sich leicht ablenken lässt. Wenn sie ihm beim Anziehen half, lief er ans Fenster, um einen Vogel zu beobachten. Sie ging zu ihm und schaute ebenfalls dem Vogel zu. Wenn sie ihn bat, zum Frühstück zu kommen, sagte er »Nur noch eine Minute.« Sie genehmigte ihm die Minute und fing mit einer anderen Arbeit an. Plötzlich waren aus der einen Minute fünf geworden. So ging es weiter, bis es acht Uhr schlug und sie beide frustriert waren und eiligst das Haus verließen.

Es hilft, sich einem temperamentvollen Kind gegenüber unmissverständlicher auszudrücken, wenn man sich die eigene Ablenkbarkeit bewusst macht. Es ist wichtig zu üben, Unterbrechungen zu erkennen und nicht zuzulassen, dass sie uns in eine andere Richtung lenken, es sei denn, wir entscheiden uns bewusst dafür. Das ist leichter gesagt als getan, wenn man in einem Haus voller Kinder lebt. Das nächste Mal, wenn Sie mit Ihrem lebhaften Kind arbeiten und von einem anderen Kind, einem Anruf oder einer SMS unterbrochen werden, fragen Sie sich bewusst: »Will ich meinen Fokus verändern, den Anruf annehmen, mich mit dem anderen Kind oder der SMS beschäftigen, oder soll ich sagen, dass ich mich später darum kümmere, und mit meinem temperamentvollen Kind weitermachen?«

Sie entscheiden, wie Sie mit Ablenkungen umgehen wollen, wie Sie diese erkennen und Ihre Kommunikation entsprechend verändern können.

Erzählen Sie Ihrem Kind, was sie tun, um fokussiert zu bleiben. Wenn Sie von etwas anderem in Versuchung gebracht werden, sagen Sie Ihrem Kind beispielsweise: »Mein Telefon läutet. Ein Teil von mir will das Gespräch annehmen, aber ich weiß, dass ich erst das zu Ende bringen muss, was ich gerade tue, deshalb rufe ich später zurück.« So wird Ihr Kind durch Beobachtung lernen, was es tun kann, um fokussiert zu bleiben.

## Schaffen Sie für Aufgaben ein ruhiges Umfeld

Wenn Sie und Ihr Kind sich auf eine Aufgabe konzentrieren müssen, sorgen Sie für einen ruhigen, sicheren Platz, wo Sie arbeiten können. Überlegen Sie, was jeder von Ihnen braucht, um seine Aufgabe erfolgreich erledigen zu können. Prüfen Sie den Pegel an Hintergrundgeräuschen. Lärm kann die rote Zone auslösen. Das *richtige* weiße Rauschen oder die *richtige* Musik kann jedoch die Konzentration verbessern, wenn dadurch andere Störgeräusche verdeckt werden. Welche Geräusche das sind, hängt von Ihnen und Ihrem Kind ab.

Reduzieren Sie die Optionen. Bei temperamentvollen Kindern mit hoher Wahrnehmungsfähigkeit werden mehr Augenbewegungen festgestellt als bei anderen Kindern, wenn sie Wahlmöglichkeiten vergleichen, bevor sie sich entscheiden. Sie verarbeiten alles besonders intensiv und verbringen mehr Zeit damit, Alternativen zu prüfen. Ein Übermaß an Auswahlmöglichkeiten kann sie überfordern. Bei der Auswahl eines Shirts nehmen Sie also nur zwei aus dem Schrank und legen diese ins Bad, damit Ihr Kind dort wählen kann. Vermeiden Sie es, die Schranktür zu öffnen und Ihr Kind alle Wahlmöglichkeiten sehen zu lassen.

Unterteilen Sie große Aufgaben in kleine Schritte. Sonst kann es ein unüberwindbares Problem werden, einen Anfang zu finden. Hat Ihr Kind zehn Wörter, deren Rechtschreibung es lernen soll, fangen Sie mit drei Wörtern an. Die nächsten kommen erst an die Reihe, wenn diese ersten drei beherrscht werden. Wenn fünfzehn Seiten gelesen werden müssen, teilen Sie diese in drei Abschnitte mit jeweils fünf Seiten auf.

Wenn Sie verstehen, wie und wo Sie und Ihr sehr wahrnehmungsfähiges Kind am besten arbeiten können, können Sie besser fokussiert bleiben. Erfolgreich abgeschlossene Aufgaben reduzieren die Häufigkeit von Arbeiten, die in großer Eile erledigt und auf den letzten Drücker fertiggestellt werden.

## Unterbrechungen vermeiden

Wenn Sie leicht abzulenken sind, ist es sehr verlockend, mit Ihrem lebhaften Kind die Gedanken zu teilen, die Ihnen durch den Kopf gehen. Sie sehen Ihr Kind vielleicht mit Klötzchen etwas bauen und sagen: »Das machst du gut.« Das Kompliment wird gewürdigt, Ihre Worte unterbrechen Ihr Kind jedoch bei seinem Tun und stören seine Konzentration. Oder Sie sagen Ihrem Kind, es solle sich anziehen, und während es in seinem Zimmer ist, erzählen Sie ihm, es solle sein Bett machen. Ihr Kind hört auf, sich anzuziehen, und macht stattdessen sein Bett. Fünf Minuten später sind Sie frustriert, weil Ihr Kind noch nicht angezogen ist.

Warten Sie besser mit Ihrem Lob oder der nächsten Anweisung, bis Ihr Kind die erste Aufgabe beendet hat. Sonst wird seine Konzentration unterbrochen und die Arbeit, mit der es gerade beschäftigt war, wird möglicherweise nicht beendet.

## Finden Sie heraus, womit man Ihre Aufmerksamkeit erregt

Ich habe oben schon darüber gesprochen, wie Sie die Aufmerksamkeit Ihres Kindes mit vielfachen Mitteln gewinnen können: mit

Augenkontakt, Berührung und kurzen, einfachen Sätzen. Wenn Sie selbst auch leicht abzulenken sind, ist es möglicherweise auch schwierig für Ihr Kind, Ihre Aufmerksamkeit zu gewinnen. Denken Sie an die letzten vierundzwanzig Stunden. Was musste Ihr Kind tun, um Ihre Aufmerksamkeit zu gewinnen, um zu erreichen, dass Sie ihm zuhören?

***Ihre Liste sieht möglicherweise aus wie diese, die kürzlich in einer Gruppe für temperamentvolle Kinder erstellt wurde:***
Mein Kind schlägt mich oder schreit mich an.
Mein Kind steht vor mir und hält sein Gesicht direkt vor mein Gesicht.
Mein Kind beißt unser Baby.
Mein Kind quengelt.
Mein Kind hängt sich an mich.

Vielleicht klingt Ihre Geschichte aber auch wie die von Matt:

»Es war schon spät und ich war müde. Wie üblich konnte mein nächtlicher Stalker nicht schlafen. Bald spürte ich seine Anwesenheit neben mir auf der Couch. Ich versuchte, ihn zu ignorieren. Ich hatte schon bei ihm gesessen, hatte ihn zugedeckt und ihm eine Geschichte vorgelesen. Genug ist genug, dachte ich. Plötzlich wurde mein Ohr von unorganischen Pupsgeräuschen überfallen. Keine echten, wohlgemerkt – diese Geräusche, die durch flatternde Lippen und Zungenrollen entstehen. Es war grotesk. Anders kann man es nicht bezeichnen.

›Was machst du da?‹, fragte ich mit möglichst autoritärer Stimme.

›Deine Aufmerksamkeit gewinnen‹, witzelte er mit einem breiten Lächeln im Gesicht. ›Wenn ich dieses Geräusch mache, schaust du mich an.‹

Du setzt darauf, dass ich dich anschaue, dachte ich. Besser, als dich bei lebendigem Leib zu fressen!«

Wenn Sie nicht wollen, dass Sie geschlagen oder gebissen werden, dass gequengelt wird, Ihr Kind sich an Sie hängt oder Sie sich abgestoßen fühlen, müssen Sie Ihrem Kind beibringen, wie es Ihre Aufmerksamkeit auf andere Weise gewinnt. Entscheiden Sie, wie Ihr Kind sich Ihnen nähern soll und zeigen Sie ihm dies. Wollen Sie angesprochen werden? Mit welchen Worten? »Ich will Aufmerksamkeit.« – »Ich brauche eine Umarmung.« – »Hör mir bitte zu.« Oder wollen Sie lieber Taten? Einen Klaps auf die Schulter oder ein Schütteln Ihrer Hand? Brauchen Sie Augenkontakt? Wollen Sie, dass Ihr Kind sich vor Sie stellt? Wollen Sie von Ihrem Kind auf seine Augenhöhe heruntergezogen werden, damit es mit Ihnen spricht?

Es gibt nicht die eine richtige Art, aber genauso, wie Sie lernen müssen, wie Sie am besten die Aufmerksamkeit Ihres Kindes gewinnen, muss Ihr Kind lernen, wie es Ihre Aufmerksamkeit gewinnt. Das nächste Mal, wenn es quengelt, sagen Sie: »Stopp. Ich höre dir zu. Ich glaube, du willst meine Aufmerksamkeit. Sag es mit Worten.« Oder wenn Ihr Kind Sie schlägt, sagen Sie: »Stopp. Es tut weh, wenn du mich schlägst. Wenn du meine Aufmerksamkeit willst, nimm meine Hand.« Dann müssen Sie willens sein, Ihrem Kind Aufmerksamkeit zu widmen.

Wenn Sie sich leicht ablenken lassen, verlangt es von Ihnen viel Energie, fokussiert zu bleiben. Situationen mit vielen Reizen wie an einem Flughafen, bei einem Familientreffen, in einem Einkaufszentrum oder Restaurant sind besonders schwierig, weil auch Sie, genau wie Ihr sehr wahrnehmungsfähiges Kind, von den Reizen dort überflutet werden. Lernen Sie innezuhalten, atmen Sie tief durch und überlegen Sie, bevor Sie mit Ihrem Kind in eine solche Situation kommen. Haben Sie die Energie, ihm unmissverständliche Anweisungen zu erteilen und ihm zu helfen, die Situation erfolgreich zu meistern, oder sind Sie erschöpft und brauchen die verbliebene Energie für sich selbst? Vergessen Sie nicht, sich und

Ihrem Kind eine Pause zu gönnen, nachdem Sie sich sehr anstrengen mussten, um fokussiert zu bleiben.

## SICH WOHLFÜHLEN MIT DER HOHEN WAHRNEHMUNGSFÄHIGKEIT

In Essays lenkt der Autor E.B. White unsere Aufmerksamkeit auf die weißen Federn im Schwalbennest, die es dem Vogel ermöglichen, direkt in sein Nest zu fliegen, nachdem er aus dem hellen Sonnenlicht draußen in die dunkle Scheune hinabgestoßen ist. Er beschreibt die Gerüche des Bauernhofs und das Lichtspiel auf dem Teich. Er ist ein Mensch mit hoher Wahrnehmungsfähigkeit, der seine Talente genutzt hat, um unser Leben zu bereichern.

Die Welt braucht Menschen mit hoher Wahrnehmungsfähigkeit. Es ist absolut möglich, das geschärfte Bewusstsein unserer Kinder zu genießen und ihnen dennoch beizubringen, auf unsere Botschaften zu hören. Es braucht mehr Energie, vor allem am Anfang. Temperamentvolle Kinder hören zu. Sie hören gut zu. Mit Ihrer Hilfe werden sie auch lernen, die wichtigsten Botschaften in ihrem Leben zu erkennen.

## HOHE WAHRNEHMUNGSFÄHIGKEIT – EINE ZUSAMMENFASSUNG

Temperamentvolle Kinder haben eine hohe Wahrnehmungsfähigkeit. Sie haben geschärfte Sinnesorgane, die jeden Aspekt der Reize aus ihrer Umgebung aufnehmen. Sie sehen und hören, was andere nicht sehen und hören.

Problematisch wird es, wenn sie von den Informationen ihrer Sinne überflutet werden und diese Informationen nicht ordnen können. Oft kämpfen sie mit der Entscheidung, was die wichtigste Botschaft ist oder worauf sie sich fokussieren sollen. Dann werden sie zerstreut, verwirrt und können sich nicht mehr auf die vorliegende Aufgabe oder die Anweisung konzentrieren, die sie gerade erhalten haben.

**Temperamentvolle Kinder mit hoher Wahrnehmungsfähigkeit müssen immer wieder Sätze hören wie:**
Du bemerkst alles, was um dich herum vorgeht.
Manchmal, wenn du dich unwohl fühlst, fällt es dir schwer, Anweisungen zu hören.
Du bist sehr kreativ, weil du Dinge bemerkst, die anderen Menschen entgehen.
Du bist sehr wahrnehmungsfähig.
Du hast einen wunderbaren Sinn für Humor.

**Pädagogische Tipps:**
Motivieren Sie Ihr Kind mit unterstützenden und liebevollen Worten, Ihnen zuzuhören, damit es weiß, dass es bei Ihnen sicher ist.
Übermitteln Sie Ihre Botschaft auf verschiedenen Wegen: gesprochen, geschrieben, gemalt und demonstriert.
Berühren Sie Ihr Kind, damit es Ihren Anweisungen leichter folgen kann.
Sorgen Sie durch Augenkontakt dafür, seine Aufmerksamkeit zu bekommen.
Halten Sie Ihre Botschaften einfach.
Vermeiden Sie es, eine Frage zu formulieren, wenn Ihr Kind tatsächlich keine Wahl hat.
Sagen Sie Ihrem Kind, was es tun *kann*.

**Wenn Sie selbst ebenfalls eine hohe Wahrnehmungsfähigkeit haben:**
Seien Sie sich Ihrer eigenen Ablenkbarkeit bewusst.

Lassen Sie sich dadurch nicht davon abhalten, mit Ihrem lebhaften Kind konsequent am Ball zu bleiben.
Sorgen Sie für ruhige Plätze zum Arbeiten, Ausruhen, Essen und Spielen.
Füllen Sie Ihre Energiereserven wieder auf, nachdem Sie sich sehr darum bemüht haben, fokussiert zu bleiben.

# 13

# Langsame Anpassungsfähigkeit

## Übergänge erleichtern

*»Übergänge sind wie ein Virus. Es sind diese Kleinigkeiten, die unsere Tage unterbrechen.«*

*Becca, zweifache Mutter*

Annas Schultern sackten in sich zusammen, während sie mit ihren beiden Jüngsten ins Familienzentrum kam. Tränen füllten ihre Augen, als ich sie begrüßte. »Was ist los?«, fragte ich und umarmte sie.

»Ich habe Hazel gerade in den Bus gesetzt, sie brüllte und weinte, weil ihre Kleidung keine Taschen hat«, antwortete sie. »Ich habe mich so bemüht, eine Routine einzuführen und morgens nicht zu hetzen. Kurz bevor wir den Bus bekommen mussten, waren wir genau im Zeitplan, da merkte sie, dass sie keine Taschen in der Kleidung hat. Ich hatte zu diesem Zeitpunkt nicht mehr genug Zeit, ihr eine andere Hose anzuziehen. Ich blieb ruhig und versuchte, das Problem mit ihr zu lösen, aber sie war nicht fähig, an eine Lösung zu denken. Die Zeit drängte, und nichts, was ich vorschlug, war für sie akzeptabel. Und jetzt fühle ich mich schrecklich. Ich will ihr doch helfen, diese Emotionen unter Kontrolle zu halten und Lösungen zu finden, aber es ist so schwer, wenn der Bus wartet und die Nachbarn einen beobachten.«

Übergänge sind diese Kleinigkeiten, die einen Tag zum Erfolg oder Misserfolg werden lassen. Ein Übergang ist eine Veränderung der Routine, eine Verlagerung an einen anderen Ort, auf eine andere Aktivität oder in einen anderen Zustand oder die Notwendigkeit, sich auf ein unerwartetes Ereignis oder eine Sache einzustellen wie eine Hose ohne Taschen. Übergänge können etwas so Einfaches sein, wie mit dem Spielen aufzuhören und zum Essen zu kommen, etwas so Häufiges wie der Übergang vom Schlaf- in den Wachzustand oder etwas so Bedeutsames wie ein Umzug. Lebhafte Kinder passen sich jedem Übergang nur langsam an. Jede Veränderung verlangt, dass sie ihr Erregungssystem auf die neue Aktivität einstellen, ohne in die rote Zone abzurutschen. Wenn die Intensität ihrer Emotionen zunimmt, nimmt die Anpassungsfähigkeit ab. Das Anziehen anderer Kleidung verlangt von ihnen eine Verrenkung unter Zähneknirschen. Wenn es nicht einmal gelingt, die Kinder ohne größeres Theater zur Haustür hinaus, ins Auto, an den Tisch, aus der Schule oder zum Aufräumen zu bringen, können die guten Tagesabschnitte ihren Glanz verlieren. Wenn Sie das Protestgeschrei hören, können Sie das Gefühl bekommen, es sei eine größere Aufarbeitung nötig, um das Problem zu korrigieren. Zum Glück reicht eine einfache Feinabstimmung.

Reibungslose Übergänge sind eines der wichtigsten Merkmale eines gut gelungenen Tages. Alle Kinder profitieren von gut geplanten Übergängen. Temperamentvolle Kinder *brauchen* sie. Vom Temperament her sind die meisten lebhaften Kinder wie Hazel. Sie versuchen nicht, ihre Eltern zu frustrieren oder sie in der Öffentlichkeit schlecht dastehen zu lassen. Sie finden es einfach extrem schwierig, mit Veränderungen und Überraschungen umzugehen.

Am offensichtlichsten wird dies, wenn sie beispielsweise eigentlich ein Mittagessen *wollen* oder *gerne* in die Schule gehen und sich dennoch in einer großen Aufregung wiederfinden, nicht kooperieren und jeder Schritt ein Kampf wird. Eine Veränderung ist so schwierig für sie, dass es sie aufregt, wenn die Nachbarn ihr Haus in einer anderen Farbe streichen, die Bank ein neues Schild bekommen hat oder Sie einen anderen Schulweg gefahren sind. Übergänge werden für Menschen, die sich nur langsam umstellen, immer schwierig bleiben, aber temperamentvolle Kinder können lernen, gut damit umzugehen.

## DIE RICHTIGEN WORTE WÄHLEN

Der Anfang und das Ende von allem – einem Besuch, einem Video, dem Schultag, einer Mahlzeit – ist für ein Kind, das sich nur langsam umstellt, tückisches Gelände. Um temperamentvollen Kindern den Umgang damit zu erleichtern, müssen wir ihnen erst einmal beibringen, Übergänge zu erkennen und zu verstehen, und Ihnen anschließend auch die geeigneten Worte anbieten, damit sie ihre Gefühle ausdrücken können. Durch das Erkennen und Benennen von Übergängen können wir die Kinder darauf vorbereiten und ihnen zeigen, wie sie mit dem damit verbundenen Unbehagen klarkommen können.

Am einfachsten ist es, sich auf vorhersehbare Übergänge zu fokussieren. Wir können damit beginnen, uns einen Tag genau anzusehen und uns zu fragen: »Wo sind jeweils Anfang und Ende von Aktivitäten und Ereignissen?«, und: »Inwiefern wird sich der heutige Tag von unserer normalen Routine unterscheiden?« Denken Sie an die schwierigsten Phasen des Tages. Wahrscheinlich sind es Übergänge wie das Aufstehen und Aus-dem-Haus-Gehen am Morgen, das Heimkommen am Abend, die Zubettgehzeit, das Hinkommen zu oder Weggehen von Orten und Aktivitäten, das

Hingehen zum oder Zurückkehren vom anderen Elternteil bei geteiltem Sorgerecht und Veränderungen der Routine wegen Ferien und Feiertagen. Sobald wir Übergänge erkennen, können wir sie erfolgreich planen. Dann wird Ihr Kind weniger Trotzanfälle in Zusammenhang mit den täglichen Übergängen erleben und zusätzliche Energie freisetzen, um unvorhersehbare Übergänge zu bewältigen.

***Temperamentvolle Kinder – sogar Säuglinge – müssen immer wieder Sätze hören, bei denen sie sich mit ihrer Anpassungsfähigkeit wohlfühlen, wie:***

Du möchtest immer gerne wissen, was geschehen wird.
Du magst Routineabläufe.
Du hast gerne einen Plan.
Du kannst flexibel sein.

***Temperamentvolle Kinder müssen immer wieder Sätze hören, die ihnen helfen, Übergänge zu erkennen, wie:***

Das war aber eine Überraschung.
Das hattest du anders erwartet.
Du fühlst dich am ersten Tag unwohl, an dem deine Stiefschwester bei uns wohnt, weil sich dadurch unsere Routine verändert.
Es ist schwer zu gehen, wenn es gerade so schön ist.

***Temperamentvolle Kinder müssen immer wieder Sätze hören, die ihnen helfen, mit Übergängen umzugehen, wie:***

Jede Veränderung ist für dich schwierig, aber du kannst dich umstellen und tust dies auch immer wieder. Erinnere dich nur an letzte Woche, als du …
Die Umstellung von der Schule auf zu Hause fällt dir sehr schwer, aber gemeinsam können wir uns einen Plan ausdenken, damit es besser klappt.

Du weißt gerne, was du zu erwarten hast. Lass uns den Plan für heute besprechen.
Was musst du noch fertig bekommen, um zum Gehen bereit zu sein?
Wo würdest du das gerne aufheben?
Was würdest du gerne mitnehmen?

Indem Sie auf Übergänge im Leben Ihres Kindes hinweisen und dabei Worte verwenden wie *Routine*, *Plan*, *Zeit* und *Wechsel*, wird Ihr Kind anfangen, selbst darauf zu achten.

Mike entdeckte, dass sogar Vierjährige das schon können. Nachdem Mike gemerkt hatte, dass der abendliche Übergang zur Badezeit bei seiner Tochter Trotzanfälle auslöste, sprach er mit ihr über die Bade-Routine. Gemeinsam beschlossen sie, auf seiner Uhr die Weckfunktion auf fünf Minuten einzustellen, um sie vorzuwarnen. Wenn jetzt der Wecker piept, sagt sie: »Papa, es ist Zeit für mein Bad.« Die Kämpfe sind verschwunden. Ihre Selbstsicherheit und ihre Fähigkeit, mit Situationen gut umzugehen, nehmen zu.

Ihr langsam anpassungsfähiges Kind muss wissen, dass es mit seinem Bedürfnis nach geplanten Übergängen ohne Hetze nicht allein ist. Machen Sie es mit anderen Menschen bekannt, von denen Sie wissen, dass sie bei Übergängen überlegt und vorsichtig vorgehen. Lassen Sie Ihr Kind wissen, dass es nicht merkwürdig ist. Es gibt viele Menschen, die diese Gefühle teilen.

## EINE ROUTINE EINFÜHREN

Routineabläufe sind die Rettungsanker temperamentvoller Kinder, die sich nur langsam anpassen. Routineabläufe sorgen für ein Gefühl von Vorhersehbarkeit und Sicherheit. Es ist beruhigend, morgens beim Aufwachen zu wissen, was man zu erwarten hat, wer einen nach der Schule abholen wird oder wann die Hausaufgaben erledigt werden sollen. Wenn lebhafte Kinder wissen, was sie zu erwarten haben, können sie anfangen, einen Wechsel selbst vorzunehmen. Routine verringert ihr Unbehagen und gibt ihnen die Energie für reibungslose Übergänge.

Schauen Sie sich Ihren Tag einmal an. Weiß Ihr Kind, wann es morgens aufstehen soll? Wann es essen wird? Wann es sich anziehen soll? Wann Sie einen Ausflug geplant haben? Wann es eine Freundin oder einen Freund zu sich einladen kann oder wann es elektronische Geräte nutzen darf? Ein temperamentvolles Kind muss solche Dinge wissen, sonst können Sie mit einem Kampf rechnen. Ein praktisches Hilfsmittel, um sogar schon Klein- und Vorschulkindern die Routine beizubringen, ist ein visueller Plan.

## Erstellen Sie visuelle Pläne

»Jeden Morgen gab es bei uns ein Tauziehen«, erklärte Sarah eines Tages in einem Kurs. »Alex wollte keinesfalls in die Kita gehen, obgleich es ihm dort gefiel, wenn er erst einmal angekommen war. Ich versuchte, schnell wegzugehen. Ich versuchte, länger zu bleiben, aber nichts schien zu helfen. Er lag jedes Mal heulend auf dem Boden oder klammerte sich an mich. Wir waren beide fix und fertig.

Auch für seine Kindergärtnerin war es schwierig«, fuhr sie fort, »weil Alex mit seinem Weinen die anderen Kinder aufregte. Sie schlug vor, eine Schautafel mit Bildern zu entwickeln, damit Alex wüsste, was ihn erwartete.

An diesem Punkt war ich bereit, alles zu probieren«, sagte Sarah. »Ich sagte ihm: ›Alex, lass uns zusammenarbeiten, damit es dir leichter fällt, in die Kita zu gehen. Wodurch würde es für dich leichter werden?‹ Er sagte mir, er mache sich Sorgen, weil er nicht wüsste, wann ich wiederkäme. Daran hatte ich nie gedacht.«

Sie fuhr fort: »Ich bastelte einen sechsteiligen Rahmen mit leerem Karton für unseren Plan. Ich erklärte es Alex und fragte ihn: ›Was machen wir als Erstes, wenn wir in die Kita kommen?‹

›Meinen Anorak aufhängen!‹, antwortete er.

In den ersten Rahmen malte ich ein Bild von seinem Anorak. ›Was kommt dann?‹, fragte ich. Er zuckte mit den Schultern und ich sagte: ›Was hältst du davon, wenn wir sagen, dass du etwas suchst, womit du spielen willst, während ich zuschaue?‹ Er war einverstanden und malte ein Bild mit Bauklötzen in den zweiten Rahmen unseres Plans. Wir machten weiter mit Bildern vom Winken zum Abschied und Lächeln, von der Mittagessenszeit und einem Buch für die Geschichtenzeit.«

Sarah war noch nicht fertig. »Ich hole ihn direkt nach der Geschichtenzeit ab«, fügte sie hinzu. »Daher sagte ich zu Alex: ›Wir malen eine Uhr. Wir stellen sie auf fünf Uhr nachmittags – das ist die Zeit, zu der ich dich abhole.‹

Anschließend schauten sich Sarah und Alex ihren Plan gemeinsam an und schrieben noch einen Text unter die Bilder: ›Wir ziehen deinen Anorak aus, suchen etwas zum Spielen für dich, winken zum Abschied, es gibt Mittagessen, es werden Geschichten vorgelesen und wenn es auf der Uhr fünf Uhr nachmittags ist, kommt Mama und holt dich wieder ab.‹«

Sarah faltete den Plan anschließend zusammen und half Alex, ihn in seine Tasche zu stecken, dabei sagte sie ihm, er könne jederzeit darauf schauen, wann er wollte.

»Es war sofort ein Erfolg«, erklärte Sarah. »Der Tag begann nicht mehr mit Tränen, sondern er hängte seinen Anorak auf, suchte sich etwas zum Spielen und winkte mir nach. Wir verwendeten das Schaubild zwei Monate lang. Danach lief die Routine und wir hatten keine Probleme mehr. Ich kann Ihnen gar nicht sagen, wie dankbar ich dieser Kindergärtnerin bin.«

Anpassungsfähigkeit ist kein Problem mehr, wenn Ihr Kind weiß, was es zu erwarten hat. Durch das Erstellen eines visuellen Plans gemeinsam mit Ihrem Kind fühlt es sich getröstet. Sie oder Ihr Kind können für den Plan etwas malen, Fotos oder Clipart verwenden. Der Plan muss nicht mehr als vier bis sechs Bilder enthalten, die die konkreten Schritte des Routineablaufs illustrieren. Sie können auch verschiedene Pläne erstellen, einen für morgens, einen für abends oder für das Absetzen bei der Kita oder Schule etc.

Mit klaren und gleichbleibenden Routineabläufen gewinnen Sie die Kooperation eines Kindes, das sich mit Veränderungen nicht wohlfühlt. Das heißt nicht, dass es keine spontanen Momente mehr gibt, aber Sie verfügen nun über einen Plan, auf den Sie sich beziehen können, wenn eine Veränderung ansteht. Das erlaubt Ihnen nicht nur, darauf hinzuweisen, wo genau es eine Veränderung geben wird, sondern dient auch als Kontrolle: Nehmen Sie täglich Änderungen vor? Sollte dies der Fall sein, so gibt es zu häufig Änderungen. Ihr Kind braucht die Vorhersehbarkeit in seiner täglichen Routine. Wenn Sie ständig ändern, was geschehen wird, treiben Sie Ihr Kind unabsichtlich in die rote Zone. Routineabläufe liefern ein stabiles Fundament, das dem temperamentvollen Kind erlaubt, in der grünen Zone zu bleiben. Wenn Sie es schwierig finden, Routineabläufe zu schaffen und beizubehalten, können Sie es sich einfacher machen, indem Sie die Anzahl der Übergänge begrenzen.

## UNNÖTIGE ÜBERGÄNGE ELIMINIEREN

Wenn der fünfjährige Derrick morgens aufsteht, geht er ins Wohnzimmer hinunter, um fernzusehen. Damit er sich anzieht, muss der Fernseher abgestellt werden, und er muss wieder in sein Zimmer hinaufgehen. An manchen Tagen wird er kurz nach dem Aufwachen gebeten, sich anzuziehen. An anderen Tagen bleibt er bis mittags im Schlafanzug. Die einzige Konstante dabei ist der Kampf bei jedem Übergang.

Jeder Übergang bringt für Sie und Ihr Kind einen potenziellen Trotzanfall mit sich. Das Einschalten und anschließende Ausschalten eines elektronischen Gerätes ist ein Übergang. Nach unten zum Frühstück und dann wieder hinauf zum Anziehen zu gehen, ist ein weiterer Übergang. Sich an einigen Tagen um acht Uhr und an anderen erst mittags anzuziehen, macht die Aufforderung, sich anzuziehen, jedes Mal zu einer Überraschung. Als Elternteil eines langsam anpassungsfähigen Kindes wird das Leben deutlich einfacher, wenn Sie solche unnötigen Übergänge vermeiden.

Nachdem Derricks Eltern mich konsultiert hatten, führten sie eine vorhersehbare Routine ein, die sieben Tage die Woche befolgt wird. Derrick hat nun einen Bilderplan, der ihn nach dem Aufwachen daran erinnert, die Toilette zu benutzen, sich zu kämmen, die Zähne zu putzen und sich anzuziehen, bevor er nach unten geht. Die Nutzung elektronischer Geräte am Vormittag wurde gestrichen. Ich weiß – dieser letzte Vorschlag ließ auch seine Eltern zusammenzucken. Aber überlegen Sie einmal: Wie viele Kämpfe entstehen, wenn es darum geht, elektronische Geräte auszuschalten? Anstatt ein Videospiel zu spielen oder Videofilme anzuschauen, hilft Derrick nun seinen Eltern beim Frühstückmachen, so verbringen sie mehr gemeinsame Zeit, bevor sie sich den Tag über trennen. So ist Derrick außerdem bereits in der Küche und kann dort sofort essen. Die Eltern müssen ihn nicht von einer anderen Aktivität losreißen, um ihn an den Esstisch zu bringen.

Prüfen Sie Ihre Routineabläufe. Gibt es dort auch Übergänge wie das Ein- und Ausschalten elektronischer Geräte oder Inkonsequenzen in der täglichen Routine, die es einfach nicht geben müsste?

Unnötige Übergänge können sich auch in tägliche Unternehmungen einschleichen. Zählen Sie bei der Planung einmal, wie oft

Sie und Ihr Kind ins Auto ein- und wieder aus dem Auto aussteigen. Bedenken Sie, dass Sie diese Übergänge *begrenzen* müssen, damit Ihr Kind sie erfolgreich meistern kann. Wenn Sie die Kinder beispielsweise nach der Schule zu einer Veranstaltung bringen, sollten Sie einen Imbiss dabei haben, anstatt irgendwo zu halten, um etwas zu essen. Damit vermeiden Sie vier Übergänge und potenzielle Auslöser für Trotzanfälle: Jacke anziehen und Aussteigen aus dem Auto, wieder ins Auto einsteigen und Jacke wieder ausziehen. Wenn Sie hingegen direkt das Ziel anfahren, haben Sie noch Zeit übrig, um im Auto gemeinsam zu entspannen und den Imbiss zu genießen.

Manchmal scheinen unnötige Übergänge doch nötig zu sein, beispielsweise wenn Sie Ihr Kind zu einer weiteren Aktivität bringen wollen. Wenn Ihr Kind sich jedoch sperrt, wenn es Zeit wird, dorthin zu gehen, fragen Sie sich einmal, ob das wirkliche Problem nicht darin besteht, dass Sie Ihrem Kind zu viele Termine zumuten. So war es bei der zehnjährigen Nora. »Ich weiß, dass sie müde ist, wenn sie von der Schule nach Hause kommt«, erzählte mir ihre Mutter. »Aber dann müssen die Hausaufgaben gemacht, Klavier geübt und Turnstunden absolviert werden. Wenn ich sie frage, warum sie gegen mich kämpft, sagt sie: ›Ich will mehr freie Zeit haben.‹«

Temperamentvolle Kinder können pro Tag nur mit einer begrenzten Anzahl von Übergängen zurechtkommen, insbesondere, wenn es große Übergänge sind. Bei übertrieben vielen Übergängen verscherzen Sie es sich. Schauen Sie sich sorgfältig an, wie viele Übergänge Ihre Tagespläne enthalten. Überlegen Sie, einen Kurs wegzulassen oder eine Aktivität zu streichen, insbesondere, wenn diese den Schlaf oder die Essenszeiten unterbricht. Hören Sie genau zu: Vielleicht erzählt Ihnen Ihr Kind, dass es langsamer treten muss. Zwingen Sie Ihr Kind nicht, schreien oder einen Wutanfall bekommen zu müssen, um gehört zu werden.

Es kann für Harmonie in Ihrer Familie sorgen, wenn Sie wissen, wann auf eine Aktivität besser verzichtet wird. Suchen Sie lieber einen Weg, Ihren Terminplan neu anzupassen oder wirklich nötige Dinge anders zu erledigen, als jemanden zu drängen und in die rote Zone zu treiben. Es gibt immer eine Lösung, eine Möglichkeit, die Bedürfnisse Ihres Kindes und Ihre eigenen zu respektieren. Suchen Sie danach. Ein langsam anpassungsfähiges Kind hat oft die Gabe, das erste Familienmitglied zu sein, das uns wissen lässt: »Wir machen zu viel, es wird Zeit für unsere Familie, das Tempo zu verlangsamen und eine Pause einzulegen.«

## ZEIT GEBEN

»Wenn ich Charlie dränge, sind wir verloren«, sagte Kim während eines Gesprächs. »Ich kann ihn niemals unvorbereitet in eine Situation drängen. Je mehr Zeit ich ihm lasse, desto zufriedener sind wir beide. Das heißt aber, dass ich immer in allem einen Schritt voraus sein muss.«

Zeit – lebhafte Kinder brauchen jede Menge davon, um Übergänge zu bewältigen. Sie werden vielleicht das Gefühl haben, gar nicht so viel Zeit zur Verfügung zu haben, insbesondere, wenn Sie auch noch weitere Kinder haben. Anna, eine vierfache Mutter, fühlte sich von den Bedürfnissen ihrer temperamentvollen Tochter überfordert:

»Ich habe einfach nicht mehr Zeit zur Verfügung«, sagte sie gereizt in unserer Gruppendiskussion. »Es ist ein Vollzeitjob, Libby zur Tür hinaus zu bekommen und ich habe noch drei andere Kinder. Unsere Routine ist klar und dennoch kooperiert sie nicht.«

Übergänge sind für unsere lebhaften Kinder schwierig. Damit alles reibungslos läuft, müssen wir uns bewusst genügend Zeit nehmen, um ihnen bei Bedarf zu helfen. Ich überzeugte Anna davon, ihren Wecker fünfzehn Minuten früher läuten zu lassen, indem ich sagte: »Sie werden dann nicht mehr gehetzt sein. Also, was haben Sie zu verlieren?«

In der folgenden Woche kam sie sehr früh zum Kurs. »Ich habe gute Neuigkeiten«, berichtete sie mir. »Sie wissen ja, wie sehr ich mich dagegen gesträubt habe, mehr Zeit einzuplanen. Nachdem ich darüber nachgedacht habe, habe ich beschlossen, es zu versuchen. Ich schätze, ich bin auch langsam anpassungsfähig. Egal, ich habe meinen Wecker jedenfalls auf fünfzehn Minuten früher eingestellt. Libby war bereits wach, aber ich ließ sie noch im Bett, während ich schnell geduscht habe. Als ich angezogen war, habe ich Libby aus dem Bett geholt. Ich war nicht so hektisch, weil ich schon geduscht hatte und angezogen war. Als sie bei ihrer Bluse Hilfe brauchte, habe ich ihr geholfen (was ich normalerweise nicht tue), anstatt zu sagen, ich hätte keine Zeit. Als ich ruhiger war, war auch sie ruhiger, sodass ich für die anderen Kinder mehr Zeit hatte. Ich kann kaum glauben, welchen Unterschied eine Viertelstunde machen kann. Sie hatten recht.«

Dann, um auch sicherzugehen, dass ich nicht überheblich werde, fügte sie hinzu: »Aber ich bin *sehr* müde!«

»Wir werden daran arbeiten«, scherzte ich.

Im Lauf der Jahre habe ich gelernt, dass alle fünf Minuten, die präventiv genutzt werden, Ihnen fünfzehn Minuten Tumult ersparen. Wenn Sie mehr Zeit am Tag haben wollen, gönnen Sie sich und Ihrem Kind zusätzliche Zeit für die Übergänge. Langsam anpassungsfähige Kinder verschwenden keine Zeit. Sie arbeiten an dem Wechsel und brauchen dabei oft Unterstützung.

Andere Leute können Ihre Bemühungen sabotieren, Ihrem Kind Zeit zum Warmwerden zuzugestehen. Manchmal müssen Sie dann sehr bestimmt auftreten. In der Arztpraxis müssen Sie die Ärztin vielleicht bitten, erst mit Ihrem Kind zu sprechen und ihm das Stethoskop zu zeigen, bevor sie versucht, Ihr Kind anzufassen. Wenn Sie mit einer Gruppe zu einer Veranstaltung gehen, sollten Sie möglicherweise selbst mit dem Auto fahren, damit Sie frühzeitig ankommen und Ihrem Kind die nötige Zeit zum Akklimatisieren geben können. Sogar beim Sport werden Sie möglicherweise den Trainer davon abhalten müssen, die Leistung Ihres Kindes anhand des ersten Spiels zu beurteilen, da Sie wissen, dass Ihr Kind, wenn es erst einmal warm geworden ist, sehr viel bessere Leistungen bringt.

Manchmal scheint es beinahe nicht opportun zu sein, Kinder zu haben, die langsam warm werden. Andere Leute erzählen uns, wir sollten unsere Kinder drängen – sollten sie zwingen, einfach ins kalte Wasser zu springen – und tadeln uns, wir würden sie wie Babys behandeln. Wenn Ihr Kind sich langsam anpasst, erinnern Sie sich immer wieder selbst daran, dass Sie dies später schätzen werden, wenn es ein Teenager ist. Während die anderen Kinder bei irgendwelchen lächerlichen impulsiven Projekten einfach drauflos rennen werden, wird Ihr Kind nachdenken und sich langsam und vorsichtig bewegen. Jedes Temperament hat seine typischen Stärken.

## VORWARNUNGEN SIND ENTSCHEIDEND

Vorwarnen ist eine Methode, eine Vorstellung von der Zukunft zu vermitteln. Kinder, die sich nur langsam anpassen, müssen wissen, was die Zukunft bringt. Ob sie zu Mittag essen, zum Arzt gehen, Besuch bekommen, zu einer Veranstaltung gehen, eine neue Zahnbürste ausprobieren oder ein Lieblingsshirt waschen – für temperamentvolle Kinder ist es wichtig, darüber informiert zu werden. Sorgen Sie dafür, dass Ihr Kind weiß, was ansteht, wie lange es dauern wird, dorthin zu kommen, was Sie mitnehmen werden, wann Sie zu Hause abfahren, wer dort sein wird und was Ihres Wissens sonst noch geschehen wird.

Wichtig ist das richtige Timing für die Vorwarnung. Einige Kinder müssen Stunden, Tage oder sogar Wochen im Voraus wissen, was für sie ansteht. So haben sie Zeit, ihre Fragen darüber zu stellen und sich mental vorzubereiten. Andere werden zu viel grübeln und aufgedreht werden, wenn Sie ihnen etwas zu lange im Voraus erzählen. Sie müssen entscheiden, was bei Ihrem Kind am besten ist. Nachfolgend einige Vorwarnungen, mit denen Kindergärtnerinnen, Lehrer und andere Eltern arbeiten:

Du hast zehn Minuten Zeit. Was musst du noch tun, um startbereit zu sein?
In fünf Minuten ist die Zeit um. Lass uns einen Schlusspunkt finden.
Nach dieser Show werden wir …
Wenn ich dich heute abhole, fahren wir nicht nach Hause, sondern …
Wenn der Wecker läutet, ist es Zeit zu …
Noch drei Sprünge, dann ist Mica an der Reihe.

»Wir müssen Leo auf alles vorbereiten«, erzählte Melissa der Gruppe. »So wie heute. Meine Freundin kam zu Besuch. Ich musste Leo erzählen, wer sie ist, warum sie kommt und wie lange sie voraussichtlich bleiben wird. Er muss alle Kleinigkeiten wissen. Ich kann bei ihm nichts voraussetzen. Er macht alles prima, solange er weiß, was er zu erwarten hat.«

»Als wir lernten, auf Übergänge vorzubereiten, ging es meinem Mann wirklich besser«, erklärte Heather. »Unser zweijähriger Sohn Braden brüllte jedes Mal, wenn der Papa nach Hause kam. Er wollte nicht von ihm angefasst werden und stieß ihn weg. Dreißig Minuten später wollte er dann aber auf Papas Schoß sitzen. Mein Mann fing an, diese ›Begrüßung‹ persönlich zu nehmen, und es ging ihm wirklich schlecht damit. Durch unsere Diskussion hier im Kurs merkte ich, dass es mit dem Übergang zusammenhing. Ich fing an, Braden zu erzählen, dass der Papa bald heimkommen würde. Wenn ich das Auto hörte, nahm ich ihn auf den Arm, wenn mein Mann zur Tür hereinkam, sagte ich ihm, er solle dem Papa sagen, wann er für eine Umarmung bereit sei. Er streckte sofort die Arme aus. Ich glaube, die Vorwarnung hat geholfen.«

Es ist auch nicht ungewöhnlich, wenn man einem Kleinkind eine nochmalige Vorwarnung gibt und es dann deswegen sofort zu weinen anfängt. Sie können einfühlsam reagieren, indem Sie sagen: »Du würdest dir wünschen, dass wir noch nicht gehen müssen.« Auch wenn der Wechsel weiterhin schwierig ist, sollten Sie diese Vorwarnungen weiterhin geben. Allmählich wird es für Sie beide einfacher werden.

Bedenken Sie, dass ein Kind, je jünger es ist, desto weniger Zeitverständnis hat. Sagen Sie einem Zweijährigen, dass er in fünf Minuten aufhören muss, und Sie werden fünf Minuten später dennoch ein brüllendes Kind auf den Arm nehmen. Kinder dieses Alters verstehen den Zeitbegriff noch nicht, solange Sie nicht konkreter werden. Anweisungen wie: »Du kannst den Ball noch fünfmal werfen«, »Wenn die Musik zu Ende ist« und: »Wenn der Wecker klingelt« machen Zeit zu einer realeren Sache und leichter verständlich. Sie können auch einen Farbenwecker kaufen oder eine App herunterladen, sodass Ihr Kind »sieht«, wie die Zeit verstreicht. Wenn Sie den Wecker auf eine bestimmte Zeit einstellen, ist das Zifferblatt rot. Mit verstreichender Zeit verschwindet die Farbe allmählich. Das Kind kann sehen, wann die Zeit beinahe um ist.

Wenn es für Sie nach zusätzlicher Arbeit klingt, Ihrem Kind zu signalisieren, was geplant ist und wann, achten Sie einmal darauf, wie oft Sie selbst auf die Uhr schauen und denken »in zehn Minuten« oder in Ihren Terminkalender schauen und planen. Nun stellen Sie sich einmal vor, Ihre Freundin würde unangekündigt vor der Tür stehen und Sie bitten, schnell in ihr Auto zu springen, ohne Ihnen ein Ziel zu nennen. Stattdessen würde sie einfach sagen: »Vertraue mir.«

Genau wie Sie brauchen auch Ihre Kinder nötige Informationen, aber kleine Kinder können sie sich nicht selbst beschaffen. Sie sind dafür zuständig, sie ihnen zu liefern. Dazu reicht es, Ihre Gedanken und Aktivitäten mit den Kindern zu teilen. Wenn die Kinder älter werden, können Sie ihnen mehr Verantwortung übertragen. Beispielsweise können Sie zu einem älteren Kind sagen: »Wie sieht dein Plan aus, um die Haushaltspflichten und die Hausaufgaben vor der Schlafenszeit zu erledigen?« Schließlich wird Ihr Kind sich selbst auf Übergänge vorbereiten.

## ZEIT ZUM BEENDEN EINRÄUMEN

Temperamentvolle Kinder beenden eine Tätigkeit gerne. Bevor sie eine neue Aktivität beginnen, müssen wir ihnen helfen, die vorherige abzuschließen. Sie können die Gefühle Ihres Kindes würdigen, indem Sie etwas sagen wie: »Es ist hart, jetzt damit aufzuhören«, oder: »Du kannst später weitermachen.«

Wenn Sie Ihr Kind vorgewarnt haben, geben Sie ihm den Raum und die Zeit, die es braucht, um das zu beenden, was es gerade tut. Falls Ihnen das Warten schwerfällt, schauen Sie Ihrem Kind nicht dabei zu. Beginnen Sie stattdessen, schon einmal ein paar Sachen ins Auto zu laden oder noch jemanden anzurufen. So hat es Maggie gemacht:

»Es war an der Zeit, für den Kindergarten fertig zu werden«, erzählte sie uns, »aber Jake, mein vierjähriger Sohn, war total in sein Lego vertieft. Er wollte gar nicht fertig werden. Normalerweise hätte ich gebrüllt *Hör jetzt sofort auf!*, und die Auseinandersetzung hätte begonnen. Aber dieses Mal fragte ich ihn: ›Wie viele Minuten brauchst du noch?‹

›Zehn‹, antwortete er.

Wir hatten aber keine zehn Minuten mehr Zeit. ›Wie wäre es mit fünf?‹, hielt ich dagegen.

›Zehn‹, wiederholte er.

›In Ordnung‹, sagte ich. ›Ich stelle auf dem Wecker fünf Minuten ein und dann sehen wir, wie weit du gekommen bist. Und während du weitermachst, mache ich andere Dinge fertig.‹ Ich ging weg.

Bald hörte ich: ›Ich bin fertig!‹ Und der Wecker hatte noch nicht einmal geklingelt!«

Wenn die Zeit knapp ist, müssen Sie Ihrem Kind vielleicht helfen, zum Ende zu kommen, indem Sie schon einmal die Farben verschließen, die es nicht mehr braucht, Spielsachen wegräumen oder alle Filzstifte aufräumen, mit Ausnahme des einen in seiner Hand. Fordern Sie Ihr Kind auf, sein Projekt an einem sicheren Platz zu verräumen, damit es später damit weitermachen kann. Fragen Sie es: »Wo möchtest du es gerne aufheben?« Damit Ihr temperamentvolles Kind zum Ende kommt und sich der nächsten Aktivität zuwendet, müssen Sie ihm manchmal ein »Übergangsobjekt« erlauben. Lassen Sie Ihr Kind ein Spielzeug mit ins Auto nehmen oder den Ball mit an den Tisch bringen, wobei Sie es bitten, ihn neben seinen Stuhl zu legen.

Während Sie Ihrem Kind helfen, seine aktuelle Aktivität zu beenden, vergessen Sie nicht, es auch an die guten Dinge zu erinnern, die bevorstehen, indem Sie etwas sagen wie: »Wir werden als Nachtisch Apfelmus haben, das magst du doch so gerne« oder: »Du wirst deine Freundin/deinen Freund sehen.« Der Übergang wird leichter, wenn man weiß, was danach kommt.

## DIE FANTASIE NUTZEN

Temperamentvolle Kinder haben eine wunderbare Vorstellungsgabe. Diese können Sie nutzen, um die Kinder von einer Aktivität zur nächsten zu bewegen.

Ich habe Eltern beobachtet, die ihre Kinder dazu gebracht haben, sich die Hände zu waschen, indem sie behauptet haben, ihre Hände seien Kipplaster, die sich unter dem Wasserhahn, der das Wasser liefert, öffnen und schließen. Ich habe Kleinkinder gesehen, die so darin vertieft waren, rückwärts zu gehen, oder Vierjährige, die begeistert galoppierten wie ein Pony, dass sie den Übergang nicht einmal gemerkt haben. Mit solchen kleinen Ausflügen in die Fantasie gewinnen Sie die Kooperation der Kinder.

Das ist keine Spielerei, sondern klug.

## DEM KIND HELFEN, MIT ENTTÄUSCHUNGEN UMZUGEHEN

Eine Enttäuschung trifft temperamentvolle Kinder besonders hart, denn eine Enttäuschung ist tatsächlich ein Übergang – eine Veränderung der Planung, eine unerwartete Überraschung. Temperamentvolle Kinder müssen verstehen, dass Enttäuschungen für sie sehr schwer zu bewältigen sind. Sie erleben dann einen Ansturm von Emotionen, der sie schnell überfordert. Wenn die Kinder das nicht verstehen, richten sie sich gegen Sie als Elternteil mit scharfen Erwiderungen wie »Ich will nicht« oder »Du kannst mich nicht zwingen«. Oder sie brechen in Tränen aus wie Hazel, die sehr traurig war, als sie entdeckte, dass ihre Hose keine Taschen hatte.

Lebhafte Kinder empfinden sehr tief. Sie können den Umgang mit Enttäuschungen lernen, ohne darin unterzugehen, aber die Enttäuschung ist dennoch real und verlangt ein Ventil. In diesem entscheidenden Moment brauchen sie die richtigen Worte. Sie können Ihrem Kind beibringen, dass es sagen kann:

Das hatte ich nicht erwartet. Ich brauche einen Moment, um mich davon zu erholen.

Diese Veränderung macht es für mich sehr schwer.
Können wir darüber reden?
Kann ich bitte noch einen Moment Zeit haben?
Das war eine Überraschung, aber ich bin ein Problemlöser. Ich werde damit klarkommen.

Worte beruhigen, wenn sie klarstellen, was gerade geschehen ist und für eine Haltung neuer Stärke sorgen.

Sie können auch dazu beitragen, einer Enttäuschung dic Spitze zu nehmen, indem Sie mit Ihrem Kind *Was wäre, wenn* spielen. Sprechen Sie vor einem bestimmten Ereignis die Dinge durch, die geschehen könnten. Wenn Sie beispielsweise ins Kino gehen wollen, können Sie Ihr Kind fragen: »Was wäre, wenn wir hinkommen und alle Tickets schon ausverkauft sind? Wie würdest du dich dann fühlen? Was könnten wir dann tun?« Oder: »Was wäre, wenn du zu dem Kindergeburtstag gehst und es Obstsalat gibt anstelle eines Geburtstagskuchens? Wie würdest du dich fühlen? Was könnten wir dann tun?« Oder: »Was wäre, wenn du zum Schwimmunterricht gehst und alle Namen aufgerufen werden, nur deiner nicht?«

*Was wäre, wenn* lehrt Kinder, gute Problemlöser zu werden und rüstet sie für den Erfolg. Wenn der Fall des *Was wäre, wenn* dann tatsächlich eintritt, sind sie vorbereitet. Sie können ihre Emotionen benennen und wissen, was zu tun ist. Selbst wenn Sie eine Überraschung nicht vorhergesagt haben, stärkt das Üben des *Was wäre, wenn* die problemlösenden Fertigkeiten des Kindes und erleichtert ihm den Umgang mit unerwarteten Ereignissen.

»Werden dadurch nicht Ängste geschürt?«, werde ich von Eltern gefragt. Bei *Was wäre, wenn* liegt der Schwerpunkt nicht darauf, was für schreckliche Enttäuschungen oder Katastrophen eintreten könnten. Der Schwerpunkt liegt auf unserem Vertrauen in die Fähigkeit unserer Kinder, das Problem zu lösen. Darauf, was sie können. Es ist eine Botschaft, die unterstützt und tröstet. Kinder werden nicht überwältigt, wenn sie das Gefühl der Kontrolle haben

Ich erinnere mich an eine Silvesterfeier, bei der wir geplant hatten, mit Nachbarn essen zu gehen und dann einen Film anzuschauen. Wir waren mit dem Essen früher fertig als erwartet und 45 Minuten vor Filmbeginn am Kino. Mein Nachbar schaute sich die Werbeplakate für andere Filme an. »Wie wäre es, wenn wir stattdessen diesen Film anschauen?«, schlug er vor. Die anderen Kinder jubelten. Ich warf meinem Sohn einen schnellen Blick zu und fragte mich, ob er diese »Überraschung« verkraften würde. Ich sah, wie Röte in sein Gesicht stieg, und nahm ihn beiseite.

»Kommst du damit klar?«, fragte ich. »Ich weiß, dass du damit nicht gerechnet hast.«

»Du hast mir versprochen, dass wir meinen Film anschauen«, stotterte er.

»Ich weiß«, sagte ich, »aber du hast auch schon von diesem Film erzählt. Überlege einen Moment, und dann können wir uns entscheiden.«

Erstaunlicherweise überstand mein Sohn die Änderung der Filmwahl. Mit fünf Jahren hätte er es nicht geschafft, aber mit acht ging es. Ich freute mich, aber mir war kurz danach klar, dass er dennoch aufgebracht war. Die Nachbarn hatten uns eingeladen, nach dem Kino noch auf einen Imbiss zu ihnen zu kommen. Ich war ziemlich sicher, dass er diesen Übergang ohne irgendeine Art von »Auftanken« nicht bewältigen würde.

»Ich muss nur kurz nach unserem Welpen sehen«, entschuldigte ich mich. »Josh, willst du mir helfen?« Ich musste eigentlich nicht nach unserem Welpen schauen, aber ich wollte meinem Sohn die Gelegenheit bieten, seinem Ärger Luft zu machen. Das tat er auch – wir gingen ins Haus, und er rastete aus.

»Du hast gesagt, wir würden meinen Film anschauen. Du hast es versprochen. Dieser Film war schrecklich. [Das stimmte.] Warum mussten wir das Programm ändern?«

Ich ließ ihn Dampf ablassen, dann sagte ich: »Nun ist es genug, mein Lieber, es ist vorbei. Eine Veränderung ist für dich immer schwierig, aber nun ist es genug. Du hast es im Kino großartig gemeistert. Vielleicht schauen wir uns irgendwann in der kommenden Woche noch deinen Film an. Jetzt müssen wir zu den Nachbarn hinübergehen.« Gemeinsam verließen wir das Haus. Er hatte es überstanden und ich auch. Eine Enttäuschung verläuft nicht einfach im Sande. Sie und Ihr temperamentvolles Kind müssen einen respektvollen Weg finden, sie rauszulassen.

## KOOPERIEREN

Vielleicht denken Sie jetzt: »Dafür habe ich keine Zeit, ich kann nicht zu spät zur Arbeit kommen«, oder: »Was ist, wenn andere uns beobachten?« Wenn Sie in der Öffentlichkeit sind, nehmen Sie Ihr Kind vor neugierigen Augen beiseite. Erkennen Sie an, dass dies eine Überraschung ist, eine Änderung dessen, was Ihr Kind erwartet hatte. Gönnen Sie ihm einen Moment, um sich zu beruhigen. Dann können Sie entscheiden, was zu tun ist. Es stimmt, die Uhr tickt vielleicht, aber wenn Sie sich ein paar Minuten Zeit nehmen, um mit Ihrem Kind zu sprechen, wird der gesamte Tag vielleicht für Sie beide besser. Wenn das Problem wiederholt auftritt, nehmen Sie sich die Zeit, um nach dem wahren Zündstoff zu suchen, damit Sie nicht fortlaufend zu spät sind. Genau das machte Matt.

An drei Tagen war es Matts Aufgabe, morgens dafür zu sorgen, dass seine Töchter ihr Frühstück bekamen, angezogen waren und sie alle zur Tür hinauskamen, um die Ältere in die Vorschule zu bringen. Die Mädchen zogen sich an, aßen und spielten problemlos zusammen, bis es Zeit war zu gehen. Dann rastete die zweijährige Amy aus. Sie warf sich auf den Boden, kickte ihre Schuhe weg und wand sich aus ihrem Anorak. »Die Routine ist immer dieselbe«, sagte Matt. »Ich stelle den Wecker meiner Armbanduhr. Sie bekommen immer eine Vorwarnung, aber es funktioniert dennoch nicht.«

Es war an der Zeit, die Situation gründlicher zu prüfen. Was hatte es mit Amys Widerstand tatsächlich auf sich? »Was, glauben Sie, fühlt oder braucht Amy in diesem Moment?«, fragte ich Matt. Er überlegte einen Moment, bevor er antwortete: »Sie spielt sehr gerne mit ihrer Schwester«, sagte er dann. Und plötzlich ging ihm ein Licht auf. »Wenn wir das Haus verlassen, um zum Kindergarten zu gehen, verliert Amy ihre Spielkameradin.«

Nachdem Matt Amys Enttäuschung erkannt hat, achtet er nun darauf, ihr von den vielen netten Dingen zu erzählen, die sie machen werden, nachdem sie Elsa in der Vorschule abgeliefert haben. Seither gibt es kein Gerangel mehr, wenn Amy ihre Jacke anziehen soll.

Die investierte Zeit, um Übergänge reibungslos zu planen, ist absolut lohnend. Wenn die tägliche Routine ein vorhersehbares Fundament bildet, haben lebhafte Kinder mehr Energie, um mit Überraschungen fertig zu werden. Es gibt weniger Gerangel und mehr Erfolge. Dann überwiegen die guten Tage die schlechten Tage.

## SICH WOHLFÜHLEN MIT DER LANGSAMEN ANPASSUNGSFÄHIGKEIT

Bei zunehmender Häufigkeit von Erfolgen lassen Sie Ihr Kind wissen, wie stolz Sie sind, dass es einen Übergang gut gemeistert hat. Würdigen Sie, dass es aufgehört hat, mit seinem Fahrrad zu fahren und zum Mittagessen hereingekommen ist. Spenden Sie Beifall, wenn es kampflos ins Auto eingestiegen ist – nicht sarkastisch, sondern um zu feiern, dass es heranwächst und lernt, sich auf Neues einzustellen. Würdigen Sie Vorbereitungen, die Ihr Kind selbst trifft, um sich für die Schule oder den Besuch bei einer Freundin/einem Freund fertig zu machen. Bedanken Sie sich für seine Flexibilität. Sagen Sie Ihrem Kind, wie sehr Sie sich freuen, wenn es Ihnen sagt, dass Sie es überrascht haben, anstatt zu brüllen. Mit diesen Kleinigkeiten stärken Sie die Kooperation Ihres Kindes. Feiern Sie seine Erfolge und bedenken Sie immer, dass ein Erfolg den nächsten nach sich zieht.

Wenn Sie sich selbst auch nur langsam anpassen, haben Sie es bei Übergängen auch selbst schwerer. Erstellen Sie einen berechenbaren Plan für vorhersehbare Übergänge. Gönnen Sie sich ein paar Minuten, um in Ihre Mitte zu kommen, bevor Sie mit Übergängen beginnen. Halten Sie inne und atmen Sie tief durch, wenn Sie überrascht werden. Akzeptieren Sie Ihre eigenen Grenzen. Zu Hause zu bleiben, eine Aktivität fallen zu lassen oder sich auch zu erlauben, gelegentlich zu spät zu kommen, kann manchmal genau das sein, was alle brauchen.

## LANGSAME ANPASSUNGSFÄHIGKEIT – EINE ZUSAMMENFASSUNG

Temperamentvolle Kinder stellen sich nur langsam auf Übergänge ein – auf jede Art von Übergang. Sich umzuziehen, von einer Aktivität, einem Ort oder Thema auf etwas anderes zu wechseln, verlangt von diesen Kindern eine Anstrengung. Reibungslose Übergänge gehören zu den wichtigsten Aspekten eines gut gelungenen Tages.

***Temperamentvolle Kinder, die sich langsam anpassen, müssen immer wieder Sätze hören wie:***

Eine Veränderung ist schwierig für dich.
Du magst es, wenn alles gut organisiert ist.
Du musst immer wissen, was dich erwartet.
Du kannst flexibel sein.

***Pädagogische Tipps:***

Erstellen Sie Routineabläufe und erklären Sie Ihrem langsam anpassungsfähigen Kind den Plan für den jeweiligen Tag.
Gewähren Sie Ihrem Kind Zeit für den Übergang von einer Aktivität zu einer anderen.
Geben Sie Ihrem Kind eine Vorwarnung auf Kommendes.
Geben Sie ihm Zeit, eine Sache abzuschließen.
Eliminieren Sie unnötige Übergänge.
Erkennen Sie, wann Ihr Kind überrascht oder enttäuscht wurde.

***Wenn Sie sich selbst ebenfalls langsam anpassen:***

Gönnen Sie sich Zeit für den Übergang.
Denken Sie daran, Ihre Energiereserven rechtzeitig aufzufüllen, wenn Ihr Tag voller Übergänge war – vor allem, wenn diese unerwartet kamen.

# 14

# Regelmäßigkeit, Energie, erste Reaktion und Stimmung

## Die »Bonus«-Merkmale verstehen

*»Er hat sie alle. Kein Wunder, dass ich müde bin!«*
*Martha, dreifache Mutter*

»Einen Moment bitte!«, rief Cody, als er das Kursprogramm überflog. »Es ist keine Diskussion über Energie geplant. Ist denn hohe Energie kein Problem temperamentvoller Kinder?«

»Für meines nicht«, antwortete Zoe.

»Und was ist mit der ersten Reaktion? Egal, was wir vorschlagen, sie sagt Nein«, murrte Katie.

»Ich wünschte, es wäre nur die erste Reaktion«, fügte Rob an. »McKenzie wacht immer in schlechter Stimmung auf. Sollten wir nicht auch über die Stimmung sprechen? Wir nannten dieses Kind nur noch unser ›Griesgram-Baby‹. Das war natürlich«, fügte er rasch mit einem Augenzwinkern hinzu, »bevor wir etwas über das Verteilen von Etiketten gelernt haben.«

Die Unterhaltung im Klassenzimmer wurde lebhaft, kleine Gruppen spalteten sich ab. Unsere geschlossene Gruppe erlebte Meinungsverschiedenheiten. Sie schauten zu mir in der Hoffnung auf eine Erklärung. »Sie sprechen dabei über die Bonus-Merkmale«, bemerkte ich. »Dazu gehören Regelmäßigkeit, Energie, die erste Reaktion und die Stimmung. Wie Sie selbst am besten wissen, haben einige Kinder auf der Temperamentskala hohe Werte in diesen Kategorien und andere nicht. Daher bezeichne ich diese als die ›Bonus-Merkmale‹. Anders als die ersten fünf Temperamentsmerkmale (Intensität, Beharrlichkeit, hohes Wahrnehmungsvermögen, Sensibilität und langsame Anpassungsfähigkeit), die bei praktisch allen temperamentvollen Kindern vorkommen, haben die Bonus-Merkmale nur eine Fifty-fifty-Chance, in der Tabelle bei Ihrem Kind aufzutauchen. Da sie nicht bei jedem lebhaften Kind eine Rolle spielen, dachte ich, wir würden sie später besprechen, wenn es um Zubettgehzeit, Essen, Anziehen, Ferien und weitere typische schwierige Zeiten geht.« Ich machte eine Pause und wartete auf eine Reaktion auf meinen Vorschlag. Ein Blick in die Runde sagte mir, dass er nicht gut angekommen war! Wir mussten die Bonusmerkmale jetzt weiter besprechen!

## REGELMÄSSIGKEIT

»Ich halte jeden Tag durch, weil ich weiß, dass ich es ab 20 Uhr geschafft habe«, äußerte Zoe. »Ich bringe ihn abends um acht ins Bett und dann schläft er bis morgens um acht.«

Erin wandte sich ihr ungläubig zu. »Zwölf Stunden!« Es nahm ihr beinah den Atem. »Ich kann mich nicht einmal mehr erinnern, wann ich das letzte Mal acht Stunden ununterbrochen schlafen konnte. Sawyer ist sechzehn Monate alt, und noch immer warte ich die halbe Nacht, bis er endlich schläft.«

Einige temperamentvolle Kinder haben einen recht regelmäßigen Rhythmus und ihre Eltern können nach einem hektischen Tag mit einem guten Nachtschlaf rechnen. Das ist ihre Rettung. Andere Kinder jedoch sind unberechenbar. Ihr Körper scheint in keinen natürlichen Rhythmus zu verfallen. Sie haben nie zur selben Zeit Hunger, können tagelang keinen Stuhlgang haben, und es bleibt ein Ratespiel, wann sie wohl müde sein werden.

Sie sollten bedenken, dass sich der Körperrhythmus eines ›unregelmäßigen‹ Kindes nach seinem eigenen Taktgeber richtet. Es weiß nicht, warum es nachts wach liegt und einfach nicht einschlafen kann. Es ist ihm ein Rätsel, warum es im Gegensatz zu allen anderen keinen Hunger hat, und dieses ganze Theater um regelmäßigen Stuhlgang empfindet es als eher verwirrend. Sie machen nichts falsch. Der Körper Ihres Kindes funktioniert einfach nur anders. Ihr Kind braucht Ihre Hilfe, um sich sozialen Zeitplänen anzupassen und die Fertigkeiten zu lernen, dies es braucht, um als unregelmäßige Person in einer sehr verplanten Welt zu überleben.

## Die richtigen Worte wählen

Kinder ohne regelmäßigen Rhythmus sind oft Außenseiter. Da ihr Körperrhythmus häufig nicht zu dem der anderen passt, kommen diese Kinder (und auch Sie als Eltern) auf den Gedanken, mit ihnen sei etwas nicht in Ordnung, das ist aber nicht der Fall. Es ist wichtig, dass Ihr Kind immer wieder Sätze von Ihnen hört, die ihm helfen, seine Unregelmäßigkeit zu verstehen und sich damit wohlzufühlen.

»Was können Sie zu Ihrem Kind sagen, das keinen regelmäßigen Rhythmus hat?«, fragte ich die Gruppe. Ich sah in ratlose Gesichter.

»›Du machst mich verrückt‹ kommt wahrscheinlich nicht gut an, oder?«, scherzte Cody.

Ich lachte, merkte an, dass Humor für das Überleben von Eltern mit einem Kind ohne Regelmäßigkeit wichtig ist, ermunterte ihn jedoch, es erneut zu versuchen.

»»Du bist wirklich sehr flexibel««, schlug Zoe vor, und weitere Antworten folgten.

»Ich muss mir keinen Stress machen, das Abendessen um Punkt 18 Uhr fertig zu haben. Wenn du keinen Hunger hast, können wir auch später essen.«

»Du steckst voller Überraschungen.«

»Du kannst Polizist werden wie dein Papa und im Schichtdienst arbeiten.«

Unser Brainstorming endete mit Robs Scherz: »Du wirst das Studentenleben lieben.« Dann senkte er seine Stimme und flüsterte: »Ich werde ihm aber nicht sagen, dass ich ihn zum Studieren weit wegschicken werde, um etwas Ruhe zu bekommen!«

Wenn das Gehirn durch Schlafmangel umnebelt ist, fällt es manchmal schwer, sich positive Botschaften für das Kind mit unregelmäßigm Rhythmus auszudenken, es muss aber wissen, dass Sie seinen Lebensstil verstehen und dass andere Menschen – sogar Erwachsene – ebenfalls einen unregelmäßigen Körperrhythmus haben.

## Für Signale sorgen

Schlafmangel, unterbrochene Routineabläufe, Abweichungen von »sozialen Zeitplänen« und die Unfähigkeit, etwas zu planen, sind große Probleme, mit denen Eltern eines Kindes ohne regelmäßigen Rhythmus konfrontiert werden. Damit Sie überleben können und Chaos innerhalb der Familie vermeiden, müssen Sie Ihrem unregelmäßigen Kind helfen, sich so weit anzupassen, dass es sich im Rahmen des schulischen und familiären Ablaufs einfügen kann. Das ist nicht einfach, aber wichtig. Die natürlichen Körpersignale

Ihres Kindes können so unberechenbar sein, dass Sie nicht wissen, wo Sie anfangen sollen. Essenszeiten und Zubettgehzeit sind tatsächlich so häufige Probleme bei temperamentvollen Kindern, dass ich jedem Thema ein eigenes Kapitel gewidmet habe. In den Kapiteln 16 und 17 finden Sie Informationen, die Ihnen helfen werden, eine Routine zu entwickeln, die äußere Signale enthält – vorhersehbare Signale – die Ihrem Kind helfen, seine innere Uhr zu stellen und innerhalb des familiären Zeitplans zu funktionieren. Wenn Sie sich der Herausforderung gegenübersehen, ein Kind mit unregelmäßigem Rhythmus zu einem geeigneteren Zeitplan hinzuführen, dürfen Sie nicht vergessen, dass dies Zeit brauchen wird. Sie werden es freundlich anstupsen. Sie haben es mit Mutter Natur zu tun – dem angeborenen Temperament Ihres Kindes. Es kann durchaus drei bis sechs Wochen dauern, bis Sie die Belohnung für Ihre Mühen erhalten. Erinnern Sie sich in der Zeit selbst daran, dass Ihre Nachbarn keine besseren Eltern sind, weil ihr Kind jeden Abend pünktlich um acht Uhr einschläft. Das Nachbarskind hat einfach einen regelmäßigen Körperrhythmus. Der Rhythmus Ihres Kindes ist hingegen unregelmäßig. So ist es auf die Welt gekommen, aber dieser Rhythmus kann irgendwann regelmäßiger werden, wenn Sie Ihr Kind dabei unterstützen, Routineabläufe zu entwickeln. Auch weiterhin werden Sie sich an seiner Flexibilität erfreuen können, aber sobald Ihr Kind einen regelmäßigeren Rhythmus annimmt, werden Sie die Mahlzeiten wieder genießen können und den Schlaf bekommen, den Ihre Familie braucht.

## Kooperieren

»Ich selber hasse Routineabläufe«, bemerkte Zoe. »Sie sind *soooo langweilig*. Ellies Unregelmäßigkeit ist für mich kein Problem. Wenn sie noch aufbleiben will, bleibe ich auch auf. Wenn sie schlafen will, schlafe ich auch. Als ich noch gearbeitet habe, bin ich nie zweimal hintereinander denselben Weg nach Hause gefahren. Ich kann mir nichts Stumpfsinnigeres vorstellen.«

Wenn Sie selbst auch einen unregelmäßigen Lebensstil pflegen, stellt die Unregelmäßigkeit Ihres Kindes vielleicht kein Problem für Sie dar. Sie sollten jedoch wissen, dass Wissenschaftler festgestellt haben, dass ein unregelmäßiger Tagesablauf dem Wohlbefinden mehr schadet als Schlafmangel allein. Daher versetzt ein unregelmäßiger Tagesablauf Sie und Ihr Kind in einen ständigen Jetlag-Zustand. Ihr Gehirn hat keine Ahnung, wann es wach sein und wann es schlafen soll. Es kann also sein, dass Ihr Kind mehr Beständigkeit braucht, als Sie ihm von Natur aus bieten. Auch wenn es unwahrscheinlich ist, dass Sie jemals die Art von Routine eines vom Temperament her regelmäßigen Elternteils entwickeln werden (oder überhaupt wollen), müssen Sie sicherstellen, dass es in Ihrem Zuhause genügend Vorhersehbarkeit für Ihr Kind gibt, damit es die Ruhe und die Mahlzeiten erhält, die es braucht. Eines Tages muss Ihr Kind auch nach dem schulischen Tagesablauf funktionieren und wird ausreichenden Schlaf brauchen, um gute Leistungen zu erbringen. Sobald Sie beginnen, etwas mehr Routine in Ihren Alltag zu bringen, werden Sie zum Glück vielleicht entdecken, dass Sie und Ihr Kind zwar eine Routine nicht zu »brauchen« scheinen oder überhaupt mögen, dass Sie jedoch ganz anders glänzen und sich besser fühlen, wenn eine gewisse Routine vorhanden ist.

Wenn Sie ein vom Temperament her regelmäßiger Elternteil sind, ist es wichtig zu verstehen, dass der Körper Ihres unregelmäßigen Kindes einfach anders funktioniert als Ihrer. Sie verfügen über eine innere Uhr, die Ihnen sagt, dass nun Mittag und damit Zeit zum Essen ist. Oder dass es 22 Uhr und damit Zeit zum Schlafengehen ist. Die innere Uhr Ihres Kindes hat diesen inneren Wecker nicht, aber Sie können ihm helfen, ihn einzustellen. Nach und nach wird Ihr Kind einen Zeitplan akzeptieren können, und es wird ihm gut gehen, wenn dieser erst einmal wirkt. Jedes Mal, wenn dieser Zeitplan nicht eingehalten wird, wird sein Körperrhythmus jedoch von Natur aus *nicht mehr synchron bleiben wollen.* Die erfolgreichsten Routineabläufe sollten bei einem solchen Kind soweit wie möglich sieben Tage die Woche beibehalten werden.

## Sich wohlfühlen mit der Regelmäßigkeit

Trösten Sie sich, wenn Sie ein Kind mit unregelmäßigem Rhythmus haben. Wir brauchen solche Menschen. Sie wachsen heran, um die Krankenpfleger/Krankenschwestern und Ärzte/Ärztinnen um zwei Uhr morgens in der Notaufnahme zu werden; die Feuerwehrleute, Polizisten, Piloten, Köche und sonstigen Berufstätigen, die verrückte Arbeitszeiten haben, während wir anderen schlafen. Es ist nicht einfach, mit einem zweijährigen Kind zu leben, das einen unregelmäßigen Rhythmus hat, aber schneller als man denkt, ist es aus dem Haus und lässt einen wieder in Ruhe schlafen und essen!

## ENERGIE

»Und was ist mit der Energie?«, fragte Cody. »Das Kind schläft, aber den ganzen Tag über ist es in Bewegung. Ich bin total ausgepowert vom ständigen Hinterherlaufen. Kann ich dagegen irgendetwas tun?«

Sofort wurde allgemein gescherzt. »Wie wärs mit Kaffee? Der hält mich jedenfalls fit – literweise«, witzelte Katie.

»Die feinen Sachen«, insistierte Brooklyn. »Latte und Cappuccino.«

Laura äußerte mit fester Überzeugung: »Nein, Schokolade muss es sein!«

Cody verdrehte die Augen.

Lachend stimmte ich der täglichen Schokoladendosis zu. Dann antwortete ich nachdenklicher: »Stellen Sie sich einen Moment lang vor, dass Sie in diesem Zimmer eingesperrt sind. Es wird mindestens fünf Stunden dauern, bis Sie befreit werden. Beachten Sie – hier gibt es keine Toilette. Eine kurze mentale Überprüfung Ihrer Blase sollte Ihnen sagen, wie angenehm die nächsten fünf Stunden für Sie sein werden. Sie können in große Schwierigkeiten kommen. Sie spüren einen zunehmenden Druck in Ihrem Bauch. Ihre Blase meldet Ihnen einen starken Drang. Ihr Gehirn befiehlt Ihnen, nicht nachzugeben, den steigenden Druck in sich zu ignorieren, aber wenn Mutter Natur Sie mit einer Blase mit geringer Kapazität ausgestattet hat, kann Ihnen Ihr Gehirn noch so viel erzählen, dann ist dies kein Fall, in dem der Geist über die Materie triumphieren wird. Wenn Sie hier nicht herauskommen, werden Sie in Verlegenheit kommen. Das Gefühl der Dringlichkeit nimmt zu. Sie fühlen sich angespannt, bis an die Grenze belastet. Ihr Körper schreit geradezu nach Befreiung.«

Aus dem Augenwinkel bemerkte ich, dass Cody sich auf seinem Stuhl unruhig bewegte und einige andere die Beine übergeschlagen hatten. Ich hörte auf. Ich wollte nicht, dass sich die ganze Gruppe Richtung Toilette aufmachte! Aber es ist wichtig, sich dieses Druckgefühl in Erinnerung zu rufen, denn genauso, wie Ihnen Ihre Blase ein Bedürfnis signalisiert und Druck aufbaut, wenn dieses Bedürfnis nicht erfüllt wird, hat ein vom Temperament her aktives Kind einen Körper, der sich nicht nur gerne bewegt, sondern sich bewegen muss. Ihr energiegeladenes Kind springt nicht von Möbelstücken, um Sie zu Tode zu erschrecken oder um zu versuchen, Sie mit seinem ständigen Bewegungsdrang auszulaugen. Es ist ständig in Bewegung, weil es mit einem hohen Maß an Energie geboren wurde, und es braucht Ihre Hilfe, um diese Energie in positiver Weise zu lenken.

## Die richtigen Worte wählen

Energiegeladene Kinder müssen von uns immer wieder hören, dass wir Ihre Energie anerkennen und wertschätzen. Schauen Sie sich die Botschaften an, die Sie Ihrem Kind in Bezug auf seine Energie vermitteln. Helfen diese Ihrem Kind, seine Energie zu verstehen und sich damit wohlzufühlen? Dann sind es vielleicht Sätze wie diese:

Dein Körper ist voller Energie.
Ich wünschte, ich hätte deine Energie.
Du musst immer herumwackeln und in Bewegung sein.
Du wirst einmal ein toller Sportler.
Du bist ein energiegeladener Arbeiter.
Du lernst gerne mit Körpereinsatz.

Solche und andere Botschaften helfen einem energiegeladenen Kind, den Bewegungsdrang seines Körpers zu verstehen. Sie vermitteln dem Kind, dass seine Energie ein wertvolles Merkmal ist.
Positive Ventile für die Energie finden

Sie bilden sich nicht ein, dass Ihr energiegeladenes Kind mehr in Bewegung ist als andere Kinder. Kürzlich habe ich zwei achtzehn Monate alte Kinder in unserer Kinderkrippe beobachtet. Während der Viertelstunde, die ich beiden zuschaute, saß das eine Kind ruhig an einem Tisch und spielte zehn oder fünfzehn Minuten lang ein Knopfdruckspiel. Seine Eltern hatten ihm bei der Bewertung seines Energieniveaus auf der Temperamentsskala eine 2 gegeben. Während derselben Viertelstunde kletterte das andere Kleinkind in das Schaukelboot, kletterte wieder heraus, kletterte wieder hinein, sprang aus dem Boot heraus, holte ein Telefon aus dem Regal, lief zu seiner Kindergärtnerin, um es ihr zu zeigen, und warf das

Telefon ins Schaukelboot, bevor es hinterher kletterte. Während meiner Beobachtungszeit hörte sein Körper nie länger als wenige Sekunden auf, sich zu bewegen. Sogar als es sich »setzte«, um ein Buch anzuschauen, wechselte es zwischen Stehen und Sitzen. Seine Eltern hatten seine Energie mit 5+ bewertet.

Alle Kleinkinder sind in Bewegung, sie schieben, stoßen, werfen, klettern und tragen Dinge herum. Kleinkinder lernen mit ihren Körpern. Das energiegeladene Kleinkind jedoch ist ein Ausbund an Energie – einer Energie, die es bis ins Erwachsenenalter begleitet.

Wenn Ihr Kind sehr energiegeladen ist, rechnen Sie mit dieser Energie, bekämpfen Sie sie nicht. Planen Sie diese ein.

»Nachdem wir die Temperamentsskala ausgefüllt hatten«, sagte Katie, »stellte ich fest, dass Imogen ein hohes Energieniveau hat. Bisher dachte ich, ich hätte etwas falsch gemacht. Ich konnte mir einfach nicht vorstellen, wie ich sie dazu bringen konnte, nicht immer von ihrem Hochstuhl runter zu klettern, sondern sitzen zu bleiben. Ich hatte das Gefühl, mein Kind nicht unter Kontrolle zu haben, und das fühlte sich schrecklich an. Als mir klar wurde, dass sie ein hohes Energieniveau hat, fing ich an, jeden Morgen direkt nach dem Frühstück aktive Spielzeit einzuplanen. Wenn wir dafür sorgen, dass sie ihrem Bewegungsdrang nachgehen kann, scheint auch alles andere reibungsloser zu funktionieren.«

»Was können Sie alles dafür tun?«, fragte ich die Gruppe.

»Wir haben gemerkt, dass Ellie ihre großen Muskeln bewegen muss – springen, stoßen, schieben, schwingen, pumpen, graben und in die Pedale treten«, berichtete Kristin. »Auch bei schlechtem Wetter gehen wir hinaus, um im Schnee zu graben oder in Pfützen zu hüpfen.« Sie machte eine Pause, als überlege sie, ob sie weitersprechen sollte oder nicht. Dann zuckte sie mit den Schultern und fügte hinzu: »Wenn das Wetter wirklich miserabel ist, stellen wir die Möbel um.« Sie warf einen Blick in die Runde und nickte. »Ja

wirklich – wir verrücken Möbel, heben die Matratzen hoch und wickeln uns wie Mumien in ein Betttuch. Es ist ganz wunderbar.«
»Wir haben McKenzie zum Schwimmunterricht angemeldet«, sagte Rob. »Sie liebt es und ist viel ruhiger.«

»Wir gehen nur in Selbstbedienungsrestaurants«, bemerkte Cody. »Wenn wir am Tisch warten müssen, weiß ich, dass unser Sohn alles auf den Kopf stellt. Er ist erst zwei, daher hoffe ich, dass wir bald auch in andere Lokale gehen können.«

»Wir geben unserer Tochter beim Essen die Aufgabe, Botengänge zu machen«, fügte Katie an. »Wir bitten sie, noch eine Milch oder die Servietten zu holen oder was auch immer. Auf diese Weise fällt es nicht so auf, dass sie ständig aufsteht.«

Matt beugte sich vor, erpicht darauf, seinen Rat anzubieten. »Ich bin in die Schule gegangen und habe den aktivsten Lehrer für die dritte Klasse gesucht. Der Typ saß mit den Kindern auf dem Boden, er hatte sogar Sportbälle und Fahrradtrainer im Zimmer. Keine Arbeitsblätter weit und breit. Die Kinder bauten und machten Experimente. Ich sagte: ›Gebt meine Tochter in diese Klasse‹ und so wurde es gemacht. Es geht ihr dort wirklich gut.«

Ich nickte zustimmend und stellte anerkennend fest, dass dieser Lehrer offenbar die neuesten Forschungsergebnisse kannte: Bewegung, die in den Unterricht integriert oder zwischen den Stunden ausgeübt wird, verbessert Konzentration und Aufmerksamkeit. Die Noten verbessern sich, wenn der Körper in Bewegung ist.

Egal, wie die jeweilige Situation ist, es ist wichtig, sich auf das hohe Energieniveau Ihres Kindes einzustellen und dieses einzuplanen. Lassen Sie Ihr Kind spüren, dass es kein Versager ist. Tanzen Sie, gehen Sie spazieren, singen Sie Lieder, zu denen Sie sich bewegen und spielen Sie täglich Ball. Wählen Sie sportliche Aktivitäten mit kurzen Wartezeiten und schnellen Aktionen aus wie Fußball, Basketball und Karate. Weniger günstig ist Baseball, wo es zu längeren Auszeiten kommen kann. Besichtigen Sie Ihr Zuhause aus dem Blickwinkel eines aktiven Kindes. Berücksichtigen Sie, dass energiegeladene Kinder mehr Raum und Möglichkeiten für Bewegung brauchen. Ein Minitrampolin oder ein Fahrradtrainer kann nützlicher sein als ein weiterer Stuhl im Zimmer. Planen Sie bei einer Reise Pausen ein, in denen Ihr Kind seine Energie loswerden kann. Wenn Sie den angeborenen Bewegungsdrang Ihres Kindes anerkennen und darauf vorbereitet sind, helfen Sie ihm, seine Energie positiv zu lenken.

## Erkennen, wie die Energie mit anderen Merkmalen verbunden ist

Wenn die Küchenspüle verstopft ist, kann Wasser, das über den Boden läuft, der erste Hinweis auf das Problem sein. Aber solange Sie nicht das Wasser-Absperrventil finden und das Wasser abstellen – die echte Ursache des Problems –, nützt es wenig, den Boden aufzuwischen.

Dasselbe gilt, wenn Ihr energiegeladenes Kind »aufdreht«. Zwar wird ein Sprung von der Treppe Ihre Aufmerksamkeit fesseln, das echte Problem ist aber vielleicht nicht das »wilde« Verhalten, sondern eine zugrunde liegende Emotion, die es damit ausdrückt – eine Emotion, die mit den anderen Merkmalen seines Temperaments zusammenhängt. Sie werden das Problem nicht lösen können, indem Sie Ihr Kind stoppen oder sein Tempo drosseln, solange Sie nicht entdecken, was es wirklich sagen will, und ihm bessere Möglichkeiten beibringen, um sich auszudrücken.

Überlegen Sie, wie es war, als Ihr Kind das letzte Mal aufdrehte und außer Kontrolle war. War dabei noch eine andere Seite seines Temperaments involviert?

»Es kam Besuch«, berichtete Mark, als ich der Gruppe diese Frage stellte. »Der erste Gast klopfte an die Tür, und Nora fing an, im Zimmer herumzurennen. Es ist unangenehm, wenn man versucht, die Gäste zu begrüßen, während das Kind durchs Zimmer schwirrt. Ich dachte, sie würde sich einfach daneben benehmen, aber wenn man darüber nachdenkt, war es eine Übergangssituation. Sie braucht wirklich lange, um sich anzupassen. Vielleicht fühlte sie sich unwohl.«

»Im letzten Urlaub dachte ich, jemand hätte meinem Sohn Drogen ins Essen gemischt«, berichtete Laura. »Er war total überdreht. Ich war nicht darauf vorbereitet. Ich glaube, es könnte von einer Reizüberflutung gekommen sein. Er ist wirklich sehr sensibel.« Dann fragte sie: »Könnte es sein, dass ihn seine Sensibilität dazu bringt, andere Kinder zu attackieren oder zu zwicken?«

»Ja«, antwortete ich. »Manchmal gibt es bei hoher Sensibilität ein Problem mit einem Zuviel an Stimulation, manchmal verschafft sie aber auch die richtige Empfindung, um sich zu beruhigen. Druck beruhigt. Daher lieben energiegeladene Kinder, die zusätzlich sensibel sind, das Ringen und handeln sich Probleme ein, weil sie andere stoßen oder anpacken. Sie versuchen, sich selbst zu beruhigen!«

»Bei Justin ist es vielleicht eine Frage der Regelmäßigkeit«, meinte Mari. »Es ist wichtig, dass er um 20 Uhr im Bett ist. Eine Viertelstunde später ist er übermüdet und wird wild.«

»Ich glaube, bei Braden geht es um Intensität«, fügte Cody an. »Er ist in allem intensiv. Beim Spielen nimmt er nicht nur einen Ball – er nimmt vier und wirft alle gleichzeitig.«

»Beharrlichkeit ist bei Ryan das Problem. Ich habe ihn zum Spielen in die Turnhalle gebracht. Dort durften die Kinder auf allen Geräten spielen, anschließend saßen Eltern und Kinder im Kreis und sangen Lieder. Die anderen Kinder kamen angelaufen, um sich einen Platz im Kreis zu suchen, aber er wollte nicht vom Trampolin herunter. Er blockierte total.«

Energiegeladene Kinder drücken sich mit ihrem ganzen Körper aus. Wenn irgendetwas sie bedrückt oder aufregt, geraten sie sofort in die rote Zone. Ihre Muskeln werden stärker durchblutet, und dies bereitet sie auf eine sofortige Aktion vor. Das heißt, wenn ein Kind energiegeladen und intensiv ist, wird es zu einem Freund oder einer Freundin Körperkontakt herstellen, weil es sich so freut, ihn/sie zu sehen. Ist das Kind energiegeladen und passt sich langsam an, rennt es vielleicht wild durchs Zimmer, wenn die Großeltern kommen. Ist ein Kind energiegeladen und sensibel, kann seine Aktivität zur Raserei werden, wenn es von Reizen überfordert ist. Und wenn es seine Schlafenszeit nicht eingehalten hat und übermüdet ist, wird es zum »wilden Mann« und rennt auf dem Flur hin und her.

Wenn Sie ein energiegeladenes Kind haben, achten Sie sorgfältig darauf, wann es aufdreht. Sobald Sie merken, dass die Aktivität außer Kontrolle gerät, schalten Sie sich ein und beobachten Sie genau. Ist Ihr Kind nur aktiv, oder lebt es einen anderen Zug seines Temperaments aus? In diesem Fall werden Sie ihm helfen müssen, mit diesem speziellen Bedürfnis umzugehen. Wenn Ihr intensives Kind beispielsweise aufgeregt ist, weil es einen Freund trifft, besprechen Sie mit ihm angemessene Möglichkeiten, diesen Freund zu begrüßen und wie es seine Energie und Intensität zerstreuen kann, indem es ihn einlädt, mit ihm Ball zu spielen. Ist ein Übergang das Problem, müssen Sie diesen mit Ihrem Kind durchsprechen. Ist das echte Problem eine übermäßige Stimulierung, werden Sie Ihr Kind vielleicht zu einer beruhigenden Aktivität hinführen oder aus der Situation herausnehmen müssen. Wenn Ihr Kind aufdreht, weil es seine Zubettgehzeit versäumt hat, schützen Sie seine Schlafenszeiten.

Falls Ihr Kind einen anderen Zug seines Temperaments ausdrückt und nicht nur energiegeladen ist, wird es durch weiteres Klettern oder Springen nicht ruhiger werden. Energiegeladene Kinder ermüden nicht. Um seine Energie gut zu kanalisieren und ihm zu vermitteln, wie es seine Bedürfnisse angemessen ausdrücken kann, muss der echte Grund für seinen Überschwang gefunden werden. Lassen Sie nicht zu, dass der Bewegungsdrang ein echtes Problem überdeckt – ein anderes Bedürfnis seines Temperaments. Nutzen Sie dieses Bewusstsein, um ihm zu helfen, seinen Körper zu beruhigen, nur dann kann es sich auf etwas einlassen und Ihnen zuhören.

## Leiten Sie Ihr Kind mit sanfter Berührung

Energiegeladene Kinder lernen normalerweise sehr kinästhetisch. Sie lösen Probleme durch Körpereinsatz. Daher nehmen sie immer Dinge auseinander oder klettern eher über den Tisch, um sich ein Spielzeug zu holen, als darum zu bitten. Sie denken mit ihrem gesamten Körper. Daher ist es sehr schwierig, wenn nicht sogar unmöglich, ein energiegeladenes Kind nur mit Worten anzuleiten. Wenn die Merkmale hoher Energie mit hoher Wahrnehmungsfähigkeit verbunden sind, ist Berührung eine Möglichkeit, Ihrem Kind zu vermitteln, dass Ihre Botschaft wichtig ist.

Bedenken Sie jedoch, dass es nur zu einem Kampf führt, wenn Sie fest zupacken. Beobachten Sie genau. Wenn Sie eine leichte Verlangsamung seines Körpers sehen, berühren Sie Ihr Kind sanft am Arm oder an der Schulter. In dieser Situation kann Ihre Berührung beruhigend wirken. Wenn Ihr Kind Sie anschauen kann, wissen Sie, dass es bereit ist, mit Ihnen zu kooperieren.

Wird die Aktivität Ihres Kindes zu wild, sodass Sie es sofort stoppen müssen, damit es weder sich selbst noch anderen wehtut, schlingen Sie Ihre Arme um Ihr Kind und sagen Sie: »Ich helfe dir, damit aufzuhören. Ich gebe dir Geborgenheit wie in einem gemütlichen Nest.« Diese Worte helfen Ihnen, ruhig zu bleiben, und in der Folge auch Ihrem Kind, ruhig zu werden. Bleiben Sie bei ihm, bis sich sein Körper beruhigt hat, dann kann es Sie auch hören. Ist das Kind schon älter, machen Sie ihm klar, dass es sehr aufgedreht ist, und helfen Sie ihm, eine sichere Möglichkeit zu finden, sich zu entspannen. Sobald sich sein Körper entschleunigt hat, ist Ihr Kind bereit, Ihnen zuzuhören.

## Kooperieren

Energiegeladene Kinder verlangen von ihren Eltern sehr viel Aufmerksamkeit. Sicherheit ist ein ständiges Thema. Lassen Sie einen energiegeladenen Säugling/ein Kleinkind nicht in einem Sitz auf dem Tisch oder einer Theke sitzen. Es könnte ausrasten. Bestehen Sie darauf, dass Ihr Kleinkind auf einem Parkplatz an Ihrer Hand geht, bis es bewiesen hat, dass es sofort reagiert, wenn Sie es auffordern, stehen zu bleiben. Sie können ihm helfen, das Stoppen seines Körpers zu lernen, indem Sie mit ihm Spiele spielen wie »Simon sagt«. Simon sagt: »Laufe schnell auf der Stelle«, und Ihr Kind läuft schnell auf der Stelle, bis Simon Stopp sagt. Simon sagt: »Spring«, und Ihr Kind springt, bis Simon Stopp sagt. Sie können das Verlangsamen seines Körpers auch üben, indem Sie Ihrem Kind Orientierungspunkte geben: »Du kannst bis zu dem Baum rennen.« Oder: »Du kannst bis zu der Treppe laufen, aber dort musst du stehen bleiben.« Nur wenn Ihr Kind durchweg beweist, dass es stehen bleibt, wenn Sie es dazu auffordern, können Sie das Vertrauen haben, dass es neben Ihnen geht, ohne Ihre Hand zu halten, ohne in einem Buggy angeschnallt zu sein oder ohne in einer Rückentrage getragen zu werden.

Es verlangt Durchhaltevermögen, die Aktivitäten eines energiegeladenen Kindes ständig zu überwachen und immer wieder aufzustehen, um es zu lenken. Ist das Kind extrovertiert, äußert sich die Energie möglicherweise auch in einem durchgängigen Geplapper von morgens bis abends. Jedes einzelne Wort verlangt Ihre volle Aufmerksamkeit, und jedes Spielzeug, das Ihr Kind nimmt, muss zu Ihnen gebracht und von Ihnen begutachtet werden. Wenn Sie selbst auch ein energiegeladener Mensch sind, dürfte es Ihnen gut gelingen, mit Ihrem energiegeladenen Kind mitzuhalten. Wenn Ihr Energieniveau hingegen niedriger ist als das Ihres Kindes, fühlen Sie sich am Abend möglicherweise wie gerädert.

Die naheliegende Antwort ist natürlich, einen Babysitter zu beschäftigen, um sich selbst eine Pause zu gönnen, aber Cody erinnerte mich eines Abends im Kurs daran, dass dies vielleicht leichter gesagt als getan ist.

»Wem meinen Sie, das Kind anvertrauen zu können?«, fragte er. »Es überfordert einen älteren Menschen, und ein junger Babysitter wird vielleicht noch nicht in der Lage sein, das Kind wirklich sicher zu betreuen.«

Es stimmt, das ist ein Problem, vor allem mit einem jungen Kleinkind, aber Sie brauchen einmal eine Pause. Sprechen Sie mit Lehrern der Schule oder mit Jugendleitern, um einen verantwortungsvollen Teenager zu finden, den Sie anlernen können, auf Ihr Kind aufzupassen. Laden Sie den jungen Menschen dann zu sich nach Hause ein, damit er Ihr Kind kennenlernt, und spielen Sie zusammen, bis Sie ein gutes Gefühl dabei haben, beide allein zu lassen. Wenn Ihnen noch nicht wohl dabei ist, warten Sie, bis Ihr Kind schläft, und gehen dann aus dem Haus und lassen den Babysitter auf Ihr Kind aufpassen. Wenn Sie diesen Kurs einschlagen, sorgen Sie dafür, dass Ihr Kind mit dem Babysitter vertraut ist und weiß, dass er kommt, andernfalls kann es sich sehr aufregen, wenn es aufwacht, während Sie weg sind.

Wenn Sie selbst energiegeladen sind, machen Sie sich klar, dass sich auch in Ihnen ein Bewegungsdrang anstaut, wenn Sie länger am Schreibtisch still sitzen müssen oder mit kleinen Kindern ans Haus gebunden sind. Sie können mit der Energie Ihres Kindes nicht so gut umgehen, wenn Sie versuchen müssen, Ihren eigenen

Bewegungsdrang unter Kontrolle zu halten. Ausgleichssport ist ein sehr wichtiges Ventil für Sie. Planen Sie ihn in Ihren Tagesablauf ein.

Wenn energiegeladene Kinder heranwachsen und lernen, ihre Energie in geeignete Bahnen zu lenken, nimmt Ihre Belastung ab. Wenn Sie selbst energiegeladen sind, werden Sie vielleicht sogar Freude daran haben, gemeinsam Fahrrad zu fahren, Ball zu spielen und Sport zu treiben. Wenn Sie nicht energiegeladen sind, kann die Gelegenheit, auf einer Bank zu sitzen und zuzuschauen, wie Ihr Kind über ein Fußballfeld läuft, eine wunderbare Pause darstellen.

## Sich wohlfühlen mit der Energie

Auch wenn nicht alle energiegeladenen Menschen Profisportler werden, erfahren Erwachsene mit hohem Energieniveau in unserer schnelllebigen Gesellschaft im Allgemeinen Wertschätzung. Sie können es mit einem Haus voller Kinder und den Anforderungen am Arbeitsplatz aufnehmen und trotzdem noch genug Energie haben, um ehrenamtlich in der Gemeinde tätig zu sein. Energiegeladen zu sein, ist ein Pluspunkt.

## ERSTE REAKTION

»›Nein!‹ Das ist Ashers erste Reaktion auf alles Neue«, erzählte mir Jared. »So war es schon immer.« Dann fuhr er fort: »Das neueste Problem ist der Toilettengang. Sie benutzt zu Hause die Toilette, weigert sich aber, dies auch in der Kita zu tun, weil diese gruselig ist – so sagt sie zumindest. In der Kita hat man sich großartig verhalten, hat sie die Toilette erst einmal nur anschauen lassen, hat dort Bücher mit ihr angeschaut und sie sogar wählen lassen, welche Kindergärtnerin ihr helfen sollte, aber sie weigert sich weiterhin, sie zu benützen.«

»Wie haben Sie sie zu Hause dazu gebracht, die Toilette zu benutzen?«, fragte ich, um möglicherweise auf den vorherigen Erfolg aufbauen zu können.
Jared wandte sich seiner Frau Sara zu. Sara seufzte. »Es war nicht einfach. Wir versuchten, sie daran zu erinnern, wir drängten sie immer wieder, aber es funktionierte nicht. Wir probierten es mit einem Belohnungssystem. Sie war nicht interessiert daran. Wir sprachen über andere Kinder, die sie bewundert und die in der Kita auf die Toilette gehen. Kein Effekt. Ich ließ nicht locker.« Sie machte eine Pause. »Ich habe sie sogar gezwungen, wie andere es mir geraten hatten, aber da wurde sie nur hysterisch und hat in die Hose gemacht. Was die Situation letztlich gewendet hat, war, als wir sie nicht mehr drängten, auf den Topf zu gehen. Wir ließen sie eine Zeit lang wieder Windeln tragen. Dann schlug ich ihr vor – ohne sie zu drängen –, auf den Topf zu gehen, was auch funktionierte. Ich fragte sie: ›Ist heute ein Tag, an dem du versuchen möchtest, auf den Topf zu gehen?‹ Als sie Nein sagte, insistierte ich nicht. Aber ich fragte jedes Mal. Eines Tages antwortete sie dann ›Ja.‹«

Asher gehört zu den Kindern, denen die Neigung angeboren ist, sich in neuen, unbekannten Situationen aufzuregen. Der Blutdruck steigt, die Pupillen weiten sich, der Puls beschleunigt und die Stimmbänder verkrampfen sich. Es kann vorkommen, dass diese Kinder über Bauchschmerzen klagen oder sogar würgen oder sich übergeben. Das ist keine »erlernte« Reaktion.

Wenn Ihr Kind spontan vorsichtig reagiert und sich etwas Neuem entzieht, ist es oft schwer, sich den Grund dafür vorzustellen. Es ist verwirrend, wenn ein Kind sich plötzlich weigert, ins Wasser zu gehen, nachdem es zuvor zum Schwimmunterricht angemeldet werden wollte. Es kann äußerst frustrierend sein, wenn Sie mit Ihrem Kind einkaufen gehen und es alles im Geschäft ablehnt, oder wenn Sie ein neues Rezept gekocht haben und Ihr Kind sofort den Teller wegschiebt. Es erschöpft einen, wenn das Kind sich den ganzen Tag aufregt, weil Sie die alte Couch verkauft und eine neue erworben haben. Der Psychologe Jerome Kagan sagt: »Diese Kinder haben eine Neurochemie geerbt, die sie sehr leicht erregbar macht.« Alles Neue kann sie in die rote Zone treiben.

Bei diesen Kindern besteht die erste und natürlichste Reaktion auf ein neues Essen, einen fremden Menschen oder einen unbekannten Ort oder sogar einen unbekannten Geruch darin, dieses Neue abzulehnen. Wenn das Kind zusätzlich intensiv ist, kann die Reaktion mit ohrenbetäubendem Gebrüll verbunden sein.

Die Forschung zeigt jedoch, dass wir diese Vorsicht unseres Kindes zwar respektieren müssen, es aber sehr wichtig ist, ihm zu helfen, sie zu überwinden. Vermeiden Sie Kraftanwendung oder Druck, denn das funktioniert nicht, wie Ashers Eltern entdeckt haben. Vermeiden Sie aber neue Situationen nicht, da das Vermeiden die Ängstlichkeit des Kindes nur noch verstärkt.

Vorsichtige Kinder müssen spüren, dass wir sie für fähig halten, neue Fertigkeiten zu meistern, sie brauchen ein sanftes, aber entschiedenes Insistieren, damit sie sich vorwärtsbewegen, und Strategien, die ihnen helfen, sich auch in unbekannten Situationen kompetent zu fühlen. Helfen wir dem Kind über seine erste negative Reaktion hinweg, fördern wir die Bildung neuer Pfade in seinem Gehirn, wodurch sich tatsächlich die körperliche Reaktion verändert. Ich nenne diesen Ansatz »behutsames Anstupsen«. Das beginnt mit den Sätzen, die wir verwenden, um unserem Kind verstehen zu helfen, was es erlebt.

## Die richtigen Worte wählen

Vorsichtige Kinder müssen von uns immer wieder hören, dass wir es würdigen und wertschätzen, dass sie nur langsam mit neuen Situationen warm werden. Schauen Sie sich die Botschaften an, die Sie Ihrem Kind vermitteln. Helfen Sie ihm, sich zu verstehen und sich damit wohlzufühlen? Dann könnten diese Sätze etwa so klingen:

Du beobachtest erst gerne, bevor du dich in etwas hineinstürzt.
Du denkst, bevor du handelst.
Du bist tüchtig.
Du kannst diese Aufgabe in mehrere Schritte aufteilen, dann wird sie einfacher.
In deinem Bauch grummelt es gerade, aber du bist nicht krank.
Übung macht den Meister.

Sätze wie diese helfen Ihrem vorsichtigen Kind zu verstehen, was es erlebt. Sie lassen das Kind wissen, dass seine Zurückhaltung ein Pluspunkt ist. Es ist bedächtig, nicht impulsiv. Und auch wenn die spontane Reaktion vielleicht Widerstand ist, muss dies nicht seine endgültige Entscheidung bleiben. Das Kind hat die Wahl.

## Lektionen im behutsamen Anstupsen

»Was ist der Unterschied zwischen Anstupsen und Drängen?«, fragte ich die Gruppe. »Beim Anstupsen fühle ich mich zuversichtlich, Drängen gibt mir das Gefühl von Kontrollverlust«, antwortete Alicia.

Wenn die erste Reaktion Ihres Kindes auf neue Situationen, Menschen oder Dinge deren Ablehnung ist, ist es entscheidend, dass Sie den Unterschied zwischen Drängen und Anstupsen verstehen. Für temperamentvolle Kinder, die eine negative erste Reaktion erleben, ist es wichtig, dass wir sie anstupsen – nicht drängen.

Das erste Mal dachte ich über *das behutsame Anstupsen* nach, als ich eines Tages auf meine Kinder wartete, die gerade Schwimmunterricht hatten. An diesem Tag stand ein Vierjähriger schluchzend am Beckenrand. Mit roten und verschwollenen Augen schüttelte er voller Entsetzen den Kopf und weigerte sich, auf die Worte der Schwimmlehrerin zu hören. Diese hüpfte aus dem Schwimmbecken, um ihn näher zu holen, aber sein dünnes Handgelenk entschlüpfte ihrem Griff, als er vom Beckenrand zurücktrat. Zitternd stand er da, wollte eigentlich wegrennen, hasste es aber auch aufzugeben. Er warf seiner Mutter einen flehenden Blick zu, die neben mir saß. Ich war gespannt, was sie tun würde, und als ich weiter zuschaute, erteilte sie mir eine klare Lektion in den Schritten des behutsamen Anstupsens.

Ohne zu zögern, ging sie selbstsicher zu ihrem Sohn und nahm ihn liebevoll in die Arme. Sie ließ sich von seinem Widerstreben oder seinen Tränen weder beschämen noch erschrecken. Sie akzeptierte, dass er Angst hatte. Mit ihrem Handeln sagte sie: »Ich bin für dich da. Ich verstehe dich. Ich bin nicht böse. Ich bin überzeugt davon, dass du es schaffst. Ich werde dir helfen.« *Die erste Lektion im behutsamen Anstupsen: Ich unterstütze dich. Ich glaube, dass du es schaffst.*

Ich hörte, wie sie ihn fragte, was er innerlich fühlte. Zwickte es in seinem Bauch? Spürte er seinen Herzschlag? Er nickte. »Das ist Angst«, erklärte sie. »Du hattest noch nie Schwimmunterricht und dein Körper sagt dir, du sollst vorsichtig sein. Es ist in Ordnung, Angst zu haben. Ich habe auch manchmal Angst.« *Lektion Nummer zwei: Behutsames Anstupsen hilft uns, unsere Gefühle zu benennen und zu wissen, dass andere schon ebenso gefühlt haben.*

Die Mutter sprach weiter. »Was mir hilft, wenn ich Angst habe, ist, mich zurückzulehnen und eine Weile zuzuschauen. Ich sehe gerne, wie andere Leute das Wasser aus ihren Augen bekommen, wie sie mit den Füßen stoßen und ihre Arme bewegen. Dann plane ich, was ich tun will.« Lektion *Nummer drei: Das behutsame Anstupsen gibt uns Zeit zum Nachdenken und die Gelegenheit zu beobachten, sodass wir das Gefühl haben, die Kontrolle zu haben.*

Mutter und Sohn gingen zusammen zurück zur Bank an der Wand, setzten sich und beobachteten die anderen Schwimmer. Sie erinnerte ihn daran, wie sehr er es gehasst hatte, die Haare gewaschen zu bekommen, als er ein Kleinkind war, und dass er heute nie mehr deswegen weinte und es beinahe schon ganz alleine konnte. »Vielleicht weißt du schon mehr über das Schwimmen, als du meinst«, sagte sie lächelnd. *Lektion Nummer vier: Das behutsame Anstupsen baut Brücken von früheren Erfolgen zur aktuellen Situation.*

Mutter und Sohn saßen eine Weile schweigend da, er hatte sich an ihren Arm gelehnt. Sein Atem wurde sichtlich ruhiger, als er sich entspannte, nachdem er gemerkt hatte, dass er bei seinem Unterfangen nicht alleine war. Die Lehrerin kam wieder an den Beckenrand und lud ihn ein, seine Füße ins Wasser hängen zu lassen. Sie versprach, ihn nicht ins Wasser zu ziehen. Er schaute seine Mama an. Sie nickte. »Das kannst du machen. Weißt du, das ist so wie in der Badewanne.«

Vorsichtig setzte er sich, ließ anfangs nur eine Zehe ins Wasser hängen und dann beide Füße bis zu den Knöcheln. Schon bald strampelte er mit beiden Füßen im Wasser, und ein schüchternes Lächeln huschte über seine Wangen, als das Wasser auf seine Beine und dann bis in sein Gesicht spritzte. Die Lehrerin klatschte. »Das sind ja tolle Fußtritte«, rief sie. »Vielleicht bist du morgen bereit, dich an den Rand zu hängen und ins Becken zu gleiten.« *Lektion Nummer fünf: Das behutsame Anstupsen hilft uns, Teilstücke einer Aufgabe zu sehen, sodass wir uns nicht überfordert fühlen, und es erlaubt uns zu entscheiden, wann wir bereit sind.*

Ich sah den Jungen und seine Mutter das Schwimmbad verlassen. Er trug den Kopf hoch und lächelte. Er war noch nicht ins Schwimmbecken gegangen, aber ich sah, dass er frohgemut war. Er fühlte sich nicht als Versager. Er fühlte sich nicht gedrängt. Er fühlte sich ermutigt, fähig und auf seinen Erfolg hoffend. Wer weiß? Vielleicht ist er morgen schon so weit zu sagen: »Ich kann es.« *Lektion Nummer sechs: Das behutsame Anstupsen braucht Zeit.*

Sie können ein zurückhaltendes Kind nicht mit Tatsachen davon überzeugen, sich nicht unwohl zu fühlen, denn Tatsache ist, dass es sich unwohl fühlt. Sein Herz schlägt, sein Mund ist trocken und sein Blutdruck steigt. Es braucht Zeit, um das zu überwinden. Damit das Kind sein Bedürfnis nach mehr Zeit respektvoll äußern kann, können Sie ihm beibringen, etwas zu sagen wie: »Ich möchte zuerst gerne nur zuschauen.« Oder: »Ich komme gleich, ich brauche nur noch einen Moment.« Diese Sätze bieten dem Kind eine Alternative dazu, *Nein* zu brüllen!

Sie können Ihrem Kind auch helfen zu erkennen, dass es hilfreich ist, einen Freund oder eine Freundin mitzubringen oder frühzeitig zu kommen, um die Schwimmgruppe zu beobachten, die vorher Unterricht hat, ein Video anzuschauen oder einen Bildplan zu malen, der die Schritte zeigt, die aufeinander folgen. Solche Strategien erlauben es dem Kind zu beobachten, zuzuhören, nachzudenken und sich zu beruhigen, bevor es dann selbst teilnimmt.

Katie hatte meiner Geschichte sehr aufmerksam zugehört, und als ich geendet hatte, nickte sie zustimmend. »Keelin ist so aktiv. Wir wollten, dass sie Basketball spielt, aber sie hat sich total geweigert. Sie wollte es nicht einmal ausprobieren. Ich wusste, dass es ihr sehr gut gefallen würde, wenn ich sie erst einmal aufs Spielfeld gebracht hätte. Ich sagte zu ihr: ›Keelin, ich weiß, dass du das noch nie zuvor gemacht hast, und du meinst, es würde dir nicht gefallen, aber ich glaube, es wird dir total Spaß machen – denk darüber nach.‹ Unsere Nachbarin Claire spielte in der Mannschaft der achten Klasse. Wir gingen zu einem Spiel von ihr. Keelin beobachtete alles sehr aufmerksam. Sie stellte viele Fragen, aber ich hätte nicht sagen können, ob es ihr gefiel oder nicht. Ich hielt meinen Mund. Am nächsten Morgen gab sie mir das Anmeldeformular und sagte: ›Füllst du das für mich aus? Ich will so spielen wie Claire.‹«

Wichtig ist, dass Ihr Kind durch eine negative erste Reaktion nicht in eine Ecke gestellt wird. Indem Katie ihrer Tochter Keelin die Chance gab, nachzudenken, zu beobachten und Informationen zu sammeln, gab sie ihr die Möglichkeit, ihre erste Reaktion aufzugeben und doch mitzumachen. Es ist wichtig, temperamentvollen Kindern diese zweite Chance zu geben – sie wissen zu lassen, dass es in Ordnung ist, seine Meinung zu ändern. Das hat nichts mit Verwöhnen zu tun. Es bedeutet, das Temperament des Kindes zu akzeptieren und damit zu arbeiten.

Für Kinder, die eine starke erste Reaktion erleben, ist unsere Ermutigung sehr wichtig. Ohne diese Ermutigung könnten sie viele Gelegenheiten verpassen, ohne zu merken, dass sie mit ausreichend Zeit, Nachdenken und Übung richtig viel Spaß haben können.

## Erkennen, wie eine zurückhaltende erste Reaktion mit anderen Merkmalen verbunden ist

Die Psychologin Elaine Aron erklärt in *Das hochsensible Kind*, dass es manchmal zu einer zurückhaltenden ersten Reaktion kommt, wenn ein hochsensibler Mensch von einer Reizüberflutung überfordert wird. Falls dies bei Ihrem Kind zutrifft, können Sie ihm beibringen, dass man zum Beispiel neue soziale Situationen leichter bewältigt, wenn man rechtzeitig vor der großen Masse eintrifft und einen bequemen Sitzplatz findet. Die Forschung zeigt, dass es angenehmer ist, in einer neuen Umgebung zu sitzen als zu stehen. Wenn Ihr Kind Toiletten mit automatischer Spülung verabscheut, kann es Papier und Tesa mitnehmen und über den Sensor kleben, bevor es sich setzt, um vor überraschenden Spülvorgängen sicher zu sein. Eine Sonnenbrille bei Veranstaltungen im Freien reduziert das Unbehagen, das durch grelles Licht verursacht wird. Wenn die Sensibilität der wirkliche Auslöser für die erste, negative Antwort Ihres Kindes in neuen Situationen ist, lesen Sie noch einmal in Kapitel 11 weitere Vorschläge, wie man mit hohen Reizpegeln umgehen kann.

## Kooperieren

Wenn Kinder sofortigen Widerstand demonstrieren, neigen wir zu einer ähnlichen Reaktion, vor allem, wenn auch unsere erste Reaktion Ablehnung ist.

»Ich weiß genau, wie sich mein Sohn fühlt«, erzählte Nicole der Gruppe. »Deshalb neige ich dazu, einfach zu Hause zu bleiben, um ihm diese Situationen zu ersparen.«

Sie wollen Ihr Kind vielleicht nicht mit zu vielen neuen Erfahrungen überfordern, die Forschung befürwortet jedoch sehr deutlich, dem Kind beizubringen, dass man es dabei unterstützen wird herauszufinden, wie und was es tun kann, wenn es eigentlich sagen will: »Ich kann das nicht.« Das Kind braucht Ihre behutsame Beharrlichkeit, die ihm zeigt, dass es dazu fähig ist, und Ihren unerschütterlichen Glauben, dass es zu den wesentlichen Lebensfertigkeiten gehört, den Umgang mit neuen Situationen zu lernen. Vermeidung ist keine Lösung. Letztlich wird sich das Kind vielleicht dafür entscheiden, nicht mitzumachen, aber das muss eine Entscheidung sein und nicht die Folge seines Gefühls, dass es unfähig sei, mitzumachen.

Wenn Sie Ihr Kind ermutigen, neue Dinge auszuprobieren, kann dies Sie ebenfalls aus Ihrer Komfortzone schubsen. Erlauben Sie es sich, Ihre Energie so wieder aufzuladen, wie Sie das brauchen. Feiern Sie Erfolge von Ihrem Kind und auch Ihre eigenen, während Sie gleichzeitig Ihre wohlüberlegten Beobachtungen und Entscheidungen schätzen.

## Sich wohlfühlen mit dem spontanen Nein

Es braucht Zeit, Ihrem Kind über seine erste Reaktion hinaus weiterzuhelfen. Diese ist jedoch ein Merkmal, das die meisten Eltern zu schätzen beginnen, wenn sie merken, dass ihr Kind erst denkt und dann handelt. Dieser Charakterzug wird während der Jugendjahre Ihres Kindes sogar noch wertvoller. Ihr Kind wird zu den Vorsichtigen gehören, die bedächtig durchs Leben gehen.

Wenn Sie selbst eine ausgeprägte ablehnende erste Reaktion empfinden, lesen Sie dieses Buch erneut! Sie werden hilfreiche Informationen finden, die Ihnen beim ersten Lesen vielleicht entgangen sind.

## STIMMUNG

Kristin kam lachend ins Klassenzimmer. Es war offensichtlich, dass sie eine Geschichte zu erzählen hatte. »Heute früh war mein elfjähriger Sohn Kyle auf dem Weg ins Basketball-Trainingslager«, begann sie. ›Einen schönen Tag‹, rief ich, als er die Haustür öffnete, um zu gehen. Er blieb plötzlich stehen. ›Schönen Tag‹, rief er ungläubig. ›Wie kann ich einen schönen Tag haben? Im Mittleren Osten herrscht Krieg und der Aktienkurs ist um dreiundneunzig Punkte gefallen. Wie soll ich da bitte einen schönen Tag haben?‹ ›Mach das Beste draus, Liebling‹, bemerkte ich und küsste ihn auf die Wange.«

Kyle ist von seinem Temperament her ein ernsthaftes und analytisches Kind. Studien zeigen, dass der Schlüssel zur Veranlagung eines Kindes in einem spezifischen Muster der Gehirnaktivität liegen könnte. Einige Menschen werden durch erschütternde Ereignisse stärker mitgenommen und von amüsanten Dingen weniger aufgeheitert als Menschen mit einer weniger ernsthaften Veranlagung.

»Das stimmt«, bemerkte Brandon. »Ich sehe nie das Positive zuerst. Ich überlege immer, was nicht funktioniert, und da ich extrovertiert bin, lasse ich meine Emotionen sofort heraus. Jeder merkt, wenn ich etwas nicht mag.«

Bei ernsthaften und analytischen Kindern ist die Stimmung direkt mit ihren Mustern im Gehirn verknüpft. Sie brauchen Ihre Hilfe, um Ihre Veranlagung zu verstehen und um zu lernen, sich positiv und taktvoll zu verhalten.

## Die richtigen Worte wählen

Ernsthafte und analytische Kinder sehen die Welt aus einer ernsten Perspektive. Diesen Kindern müssen wir die richtigen Worte beibringen, ihre ernsten Gedanken zu äußern, ohne andere zu verletzten oder ein Gefühl der Hoffnungslosigkeit zu erzeugen. Es gibt einen Kinderbuchklassiker mit dem Titel *Puppy Too Small* von Cyndy Szekeres, der analytischen Kindern einen entzückenden Spiegel vorhält. In dem Buch jammert ein kleiner Welpe: »Ich bin zu klein! Ich komme nicht an den Türgriff« und ist auf alle Dinge fokussiert, die er nicht kann, wie beispielsweise ein Spielzeug ziehen. Andere erinnern ihn hingegen freundlich an das, was er alles kann, beispielsweise sich Kekse schnappen.

Analytische Kinder gehen wie dieser Welpe durchs Leben. Sie brauchen unsere Hilfe, um zu erkennen, was funktioniert und was nicht. Wir können zu ihnen sagen: »Erzähle mir, was dir heute Freude gemacht hat, und danach erzählst du mir, was dir nicht gefallen hat.« Oder fragen Sie: »Wenn du das nicht kannst, was kannst du stattdessen machen?« Lassen Sie Ihr Kind wissen, dass Sie seinen analytischen Blickwinkel schätzen, indem Sie Dinge sagen wie: »Du kannst gut analysieren.« – »Dir fallen Dinge auf, die verbessert werden müssen.« Oder: »Du denkst gründlich nach. Du wirst einmal ein toller Richter oder Marktanalytiker.« Bringen Sie

Ihrem Kind bei, Dinge zu unterteilen, damit es genau sehen kann, welche Teile ihm Freude gemacht haben und welche überarbeitet oder korrigiert werden müssen.

Wenn Sie die Weltnachrichten anschauen, weisen Sie Ihr analytisches Kind darauf hin, wie ernsthaft der Moderator die Information präsentiert. Wenn andere Familienmitglieder diese Sichtweise teilen, lassen Sie Ihr Kind wissen, dass auch andere die Welt unter einem analytischen Gesichtspunkt betrachten.

## Gute Manieren beibringen

Kleine Kinder sind egozentrisch. Wenn sie etwas fühlen, sagen sie das und glauben, alle anderen müssten ebenso fühlen wie sie. Helfen Sie Ihrem ernsthaften und analytischen Kind, mit Verwandten und Nachbarn gut auszukommen, indem Sie ihm gute Manieren beibringen. Das gilt besonders, wenn es darum geht, Geschenke zu bekommen oder gemeinsam ein Weihnachtsessen zu genießen. Ich gehe auf Letzteres in Kapitel 20 noch genauer ein.

## Kooperieren

Sind Sie ein ernsthafter und analytischer Elternteil, übersehen Sie leicht, was gut geklappt hat, und fokussieren sich stattdessen auf das, was Sie sich besser wünschen. Erinnern Sie sich selbst daran, sich für Ihre Leistungen auf die Schulter zu klopfen und jeden Erfolg zu feiern, auch wenn er noch so klein ist. Lassen Sie sich von einem einzigen Problem nicht die Freude an den guten Momenten rauben.

Bedenken Sie auch, dass Sie tendenziell zuerst die Schwachstellen sehen. Erlauben Sie es sich, bei Ihrem temperamentvollen Kind, bei den Menschen, mit denen Sie zusammenarbeiten oder zusammenleben und in den Situationen, mit denen Sie es täglich zu tun haben, nach den Stärken ebenso zu suchen wie nach den Schwächen.

Entwickeln Sie, wenn Sie selbst nicht analytisch sind, ein Verständnis dafür, dass Ihr ernsthaftes Kind die Welt aus seiner eigenen Perspektive sieht. Wenn es Ihnen Dinge darlegt, die ihm nicht gefallen oder die nicht gelungen sind, ist es nicht notwendigerweise unglücklich – für Ihr Kind sind das einfach Tatsachen. Hören Sie sich seine Sorgen an, befassen Sie sich mit denen, die signifikant sind, und übergehen Sie solche, die einfach ein Ausdruck seiner Sichtweise sind.

## Sich wohlfühlen mit der Stimmung Ihres Kindes

Ernsthafte und analytische Kinder können sehr praktisch sein, speziell bei einer größeren Anschaffung. Ryan erzählte uns in der Gruppe, dass sein zwölfjähriger Sohn Travis ihnen geholfen hat, eine sehr wichtige Entscheidung zu treffen:

»Wir waren auf der Suche nach einem neuen Haus. Meiner Frau und mir gefiel eines richtig gut, und wir zeigten es den Kindern, um ihre Meinung zu hören. Travis ist ein echter Albtraum für einen Makler. Als wir durch das Haus gingen, wies er immer wieder auf verschiedene Dinge hin, sagte beispielsweise: ›In dieses Zimmer würden unsere Möbel niemals passen. Warum wollt ihr das? Schaut euch den Teppichboden an – was für eine entsetzliche Farbe! Die Garage ist zu klein. Schaut euch doch mal den Hügel im Garten an. Ihr erwartet ja hoffentlich nicht, dass ich da den Rasen mähe?‹ Seinen kritischen Augen entging nichts. Meine Frau und ich hatten das alles tatsächlich nicht bemerkt. Er hatte recht.«

Die Welt braucht Leute mit kritischem Blick. Sie wachsen zu Gutachtern heran, die dafür sorgen, dass unsere Programme gut funktionieren. Sie fürchten sich nicht vor schwierigen Entscheidungen – und können einem viel Geld sparen … fragen Sie Ryan.

## REGELMÄSSIGKEIT – EINE ZUSAMMENFASSUNG

Als unvorhersehbar lassen sich viele, aber nicht alle temperamentvollen Kinder beschreiben. Ihr Körper scheint keinen natürlichen Rhythmus zu kennen. Sie bekommen selten immer zur gleichen Zeit Hunger, und wann sie müde sein werden, bleibt ein Ratespiel. Es ist wichtig, dass Sie Routineabläufe einführen, die dem Kind dabei helfen, innerhalb der Familie und in der Welt ganz allgemein zu funktionieren.

***Temperamentvolle Kinder ohne regelmäßigen Rhythmus müssen immer wieder Sätze hören wie:***
Du bist wirklich flexibel.
Du steckst voller Überraschungen.
Du wirst einmal ein großartiger Notarzt, Pilot, oder du wirst in einem anderen Beruf mit unregelmäßigen Arbeitszeiten tätig sein.
Du wirst das Studentenleben lieben.

***Pädagogische Tipps:***
Sorgen Sie für Routineabläufe und einen konsequenten Zeitplan, damit sich Ihr Kind schrittweise anpassen kann.

Rechnen Sie damit, dass Ihr Kind mit unregelmäßigem Rhythmus länger braucht, um sich an eine Routine zu gewöhnen; mit Geduld und Konsequenz gelingt es jedoch.

***Wenn Sie selbst ebenfalls keinen regelmäßigen Rhythmus haben:***
Machen Sie sich klar, dass Sie vielleicht keine regelmäßigen Essenszeiten und Schlafenszeiten einhalten. Es kann sein, dass Ihr Kind mehr Beständigkeit braucht, als Sie ihm geben.

## ENERGIE – EINE ZUSAMMENFASSUNG

Viele, aber nicht alle temperamentvollen Kinder sind energiegeladen. Sie haben einen echten Bewegungsdrang in sich. Die Herausforderung für Eltern besteht darin, für ihre Sicherheit zu sorgen und ihnen beizubringen, ihre Energie in positiver Weise zu nutzen.

***Energiegeladene temperamentvolle Kinder müssen immer wieder Sätze hören wie:***

Dein Körper steckt voller Energie.
Ich wünschte, ich hätte deine Energie.
Du musst immer zappeln und dich bewegen.
Du lernst gerne mit Einsatz deines Körpers.
Du bist ein energiegeladener Arbeiter.

***Pädagogische Tipps.***

Planen Sie Aktivitäten für die Energie Ihres Kindes. Geben Sie ihm viele Gelegenheiten zu rennen, zu springen und zu klettern, überwachen Sie das Stimulationsniveau aber genau, um zu verhindern, dass Ihr Kind zu sehr aufdreht.

Vermeiden Sie Aktivitäten, bei denen Ihr Kind längere Zeit sitzen muss.

Wenn Ihr Kind eine Zeit lang auf einen begrenzten Raum beschränkt war, planen Sie danach ein, ihm Zeit und Raum zu geben, damit es sich bewegen kann.

Erkennen Sie, dass wilde Aktivität häufig mit anderen Temperamentsmerkmalen zusammenhängt, wie einem Übermaß an Stimulation, zu vielen Übergängen oder Müdigkeit.

***Wenn Sie selbst ebenfalls energiegeladen sind:***

Planen Sie Ausgleichssport in Ihren Tagesablauf ein.
Genießen Sie sportliche Aktivitäten zusammen mit Ihrem Kind.

Bedenken Sie, dass es Ihnen schwerfällt, den Tag zu meistern, wenn Sie keine körperliche Bewegung hatten.

## ERSTE REAKTION – EINE ZUSAMMENFASSUNG

Studien, die Dr. Jerome Kagan an der Harvard University durchgeführt hat, haben gezeigt, dass etwa 15 Prozent aller Kinder mit der angeborenen Neigung auf die Welt kommen, sich in neuen und unbekannten Situationen aufzuregen. Temperamentvolle Kinder, deren ablehnende erste Reaktion sehr ausgeprägt ist, brauchen unsere Ermutigung und ein behutsames Anstupsen – kein Drängen.

***Temperamentvolle Kinder, deren ablehnende erste Reaktion sehr ausgeprägt ist, müssen immer wieder Sätze hören wie:***
Ich werde dich unterstützen.
Es ist in Ordnung, wenn du erst zuschauen willst, bevor du mitmachst.
Du prüfst Dinge immer gerne erst, bevor du dich darauf einlässt.
Du kannst überlegen und dich dann entscheiden.
Neue Dinge und Situationen sind schwierig für dich, aber denk daran, wie du kürzlich mit Erfolg …

***Pädagogische Tipps:***
Ermutigen Sie Ihr Kind. Drängen Sie es nicht.

Geben Sie Ihrem Kind eine Vorwarnung bei neuen Dingen, die geschehen werden. Sprechen Sie mit ihm darüber, was es zu erwarten hat.

Geben Sie Ihrem Kind Zeit zu beobachten.

Unterteilen Sie neue Fertigkeiten in kleine, gut zu bewältigende Schritte.

Erinnern Sie Ihr Kind an ähnliche Situationen, die es anfangs abgelehnt hat und inzwischen gerne macht.

Geben Sie Ihrem Kind eine zweite Chance.

***Wenn auch Ihre erste Reaktion meist ablehnend ist:***
Lesen Sie dieses Buch erneut! Sie finden darin Informationen, die Sie beim ersten Lesen vielleicht abgelehnt haben, beim zweiten Lesen aber vielleicht nützlich finden werden.
Erkennen Sie, dass Ihre erste Reaktion nicht Ihre endgültige sein muss.
Meiden Sie neue Situationen nicht. Bedenken Sie: Übung macht den Meister.

## STIMMUNG – EINE ZUSAMMENFASSUNG

Studien zeigen, dass der Schlüssel zur Veranlagung eines Kindes in einem spezifischen Muster der Gehirnaktivität liegen kann. Ihr Kind braucht Ihre Hilfe, um seine Veranlagung zu verstehen und zu lernen, sowohl positiv und taktvoll als auch analytisch zu sein.

***Ernsthafte und analytische Kinder müssen immer wieder Sätze hören wie:***
Ich schätze deine Vorschläge.
Du kannst Dinge gut einschätzen.
Du denkst tiefgründig. Du wirst einmal ein guter Richter, Analytiker etc.
Du bist eine ernsthafte Person. Das heißt nicht, dass du unglücklich bist.
Erzähle mir, was dir gefallen hat. Anschließend erzähle mir, was du gerne anders machen würdest.

***Pädagogische Tipps:***
Helfen Sie Ihrem Kind, das Positive zu sehen. Wenn es etwas nicht kann, zeigen Sie ihm, was es stattdessen tun kann.

Bringen Sie Ihrem Kind gute Manieren bei.

Stellen Sie ihm spezifische Fragen, damit es über Teilbereiche eines Problems oder einer Situation nachdenken muss, anstatt eine allgemeine analytische Aussage über das Ganze abzugeben.

***Wenn Sie selbst auch ernst und analytisch sind:***

Üben Sie, nach den positiven Aspekten von Menschen und Situationen zu suchen, wenn Sie diese analysieren.

Feiern Sie auch kleine Erfolge. Lassen Sie sich von einem einzigen Problem nicht die Freude an guten Momenten rauben.

# DRITTER TEIL

## Mit dem lebhaften Temperament leben

# 15

# Den Erfolg planen

## Neuralgische Punkte vorhersehen und ihnen vorbeugen

*»Ich habe nie darüber nachgedacht, für den Erfolg zu planen. Ich machte mir nur Gedanken zum Überleben.«*

*Kate, Mutter eines Kindes*

Als meine Kinder klein waren, wurde der Lebensmitteleinkauf immer ein Familienausflug – mit zwei Einkaufswagen. Einen für meinen Mann und die Kinder, um durch den Supermarkt zu kurven und einen für mich für den Einkauf der Lebensmittel, die wir wirklich brauchten. Sie können das als Luxus bezeichnen. In unserem Fall war es eine grundlegende Überlebenstechnik und billiger als eine Scheidung (keiner von uns hatte Lust, alleine die Lebensmittel für zwei Wochen einzukaufen). Wir mussten am Samstagvormittag zeitig losziehen, bevor die Massen einfielen, um ihre Großeinkäufe zu erledigen. Es war nicht die Art von Belustigung, die ich mir vorgestellt hatte, aber was solls.

Die Kinder entschieden sich *immer* dafür, beim Papa zu bleiben. Es gab Zeiten, da überfielen mich Schuldgefühle. Zum Glück hielt dieser Unsinn nicht lange an, und wenn ich ehrlich war, hätte ich mich auch dafür entschieden, mit dem Papa mitzugehen. Anstatt mit ihnen darum zu kämpfen, dass sie im Wagen sitzen blieben, lud er sie im Feuerwehrstil in den Einkaufswagen ein. Das Kind, das den Sitz bekam, war der Fahrer, das andere, das außen hing, war der Steuermann. Das war nicht wirklich wichtig, weil beide ohnehin Dutzende Male ein- und ausstiegen.

Sie begannen beim Kühlregal mit den Milchprodukten. Dort sprangen sie das erste Mal aus dem Wagen und fingen an, die Joghurtregale durchzuschauen, prüften die kleinen und großen Becher, um zu entscheiden, was am besten aussah. Der nächste Schritt war zu beurteilen, wie sie sich *anfühlten.* Manchmal gingen sie dann zurück in den Eingangsbereich des Supermarkts zu den Backwaren. Es *fühlte* sich einfach so an, als sollten sie eine Süßigkeit bekommen, also bekamen sie eine. Dann ging es in zufälliger Reihenfolge die Regalreihen entlang, Reihe zehn, dann fünf, dann zwei, dann sechs. Am Ende waren sie überall gewesen, aber der Einkaufswagen wählte die Reihe nach Lust und Laune.

Fünfundvierzig Minuten später traf ich sie an der Kasse wieder. Mein Einkaufswagen quoll über von Obst, Gemüse, Fleisch und Dosen. Das Hundefutter hing von der unteren Ablagefläche und das Brot balancierte ganz oben. Sie hatten in ihrem Wagen fünf Literpackungen Milch, zwei Sorten Eiscreme, drei Packungen Müsli, eine leere Donut-Tüte, drei leere Milchpackungen und ein breites Lächeln im Gesicht.

So war es nicht immer gewesen. Mit einem temperamentvollen Sohn *und* einem temperamentvollen Ehemann, einer draufgängerischen Tochter und einer sehr beharrlichen und fokussierten Mutter sorgte der Lebensmitteleinkauf in unserem Haushalt regelmäßig für Krach – bis wir herausfanden, wie sich der *Erfolg planen* lässt.

Wir lernten, dass Lebensmitteleinkäufe eine immer wiederkehrende Tätigkeit sind, genau wie 75 Prozent aller Aktivitäten im Leben. Wenn etwas immer wiederkehrt, können Sie *vorhersagen*, wie Sie und Ihr Kind darauf reagieren werden, da es schon mehrfach geschehen ist. Wenn Sie die typische Reaktion aller Beteiligten vorhersagen können, können Sie den Erfolg planen. Sie müssen nicht auf die Wutausbrüche warten. Sie können verhindern, dass diese überhaupt auftreten.

Überlegen Sie einmal. Weswegen sind Sie und Ihr Kind in den letzten vierundzwanzig Stunden aneinandergeraten? Wenn es bei Ihnen ist wie bei den Eltern in meinen Kursen, haben Sie mit großer Wahrscheinlichkeit dreißig Minuten damit zugebracht, dass Sie oder Ihr Kind sich beim Anziehen geärgert haben. Oder einer von Ihnen ist empört vom Tisch aufgestanden, und in der Küche herrscht entweder noch immer Chaos, oder Sie haben selbst Ordnung gemacht. Die Hausaufgaben waren die nächste Pleite und es gab mindestens eine Auseinandersetzung darüber, irgendwohin zu gehen.

Sie wissen, dass diese Dinge geschehen werden, weil sie immer wieder geschehen. Als Elternteil eines lebhaften Kindes können Sie diese Erkenntnis dafür nutzen, *den Erfolg Ihres Kindes zu planen!* Sie können Ihr Wissen über das Temperament Ihres Kindes nutzen, außerdem die Sätze, die Sie gelernt haben, und die Methoden, die funktionieren, um die Lebhaftigkeit unter Kontrolle zu bekommen und täglichen Auseinandersetzungen vorzubeugen. Ich habe vier einfache Schritte formuliert, die Sie befolgen können:

1. **P**rophezeien Sie die Reaktionen.
2. **O**rganisieren Sie den Schauplatz/das Setting.
3. **W**irken Sie zusammen.
4. **Er**freuen Sie sich an den Belohnungen.

Merken Sie sich einfach POWER. (Die Übersetzerin hier hat ein paar Verrenkungen gemacht, um das Akronym hinzubekommen. In der Folge wird aus dem »Prophezeien« wieder »Vorhersagen« und aus dem »Wirken Sie zusammen« wieder »Kooperieren«!)

## VORHERSAGEN

Das Vorhersehen der Reaktionen bedeutet, dass Sie jeden Tag überlegen müssen, wie Sie Ihrem temperamentvollen Kind zum Erfolg verhelfen können. Ein interessanter Gedanke, oder? Sich nicht darauf fokussieren, wie Sie es schaffen, dass Ihr Kind sich gut benimmt oder alles übersteht, sondern wie es erfolgreich sein kann.

Gehen Sie morgens im Geist den Tag durch. Was wird Ihr Kind machen? Auf welche typischen kritischen Zeiten werden Sie beide stoßen? Wird seine Routine normal ablaufen oder aus irgendeinem Grund unterbrochen werden? Mit wem wird Ihr Kind das erste Mal sprechen, oder wem wird es das erste Mal begegnen? Wohin wird es gehen? Wird es neuen Erfahrungen ausgesetzt sein? Wird es Kleidung tragen müssen, die ihm fremd oder die weniger bequem ist? Wird es stiller als normalerweise sein müssen? Wird es viele Reize geben?

Wenn Sie eine dieser Fragen mit Ja beantwortet haben, überlegen Sie, was für eine Reaktion Sie von Ihrem Kind auf diese Situation zu erwarten haben. Wenn das Anziehen immer ein Kampf ist, rechnen Sie auch heute mit einem Kampf. Wenn heute die Turnstunden beginnen und Ihr Kind alles Neue hasst, rechnen Sie mit einer Reaktion.

Ich bat die Eltern in meinem Kurs, einige typische kritische Zeiten vorherzusehen. Ihre Liste sah folgendermaßen aus:

- Das Anziehen
- Das Heimkommen aus der Schule oder dem Kindergarten
- Die Einnahme von Medikamenten
- Das Verlassen der Tanzstunde
- Das Zubettgehen
- Das Ausprobieren von etwas Neuem.

»Und nun«, sagte ich zu der Gruppe, »überdenken Sie die Merkmale des Temperaments – alle, auch die Bonuspunkte. Welche davon könnten die Reaktion Ihres Kindes erklären?«

Rob sah sich seine Aufstellung an und antwortete: »Das Anziehen ist ein Kampf, weil McKenzie sehr beharrlich ist. Sie will sich immer selber anziehen. Sie ist empfindlich, daher stören sie manche Beschaffenheiten, und sie passt sich langsam an, daher ist auch das Umziehen ein Problem.«

»Sie haben es gut verstanden!«, sagte ich.

Wir gingen rasch die anderen Punkte durch. Die Reaktion beim Heimkommen nach der Schule ist ein Problem der Anpassungsfähigkeit. Das Einnehmen eines Medikaments ist aus Gründen der Beharrlichkeit, Sensibilität und Intensität der Emotionen schwierig. Das Verlassen des Tanzkurses ist wegen der langsamen Anpassungsfähigkeit und der Sensibilität eine Herausforderung – dort gab es ein hohes Maß an Stimulation. Das Zubettgehen ist eine große Anstrengung, wenn das Kind beharrlich, langsam anpassungsfähig, sensibel und intensiv ist – und wenn Sie obendrein noch die Bonus-Merkmale Regelmäßigkeit und hohe Energie berücksichtigen müssen, kann es wirklich hart werden! Das Ausprobieren neuer Dinge verlangt, mit der Intensität gut umzugehen und eine ablehnende erste Reaktion zu überwinden.

Wenn Sie die Temperamentstabelle nutzen, können Sie die Reaktionen Ihres Kindes auf typische Situationen vorhersehen.

Bedenken Sie, dass Ihr Kind sein Temperament nicht ändern kann, aber es kann lernen, dieses in akzeptabler und positiver Weise auszudrücken. Wenn Ihr Kind größer geworden ist, beziehen Sie es in die Vorhersage seiner Reaktionen mit ein. Helfen Sie dem Kind, Situationen zu erkennen, die es als belastend empfindet. Je älter Ihr Kind ist, desto mehr können Sie erwarten, dass es selbst die Verantwortung übernimmt. Die achtjährige Amy kann das.

»Letzten Freitag wollte ich vor dem Abendessen noch schnell ins Lebensmittelgeschäft gehen«, erklärte Amys Mutter.

Amy saß vor dem Fernseher. Sie wirkte ziemlich erschöpft, aber ich wollte nicht bis Samstag warten, wenn es durch die vielen Kunden wie in einem Bienenstock zugeht. Ich warnte sie schon einmal vor: »Amy, bei der nächsten Werbung gehen wir in den Supermarkt, du musst mitkommen.«

Sie seufzte. Ich wappnete mich. »Mama, ich kann einfach nicht. Ich kann die Leute und den Lärm und das Licht im Supermarkt heute nicht aushalten. Kannst du nicht warten, bis Papa heimkommt? Dann kannst du allein gehen, und ich kann daheim bleiben.«

Ich wusste nicht, was ich tun sollte. Ein Teil von mir sagte, ich solle sie zwingen mitzukommen, sonst würde ich ja nachgeben. Ein anderer Teil von mir sagte, ich solle auf sie hören. Sie versuchte nicht, mich zu kontrollieren. Sie sagte mir, dass sie heute nicht erfolgreich in den Supermarkt gehen könne. Es würde mich nicht umbringen, noch eine halbe Stunde zu warten. Aber ich bin beharrlich, und es fiel mir schwer.

Ich rief meinen Mann an, um zu hören, wann er nach Hause kommen würde, und um mit ihm meine Entscheidung zu besprechen. Ich bin extrovertiert, und ich muss mich immer denken hören. Er kann gut zuhören und Feedback geben und hilft mir, Blockaden zu lösen. Seine Sichtweise ist hilfreich, weil er Amy viel ähnlicher ist und sie besser versteht als ich.

»Ich kann das nachempfinden«, sagte er. »Es war eine harte Woche. Wir waren Dienstag- und Donnerstagabend aus. Ich bin auch erschöpft. Ich würde heute auch nicht mehr in einen Supermarkt gehen wollen.«

Ich legte eine weitere Ladung Wäsche zusammen und wartete mit dem Einkaufen, bis er nach Hause kam. Ich war nicht sicher, ob ich mich freuen sollte, dass sie Worte verwendet hatte, statt auszurasten, oder ob ich wütend sein sollte, dass ich warten musste. Ich war mir noch immer nicht sicher, ob das nicht ein Nachgeben bedeutete. Aber ich machte es so. Ich muss sagen, es war deutlich einfacher, ohne sie einzukaufen, und als ich heimkam, war das Essen schon fertig. Das war nett. Ich glaube, letztlich haben wir beide bekommen, was wir uns gewünscht haben.

Amy hatte ihre Reaktion und einen potenziellen Konfliktherd vorhergesehen. Ihre Mutter hatte ihre Vorhersage respektiert. Gemeinsam haben sie einen Trotzanfall im Supermarkt vermieden. Das Temperament zu berücksichtigen, bedeutet, darüber nachzudenken und zu versuchen, die Situationen so zu gestalten, dass es nur Gewinner gibt.

Bei Säuglingen und Kleinkindern müssen Sie die gesamte Vorhersage allein leisten, aber gewöhnen Sie es sich an, Ihrem Kind zu sagen, was Sie denken. Es wird durch Zuhören lernen, und wenn es bereit dazu ist, wird es diese Vorhersage selbst machen.

Vorschulkinder können beginnen, für sich selbst einige Vorhersagen auszusprechen. Sie können dem Kind helfen, indem Sie ihm Fragen stellen wie: »Wir gehen heute in den Supermarkt. Was ist für dich wichtig, um dich dabei wohlzufühlen?« Oder: »Morgen ist ein Schultag. Was brauchst du, um morgens fertig zu werden?«

Schulkinder können beginnen, einen Großteil der Planung selbst zu erledigen. Sie können zu Ihrem Kind sagen: »Es fällt dir immer schwer, Sonntagabend vom Papa wegzugehen, Übergänge sind hart für dich. Womit könnten wir es dir leichter machen?« Oder: »Lärm setzt dir zu. Wenn du den ganzen Tag in der Schule warst, ist es schwer für dich, zu deiner gesprächigen Schwester ins Auto zu steigen. Würde es helfen, wenn du Kopfhörer hättest, um den Geräuschpegel zu kontrollieren?«

Passen Sie auf, nicht in den immer gleichen Trott zu verfallen. Ihre Vorhersagen werden sich ändern, wenn Ihr Kind heranwächst, sich weiterentwickelt und kompetenter darin wird, mit seinem Temperament umzugehen. Auch wenn ein lebhaftes zweijähriges Kind an einer Geburtstagsparty mit zwölf Kindern vielleicht nicht erfolgreich teilnehmen kann, ist es einem lebhaften Sechsjährigen durchaus möglich. Die Reaktionen und Fertigkeiten verändern sich und damit müssen sich auch unsere Vorhersagen verändern.

Nachdem Sie Ihren Tag überdacht haben, dehnen Sie die Planung auf die Woche und sogar auf den Monat aus. Wenn Sie vorhersagen können, dass es bei Ihrem langsam anpassungsfähigen Kind beispielsweise durch die Zeitumstellung Probleme mit der Zubettgehzeit und der Zeit am Morgen kommen wird, bereiten Sie sich darauf vor. Der Jahreszeitenwechsel bedeutet, dass statt Shorts wieder Jeans angezogen werden müssen. Bei einem empfindlichen Kind können Sie deswegen mit einem Problem rechnen. Oder Ihre Mutter plant das Thanksgiving-Essen für 14:30 Uhr – mitten in der Mittagsschlafzeit Ihres zweijährigen Kindes – und sie erwartet, dass es mit am Tisch sitzt. Ein langsam anpassungsfähiges Kind wird dabei nicht glücklich sein.

Bedenken Sie bei Ihren Vorhersagen auch Ihre eigenen Reaktionen. Ist die Zeitumstellung auch für Sie schwierig? Bekommen Sie durch die Reizüberflutung in einem Supermarkt Kopfschmerzen? Durch das Vorhersagen Ihrer Reaktion und der Ihres Kindes können Sie einen Plan erstellen, um auch das erfolgreich zu meistern.

## ORGANISIEREN SIE DAS SETTING

Bei einer Theaterproduktion gibt es einen Bühnenbildner – die Person, die anhand des Textbuchs die Kulisse entwirft, in der die Handlung stattfinden soll. Zusammen mit dem Beleuchtungsdirektor erstellt er vielleicht auch die Stichworte für einen Szenenwechsel und die unterschiedlichen Beleuchtungseinstellungen je nach Tageszeit.

Sobald die Bühne eingerichtet ist und die Stichworte festgelegt wurden, sorgt ein Bühnenmanager dafür, dass die Schauspieler alles haben, was sie für ihren Auftritt brauchen: die Kostüme im Schrank, den Stuhl, um darauf zu sitzen, oder Wasser zum Trinken. Und es ist dieser Bühnenmanager, der sicherstellt, dass die Stichworte für die Übergänge von einem Bühnenbild zum nächsten bei jeder Vorstellung reibungslos und immer gleichbleibend ablaufen.

Als Elternteil eines lebhaften Kindes müssen Sie denken wie ein Bühnenbildner und handeln wie ein Bühnenmanager. Da Sie wissen, dass Ihr Kind lebhaft ist, müssen Sie die Umgebung schaffen, die Ihrem Kind hilft, sich angemessen zu benehmen. Sie müssen entscheiden, welche Stichworte Ihr Kind als Hilfestellung für seinen Auftritt braucht. Und Sie müssen Ihrem Kind zuverlässig die Requisiten liefern, die es für seinen Erfolg braucht. Letztendlich wird es diese Aufgaben später selbst übernehmen.

Wir haben tatsächlich viele Wahlmöglichkeiten, um unsere Umgebung so zu verändern, dass sie den Erfolg unseres Kindes fördert. Je mehr wir den Schauplatz passend zum Temperament unseres Kindes organisieren können, desto zufriedener werden alle sein. Wie wahr das ist, hat Daniel festgestellt.

»Immer, wenn wir uns mit unserer Familie treffen, besteht diese darauf, essen zu gehen«, erzählte Daniel der Gruppe.

Bis zu meiner Familie sind es zwei Stunden Autofahrt. Mein Sohn Milo ist sehr aktiv. Das Letzte, was er brauchen kann, ist, anschließend eine weitere Stunde auf einem Stuhl zu sitzen. Ich weiß, dass es nicht funktionieren wird, aber mein Vater ist sehr hartnäckig. Ich will mich mit meinem Vater nicht streiten, also zwinge ich Milo mitzugehen und versuche, ihn zum Sitzen zu bringen. Er will natürlich nicht, und man hält mir vor, ich hätte ihn nicht unter Kontrolle. Ich kann einfach nicht gewinnen. Wenn ich mit ihm komme, ist er ein Quälgeist, und wenn ich mich weigere, ihn mitzunehmen, weil er nicht damit klarkommt, sagen sie, ich würde ihn verwöhnen.

Letztes Wochenende ist mir endlich klar geworden, dass beide, mein Vater und Milo lebhaft sind. Daher wollte ich versuchen, einen Erfolgsplan zu erstellen. Da ich wusste, dass es mit Milo im Restaurant nicht gut klappen würde, dass mein Vater aber, der nach einem unglaublich regelmäßigen Rhythmus lebt, würde essen gehen wollen, plante ich für mittags ein Picknick – genau für die Zeit, zu der mein Vater gerne isst. Ich rief vorher an und verabredete, dass wir uns im Park treffen würden – »wie in alten Zeiten«, sagte ich. Er willigte ein. Es wurde seit Jahren der beste Besuch. Mein Vater prahlte sogar mit Milo und erzählte anderen Leuten, sein Enkel sei erst vier Jahre alt und könne bereits mit einem Knie am Klettergerüst hängen!

Daniel hatte vorhergesehen, dass es der energiegeladene Milo nach zwei Stunden Autofahrt nicht schaffen würde, im Restaurant schon wieder still zu sitzen. Ihm war auch klar, dass sein sehr regelmäßiger Vater würde essen gehen wollen. Also plante Daniel ein Picknick. Er wählte einen Ort, von dem er wusste, dass er Milo gefallen würde, und lieferte das Essen, das sein Vater brauchte. Daniel organisierte den Schauplatz für den Erfolg.

Manchmal bringen wir unsere Kinder, ohne darüber nachzudenken, in Situationen, in denen es für sie unmöglich ist, Erfolg zu haben. So nehmen wir unser Kleinkind beispielsweise auf einen offiziellen Hochzeitsempfang mit oder planen ein Feinschmecker-Abendessen für zwölf Personen und erwarten, dass unser sechsjähriges Kind dabei still sitzt. Durch sorgfältiges Vorbereiten und Auswählen eines Schauplatzes können wir unserem lebhaften Kind hingegen helfen, besser klarzukommen (ebenfalls hilfreich kann es sein, das Temperament der Verwandten oder anderer beteiligter Erwachsener mit zu bedenken!).

Vergessen Sie bei der Auswahl auch nicht das Stimulationsniveau, den für Bewegung zur Verfügung stehenden Raum und/oder die Gegenstände, die Ihr Kind anfassen darf (gegenüber den zerbrechlichen Gegenständen). Haben Sie keine Scheu, Objekte zu entfernen, die verlockend sind, aber nicht angefasst werden dürfen. Vermeiden Sie Spielsachen, die aggressives Spielen fördern, wie Spielzeugpistolen oder Action-Videospiele. Ziehen Sie einen vertrauten Ort einem ungewohnten Ort vor, wenn Ihr Kind auch noch seinen Zeitplan verändern oder neue Leute kennenlernen muss. Schaffen Sie eine Umgebung, die dem Kind hilft, gut klarzukommen.

## Geeignete Aktivitäten planen

Ein Aufnahmeleiter weiß, dass Essen da sein muss, wenn er will, dass die Schauspieler essen. Wenn er will, dass sie einen Hut aufsetzen, muss ein Hut da sein. Damit die Schauspieler richtig agieren können, müssen die richtigen Requisiten vorhanden sein.

Als Elternteil eines temperamentvollen Kindes müssen Sie sicherstellen, dass für Ihr Kind die richtigen Requisiten vorhanden sind – die Gegenstände, die Ihr Kind zu dem von Ihnen erwünschten Verhalten ermuntern. Wenn Sie wissen, dass Ihr Kind still sitzen muss, sorgen Sie dafür, dass es Bücher zum Anschauen und Papier und Stifte zur Verfügung hat. Bevor Sie ihm ein elektronisches Gerät geben, beobachten Sie genau, ob elektronische Geräte eine hilfreiche Ablenkung sind oder langfristig zu einer übermäßigen Stimulierung bei Ihrem Kind führen.

Vergessen Sie nicht, dass intensive Kinder beruhigende Aktivitäten brauchen. Sensible Kinder haben gerne etwas zum Anfassen, Schmecken und Riechen. Energiegeladene Kinder bewegen sich gerne. Sie verhindern, dass Ihr Kind in Schwierigkeiten gerät, indem Sie ihm Aktivitäten und Gegenstände bieten, an denen Ihr Kind Freude hat. Wenn es nichts Geeignetes zu tun hat, wird es Dinge anfassen, die es nicht anfassen soll, oder auf Dingen herumspringen, auf denen nicht herumgesprungen werden darf.

»Ich habe immer unser Notfallset mit«, berichtete Christie. »Es enthält feuchte Reinigungstücher, Wasser, Kekse, einen Notizblock, Stifte, einen kleinen Ball und eine Decke. Ich erzählte Olivia, die erst drei Jahre alt ist, was ich da machte und ließ sie helfen. Kürzlich hat sie angefangen, ihren eigenen Rucksack zu packen. Sie nimmt ihn überallhin mit. Wenn ich aber nicht will, dass sie ihn mitnimmt, ist sie bereit, ihn im Auto zu lassen.«

Aktivitäten, Objekte und Requisiten erlauben es den Schauspielern zu tun, was von ihnen erwartet wird. Dasselbe gilt für Kinder.

## Einen Platz für Introvertierte schaffen

Um ihre Batterie wieder aufzuladen, brauchen Introvertierte ein ruhiges abgelegenes Plätzchen. Viele Schauplätze, sogar speziell für Kinder konzipierte Klassenzimmer, haben jedoch keinen Zufluchtsort, wo Introvertierte neue Energie tanken können. Wenn Sie den Schauplatz organisieren, achten Sie darauf, einen geschützten Platz für Ihr introvertiertes Kind vorzusehen. Es wird ihn brauchen, um sein Energieniveau hoch zu halten.

## KOOPERIEREN

Wir können den Erfolg nicht ganz alleine planen. Wir brauchen dafür auch die Kooperation unseres lebhaften Kindes. Zusammenarbeiten bedeutet nicht, Spiele zu spielen. Es bedeutet, das Temperament zu respektieren.

Im Theater ist es der Regisseur, der sich ausdenkt, was geschehen soll. Bei der Erfolgsplanung sind Sie der Regisseur und denken sich aus, wie Ihr Kind klarkommen kann. Wie ein Regisseur passen Sie die Erwartungen der Situation und Ihrem Kind an. Sie helfen Ihrem Kind zu verstehen, was von ihm erwartet wird, und stehen ihm zur Seite, um diese Erwartung nach seinen Fähigkeiten bestmöglich zu erfüllen. In den vorherigen Kapiteln haben Sie viele Methoden gelernt, die es Ihnen erlauben, mit Ihrem Kind zusammenzuarbeiten, damit es sich von seiner besten Seite zeigen kann. Nutzen Sie dieses neue Bewusstsein bei der Erfolgsplanung.

DAS ENERGIENIVEAU BERÜCKSICHTIGEN: Um zu gewährleisten, dass Ihr Kind seine höchste Leistungsfähigkeit erreichen kann, berücksichtigen Sie bei der Planung von Verabredungen, Kursen, Partys oder Ausflügen sein Energieniveau. Am höchsten ist das Energieniveau normalerweise morgens, am niedrigsten spätnachmittags oder abends. Durch eine sorgfältige Wahl der Tageszeit helfen Sie Ihrem Kind, dass seine Vorhaben gelingen.

»Ich habe Ellies Turnstunden normalerweise auf den Abend gelegt, weil ich meine Wochenenden gerne frei halten wollte«, sagte Zoe. »Es war aber jedes Mal ein Kampf, sie abends noch einmal aus dem Haus und zum Turnen zu bekommen, obwohl sie sehr gerne turnt. Einmal verpassten wir einen Anmeldetermin und mussten einen Kurs am Samstagvormittag nehmen. Was für ein Unterschied. Ihr Energieniveau ist vormittags sehr viel höher. Sie steht auf und ist bereit zu gehen. Sogar das Verlassen des Hauses ist mit weniger Ärger verbunden, und auch ich bin geduldiger. Wir werden sie nie mehr zu einem Abendkurs anmelden.«

Je mehr Aktivitäten und Verabredungen Sie in den Zeiten einplanen können, in denen das Energieniveau Ihres Kindes hoch ist, desto bessere Leistungen wird es bringen. Schauen Sie nach Kursen und Tageszeiten, die für Ihr Kind am besten passen. Schützen Sie konsequent seine Schlafenszeiten. So gehen Sie auch mit Ihrer eigenen Energie positiv und vorbeugend um, anstatt sie bei ständigen Kämpfen zu verbrauchen.

Natürlich kann nicht alles zu den Zeiten eingeplant werden, in denen Ihr Kind in Höchstform ist, aber wenn die meisten Ereignisse zeitlich passen, sind auch die anderen leichter zu bewältigen. Wenn sich ein Terminplan nicht verändern lässt, helfen Sie Ihrem Kind, vor Beginn einer Aktivität seine Energiereserven aufzufüllen.

TEILEN SIE IHRE VISION VOM ERFOLG: Was bedeutet Erfolg? Wenn Sie Ihrem Kind das nicht sagen, wird es das auch nicht wissen. Sorgen Sie dafür, dass Ihr Kind lernt, was Erfolg bedeutet, indem Sie mit ihm zusammenarbeiten.

a. **Wenn Ihr Kind intensiv ist.** Erinnern Sie Ihr Kind daran, auf seine Signale zu achten, und bringen Sie ihm bei, welche beruhigenden Aktivitäten ihm bei Bedarf zur Verfügung stehen.
b. **Wenn Ihr Kind beharrlich ist.** Finden Sie das Ja mit Ihrem Kind. »Ich sorge für Klarheit«, erzählte Cassidy der Gruppe. »Ich beziehe ihn ein und lasse ihn etwas tun. Wenn ich einfach nur Nein sage, ist es zu hart oder zu gefährlich, dann rebelliert er. Wenn ich ihm jedoch etwas zu tun gebe, beispielsweise die Holzscheite aufzuheben und in die Garage zu tragen, ist er unermüdlich.« Sie müssen sich darauf einstellen, dass solch ein Mithelfen Sie ausbremst und das Kind es nicht perfekt macht, aber es gibt Ihrem Kind mit Sicherheit ein gutes Gefühl.

Vergessen Sie nicht, Ihre Erwartungen gegenüber Ihrem beharrlichen Kind deutlich zu machen. »Abigail ist fünf. Wir setzen uns zusammen und besprechen die Erwartungen. Sie kann diese leichter erfüllen, wenn wir sie vorab noch einmal durchsprechen oder sie dabei helfen darf, diese zu formulieren.«

c. **Wenn Ihr Kind sensibel ist.** Sprechen Sie über Gefühle und erinnern Sie es an seine Signale, die auf eine übermäßige Stimulierung hinweisen.

d. **Wenn Ihr Kind eine hohe Wahrnehmungsfähigkeit hat**. Besprechen Sie, wie Sie seine Aufmerksamkeit gewinnen werden. Schreiben Sie Anweisungen oder Termine auf oder erstellen Sie gemeinsam einen Bilderplan.

e. **Wenn sich Ihr Kind nur langsam auf Neues einstellt.** Teilen Sie ihm den Tagesplan mit. Jake gewinnt die Kooperation seines Sohnes Maverick, indem er dafür sorgt, dass dieser die Details kennt. Jake erklärte: »Ich sage beispielsweise: ›Wir steigen jetzt ins Auto. Wir fahren nun die Cedarstraße entlang, hinter dem Rathaus und an der Tankstelle vorbei bis zum Chipotle. Dort werden wir etwas essen. Du kannst ein Taco oder ein Burrito bestellen. Überlege schon einmal, was du haben möchtest.‹« Dadurch, dass Maverick den Ablauf kennt, hat er Zeit, sich zu entscheiden, und kann den Übergang leichter bewältigen.

WISSEN, WANN ES ZEIT IST ZU GEHEN: Ein guter Regisseur weiß auch, dass die Wahl der geeigneten Länge für eine Theatervorstellung der Schlüssel zum Erfolg ist. Denken Sie bei der Planung Ihrer Familienaktivitäten immer an Ihre Kinder. Häufig werden die Aktivitäten dann kürzer, als es den Erwachsenen gefallen würde, aber insgesamt ist es für alle angenehmer, wenn die Kinder auch am Ende des Ausflugs noch lächeln. Für temperamentvolle Kinder, die zugleich sensibel, intensiv und manchmal auch energiegeladen sind, kann diese Zeitspanne kürzer sein als bei anderen Kindern ihres Alters. Deshalb müssen temperamentvolle Kinder härter daran arbeiten klarzukommen als Kinder, die weniger lebhaft sind.

## ERFREUEN SIE SICH AN DEN BELOHNUNGEN

Am Ende einer großartigen Vorstellung werden die Schauspieler mit Applaus und Jubel vom Publikum belohnt. Wenn Sie und Ihr Kind erfolgreich waren, verdienen auch Sie Anerkennung für eine gut erledigte Arbeit. Halten Sie diese Erfolgsmomente fest und feiern Sie sie.

WÜRDIGEN SIE, WAS IHR KIND ERREICHT HAT: Es geschieht sehr leicht, dass man sich bei einem temperamentvollen Kind auf das fokussiert, was es falsch gemacht hat, anstatt zu würdigen, was es richtig gemacht hat. Lassen Sie Ihr Kind wissen, wie stolz Sie auf sein gutes Verhalten sind. Äußern Sie dies mit einem Lächeln, einer Umarmung und mit Worten. Wenn man Ihnen nie beigebracht hat, Stärken zu würdigen, werden Sie dies vielleicht schwierig finden.

John hatte Sorge, einen Egomanen großzuziehen. »Ich habe Peyton nie gesagt, wie stolz ich auf ihn war, wenn er sich gut benommen hatte. Ich war der Meinung, dieses Benehmen sei eigentlich selbstverständlich. Ich machte mir Sorgen, durch Lob könnte er eingebildet werden oder dieses Lob ständig erwarten. Meine Frau wies mich darauf hin, wie gut ich mich fühle, wenn mein Chef mir sagt, dass ich bei einem Projekt tolle Arbeit geleistet habe. ›Meinst du nicht, Peyton würde auch gerne hören, wenn er etwas gut gemacht hat?‹, sagte sie. Ich konnte nicht widersprechen. Peyton scheint tatsächlich darauf zu reagieren. Vor ein paar Tagen sagte er zu mir: ›Papa, das hast du wirklich super gemacht, dass du diesem ekelhaften Angestellten gegenüber ruhig geblieben bist.‹ Wie war das möglich? Mein Kind klopfte mir anerkennend auf den Rücken!«

»Ich bedanke mich bei ihm«, sagte Erica, die Mutter des siebenjährigen Jasper. »Ich sorge dafür, dass er genau weiß, wofür ich ihm danke, beispielsweise sage ich: ›Danke, dass du im Restaurant so schön still sitzen geblieben bist. Das werden wir wieder einmal machen, weil du das so super geschafft hast.‹«

Sie müssen Ihre lobenden Worte nicht nur auf Ihr Kind beschränken. Wenn Ihr Kind hört, dass Sie anderen gegenüber erwähnen, wie gut es sein Zimmer aufgeräumt hat oder wie tüchtig es seine Schwimmstunden absolviert hat, kann dies ein großer Anreiz sein, dieses tolle Benehmen zu wiederholen.

WÜRDIGEN SIE IHRE EIGENEN LEISTUNGEN: Als Elternteil eines temperamentvollen Kindes dürfen Sie nicht vergessen, sich bei kleinen Erfolgen selbst anerkennend auf die Schulter zu klopfen und Ihre Momente der Größe zu würdigen. Wenn Sie eine schwierige Situation vorhergesagt und ihr vorgebeugt haben, erzählen Sie dies einer Freundin/einem Freund, schreiben Sie es in Ihr Tagebuch oder stellen Sie sich vor einen Spiegel und sagen Sie sich: »Ich bin gut!« Schätzen Sie Erfolgsmomente hoch ein. Lassen Sie diese nicht ohne die verdiente Würdigung in der Versenkung verschwinden. Vergessen Sie nicht, dass auch Regisseure und Bühnenausstatter Preise gewinnen.

## ERFOLGSPLANUNG IST IMMER MÖGLICH

Erfolgsplanung – das Lernen, die Reaktionen Ihres Kindes zu prophezeien, den Schauplatz für seinen Erfolg zu organisieren, zusammen zu wirken und sich an Belohnungen zu erfreuen – gibt Ihnen die nötige POWER, um den typischen schwierigen Zeiten zu trotzen.

Eines Tages haben meine Freundin Jenna und ich zusammen zu Mittag gegessen. Sie arbeitet mit dreijährigen Kindern und findet es faszinierend herauszufinden, wie diese Kinder denken. Ein kleiner Junge namens Jake war im Team für seine lautstarken Proteste und sein entschiedenes Nein bekannt. »Es war sehr schwierig, ihm zu einem Erfolg zu verhelfen«, sagte sie mir. An diesem Tag hatte sie den Kindern eine Methode gezeigt, im Handdruckverfahren ein Huhn zu gestalten. Dazu musste jedes Kind seine Hand in Farbe tauchen. Jakes Reaktion auf diese Aktivität war ein lautes »Nein«. Ob ein Kind beim Handdrucken mitmacht, ist nun wirklich keine Frage, die über seinen Erfolg oder Misserfolg in der Schule entscheidet. Jenna wusste das, sie wusste aber auch, dass Jake mit diesen heftigen Protesten in anderen Gruppen Probleme bekommen würde, und dass es zu den wesentlichen Fertigkeiten im Leben gehört, auch einmal etwas Neues auszuprobieren. Sie sah auch seine Enttäuschung voraus, wenn alle anderen Kinder ihren Eltern die Tischdeko mit dem Hennen-Druck würden geben können, nur er nicht.

Ich erzählte ihr von der Erfolgsplanung. Ihre Augen leuchteten auf. »Ich glaube, das könnte funktionieren.« Sie beschloss, ihren Plan gleich am nächsten Tag umzusetzen. »Anfangs war mir nicht klar, warum er so heftig reagiert«, erzählte sie mir später. »Aber dann merkte ich, dass er sich jedes Mal aufregt, wenn etwas Neues oder Überraschendes geschieht. Er ist auch unglaublich empfindlich, spürt jeden Fussel innen im Handschuh, besteht auf einem neuen Shirt, wenn die Ärmel nass geworden sind, und weigert sich, die Fingerfarben auszuprobieren. Ich schaute auf die Tabelle der Temperamente. Intensität traf sicher zu, war aber nicht der Auslöser. Dann sah ich Empfindlichkeit, langsame Anpassungsfähigkeit und ablehnende erste Reaktion. Aha – ich nahm an, dass er sehr empfindlich auf Berührung reagiert, und dass seine erste Reaktion entschieden ablehnend ist. Er dreht schon bei dem Gedanken daran durch, etwas anderes anzufangen. Damit konnte ich arbeiten!«

Jake war an diesem Tag gut drauf, daher beschloss Jenna, seine lernfähige Phase zu nutzen und mit ihm zu arbeiten. Wie ein Regisseur schuf sie eine Vision dessen, was kommen sollte. »Erinnerst du dich daran, dass ich dir einmal gesagt habe, dass es im Kindergarten und in der Schule Zeiten gibt, in denen wir keine Wahl haben, und andere, in denen wir wählen können?«, fragte sie ihn. Er nickte in Erinnerung an ihre frühere Unterhaltung. »Gut«, sagte sie, »das ist jetzt eine von den Zeiten, in denen wir keine Wahl haben. Es ist wichtig, einen Hennen-Druck anzufertigen, damit du ihn deiner Mama mitbringen kannst, und es ist wichtig, einmal etwas Neues auszuprobieren.«

»Ich will nicht!« Er protestierte lautstark, seine Intensität flammte auf. Jenna empfand seinen Protest nicht als Bedrohung, sondern einfach als Mitteilung, wie stark seine Gefühle in Bezug auf diese Aktivität waren. Sie sprach weiter mit leiser und ruhiger Stimme: »Ich weiß, dass es hart für dich ist«, flüsterte sie. »Wir können warten, bis du bereit bist.«

Er starrte sie zornig an. »Du kannst mich nicht zwingen!«

»Nein, ich werde dich nicht zwingen!«, antwortete sie. »Wir warten einfach, bis du dazu bereit bist.«

Ihr gingen viele Gedanken durch den Kopf. Was mochte er fühlen? Wie konnte sie den Schauplatz so gestalten, dass er sich sicher genug fühlte, um diese Aktivität auszuprobieren? »Du weißt schon, dass die Farbe von der Hand wieder abgeht, oder?«, fragte sie ihn, da sie vermutete, er habe vielleicht Angst, seine Hand würde für den Rest seines Lebens in Regenbogenfarben gefärbt bleiben.

Er wendete sich ab, wollte ihr nicht in die Augen schauen und flitzte dann davon.

»Du kannst wieder spielen, wenn wir fertig sind«, erinnerte sie ihn, nachdem sie ihn behutsam zurückgeholt hatte.

Dann äußerte sie eine Vermutung: »Machst du dir vielleicht Gedanken darüber, ob es kitzelt?« An ihrer eigenen Hand zeigte sie ihm, was sie tun würde, indem sie mit dem Pinsel leicht über ihre Handfläche strich. Er schaute schweigend zu. »Wir könnten einfach mal den Pinsel ohne Farbe über deine Hand streichen lassen, wenn du spüren möchtest, wie sich das anfühlt.« Er streckte seine Hand aus, und sie strich ganz leicht mit dem Pinsel darüber. »Für den Kopf könnten wir deinen Daumen braun anmalen. Welche Farbe hättest du denn gerne auf dem kleinen Finger?«

Er hörte ihr zu, versenkte seine Hände wieder tief in seine Hosentaschen, bevor er murmelte: »Rot.«

»Okay, wir nehmen Rot für den kleinen Finger, und was ist mit dem Zeigefinger? Welche Farbe hättest du gerne für diesen Finger?«, fragte sie und hob ihren Zeigefinger.

»Gelb«, verkündete er dieses Mal schneller.

»Okay.«

Er fauchte: »Ich nehme meine Hände nicht aus den Taschen, und du kannst mich nicht zwingen.«

»Ich weiß, dass du noch nicht bereit bist.«

Er seufzte, als füge er sich in das Unvermeidliche.

Jenna bemerkte dies und machte eine Pause, dann dachte sie, ein paar weitere Fragen würden ihm vielleicht helfen, seine starke negative Reaktion zu überwinden. »Was ist mit deinem Ringfinger? Für den haben wir noch nichts ausgewählt.«

Er runzelte nachdenklich die Augenbrauen. »Grün.«

»Okay, dann haben wir jetzt Rot, Gelb und Grün und was bekommt der Mittelfinger?«

»Blau«, verkündete er, und seine Schultern begannen sich sichtbar zu entspannen.

Jenna hielt einen Finger nach oben und berührte ihn leicht mit dem Pinsel. »Wenn du ausprobieren möchtest, wie sich das anfühlt, können wir einfach einmal einen kleinen Farbklecks auf deine Fingerspitze setzen.«

Er zog die Hand aus der Tasche. Vorsichtig setzte sie einen winzigen Farbpunkt auf seine Fingerspitze.

»Das kitzelt ja gar nicht«, rief er überrascht.

»Sollen wir es mit dem nächsten Finger probieren? Dieses Mal fahre ich mit dem Farbpinsel den ganzen Finger entlang. Und wenn du willst, dass ich aufhöre, sagst du einfach ›Halt!‹ und ich höre auf.« Wieder zeigte sie es ihm zuerst an ihrem eigenen Finger.

Er nickte ernst und seufzte tief, als sie fertig war. »Das ist gar nicht schlimm«, bemerkte er.

Langsam arbeiteten sie sich durch den gesamten Vorgang, bis er seinen eigenen Hennen-Druck vor sich liegen hatte, um ihn mit nach Hause zu nehmen. Ein entzücktes Lächeln ließ sein Gesicht strahlen. »Sie werden es toll finden!«, rief er, sprang von seinem Stuhl auf und hielt seinen Hennen-Druck hoch in die Luft. »Das war gar nicht schlimm. Das war wirklich gar nicht schlimm! Warte, bis sie es gesehen haben!«

Jenna lachte mit ihm. »Du hast es geschafft! Du hast den Truthahn die Henne mit deiner Hand gedruckt. Es war nicht einfach, weil du sehr sensibel bist und gerne erst über etwas nachdenkst, bevor du es ausprobierst, aber du hast es geschafft! Und das nächste Mal wird es sogar noch einfacher sein!«

Wenn Sie das Gelingen planen, können Sie die negative Reaktion Ihres Kindes nicht als Bedrohung Ihrer Autorität sehen, sondern einfach als nachdrückliche Mitteilung seiner Gefühle. Sind solche Gefühle vorhersehbar, kann man mit ihnen arbeiten.

Es ist nicht einfach herauszufinden, was ein Kind möglicherweise empfindet, aber wenn Sie über sein Temperament nachdenken und sich bemühen, eine Situation aus seinem Blickwinkel zu sehen, vermitteln Sie klar, dass Sie versuchen, das Kind zu verstehen. Das spürt das Kind, es fühlt sich sicher, und die Folge ist, dass seine Intensität nachlässt.

Auch Jenna arbeitete mit Jake zusammen, sie zwang ihn nicht, sondern leitete ihn durch behutsames Anstupsen durch diese Aktivität. Sobald er Widerstand leistete, wich sie nicht zurück, ließ ihn aber auch nicht gehen. Sie sagte einfach: »Wir warten.« Kein Drängen, kein Durchdrücken, nur ein behutsames Anstupsen und unmissverständliche Erwartungen: »Wir wollen das üben.« – »Durch Übung wird es besser.« – »Du kannst das.«

Wissenschaftler bezeichnen dies als »Scaffolding«: Man lässt das Kind wissen, was gemeinsam gemacht wird, es wird ihm gezeigt, was getan wird, und anschließend wird ihm geholfen, dies zu tun. Es ist ähnlich wie beim Klettern-Lernen. Das fängt man auch nicht allein an. Anfangs hilft einem jemand, weist einen darauf hin, wo die Hände und Füße Halt finden, um einem das Klettern zu erleichtern. Dieselbe Person kontrolliert auch das Sicherheitsseil – es ist die Sicherungsperson, die das Seil allmählich lockert, je weiter man nach oben klettert, und es dennoch wie eine stützende Hand auf dem Rücken gespannt hält, um einen im Fall eines Falles aufzufangen.

Ich war so stolz auf meine Freundin Jenna und Jake, dass ich die Geschichte in meinem Kurs in einem Zug erzählte. Durch das Planen des Erfolgs können Sie:

- tägliche Kämpfe vermeiden
- Trotzanfällen vorbeugen und
- Ihrem Kind helfen, mit Frustration, Wut und anderen intensiven Gefühlen umzugehen.

Das zustimmende Nicken mehrerer Eltern in der Gruppe ließ mich weitersprechen:

- Planen Sie Geburtstagspartys und Familientreffen, an denen alle Freude haben,
- reisen Sie bequem mit Ihrem lebhaften Kind und
- reduzieren Sie Streitereien zwischen den Geschwistern.

Als ich mit meiner Aufzählung fertig war, warf ich einen Blick in die Gesichter meiner Zuhörer. Einige saßen still auf ihren Stühlen und wendeten den Blick ab. Ich zügelte meine Begeisterung und fragte: »Was empfinden Sie gerade?«

»Überforderung«, gestand Sasha. »Ich bin beunruhigt. Es scheint, als müsse man tausend Sachen bedenken. Ich glaube nicht, dass ich das schaffe. So viel Zeit habe ich gar nicht.«

Die anderen hörten aufmerksam zu. Cory bemerkte: »Ich empfinde Ärger. Warum sollte ich Brandons Erfolg planen? Bei meinen anderen Kindern muss ich das ja auch nicht tun. Warum dann bei ihm?«

Katie versank in ihrem Stuhl. »Ich weiß nicht, ob ich genügend Selbstvertrauen habe, um das durchzuziehen«, seufzte sie.

Es ist nicht ungewöhnlich, so zu empfinden wie Katie, Sasha oder Cory. Erfolgsplanung ist anstrengend, vor allem anfangs. Es ist nicht einfach, den Erziehungsstil zu verändern, aber mit etwas Übung wird die Erfolgsplanung ein beinahe automatischer Vorgang. Sie müssen dann nicht einmal mehr darüber nachdenken. Sie machen es einfach, und schon bald wird Ihr Kind das selbst übernehmen.

Es stimmt, dass Ihre anderen Kinder es vielleicht nicht brauchen, dass Sie ihren Erfolg planen, aber auch sie werden davon profitieren. Sie werden den Frieden und die zusätzliche Zeit zu schätzen wissen, die in der Folge für sie zur Verfügung stehen, weil das Planen des Erfolgs viel Zeit sparen kann. Wenn Sie nicht in Auseinandersetzungen verwickelt werden und kein Frust in

Ihnen brodelt, haben Sie Energie und Zeit für andere Unternehmungen. Irgendetwas wird uns immer überraschen, aber durch die Planung des Erfolgs können wir auf die vielen kleinen Dinge zurückgreifen, die gut funktionieren. Unsere Planung wird jedes Jahr besser, die Überraschungen werden weniger und die Erfolge häufiger. Daraus resultiert ein Gefühl der Selbstsicherheit bei Eltern wie Kindern.

Es ist mir nicht möglich, alle schwierigen Zeiten eines Tages mit temperamentvollen Kindern zu besprechen. Die Planung des Erfolgs mit dem POWER-Ansatz ist jedoch Ihr Schlüssel, um die meisten Probleme anzugehen, denen Sie begegnen können. In den folgenden Kapiteln werde ich Ihnen zeigen, wie dieses Vorgehen bei einigen der häufigsten schwierigen Phasen eines Tages funktioniert.

## DEN ERFOLG PLANEN: DER POWER-ANSATZ – EINE ZUSAMMENFASSUNG

Als Elternteil eines temperamentvollen Kindes können Sie den Erfolg Ihres Kindes planen. Dabei können Sie Ihr Wissen über sein Temperament ebenso nutzen wie die Sätze, deren Verwendung Sie gelernt haben, und die Methoden, die funktionieren, um tägliche Auseinandersetzungen mit dem lebhaften Kind zu vermeiden.

***Vorhersagen:***
Wie könnte sich Ihr Kind in dieser Situation fühlen? Schreiben Sie die Merkmale seines Temperaments auf, die sich darauf auswirken könnten, wie Ihr Kind auf eine bestimmte Situation reagiert.

***Organisieren Sie das Setting:***
Kann Ihr Kind in dieser Umgebung oder an diesem Ort erfolgreich sein?

Welche Aktivitäten können Sie einplanen, oder welche Objekte können Sie mitnehmen, die für Ihr Kind zum Gelingen hilfreich sind?
Haben Sie einen Zufluchtsort für Introvertierte vorgesehen?

***Kooperieren:***
Wie werden Sie Ihrem Kind helfen, seine Intensität in den Griff zu bekommen?
Gibt es eine Möglichkeit, zu Ihrem Kind Ja zu sagen?
Wie werden Sie die Aufmerksamkeit Ihres Kindes gewinnen?
Sind das Tagesprogramm und die Erwartungen unmissverständlich?
Fördert die Länge der Aktivität die Erfolgsaussicht?

***Erfreuen Sie sich an den Belohnungen:***
Was hat Ihr Kind gut gemacht?
Was haben Sie gut gemacht?

# 16

# Zubettgehzeit und nächtliches Aufwachen

*»Inzwischen hüte ich den Schlaf wie ein Feuer spuckender Drache.«*
*Zoe, dreifache Mutter*

Kristin war an die Grenze ihrer Belastbarkeit gestoßen. Als sie einen Blick in den Badspiegel warf, sah sie, dass die energiegeladene Dreiunddreißigjährige, die sie noch vor zwei Jahren gewesen war, verschwunden war. Der Spiegel warf das Bild einer Fremden zurück, mit dunklen Ringen unter den Augen, kraftlos hängendem Haar, das dringend einen neuen Schnitt brauchte, und Wangen, die schlaff über den einstigen Grübchen hingen. Schlafmangel ist Folter, und ein temperamentvolles Kind kann bewirken, dass Eltern zu kämpfen haben, um genügend Schlaf zu bekommen.

Man könnte annehmen, dass der Schlaf ganz leicht zu einem lebhaften Kind kommt, das tagsüber so viel Energie verbraucht hat, aber leider ist das nur selten der Fall. Es gibt tatsächlich ein paar wenige lebhafte Kinder, die Naturtalente sind und ganz leicht einschlafen und dann bis zum nächsten Morgen durchschlafen. Sie sind jedoch in der Minderheit, und wenn Sie ein solches Kind haben, können Sie sich glücklich schätzen.

Denn die Mehrheit der temperamentvollen Kinder neigt dazu, uns auch nachts auf Trab zu halten, früh aufzuwachen und dafür zu sorgen, dass die gesamte Familie erschöpft ist. In ihrem Gehirn scheint der Schalter auf »Om« stecken geblieben zu sein, was zur Zubettgehzeit nur zu oft zu gewaltigen Kämpfen führt und mitten in der Nacht zu Zankereien. Das Einschlafen und Durchschlafen kann für temperamentvolle Kinder so schwierig sein, dass daraus oft die Meinung entsteht, sie bräuchten weniger Schlaf. Eltern erzählen mir: »Unser temperamentvolles Kind hat noch nie gut geschlafen. Es scheint einfach nicht so viel Schlaf zu brauchen wie andere Kinder.« Oder: »Ich versuche, ihn ins Bett zu bringen, aber er schläft nicht ein.«

Manchmal hält der Schlafmangel bei temperamentvollen Kindern schon so lange an, dass die Eltern fälschlicherweise meinen, die damit einhergehende Griesgrämigkeit gehöre einfach zur Persönlichkeit ihres Kindes. Sie merken nie, wie erschöpft das Kind in Wirklichkeit ist. Mit den Jahren habe ich festgestellt, dass dieses häufige In-der-Nacht-Aufwachen, der Streit ums Schlafengehen und das frühe Aufwachen am Morgen nicht auftreten, weil temperamentvolle Kinder weniger Schlaf brauchen oder nicht schlafen wollen. Dies kann vielmehr widerspiegeln, was tagsüber alles geschehen ist und wodurch sie zu sehr aufgedreht sind, um zu schlafen. Es ist nicht so, dass diese Kinder nicht schlafen wollen, sondern dass sie nicht schlafen können.

Dabei ist es gerade bei temperamentvollen Kindern sehr wichtig, dass sie den benötigten Schlaf bekommen. In unserem Kurs formulierte es Zoe eines Tages sehr gut: »Wenn sie müde ist, nimmt man sich besser in Acht!«

Es stimmt, dass man ein Kind nicht zum Schlafen zwingen kann, aber es ist möglich, die Situation zu verbessern – deutlich zu verbessern. Wir können die Dinge prüfen und verändern, die unwillentlich die Fähigkeit des Kindes stören, einschlafen und durchschlafen zu können. Berücksichtigen wir sein Temperament, können wir eine Routine einführen, die seine innere Uhr stellt und das Stichwort zum Einschlafen gibt. Durch Auswahl der »passenden« Methoden kann jeder den Schlaf bekommen, den er braucht und verdient.

Leider prahlen in unserer Kultur die Menschen immer noch damit, mit nur wenigen Stunden Schlaf auszukommen – eine große Kaffeefirma wirbt beispielsweise mit dem Slogan »Das Leben ist kurz. Bleiben Sie wach dafür« –, und unsere zeitlichen Anforderungen fördern alles, nur nicht den Schlaf. Es ist nicht einfach, dem Schlaf Priorität einzuräumen. Die Berücksichtigung der neuesten Forschungsergebnisse kann helfen, beharrlich zu bleiben und, wie Zoe einmal sagte, anzufangen, den Schlaf wie ein Feuer speiender Drache zu hüten.

## VORHERSAGEN

Wenn ich Ihnen erzählen würde, dass es etwas gibt, was bei Ihnen zu Hause für mehr Freude und Harmonie sorgen kann, was Ihr temperamentvolles Kind gesund halten, sein Risiko für die Entwicklung von Karies, Adipositas, Depression, Herzkrankheit und Typ-2-Diabetes reduzieren, sein mathematisch-logisches Denken ankurbeln, seine Noten im Lesen verbessern, die Impulskontrolle und schnellere Reaktionen fördern, Konzentration und Aufmerksamkeit verbessern und Konflikte und Unfälle reduzieren kann, wären Sie daran interessiert?

Dieses Etwas ist Schlaf.

Das Gebiet der Schlafforschung hat sich stark entwickelt. Die Daten sind eindeutig: Adäquater Schlaf ist für unser Wohlbefinden entscheidend wichtig. Den Schlaf Ihres Kindes zu schützen, ist genauso wichtig, wenn nicht noch wichtiger, als es in seinem Kindersitz anzuschnallen. Sie würden nicht auf der Autobahn fahren und Ihr Kind dabei zu seinem besonderen Vergnügen nicht anschnallen. Es ist an der Zeit zu akzeptieren, dass langes Aufbleiben oder das Auslassen des Mittagsschlafs genauso wenig ein Vergnügen ist.

Die Vorhersage, wie Sie Ihrer Familie helfen können, den benötigten Schlaf zu bekommen, beginnt mit dem Festsetzen eines Ziels. Dazu müssen Sie wissen, wie viel Schlaf jeder tatsächlich braucht. Unten finden Sie eine Aufstellung der durchschnittlich benötigten Schlafdauer laut einer Umfrage der National Sleep Foundation.

Durchschnittlicher gesamter Schlafbedarf in einem 24-Stunden-Zeitraum (und Angaben zur typischen Schlafdauer):

| | | |
|---|---|---|
| Säuglinge (Geburt bis 17 Monate) | 14–18 Stunden | Können drei oder mehr kurze Schläfchen pro Tag halten |
| Kleinkinder (18–36 Monate) | 13–14 Stunden | Können ein oder zwei kurze Schläfchen pro Tag halten |
| Vorschulkinder (3–5 Jahre) | 11–12 Stunden | In der Regel durchschnittlich 8 Stunden und 40 Minuten nachts und 9,5 Stunden mit einem zusätzlichen Schläfchen |
| Schulkinder (6–12 Jahre) | 10–11 Stunden | Viele Sechsjährige brauchen noch 12 Stunden Schlaf |

| | | |
|---|---|---|
| Jugendliche (beginnende Pubertät) | 9,25 Stunden | In der Regel durchschnittlich 6 Stunden und 50 Minuten |
| Erwachsene | 8,25 Stunden | In der Regel durchschnittlich 6 Stunden und 54 Minuten |

Als ich der Gruppe diese Aufstellung zeigte, verschluckte Cory sich beinahe vor Lachen. »Das ist ja lächerlich«, entgegnete er. »Ich bekomme doch niemals acht Stunden Schlaf. Das ist einfach unmöglich.« Ungläubig prustend machte er eine Pause, bevor er fragte: »Ist das ein schlechter Witz, oder ist da jemand völlig realitätsfremd?«

Das ist kein Scherz. Auch wenn Ihnen acht Stunden Schlaf momentan wie ein unrealistischer Traum erscheinen mögen, ist es doch entscheidend, ein Ziel vor Augen zu haben. Wenn Sie kein Ziel haben, kann Ihr Schlafmangel unwissentlich nach dem Schneeballprinzip weiter zunehmen. Schlafmangel kumuliert. Wenn Ihr Kind jede Nacht eine Stunde zu wenig Schlaf hat, ist dies am Ende der Woche beinahe so, als fehle ihm eine ganze Nacht an Schlaf. Selbst wenn es am Wochenende länger schläft, kann es nicht mehr nachholen, dass Gelerntes nicht in seinem Langzeitgedächtnis eingebettet wurde, oder sein Körper die Reparaturmechanismen nicht in Gang setzen konnte, wie dies bei ausreichendem Schlaf der Fall gewesen wäre. Es ist wichtig, auf ein Ziel hinzuarbeiten, auch wenn Sie und Ihr Kind momentan die empfohlene Menge an Schlaf nicht bekommen können.

Lassen Sie mich betonen, dass es sich bei diesen Zahlen um Mittelwerte handelt. Die Hälfte der Menschen wird mehr Schlaf brauchen, die andere Hälfte weniger. Wir sind biologisch so programmiert, dass wir im Spätherbst und Winter, wenn die Nächte lang sind, tendenziell länger schlafen möchten, und im Frühjahr und Sommer, wenn die Nächte kurz sind, weniger schlafen. Es ist, als würde unser Gehirn im Winter sagen: »Draußen ist es kalt. Wir sollten schlafen.«

Da die Angaben in der Tabelle nur Mittelwerte sind, müssen Sie selbst bestimmen, wie viel Schlaf Ihre Kinder brauchen. Beobachten Sie sie, dann werden Sie es sehen. *Wenn Sie Ihre Kinder morgens wecken müssen, bekommen sie nicht genug Schlaf.* Kinder sollten von alleine aufwachen. Es gibt aber auch Menschen mit der genetischen Veranlagung, Frühaufsteher zu sein. Diese Kinder wachen früh auf, egal, wann man sie ins Bett gebracht hat. Sie können also Schlafmangel haben, obwohl sie von allein aufwachen. In diesem Fall merken Sie es am Verhalten der Kinder.

Anzeichen dafür, dass Ihre Kinder genügend Schlaf bekommen, sind, wenn sie zufrieden, flexibel, und kreativ sind und Reize und Geschwister besser tolerieren – sogar in der *schwierigen Zeit* spätnachmittags. Das gilt auch für temperamentvolle Kinder. Diese sind immer noch geschäftig, aber ihre Energie wird nicht völlig wild. Auch wenn angemessener Schlaf Trotzanfälle nicht völlig eliminiert, nimmt ihre Häufigkeit deutlich ab, und wenn ein solcher Trotzanfall auftritt, erholt sich das Kind schneller davon. Ausgeschlafene Kinder sind auch geduldiger, kooperativer und fokussierter. Das vielleicht Beste ist, dass sie leichter einschlafen und durchschlafen. Wenn Sie den Schlaf Ihrer Kinder schützen, können Sie dem täglichen Kampf um die Zubettgehzeit und häufigem Erwachen mitten in der Nacht Adieu sagen. Es wird nicht perfekt sein, aber sehr viel besser.

Wenn es bei Ihnen zu Hause eine Priorität wird, den Schlaf der Familie zu schützen, wird sich das Benehmen Ihrer Kinder zum Besseren hin verändern und damit auch Ihre Haltung. Sie werden die Energie haben, auf Ihre Kinder eingestimmt zu bleiben, sodass Sie Signale früher bemerken, bevor jemand in die rote Zone kommt. Wenn das Gehirn nicht durch Müdigkeit vernebelt ist, wird es viel einfacher, Probleme kreativ zu lösen. Die Geduld nimmt mit jeder zusätzlichen Minute Schlaf zu. Setzen Sie sich ab heute das Ziel, den Schlaf Ihrer Familie zu schützen. Das können Sie erreichen, indem Sie eine Routine einführen, die dem Schlaf anstelle irgendeiner Aktivität in Ihrer knapp bemessenen Zeit Priorität einräumt.

## ORGANISIEREN SIE DAS SETTING

Wachsein und Schlafen sind entgegengesetzte Zustände. Die anfälligste Phase in der Schlafbereitschaft Ihres Kindes ist, wenn das Gehirn von einem in den anderen Zustand wechseln muss. Wie ein Bühnenbildner, der die Kulisse herstellt, in der die Handlung stattfinden kann, werden Sie eine Umgebung schaffen müssen, die dem Gehirn Ihres Kindes das Stichwort zum Schlafen gibt. Die Fähigkeit des Gehirns, in den Schlafzustand zu wechseln, ist nichts, was zur Schlafenszeit einfach geschieht. Die Signale für einen guten Nachtschlaf sind von morgens an vorhanden.

In unserem Gehirn haben wir eine innere Uhr, die uns sagt, wann wir schlafen und wann wir wach sein sollen. Sie funktioniert in einem 25-Stunden-Zyklus, was bedeutet, dass sich unsere Schlafenszeit immer weiter nach hinten verschiebt, wenn wir diese innere Uhr nicht stellen. Um Ihrem lebhaften Kind zu helfen, dass es gut schlafen kann, ist es wesentlich, seine innere Uhr zu »stellen«, damit Ihnen Mutter Natur hilft, es in einen tiefen und erholsamen Schlaf gleiten zu lassen.

Führen Sie zuerst eine regelmäßige Weckzeit ein. Sie ist Ihre Stütze. Auf dieser Grundlage entwickelt sich alles andere. Um die Weckzeit Ihres Kindes zu bestimmen, schauen Sie in Ihren Kalender. Was ist der früheste Zeitpunkt, zu dem Ihr Kind während der Woche wach sein muss? Wecken Sie Ihr Kind an sieben Tagen pro Woche zu dieser Uhrzeit.

Bevor Sie entrüstet aufhören zu lesen, lassen Sie mich das erklären. Eine regelmäßige Weckzeit sagt dem Gehirn klar und deutlich, dass der Morgen gekommen und es Zeit ist aufzuwachen! Muss Ihr Kind jedoch einen Tag um 6:00 Uhr geweckt werden, schläft am nächsten Tag jedoch bis 8:00 Uhr, ist es, als würde es einen Tag in Minneapolis und am nächsten in San Francisco aufwachen: Sein Gehirn leidet unter Jetlag und weiß nicht, wann es funktionieren und wann es schlafen soll.

Ich weiß, dass Sie sich nach den Tagen sehnen, an denen Sie morgens ausschlafen können, aber wenn Sie eine regelmäßige Weck- und Schlafenszeit einführen, werden zwei Dinge geschehen: Erstens werden Sie gar nicht ausschlafen müssen, weil Sie und Ihr Kind ausreichend Schlaf bekommen. Zweitens ist es nicht so, dass Sie nie länger schlafen dürfen; das dürfen Sie, beschränken Sie es einfach auf ein 30- oder 60-minütiges Zeitfenster. (Wie viel Spielraum Sie zulassen können, hängt von Ihrem Kind ab. Bei manchen darf dieses Zeitfenster nur 15 Minuten betragen. Auch wenn dies bei Ihrem Kind derzeit der Fall ist, gilt das nicht für alle Ewigkeit.)

Führen Sie nun regelmäßige Essenszeiten ein. Mahlzeiten helfen, die innere Uhr zu stellen. Wenn Ihr Kind eine Schule oder eine Kita besucht, passen Sie Ihre Mahlzeiten den dortigen Essenszeiten an, um Ihrem Kind einen beständigen Zeitplan zu geben.

Ich folge den Empfehlungen der Ernährungsberaterin Ellyn Satter. Sie empfiehlt pro Tag sechs kleine Mahlzeiten, die alle jeweils etwas Eiweiß, Kohlenhydrate, Obst/Gemüse und Fett enthalten. Zwischen den Mahlzeiten liegen jeweils etwa zweieinhalb bis drei Stunden. Wenn Ihr Kind also um 7:00 Uhr frühstückt, bekommt es den Vormittagsimbiss um 9:30 Uhr und das Mittagessen um 12:00 Uhr.

Planen Sie Zeit für Bewegung ein. Am besten ist es, wenn Ihr Kind nach dem Aufstehen nach draußen gehen kann, um die Strahlen der Morgensonne aufzunehmen. Nehmen Sie aber auch spätnachmittags Zeit für aktives Spielen in den Zeitplan mit auf. Vermeiden Sie körperliche Betätigung am Abend, speziell bei Kunstlicht, da

dies die Melatoninproduktion beeinträchtigen kann. Melatonin ist das Hormon, das uns sagt, dass es Zeit zum Schlafen ist.
Das ist aber noch nicht alles. Wenn Ihr Kind fünf Jahre oder jünger ist, legen Sie auch die Zeit für ein Nickerchen fest. Lebhafte Kinder können bereits 45 Minuten nach dem Aufwachen wieder für ihr erstes Nickerchen bereit sein. Kleinkinder bis zu etwa neunzehn Monaten brauchen häufig zwei Schläfchen am Tag, wobei der erste etwa zweieinhalb bis drei Stunden nach dem Aufwachen beginnt. Bei Kindern, die nur ein Schläfchen machen, beginnt dieses häufig etwa vier Stunden nach dem morgendlichen Erwachen. Bei Vorschulkindern beginnt das Schläfchen typischerweise etwa fünf Stunden nach dem morgendlichen Erwachen. Nach dem Mittagessen kommt es natürlicherweise zu einer Abnahme der Energie, sodass dies für alle, uns eingeschlossen, eine gute Zeit für einen Mittagsschlaf ist. Am besten scheint es zu funktionieren, wenn die Schläfchen zwischen 15:00 und 16:00 Uhr beendet sind (außer bei Säuglingen, die gegen 17:00 Uhr noch ein kurzes, halbstündiges Schläfchen brauchen).

Vergessen Sie bei den Nickerchen auch sich selbst nicht. Es ist belegt, dass ein höchstens zwanzig bis dreißig Minuten langes Schläfchen nicht nur Ihre Konzentration und Aufmerksamkeit für den Rest des Tages verbessert, sondern auch vor Herzkrankheiten schützt.

Wählen Sie nun die Zeit für den Nachtschlaf. Wenn beispielsweise Ihr Vorschulkind jeden Morgen um 7:00 Uhr aufsteht und tagsüber ein 90-minütiges Schläfchen hält, sollte es gegen 20:30 Uhr schlafen, um innerhalb von 24 Stunden auf insgesamt zwölf Stunden Schlaf zu kommen. Wenn Ihr Kind im Schulalter ist und um 7:00 Uhr aufsteht, sollte es zwischen 20 und 21 Uhr schlafen. Das ist nicht die Zubettgehzeit, sondern die Schlafenszeit – die Uhrzeit also, zu der es tatsächlich tief schlafen soll.

Zum Schluss bestimmen Sie, wann das Zubettgehritual beginnt. Dies wird rund 30 bis 45 Minuten vor der Uhrzeit sein, an der Ihr Kind dann tatsächlich schlafen soll.

Nachfolgend eine Tabelle mit möglichen Zeitplänen, je nach dem Alter Ihres Kindes und seiner Aufwachzeit.

**Zeitplan-Beispiele:**

| Alter | Kleinstkinder (12–18 Monate) | Kleinkind (19–36 Monate) | Vorschulkind (3–5 Jahre) | Schulalter (6–12 Jahre) | Jugendliche (13–19 Jahre) | Erwachsene |
|---|---|---|---|---|---|---|
| Durchschnittl. Schlafbedarf (Stunden) | 14–15 | 13–14 | 11–12 | 10–11 | 9,25 | 8,25 |
| Weckzeit | 6:30 | 6:30 | 6:30 | 6:30 | 6:30*** | 6:00 |
| Frühstück | 7:00 | 7:00 | 7:00 | 7:00 | 7:00 | 7:00 |
| Aktivitäten | 7:30–9:00 | 7:30–10:30 | 7:30–11:30 | 7:30–12:00 | 7:30–12:00 | 7:30–12:00 |
| Vormittagsimbiss | 9:00 | 9:00 | 9:00 | 9:00 | 9:00 | 9:00 |
| Schläfchen | 9:30–11:00 | | | | | |
| Mittagessen | 11:30 | 11:00 | 12:00 | 12:00 | 12:00 | 12:00 |
| Schläfchen | 12:00–15:30 | 11:30–14:30 | 12:30–14:00 | Kraftnickerchen* | Kraftnickerchen** | Kraftnickerchen** |
| Nachmittagsimbiss | 15:30 | 15:00 | 15:00 | 15:00 | 15:00 | 15:00 |
| Aktivitäten | 15:30–17:00 | 14:30–17:00 | 14:00–17:00 | 12:30–17:00 | 12:30–17:00 | 12:30–17:00 |
| Abendessen | 17:30 | 17:30 | 17:30 | 17:30 | 18:00 | 18:00 |

| | | | | | | |
|---|---|---|---|---|---|---|
| Aktivitäten | 18:00–19:15 | 18:00–19:15 | 18:00–19:45 | 18:00–20:00 | 18:30–20:30 | 18:30–21:00 |
| Beginn des Zubettgehrituals (mit Imbiss) | 19:00 | 19:15 | 18:00 ohne Schläfchen; 19:15–19:30 mit Schläfchen | 20:00 | 20:45 | 21:15 |
| Schlafenszeit | 19:30 | 20:00 | 18:30 ohne Schläfchen; 20:00 mit Schläfchen | 20:30 | 21:15 | 21:45 |
| Gesamte Schlafdauer (Stunden) | 14 | 13,5 | 12 | 10** | 9,25 | 8,25 |

*Ein Kraftnickerchen dauert 20 bis 30 Minuten.
**Jüngere Schulkinder brauchen eher elf Stunden Schlaf – dann die Schlafenszeit auf 20:00 anpassen.
***In der Pubertät verschiebt sich der Melatoninzyklus, der uns sagt, wann wir schlafen gehen sollen, etwas weiter in den Abend hinein. Gut wäre theoretisch natürlich eine Schule, in der der Unterricht um 8:30 Uhr oder später beginnt, damit Ihr Kind im Jugendalter nicht mit dem Einschlafen kämpfen muss, bevor Körper und Gehirn physiologisch dafür bereit sind. Schalten Sie vor der Zubettgehzeit alle elektronischen Geräte aus, um der Melatoninproduktion das passende Stichwort zu geben.

Diese Tabelle ist nur ein Beispiel. Sie werden einen Zeitplan erstellen müssen, der für Ihre Familie funktioniert und ihn nach Bedarf anpassen. Wenn Sie die Bettgehzeit Ihres Kindes nach vorne verlegt haben, Ihr Kind morgens aber immer noch wecken müssen, verlegen Sie die Bettgehzeit für fünf oder sechs Tage eine Viertelstunde nach vorne. Wiederholen Sie dies nach Bedarf, bis Ihr Kind von selbst wach wird. Wenn Ihr Kind 45 Minuten oder länger braucht, bis es einschläft, verlegen Sie seine Zubettgehzeit auf später. Die Zeit bis zum Einschlafen beträgt durchschnittlich 27 bis 35 Minuten, wenn wir das *Schlaffenster* treffen. Führen Sie mehrere Wochen lang ein Schlafprotokoll, um zu sehen, was für Ihr Kind und Ihre Familie am besten funktioniert.

Audrey fand das äußerst hilfreich. Nach einer Privatkonsultation schrieb sie: »Sie baten mich, die Zeiten aufzuschreiben (Wachzeit, Nachmittagsschläfchen, Spiel/Sport, Essen, Zubettgehzeit etc.) und diese Informationen dann zu verwenden, um einen passenden Zeitplan für unsere Familie zu erstellen. Dieser Zeitplan ist unbezahlbar. Es dauerte beinahe drei Monate, um langsam alles anzupassen, aber es hat funktioniert! Es war für mich wirklich eine große Hilfe, mich auf diesen Zeitplan beziehen zu können, wenn wir Auseinandersetzungen hatten. Ich habe den Plan gewissenhaft befolgt, habe ihn über mehrere Monate hinweg leicht abgeändert, um ihn unseren Bedürfnissen anzupassen. Ich habe gelernt, dass ich den Zeitplan meines Kindes nicht einfach aus einer Laune heraus verändern kann.«

Tiefer Schlaf verlangt einen konsequenten Zeitplan, der die innere Uhr stellt.

Anhand eines solchen Zeitplans sehen Sie auch, wann die besten Zeiten sind, um Termine beim Arzt oder Zahnarzt zu vereinbaren oder um Aktivitäten zu planen, sodass sie weder die Schläfchen noch die Zubettgehzeit stören. Wenn eine Freundin fragt, ob Sie sich um 14 Uhr im Park treffen wollen, ist es einfach, anhand des Plans zu sagen: »Lieber um 15:30 Uhr – nach dem Mittagsschlaf.«

Durch meine mehrjährige Arbeit mit Familien habe ich festgestellt, dass die meisten wirksamen Zeitpläne es den Eltern ermöglichen, vor den Kindern aufzustehen, sodass sie ein paar Minuten für sich haben, bevor sie sich um die Bedürfnisse der Kinder kümmern müssen. Essenszeiten, die für alle passen und gelten, ersparen Ihnen das Gefühl, ein Schnellkoch zu sein. Manche Familien ziehen eine gemeinsame Brotzeit am Abend als Familienmahlzeit vor, wenn ein Elternteil später von der Arbeit nach Hause kommt. Nach dem Zubettgehritual ziehen es manche Familien vor, die Zubettgehzeiten zu staffeln, um jedes Kind gesondert ins Bett zu bringen. Andere finden es am praktikabelsten, die Kleinen gemeinsam noch etwas essen zu lassen und dann gleichzeitig ins Bett zu bringen. Wenn Sie einen lebhaften Jugendlichen haben und für ihn eine Schule wählen können, entscheiden Sie sich für die Schule, in der der Unterrichtsbeginn um 8:30 Uhr oder später ist. Die Pubertät verschiebt den Melatoninzyklus auf später, was es einem Jugendlichen sehr schwer macht, vor 22 Uhr zu schlafen.

Es braucht Zeit, die innere Uhr zu stellen. Rechnen Sie mit mindestens drei bis sechs Wochen, bevor Sie einen signifikanten Fortschritt sehen. Irgendwann nach etwa sieben bis zehn Tagen wird plötzlich alles schlimmer denn je. Ich weiß nicht, warum das so ist, aber es lässt sich sehr gut vorhersagen. Vielleicht muss das alte System erst zusammenbrechen, bevor das neue seinen Platz einnehmen kann. Verwerfen Sie die Routine während dieses Aufruhrs NICHT. Sie machen nichts falsch. Machen Sie so weiter.

Durch eine vorhersehbare Routine, die Sie bequem sieben Tage die Woche umsetzen können, holen Sie sich Mutter Natur auf Ihre Seite. Das Gehirn Ihres Kindes ist nun auf Schlaf *programmiert.* Das Ergebnis ist ein Kind, das kampflos vom *Betriebsmodus* auf *Schlafen* »umschaltet« – zumindest meistens. Da nun normalerweise alles glatt läuft, ist es ganz offenkundig, dass es wirklich einen Grund gibt, wenn es wegen des Schlafens wieder zu einer Auseinandersetzung kommt: Ihr Kind wird krank, ist gestresst, erlebt einen Wachstumsschub oder sein Schlaf wird durch irgendetwas anderes gestört.

## KOOPERIEREN

Zu den frustrierendsten Problemen, mit denen Eltern temperamentvoller Kinder konfrontiert werden, gehört die Tatsache, dass etwas, was bei anderen Kindern funktioniert, bei ihren Kindern häufig wirkungslos ist. Das, wovon alle behaupten, es sei die richtige Art zu reagieren, kann bei ihren Kindern genau die falsche sein. Das gilt besonders beim Schlaf. Um lebhaften Kindern zu helfen, den Power-Schalter auf Schlaf umzuschalten, müssen Strategien gefunden werden, die zu ihrem Temperament passen. Manchmal sind diese Strategien NICHT das, was die meisten Leute empfehlen.

## 1. Wenn Ihr Kind intensiv ist

»Woher wissen Sie, dass Ihr Kind zum Schlafen bereit ist?«, fragte ich die Gruppe. Ratlos hob Amy die Augenbrauen und bot eher eine Frage als eine Antwort an: »Wenn wir mit dem Abendessen und den Hausaufgaben fertig sind?«

Cody legte den Kopf schief, unsicher, ob er es eingestehen sollte: »Wenn der Film zu Ende ist?«

Die Zubettgehzeit dem Zufall zu überlassen, funktioniert bei lebhaften Kindern nicht. Wir müssen uns auf ihre Signale einstellen, die uns sagen, dass ihr Körper und ihr Gehirn schlafbereit sind.

SIGNALE AUFGREIFEN: Entscheidend ist, das Schlaffenster Ihres Kinder herauszufinden. In dieser Phase ist der Melatoninspiegel gestiegen und sagt dem Gehirn, dass es Zeit zum Schlafen ist. Wenn Sie dieses Schlaffenster verpassen, kommt der Motor Ihres Kindes wieder auf Touren. Ein Adrenalinstoß fährt durch seinen Körper und macht es ihm in den nächsten 45 bis 90 Minuten unmöglich einzuschlafen, bis sich dieses Adrenalin wieder verflüchtigt hat. Um zu verhindern, dass Ihr intensives Kind einen neuen Energieschwung bekommt, beobachten, hören und achten Sie auf Ihr Gefühl, dann werden Sie das magische Schlaffenster bemerken, die Zeit also, in der es sogar für ein intensives Kind leicht ist, in den Schlaf zu gleiten. Häufig ist das viel einfacher, als Sie vielleicht erwarten.

Es gibt drei Stufen von Schlafsignalen:

| Erste Stufe | Zweite Stufe | Dritte Stufe |
|---|---|---|
| Ist rot unter den Augen | Gähnt | Ausbruch von Energie/ wird albern, wild |
| Hat einen starren Blick | Reibt sich die Augen | Brüllt |
| Verlangsamung beim Spielen/bei der Bewegung | Stolpert/Verlust an Koordination | Ist widerborstig |
| Glasiger Blick | Legt den Kopf hin | Kann sich nicht beruhigen |
| Veränderte Hautfarbe/ Blässe | Sucht Kontakt/ist anhänglich | Fällt in sich selbst zusammen |
| Schaut weg | Hat leichte Schwierigkeiten zuzuhören | Hört nicht zu |
| Leichtes Hängen der Bäckchen | Hat einen veränderten Tonfall | Ist weinerlich, reizbar |
| Leichtes Hängen der Augenlider | Hat einige Probleme, folgsam zu sein, beginnt die Konzentration zu verlieren | Biegt sich durch, schlägt andere |
| Müde Augen | Holt sich ein Übergangsobjekt | Folgt nicht |

Bei Signalen der ersten Stufe wäre der passende Moment, ein Baby schlafen zu legen. In der zweiten und dritten Stufe läuft sein Motor auf Hochtouren.

Signale der ersten Stufe signalisieren bei Kleinkindern und älteren Kindern: »Ich werde müde.« Schauen Sie auf die Uhr, wenn Sie solche Signale bemerken. Sie sagen Ihnen, dass es entweder Zeit ist, mit dem Zubettgehritual zu beginnen, oder dass es bald so weit sein wird – das hängt von Ihrem Kind ab.

Bei Signalen der zweiten Stufe ist es Zeit, schlafen zu gehen. Warten Sie nicht auf das zweite Gähnen, Augenreiben oder Stolpern. Beginnen Sie sofort, Ihr Kind bettfertig zu machen. Merken Sie sich die Uhrzeit, um festzustellen, um welche Zeit Sie diese Signale typischerweise bemerken. Stellen Sie an Ihrem Handy den Wecker auf diese Zeit, um jeden Abend zur selben Zeit darauf eingestellt und bereit zu sein, Ihrem Kind zu helfen, sich auf das Schlafen vorzubereiten.

Signale der dritten Stufe weisen auf ein übermüdetes Kind hin. Sie haben das Schlaffenster verpasst. Es wird nun weitere 45 bis 90 Minuten dauern, bis Sie Ihr Kind zur Ruhe bringen, während dieser zweite Adrenalinsturm durch seinen Organismus fegt. Rechnen Sie damit, dass Ihr Kind extra Hilfe brauchen wird, um sich zu beruhigen. Merken Sie sich die Uhrzeit. Stellen Sie den Wecker auf Ihrem Handy neu ein, um sicherzugehen, künftig früher auf entsprechende Signale zu achten. Verändern Sie die Zubettgehzeit entsprechend, bis Sie den Punkt gefunden haben, an dem Ihr Kind leicht in den Schlaf findet.

Es ist oft schwierig, die subtilen Signale eines Kindes zu erkennen und verlangt ein oft schwer zu erreichendes Fokussieren. Kelsey lachte, als sie mir die folgende Geschichte erzählte. »Wir lagen alle auf meinem Bett. Die Kinder spielten, ich war an meinem Laptop beschäftigt und achtete nicht wirklich auf sie. Gerade als ich eine lange E-Mail beendete, ging Marcus an meinen Computer und schaltete ihn aus. ›Ach Marcus‹, sagte ich, ›Mami hat gerade an etwas gearbeitet und nun ist alles weg!‹

›Jetzt ist es weg‹, wiederholte er, während er wegging.«

Greifen Sie den richtigen Moment auf – es lohnt die Mühe.

RECHNEN SIE DAMIT, IHR KIND BERUHIGEN ZU MÜSSEN: Wahrscheinlich haben Sie bemerkt, dass Ihr neugeborenes temperamentvolles Kind geschlafen hat, solange Sie es auf dem Arm hatten. Haben Sie es dann hingelegt, ist es aufgewacht. Jahre später sind Sie vielleicht immer noch damit beschäftigt, Ihr lebhaftes Kind zu schaukeln, ihm den Rücken zu kraulen, mit ihm zu kuscheln oder bei ihm zu sitzen, und Sie überlegen, ob Sie etwas falsch machen. Daher war ich nicht überrascht, als Shelly vor der Gruppe zugab: »Es ist mir peinlich, das zuzugeben. Mein 21 Monate alter Sohn hatte große Probleme einzuschlafen. Kürzlich sind wir umgezogen, und danach fing er an, aus seinem Gitterbettchen zu klettern. Also kauften wir ihm ein Bett für einen ›großen Jungen‹, aber er fällt immer wieder heraus und regt sich auf und weint, wenn ich ihn wieder hineinlege. Er kann sich wirklich total aufregen. Früher habe ich ihn immer ein paar Minuten gewiegt, bevor er einschlief. Meine Freundinnen haben gesagt, ich solle das nicht machen, aber es entspannt ihn, und er scheint es zu brauchen. Also mache ich es. Ich vermute, sie denken, dass ich einfach ›nachgebe‹. Aber ich musste nie mehr tun, als ihn etwa fünf Minuten zu wiegen, bis er schläfrig wurde. Dann legte ich ihn in sein Gitterbettchen, tätschelte ihn noch kurz und er schlief ein. Die meisten Nächte schlief er zehn Stunden durch. Seit er das neue Zimmer und das neue Bett hat, funktioniert nicht einmal mehr das Wiegen. Wenn ich ihn ins Bett lege und aus dem Zimmer gehe, ist er außer sich. Die einzige Möglichkeit, ihn zum Schlafen zu bekommen, ist, dass ich mich zu ihm lege. Alle sagen mir, ich solle ihn brüllen lassen, sonst würde ich damit eine schlechte Gewohnheit einführen. Eigentlich ist mir das ehrlich gesagt egal, aber dennoch mache ich mir Sorgen. Ich will das ja nicht ewig so weitermachen.«

Shelly hatte das Unbehagen Ihres Sohnes bemerkt und intuitiv gespürt, dass er ihre Nähe brauchte, um sich so weit zu beruhigen, dass er schlafen konnte. Sie fühlte sich mit dieser Entscheidung wohl, bis andere ihr sagten, sie sollte anders reagieren.

Aber um schnell in den Schlaf zu finden, muss der Körper Ihres Kindes zur Ruhe kommen. Und Berührung beruhigt.

Wissenschaftler haben festgestellt, dass intensive lebhafte Kinder mehr »warnende« Transmitter im Körper haben, während die Transmitter, die ihnen sagen, es sei in Ordnung, jetzt zu schlafen, in der Unterzahl sind. Daher brauchen diese Kinder mehr Hilfe von außen, um sich ruhig zu fühlen.

Leider empfehlen viele Bücher zu Schlafproblemen, Sie sollten Ihr Kind einfach weinen lassen. Jedoch erkennen sogar diese Autoren allmählich, dass dieser Rat falsch ist. Angeblich hört das Kind nach ein paar Minuten mit dem Weinen auf. Lebhafte Kinder hören nicht auf. Intensive temperamentvolle Kinder, die sich selbst überlassen bleiben, werden durch physiologische Reize überschwemmt. Sie sind nicht in der Lage, ohne Hilfe mit dem Weinen aufzuhören.

Lebhafte Kinder können so stark reagieren, dass sie sich übergeben. Einige Fachleute warnen, durch mitfühlendes Reagieren würde man sich von seinem Kind kontrollieren lassen. »Wenn Ihr Kind sich übergeben muss«, raten sie, »wischen Sie das Erbrochene auf und bringen Sie das Kind wieder ins Bett.« Ein Kind erbricht aber nicht, um seine Eltern zu kontrollieren, sondern weil es in höchstem Maße gestresst ist. Es erbricht auch selten ein ordentliches kleines Häufchen. Es gibt nichts Schlimmeres, als in ein Zimmer zu gehen, in dem Erbrochenes an den Wänden, auf dem Teppich, den Kuscheltieren und jedem einzelnen Gitterstäbchen des Bettes klebt. Wenn sich Ihr Kind leicht übergibt, gehen Sie zu ihm, helfen Sie ihm, tief durchzuatmen und sich zu beruhigen, damit es das Essen nicht wieder ausspuckt. Ihre Unterstützung in dieser Phase wird Ihnen beiden eine Menge Frustration und

Unannehmlichkeiten ersparen, noch dazu, wenn Sie selbst viel zu müde sind, um damit umzugehen.

Anders als Kinder, die nicht intensiv sind, braucht das lebhafte Kind sehr viel mehr Hilfe, um sich zu beruhigen. Ihre Anwesenheit und Ihr Geruch beruhigen das intensive Kind. Wenn es Ihrem Kind hilft, sich zu entspannen und in einen tiefen Schlaf zu fallen, wenn Sie es wiegen oder ihm den Rücken kraulen oder massieren, empfehle ich sehr gerne, dass Sie dies als Teil des Zubettgehrituals ohne Weiteres tun sollten. Weiter unten in diesem Kapitel sprechen wir darüber, wie Sie den körperlichen Kontakt allmählich reduzieren können, wenn Sie dies wünschen.

Als wir eines Abends in der Gruppe darüber diskutierten, zur Schlafenszeit bei unseren Kindern zu bleiben, stöhnte Katie: »Ich will nicht bei ihr sitzen. Ich habe anderes zu tun und brauche eine Pause!« Wir alle können Katie das nachfühlen. Am Ende eines langen Tages sind auch wir müde. Ich habe eine Freundin, deren Kinder im Teenageralter waren, als meine noch klein waren. »Es gehört zum Elternsein dazu, immer zu warten«, sagte sie zu mir. »Wenn sie klein sind, wartet man darauf, dass sie einschlafen. Wenn sie älter sind, wartet man darauf, dass ihre Tanzstunde zu Ende ist oder dass sie von einer Verabredung heimkommen, aber es ist ein ewiges Warten.«

Intensive temperamentvolle Kinder brauchen unsere Hilfe, um zur Ruhe zu kommen. Versuchen Sie, diese Zeit als ein Vergnügen für sich aufzufassen, nicht als eine weitere Anforderung, die Sie zu erfüllen haben. Es ist eine Zeit, in der Sie nicht mehr mit Ihrem Kind sprechen müssen, sitzen Sie einfach da und hängen Sie Ihren Tagträumen nach oder lesen Sie. Machen Sie diese Momente zu einem schönen Teil Ihres Tages, nicht zu etwas Ärgerlichem – Sie wissen, dass Sie ohnehin mit Ihrem Kind beschäftigt wären, wenn es zu aufgedreht ist, um schlafen zu können. Würden Sie versuchen, etwas anderes zu machen, würden Sie Ihr Kind nur zurück ins Bett jagen und es anschreien, sodass bei allen die Intensität von Emotionen zunehmen würde. Anstatt selbst frustriert zu werden, planen Sie es einfach in Ihren Tag mit ein. Schneller als Sie überhaupt denken werden, wird Ihr Kind gar nicht mehr sehr daran interessiert sein, mit Ihnen zu kuscheln.

Es macht Ihnen vielleicht nichts aus, bei Ihrem Kind zu bleiben, während es zur Ruhe kommt und lernt, im Bett zu bleiben, aber Sie überlegen möglicherweise, was Sie mit Ihren anderen Kindern machen sollen. Da ist Kreativität gefragt. Nicht jedes Kind braucht so viel Hilfe beim Abschalten. Manche Kinder gehen ins Bett und man hört nichts mehr von ihnen. Sie brauchen Ihre Zeit und Aufmerksamkeit zu einer anderen Tageszeit. Schenken Sie ihnen Ihre Aufmerksamkeit dann, wenn sie sie brauchen, beispielsweise nach dem Mittagsschlaf oder nach der Schule. Sie müssen keine Schuldgefühle haben, wenn Sie zur Schlafenszeit nur bei einem Kind sitzen. Sie erfüllen die Bedürfnisse von allen Ihren Kindern, nur auf unterschiedliche Weise.

Wenn nicht nur eines Ihrer Kinder Hilfe beim Abschalten braucht, können Sie auf dem Boden zwischen beiden Zimmern sitzen oder abwechseln – Montagabend bei dem einen Kind, Dienstagabend bei dem anderen. Entwickeln Sie eine Routine mit gemeinsamer »Ruhezeit« und auch allein. Lesen Sie einem Kind vor, während das andere selbst liest und tauschen Sie anschließend, sodass das erste Kind einschlafen oder allein Bücher anschauen kann, und gehen Sie dann zu dem Kind, das allein Bücher angeschaut hat. Sobald beide Kinder wissen, dass sie ihre »Ruhezeit« mit Ihnen bekommen werden, werden Sie feststellen, dass es ihnen viel leichter fallen wird, es eine Weile alleine auszuhalten.

ENTSCHEIDEN SIE, WO JEDER SCHLÄFT: Eine sehr wichtige Frage für ein intensives Kind ist: »In deinem Bett oder in meinem?« Mit einem Kind, das nicht so einfach einschläft und häufig aufwacht, werden Sie bald mit der Frage nach dem Familienbett konfrontiert sein. In den meisten Kulturen der Welt ist das Familienbett keine Frage. Es wird erwartet. In unserer Gesellschaft jedoch ist es eine Frage, die beantwortet werden muss, da sie sonst zu einer Quelle von Auseinandersetzungen werden kann.

Intensive Säuglinge scheinen schnell zu merken, dass sie die Erwachsenen in ihrem Leben als Hilfe brauchen, um sich zu beruhigen (einige Wissenschaftler gehen sogar davon aus, dass sie diese auch zur Regulierung ihrer Körpertemperatur brauchen). Folglich suchen sie Ihre Gesellschaft und wollen nicht allein schlafen. Häufig sind dies Kinder, die nur auf oder neben Ihnen schlafen werden. Was also tun?

Die American Academy of Pediatrics (Amerikanische Akademie für Kinder- und Jugendmedizin) empfiehlt, Säuglinge sollten in einem eigenen Bettchen, jedoch im selben Zimmer wie die Eltern liegen. Stillgruppen wie die National La Leche League glauben, die Empfehlung der Akademie, das gemeinsame Schlafen in einem Bett zu vermeiden, spiegle einen Mangel an grundlegendem Verständnis über das Stillen wider. Zur Untermauerung der Vorteile des Schlafens in einem Bett ziehen Sie die Arbeit von James McKenna heran, dem Leiter des Mutter-Baby-Schlaflabors an der University of Notre Dame.

Die Sorge beider Gruppen gilt der Sicherheit. Entscheidend ist, sichere Methoden zu finden, um Ihr intensives Kind zu beruhigen. Wenn Sie merken, dass gemeinsames Schlafen in einem Bett für Ihre Familie am besten funktioniert, befolgen Sie das Verfahren zum sicheren Schlafen. Wählen Sie einen Schlafplatz ohne Spalten oder Rillen, in denen sich ein Säugling verfangen könnte. Verwenden Sie nur einfaches Bettzeug: keine Federbetten, schweren Decken oder dicken Kissen. Wählen Sie die Matratze groß genug, damit Sie keine Sorge haben müssen, dass Sie über Ihr Baby rollen. Überlegen Sie außerdem, die Matratze aus dem Bett zu nehmen und auf den Boden zu legen, um Stürze aus dem Bett zu vermeiden. Wenn Sie langes Haar haben, binden Sie es zusammen, damit Ihr Baby sich nicht darin verfangen kann.

Schlafen Sie nicht mit Ihrem Baby zusammen auf einem Liegesessel, einer Couch oder einem Sessel. Schlafen Sie nicht mit Ihrem Baby zusammen, wenn Sie rauchen, Alkohol oder bewusstseinsverändernde Drogen konsumiert haben, Medikamente einnehmen oder übergewichtig sind. Lassen Sie Babysitter oder andere Kinder nicht zusammen mit Ihrem Baby schlafen. Verlieren Sie nicht den Überblick darüber, wo sich das Baby im Bett befindet.

Es gibt keine richtige oder falsche Antwort darauf, wie Ihre Familie schläft, solange es für Ihr Kind sicher ist und alle schlafen können. Nehmen Sie sich Zeit für Ihre eigenen Beobachtungen. Besprechen Sie Ihre Wahl mit Ihrem Partner. Wählen Sie die Strategien, mit denen Sie beide einverstanden sind.

Manche Familien stellen ein Gitterbettchen oder Kinderkörbchen direkt neben ihr Bett. Andere helfen ihren älteren Kindern, in ihrem eigenen Zimmer zu schlafen, um ihr Bett für sich alleine zu haben, erlauben es ihnen jedoch, nachts zu ihnen zu kommen. Oder sie legen einen Schlafsack neben ihr Bett für die nächtliche Verbindung zu Ihrem Kind. Ziel ist es, einen Weg zu finden, ein lebhaftes Kind mit möglichst wenig Stress einfach und schnell zu beruhigen, damit alle friedlicher schlafen können.

Bedenken Sie bei Ihrer Entscheidung über das Familienbett, dass diese nach ein paar Monaten oder Jahren geändert werden kann. Sie haben die Wahl. Es kann zwar Übung und Zeit verlangen, aber wenn Sie und Ihr Kind bereit dafür sind, können Sie ihm schrittweise dabei helfen, gerne in seinem eigenen Bett zu schlafen.

DER MITTAGSSCHLAF IST WICHTIG: Intensive temperamentvolle Kinder haben mehr damit zu kämpfen, mit ihren starken Emotionen umzugehen. Deswegen ist es so wichtig, ihnen die

Möglichkeit zu einem Mittagsschlaf zu geben. Sie scheinen sich oft gegen einen Mittagsschlaf zu sträuben, weil sie so schnell aufgedreht werden, aber diese Kinder brauchen es mehr als alle anderen, dass Eltern sich die Zeit nehmen und ihnen helfen, sich so weit zu beruhigen, dass sie sich mittags ausruhen können.

## 2. Wenn Ihr Kind beharrlich ist

DAS ZUBETTGEHRITUAL EINFACH GESTALTEN: Die Zubettgehzeit ist für beharrliche Kinder eine beliebte Phase, um Grenzen auszutesten. »Ich bin gerne bereit, Zeit mit dem Ins-Bett-Bringen von Emma zu verbringen, aber ich bin ihre ständigen Forderungen leid«, sagte Brandon. »Sie will immer noch ein Glas Wasser oder noch ein Buch.«

Erfolgreiche Zubettgehrituale sind einfach und unspektakulär. Lebhafte Kinder sind oft sehr intelligent und haben eine lebhafte Fantasie. Sie lieben es, wenn man ihnen vorliest und wer wollte nicht zum Lesen ermuntern? Ich würde jedoch empfehlen, das Vorlesen zu einer Routine am frühen Abend zu machen, nicht zur Schlafenszeit, und zwar aus dem einfachen Grund, dass diese Kinder nicht damit aufhören wollen. Aus einem Buch werden bei einem beharrlichen Kind fünf Bücher. Und plötzlich hat man das Schlaffenster verpasst. Das können Sie verhindern, indem Sie alles möglichst einfach gestalten.

Beginnen Sie das Zubettgehritual mit einem kleinen Imbiss, da können nur wenige lebhafte Kinder widerstehen. Es entschleunigt alle, wenn Sie sich mit dem Kind zu einem Imbiss hinsetzen und dies hilft auch, den Fokus auf das nächste Ziel zu richten. Anschließend geht es auf dem Weg ins Bett erst noch zum Waschen/Windel wechseln und Zähneputzen. Im Kinderzimmer wird der Pyjama angezogen, es wird gekuschelt, ein Weilchen geredet, gesungen und gute Nacht gesagt. Das ist alles.

Sie werden bemerkt haben, dass bei dieser Routine das Baden fehlt. Der Grund ist, dass für lebhafte Kinder der Übergang ins Badewasser und aus dem Badewasser alarmierend wirkt. Erst wollen sie nicht ins Wasser hinein, und dann regen sie sich auf, wenn sie wieder aus dem Wasser herauskommen sollen. Baden kann auch die Körpertemperatur erhöhen, während beim Schlafen die Körpertemperatur eher absinkt. Genau wie das (Vor)Lesen wird das Baden häufig besser auf den Morgen, Spätnachmittag oder direkt nach dem Abendessen verlegt. (Nur wenn Baden Ihr Kind beruhigt, schließen Sie es weiterhin in das Zubettgehritual mit ein. Etwas Bittersalz im Badewasser kann hilfreich sein.)
Eine Routine wie diese, die rund eine halbe Stunde dauert, macht es viel einfacher, das Schlaffenster Ihres Kindes zu erkennen und es nicht versehentlich zu übergehen. Wenn Sie an einem Abend merken, dass es für Ihr Kind schwieriger ist, sich zu beruhigen, dehnen Sie einfach die Kuschelzeit aus, bis Sie merken, wie sich sein Körper entspannt und sein Atem langsamer wird. An diesem Punkt ist Ihr Kind schlafbereit.

EINEN BILDER-PLANER GESTALTEN: Es ist für beharrliche Kinder einfacher, folgsam zu sein, wenn sie wissen, was sie erwartet. Sobald Sie die Schritte Ihres einfachen Zubettgehrituals festgelegt haben, arbeiten Sie mit Ihrem Kind an der Gestaltung eines Bilder-Planers, auf dem jeder Schritt bildlich dargestellt wird.
Rob und Sara nutzten diese Methode, um die Kämpfe ums Schlafengehen zu beenden.

»McKenzie ist unser erstes Kind. Wir hatten nie etwas von einem Zubettgehritual gehört, wir wussten nicht einmal, was das ist. Als wir davon erfuhren, beschlossen wir, es auszuprobieren. Wir machten Fotos von unserer Tochter bei jedem der Schritte, druckten sie aus und machten ein Buch daraus, das wir ihr vorlasen, während sie ihren Imbiss verspeiste. Wenn Sie nicht auf

die Toilette gehen wollte, deuteten wir auf das Foto und sagten: ›Was steht in dem Buch?‹ Daraufhin ging sie auf die Toilette. Wir nutzten das Buch etwa drei Wochen lang. Inzwischen kennt sie die Schritte und erledigt häufig viele davon von sich aus.«
Durch Bilder-Planer weiß Ihr beharrliches Kind, was geplant ist. Ist dieser Plan jeden Abend der Gleiche, verschwinden die Machtkämpfe.

IN DEN SCHLAF GLEITEN: Der letzte Schritt ist das Hinübergleiten in den Schlaf. Sie können weiter neben Ihrem Kind sitzen bleiben oder sich mit ihm hinlegen (wenn Sie den Arm um Ihr Kind legen, gibt ihm dies einen beruhigenden Druck), aber die Interaktion hört auf. Wenn Sie Ihr Kind noch ein paarmal streicheln müssen, ist das in Ordnung, aber wenn Sie hören, dass sich sein Atem verändert, entfernen Sie Ihre Hand allmählich von seinem Körper. Ihr Ziel ist, dass Ihr Kind so einschläft, dass die Umstände die gleichen sind, wie wenn es mitten in der Nacht aufwacht. Wenn Sie neben ihm schlafen, ist es gut, wenn Sie bei ihm sind, wenn es einschläft, aber wenn Sie vorhaben, in ein anderes Bett zu gehen, geben Sie Ihrem Kind zum Kuscheln eine weiche Decke oder ein Stofftier, die oder das es während der ganzen Nacht behalten kann. Sie können noch in der Nähe sein, aber Ihr Kind soll neben sich das spüren, was es dort auch die Nacht über spüren wird. Ist Ihr Kind noch ein Säugling, legen Sie es auf den Rücken und lassen Sie kein Kuscheltier bei Ihrem Kind.

## 3. Wenn Ihr Kind sensibel ist

BAUEN SIE EIN NEST: »Ich habe Angst!« – »Ich habe Durst.« – »Ich kann nicht schlafen!« Es kann ein echter Kampf werden, bis Sie Ihr sensibles Kind für die Nacht beruhigen können, aber ohne Schlaf reduziert sich seine Fähigkeit drastisch, mit Empfindungen umzugehen und sie zu meistern. Das Problem für Ihr Kind ist, dass es jede Emotion und Empfindung in seiner Umgebung so bewusst wahrnimmt, dass es ihm oft schwerfällt, »abzuschalten« und schlafen zu gehen. Dieses Kind braucht ein »Nest«, einen ruhigen Platz mit wenigen Reizen, wo sein Gehirn deutlich merken kann, dass dies ein sicherer Schlafplatz ist. Es muss Geräusche, Licht und sogar Gerüche ausblenden können, um schlafen zu können.

Geben Sie diesem Kind nach Möglichkeit das ruhigste Schlafzimmer im Haus. Normalerweise also das Schlafzimmer, das am weitesten von der Straße entfernt ist, es kann aber auch heißen, das Schlafzimmer, das am weitesten von der Heizungsanlage oder der Klimaanlage entfernt ist. Damit Ihr Kind auch nach Sonnenaufgang weiterschlafen kann, überlegen Sie, ihm ein Zimmer auf der Nord- oder Westseite des Hauses zu geben. Verdunkelungs-Rollläden, Kissen zum Hineinkuscheln, Lavendelspray, ein Ventilator oder ein anderes beruhigendes weißes Rauschen können genutzt werden, um Empfindungen auszublenden, die seinen Schlaf stören könnten. Wenn Ihr Kind auf einem Nachtlicht besteht, verwenden Sie eine Steckdose hinter einer Kommode, um eine Überstimulierung zu vermeiden. Wählen Sie ein Nachtlicht mit möglichst niedriger Wattzahl.

Für einige sensible Kinder kann es wichtiger sein, dass Sie in der Nähe sind, als dass es ruhig und dunkel ist. Wählen Sie für solche Kinder das Schlafzimmer, das am nächsten bei Ihnen ist, oder geben Sie ihm ein Zimmer zusammen mit einem Geschwisterkind. Hochsensible Kinder brauchen ihr Nest auch für angenehme Empfindungen. Das Bettzeug ist wichtig. Achten Sie darauf, wie Ihr Kind am besten schläft. Kuschelt es sich unter eine schwere Decke? Oder schläft es lieber ohne jede Decke? Welche Farben, Texturen und Gerüche scheinen Ihr Kind zu beruhigen? Oft fühlt es sich am wohlsten, wenn sein Bett in einer Zimmerecke steht und nicht mitten im Zimmer »treibt«.

Gestalten Sie das Schlafzimmer Ihres Kindes möglichst schlicht. Entfernen Sie elektronische Geräte, Spielsachen, Mobiles, die von der Decke hängen und sogar optisch interessante Wandbilder. Auch die Temperatur ist wichtig. Ist es Ihrem Kind eher zu warm, sorgen Sie dafür, dass das Zimmer kühl genug ist. Und wenn seine Hände und Füße häufig kalt sind, ermuntern Sie es, Bettsocken anzuziehen.

ES LOHNT SICH NICHT, WEGEN PYJAMAS ZU STREITEN: Vergessen Sie diese niedlichen Pyjamas mit Füßlingen, elastischen Bündchen und Spitzenkragen. Sensible Kinder vertragen keine Pyjamas, die kratzig sind, sie irgendwie stören oder zu warm sind. Überlegen Sie, Ihr Kind in einer Jogginghose, einem Oversize-Shirt, schlabberigen Baumwollshorts, einem lockeren Nachthemd oder ohne alles schlafen zu lassen. Oder probieren Sie es mit einem elastischen engen Shirt, falls Ihr Kind einen gewissen Druck am Körper gerne hat.

SPRECHEN SIE ÜBER GEFÜHLE: Da sich lebhafte Kinder häufig Sorgen machen, brauchen sie eine Gelegenheit, die Tagesereignisse vor dem Schlafen noch einmal zu verarbeiten. Um leicht in den Schlaf zu finden, kann es Ihrem Kind genügen, mit Ihnen zu sprechen, ein Tagebuch zu schreiben oder einfach Zeit zu haben, über die Sorgen und Ereignisse des Tages noch einmal nachzudenken.

Einige sensible Kinder werden ängstlich, weil sie sich Sorgen machen, wenn sie nicht einschlafen können. Das war mir gar nicht klar, bis mir eines Tages eine Zehnjährige erzählte, sie werde zur Schlafenszeit krank. »Was passiert da?«, fragte ich sie.

»Ich habe die Schlafkrankheit«, sagte sie. »Ich kann nie so einschlafen wie andere Leute. Irgendetwas stimmt wohl bei mir nicht.«

Lebhafte Kinder haben auch eine lebhafte Fantasie. Wenn wir ihnen keine sachlichen Gründe dafür nennen, warum sie Zeit brauchen, um abschalten zu können, finden sie ihre eigenen. Diese Kinder müssen immer wieder Sätze hören wie:

Du reagierst sehr empfindlich auf Geräusche, Gerüche, Anblicke und Gefühle. Du kannst dir ein gemütliches Nest bauen, um leichter einschlafen zu können.
Papa ist verreist, das ist für uns alle immer stressig.
Es ist in Ordnung, einfach nur ruhig im Bett zu liegen. Atme tief. Mach deine Muskeln locker. Bald wirst du einschlafen. Wenn du möchtest, dass ich bei dir bleibe, sag es mir.
Du bist ein gründlicher Denker und hast tiefe Gefühle, da ist es manchmal hilfreich, die Gedanken in ein Tagebuch zu schreiben. Dann kannst du das Buch schließen und die Gedanken hinter dir lassen, während du schläfst.
Lass uns zusammen dein Zimmer aufräumen, dann hast du Zeit zu reden und zu entspannen.
Lass uns meditieren.

## 4. Wenn Ihr Kind eine hohe Wahrnehmungsfähigkeit hat

HELFEN SIE IHREM KIND DABEI, IHRE BOTSCHAFTEN ZU HÖREN: Zur Zubettgehzeit müssen Kinder viele Anweisungen befolgen. Denken Sie daran, Augenkontakt herzustellen. Versuchen Sie nicht, Ihrem Kind vom anderen Ende des Zimmers aus oder während Sie etwas anderes machen, zu sagen, es solle sich bettfertig machen. Fokussieren Sie sich auf Ihr Kind. Vermeiden Sie Ablenkungen von der bevorstehenden Aufgabe.

## 5. Wenn sich Ihr Kind langsam umstellt

GEBEN SIE IHREM KIND GENÜGEND ZEIT: Es dauert länger, bis man ein Kind ins Bett bekommt, das sich nur langsam umstellt. Der Versuch, schnell zu machen oder einen Teil der Routine auszulassen, dehnt den Vorgang nur noch weiter in die Länge, weil das Kind von zu vielen Übergängen, die zu schnell aufeinanderfolgen, überfordert wird. Deshalb ist es wichtig, das Zubettgehritual einfach zu gestalten. Gehen Sie in kleinsten Schritten vor, dabei werden Sie Ihrem Kind vielleicht Zeit geben müssen für die physiologische Umstellung von der Aktivität auf den Schlaf.
Manchen Kindern tut es gut, wenn sie, nachdem sie ihren Schlafanzug angezogen haben, abschalten können, indem sie in ihrem Zimmer ruhig spielen, bevor es mit dem Rest des Rituals weitergeht. Trifft dies auf Ihr Kind zu, machen Sie die ersten Schritte mit allen Kindern gemeinsam – also einen Imbiss, das Waschen, Zähneputzen und Schlafanzug anziehen – und lassen dieses Kind dann relaxen, während Sie ein anderes ins Bett bringen. Hatte das Kind diese Zeit, wird es dann ebenfalls bereit sein zum Kuscheln und zum Beenden des Tages.

FANGEN SIE MIT DEM ABSCHLUSS AN: Das klingt verrückt, oder? Mit dem Abschluss anfangen? Einer der Hauptgründe jedoch, warum wir lebhafte Kinder nicht ins Bett bekommen, ist, dass sie ihre Aktivitäten nicht beenden wollen. Ein Zubettgehritual muss mit dem Abschluss der aktuellen Aktivität beginnen. Bevor Sie also mit der Übergangsaktivität beginnen, bringen Sie das, was Ihr Kind gerade macht, mit Ankündigungen zu Ende wie:

In zehn Minuten ist es Zeit, dass du dich fürs Schlafen fertig machst.

Wo möchtest du das gerne aufbewahren?
Was musst du noch fertig machen, damit du aufhören und ins Bett gehen kannst?

Es kann hilfreich sein, einen Wecker zu stellen. Wecker sind eine wunderbare Möglichkeit, Kindern, die sich schwer umstellen, Zeit dafür zu gewähren; besonders Wecker, bei denen die Farbe allmählich verschwindet, sodass Ihr Kind sehen kann, wie die Zeit vergeht. Manche Familien nutzen eine Spieluhr, die zehn Minuten spielt und dann allmählich aufhört. Für geräuschempfindliche Kinder ist das angenehmer als ein Wecker. Auch das Dimmen oder allmähliche Ausschalten von Lampen signalisiert dem Kind, dass der Tag zu Ende geht. Schließlich ist es viel einfacher, den Übergang zu einem Imbiss zu finden, als direkt ins Bad und zum Zähneputzen zu gehen, beides löst häufig Konflikte aus.

## 6. Wenn Ihr Kind keinen regelmäßigen Rhythmus hat

Um zu verhindern, dass Ihre harte Arbeit sabotiert wird, markieren Sie auf Ihrem Kalender, wann eine Zeitumstellung erfolgt. Lebhafte Kinder können drei Wochen brauchen, um sich an diese Zeitumstellung anzupassen. Beginnen Sie den Übergangsprozess mindestens zwei Wochen im Voraus, sonst wird die Übergangswoche sehr wahrscheinlich eine Katastrophe. Verschieben Sie die Bettgehzeit und Weckzeit Ihres Kindes schrittweise um jeweils 15 Minuten pro Tag oder alle zwei Tage, bis die neue Zeit erreicht ist. Passen Sie auch den Tagesplan entsprechend an. Markieren Sie den ersten Montag und Dienstag nach der Zeitumstellung auf Ihrem Kalender. Planen Sie nach Möglichkeit keine Termine vor 10:30 Uhr. Falls es daheim hoch hergeht, können Sie alles regeln, ohne sich gehetzt zu fühlen. Oder stehen Sie früh genug auf, um genügend Zeit zu haben, Ihrem Kind zu helfen (der Dienstag ist normalerweise am schlimmsten, weil die Kinder dann wirklich aus dem Gleichgewicht sind).

Sie können ein Kind mit unregelmäßigem Rhythmus nicht zum Einschlafen zwingen, aber Sie können darauf bestehen, dass es zu einer bestimmten Zeit ins Bett geht. Bei einer gleichbleibenden Routine, die auch am Wochenende beibehalten wird, beginnt Ihr Kind dann allmählich, sich relativ reibungslos umzustellen. Das daraus resultierende gute Benehmen lohnt die Anstrengungen.

## 7. Wenn Ihr Kind energiegeladen ist

ERKENNEN SIE DAS SCHLAFFENSTER: Viele Kinder werden zur Zubettgehzeit recht wild. Sie flitzen durchs Haus, hüpfen, springen und vollführen Ringkämpfe. Man wird leicht von ihrer Energie angesteckt und fängt an, mit ihnen zu toben, aber diese wilde Energie ist eigentlich ein Zeichen dafür, dass Sie das Schlaffenster Ihres Kindes verpasst haben.

Bei energiegeladenen Kindern ist das Schlaffenster oft kaum 15 Minuten lang. Verpassen Sie es, haben Sie ein »wildes Kind«, das nicht einschlafen kann. In diesem Fall beruhigen Sie Ihr Kind allmählich. Wiegen Sie es zuerst kräftig, verlangsamen Sie die Bewegung dann. Entlassen Sie es aus Ihren Armen, heben Sie es dann wieder hoch und wiegen Sie es wieder, dieses Mal langsamer. Ist Ihr Kind schon älter, regen Sie es dazu an, tief einzuatmen und dann langsam auszuatmen. Bringen Sie ihm bei, jeden Muskel im Körper anzuspannen und anschließend zu entspannen. Vielleicht werden Sie auch feststellen, dass es Ihrem Kind helfen wird, sich zu entspannen, wenn Sie es fest in sein Bettzeug einpacken oder ihm eine tiefe Druckmassage geben.

Vorbeugend sollten Sie sicherstellen, dass Ihr Kind täglich Bewegung hat und sich austoben kann, nur nicht zur Zubettgehzeit.

## 8. Wenn die erste Reaktion Ihres Kindes sehr vorsichtig ist

Zwei Wochen nach unserem ersten Gespräch in der Gruppe berichtete Shelly über die Ergebnisse des veränderten Zubettgehrituals für Ihren Sohn. »Sie haben in dem Gespräch gesagt, ich müsste meinem Sohn wirklich zuhören, um ihm helfen zu können, und auch glauben, was er sagt«, erzählte sie. »Und ich kann auf mich vertrauen, für ihn einzutreten. Nachdem wir darüber gesprochen hatten, war mir ziemlich klar, dass er sich nach unserem Umzug in seinem neuen Zimmer nicht sicher fühlte. Er brauchte etwas zusätzliche Unterstützung. Ich wiegte ihn weiterhin, wie ich es immer getan hatte, und legte mich dann mit ihm hin. Nach ein paar Nächten fing ich jedoch an, mich langsam zurückzuziehen, erst von seinem Bett auf den Boden, dann setzte ich mich auf einen Stuhl. Er lag in seinem Bett und hörte Musik, aber er regte sich nicht auf. Er schaute zu mir, um zu sehen, ob ich noch da war. Wenn er sich umdrehte und ich hören konnte, dass sich seine Atmung veränderte, wusste ich, dass er zur Ruhe gekommen, aber noch nicht ganz eingeschlafen war, also ging ich aus dem Zimmer. Gestern war ich kaum noch fünf Minuten in seinem Zimmer, nachdem ich ihn ins Bett gebracht hatte. Es hat drei Wochen gedauert, aber wir haben es geschafft – ohne Geschrei.«

Wenn die erste Reaktion Ihres Kindes zurückhaltend ist, hören Sie ihm zu und glauben Sie, was es mitteilt. Erfüllen Sie die Bedürfnisse Ihres Kindes, auch wenn das bedeutet, dass Sie es mit in Ihr Bett nehmen müssen, damit alle schlafen können. Sobald Sie merken, dass Ihr Kind sich wohlfühlt, beginnen Sie allmählich, es behutsam anzustupsen, um Ihre Unterstützung schrittweise abzubauen.

Wenn Ihr Kind Sie in seiner Nähe braucht, um einschlafen zu können, legen Sie sich wie Shelly neben Ihr Kind oder stellen Sie einen Stuhl in sein Zimmer. Hängen Sie einfach Ihren Tagträumen nach oder legen Sie Wäsche zusammen, bis Ihr Kind eingeschlafen ist. Beginnen Sie mit der Zeit, sich etwas weiter wegzubewegen, verlassen Sie dann das Zimmer, anfangs nur für 15 bis 30 Sekunden, wobei Sie Ihrem Kind versichern, gleich wiederzukommen. Üben Sie das weiter, wobei Sie jeden Abend diese Zeit etwas ausdehnen, bis es ihm leichtfällt, allein einzuschlafen. Ihr Kind wird das schaffen.

Um diesen nächtlichen Auseinandersetzungen mit lebhaften Kindern vorzubeugen, müssen wir kreativ werden, müssen ihre Individualität anerkennen und manchmal stark genug sein, um gegen den Strom zu schwimmen. Der Lohn sind Kinder, die eher gewillt sind, mit uns zu kooperieren – und Kinder, die tief und fest schlafen können – meistens zumindest.

DEN EIGENEN BEDÜRFNISSEN GERECHT WERDEN: Sobald Ihr Kind ins Traumland verschwunden ist, kümmern Sie sich vorrangig auch um Ihren eigenen Schlaf. Erinnern Sie sich, dass Sie 8,25 Stunden Schlaf anstreben. Wenn Sie sich bewusst dafür entscheiden, Ihren eigenen Schlaf zu schützen, werden Sie erstaunt sein, wie sehr sich das Benehmen Ihres Kindes verbessert. Sein schwieriges Benehmen wird nicht mehr durch Ihren eigenen Schlafmangel verstärkt.

WENN IHR KIND WEITERHIN MIT DEM SCHLAFEN ZU KÄMPFEN HAT: Wenn Sie alle Vorschläge dieses Kapitels umsetzen und Ihr Kind noch immer nicht schlafen kann, ist es an der Zeit, gründlicher nachzuforschen. Möglicherweise liegt hinter seinen Schlafstörungen ein medizinisches Problem. Ich empfehle Folgendes:

- Bitten Sie Ihren Arzt, die Eisenwerte Ihres Kindes zu untersuchen, insbesondere den Ferritinwert. Niedrige Eisenwerte können den Schlaf stören.
- Bitten Sie Ihren Arzt, Ihr Kind auf Polypen zu untersuchen und seine Mandeln anzuschauen. Bei deren Vergrößerung kann die Atmung des Kindes behindert werden, was zu häufigem Aufwachen führt.
- Finden Sie durch Befragen der Familienmitglieder heraus, ob bei jemandem in der Familie die Diagnose Restless-Legs-Syndrom oder Schlafapnoe gestellt wurde. Es scheint eine genetische Verbindung zu geben.
- Klären Sie Allergien und Lebensmittelunverträglichkeiten ab.
- Planen Sie eine Schlafstudie in einem pädiatrischen Schlafzentrum ein.
- Prüfen Sie ehrlich Ihren eigenen Stresspegel. In Studien wurde dokumentiert, dass der Schlaf der Kinder unterbrochen ist, wenn die Eltern Eheprobleme haben.

Ein tiefer Schlaf kann vorübergehend gestört sein, wenn Sie kürzlich umgezogen sind, eine Freundin/ein Freund Ihres Kindes weggezogen ist, wenn es eine Naturkatastrophe oder bedeutende Stressfaktoren im Leben gegeben hat wie die Geburt eines Geschwisterkindes oder den Tod eines Familienmitglieds, oder wenn Ihr Kind einen Wachstumsschub hat, um nur einige zu nennen.

GENIESSEN SIE BELOHNUNGEN UND FEIERN SIE ERFOLGE: Es stimmt, dass es Zeit, Geduld und bedeutende Anstrengungen verlangt, einem lebhaften Kind dabei zu helfen, ein Tiefschläfer zu werden. Aber Hillary entdeckte, dass es möglich ist. Als sie Kontakt mit mir aufnahm, wachte ihre zweieinhalbjährige Tochter nachts sechsmal auf. Sie und Ihr Mann waren beide erschöpft und suchten verzweifelt nach Hilfe. Seit der Geburt ihrer

Tochter hatten sie keine Nacht mehr durchgeschlafen und erwarteten nun ein weiteres Kind.

Nachdem wir zusammengearbeitet hatten, informierte sie mich: »Unsere Tochter schläft inzwischen beinahe die ganze Nacht durch. Letzte Nacht ist sie nur einmal aufgewacht. Dabei sind nicht nur die Nächte besser, sondern sie putzt sich ihre Zähne, setzt sich zum Essen hin, sitzt in der Kita nicht mehr auf dem Schoß der Kindergärtnerin und ist Familienmitgliedern gegenüber offener, denen Sie bisher nie nähergekommen war. Diese haben es bemerkt und festgestellt, dass sie in letzter Zeit sehr süß ist. Ich bin einfach nur völlig fassungslos über diese gewaltige Veränderung. Ich weiß, dass es damit zusammenhängt, dass sie mehr Schlaf bekommt. Sie lässt sich jetzt sogar von ihrem Vater ins Bett bringen. Während er das macht, sitze ich im Wohnzimmer und denke: ›Leben andere Leute so?‹ Es kommt uns vor, als sei in unserer Familie ein Wunder geschehen.«

Kämpfe ums Schlafengehen und Aufwachen mitten in der Nacht müssen keine nächtlich wiederkehrenden Ereignisse sein. Es kann besser sein – viel besser.

Der Schlaf ist für ein lebhaftes Kind so wichtig, dass ich ein ganzes Buch darüber geschrieben habe. Wenn Sie weitere Informationen darüber wünschen, wie Sie Ihrer Familie helfen können, den Schlaf zu bekommen, den alle brauchen und verdienen, lesen Sie *Sleepless in America: Is Your Child Misbehaving or Missing Sleep?*

## ZUBETTGEHZEIT UND NÄCHTLICHES AUFWACHEN – EINE ZUSAMMENFASSUNG

Zubettgehzeit und nächtliches Aufwachen sind zwei der häufigsten und frustrierendsten Probleme für die Eltern temperamentvoller Kinder. Es ist jedoch möglich, ihnen zu dem Schlaf zu verhelfen, den sie brauchen.

**Vorhersagen:**
Die Vorhersage, wie Sie Ihrer Familie helfen können, den benötigten Schlaf zu finden, beginnt damit, ein Ziel zu setzen. Dazu müssen Sie wissen, wie viel Schlaf Sie und Ihr Kind brauchen.

**Organisieren Sie das Setting:**
Schaffen Sie eine Routine, die Ihrem Kind signalisiert, dass es Zeit zum Schlafen ist.

**Kooperieren:**
Achten Sie auf die Schlafsignale Ihres Kindes, damit Sie sein Schlaffenster nicht verpassen.
Halten Sie das Zubettgehritual möglichst einfach.
Helfen Sie Ihrem Kind, sich ein *Nest* zum Schlafen zu bauen.
Geben Sie Ihrem Kind genügend Zeit, sich auf sein Bett vorzubereiten. Hetze oder das Auslassen eines Teils der Routine zieht den Vorgang nur weiter in die Länge.
Nutzen Sie das behutsame Anstupsen, um Ihrem Kind bei der Umstellung zu helfen.

**Erfreuen Sie sich an den Belohnungen:**
Schützen Sie Ihren eigenen Schlaf.
Glauben Sie daran, dass es besser werden kann – viel besser.

# 17

## Die Mahlzeiten

*»Gott bewahre, dass Sie die Müslidose für ihn herunterholen. Wenn Sie das tun, müssen Sie sie auf das Bord zurückstellen und ihn selber herunterholen lassen, sonst isst er nichts.«*

*Maggie, vierfache Mutter*

Das aktuelle Thema waren die Mahlzeiten. Eine Woche vorher bat ich die Eltern der Mittagsgruppe, ein Lunchpaket mitzubringen. Heute, als sie sich hinsetzten, wies ich sie an, ihr Lunchpaket herauszuholen, das Essen auszupacken und vor sich zu legen. Nachdem diese Aufgabe erledigt war, ließ ich alle aufstehen und zum Stuhl einen Platz weiter rechts gehen, ihr Essen sollten sie jedoch am ursprünglichen Platz lassen. Ich erklärte, dass sie heute ihr Essen tauschen und das bekommen würden, was nun vor ihnen lag. Die Blicke, die ich daraufhin erntete, hätten mich fast auf meinen Plan verzichten lassen. Zoe schnappte beinahe panisch nach Luft. Sie hatte Lebensmittelallergien und keine Ahnung, was in dem Salat vor ihr alles drin war. Ryan hatte großen Hunger und war unzufrieden, denn Lyssa, deren Platz er nun einnahm, hatte vergessen, etwas mitzubringen. Lyssa war so nachlässig gewesen, weil sie mittags nur selten etwas aß oder nur eine Kleinigkeit. Nun schüttelte es sie bei dem Blick auf das Sandwich, Chips, eine Clementine und eine Banane, die vor ihr lagen.

Nach einer Kunstpause fuhr ich fort: »Ich möchte, dass Sie zuerst ein Stück Obst oder Gemüse essen. Sie haben zehn Minuten Zeit dafür, bevor wir die nächste Übung machen. Und nur zur Information, Sie müssen hierbleiben, bis Sie den letzten Bissen aufgegessen haben.« Dann setzte ich mich, verschränkte gemütlich meine Arme und lächelte. Schnelle Blicke wurden in die Runde geworfen, die Gruppe überlegte, ob ich tatsächlich sozial so unfähig war.

Plötzlich murrte Jason: »Ich rühre den Joghurt nicht an. Ich hasse die Konsistenz von Joghurt. Selbst wenn ich auf einer einsamen Insel verhungern müsste, würde ich keinen Joghurt essen.«

Christina, über deren Joghurt so geschimpft wurde, hob die Hände und zuckte mit den Schultern: »Ich wusste nicht, dass ich dieses Mittagessen für dich mache.«

»Nichts für ungut«, antwortete Jason sofort.

Aus dem Augenwinkel fing ich ein Lächeln ein, das sich langsam auf Melissas Gesicht ausbreitete, als sie prüfend ein Stück Schokokuchen mit einem Topping aus Karamellsoße und Pekannüssen, einen schönen roten Apfel und ein Riesensandwich betrachtete, auf dem hoch aufgehäuft Hühnchen, Schinken und Käse lagen. Sam, der dieses Mittagessen für sich zubereitet hatte, wirkte kreidebleich, als er niedergeschlagen das zusammengequetschte Sandwich mit Erdnussbutter und Gelee begutachtete, das vor ihm lag.

Zum Glück für die Eltern in meiner Gruppe bin ich sozial nicht so naiv. Es war lediglich eine Übung in Empathie, und sie durften schnell wieder ihr eigenes Mittagessen für sich beanspruchen, bevor der erste Bissen verzehrt war. Für viele lebhafte Kinder ist dieser emotionale Mix aus Überraschung, Sorge, Aufregung, Enttäuschung, Entsetzen, Ekel und Freude die Erfahrung, die sie jedes Mal machen, wenn sie sich an den Esstisch setzen, solange wir nicht mit ihnen im Team arbeiten.

Temperamentvolle Kinder haben einen ausgeprägten Sinn für Geschmack, Konsistenz und Geruch. Sie können zwischen Marken unterscheiden, und die Konsistenz von Fleisch kann ihnen Übelkeit bereiten. Für sie gelten bestimmte Regeln, welche Lebensmittel einander berühren oder miteinander gemischt werden dürfen. Allein schon der Gedanke an Bohnen, die Kartoffelpüree berühren, kann auf sie *absolut* abstoßend wirken.

Temperamentvolle Kinder an den Esstisch zu bekommen, sie dort zu halten und dafür zu sorgen, dass sie etwas essen, was wenigstens den Anschein einer nahrhaften Kost erweckt, sind für ihre Eltern Akte großer Verzweiflung. Wenn Sie mit dem Temperament Ihres Kindes arbeiten, können die Mahlzeiten nicht nur ruhiger werden, sondern auch eine erfreuliche Gelegenheit zu gemeinsamer Entspannung bieten.

## VORHERSAGEN

Was macht die Mahlzeiten für Ihr Kind so schwierig? Bei vielen lebhaften Kindern fördert die Empfindlichkeit ausgeprägte Meinungen darüber, was sie essen und was sie nicht essen wollen. Durch intensive Emotionen werden ihre Reaktionen kraftvoll. Beharrlichkeit lässt kleine Tiger entstehen, die alles selber machen wollen! Eine hohe Wahrnehmungsfähigkeit führt dazu, dass die Kinder eher »naschen« – ein Häppchen essen, spielen, schmökern, reden, wieder ein Häppchen essen –, wobei nie etwas wirklich beendet wird. Und die langsame Anpassungsfähigkeit gestaltet es schwierig, sie überhaupt an den Esstisch zu bekommen. Die Bonuseigenschaften können sich ebenfalls auf die Mahlzeiten auswirken. Unregelmäßigkeit führt zu unberechenbaren Hungerattacken. Die hohe Energie fördert den Wunsch, beim Herumlaufen zu essen, und eine negative erste Reaktion führt dazu, dass häufig etwas abgelehnt wird.

Ob Sie es glauben oder nicht, Ihr temperamentvolles Kind unterscheidet sich gar nicht so sehr von anderen Kindern. Entwicklungsbücher sagen Ihnen, dass alle jungen Kinder anfällig für eine sehr eingeschränkte Auswahl beim Essen sind (sie wollen nur wenige bestimmte Speisen essen) oder beim Essen streiken (gar nicht essen wollen). Andere Kinder trödeln ebenfalls herum, spucken das Essen wieder aus, wackeln auf ihrem Stühlchen hin und her, verschütten ihre Milch, reagieren ablehnend auf neue Speisen und essen unregelmäßig. Das ist das Bild eines *Durchschnittskindes.* Fügen Sie den temperamentsbedingten größeren Nachdruck des temperamentvollen Kindes hinzu, und schon haben Sie das Potenzial für eine sehr interessante Situation.

Die Probleme tauchen häufig während der Kleinkindjahre auf, wenn der Appetit ganz normal nachlässt. Überlegen Sie Folgendes: Ein Säugling verdreifacht im Durchschnitt sein Körpergewicht innerhalb eines Jahres. Würde das Kind weiter so schnell zunehmen, hätten Sie ein Kleinkind, das circa 27 Kilogramm auf die Waage bringt! Stattdessen verlangsamt sich in den folgenden eineinhalb Jahren das Wachstum. Ein Kleinkind nimmt innerhalb von 18 Monaten nur etwa 3 bis 3,5 Kilo zu. Es leuchtet ein, dass der Appetit entsprechend nachlässt.

Vielen Eltern ist diese natürliche Veränderung des Appetits nicht bewusst. Weigert sich ihr Kleinkind dann plötzlich zu essen, beginnen die Kämpfe ums Essen – besorgte Eltern treten gegen Kleinkinder mit nachlassendem Appetit an. Die Mahlzeiten müssen jedoch kein Grund für Unstimmigkeiten sein. Wenn Sie die typischen, durch sein Temperament bedingten Reaktionen Ihres Kindes vorhersagen können, und den natürlichen und notwendigen Rückgang des Appetits verstehen, können Sie positiv darauf reagieren.

## ORGANISIEREN SIE DAS SETTING

Die Ernährungsberaterin Ellyn Satter empfiehlt ein Leitkonzept, das für ein positives wechselseitiges Verhältnis beim Thema Essen und Ernährung sorgt: »Sie als Erwachsener sind dafür zuständig, was, wann und wo gegessen wird. Ihr Kind ist dafür verantwortlich, wie viel und ob es isst. Dieses Konzept«, fährt sie fort, »gibt ihnen beiden jeweils einen Teil der Verantwortung und entlässt sie aus dieser Verantwortung, sobald sie ihren Teil erledigt haben. Aufgabe der Eltern ist es, gesunde Lebensmittel heranzuschaffen und dafür zu sorgen, dass die Mahlzeiten und Imbisse nahrhaft sind und nach einem vorhersehbaren Zeitplan auf den Tisch kommen. Sobald Sie das alles erledigt haben, können Sie einfach loslassen, den Rest der Verantwortung Ihrem Kind übertragen und ihm vertrauen, dass es seinen Teil ebenfalls erfüllen wird.«

Vor vielen Jahren führte Dr. Clara Davis ein Experiment durch, bei dem sie nachwies, dass sich junge Kinder für eine gesunde Ernährung entscheiden, wenn Sie die Wahl haben. Sie stellte fest, dass Babys zwischen acht und zehn Monaten, denen Speisen angeboten wurden und die man wählen ließ, was sie essen möchten, zwar nicht jedes Mal eine ausgewogene Mahlzeit zu sich nahmen – über mehrere Tage hinweg jedoch eine ausgeglichene Nährstoffbilanz erreichten.

KONTROLLIEREN SIE DIE »REQUISITEN«: Wie Ellyn Satter konstatiert, sind Sie als Eltern dafür zuständig, nahrhafte Lebensmittel heranzuschaffen. Tun Sie dies, können Sie sogar sehr kleinen Kindern ein gutes Urteilsvermögen zutrauen. Ihr Kind kann sich nicht mit Keksen den Bauch vollschlagen, wenn keine im Schrank sind. Es kann keine Limonade trinken, wenn keine im Kühlschrank steht. Sie haben die Kontrolle darüber, welche Lebensmittel verfügbar sind. Wenn Sie möchten, dass Ihr Kind Obst isst, halten Sie es als Zwischenmahlzeit bereit, oder planen Sie es beim Essen mit ein. Wenn sie wollen, dass Ihr Kind Milch trinkt, sorgen Sie dafür, ihm diese in der Temperatur zu geben, in der es sie am liebsten mag. Noch besser ist, wenn Ihr Kind sieht, dass Sie selbst auch Milch trinken. So wird der Schauplatz geschaffen – es werden die Requisiten geliefert, die die richtige Handlung ermöglichen.

MACHEN SIE ZWISCHENMAHLZEITEN ZU EINEM VORHERSEHBAREN TEIL DES PLANS: Zwischenmahlzeiten sind wichtig, um den Nährstoffbedarf von Kindern zu decken, sie können aber bei einem Kind, das ständig essen will, oder auch bei einem Kind, das nur sporadisch isst, eine Quelle für Ärgernisse sein. Sie müssen sich keine Sorgen wegen der Zwischenmahlzeiten Ihres Kindes machen, wenn Sie ihm zwischen den Mahlzeiten alle zwei oder drei Stunden einen nahrhaften Snack anbieten. Entscheidend ist, diese Zwischenmahlzeit auf einer *vorhersehbaren* Basis anzubieten, wenn Ihr Kind Hunger hat, aber noch bevor es ausgehungert ist.

Ellyn Satter empfiehlt Zwischenmahlzeiten, die Ihr Kind für eine Weile sättigen. Damit dies der Fall ist, müssen sie etwas Eiweiß, Kohlenhydrate, etwas Fett enthalten. Diese Kombination ist sättigend, für Kinder angemessen und sorgt dafür, dass sie bei der nächsten Mahlzeit wieder Hunger haben. Beispiele dafür sind Vollkorncracker und Käse, Apfelscheiben, Bananen oder Haferkekse mit Milch. Durch das gelegentliche Anbieten von Keksen als Zwischenmahlzeit werden diese nicht zur »verbotenen Frucht«.

Wenn Sie Ihrem Kind in vorhersehbaren Abständen eine genussvolle und nahrhafte Zwischenmahlzeit anbieten, ist die Wahrscheinlichkeit geringer, dass es eine halbe Stunde später schon wieder naschen will. Und falls es doch darum bettelt, können Sie mit einem besseren Gefühl anstatt etwas Essbarem eine verlockende Aktivität vorschlagen. Auf diese Weise lernt Ihr Kind zu essen, wenn es Hunger hat, aufzuhören, wenn es satt ist, und sich eher einer Aktivität oder einem Menschen zuzuwenden, wenn es gelangweilt ist oder emotionalen Auftrieb braucht. Wenn Ihr Kind schnell wächst und wirklich Hunger hat, können Sie ihm jederzeit frisches Gemüse und frisches Obst geben.

GEMEINSAM ESSEN: Die Terminpläne sind voll, und es ist so einfach, schnell mal zwischendurch zu essen. Leslie Lytle, Ph. D., von der University of Minnesota, konstatiert jedoch: »Mahlzeiten im Familienkreis sind unglaublich wichtig.« Studien zeigen eindeutig, dass Kinder, die regelmäßig zusammen mit der Familie ihre Mahlzeiten einnehmen, insgesamt eine bessere Nährstoffaufnahme haben als Kinder, die nicht regelmäßig gemeinsam mit ihrer Familie essen. Wenn es für Ihre Familie unmöglich zu sein scheint, sich gemeinsam zum Essen an den Tisch zu setzen, fangen Sie an, eine Mahlzeit pro Woche auszusuchen, an der alle teilnehmen müssen. Entschuldigungen lassen Sie nicht gelten, auch nicht, dass lange gearbeitet wird, jemand eine Freundin oder einen Freund besuchen will oder Fußballtraining hat. Es kann ein sonntägliches Mittagessen sein, ein Abendessen am Mittwoch oder ein Frühstück am Samstag. Schalten Sie dann alle elektronischen Geräte aus und unterhalten Sie sich. Sollte dies für Ihre Familie neu sein, geben Sie dieser Neuerung Zeit, sich zu etablieren. Sie werden sich wundern, wie schnell sich die gesamte Familie auf dieses Ritual freuen wird. Selbst wenn Sie nicht selbst kochen, sondern nur eine Mitnehm-Pizza auf den Tisch bringen, nehmen Sie diese aus dem Karton und servieren Sie sie mit frischem Salat, decken Sie den Tisch und lassen Sie die ganze Familie Platz nehmen.

## KOOPERIEREN

ESSEN IST KEIN EINDEUTIGER BEGRIFF: Scheinbar sollte es das sein. Man kann Essen sehen, riechen, berühren, schmecken. Aber für jeden von uns bedeutet es etwas völlig anderes. Was mich erstaunt, ist die Verschiedenartigkeit der Botschaften. Ich bin mit einem Papa und einem Opa aufgewachsen, die sich immer ein Stück Kuchen schnappten und es zuerst aßen, wobei sie erklärten, sie wollten das Dessert essen, solange sie dafür noch Platz im Magen hätten, um es auch genießen zu können. Ich bin noch ein paar anderen Menschen begegnet, die es ebenso machten, aber die meisten Menschen haben gelernt, dass das Dessert zuletzt gegessen wird und zwar erst nachdem ihre Teller abgeräumt wurden.

Bevor wir mit dem Temperament unseres Kindes arbeiten können, müssen wir uns der Botschaften bewusst sein, die wir von unseren Eltern, Verwandten, Lehrern oder Freunden über *richtiges* Essen erhalten haben. Nachfolgend einige Aussagen anderer Eltern:

»Bei uns zu Hause wurde beim Essen stark kontrolliert. Wir mussten von allem ein bisschen probieren, genau definierte Mengen essen und durften erst aufstehen, wenn wir vom Tisch entlassen wurden.«

»Meine Mutter hatte eine Tante, die sie immer damit nervte, wie mager sie sei. Meine Mama hasste das und machte uns gegenüber das Essen daher nie zum Thema. Wenn wir satt waren und nur noch ein kleiner Bissen auf unserem Teller lag, dann blieb er dort. Wir wurden nicht gedrängt.«

»Das Frühstück war unsere große Tagesmahlzeit. Um 7:30 Uhr mussten wir alle am Tisch sitzen. Dabei war es egal, wann wir ins Bett gegangen waren, wir mussten einfach am Frühstückstisch erscheinen. Ich bin morgens kein großer Esser und war das auch nie. Bis heute wirkt der Anblick von Pancakes abstoßend auf mich.«

»Die Hälfte der Verwandtschaft meiner Mama war sehr adipös, die andere Hälfte war es nicht. Sie machte sich echte Sorgen, wir könnten nach der adipösen Seite der Familie kommen und deswegen benachteiligt werden. Sie ließ uns keinerlei Zucker essen und erlaubte uns nie, bei Tisch noch einmal nachzunehmen.«

»Wir haben nie wirklich über Essen gesprochen. Wir haben gegessen, wenn das Essen auf den Tisch kam. Wenn wir Hunger hatten, haben wir uns selbst etwas gemacht und fertig. Das war nie ein Thema.«

Schauen Sie sich Ihre eigenen Botschaften zum Thema Essen an. Prüfen Sie, ob diese die temperamentsbedingten Bedürfnisse Ihres Kindes beeinträchtigen. Können Sie aufgrund Ihrer Botschaften die Verantwortung für das Bereitstellen des Essens akzeptieren und Ihrem Kind die Entscheidung überlassen, ob und wie viel es essen will? Wenn Ihre Erwartungen und Verantwortlichkeiten klar sind, ist es einfacher, mit dem Temperament Ihres Kindes zu arbeiten.

## 1. Wenn Ihr Kind intensiv ist

BRINGEN SIE IHM GUTE MANIEREN BEI: Es ist eine sehr frustrierende Erfahrung, eine komplette Mahlzeit zu kochen, nur um anschließend zu erleben, wie sich Ihr temperamentvolles Kind an den Tisch setzt, einen Blick darauf wirft und »Igitt!« brüllt. Wenn Ihr Kind intensiv reagiert, sagen Sie ihm, dass es in Ordnung ist, Essen abzulehnen, dass es dann jedoch sagen muss: »Nein danke. Ich möchte nichts.« Selbst ein junges Kleinkind kann sagen: »Nein danke.«

Diesen Rat gab ich eines Tages in der Gruppe. Eine Mutter antwortete darauf mit einem ernsten Stirnrunzeln. Auf Ihren Gesichtsausdruck reagierend fragte ich sie: »Glauben Sie nicht, dass das funktioniert?«

»Ich hoffe einfach, dass es funktioniert«, antwortete sie. »Letzte Woche waren wir zum Abendessen bei meinen Schwiegereltern. Graham ist sehr intensiv. Er mochte die Süßkartoffeln nicht, die meine Schwiegermutter auf seinen Teller legte. Er brüllte, als sie sie auf seinen Teller fallen ließ, aber sie schien das nicht zu bemerken. Er nahm sie in die Hand und warf sie an die Wand. Es war mir entsetzlich peinlich.«

»Das ist typisch für Kleinkinder«, sagte ich. »Damit drückte er seine Verantwortung dafür aus, selbst zu entscheiden, was er isst. Aber helfen Sie ihm zu lernen, mit Bällen zu werfen, nicht jedoch mit Essen. Bringen Sie ihm bei, dass er sagen kann: ›Nein danke‹ oder dass er etwas nicht isst, aber machen Sie ihm unmissverständlich klar, dass es absolut nicht in Ordnung ist, mit Essen zu werfen.«

Ein paar Wochen später erstattete sie Bericht. »Ich fürchtete mich wirklich davor, wieder zu meinen Schwiegereltern zum Essen zu gehen, besonders nach dem, was letztes Mal passiert war. Aber ich habe Ihren Vorschlag ausprobiert. Bevor wir hingingen sagte ich ihm, er müsse sagen: ›Nein danke. Für mich nicht.‹ Er spricht schon viel, daher konnte er das sagen, aber ich wusste nicht, ob er mich wirklich verstand. Dieses Mal wollte meine Schwiegermutter Zucchini auf seinen Teller legen. ›Nein danke‹, sagte er. Sie hielt inne und schaute ihn beinahe schockiert an. Er sagte es erneut, dieses Mal lauter: ›Nein danke!‹ Ich dachte schon ›O nein, jetzt geht es wieder los‹, aber sie schaute zu mir und meinte: ›Also ich vermute, er meint das wirklich so‹, und ließ ihn aus.«

Die Oma hatte ihre Verantwortung erfüllt, indem sie ihm Zucchini anbot. Und Graham die Verantwortung dafür, ob er Zucchini essen wollte oder nicht; seine ablehnende Entscheidung musste er jedoch respektvoll äußern.

Man kann intensiven temperamentvollen Kindern gute Manieren beibringen. Sie reagieren stark auf Essen und müssen die richtigen Worte lernen, um ihre Wünsche und Bedürfnisse ausdrücken zu können. Dies gilt besonders für ernsthafte und analytische Kinder, die auch etwaige Mängel sehen. Zwar ist es gut, wenn sie bemerken, dass der Salat schon bräunlich ist und ihn daher nicht essen, doch wenn sie darüber sprechen, müssen sie dies in taktvoller Weise tun.

## 2. Wenn Ihr Kind beharrlich ist

Satter weist auf Folgendes hin: »Die meisten Kämpfe ums Essen entstehen aus der aufrichtigen Sorge um das Kind und aufgrund schlechter Beratung. Eltern werden regelmäßig dazu animiert, Informationen, die sie von ihren Kindern erhalten, nicht ernst zu nehmen und ihnen bestimmte Lebensmittel, Essensrationen oder Essenspläne aufzuzwingen. Durch starre Erwartungen wird die Einstellung Ihres Kindes zum Essen verzerrt.«

Es ist wichtig zu wissen, dass ein Kind von jeder Nahrungsmittelgruppe tatsächlich nur sehr kleine Mengen benötigt. Eine empfohlene Portion Fleisch, Geflügel oder Fisch für ein Kleinkind ist kaum größer als ein oder zwei Esslöffel. Ein ganzes Ei gilt für Kinder ab acht Jahren als eine »Portion«. Bei Kindern unter acht Jahren gilt ein Bruchteil von einem Ei als angemessene Menge.

Mary Darling, eine ehemalige Ernährungsberaterin an der University of Minnesota, sagt: »Verlassen Sie sich auf den Appetit Ihres Kindes. Geben Sie ihm zuerst ein Viertel von einem Apfel. Halten Sie mehr davon bereit, falls es weiteressen möchte, aber lassen Sie Ihr Kind äußern, wenn es genug hat.« Für die Entwicklung eines gesunden Essverhaltens ist es sehr wichtig, einem beharrlichen Kind, das gerne ein »Ja« hört, die Führung zu überlassen.

BEZIEHEN SIE IHR KIND IN DIE ESSENSZUBEREITUNG MIT EIN: Wussten Sie, dass sogar schon Einjährige Gemüse oder Obst dippen oder Kartoffeln und Karotten schrubben können?

Zwei- und Dreijährige können Salat zerpflücken, Bohnen brechen, etwas aus einem kleinen Krug ausgießen und Zutaten mischen und schütteln. Ältere Vorschulkinder und Grundschüler können Beläge verstreichen, Teig ausrollen, etwas mit einem Schneebesen schlagen, mit einem Gemüseschäler schälen und mit einem Tafelmesser schneiden. Je mehr Sie lebhafte Kinder in die Essenszubereitung einbinden, desto wahrscheinlicher werden sie die Speisen auch essen. Sie können den Toast nicht falsch schneiden, wenn Ihr Kind ihn selbst schneidet. Die Sirupmenge auf seinem Pancake stimmt, wenn das Kind ihn selbst aus einem kleinen Behälter ausgießen darf (Sie haben die Kontrolle darüber, wie viel Sirup in dem Gefäß ist). Die Marmelade auf dem Toast hat die richtige Menge, wenn das Kind sie selbst verstrichen hat.

Es stimmt, dass es Sie anfangs mehr Zeit kostet, Ihrem Kind zu zeigen, wie es Verschiedenes machen kann, als wenn Sie es selbst machen würden, aber in dieser Zeit bringen Sie Ihrem Kind etwas bei, anstatt mit ihm zu kämpfen. Das sorgt für ein besseres Gefühl. Langfristig sind Kinder, die Übung im Kochen haben, stolz auf sich, sie sind eigenständiger und genießen eine breitere Palette an Lebensmitteln.

Das Einbeziehen eines Kindes in die Essenszubereitung ist zudem eine gute Möglichkeit, eine schwierige Phase des Tages zu entschärfen – die Tageszeit, in der das Kind Aufmerksamkeit braucht, Sie aber ein Essen auf den Tisch bekommen müssen. Wenn Ihr Kind auf einem Hocker an der Spüle steht und Kartoffeln (bis zum Überdruss) wäscht, wissen Sie, dass es sich nicht mit seinem Bruder zankt. Ofenkartoffeln schmecken lecker, egal ob sie ein paar Minuten oder eine Viertelstunde gewaschen wurden. Stellen Sie den Wecker, um dem beharrlichen Kind zu helfen, das Waschen zu beenden und um die Kartoffeln in den Backofen zu bekommen!

VERMEIDEN SIE ES, ESSEN ALS STRAFE ODER BELOHNUNG EINZUSETZEN: Wenn Sie abwechslungsreiches nahrhaftes Essen in positiver Weise anbieten, wird Ihr Kind Ihnen mitteilen, wann es Hunger hat und wann es satt ist. Besticht man das Kind, etwas zu essen, oder nimmt ihm Essen weg, so stört dies nur die Signale seines Hunger- und Sättigungszentrums. Hat es erst einmal die Fähigkeit verloren, die Botschaften seines Körpers zu verstehen, wird es anfälliger für Essstörungen. Studien haben gezeigt, dass Kinder, die zum Essen genötigt wurden, tatsächlich weniger essen, während Kinder, denen man Essen weggenommen hat, mehr essen – aus Angst, nicht genug zu bekommen. Die wichtigsten Fragen, die Sie Ihrem Kind stellen müssen sind: »Hast du Hunger?« und »Bist du satt?« Überlassen Sie die Entscheidung Ihrem Kind.

Sogar der Nachtisch kann ein nahrhafter Teil der Mahlzeit sein, besonders wenn er Obst enthält; aber egal was es ist, bieten Sie eine Portion an und lassen Sie Ihr Kind entscheiden, ob es den Nachtisch essen will oder nicht. Vermeiden Sie es, den Nachtisch zu einer Leckerei zu erklären, die es sich verdienen muss oder die Sie ihm zur Strafe vorenthalten.

## 3. Wenn Ihr Kind sensibel ist

BIETEN SIE EINE AUSWAHL AN SPEISEN AN: Lebhafte Kinder sind wählerische Esser. Sie haben tatsächlich einen überdurchschnittlich guten Geschmacks- und Geruchssinn. Folglich reagieren sie auch stärker auf Essen. Um zu vermeiden, dass Sie sich durch ihre starke Ablehnung missachtet fühlen, bieten Sie gleichzeitig ein Eiweißgericht, Obst oder Gemüse, Milch, Butter und Brot an. Falls der Geruch der Frikadelle dem Kind Übelkeit bereitet, kann es seine Aufmerksamkeit schnell auf das Brot, das frische Gemüse oder die Fruchtzubereitung richten. Bedenken Sie, dass die Reaktion Ihres Kindes keine Wertung Ihrer Kochkünste ist. Es reagiert tatsächlich sehr empfindlich auf Geschmack und Geruch, was jedoch nicht bedeutet, dass es dieses Essen nie probieren wird. Haben Sie keine Scheu, es immer wieder anzubieten. Wenn Ihr Kind sieht, dass Sie ein Essen genießen, bekommt es dadurch den behutsamen Anstupser und wird Sie eines Tages vielleicht überraschen.

ACHTEN SIE AUF LEBENSMITTELALLERGIEN: Zwischen Allergien und der Tatsache, temperamentvoll zu sein, besteht kein direkter Zusammenhang, jedoch haben viele temperamentvolle Kinder Lebensmittelallergien und -unverträglichkeiten. Während eines Gesprächs sagte Laura: »Brad reagiert auf manche Lebensmittel sehr empfindlich. Wir haben lange gebraucht, um das herauszufinden. Wir dachten immer, er sei nur wählerisch und stur und zwangen ihn zum Essen. Inzwischen erkennen wir, dass er Frikadellen und pikante Lebensmittel nicht verträgt. Er bekommt davon Verstopfung und klagt, er fühle sich nicht wohl.«

Wenn Sie die Verantwortung für das Anbieten nahrhafter Speisen übernehmen und Ihr Kind entscheiden lassen, was es davon essen will, können Sie sein Urteil respektieren. Ihr Kind ist nicht einfach nur wählerisch.

Falls Ihr Kind nach dem Essen »verrücktspielt«, schreiben Sie auf, was es gegessen hat und wie es sich danach verhält. Achten Sie besonders auf Speisen, nach denen es besonders stark verlangt. Oft sind dies die Lebensmittel, auf die es allergisch reagiert oder die es nicht verträgt.

SPRECHEN SIE ÜBER EMPFINDUNGEN: Sensible Kinder müssen immer wieder Sätze hören wie:

Du hast einen sehr guten Geschmackssinn. Du bist wählerisch.
Du wirst einmal ein toller Koch.
Manchmal musst du ein Essen sehr oft gesehen haben, bevor du bereit bist, es zu probieren.
Es ist in Ordnung zu sagen: »Nein, danke.«
Es ist in Ordnung zu sagen: »Ich habe Hunger.«
Es ist in Ordnung zu sagen: »Ich bin satt.«

Sensible Kinder brauchen die geeigneten Sätze, um ihre Gefühle und Empfindungen ausdrücken zu können. Je erfolgreicher sie sich mit Worten mitteilen können, desto einfacher ist es, mit ihnen zu arbeiten.

## 4. Wenn Ihr Kind eine hohe Wahrnehmungsfähigkeit hat

Was machen Sie mit einem Kind, das für jede Mahlzeit eine Dreiviertelstunde braucht? Das hängt davon ab, warum es so lange braucht. Genießt es eine gemütliche Mahlzeit oder lässt es sich ständig ablenken? Manchmal brauchen Kinder eine Dreiviertelstunde zum Essen, weil sie aufspringen, um einem Vogel zuzuschauen, dem Baby seinen Schnuller zu geben oder den Ball zu holen, den sie draußen gelassen haben. Sie nehmen nicht im eigentlichen Sinn eine Mahlzeit ein. Sie essen mit Unterbrechungen, laufen um den Tisch und holen sich immer wieder mal einen Bissen oder ein Häppchen. Der Häppchenesser braucht Grenzen. Sie können beispielsweise sagen: »Du kannst jetzt am Tisch sitzen bleiben und essen. Wenn ich sehe, dass du vom Tisch weggehst, weiß ich, dass du jetzt nicht essen willst. Du hast die Wahl.«

Grenzen allein werden vielleicht nicht ausreichen. Sie werden Ihrem sehr wahrnehmungsfähigen Kind vielleicht helfen müssen, fokussiert zu bleiben, indem Sie dafür sorgen, dass elektronische Geräte abgeschaltet sind und Sie herumliegende Spielsachen und was sonst noch ablenken könnte, weggeräumt haben, bevor Sie sich mit Ihrem Kind an den Esstisch setzen. Wenn Ihr Kind eine Dreiviertelstunde braucht, weil es mit Genuss langsam isst, planen Sie dies ein und genießen Sie die Zeit, um selbst etwas zu entspannen. Braucht Ihr Kind jedoch länger beim Essen, weil es häufiger als andere Kinder einen Würgereiz zu bekommen scheint oder Probleme beim Schlucken oder Kauen hat, vereinbaren Sie einen Termin bei einem Ergotherapeuten. Er kann helfen, die Schluck- und Kaumuskulatur zu prüfen und bei Bedarf Übungen zu deren Kräftigung nennen.

## 5. Wenn sich Ihr Kind langsam umstellt

FÜHREN SIE EINE ROUTINE EIN: Kleinkinder wollen nicht nur häufig essen, sie müssen häufig essen. Ihrem Körper bekommen kleine Nahrungsmengen alle zwei oder drei Stunden am besten. Überprüfen Sie Ihre Essenszeiten und Zwischenmahlzeiten sorgfältig. Wann hat Ihr Kind normalerweise Hunger? Setzen Sie drei Mahlzeiten und drei Zwischenmahlzeiten über den Tag verteilt fest. Vergewissern Sie sich, dass die Zeiten für Ihr Kind auch passen. Sie werden vielleicht auf Schwierigkeiten stoßen, weil Sie möglicherweise gerne um 18:30 Uhr zu Abend essen würden, Ihr Kind jedoch schon um 17:30 Uhr so weit ist. Anstatt Ihr Kind zu bitten, sein Schema anzupassen, werden Sie wohl Ihres ändern und die Mahlzeit auf den früheren Termin verlegen müssen, bis Ihr Kind älter ist und länger durchhält. Übermüdete Kinder essen nicht gut. Stattdessen kleckern sie, fallen vom Stuhl und nörgeln. Wenn eine frühere Essenszeit für die restliche Familie nicht passt, geben Sie diesem Kind sein Abendessen um 17:30 Uhr und um 18:30 Uhr dann die Zwischenmahlzeit vor dem Zubettgehen. Planen Sie nach Ihrer Mahlzeit genügend Zeit für das Zubettgehritual ein, damit das Kind den Schlaf bekommt, den es braucht.

KINDER, DIE SICH NUR LANGSAM UMSTELLEN, BRAUCHEN KLARE ÜBERGÄNGE: Es fällt diesen Kindern nicht leicht, mit dem Spielen aufzuhören und zum Essen zu kommen. Sie müssen ihnen für die Umstellung genügend Zeit einräumen.

»Ich bringe Milo ein paar Minuten früher zum Tisch«, sagte Brianna. »Ich habe festgestellt, dass er eine gewisse Übergangszeit bekommt, wenn ich ihn die letzten Dinge an den Tisch bringen lasse. Sonst wackelt er auf seinem Stuhl herum, ist mürrisch und geradezu widerspenstig, weil er den Übergang erlebt, während er am Tisch sitzt. Wenn er mir vorher hilft, scheint er den Übergang in dieser Zeit zu verarbeiten.«

Denken Sie daran, Ihr Kind unmissverständlich vorzuwarnen, dass es gleich Essen geben wird, und helfen Sie ihm, einen Schlusspunkt zu finden. Damit helfen Sie Ihrem Kind, die Ruhe zum Essen zu finden.

LASSEN SIE IHR KIND WISSEN, WAS ES ZU ESSEN GEBEN WIRD: »Einen der schlimmsten Wutanfälle meines Sohnes gab es«, erzählte mir Kate, »als ich ihm vorab erzählte, zum Abendessen würde es Burritos geben. Als ich mit der Zubereitung anfing, stellte ich jedoch fest, dass mir ein paar Zutaten dafür fehlten, und ich beschloss, stattdessen warme Thunfisch-Käse-Sandwichs zu machen. Er war zum Spielen draußen, und ich genoss den Frieden. Folglich sagte ich ihm nichts von der Änderung. Ich gab ihm wie üblich zehn Minuten vorher eine Vorwarnung und rief ihn dann zum Essen. Er wusch sich die Hände, setzte sich an den Tisch, warf einen Blick auf das Essen und brach in Tränen aus. Ich hatte ihn überrumpelt. Er hatte Burritos erwartet, und es war zu viel für ihn, der müde und hungrig war, stattdessen Thunfisch-Käse-Sandwichs zu sehen. Es katapultierte ihn direkt in die rote Zone.«

Halten Sie Ihr Kind über den Speiseplan auf dem Laufenden. Wenn es weiß, was es zu erwarten hat, kommt es vorbereitet zum Essen. Falls Sie etwas ändern müssen, so wie Kate, sagen Sie Ihrem Kind dies, bevor es an den Tisch kommt.

Die Zeit vor dem Abendessen ist voller Übergänge. Die Kinder kommen aus der Schule nach Hause und die Eltern von der Arbeit. Da muss die Kleidung gewechselt werden, das Essen ist vorzubereiten, und es geht mit den Hausaufgaben los. Zu dieser Tageszeit sind die Energiespeicher ziemlich leer, und Trotzanfälle kommen häufiger vor. Bekommen temperamentvolle Kinder gegen 15 Uhr eine Zwischenmahlzeit, scheint diese ihnen die nötige Energie zu liefern, um die Zeit bis zum Abendessen ohne Zusammenbruch zu überstehen. Ist Ihr Kind um diese Zeit in einer Kita, bitten Sie, dass man dort für Ihr Kind eine Zwischenmahlzeit bereithält. Sie werden möglicherweise einen deutlichen Unterschied feststellen, wenn Sie Ihr Kind abholen.

## 6. Wenn Ihr Kind keinen regelmäßigen Rhythmus hat

»Meine zweijährige Tochter will nicht mit uns zu Abend essen«, erzählte mir Sarah. »Sie sitzt bestenfalls fünf Minuten mit uns am Tisch, aber sie will nichts essen. Zwei Stunden später möchte sie ein Müsli. Meine Eltern sagen, wir sollten sie bestrafen, und verlangen, dass sie sich hinsetzt, oder wir sollten nach dem Mittagessen alles Essbare wegräumen, damit sie bis zum Abendessen richtig ausgehungert ist. Ich fühle mich mit keiner der beiden Lösungen wohl, aber ich weiß auch nicht, was ich sonst tun könnte.«

Eine der häufigsten Fragen, die ich über temperamentvolle Kinder und die Essenszeiten gestellt bekomme, lautet: »Was macht man mit einem Kind, das bei Tisch nichts essen will, aber kurze Zeit später eine Zwischenmahlzeit verlangt?« Oft wird die Weigerung eines Kindes, etwas zu essen, als Dickköpfigkeit betrachtet, aber das Problem hat wahrscheinlich wenig mit Hartnäckigkeit zu tun. Das wirkliche Problem ist ein unregelmäßiger Körperrhythmus – bei diesem Kind passt der Körper nicht so einfach in ein regelmäßiges Schema. Wenn Ihr Kind jeden Tag zu einer anderen Zeit Hunger hat, liegt das an seinem natürlichen Körperrhythmus. Daher sind geplante Zwischenmahlzeiten ein so wichtiger Teil seiner Ernährung.

Bei einem Kind mit unregelmäßigem Rhythmus müssen Sie sich den gesamten Tag ansehen, nicht nur eine Mahlzeit, bevor Sie entscheiden, ob Sie ein Problem haben oder nicht. Prüfen Sie, ob Ihr Kind über einen Zeitraum von mehreren Tagen die Nährstoffe bekommt, die es braucht. Kleinkinder essen normalerweise nur eine richtige Mahlzeit pro Tag, das ist für diese Altersgruppe normal. Ältere Kinder essen vielleicht auch nur eine richtige Mahlzeit pro Tag, wenn Sie sie jedoch sorgfältig beobachten, werden Sie sehen, dass sie mit dieser Mahlzeit und regelmäßigen nahrhaften Zwischenmahlzeiten über ein paar Tage hinweg die Lebensmittel bekommen, die ihr Körper braucht. In diesem Fall gibt es kein Problem.

Falls Sie weiterhin besorgt sind, schauen Sie sich die Wachstumstabelle an. Bleibt Ihr Kind auf seiner bisherigen Wachstumskurve? In diesem Fall brauchen Sie sich keine Sorgen zu machen. Ist eine signifikante Änderung eingetreten, sollten Sie Ihren Kinderarzt konsultieren.

Sie können auch das Aktivitätsniveau Ihres Kindes überprüfen. Wenn sein Energieniveau normal ist, wissen Sie, dass es alles bekommt, was es benötigt. Sie brauchen sich nicht aufzuregen, wenn Ihr Kind eine Mahlzeit auslässt. Es ist ohnehin bald wieder eine gesunde Zwischenmahlzeit geplant.

Selbst wenn Ihr Kind zur Essenszeit keinen Hunger hat, ist es dennoch wichtig, es an den Tisch zu bitten. Während einer Mahlzeit können wir nicht nur unseren Nährstoffbedarf decken, sondern es ist auch eine gesellige Zeit, in der die Familienmitglieder über die Ereignisse des Tages berichten können. Es ist wichtig, dass Ihr Kind diese sozialen Fertigkeiten lernt. Sie können von Ihrem Kleinkind erwarten, dass es sich fünf Minuten mit an den Tisch setzt. Wenn es älter ist, können Sie die Zeit, in der es mit am Tisch sitzen soll, verlängern. Durch diese Routine lernt Ihr Kind die sozialen Fertigkeiten einer Familienmahlzeit – reden, planen und gemeinsam essen. Häufig wird durch das Sitzen am Esstisch auch das Hungersignal ausgelöst, sodass Ihr Kind nun doch gemeinsam mit Ihnen das Essen genießt. Selbst ein Kind mit unregelmäßigem Rhythmus wird die Familienroutine eher annehmen, wenn diese täglich wiederholt wird.

Sie müssen kein Schnellkoch werden. Wenn Ihre Zwischenmahlzeiten einen Teil des Nährstoffbedarfs Ihres Kindes abdecken, müssen Sie es nicht drängen, wenn es eine Mahlzeit ausgelassen hat und kurz danach eine Zwischenmahlzeit haben möchte. Das macht nichts, weil beides, die richtige Mahlzeit und die Zwischenmahlzeit, Lebensmittel enthalten, die für eine ausgewogene Ernährung wichtig sind. Um zu verhindern, dass Sie sich wie ein persönlicher Schnellkoch fühlen, planen Sie immer wenigstens eine Sache ein, von der Sie wissen, dass Ihr Kind sie gerne isst, und bringen Sie ihm bei, sich seine Zwischenmahlzeiten selbst zuzubereiten. Dadurch wird es lernen, seine eigenen Bedürfnisse zu erfüllen und gesunde Entscheidungen zu treffen.

## 7. Wenn Ihr Kind energiegeladen ist

Kleinkinder tun sich schwer damit, über einen längeren Zeitraum still zu sitzen. Aktiven Kleinkindern fällt dies noch schwerer. Tatsächlich sitzen aktive Personen – ob Kinder oder Erwachsene – in keiner Art von Stuhl oder Sessel für längere Zeit. Beobachten Sie einmal aktive Erwachsene bei einem Meeting. Sie wippen mit dem Fuß, trommeln mit den Fingern, stehen auf, um sich einen Kaffee zu holen, entschuldigen sich, um auf die Toilette zu gehen, und nutzen zahlreiche weitere, sozial akzeptable Methoden, um sich zu bewegen. Das ist bei ihnen ein sehr reales Bedürfnis.

Wenn Sie den Bewegungsdrang Ihres Kindes kennen, sorgen Sie dafür, dass es sich bewegen konnte, bevor es sich an den Tisch setzt. Wenn Sie verreisen, erwarten Sie nicht, dass Ihr Kind drei Stunden still im Auto sitzt und das dann gleich wieder tut, während Sie im Restaurant essen. Planen Sie seinen Erfolg. Versuchen Sie, bei einem Park oder einer Raststätte zu halten, wo Sie picknicken können und Ihr Kind rennen und springen kann, bevor es sich zum Essen setzt. Falls das nicht möglich ist, lassen Sie es nicht am Tisch sitzen und warten, bis das Essen kommt, sondern im Eingangsbereich des Restaurants herumspazieren. Finden Sie irgendein akzeptables Ventil für seine Energie.

Es hängt stark vom Alter des Kindes und der Situation ab, wie lange das Kind am Tisch sitzen bleibt. Aus Sicherheitsgründen und wegen der sozialen Akzeptanz ist es wichtig, eine Regel zu akzeptieren, die besagt: »Beim Essen sitzen wir am Tisch.«

In Europa wird, anders als in den USA, von den meisten Kindern erwartet, dass sie längere Zeit am Tisch sitzen. Sie werden am Tisch aber auch unterhalten. Die Erwachsenen beziehen sie in das Gespräch mit ein. Manchmal werden auch Bücher mitgebracht, die sich die Kinder anschauen können, bis sie aufstehen dürfen.

Wenn Sie gerne möchten, dass Ihr Kind bei Ihnen am Tisch sitzen bleibt, beziehen Sie es in die Unterhaltung mit ein, sorgen Sie dafür, dass es einen bequemen Stuhl hat, und bringen Sie Material für einige seiner Lieblingsaktivitäten mit. Bedenken Sie jedoch, dass sein Bewegungsdrang sehr stark ist. Wird von ihm verlangt, längere Zeit still zu sitzen, baut sich Druck auf. Haben Sie realistische Erwartungen. Selbst wenn Sie Ihr Kind bei Tisch unterhalten, sollten Sie lange und förmliche Essen vielleicht besser für Abende aufheben, an denen Sie nur mit Erwachsenen ausgehen. Tägliche Bewegung ist ein entscheidender Faktor für gute Essgewohnheiten. Kinder brauchen jeden Tag mindestens eine Stunde körperliche Aktivität. Körperliche Betätigung in Kombination mit gesundem Essen und vorhersehbaren Mahlzeiten und Zwischenmahlzeiten helfen Ihrem Kind, diese Gewohnheiten zu entwickeln.

## 8. Wenn die erste Reaktion Ihres Kindes immer ablehnend ist

Kinder, deren erste Reaktion immer ablehnend ist, werden wahrscheinlich sagen, dass sie ein ihnen neues Essen hassen, egal was es ist. Lassen Sie sich von dieser Reaktion nicht beeindrucken. Wenn Sie nicht wollen, dass Essen auf dem Teller liegen bleibt, fragen Sie Ihr Kind, bevor Sie ihm etwas auf den Teller tun, ob es das auch essen möchte. Sagt es Nein, respektieren Sie dies. Es steht Ihnen jedoch frei zu bemerken, wie gut Ihnen dieses neue Essen schmeckt, und es bei einer anderen Mahlzeit wieder anzubieten. Durch die ablehnende erste Reaktion glauben Sie vielleicht, dass Ihr Kind dieses Essen nicht mag, dabei braucht es nur Zeit, um sich daran zu gewöhnen. Wenn Sie etwas Neues einführen, bieten Sie bei dieser Mahlzeit auch etwas an, was Ihr Kind gerne isst. Auf diese Weise ersparen Sie sich den Ärger, dass es gar nichts isst.

Bedenken Sie auch, dass es für ein Kleinkind normal ist, Essen in den Mund zu nehmen und dann auszuspucken. Das Kind erforscht und entdeckt die Welt der Konsistenzen und Geschmacksrichtungen. Es weist das Essen nicht zurück. Bieten Sie es weiterhin als eine Wahlmöglichkeit an. Kleinkinder können tatsächlich fünf- bis fünfzehnmal Essen in den Mund nehmen und wieder ausspucken, bevor sie sich entscheiden, es hinunterzuschlucken.

## ERFREUEN SIE SICH AN DEN BELOHNUNGEN

Die wirksamste Art, Ihrem Kind angemessenes Benehmen beizubringen, ist, dieses zu verstärken, wenn Sie es beobachten. Sagen Sie Ihrem Kind, dass Sie erfreut sind, wenn es »Nein, danke« sagt. Äußern Sie, wie gut es seine Serviette oder seine Gabel benützt hat. Machen Sie ihm ein Kompliment, wenn es ein neues Essen probiert hat oder auf seinem Stuhl sitzen geblieben ist. Genießen Sie es, wie kompetent und selbstständig es wird, wenn es lernt, Essen selbst zuzubereiten.

SEIEN SIE REALISTISCH: Wenn Ihr Kind fünf Minuten erfolgreich sitzen geblieben ist und sich nun vom Tisch entfernen möchte, können Sie wirklich in Betracht ziehen, es gehen zu lassen. Beenden Sie die Mahlzeit lieber harmonisch als mit Gebrüll.

Wenn Sie sich Sorgen über die Essgewohnheiten Ihres Kindes machen, konsultieren Sie eine Ernährungsberatung oder den Kinderarzt.

SEIEN SIE NETT ZU SICH SELBST: Befolgen Sie Ellyn Satters Rat: Stellen Sie die Lebensmittel und Mahlzeiten zur Verfügung, die Ihr Kind braucht, und entlassen Sie sich dann selbst aus der Verantwortung. Wenn Sie nicht glauben, kontrollieren zu müssen, wie viel Ihr Kind isst, können Sie die Unterhaltung am Tisch sehr viel mehr genießen.

## DIE MAHLZEITEN – EINE ZUSAMMENFASSUNG

Für die Eltern temperamentvoller Kinder ist es eine Quelle großer Verzweiflung, Ihr Kind an den Esstisch zu bekommen, dort zu halten und sicherzustellen, dass es so etwas wie ein nahrhaftes Essen zu sich nimmt. Die Mahlzeiten können ruhiger werden, wenn Sie mit dem Temperament Ihres Kindes arbeiten.

***Vorhersagen:***

Bei vielen lebhaften Kindern fördert die Empfindlichkeit ausgeprägte Meinungen darüber, was sie essen und was sie nicht essen wollen. Durch intensive Emotionen werden ihre Reaktionen kraftvoll. Beharrlichkeit lässt kleine Tiger entstehen, die alles selber machen wollen! Eine hohe Wahrnehmungsfähigkeit führt dazu, dass die Kinder nur hier und da einen Bissen essen. Und die langsame Anpassungsfähigkeit gestaltet es schwierig, sie überhaupt an den Esstisch zu bekommen. Die Bonuseigenschaften können sich ebenfalls auf die Mahlzeiten auswirken: Unregelmäßigkeit führt zu unberechenbaren Hungerattacken. Die hohe Energie fördert den Wunsch, sich zum Essen gar nicht hinzusetzen, und eine ablehnende erste Reaktion hat häufige Essensverweigerungen zur Folge.

***Organisieren Sie das Setting:***

Stellen Sie eine gute Auswahl an gesundem Essen zur Verfügung und lassen Sie dann Ihr Kind entscheiden, ob und wie viel es essen will. Halten Sie nahrhafte Zwischenmahlzeiten nach einem vorhersehbaren Zeitplan verfügbar. So müssen Sie mit Ihrem Kind nicht darüber streiten, was oder wann es isst.

***Kooperieren:***

Schauen Sie sich an, welche Art von Botschaften Sie über Lebensmittel und Essen vermitteln. Prüfen Sie, ob sich diese negativ auf die temperamentsbedingten Bedürfnisse Ihres Kindes auswirken. Lassen Sie Ihr Kind wissen, dass es akzeptabel ist, Speisen abzulehnen, dass dies jedoch respektvoll und taktvoll erfolgen muss. Beziehen Sie Ihr Kind in die Essenszubereitung mit ein.

Teilen Sie Ihrem Kind mit, was es zu essen geben wird, und sagen Sie ihm vor dem Essen, falls es Änderungen in der Planung gegeben hat.

Bevor Sie sich eine Meinung bilden, ob Ihr Kind ein Essproblem hat, schauen Sie sich sein Verhalten mehrere Tage lang an, nicht nur eine Mahlzeit.

Auch wenn Ihr Kind spontan negativ auf ein neues Essen reagiert, probieren Sie erneut, ihm dieses Essen anzubieten.

***Erfreuen Sie sich an Belohnungen:***

Seien Sie realistisch. Erkennen Sie, wann Sie eine Mahlzeit besser beenden, um dies harmonisch und ohne Gebrüll tun zu können.

Genießen Sie das Ritual guter Mahlzeiten im Familienkreis.

# 18

# Anziehen

*»Kannst du mich so lieben, wie ich bin, oder kann ein Paar Socken zwischen uns stehen?«*

*Pastor Dave*

Auf meinem Schreibtisch lag ein kirchliches Mitteilungsblatt. Fett gedruckt stand dort »Von unserem zweiten Pfarrer«. Vielleicht wollte mir jemand von meinem Team damit etwas mitteilen, dachte ich und begann zu lesen:

»Es war wieder ›einer dieser Morgen‹«, begann der Artikel. »›Zieh deine Socken an, Ben‹, hatte ich ein paar Minuten davor gesagt. Wie Sie sehen, ist das Anziehen von Bens Socken ein Ritual, eine Handlung, die nie gedankenlos erfolgt. Die Socken müssen sorgfältig geprüft und noch mal überprüft werden, ob sie irgendwelche Nähte, störende lose Fäden oder sonst etwas haben, das für Unbehagen sorgen könnte. Der Moment der Wahrheit kommt, wenn die Socken angezogen sind. Fühlen sie sich richtig an oder muss etwas geändert werden … Müssen sie vielleicht wieder ausgezogen und am anderen Fuß angezogen werden?«

Ich musste schmunzeln. Pastor Dave war mir noch nie begegnet, aber wir hatten eine Gemeinsamkeit: Kinder, für die das Anziehen ein größeres Unterfangen ist. Ich las weiter.

»Wie schon gesagt, ist die Platzierung der Socken ein Ritual, und an diesem Morgen lief es überhaupt nicht gut. Ich war verärgert. Ich wollte nicht verärgert sein, aber ich war es. ›Was kann so schwierig am Anziehen von Stocken sein?‹, fragte ich. Seine Antwort war ein undefinierbares Schulterzucken. ›Ziehe jetzt sofort deine Socken an!‹, schrie ich. Ich dachte, mein Jüngster würde mich herausfordern und mit seinem starken Willen konfrontieren, aber ich täuschte mich. ›Ich brauche deine Hilfe, Papa‹, war seine einfache Antwort. Bens Bedürfnis stellte mir eine Frage von großer Bedeutung. Kannst du mich bedingungslos lieben? Kannst du mich so lieben wie ich bin, oder kann ein Paar Socken zwischen uns stehen?«

Ich hörte auf zu lesen, getroffen von Pastor Daves Worten: »Kannst du mich so lieben wie ich bin, oder kann ein Paar Socken zwischen uns stehen?« Socken – Baumwollsocken, Socken für elegante Schuhe, alte Socken, neue Socken – egal welche Art oder welches Material sie haben: Wir beginnen und beenden die meisten Tage damit, Socken an- und auszuziehen. Den meisten Menschen mag das unbedeutend erscheinen, aber in der Familie eines temperamentvollen Kindes kann das Anziehen von Socken ein Streit stiftendes Ereignis sein, bei dem Eltern gegen drahtige kleine Körper antreten, die durchs Zimmer sausen, um kratzigen Fäden, zu engen Gummibündchen und Materialien zu entkommen, die ihre Haut reizen.

Das Anziehen kann zu einer großen Herausforderung werden und zwar nicht, weil die Kinder dickköpfig, unkooperativ und Individualisten sein wollen, sondern wegen ihres Temperaments.

## VORHERSAGEN

»Prüfen Sie das Bild vom Temperament Ihres Kindes«, sagte ich zu der Gruppe. »Welche Züge seines Temperaments machen das Anziehen schwierig?«

»Ganz sicher die Empfindlichkeit«, antwortete Rob. »Anna will immer nur Hosen tragen, weil sie das Gefühl von Kleidern nicht mag.«

»Das ist lustig«, bemerkte Katie, »weil ich auch sagen würde, die Empfindlichkeit, aber Sarah will nur Kleider tragen, weil Hosen ihr zu einengend sind.«

»Bei uns ist die hohe Energie das Problem. Jonathan zieht eine Socke an, und dann ist er auf und davon«, fügte Jess an.

Ich schrieb die länger werdende Liste auf. Kinder, die im Juli wegen ihrer langsamen Anpassungsfähigkeit Pullover anziehen wollten. Intensive Kinder, die Wutanfälle bekamen, weil sie in einem Shirt stecken blieben, als sie dieses über den Kopf zogen, oder denen das Zuknöpfen nicht gelang.

Prüfen auch Sie das Bild vom Temperament Ihres Kindes. Wird es wegen seiner Empfindlichkeit von bestimmten Kleidungsstücken gequält? Ist es schwierig, den Kleidungsstil oder die Art der Bekleidung zu ändern, weil sich Ihr Kind nur langsam umstellt? Fällt es ihm schwer, sich auf Anweisungen zu fokussieren, weil es eine sehr hohe Wahrnehmungsfähigkeit hat? Wird es durch seine Intensität leicht frustriert? Wie auch immer das Bild vom Temperament Ihres Kindes ausfällt, Sie können anhand dieses Bildes vorhersagen, wie Ihr Kind auf das Anziehen reagieren wird. Anschließend können Sie den Erfolg planen. Niemand muss jeden Tag mit einem Kampf beginnen.

## ORGANISIEREN SIE DAS SETTING

Unser Ziel ist, dass sich unsere Kinder selbstständig, angemessen und innerhalb einer vernünftigen Zeitspanne anziehen können. Dafür brauchen sie eine Umgebung, die es ihnen erlaubt, bei ihrer Aufgabe zu bleiben, Anweisungen zu hören und Kleidung verfügbar zu haben, mit der sie problemlos zurechtkommen und die für das jeweilige Wetter und den Anlass geeignet ist.

### Schaffen Sie einen geeigneten Platz zum Anziehen

Überlegen Sie, was es Ihrem Kind möglicherweise erschwert, sich erfolgreich anzuziehen. Wer oder was wetteifert alles um seine Aufmerksamkeit?

Katie nannte sofort den Fernseher, und damit hat sie recht. Der Fernseher stört die Kommunikation mit einem lebhaften Kind, weil er seine eigenen »Hör mir zu«-Botschaften aussendet und häufig zu einer Überstimulierung führt. Lassen Sie also den Fernseher morgens ausgeschaltet – dies hilft tatsächlich, Routinevorgänge reibungsloser ablaufen zu lassen.

Alles kann ablenkend wirken. Sie werden selbst herausfinden müssen, was bei Ihnen zu Hause einen reibungslosen morgendlichen Ablauf behindert, die Eltern in meinen Gruppen nannten als Hauptschuldige bei sich zu Hause folgende Faktoren:

FENSTER: »Mica saust ans Fenster, um den Autos zuzuschauen. Er ist davon so begeistert, dass er mich mitreißt. Dann schauen wir beide den Autos zu. Wenn er zu einer bestimmten Zeit angezogen sein muss, hilft nur, die Rollos unten zu lassen, bis wir mit dem Anziehen fertig sind.«

OFFENE TÜREN: »Jasper rennt weg, weil er so gerne rennt. Der einzige Ort, wo ich ihn anziehen kann, ist das Bad mit geschlossener Tür. Für ihn ist jede offene Tür eine Einladung wegzurennen.«

SPIELSACHEN UND ANDERE DINGE: »Bei uns zu Hause sagen wir scherzhaft: ›Der einzige Ort, an dem man Keelin anziehen kann, ist eine dürre Wüste.‹ Jedes Spielzeug und jeder Gegenstand muss weggeräumt werden, sonst fängt sie an, damit herumzuspielen.«

ZU GROSSE AUSWAHL: Es ist tatsächlich so, dass temperamentvolle Kinder ihre Lieblingsklamotten haben, die sich genau richtig anfühlen, gut passen und gut aussehen. Eine größere Auswahl macht alles nur komplizierter. Schauen Sie zusammen mit Ihrem Kind seinen Kleiderschrank durch und räumen Sie alles weg, was stört. Lassen Sie nur die Lieblingssachen im Schrank. Reduzieren Sie auch die Menge an Accessoires. Jede Entscheidung verlangt Zeit und Energie.

Prüfen Sie Ihren Schauplatz sorgfältig. Alles, was die Bemühungen Ihres Kindes sabotiert, bei seiner Aufgabe zu bleiben, muss verschwinden. Helfen Sie Ihrem Kind zu kooperieren, indem Sie einfach die Umgebung verändern.

Sobald Sie alle Dinge losgeworden sind, die einen Erfolg verhindern, überlegen Sie, welche Dinge helfen könnten. Nachfolgend einige Gedanken, die ich hierzu gehört habe:

a. **Geeignete Kleidung.** Wenn Sie möchten, dass Ihr Kind sich angemessen anzieht, müssen Sie dafür sorgen, dass die richtige Kleidung verfügbar ist. Wenn Ihr Kind keine kurzen Hosen mehr anziehen soll, räumen Sie diese aus seinem Zimmer.
b. **Gute Organisation.** Räumen Sie die Schubladen Ihres Kindes so ein, dass es eine Schublade für »Feinmachen«, eine für die

»Schule« und eine zum »Spielen« gibt. Ihr Kind kann bei der Entscheidung helfen, welche Kleidung in welche Schublade geräumt wird. Die Auswahl beschränkt sich dann auf die zutreffende Schublade.

c. **Ein Innen-/Außenthermometer.** Verwenden Sie ein Thermometer als Richtlinie dafür, welche Kleidung für das jeweilige Wetter angemessen ist. Installieren Sie im Zimmer Ihres Kindes ein Thermometer, das die Innen- und die Außentemperatur anzeigt. Wählen Sie ein Thermometer, das groß genug ist, um bei 21° das Bild einer kurzen Hose aufzukleben, bei 26° einen Badeanzug, bei 15° ein Sweatshirt und bei 1° einen warmen Anorak. Mit diesen Richtlinien kann schon ein dreijähriges Kind am Thermometer ablesen, welche Art Kleidung am jeweiligen Tag angesagt ist. Mit einem Thermometer kann das Kind nicht so streiten wie mit Mama oder Papa. Nehmen Sie Druck aus dem Streit, indem Sie die Arbeit dem Thermometer überlassen.

d. **Ein Spiegel.** Helfen Sie Ihrem Kind mit einem Spiegel, fokussiert und zufrieden zu bleiben, indem es seine Fortschritte beobachten kann.

e. **Einfache Verschlüsse.** Kaufen Sie Kleidung, die sich problemlos anziehen lässt und große Knöpfe, Klettverschlüsse oder einfach zu bedienende Reißverschlüsse auf der Vorderseite hat. Vermeiden Sie Kleidung, die schwierig an- und auszuziehen ist.

Sie können für eine Umgebung sorgen, die Ihr Kind animiert, sich selbstständig, angemessen und rechtzeitig anzuziehen. Schauen Sie sich den Schauplatz genau an und nehmen Sie nötige Änderungen vor, um Ihrem Kind zu helfen, erfolgreich zu sein. Ist Ihr Kind drei Jahre oder älter, beziehen Sie es in diese Prüfung mit ein.

## KOOPERIEREN

Unterschiedliche Erwartungen sind ein häufiger Grund für Konflikte beim Anziehen. Auch wenn wir uns wünschen, dass unsere Kinder sich selbstständig anziehen, wollen wir dennoch, dass sie sich an unsere Standards halten. Unsere und ihre Standards stimmen aber vielleicht nicht überein. Temperamentvolle Kinder entwickeln gerne bereits in sehr jungen Jahren ihren eigenen individuellen Stil.

»Jayden gehört zu den Kindern, die im Januar gerne eine kurze Hose und im Juni die Winterjacke tragen wollen«, sagte Chelsea. »Lange habe ich deswegen Kämpfe mit ihm ausgefochten, aber schließlich beschloss ich, ihn das selbst herausfinden zu lassen, natürlich in vernünftigem Rahmen. Heute lasse ich ihn in der kurzen Hose oder in der Winterjacke nach draußen gehen. Nach ein paar Minuten bittet er, sich umziehen zu dürfen.«

»Ich wünschte mir ein kleines Mädchen, das ich gerne hübsch anziehen wollte«, erzählte mir Emily. »Als ich dann ein Mädchen hatte, das sich überhaupt nicht für Kleider interessiert, merkte ich, dass ich mit dem Problem klarkommen musste, wie ich mir das Aussehen meines Kindes wünschte und worauf ich verzichten wollte.«

Wenn wir gemeinsam am Problem des Anziehens arbeiten, müssen wir uns unsere eigenen Erwartungen anschauen. Sind sie für dieses Kind realistisch? Passen sie für die Situation? Wir haben die Wahl, das Drehbuch für jede individuelle Person anzupassen.

### 1. Wenn Ihr Kind intensiv ist

LEHREN SIE IHR KIND DIE RICHTIGEN WORTE: Wenn es ums Anziehen geht, scheinen sich lebhafte Kinder in zwei Lager zu teilen. Eine Gruppe hat die Einstellung: »Ich mache alles selber«, die andere ist der Auffassung: »Ich brauche für alles Hilfe«. Das hilfsbedürftige Kind weiß, wie frustrierend das Anziehen sein kann, daher sucht es gerne Ihre Hilfe, weil dann die Chance höher ist, dass es ruhig bleibt. Unsere Aufgabe ist es daher, das Kind zu motivieren, es selbst zu probieren. Die selbstständigen Kinder andererseits können frustriert und intensiv werden!

Tara ist ein selbstständiges Kind. Sie kann ihre Eltern zur Verzweiflung bringen. »Es passiert immer dann, wenn ich spät zur Arbeit dran bin«, erzählte mir ihr Vater. »Unausbleiblich schreit das Baby in seinem Hochstühlchen, weil es herausgenommen werden will. Mein Siebenjähriger braucht sein Frühstück, bevor er in die Schule geht, und Tara besteht darauf, sich selber anzuziehen. Das wäre prima, wenn sie etwas aussuchen würde, was sie gut allein anziehen kann, aber an solchen Tagen will sie natürlich unbedingt das Strickkleid mit dem integrierten T-Shirt anziehen. Das Teil mit zwei Halsausschnitten und vier Armlöchern, in das sie unmöglich allein hineinkommt. Ich warte, an die Seitenlinie verbannt, während sie ächzt und stöhnt. Sie bekommt den Arm durch ein Armloch, aber dann dreht sich das Kleid so, dass die andere Hälfte hinter ihr ist. Wenn ich versuche, ihr zu helfen, kreischt sie und gibt mir einen Klaps auf die Hand. Sie arbeitet und strengt sich an, bis sie schließlich wütend alles über ihren Kopf zieht, auf den Boden wirft und durchs Zimmer kickt.«

Tara macht tatsächlich genau das, was wir von ihr wollen. Sie versucht, sich selbst anzuziehen. Sie ist sehr motiviert und selbstständig. Das Problem entsteht, wenn ihre Koordination nicht zu ihrem starken Antrieb passt. Sie braucht die Worte, um die Frustration auszudrücken, die sie empfindet, geeignete Ventile für diese Frustration und Hilfe, um die Aufgabe in Teilschritte zu unterteilen, die dann erfolgreicher absolviert werden können.

Wenn Ihr Kind so ist wie Tara, sprechen Sie mit ihm über seine Intensität. Bringen Sie ihm die passenden Worte für Frustration und Ärger bei. Sagen Sie Ihrem Kind, dass es um Hilfe bitten kann. Helfen Sie ihm dann, den Vorgang in kleine Schritte aufzuteilen, die einfacher auszuführen sind. Wenn Sie unsicher sind, wie Sie das tun können, lesen Sie weiter bis zum Abschnitt über hohe Wahrnehmungsfähigkeit und das Anziehen.

ARBEITEN SIE MIT HUMOR: Humor hilft, Frustration zu reduzieren, Intensität zu zerstreuen und die Kooperation zu gewinnen. Nachdem Kristin an einem Kurs teilgenommen hatte, schrieb sie mir: »Der heutige Tag begann damit, dass sich Wyatt weigerte, sich von mir den Hintern abputzen zu lassen. Es war noch nicht einmal acht Uhr, und ich konnte mir gut vorstellen, wie der Rest des Tages verlaufen würde, wenn er schon so anfing. Normalerweise hätte ich verlangt, dass er es mich machen lässt, und wir hätten beide angefangen zu brüllen. Seit dem Tag seiner Geburt schien unser gemeinsames Leben ein einziger großer Kampf zu sein. Dieses Mal beschloss ich jedoch, nicht mit ihm zu kämpfen. Ich wollte herausfinden, wie wir kooperieren konnten. Wir hatten ja darüber gesprochen, einen Trotzanfall durch Humor zu verhindern. Anstatt daher etwas von ihm zu verlangen, fing ich an, in der Luft zu schnüffeln. ›Puh, so ein Stinkepo!‹, rief ich. Ich tat so, als suche ich hinter dem Duschvorhang nach dem ›Stinkepo‹ und anschließend unter dem Waschbecken. Er fing an zu lachen und schaute selber unter den Seifenbehälter. Schließlich fanden wir das Gesuchte auf seiner Rückseite, erledigten das Abputzen und verließen zufrieden das Bad. Vor dem Kurs bei Ihnen wäre ich wütend geworden. Humor hilft uns beiden, sein Temperament zu schätzen.«

Das Anziehen muss keine todernste Angelegenheit werden. Wenn Sie und Ihr Kind häufig uneinig sind oder merken, dass Sie verärgert werden, spielen Sie mit der Intensität. Lachen Sie über starke Reaktionen. Nutzen Sie den Sinn für Humor Ihres Kindes, um eine schwierige Situation zu entschärfen. Unterwäsche, die anstelle eines Hutes probiert wird, oder eine Socke, die über die Hand und nicht über den Fuß gezogen wird, löst Spannungen. Wenn Sie lächelnd den Kopf schütteln, erinnert es Sie und Ihr Kind daran, dass Sie so etwas bereits einmal durchgemacht haben und auch dieses Mal wieder überstehen werden.

## 2. Wenn Ihr Kind beharrlich ist

*Das richtige Einkaufen ist eine wichtige Voraussetzung dafür, dass es beim Anziehen kein Theater gibt.* Wenn es um die Kleidung geht, wünschen wir uns bei beharrlichen lebhaften Kindern, möglichst oft Ja sagen zu können. Beharrliche Kinder wollen sich gerne aussuchen, was sie tragen werden, und haben häufig einen ausgeprägten Sinn für ihren persönlichen Stil. Sie wissen, was ihnen gefällt, und sie akzeptieren ein Nein nicht gerne als Antwort. Daher ist es sehr wichtig, dass Sie und Ihr Kind sich darüber einig sind, welche Kleidung zur Verfügung stehen soll.

Kaufen Sie Kleidung, die sich leicht anziehen lässt, die zu den anderen Teilen in der jeweiligen Schublade passt und sich gut anfühlt. Sie können einen Streit über nicht zusammenpassende Karos, Blümchen und Streifen vermeiden, indem Sie diese Muster nicht kaufen oder nur gemusterte Hosen und einfarbige T-Shirts anschaffen.

Wenn Ihr lebhaftes Kind ein Säugling oder Kleinkind ist, lässt sich das einfach bewerkstelligen. Sie müssen nur sein Bedürfnis nach weicher, nicht beengender Kleidung berücksichtigen und diese entsprechend aussuchen. Es gibt sogar Seiten im Internet, die auf weiche Kleidung spezialisiert sind. Eine weitere Option ist, Secondhand-Kleidung zu kaufen, die bereits mehrfach gewaschen wurde. Sie ist oft weicher als neue Kleidung und zudem billiger.

Sobald Ihr Kind sprechen kann, wird es klar und deutlich seine Meinung darüber kundtun, was es tragen will und was nicht. Dann wird es Zeit, Kleidung zu kaufen, die ich als »Konsens-Kleidung« bezeichne.

Konsens-Kleidung erlaubt es temperamentvollen Personen, den Hals frei zu bewegen und die Arme ungehindert zu strecken. Es ist Kleidung, die am Körper reiben kann, ohne die Haut zu reizen. Aber damit ist es nicht genug. Sonst hätten Sie einen Schrank voll mit ausgebeulten Jogginghosen, Oversize-Baumwollshirts, locker sitzenden leichten Sommerkleidern und gründlich (auf Fussel, Nähte und Fäden) geprüften Socken. Konsens-Kleidung beinhaltet Kleidung, die es auch den Eltern temperamentvoller Kinder erlaubt, stolz erhobenen Hauptes den Vorübergehenden zuzulächeln und gerne zuzugeben, dass das Kind neben ihnen ihres ist.

Konsens-Kleidung trägt dazu bei, den allmorgendlichen Konflikt ums Anziehen zu reduzieren. Dabei stehen etwa fünf Stunden Einkauf einem Monat relativ schmerzfreier Morgen gegenüber. Da das Einkaufen mit temperamentvollen Kindern nicht sehr verlockend ist, können Sie entscheiden, was Ihnen wichtiger ist. Ich persönlich wähle die Konsens-Kleidung, da ich mich auf den Einkauf mental besser vorbereiten kann, als jeden Morgen auf den abrupten Ärger. Wichtige Punkte beim Einkauf von Konsens-Kleidung sind folgende:

a. **Ich werde dir zuhören.** Teilen Sie Ihrem Kind mit, dass sie beide eine mühsame Aufgabe vor sich haben. *Mühsam* überrumpelt das Kind, so können Sie mit einer Erklärung beginnen, anstatt mit einer Auseinandersetzung. Informieren Sie Ihr Kind, dass sie zusammen einkaufen werden. Sobald sich der Aufruhr gelegt hat (die meisten Kinder hassen das Einkaufen), bitten Sie Ihr Kind, genau zuzuhören, und sagen: »Ich *werde* dich *nicht* zwingen, dass wir etwas kaufen, was du hasst. Ich *erwarte*, dass du flexibel bist und Sachen anprobierst, die ich vorschlage.« Durch die Übereinkunft zusammenzuarbeiten, können Sie sich beide mit den Feststellungen begnügen, dass ein Outfit nicht passt, schrecklich aussieht, kratzt wie verrückt oder genau das ist, was ihnen beiden gefällt.

b. **Rechnen Sie damit, mehrmals einkaufen gehen zu müssen.** Der Versuch, ein Outfit für ein Ereignis am nächsten Tag zu finden, verlangt besonders große Mühe. Viele temperamentvolle Kinder reagieren spontan ablehnend. Das bedeutet, dass sie ein Kleidungsstück beim ersten Anprobieren wahrscheinlich hassen werden. Lassen Sie es im Geschäft, beten Sie dafür, dass es nicht schnell anderweitig verkauft wird und sprechen Sie auf dem Heimweg mit Ihrem Kind darüber. Suchen Sie nach Kleidungsstücken, die Ähnlichkeit mit alten Lieblingsteilen haben, oder nach Stücken, an die Ihr Kind bereits gewöhnt ist. Sie können sagen: »Das blaue Outfit sah wirklich hübsch an dir aus. Es hat mich an dein gelbes Lieblingsoutfit erinnert. Weißt du noch, dass du es anfangs auch nicht leiden konntest? Inzwischen liebst du es und bist traurig, dass es bald zu klein für dich ist. Überlege noch einmal, vielleicht schauen wir es uns dann noch mal an.« Sagen Sie anschließend *nichts mehr dazu!*

c. **Eine Pause einlegen.** Konsens-Einkäufe verlangen enorme Geduld, starke Selbstkontrolle und ein dickes Fell, um den stechenden Blick der Verkäufer abprallen zu lassen. Gehen Sie nie mit leerem Magen einkaufen. Machen Sie eine Stunde lang Einkäufe und gönnen Sie sich dann einen kleinen Imbiss. Den Kindern wird das nichts ausmachen, auch wenn tatsächlich Sie der- oder diejenige sind, die diese Pause braucht.

d. **Erkennen Sie, wann es Zeit ist zu gehen.** Bei mir zu Hause war es tatsächlich meine aufgeweckte Tochter, die ihren temperamentvollen Bruder mit ihrer unerschütterlichen Meinung

über Kleidung und Stil bei Weitem übertraf. Wir waren beim vierten Versuch unterwegs, ein Outfit zu finden, das sie bei einer Hochzeit tragen sollte. Wir waren in sieben Geschäften gewesen und betraten nun das achte. Wir hatten mindestens fünfzehn Outfits anprobiert, die meisten hatte ich ausgesucht. Es war ein Kleid dabei, das entzückend aussah. Sie hasste es – es hatte die falsche Farbe. Eine Hose mit einer Tunika war völlig falsch, weil das Futter steif und kratzig war. Sie konnte nicht leiden, wie es sich anfühlte. Eine schwarze Hose mit kurzer Jacke bekam dasselbe Urteil. Ich versuchte, ihr zu sagen, sie solle ein Outfit aussuchen und es zu Hause Papa zeigen. Es funktionierte nicht – sie fing an zu weinen und erinnerte mich an mein Versprechen, ich würde nichts kaufen, was sie hasst.
Ich war nah dran auszuflippen, aber noch hatte ich nicht angefangen zu schreien. Die Verkäuferin sah mich mit »diesem Blick« an und fragte: »Wie werden Sie bloß mit diesem Kind fertig?«

Ich lächelte süßlich und sagte: »Wir gehen eben oft zum Einkaufen.« Und als sie nicht herschaute, schlüpften wir aus der Umkleidekabine und verließen den Laden. Das war nicht nett, aber es fühlte sich gut an.

Ich war kurz davor, wütend zu werden. Ich war natürlich frustriert, dass wir nichts fanden, was für meine Tochter akzeptabel war, und dennoch merkte ich, dass es für sie sehr wichtig war. Sie sagte nicht Nein, um zu testen, wie weit sie gehen konnte. Sie sagte Nein, weil sich die Kleidung, die wir bisher probiert hatten, tatsächlich nicht gut für sie anfühlte oder sie sich darin nicht gefiel. Nach zweieinhalb Stunden auf der vierten Einkaufstour war meine Toleranz jedoch ziemlich geschrumpft.

»Du bist frustriert, Mama«, sagte sie.

»Ja, das bin ich«, gab ich zu. »Sollen wir noch in ein anderes Geschäft gehen?«, fragte ich, wild entschlossen, die Aufgabe hinter mich zu bringen!

Sie sah mich aufmerksam an. »Ich glaube, wir gehen besser nach Hause«, sagte sie. »Wenn ich deinen Gesichtsausdruck sehe, glaube ich, du brauchst eine Pause für deine Laune!«

Sie hatte recht. Meine Laune brauchte eine Pause. Wir gingen nach Hause, niemand brüllte, wir waren weiterhin gute Freunde und es blieben zum Glück noch sechs Tage bis zu der Hochzeit.

e. **Wenn Sie etwas Passendes finden, kaufen Sie es.** Erst bei unserem sechsten Einkaufsbummel fanden wir endlich das Konsens-Outfit. Dieses Unterfangen brach alle Rekorde. Normalerweise brauchten wir nicht mehr als zwei oder drei Versuche. Ich war glücklich – das Outfit war sogar reduziert. Es gibt Zeiten, in denen ich für ihre Kleidung mehr Geld ausgebe, als ich eigentlich möchte, aber ich weiß, dass sie die Kleidung jeden Tag trägt – wenn ich sie lasse –, sobald wir das Richtige gefunden haben. Unterm Strich zahlt sich das aus. Als wir einmal nach Freizeitkleidung schauten, kaufte ich die Sachen gleich in mehreren Farben. Was machte es schon, wenn es dasselbe Modell war? Für sie fühlte es sich gut an und für mich sah es akzeptabel aus.

Wenn Sie alleine schon bei dem Gedanken zusammenzucken, in einer Umkleidekabine mit Ihrem Kind Kleidung anzuprobieren, fragen Sie, ob Sie die Sachen zur Ansicht mit nach Hause nehmen können. Aber egal, wie Sie die Sache angehen, es ist für Ihr Kind sehr viel besser, das schöne Kleid oder den pfiffigen Pullover selbst ausgesucht zu haben, als sich dazu genötigt zu fühlen. Konsens-Kleidung ist die Grundlage für eine Kooperation, die gute Chancen hat, auch eine lebhafte Teenagerzeit zu überstehen. Sie ist langfristig sehr wertvoll. Der kurzfristige Wert ist morgendlicher Friede.

WENN KINDER IHRE MEINUNG ÄNDERN: Speziell während der Kleinkind- und Vorschuljahre werden Sie alle Stadien des Einkaufens von Konsens-Bekleidung durchlaufen, nur um am Ende festzustellen, dass Ihr Kind seine Meinung geändert hat. Erlauben Sie es Ihrem temperamentvollen Kind niemals, neue Kleidung sofort anzuziehen. Lassen Sie die Etiketten dran und lassen Sie Ihr Kind die Sachen daheim erneut anprobieren, erst dann entfernen Sie die Etiketten. Wenn Sie das gemacht haben und Ihr Kind sich anschließend dennoch plötzlich weigert, die Sachen anzuziehen, haben Sie absolut das Recht dazu, einen Tarzanschrei des Frusts loszulassen.

Nachdem Sie den Frust mit diesem Schrei losgeworden sind, setzen Sie sich mit Ihrem Kind hin und prüfen Sie das Outfit gemeinsam noch einmal genau. Finden Sie heraus, was für Ihr Kind damit nicht in Ordnung ist. Geht der Kragen zu weit hinauf? Ist der Gummi in der Taille zu eng? Sind die Ärmel zu kurz oder zu eng? Merken Sie sich diese Dinge für das nächste Mal. Hören Sie Ihrem Kind aufmerksam zu und übergehen Sie seine Beschwerden nicht. So wird sich die Anzahl der Klamotten, die ungetragen im Schrank liegen, reduzieren.

Da temperamentvolle Kinder so beharrlich sind, sollten Sie sogar überlegen, Kleidung, die Ihr Kind für ungeeignet hält, an jemanden weiterzugeben, der sie brauchen kann. Bleiben die Sachen im Schrank, kommen Sie vielleicht in Versuchung, Ihr Kind zu beschwatzen, sie doch anzuziehen. Diese Bemühungen enden oft in Frustration und Kämpfen. Sogar in Familien mit schmalem Geldbeutel haben Eltern diese Lösung gewählt. Ist das verschwenderisch? Im Extremfall, ja. Respektvoll gehandhabt akzeptiert man damit jedoch, dass jeder von uns einmal Fehler macht. Wir können daraus lernen und nächstes Mal eine bessere Wahl treffen.

Es gibt Situationen, in denen wir von unserem Kind verlangen müssen, etwas anzuziehen, was uns wichtig ist; besonders in Zeiten, in denen unser Kind keine dem Wetter angemessene Kleidung tragen will, oder bei bestimmten Gelegenheiten die sozialen Normen nicht versteht. Achten Sie jedoch bei einer solchen Forderung sorgsam darauf, sich nicht in die Enge treiben zu lassen, wie es Crystal passiert ist.

Crystal hatte soeben an einem Kurs zum Thema »Kinder, eine Herausforderung« teilgenommen. In diesem Kurs hatte sie etwas über natürliche und logische Konsequenzen gelernt. Das Kind bekommt die Konsequenzen seiner eigenen Entscheidungen zu spüren. Sie beschloss, diese Methode bei ihrem Sohn anzuwenden, der damals drei Jahre alt war. Sie hatten an dem Tag noch eine halbe Stunde Zeit, bis sie bei einem Picknick im Kindergarten erscheinen sollten. Cory ließ sich nicht anziehen. Um ihn die natürlichen Konsequenzen spüren zu lassen, sagte sie: »Cory, wenn du nicht angezogen bist, wenn wir gehen müssen, gehst du im Schlafanzug.« Was Crystal noch nicht gelernt hatte, war, dass Dreijährige die sozialen Normen von Partys noch nicht verstehen. Er ließ sich nicht anziehen, daher fühlte sie sich gezwungen, ihn im Schlafanzug mitzunehmen. Er amüsierte sich prächtig, während Crystal eher in einer peinlichen Lage war. Achten Sie darauf, dass Ihre Ultimaten kein Bumerang werden!

## 3. Wenn Ihr Kind empfindlich ist

ACHTEN SIE AUF TEXTUREN UND PASSFORM: Libby zog ihre Schranktür auf und verkündete: »Ich habe nichts anzuziehen!« Ihr Blick ging prüfend über die Körbe und Bügel im Schrank. »Das ist zu kratzig«" bemerkte sie. »Das ist zu rau. Und wo sind meine Klettverschlussschuhe?«

Auch Socken waren ein Problem für sie. Sie mochte kurze Söckchen, die aber hochgezogen werden sollten. Leider fühlte sich auch das nicht richtig an. Strumpfhosen rutschten, sodass die Knie ausgebeult waren und der Schritt irgendwo zwischen den Beinen hing. Und sie verabscheute es, sie hochzuziehen. Heute wollte sie das Glitzershirt anziehen, das Oma ihr im Juli zum Geburtstag gekauft hatte. Es war vor mindestens vier Monaten auf den Dachboden geräumt worden. Ihre Mutter konnte kaum glauben, dass sie sich daran erinnerte.

Empfindliche Kinder können tatsächlich einen Fussel, irgendwelche Fäden und Unebenheiten in ihrer Kleidung spüren. Sie bemerken, wie Kleidung raschelt, wie sie das Licht reflektiert und welchen Druck sie auf ihre Haut ausübt.

Um mit Ihrem Kind gut arbeiten zu können, glauben Sie ihm und wählen Sie Naturmaterialien wie Baumwolle, die sich gut anfühlen und keine Geräusche von sich geben. Vermeiden Sie synthetische Materialien, die sich zusammenknüllen und empfindliche Haut reizen.

Seien Sie bei der Arbeit mit Ihrem Kind kreativ. Leggings und Strumpfhosen halten die Beine von Kindern warm, die keine Hosen mögen. Mit Perlen verzierte Mokassins können harte Lackschuhe ersetzen. Baumwollpullover sehen genauso hübsch aus wie Wollpullover. Boxershorts sind inzwischen für Jungen und Mädchen verfügbar. Eine Kapuze kann ebenso gut funktionieren wie eine eng sitzende Mütze. Suchen Sie eine fantasievolle Lösung. Es gibt sie!

Achten Sie beim Kleidungskauf darauf, die Sachen auch von innen anzuschauen, nicht nur von außen. Die Innenseite liegt auf der empfindlichen Haut. Sie muss weich und angenehm sein. Achten Sie darauf, dass sich Etiketten entfernen lassen, ohne kratzende Kanten zu hinterlassen. Applikationen können außen niedlich aussehen, sind aber häufig steif und reizen auf der Innenseite die Haut.

SPRECHEN SIE ÜBER EMPFINDUNGEN: Anstrengende Kinder müssen verstehen können, warum das Anziehen für sie so schwierig ist. Es ist wichtig, ihnen zu sagen:

Du reagierst auf Temperaturveränderungen.
Du bist empfindlich. Schuhe fühlen sich für dich anfangs nie gut an, aber wenn du sie ein paar Minuten trägst, wirst du sehen, dass sie sich besser anfühlen.
Du hast eine hohe Wahrnehmungsfähigkeit. Dadurch ist es für dich schwierig, dich anzuziehen, weil du ständig auch an andere Dinge denkst, die du machen willst.
Du bist voller Energie. Es fällt dir schwer, länger still zu halten und etwas anzuziehen oder dir die Windel wechseln zu lassen.
Du bist sehr beharrlich. Du willst dich gerne selber anziehen. Es ist in Ordnung, wenn du dir ein bisschen helfen lässt, wenn dies nötig ist.
Ich vermute, das Etikett stört dich. Wir können es herausschneiden, dann wird sich das Shirt bequemer anfühlen.

Je größer das Vokabular Ihres Kindes ist, desto besser kann es Ihnen erklären, was es empfindet und was es von Ihnen braucht. Gute Kommunikation beugt Missverständnissen vor.

GLAUBEN SIE IHREM KIND, WENN ES SAGT, DASS IHM WARM IST: Temperamentvolle Kinder sind intensiv und energiegeladen. Das Blut wallt durch ihre Adern, sodass ihnen warm wird. Sie haben vielleicht das Gefühl, nachlässig zu sein, wenn Sie Ihr Kind ein kurzärmeliges T-Shirt tragen lassen, während Sie einen Wollpullover anhaben, aber es ist vielleicht wirklich genau das, was Ihr Kind braucht. Vertrauen Sie darauf, dass Ihr Kind Ihnen sagen wird, wenn ihm kalt ist. Animieren Sie es, einen Pullover in seinen Rucksack zu packen, damit es ihn bei Bedarf zur Hand hat.

ERKENNEN SIE DEN RICHTIGEN ZEITPUNKT, IHREM KIND BESTIMMTE KLEIDUNG WIEDER AUSZUZIEHEN: Wenn Sie es schaffen, dass Ihr Kind ein spezielles Outfit anzieht, achten Sie auf den richtigen Zeitpunkt, ihm dies wieder auszuziehen. Es ist sehr viel besser, Ihrer Tochter das Rüschenkleid anzuziehen, rasch ein Foto zu machen und es ihr wieder auszuziehen, solange sie noch zufrieden ist. Wenn für ein Weihnachtsessen ein bestimmtes Outfit verlangt ist, vergessen Sie nicht, zusätzlich bequeme Kleidung mitzunehmen. Es erschöpft Ihr temperamentvolles Kind, wenn es mit Kleidung zurechtkommen muss, die seine Haut ständig reizt. Und wenn Ihr Kind erschöpft ist, meistert es die Lage nicht mehr und fängt an auszurasten.

PROBIEREN SIE ES MIT ETWAS LOTION ODER EINER MASSAGE: Es kann für Ihr Kind einfacher sein, Hosen, Socken oder Fausthandschuhe zu tragen, wenn Sie sich vorher ein paar Minuten Zeit nehmen, um seine empfindlichen Hände oder Füße mit etwas Lotion einzureiben oder fest zu massieren.

## 4. Wenn Ihr Kind eine hohe Wahrnehmungsfähigkeit hat

»Ethan ist sieben Jahre alt und bettelt noch immer, ich solle ihn morgens anziehen«, klagte seine Mutter. »Er liegt auf seinem Bett oder lässt sich langsam wie ein Lavastrom vom Bett auf den Boden gleiten – ein lebloser Gegenstand, unfähig, auch nur einen Finger zu heben. Zum Glück zieht sich sein dreijähriger Bruder bereits selber an, sodass ich Ethan helfen kann, wenn ich das will, aber offen gesagt, will ich eigentlich nicht mehr. Lieber würde ich ihn anbrüllen.«

Beim Anziehen ist Ethan ein eher unselbstständiges Kind. Zum Glück gibt es zwei Möglichkeiten, ihn zu motivieren, sich selbst anziehen zu wollen.

NUTZEN SIE IHRE FANTASIE: Temperamentvolle Kinder haben eine wunderbare Vorstellungsgabe. Diese können Sie nutzen, um sie zum Anziehen zu motivieren. Fragen Sie Ihr Kind, was es an diesem Morgen gerne sein möchte, vielleicht ein Astronaut oder ein Feuerwehrmann. Sobald Ihr Kind seine Rolle gewählt hat, behaupten sie, die Kleidung, die Sie bereitlegen, sei das passende Kostüm. Aus den Socken werden Astronautensocken, aus dem Pullover wird eine Sauerstoffflasche und aus dem Shirt ein Raumanzug. Haben Sie Spaß dabei. Ein Astronaut zu werden, ist sehr viel motivierender, als einfach nur Jeans anzuziehen. Es ist auch für Ihr Kind einfacher, gelassen zu bleiben, wenn es sich auf etwas Interessantes und Lustiges konzentriert.

SCHLIESSEN SIE KOMPROMISSE: Sie können ein unselbstständiges Kind auch motivieren, indem Sie es dazu animieren, sich selbst auszuziehen. Das Ausziehen der Kleidung ist einfacher als das Anziehen. Sobald es geschickt darin geworden ist, sich Kleidungsstücke selbst auszuziehen, können Sie die Aufmerksamkeit dem Anziehen zuwenden, indem Sie einwilligen, Ihrem Kind eine Socke anzuziehen und es anschließend auffordern, die andere selbst anzuziehen. Sie ziehen ihm das T-Shirt an, Ihr Kind zieht sich selbst den Pullover an. Sprechen Sie dabei mit Ihrem Kind über den bevorstehenden Tag. Diese Ablenkung kann ihm helfen, die Aufgabe zu bewältigen, ohne frustriert zu werden. Allmählich werden Sie sich diesem Vorgang entziehen können, indem Sie immer weniger machen, bis Ihr Kind sich ganz allein anzieht. Vielleicht müssen Sie noch im Zimmer bleiben, während es sich anzieht, aber irgendwann ist es fertig.

VISUELLE ANLEITUNGEN KÖNNEN HELFEN: Achten Sie bei der Anleitung Ihres Kindes auf unmissverständliche und kurz gefasste Anweisungen. Dabei kann auch ein visueller Ablaufplan helfen. Es gibt nichts Frustrierenderes für ein Kind, als zehn Minuten damit gekämpft zu haben, seine Stiefel anzuziehen, und dann festzustellen, dass die Schneehose noch neben ihm auf der Bank liegt. Kinder wissen nicht automatisch, was sie zuerst anziehen müssen. Erstellen Sie einen visuellen Plan, der die einzelnen Schritte zeigt: Schneehose, Stiefel, Anorak, Mütze und zum Schluss die Fausthandschuhe. Oder: Unterwäsche, Socken, Hose, Shirt. Wenn Ihr Kind die nötigen Schritte sehen kann, bleibt es besser bei der Sache und ärgerliche Fehler werden vermieden.

## 5. Wenn sich Ihr Kind nur langsam umstellt

Das Anziehen ist voller Übergänge. Es verlangt, dass ein Kind die Aktivität beendet, mit der es gerade beschäftigt ist, und möglicherweise in ein anderes Zimmer gehen muss, um die Kleidung zu wechseln. Für ein Kind, das sich nur langsam umstellt, sind Konflikte dabei vorprogrammiert.

LASSEN SIE IHREM KIND ZEIT: Sie wünschen sich vielleicht, Sie könnten Ihr Kind in zehn Minuten anziehen. Tatsache ist jedoch, dass es dreißig Minuten dauern kann. Für alle Beteiligten ist es mit viel Zeit und Mühe verbunden, das richtige »Gefühl« auszuarbeiten und den Übergang von einer Kleidung zur anderen gelingen zu lassen. Planen Sie die benötigte Zeit dafür ein, damit Sie sich nicht gehetzt fühlen.

FÜHREN SIE EINEN ROUTINEABLAUF EIN: Es ist wichtig, ein gleichbleibendes Muster einzuführen, das jeden Morgen befolgt wird. Zu Ihrer Routine kann es beispielsweise gehören, dass

Sie Ihr Kind um 7:00 Uhr wecken und zehn Minuten Kuschelzeit mit Mama oder Papa einplanen. Erwarten Sie von einem Kind, das sich langsam umstellt, nicht, dass es sofort aufwacht, aus dem Bett springt und mit einer Aufgabe beginnt. Dazu ist es nicht in der Lage. Geben Sie ihm weitere zwanzig Minuten Zeit zum Anziehen. Sorgen Sie nach Möglichkeit dafür, dass Ihr Kind angezogen ist, im Bad war und sich das Haar gekämmt hat, bevor es zum Frühstück kommt. Wenn es eine dieser Aufgaben später erledigen muss, ist dies erneut ein Übergang. Geben Sie ihm 45 Minuten Zeit zum Frühstücken, Zähneputzen, um seinen Rucksack oder Schulranzen zu nehmen und seine Jacke oder seinen Anorak anzuziehen, sodass es rechtzeitig das Haus verlassen kann.

WÄHLEN SIE DIE KLEIDUNG IM VORAUS AUS: Temperamentvolle Kinder haben gerne etwas Zeit, um sich an einen Gedanken zu gewöhnen. Wählen Sie die Kleidung für den nächsten Tag bereits am Vorabend aus. In den Übergangsjahreszeiten suchen Sie ein warmes und ein leichteres Outfit aus. Lassen Sie morgens dann das Thermometer entscheiden.

»Ich habe vier Kinder«, bemerkte Nicole, »und ich kann Ihnen sagen, dass die Auswahl der Kleidung am Vorabend die einzige Möglichkeit ist, sie morgens alle aus dem Haus zu bekommen. Wir legen abends alle Sachen heraus – sogar die Fausthandschuhe und Stiefel. Wenn die Kinder die Sachen liegen sehen, scheint es ihnen zu helfen, vorbereitet und kooperativer zu sein – das funktioniert sogar bei denen, die nicht temperamentvoll sind.«

SEIEN SIE AUF DEN JAHRESZEITENWECHSEL VORBEREITET: Ich erinnere mich daran, wie ich eine Gruppe von Eltern einmal begrüßte mit: »Einen schönen Frühlingsanfang.« Die Antwort war ein ärgerliches Schnauben.

»Von wegen schön«, entgegnete eine Mutter. »Die letzte Woche war eine Qual, als wir versucht haben, die Kleidung auf die neue Jahreszeit umzustellen.«
Temperamentvolle Kinder mögen keinerlei Veränderung – einschließlich der unterschiedlichen Kleidung, die in den verschiedenen Jahreszeiten benötigt wird. Wenn sie an lange Winterhosen gewöhnt sind, ziehen sie am Saum der kurzen Hosen, um sie länger zu machen. Sie brüllen und rasten aus wegen dicker Schneeanzüge und Daunenjacken. Sie können Ihrem Kind den Übergang erleichtern, indem Sie die neue Kleidung ein paar Wochen vorher bereitlegen. Nehmen Sie einen Koffer und packen Sie die Kleidung für die kommende Jahreszeit hinein, lassen Sie Ihr Kind dann damit Verkleiden spielen. Sobald die Zeit gekommen ist, in der es diese Sachen tatsächlich tragen muss, hat es sich daran gewöhnt.

## 6. Wenn Ihr Kind energiegeladen ist

LASSEN SIE IHR KIND MÖGLICHST VIEL SELBER MACHEN: Sogar ein fünf Monate altes Baby kann sich eine Socke ausziehen, wenn Sie diese über die Ferse gezogen haben und ihm das Ende geben, um daran zu ziehen. Je mehr Ihr Kind einbezogen ist, um Reißverschlüsse zu öffnen oder zu schließen, etwas auf- oder zuzuknöpfen, an- oder auszuziehen, desto weniger Energie wird es darauf verwenden, sich wegzurollen oder wegzulaufen. Sobald Ihr energiegeladenes Kind stehen kann, ziehen Sie es vor einem Spiegel stehend an. Sie müssen seinen Bewegungsdrang respektieren, aber der Spiegel wird seine Aufmerksamkeit fesseln.

## ERFREUEN SIE SICH AN BELOHNUNGEN

Freuen Sie sich, wenn Sie Ihr Kind angezogen haben. Freuen Sie sich für sich selbst, über Ihre Geduld und Ihren Einfallsreichtum und freuen Sie sich für Ihr Kind und sein weiteres Heranwachsen. Es wird immer besser. Nach einem Workshop kam kürzlich eine Frau auf mich zu und sagte: »Meine Tochter ist jetzt zwölf. Als sie im Vorschulalter war, war es ein dreistündiges Unterfangen, bis sie angezogen war. Sie konnte keinen einzigen Fussel in ihren Socken ertragen. Ich saß morgens um sieben Uhr da und zog winzige Fusseln aus ihren Socken, wohl wissend, dass sie sonst die nächste Stunde brüllen oder sich die Socken von den Füßen reißen würde. Heute zieht sie ihre Socken ohne Theater an. Ihr Vater fragte sie, ob sie sich noch daran erinnert, wegen Fusseln in den Socken ausgerastet zu sein. Sie sagte: ›Natürlich erinnere ich mich und die machen mich immer noch verrückt. Inzwischen ertrage ich sie einfach.‹«

Wiederholung führt bei temperamentvollen Kindern zum Erfolg. Je öfter sie etwas machen, desto wohler fühlen sie sich dabei. Die alten Kämpfe verblassen und werden durch die des nächsten Entwicklungsstadiums ersetzt. Anstelle der Socken ist es nun das Haar, das nicht richtig sitzt oder Make up, das verschmiert, aber schließlich haben sie dann ihre Erfolge, auf die sie zurückgreifen können und die sie daran erinnern, dass sie auch dieses neue Problem lösen werden.

LASSEN SIE ANDERE LEUTE HELFEN: Unsere Gruppen für temperamentvolle Kinder waren ein großer Erfolg bis auf das Ende. Jede Sitzung endete in Tränen, wenn die Eltern versuchten, ihren müden Kindern, die mit einem Übergang fertigwerden mussten, ihre Anoraks anzuziehen. Es war schrecklich. Unsere Lösung sah so aus, dass wir das Anziehen der Anoraks zur letzten Gruppenaktivität der Kinder umfunktionierten. Anstelle der Eltern halfen die Kindergärtnerinnen/Lehrer den Kindern, sich für den Heimweg fertig zu machen. Die Kinder empfanden das als großen Spaß, und die Eltern hatten nichts weiter zu tun, als sich ihre eigenen Mäntel anzuziehen und zur Tür hinauszugehen. Der einzige Stolperstein war, dafür zu sorgen, dass auch die Eltern rechtzeitig bereit waren, damit es den Kindern nicht zu heiß wurde. Temperamentvolle Kinder heben sich ihre größten Kämpfe für ihre Eltern auf. Sie fühlen sich mit Ihnen am wohlsten. Daher lassen Sie, wann immer es geht, jemand anders Ihrem Kind helfen. Den Kindern macht das nichts aus, und für Sie bedeutet es eine Pause.

Das Anziehen, die Mahlzeiten, abends das Zubettgehen und andere typische schwierige Phasen müssen nicht zu einem täglichen Kampf werden. Sie können den Erfolg planen. Sie können Problemen oder zumindest deren Häufigkeit vorbeugen, indem Sie gegenseitig Ihr jeweiliges Temperament respektieren und die Reaktionen entsprechend anpassen. Wagen Sie es, anders zu sein. Lassen Sie nicht zu, dass ein Paar Socken zwischen Ihnen und Ihrem Kind steht.

## ANZIEHEN – EINE ZUSAMMENFASSUNG

Den meisten Menschen mag das unbedeutend erscheinen, aber in der Familie eines temperamentvollen Kindes kann das Anziehen ein Streit stiftendes Ereignis sein, bei dem Eltern gegen impulsive kleine Körper antreten, die durchs Zimmer sausen, um kratzigen Fäden, zu engen Gummibündchen und Materialien zu entkommen, die ihre Haut reizen. Das Anziehen kann wegen ihres Temperaments zu einer größeren Herausforderung werden.

***Vorhersagen:***
Prüfen Sie das Gesamtbild des Temperaments Ihres Kindes. Versuchen Sie Ihr Bestes, um herauszufinden, welche Züge seines Temperaments das Anziehen für Ihr Kind so schwierig machen. Oft ist Empfindlichkeit ein großes Problem. Auch die langsame Anpassungsfähigkeit und die intensiven Emotionen können entscheidende Faktoren sein.

***Organisieren Sie das Setting:***
Schaffen Sie für das Anziehen einen Ort, der Ihrem Kind hilft, auf diese Aufgabe fokussiert zu bleiben.
Vermeiden Sie Machtkämpfe, indem Sie Ihrem Kind durch ein Innen-/Außenthermometer bei der Entscheidung helfen lassen, welche Kleidung am jeweiligen Tag angebracht ist.
Kaufen Sie Kleidung, die Ihr Kind problemlos selbst an- und ausziehen kann.
Sorgen Sie für einen Spiegel, wenn er Ihrem Kind hilft, auf das Anziehen fokussiert zu bleiben.

***Kooperieren:***
Bringen Sie Ihrem Kind Sätze bei, mit denen es die Frustration beschreiben kann, die es beim Anziehen empfindet, damit es sich mit Worten äußern kann anstatt mit Gebrüll.
Kaufen Sie Kleidung, die das aufkeimende Stilempfinden Ihres Kindes respektiert.
Glauben Sie Ihrem Kind, wenn es Ihnen sagt, dass ihm warm ist.
Geben Sie Ihrem Kind genügend Zeit zum Anziehen, damit es sich nicht gehetzt fühlt.
Bereiten Sie rechtzeitig alles für den Jahreszeitenwechsel vor.

***Erfreuen Sie sich an Belohnungen:***
Bedenken Sie: Wiederholung bringt Erfolge. Mit der Zeit wird das Anziehen immer weniger zu einem Problem.
Lassen Sie andere Leute helfen. Wenn Ihr Kind in eine Kita geht, lassen Sie ihm von der Kindergärtnerin beim Anziehen des Anoraks helfen, bevor Sie kommen.

# VIERTER TEIL

## Mit temperamentvollen Kindern unter Leute gehen

# 19

# Mit anderen Kindern klarkommen

*»Mama, glaubst du wirklich, dass es dir jemals gelingen wird, sie unter Leute zu bringen?«*

*Megan, Schwester eines temperamentvollen Kindes*

Die Mütter und ihre Babys hatten im Raum der Mutter-Kind-Gruppe auf dem Boden gelegen. Der Fallschirmstoff in kräftigen Regenbogenfarben war unter ihnen ausgebreitet. Sie hatten Bälle hin- und hergerollt, mit Rasseln geklappert, beim Anblick ihrer Spiegelbilder gegurrt und gegluckst und Gesichter geschnitten. Die Kindergärtnerin fing zu singen an: »Bildet einen Kreis. Bildet alle einen Kreis.«

Ein Sechstklässler, der neben mir am Beobachtungsfenster stand, fragte: »Wozu macht sie das? Babys wissen doch nicht, was ein Kreis ist.«

»Das stimmt«, antwortete ich. »Das wissen sie noch nicht. Wir müssen ihnen beibringen, was ein Kreis ist und was zu tun ist, wenn eine Gruppe im Kreis sitzt. Heute stellen wir ihnen diesen Gedanken nur vor, aber in ein paar Jahren erwarten wir, dass sie wissen, was es heißt, einen Kreis zu bilden.«

Soziale Fertigkeiten und Benimmregeln werden erlernt. Es sind die Fertigkeiten fürs Leben, die wir alle brauchen, um in der Gesellschaft kooperativ sein zu können. Temperamentvolle Kinder müssen lernen, wie man sich einer Gruppe anpasst und sich auf sie einstellt, ohne ihre Würde oder Identität aufzugeben. Sie müssen lernen, mit ihrer temperamentvollen Art selbst klarzukommen, ohne dass wir Probleme für sie aus dem Weg räumen.

Der Weg, den Ihr Kind nimmt, wenn es von Ihnen weggeht und mit anderen in der Nachbarschaft, in der Schule und in einem Team Umgang hat, kann ein einfacher Weg sein. Vielen temperamentvollen Kindern reicht es, ihren eigenen Lebensstil zu verstehen und zu akzeptieren, um erfolgreich zu sein. Andere hingegen können ins Straucheln kommen. Es kann sein, dass sie in der Nachbarschaft nicht willkommen sind, weil sie die anderen Kinder stoßen und attackieren. Oder sie brechen in Tränen aus, wenn jemand sie an der Bushaltestelle hänselt, oder ziehen sich möglicherweise von anderen Kindern und Erwachsenen zurück und weigern sich, mit ihnen Umgang zu haben oder sogar Hallo zu sagen. Zu beobachten, wie Ihr Kind zu kämpfen hat, wenn es herauszufinden versucht, wie es mit anderen zurechtkommen könnte, kann eine schmerzliche Erfahrung sein.

»Ich weiß einfach nicht, was ich tun soll«, seufzte Ashley. »Inzwischen bin ich schon so weit, dass ich zurückschrecke, wenn ich eine Gruppe Kinder sehe. Silas platzt immer mitten in eine Gruppe hinein und macht schließlich deren Spiel kaputt. Er ist erst vier, daher weiß ich, dass er es nicht absichtlich macht, aber es endet jedes Mal damit, dass er in Tränen aufgelöst ist und die anderen Kinder wütend auf ihn sind. Ich spüre die eisigen Blicke der Eltern, die schweigend verlangen, ich solle meinen ›Quälgeist‹ besser kontrollieren, aber ich stehe auf verlorenem Posten. Ich weiß nicht, was ich tun soll.«

Kim seufzte. »Ich würde mir beinahe wünschen, dass Mya ein anderes Kind attackiert. Seit sie ein Baby ist, war sie immer extrem zurückhaltend. Wenn andere Kinder Hallo zu ihr sagen oder zum Spielen herüberkommen, schaut sie weg und weigert sich, mit ihnen zu sprechen.«

## GRENZEN ERKENNEN

Während viele Kinder soziale Fertigkeiten ohne Anleitung aufzugreifen scheinen, kann es sein, dass temperamentvolle Kinder, die von ihren Wahrnehmungen überflutet oder von ihrer eigenen Intensität angefeuert werden, soziale Signale übersehen. Dabei geht es um die einfachen Körperaktionen, die ihnen mitteilen, dass sie eine oder mehrere soziale Grenzen überschritten haben – die Richtlinien, die ihnen sagen, dass ihre Stimme zu laut, ihr Körper zu nah oder ihre Intensität penetrant ist. Wieder andere temperamentvolle Kinder können durch die Reize überfordert werden, die von einer Gruppe ausgehen und sich zurückziehen.

Wenn Ihr Kind zu kämpfen hat, werden Sie ihm helfen müssen, mit seinen starken emotionalen Reaktionen umzugehen, die Fertigkeiten zu entwickeln, um sich in einer Gruppe reibungslos zu bewegen, und mit anderen zu arbeiten, um Probleme zu lösen. Mit zunehmendem Selbstvertrauen Ihres Kindes werden Sie wahrscheinlich Anhaltspunkte für die künftige Führungspersönlichkeit sehen, die Ihr Kind einmal werden könnte.

## Schaffen Sie Gelegenheiten zum Üben

Eines der wichtigsten Dinge, die Sie als Coach der sozialen Fertigkeiten Ihres Kindes tun können, ist, ihm Gelegenheiten zum Üben zu verschaffen. Wenn sich Ihr Kind eher »zurückzieht«, mag dies kontraintuitiv für das sein, was zu ihm »passt«.

»Ich vermied es, mit Jasper aus dem Haus zu gehen«, berichtete Samantha eines Tages in der Gruppe. »Er war total zufrieden, den ganzen Tag im Schlafanzug mit mir oder für sich allein zu Hause zu spielen. Wenn wir aus dem Haus gingen, sogar wenn wir in die Bücherei oder das Lebensmittelgeschäft gingen, hassten wir das und wollten wieder nach Hause. Das schien er am meisten zu mögen.«

Soziale Fertigkeiten werden jedoch erlernt, und das bedeutet, dass Ihr Kind Gelegenheiten braucht, um zu üben. Wenn Sie sich in Vollzeit um Ihr Kind kümmern, planen Sie jeden Tag eine »Ausgehzeit« ein. Es ist für Ihr Kind einfacher, wenn sich einige dieser Aktivitäten jede Woche wiederholen, damit es lernt, sich mit den Leuten und der Umgebung wohlzufühlen. Wenn Sie sich für ein Vorschulprogramm entscheiden, wählen Sie eher eine Drei-Tage-Variante anstelle einer Zwei-Tage-Option, damit Ihr Kind mehr Zeit hat, Freunde zu finden.

Wählen Sie anfangs Aktivitäten in kleinen Gruppen, in denen das Reizniveau niedrig ist und Ihr Kind nicht in die Verlegenheit gebracht wird, etwas vorführen zu müssen. Es könnte sich davon überfordert fühlen, im Mittelpunkt der Aufmerksamkeit zu stehen. Diese Fertigkeit kommt später, wenn es viel Übung hat und viele Erfolge verbuchen konnte.

»Das ist nur zu wahr!«, stieß Amanda hervor. »Libby hasste einen Purzelbaumkurs, weil jedes Kind einzeln vorturnen musste, aber sie liebte ihre Musikstunde. Dort waren nur sechs Kinder, und alle sangen gemeinsam. Anfangs wollte sie nicht mitmachen.

Die Lehrerin akzeptierte das so. Sie lud Libby ein, einfach nur zuzuhören und zu beobachten, bis sie bereit sei, und immer, wenn sie das Hallo-Lied sang, fragte sie Libby, ob sie ihren Namen gesungen hören wollte. Wenn Libby verneinend den Kopf schüttelte, sagte die Lehrerin: ›Okay, vielleicht nächste Woche.‹ Es dauerte mehrere Wochen, aber kürzlich ließ sich Libby in das Hallo-Lied mit aufnehmen und sang zusammen mit den anderen.«

Soziale Fertigkeiten sind für ein temperamentvolles Kind entscheidend wichtig, um seine Stärken voll nutzen zu können. Wenn Ihr Kind noch ein Säugling oder junges Kleinkind ist, setzen Sie es in Gruppen eher vor sich auf den Boden als auf Ihren Schoß. Oder legen Sie sich, wenn das geht, auf dem Boden auf die Seite und setzen das Kind vor sich. Auf diese Weise sind Sie im wahrsten Sinn des Wortes an der Seitenlinie, bieten Ihrem Kind einen tröstenden Beistand, lassen das Spielfeld aber offen vor Ihrem Kind, sodass es sich ganz einfach zu den anderen Kindern und den Spielsachen hinbewegen kann. Vermeiden Sie es, Ihre Arme schützend um Ihr Kind zu legen oder es auf dem Arm zu halten, während Sie stehen. Der Weg auf den Boden und zu seinen Freunden ist sehr viel bedrohlicher für Ihr Kind, wenn er mit dem Absetzen auf den Boden beginnt.

Wenn Ihr Kind Probleme mit Gleichaltrigen hat, versuchen Sie, Kinder zu sich nach Hause einzuladen, die etwas jünger und sozial geschickt sind. Studien haben gezeigt, dass das Üben mit jüngeren Kindern eine sehr wirksame Möglichkeit sein kann, soziale Fertigkeiten zu lernen, die letztlich auf Interaktionen mit älteren Kindern übertragen werden. Solche Zusammenkünfte sollen erfolgreich sein, halten Sie sie deshalb kurz. Eine Stunde kann genügen.

Beobachten Sie genau, um zu sehen, was geschieht. Das wird Ihnen helfen, den *Zündstoff* hinter den Kämpfen Ihres Kindes zu erkennen. Häufig beeinflusst ein Merkmal seines Temperaments, was geschieht, es ist aber auch nötig, die Stadien der sozialen Entwicklung zu verstehen.

## BESTIMMEN SIE DAS NIVEAU DER SOZIALEN FERTIGKEITEN IHRES KINDES

Der fünfjährige Jacob spielt gerne mit Mathew. Jacob ist der Boss, und Mathew folgt ihm. Jedes Mal jedoch, wenn Ryan mit dazukommt und sich weigert, Jacobs Führung zu folgen, beginnt der Ärger. Jacob wird aufgebracht und drängt Ryan häufig aus der Gruppe.

Soziale Fertigkeiten haben, wie alle Fertigkeiten, verschiedene Entwicklungsstadien, die aufeinander aufbauen. Um den wahren Zündstoff hinter Jacobs Reaktion zu verstehen und um zu erkennen, welche Fertigkeiten er braucht, um gefestigter zu werden, müssen Sie die verschiedenen Stadien kennen. Mithilfe meiner Kollegin Lynn Jessen habe ich sie vereinfacht in vier wichtige Schritte unterteilt.

- **Erstes Stadium:** Das ist meins! Dies ist üblicherweise in den Kleinkindjahren zu beobachten, wenn die Kinder lernen, was es bedeutet, einen Gegenstand zu besitzen. Sie teilen nicht. Das kommt später.
- **Zweites Stadium:** Kinder können Seite an Seite mit ähnlichen Materialien interagieren. Jedes Kind hat seine eigenen Bauklötze und baut allein für sich etwas.
- **Drittes Stadium:** Kinder spielen Seite an Seite, sind nun aber in der Lage, abwechselnd etwas zu tun. Sie werden sehen, wie ein Kind einen Klotz auf einen Stapel legt und anschließend das andere Kind einen weiteren Klotz auf denselben Stapel legt.
- **Viertes Stadium:** Kinder entwickeln besondere Freundschaften und können im kooperativen Spiel entweder der Anführer

oder der Gefolgsmann sein. In diesem Stadium werden Sie sehen, wie Kinder gemeinsam eine Burg bauen, Ideen teilen, verhandeln und Probleme lösen.

Obgleich Jacob fünf Jahre alt ist und man erwarten könnte, dass er kooperativ spielt, ist er offensichtlich noch nicht so weit. Um solch ein Kind zu coachen, müssen Sie es dort abholen, wo es in der Entwicklung steht. Arbeiten Sie zuerst am Besitz, indem Sie vorschlagen, jedes Kind könne seinen eigenen Besitz haben, wie beispielsweise einen Haufen Bauklötze. Der nächste Schritt ist, es zu animieren, abwechselnd damit an ein und demselben Bau zu arbeiten. Nachdem sich der Erfolg auf dieser Stufe gezeigt hat, können Sie den Anstoß zu kooperativerem Spiel geben.

Bleiben Sie am Ball, machen Sie Vorschläge oder bieten Sie bei Bedarf eine helfende Hand an. Nehmen Sie wahr, wenn Ihr Kind erfolgreich ist, und verstärken Sie dies, indem Sie etwas sagen wie:

Ihr habt schön mit euren Lastwagen gespielt.
Das ist eine tolle Sache, wenn ihr euch abwechselt.
Du hast gut zugehört.
Du hast Amy mit Worten mitgeteilt, dass du sie ablösen wolltest.
Ihr habt zusammen daran gearbeitet …

Bedenken Sie, dass Übung den Meister macht und Erfolg auf Erfolgen aufbaut.

## LERNEN, IN EINER GRUPPE MITZUMACHEN

Ich stand mit einer Gruppe von Eltern am Beobachtungsfenster. »Beobachten Sie genau, wenn Ihr Kind sich einem anderen Kind anschließt«, sagte ich. »Erzählen Sie mir, was Sie sehen.«

»Liam streitet mit Ben wegen eines Klumpens Knete. Er hat ihm die Knetmasse einfach weggenommen«, sagte Kari, und ihre Worte waren stimmlos vor Frustration.

»Mica steht abseits und beobachtet tatenlos die Kinder in der Haushaltsecke. Er geht nicht zu ihnen«, bemerkte Sara, und ihre Stimme senkte sich vor Enttäuschung, hob sich dann aber wieder, als sie ausrief: »Jetzt ist er doch hingegangen. Er hat auf einen freien Stuhl gewartet und hat sich dann gesetzt. Jetzt spricht er mit Laura und Braden.«

Warum schloss Mica sich einer Gruppe erfolgreich an und Liam nicht? Es könnte sein, dass Liam noch auf der sozialen Entwicklungsstufe steht, in der gelernt wird, sich abzuwechseln, oder es könnte mit seinem Temperament zusammenhängen.

Studien zeigen, dass Kinder, die zu einer Gruppe gehen, ohne sofort die Aufmerksamkeit auf sich zu ziehen, die passende Fragen stellen und es vermeiden, mit anderen Gruppenmitgliedern uneins zu sein, sozial erfolgreicher sind als Kinder, die das nicht tun.

Das ist eine wichtige Information für ernsthafte und analytische Kinder, die dazu neigen, sofort, wenn sie eine Szene betreten, wertende Kommentare abzugeben. Sie müssen einem solchen Kind vielleicht beibringen zu warten, Augenkontakt herzustellen, Hallo zu sagen und zuzuhören. Durch Zuhören kann Ihr Kind die Situation abschätzen und relevante Fragen stellen oder etwas finden, dem es zustimmen kann. Wenn es sich auf das einstellt, was gerade vorgeht, kann es erfolgreich mitmachen. Sobald das Kind zur Gruppe gehört, kann es dann seine Vorschläge für Veränderungen vorbringen.

## Das Kind, das sich zurückzieht

Bei einem vorsichtigen Kind, das zurückhaltend ist, liegt das Problem eher in der Tatenlosigkeit als in der Art der Aktion. Dieses Kind macht vielleicht einen ersten Versuch, sich anderen zu nähern und sogar in der Nähe der anderen zu bleiben, versucht jedoch nie, in die Gruppe hineinzukommen. Studien zeigen, dass die Hälfte erster Versuche, in eine Gruppe zu kommen, auf Ablehnung stoßen. Wenn der erste Versuch Ihres Kindes nicht gelingt, braucht es Ihre Ermutigung, es erneut zu versuchen.

Wenn es daher blockiert und sich Ihnen zuwendet, um seinen Kopf in Ihrem Schoß zu vergraben, sollten Sie der Versuchung widerstehen, es vor dieser unangenehmen Erfahrung zu beschützen. Damit vermitteln Sie Ihrem Kind nämlich: »Da ist etwas Beängstigendes, Mama und Papa beschützen dich.« Zwar ist es wichtig, dem Kind eine Mut machende Umarmung anzubieten, vermeiden Sie es jedoch, Ihr Kind auf den Schoß zu nehmen und es mit Küssen und Umarmungen zu erdrücken. Trösten Sie es stattdessen einen Moment, hören Sie auf zu sprechen und dann, wenn Sie eine leichte Entspannung seines Körpers spüren, animieren Sie es sanft, sich vorwärtszubewegen und zu erkunden. Um das tun zu können, muss es sich sicher fühlen. Sie können also etwas Tröstliches sagen wie: »Das ist ein sehr interessantes Spielzeug. Es erinnert mich an eines, das du zu Hause hast. Schau, wie Elsa lächelt, sie scheint sehr nett zu sein. Du könntest ihr dieses Spielzeug zeigen.«

Wenn Ihr Kind beginnt, sich vorwärtszubewegen, achten Sie darauf, dass es vielleicht zu Ihnen zurückblicken wird. Es prüft Ihr Gesicht, um zu entdecken, wie es reagieren soll. Lächeln und nicken Sie, um Ihr Kind zu ermutigen weiterzugehen. Ihre Aufgabe ist es zwar, Ihr Kind zu umhegen, dabei ist es aber auch wichtig, dass Sie es behutsam anstupsen, auf den Spielplatz zu gehen, wo es seine Fertigkeiten üben kann. Ihr gewinnendes zuversichtliches Lächeln erleichtert ihm den Weg.

## ACHTEN SIE AUF GENÜGEND RAUM

Sobald Ihr Kind in einer Gruppe aktiv ist, werden die Grenzen der Distanzzone wichtig. Jeder Mensch braucht einen gewissen Raum, um sich wohlzufühlen und erfolgreich tätig sein zu können. Das extrovertierte und vor allem das energiegeladene, extrovertierte temperamentvolle Kind sind dafür bekannt, in die Distanzzonen anderer einzudringen, weil sie so begierig darauf sind, ihre Ideen zu teilen.

Im Klassenzimmer beobachtete ich eines Tages Nora und Damon, die mit einer Eisenbahn spielten. Jedes Kind hatte eine Lokomotive mit sechs angehängten Wagons, und sie ließen die Züge immer wieder ihre Runden auf den Gleisen drehen. Nora war so eifrig bemüht, Damon einzuholen und ihm ihren Zug zu zeigen, dass sie mit ihrem Zug in seine letzten Wagons fuhr und diese entgleisten. Damon brach in Tränen aus.

»Nora, schau nur, wo deine Lokomotive ist«, sagte die Kindergärtnerin. »Siehst du, dass sie in Damons Zug hineingefahren ist? Er sagt dir, dass er das nicht mag. Du musst deinen Zug ein kleines Stück hinter Damons Zug fahren lassen, damit beide das Gleis nutzen können.« Anschließend zeigte sie Nora, wo ihr Zug fahren sollte. Nora wartete, bis Damon seine Wagons wieder aufs Gleis gestellt hatte und schob ihren Zug anschließend weiter. Sie bemühte sich sehr, ein paar Zentimeter zurückzubleiben, und hielt manchmal ruckartig an, aber es passierte nun nichts mehr.

Nora wollte gerne mit Damon spielen. Sie hatte nicht die Absicht, ihn zu ärgern, aber die Begeisterung über die Bewegung und der Wunsch, ihre Begeisterung zu teilen, hatten sie für die Grenzen blind gemacht. Sie brauchte etwas Hilfe, um das zu verstehen – das Achten auf die unsichtbare Linie –, aber nachdem sie es verstanden hatte, gelang es ihr.

Ob Sie Ihrem Kind sagen, es solle einmal schauen, wo seine Füße stehen, damit es sieht, wenn es zu nah an jemand anderem steht, oder wo seine Hände sind, damit sie nicht bei jemand anderem im Gesicht sind oder es jemanden anfasst, der nicht angefasst werden will – Sie helfen Ihrem Kind damit, etwas über den Platzbedarf der anderen zu lernen. Diese Achtsamkeit ist wichtig, damit Ihr Kind nicht die Distanzzone eines anderen verletzt und ihm damit möglicherweise zu nahe tritt.

Sollte Ihr Kind trotz Ihres Coachings weiterhin andere Kinder anrempeln oder sie attackieren oder niederringen, vereinbaren Sie einen Termin bei einem Ergotherapeuten, um sensorisch mit Ihrem Kind zu arbeiten. Die Empfindungen, die der Körper durch diesen physischen Kontakt erhält, beruhigen das Kind. Ein Ergotherapeut kann Ihrem Kind geeignetere Strategien beibringen, um denselben Input zu erhalten.

Intensive temperamentvolle Kinder können auch mit ihrer Stimme soziale Grenzen übertreten. Mia war das lauteste Kind in der Gruppe. Sie knurrte, schnaubte, kreischte, kicherte und tobte wie kein anderes Kind. Die anderen Kinder legten sich die Hände schützend über die Ohren, wenn sie sie kommen sahen.

»Mia, mir gefällt deine Begeisterung«, hörte ich die Kindergärtnerin erklären, »aber manchmal ist das für andere erdrückend. Schau dir die anderen Kinder an. Sie halten sich die Ohren zu. Schau, wie sie sich von dir zurückziehen. Achte einmal darauf, wie sie zusammenzucken, wenn du schreist. Deine Stimme tut ihren Ohren weh. Ich weiß, dass du ihren Ohren nicht wehtun willst. Höre auf deine eigene Stimme und versuche, leiser zu sprechen.« Die Worte der Kindergärtnerin halfen Mia, die Folgen ihres Benehmens zu verstehen.

Über mehrere Wochen beobachtete ich, wie die Kindergärtnerin mit Mia arbeitete. Sie schnappte sich Mia nicht, wenn diese laut

war, sondern wenn ihre Stimme angemessen klang. »Was für eine nette, angenehme Stimme, Mia«, bemerkte sie dann. »Das ist die Stimme, die deine Freunde gerne hören.«
Häufig weiß ein Kind nicht, wie eine angenehme Stimme klingt oder sich anfühlt. Die beste Möglichkeit, einem Kind das beizubringen, ist, es darauf hinzuweisen, wenn es in der richtigen Lautstärke gesprochen hat, sodass es diese Tonlage als Vorlage nehmen kann.

Es ist nicht ungewöhnlich, temperamentvolle Kinder in Anführerrollen und als beliebte Gruppenmitglieder zu sehen. Es braucht nur einen geschärften Blick und etwas Hilfe Ihrerseits.

## KONFLIKTE MIT WORTEN LÖSEN, NICHT MIT FÄUSTEN

Stephen Porges, Ph.D., von der University of Chicago schreibt: »Soziale Bindung verlangt ein Gefühl der Sicherheit.« Aufregung und Angst können Ihr Kind, speziell ein intensives Kind, in die rote Zone angespannter Energie treiben. Bedenken Sie, dass in der roten Zone der Herzschlag Ihres Kindes schneller wird, es für Ihr Kind schwieriger ist, Augenkontakt herzustellen oder überhaupt nur auf die menschliche Stimme zu reagieren. Größer ist die Wahrscheinlichkeit, dass Ihr Kind in den Zustand von Kampf, Flucht oder Bewegungslosigkeit verfällt. Es hört auf zu denken und gerät in eine Überlebensreaktion. Intensive Kinder müssen lernen, mit ihren intensiven Reaktionen umzugehen, um weiterzudenken und sich in sozialen Situationen angemessen zu verhalten.

Eines Morgens spielten Caleb, Greg und Ben in der Gruppe Zelten. Auf dem Tisch hatten sie ein Picknick aus künstlichen Hotdogs und Trauben ausgebreitet. Caleb nahm sich einen Hotdog. Ohne Vorwarnung entriss Ben es seiner Hand und brüllte:

»*Meins!* Das kannst du nicht haben. Das ist *meins!*« Caleb stürzte sich auf den Hotdog. Ben schlug in seine Richtung. Der Schlag streifte Calebs Wange.

Genau hierin liegt die Herausforderung. Wenn Ihr Kind aufgebracht und wütend wird, kann es sehr verlockend sein, ebenfalls wütend zu reagieren. Was Ihr Kind jedoch mehr als alles andere braucht, ist Ihre Hilfe, um sich beruhigen zu können. Wenn Sie erkennen, dass sein Ausbruch nicht absichtlich erfolgt und keine unabänderliche Reaktion ist, ist es leichter, dass Sie Ihre Aufgabe als Coach sehen. Der Coach unseres Kindes zu sein, bedeutet nicht, dass wir es unserem intensiven temperamentvollen Kind erlauben, aggressiv zu sein. Wir können verlangen, dass es seine Intensität angemessen nutzt – auch wenn die Dinge nicht so laufen wie erwartet. Zum Glück für Ben war seine Kindergärtnerin sehr geschickt im Coaching.

Während ich Caleb und Ben beobachtete, ging sie zu Ben und stellte sich vor ihn. Sie beugte sich auf seine Augenhöhe und befahl: »Stopp. Ich lasse nicht zu, dass du Caleb wehtust. Die Regel lautet, dass nicht geschlagen wird. Egal, wie wütend du bist, geschlagen wird nicht.«

Ben sah beinahe erleichtert aus. Caleb war eindeutig froh über die Unterstützung. Temperamentvolle Kinder müssen wissen, dass wir Erwachsenen uns in Ihrem Leben darum kümmern, wenn eine mögliche Verletzung oder ein Schaden drohen. Es bedeutet keine Schuldzuweisung, ein potenziell gefährliches Benehmen zu stoppen. Es stellt die Regeln klar und schafft die Voraussetzungen für positivere Methoden der Problemlösung.

Nachdem die Kindergärtnerin festgestellt hatte, dass Caleb unverletzt und Ben von Gefühlen überwältigt war, arbeitete sie mit denselben Strategien, die wir in Kapitel 8, »Trotzanfälle« besprochen haben. Um erst zuzuhören und zu verstehen, worum es ging, sagte sie zu Ben: »Ich glaube, du hast Caleb etwas Wichtiges zu sagen. Was wolltest du ihm sagen?«

Ben schwang seine Arme weiterhin Richtung Caleb, der nun aufgestanden war und sich an die Kindergärtnerin lehnte. Diese streichelte Calebs Rücken und Bens Arm und versuchte, beide zu beruhigen und Ben davon abzuhalten, erneut zu schlagen. »Ich sehe, dass du gerade sehr wütend bist.«

»Ben, höre auf deinen Körper«, äußerte sie nachdrücklich und fuhr dann sanfter fort: »Du bist sehr angespannt. Schau dir deine Hände an – siehst du, dass sie zu Fäusten geballt sind? Spürst du, dass du deine Augen zusammenkneifst? Du bist sehr angespannt. Komm, setz dich da mal hin.«

Sie schob ihn vorsichtig zu einem Ruhekorb, während sie leise mit ihm sprach. »Wenn deine Hände wieder ruhig sind und du mich anschauen kannst, gehen wir wieder zu Caleb und sprechen mit ihm«, sagte sie. Sie blieb bei ihm, ohne noch etwas zu sagen und ließ ihn durch ihre Nähe und sanfte Körpersprache wissen, dass sie hier war, um ihn zu unterstützen und sich um ihn zu kümmern. Auch Caleb kam dazu, nach ein paar tröstenden Streicheleinheiten ging er jedoch zurück ins »Zeltlager«.

Temperamentvollen Kindern muss beigebracht werden, dass es in Ordnung ist, sich einer Situation zu entziehen, wenn man frustriert oder aufgebracht ist. Wenn ein Kleinkind von seiner Intensität überwältigt wird, wie dies bei Ben der Fall war, braucht es Hilfe, um herauszufinden, was geschehen ist und was falsch gelaufen ist. Wenn Sie das Kind beruhigen, anstatt böse mit ihm zu werden, helfen Sie ihm, sein Gehirn wieder einschalten zu können, sodass es sich eine bessere, akzeptablere Reaktion überlegen kann. Diese unterstützende Methode stärkt seine Fertigkeiten und hilft ihm, von seiner ersten Reaktion auf eine erfolgreichere, erlernte Reaktion umzuschwenken.

In ihrem Video *On Their Own with Our Help (Selber, nur mit unserer Hilfe)* meint Magda Gerber, eine Expertin für das Kleinkindalter: Wenn zwei Kinder einen Konflikt austragen, braucht das angreifende Kind mehr Unterstützung als das Opfer. Der Angreifer ist ängstlicher. Dieses Kind merkt nicht, was da passiert. Es weiß nicht, was zu tun ist, bevor man es ihm nicht beigebracht hat.

Bens Körper lehnte sich gegen die Kindergärtnerin, bis er schließlich allmählich auf ihren Schoß kletterte. Da sie wusste, wie wichtig es ist zurückzugehen, um die Situation in Ordnung zu bringen – der pädagogische Moment –, sagte sie: »Lass uns mit Caleb sprechen. »Ben nickte und ließ sich auf den »Campingplatz« zurückführen.

»Sag Caleb, was du willst«, sagte sie. »Sag ihm mit Worten, dass du wütend warst.« Ben wurde wieder angespannter, und die Kindergärtnerin legte vorsichtig ihre Hand auf seine.

»Ich will nicht teilen«, sagte er. »Ich hatte es zuerst.«

»Caleb, was möchtest du dazu sagen?«, fragte die Kindergärtnerin und wandte sich ihm zu.

Caleb antwortete: »Ich war an der Reihe. Du hattest alle Hotdogs, und jetzt wollte ich drankommen.«

Wenn Kinder streiten, insbesondere intensive, empfindliche Kinder, müssen wir über die Gefühle aller Beteiligten sprechen. Temperamentvolle Kinder müssen lernen, wie sie ihre eigenen Gefühle ausdrücken können und auch, wie sie denen der anderen Kinder zuhören. Einfühlungsvermögen muss erlernt werden. Indem wir über Gefühle sprechen, erlauben wir es den Kindern, ihre Emotionen auszudrücken und ihre Intensität zu zerstreuen. Es ist die Gelegenheit zu teilen, nicht Schuld zuzuweisen.

Scheint ganz einfach zu sein, oder? Natürlich funktioniert es normalerweise nicht so reibungslos wie in diesem Klassenzimmer.

»Meine Kinder würden sich einfach nur abwenden und brüllen: ›Ich hasse dich‹«, bemerkte Andy, als ich diese Geschichte in der Gruppe erzählte.

»Ja, und Beatrice hätte nichts Vernünftiges zu sagen«, fügte Maggie an. »Gestern Abend erzählte sie ihrem Bruder, sie würde ihm gerne sein Gesicht herunterreißen und im Mixer verarbeiten.« Wenn aus den körperlichen Angriffen verbale Drohungen werden, ist Ihr Kind noch nicht zum Reden bereit. Seine Worte sagen Ihnen, dass es noch eine weitere Auszeit braucht. Sie können ihm sagen: »Wie ich sehe, bist du noch zu aufgebracht, um das aufzuarbeiten.« Bestehen Sie anschließend darauf, dass es an einen stillen Ort geht. Später jedoch, wenn es dazu bereit ist, bringen Sie Ihr Kind an den Schauplatz zurück, um das Problem zu lösen. Temperamentvolle Kinder werden viel zu oft von dem Konflikt entfernt und nie dorthin zurückgebracht. Folglich lernen sie nicht, ihre Gefühle angemessen auszudrücken oder Probleme mit angemessenen Worten, anstatt mit Fäusten zu lösen.

In Kapitel 9 sprach ich darüber, Problemlöser zu werden und nach dem Ja zu suchen. Einen Konflikt in einer positiven, gesunden Weise beizulegen, bedeutet, eine Lösung zu finden, die alle akzeptieren können. Nachdem die Kinder über ihre Gefühle gesprochen haben, ist es an der Zeit, ihre Interessen zu erkunden.

»Was geschah weiter mit Ben und Caleb?«, fragte die Gruppe, die das Ende der Geschichte erfahren wollte.

Ich erzählte weiter. Die Kindergärtnerin nahm ihnen die Problemlösung nicht ab. Stattdessen nannte sie das Problem und stellte beiden Fragen, um sie zum Nachdenken zu bringen. »Anscheinend wolltet ihr beide diesen Hotdog«, sagte sie. »Wie könntet ihr das lösen?«

Während ich zuschaute, standen sich die beiden Vierjährigen gegenüber. Ich wartete und fragte mich, wie ihre Antwort wohl ausfallen würde, denn ich wusste, wie wichtig es war, nach Möglichkeit nicht einzugreifen und die Lösung für sie zu suchen. Beide musterten sich und sprangen von einem Fuß auf den anderen. Dann war es Ben, der sagte: »Ich bin satt. Du kannst den Hotdog haben. Ich mache ein Schläfchen.« Er kroch in den Schlafsack und bald hörte man ein lautes Schnarchen, als er so tat, als schlafe er. Die Gruppe saß schweigend da und dachte über das Ende dieser Geschichte nach; als sich einige fragten, ob das tatsächlich so möglich sei, da äußerte Tiffany: »Das funktioniert. Es ist schwer zu glauben, aber es klappt.«

Gestern hatten meine Kinder schulfrei. Sie sind beide sehr unterschiedlich. Es ist schwierig, etwas zu finden, was sie zusammen machen wollen. Tasha ist sehr introvertiert und Megan extrem extrovertiert. Ich dachte, wir würden zusammen in den Zoo gehen, aber sie fingen sofort an zu lamentieren. Sie wollten nicht in den Zoo gehen. Mir war das einerlei, daher sagte ich: »Was würdet ihr denn gerne machen?« Tasha wollte zu Hause bleiben. Megan wollte drei Freundinnen einladen und mit ihnen Rollschuh fahren. Keine der beiden ist alt genug, um allein gelassen zu werden, daher mussten wir etwas finden, womit beide einverstanden sein würden. Wir hatten offensichtlich ein Problem!

»Tasha, du willst daheim bleiben, und du, Megan, willst Rollschuh fahren«, sagte ich. »Wollt ihr das wirklich?«

Tasha nickte zustimmend. Megan beklagte sich, dass Tasha nie etwas tun wollte, wozu sie Lust hatte.

»Willst du wirklich unbedingt Rollschuh fahren?«, fragte ich Megan, um zu versuchen, sie abzulenken.

»Nein, aber ich will mit meinen Freundinnen zusammen sein«, beharrte sie. Das machte die Sache schon etwas einfacher.

»Okay, du willst mit deinen Freundinnen zusammen sein und Tasha will zu Hause bleiben. Was könnten wir tun?«

Wir erstellten eine Liste mit Dingen, die wir tun könnten: das Badminton-Netz aufspannen und Badminton spielen, einen Kuchen backen, einen Film anschauen und einen Videospiel-Wettbewerb veranstalten. Beide murrten während dieses Vorgangs, aber ich bestand darauf, sie sollten die Vorschläge erst werten, wenn unsere Liste länger wäre. Dann gingen wir alle Ideen erneut durch.

Wir beschlossen, dass Tasha und ich etwas backen würden, und Megan würde drei Freundinnen zum Badminton einladen. Sie hatten viel Spaß beim Spielen, und als sie fertig waren, hatten Tasha und ich etwas zu essen für sie vorbereitet. Es war nicht das, was ich mir vorgestellt hatte, aber es kostete nichts und alle waren zufrieden.

Das Suchen nach dem gemeinsamen Ja lehrt Kinder, verschiedene Blickwinkel zu respektieren. So werden beharrliche Kinder allmählich flexibler und kooperativ. Es reduziert ihre Frustration, weil sie wissen, dass sie angehört werden. Mit Kleinkindern, besonders wenn sie intensiv und temperamentvoll sind und es im Umgang mit ihren starken Emotionen schwer haben, muss das Problemlösen geübt werden, bevor man sie sich dabei selbst überlassen kann. Sonst wäre es ungefähr so, als würden Sie Ihr Kind am Swimmingpool zurücklassen und sagen: »Ich bin sicher, dass du herausfinden wirst, wie man schwimmt.«

Anfangs werden Kinder, denen Sie dabei helfen, mit Gleichaltrigen ein Ja zu finden, vielleicht noch Probleme damit haben, Ideen zu entwickeln. Sie können Vorschläge anbieten, aber bald werden die Kinder durch Übung selbst darauf kommen. Mit vier oder fünf Jahren fangen Kinder an, von sich aus ein gemeinsames Ja zu suchen. Sie werden ins Haus laufen und einen Wecker holen, damit jeder fünf Minuten auf der Schaukel sein kann. Sie werden sich einen Reim ausdenken, der es jedem Kind erlaubt, abwechselnd das Springseil zu benützen. Wenn eine Aktivität nicht funktioniert, werden sie sich eine andere ausdenken. Sie werden erkennen, dass die Entscheidungen durch verschiedene Interessen beeinflusst werden, und werden nach Wegen suchen, damit jeder zufrieden sein kann.

Es ist eine entscheidende soziale Fertigkeit zu verstehen, wie man ein gemeinsames Ja finden kann – mit anderen zu kooperieren, um Probleme zu lösen. Diese Fertigkeit hilft auch dabei, Kämpfe zwischen beharrlichen Kindern und ihren Eltern zu beenden. Sie funktioniert im Klassenzimmer und kann ebenso zu Hause mit Geschwistern und Freunden funktionieren.

## Den Umgang mit Neckereien und Hänseleien lernen

Geschwister necken einander, Kinder necken einander, Liebespaare necken einander. Den Umgang mit Neckereien oder sogar Hänseleien zu lernen, ist eine wichtige soziale Fertigkeit, für temperamentvolle Kinder aber eine potenziell heikle Aufgabe. Bringen Sie Ihrem Kind bei, auf Gesichtsausdruck, Worte und Körpersprache anderer zu achten, die ihm die Grenzen seiner Neckereien oder Hänseleien aufzeigen. Es muss lernen, wo bei Spaß und angemessener Neckerei Schluss ist. Sorgen Sie dafür, dass Ihr Kind versteht, dass Äußerungen, die andere beschämen, lächerlich machen oder verletzen, nicht erlaubt sind. Necken kann keine Entschuldigung für verbalen Missbrauch sein. Kinder wissen nicht, was verbaler Missbrauch bedeutet. Das müssen Sie ihnen beibringen. Wenn ein Kind anfängt, zu einem anderen zu sagen »Spargelbein«, »Dummkopf« oder sonst etwas Verspottendes, müssen Sie sagen: »Stopp. Das ist verbaler Missbrauch. Das ist in unserer Familie nicht erlaubt.«

Ein temperamentvolles Kind, das gehänselt wird, kann durch seine Intensität zu einer willkommenen Zielscheibe werden. Wenn es dann verlegen oder wütend wird, kann es von seiner Reaktion überwältigt werden.

Während eines Gesprächs fragte ich die achtjährige Sokim, wann sie das letzte Mal gehänselt wurde.

»Ich war auf meinem Roller«, erzählte sie mir. »Ich hatte Kopfhörer auf, um Musik zu hören. Ich wollte für mich sein. Lindsey störte mich. Sie sagte: ›Dein Hintern steht raus‹ und Allison beschimpfte mich. Ich wollte nach ihnen treten und sie auch beschimpfen. Ich wollte sie schlagen. Ich wusste, dass ich bald weinen würde, weil sie mich verletzten. Sie machten mich wirklich verrückt. Ich hatte nichts gemacht. Sie hatten nicht das Recht, so etwas zu sagen.«

»Was hast du gemacht?«, fragte ich. »Hast du sie geschlagen?«

»Nein«, antwortete Sokim. »Ich wusste, dass ich sie nicht hauen soll, auch wenn mir danach war. Meine Mama sollte ihnen sagen, dass sie mich in Ruhe lassen sollen, aber sie hatte es nicht gehört, deshalb schluckte ich es. Ich wollte die beiden nicht merken lassen, dass es mich ärgerte. Ich stand kerzengerade auf, wie mein Papa mir geraten hatte, und starrte sie an. Dann ging ich ins Haus. Wenn ich ein paar Minuten weggehen kann, vergeht das Gefühl, dass sie mich verrückt machen. Ich habe ein paar lustige Videos angeschaut. Das hat mir geholfen, mich zu beruhigen.«

Sokim hatte gelernt, mit Hänseleien umzugehen. Obgleich sie auf die gemeinen Äußerungen der anderen Kinder sehr stark reagierte, konnte sie einen kühlen Kopf bewahren. Sie stellte sich in voller Größe auf und ging dann ins Haus, entzog sich also den Beschimpfungen.

Es ist nicht immer möglich, andere in die Schranken zu verweisen oder von denen, die einen hänseln, wegzugehen, aber je mehr

Optionen ein Kind kennt, um den Ansturm seiner Emotionen zu stoppen, die durch das Hänseln entstehen, desto erfolgreicher wird es sein. Sprechen Sie mit Ihrem Kind über Hänseleien. Welche Reaktion ist für Ihr Kind akzeptabel? Bringen Sie ihm bei, einen Erwachsenen um Hilfe zu bitten. Kann sich Ihr Kind der Situation entziehen, falls kein Erwachsener erreichbar ist? Kann es dem Angreifenden sagen, er solle aufhören? Kann es mit sonst jemandem sprechen? Kann es mit Humor reagieren oder gelegentlich sogar mit seinem ›Peiniger‹ einer Meinung sein? So machte es Jason. Ich stand am Eingang zu unserer örtlichen Schule, als ich den siebzehnjährigen Jason sah. Er hatte sich aus seinem Pickup ausgesperrt. Nun wartete er an der Tür auf seine Mutter, die ihm einen Ersatzschlüssel bringen wollte. In diesem Moment schlenderte Joe vorbei, der gut 1,83 Meter große Fußballer, und fing an, ihn zu ärgern. »Na, Schlüssel verloren? Hast du deine Mami anrufen müssen?« Jason lächelte und nickte zustimmend. »Ja, ganz schön bescheuert«, sagte er und fügte hinzu: »aber immer noch besser, als mich beim Homecoming-Ball aus meinem Auto auszusperren.« Joe errötete, lachte nickend und ging weiter. Daraus konnte ich schließen, dass Joes Begleiterin zum Homecoming-Ball auf ihn hatte warten müssen, bis seine Mami ihm den Schlüssel gebracht hatte!

Jasons Humor in Kombination mit ein bisschen »Zurückhänseln« hatte gewirkt.

Manchmal ist eine Hänselei jedoch verletzender und verlangt eine direkte verbale Konfrontation mit dem Hänselnden. Dafür wird Ihr Kind vielleicht etwas Hilfe brauchen. Der sechsjährige Tommy war nicht der einzige Junge in seiner Klasse, der von Katie schikaniert wurde. Aus unerfindlichen Gründen hatte sich Katie die Jungen als Ziel ausgesucht, häufig lief sie zu ihnen und trat ihnen gegen das Schienbein, ohne dass es seitens der Jungen irgendeine Provokation gegeben hätte. Bridger, ein gutherziges und freundliches Kind, war unsicher, wie er damit umgehen sollte. Zum Glück hatte er eine Lehrerin, die es wusste. Sie brachte ihrer gesamten Klasse bei, nicht nur Stopp zu sagen, sondern auch Stopp anzuzeigen. Immer wenn Katie sich näherte, bereit, wieder jemanden zu treten, drehten sich Bridger oder ein anderes Kind, das zur Zielscheibe wurde, um, legten ihre rechte Hand mit der Außenkante an die offene Handfläche der linken Hand und forderten unmissverständlich STOPP!

Katie zuckte zurück, und dann griff die Lehrerin sofort helfend ein. Sie legte die Arme um Katie und man hörte sie sagen: »Ich erlaube nicht, dass du jemandem wehtust. Schau dir Bridgers Gesicht an. Glaubst du, dass er glücklich ist? Nein, er sieht traurig aus. Ich weiß, dass du ihm nicht wehtun wolltest. Dein Körper hat sich zu schnell bewegt. Wolltest du mit ihm spielen? Wie könntest du ihm das auf eine andere Art sagen?« Innerhalb weniger Tage hörte Katie mit dem Treten auf, und Bridger, der weichherzige Junge, stand erhobenen Hauptes da und schritt etwas selbstbewusster durch sein Klassenzimmer.

Ermuntern Sie Ihr Kind, mit Ihnen zu sprechen, damit Sie wissen, was es erlebt. Sorgen Sie dafür, dass es seine Optionen kennt. Außerdem sollten Sie wissen, dass es für die Erwachsenen Zeit wird einzuschreiten, wenn das Hänseln die Grenze zum Mobbing überschreitet.

## Teilen lernen

Teilen ist für alle Kinder eine der schwierigsten sozialen Fertigkeiten, die sie lernen müssen. Die Grenzen sind sehr unklar. Mamas und Papas teilen ihre Autos nicht mit ihren Nachbarn, und dennoch wird genau das von den Kindern verlangt. Mama nimmt einen Schluck aus Papas Glas, aber ein Kleinkind soll sich nichts vom Getränk eines anderen stibitzen. Wir teilen manches, aber nicht alles. Das ist sehr verwirrend.

Je jünger das Kind ist, desto schwerer fällt ihm das Teilen. Kleinkinder lernen gerade erst, was es bedeutet, etwas zu besitzen. Sie wollen nicht teilen. Sie durchlaufen tatsächlich gerade das Entwicklungsstadium, in dem sie lernen, was mein bedeutet.

»Ah, das ist gut zu wissen«, sagte Steve. »Zu Weihnachten haben wir unserem achtzehn Monate alten Sohn den Traum jedes Lokführers geschenkt, eine kindgroße Lokomotive, auf der er fah ren konnte. Die Pfeife pfiff, die Glocke läutete und wenn er den roten Knopf drückte, kam ›Rauch‹ aus dem Schornstein. Ich liebte diese Lok und er auch. Er liebte sie tatsächlich so sehr, dass er seine Cousine von der Lok herunterzerrte und jedes Mal zu brüllen begann, wenn sie sich näherte.«

Um den Ruf Ihres Kleinkindes zu schützen, sollten Sie die Lokomotive irgendwo sicher verwahren, bis die Cousins und Cousinen heimgegangen sind. Wenn andere Kinder zum Spielen kommen, holen Sie mehrere Autos, einen Stapel Bauklötze oder sonstige Spielsachen heraus, die es in größeren Mengen gibt. Vermeiden Sie Spielsachen, die verlangen, dass sich die Kleinkinder mit dem Spielen abwechseln. Kleinkinder sind entwicklungsmäßig noch nicht so weit, besonders gnädig zu sein. Sie werden sogar feststellen können, dass das Teilen ein paar Monate lang für Ihr Kleinkind so schwierig wird, dass der einzige Ort, an dem es erfolgreich mit anderen Kindern spielen kann, ein neutraler Ort ist – ein Park, ein Spielplatz oder eine andere Umgebung, wo niemandem die Spielsachen gehören.

Von älteren Kindern kann erwartet werden, dass sie etwas teilen, aber empfindliche temperamentvolle Kinder, insbesondere, wenn sie introvertiert sind, legen großen Wert darauf, ihr Eigentum zu schützen. Bringen Sie Ihrem Kind bei, Dinge, die es nicht teilen will, wegzuräumen, bevor andere Kinder zum Spielen kommen. Helfen Sie ihm, Sachen auszusuchen, bei denen es ihm nichts ausmacht, wenn andere Kinder sie ebenfalls benutzen. Sprechen Sie über die Gefühle Ihres Kindes. Respektieren Sie sie, aber lassen Sie Ihr Kind auch wissen, dass es ein wichtiges Element der Freundschaft ist, zu teilen und anderen etwas Gutes zu tun.

Wenn Sie sehen, dass Ihr Kind erfolgreich war, äußern Sie Ihre Anerkennung. Sie könnten beispielsweise sagen:

Mica war begeistert, weil du ihn auf deinem Fahrrad hast fahren lassen. Ich glaube, du hast dafür gesorgt, dass er sich richtig gut gefühlt hat.
Das hast du toll gemacht, deinen neuen Ball mit Teagan zu teilen. Es schien ihr großen Spaß zu machen, mit dir zu spielen.
Ich weiß, dass es dir schwergefallen ist, dich mit Amy abzuwechseln, aber du hast das sehr gut gemacht und schön mit ihr geteilt.
Bestärken Sie Ihr Kind in solchen sozialen Fertigkeiten! Helfen Sie ihm zu erkennen, welche Fertigkeiten es bereits hat, und animieren Sie es, diese noch mehr zu nutzen.

## ÜBERGÄNGE MEISTERN

Soziale Interaktionen beinhalten viele Übergänge. Wenn jemand zum Spielen dazukommt oder aufhört mitzuspielen, ist das ein Übergang. Ein Spiel zu gewinnen oder zu verlieren, ist ein Ende. Eine Veränderung der Regeln oder einer Aktivität verlangt eine relativ schnelle Reaktion. Spielsachen wegräumen, nach draußen gehen, einen Freund begrüßen oder verabschieden, all das verlangt eine Umstellung. Für ein Kind, das sich nur langsam umstellt, kann es eine große Herausforderung sein, mit diesen Übergängen fertig zu werden.

»Genau das ist vielleicht Kai passiert«, bemerkte Lyssa. »Er und Cody spielten im Vorgarten Fangball. Luke rief an und fragte, ob er mit Kai spielen könne. Ich war beschäftigt und hatte keine Lust rauszugehen und Kai das Telefon zu geben, deshalb sagte ich zu Luke: ›Komm einfach rüber, er ist draußen und spielt Ball. Ich bin sicher, dass du mitspielen kannst.‹ Luke kam mit dem Fahrrad, und da ich ihm erlaubt hatte zu kommen, machte er sofort bei dem Spiel mit. Jetzt wird mir klar, dass das für Kai sehr überraschend kam. Nach wenigen Minuten hörte ich ihre Zankerei. ›Du kannst nicht gut spielen. Er ist nicht draußen. Ich bin an der Reihe.‹ Als ich nach draußen ging, war Kai wütend. Das friedliche Spielfeld war zu einem Schlachtfeld geworden.«

»Ihre Vermutung ist wahrscheinlich richtig«, antwortete ich. »Kai ist ein Kind, das sich langsam umstellt. Ich halte es für möglich, dass er sehr überrascht war und nicht damit umgehen konnte. Wahrscheinlich wusste er nicht, was ihm geschah. Er wusste nur, dass er sich wütend fühlte und er reagierte mit wütenden Worten.«

Warnen Sie Ihr Kind nach Möglichkeit vor, wenn es zu Veränderungen in sozialen Situationen kommt. Falls das nicht möglich ist, bringen Sie ihm bei, diese selbst zu erkennen. Wenn Ihr Kind versteht und aussprechen kann, dass es durcheinander ist, weil unerwartet jemand mitspielt, oder dass es sich unwohl fühlt, weil eine Veränderung eingetreten ist, kann es besser damit umgehen. Es kann kurz zurücktreten, tief durchatmen oder etwas anderes machen, was es braucht, um sich zu beruhigen. Es wird seine Frustration in geeigneter Form auflösen. Die Zornausbrüche werden aufhören und seine Erfolge in sozialen Situationen zunehmen.

Im Spiel zu verlieren, ist für ein temperamentvolles Kind ein besonders schmerzlicher Übergang, weil dieser ungeplant oder unerwartet kommt. Eine langsame Anpassungsfähigkeit verbindet sich mit einer starken Frustration zu einer potenziellen Auseinandersetzung. Temperamentvolle Kinder brauchen Hilfe, um das Gewinnen oder Verlieren in angemessener Form zu lernen. Setzen Sie sich mit Ihrem Kind hin und erklären Sie ihm, wie ein guter Gewinner handelt. Sagen Sie ihm, dass Sie erwarten, dass es den anderen die Hand gibt, den Ball beiseitelegt und die Gefühle des unterlegenen Teams respektiert. Sprechen Sie auch darüber, wie es sich anfühlt zu verlieren. Sagen Sie ihm, dass es nicht in Ordnung ist, einen Ball wütend zu Boden zu werfen. Dass es nicht akzeptabel ist, das Händeschütteln zu verweigern. Es ist nicht angebracht, zu lamentieren und sich über die Schiedsrichter oder die Leistung der Teamkollegen zu beschweren. Kinder wissen nicht notwendigerweise, wie das Protokoll auszusehen hat – wir müssen es ihnen beibringen. Wenn Sie unsicher sind, wie Sie Ihrem Kind dabei helfen können, mit Übergängen im Rahmen sozialer Situationen umzugehen, lesen Sie Kapitel 13, dort finden Sie weitere Gedanken dazu.

## DIE SOZIALEN BEDÜRFNISSE VON INTROVERTIERTEN UND EXTROVERTIERTEN VERSTEHEN

Wenn ich mit Eltern spreche, die sich Sorgen über die sozialen Fertigkeiten ihres Kindes machen, merke ich häufig, dass das eigentliche Problem darin liegt, die Unterschiede zwischen Introvertierten und Extrovertierten zu erkennen. Wichtig ist zu bedenken, dass sich Beliebtheit oder soziale Fertigkeiten nicht an der Anzahl der Freunde messen lassen, die Ihr Kind hat oder nicht hat. In Kapitel 5 habe ich erklärt, wie Introvertierte und Extrovertierte mit anderen Menschen umgehen. Introvertierte erhalten häufig nicht die volle Anerkennung für ihre sozialen Fertigkeiten, weil sie mit ihren Freundschaften wählerischer sind. Wenn Sie ein extrovertierter Elternteil sind, machen Sie sich vielleicht Sorgen,

Ihr Kind habe keine Freunde, weil es nicht begierig darauf ist, andere Kinder zum Spielen einzuladen. Bedenken Sie, dass Introvertierte tiefe und lang anhaltende Beziehungen mit ein paar wenigen guten Freunden pflegen. Ihre sozialen Fertigkeiten können ausgezeichnet sein, aber sie sind wählerischer und brauchen länger, um Beziehungen aufzubauen. Wenn Ihr Kind zumindest mit einem anderen Kind gerne spielt, müssen Sie sich wahrscheinlich keine Sorgen machen. Es hat soziale Fertigkeiten. Es setzt diese nur selektiver ein. Bedenken Sie, dass Introvertierte Zeit für sich allein genießen und brauchen. Für einen introvertierten Menschen ist es nicht dasselbe, alleine oder einsam zu sein.

## ERFOLGE FEIERN

Es verlangt Energie, einen geschärften Blick und ein offenes Ohr, um Ihrem Kind bei der Entwicklung seiner sozialen Fertigkeiten zu helfen, aber mit der Zeit werden Sie belohnt, wenn Sie sehen, wie es geschickt ein Problem löst, zum Schülersprecher gewählt wird oder bei einer Gruppenentscheidung mit verhandelt. Temperamentvolle Kinder kommen mit anderen zurecht. Wenn sie lernen, ihre Intensität, Beharrlichkeit und ihr hohes Wahrnehmungsvermögen gut zu nutzen, wachsen sie häufig zu herausragenden Führungspersönlichkeiten und Politikern heran.

Im Magazin *Fortune* schrieb Walter Guzzardi: »Zumindest einer von [John] Deeres Zeitgenossen tüftelte ebenfalls daran, Stahl mit einem Pflug zu kombinieren, aber nur Deere hatte den Scharfsinn, an der Idee festzuhalten und das Produkt den Bauern zu präsentieren, um dessen Vorteile zu propagieren und den richtigen Preis dafür festzulegen.« Ich könnte wetten, dass er einmal ein temperamentvolles Kind war!

# 20

# Krisenherde: Feiertage und Ferien

*»Als sie klein war, brüllte sie in einem Geschäft so durchdringend, dass die anderen Leute mich in der Warteschlange vorließen. Heute ist ihre durchdringende Stimme fantastisch. Sie war die gefeierte Solistin im Weihnachtskonzert.«*

*Teri, Mutter der sechzehnjährigen Emily*

Ich hätte nie erwartet, das erste Weihnachtsfest meines Sohnes im Badezimmer meiner Schwiegermutter zu verbringen, aber genau so kam es. Ich tat mein Bestes, um mein weinendes Baby zu beruhigen, während sich seine Wangen unter dem Strom der Tränen straff spannten und violett färbten. Ich konnte mich nicht erinnern, dass sich eine meiner älteren Schwestern mit ihrem Baby je im Bad versteckt hätte. Während ich dort auf dem »Thron« saß, ertrank ich beinahe in Selbstmitleid, als mir klar wurde, dass ich den Großteil seiner ersten Feste genau dort verbracht hatte. Angefangen hatte es mit dem Geburtstag seiner Großmutter und sich dann fortgesetzt mit Halloween, Thanksgiving und nun Weihnachten.

Dabei hatte der Tag ganz anders begonnen. Seine großen blauen Augen funkelten alle an, und er gluckste und gurrte zu ihren Hallos. Auf meinem Schoß sitzend war er Mr. Charme, wie ein Politiker, der die Massen bezaubert. Dann geschah es. Ich merkte, wie sich sein Körper versteifte. Das Kreisen seiner Arme und Beine wurde ruckartig, wie bei einer schlecht ausbalancierten Waschmaschine. Seine Hände ballten sich zu Fäusten, die Knöchel traten weiß hervor. Seinem Gesicht entglitt das, und er brach in ein sirenenartiges Geheul aus. Die einzige Möglichkeit, ihn zu beruhigen, war, mit ihm hinauszugehen oder mich mit ihm ins Bad zu setzen (dem einzigen stillen Ort im Haus), das Licht auszuschalten, leise mit ihm zu sprechen und sein Gesicht zu streicheln. Zwischendurch weinte auch ich.

Feiertage, Geburtstagspartys, Familientreffen, Urlaub und besondere Festlichkeiten können sich für temperamentvolle Kinder und ihre Eltern faktisch als Minenfeld entpuppen. Sie sind voller Krisenherde: voll mit Leuten, Orten und Dingen, die dem Temperament des lebhaften Kindes gegen den Strich gehen und es wild werden lassen.

Schließen Sie die Augen und denken Sie über die letzte Geburtstagsparty Ihres Kindes nach. Gehen Sie dann in Gedanken die Feiertage und die Ferien durch. Welche Krisenherde erkennen Sie?

»Nikolaus«, bemerkte Mike. »Sie hat schreckliche Angst vor ihm.«

»Einkaufen«, fügte Kelsey an und die anderen stimmten zu.

»Das Wohnzimmer meiner Mutter. Überall stehen Glassachen.«

»Geschenke – die nicht für sie waren.«

»Das Zubettgehen – sie konnte nicht schlafen und war dann völlig erschöpft.«

Die Liste wurde lang und länger. Jeder Krisenherd war einmalig und doch gab es Gemeinsamkeiten – Merkmale des Temperaments. Aufgrund der Empfindlichkeit der Kinder lauerten Auslöser am Esstisch, in Menschenmengen und im Theater; wegen der langsamen Anpassungsfähigkeit gab es diese bei Geschenken und beim Mittagsschlaf. Das hohe Energieniveau machte das Stillsitzen an einem Ort der Andacht, in Omas Haus oder im Auto zu einer großen Anstrengung. Ein Hotel, ein fremdes Kissen und zahlreiche andere, scheinbar unbedeutende Situationen sorgten für Missstimmung, einfach weil sie neu und anders waren.

Die besondere Herausforderung dieses Minenfelds an Krisenherden an Feiertagen und in den Ferien besteht für Ihr Kind darin, dass es den Umgang mit Freunden, Verwandten und Hunderten von Fremden lernen muss. Um das zu schaffen, braucht es ihre besondere Unterstützung und Anleitung.

## LEGEN SIE REALISTISCHE ERWARTUNGEN FEST

Kims Füße schrappten über die Schwelle, ihr Gang wurde durch die zweijährige Ellie behindert, die an ihrem rechten Bein hing. Beider Augen waren auf den Boden gerichtet anstatt auf die Gesichter rund um sie herum, die sich zum Kurs »Krisenherd Weihnachten« eingefunden hatten. Jubelstimmung herrschte bei ihnen offenbar nicht. Ich nahm sie beiseite.

»Das war wohl eine harte Woche«, begann ich bei dem Versuch, meiner Sorge Ausdruck zu verleihen, wobei ich ihr aber dennoch die Führung überlassen wollte.

Ihre Stimme war leise und müde: »Das Problem habe tatsächlich eher ich als mein Kind. Ich bin wegen der bevorstehenden Weihnachtstage erschöpft. Ich stehe auf, gehe in die Arbeit, komme nach Haus und dann muss ich einkaufen, Plätzchen backen und dekorieren. Ich weiß, dass Ellie anstrengend ist. Es ist mir klar, dass sie aufgeregter und empfindlicher als andere Kinder ist. Ich verstehe, dass sie mich braucht, aber manchmal packe ich das einfach nicht.«

An Feiertagen und in den Ferien brauchen temperamentvolle Kinder mehr als sonst unsere Hilfe, um mit diesen Situationen umzugehen. Es verlangt viel Energie, dem Kind diese Unterstützung zu geben. Leider sind wir oft durch das Backen, Einkaufen, Bewirten, Putzen, Autofahren und durch sonstige Aktivitäten ausgelaugt. Wenn unsere Kinder uns am nötigsten brauchen, stehen wir nicht zur Verfügung. Um Feiertage und Ferien erfreulich zu gestalten, müssen wir manchmal loslassen.

Traditionen sollen Freude machen – sie bieten die Gelegenheit, als Familie zusammenzukommen und zu feiern. Wir sammeln diese Traditionen, einige von unserer Herkunftsfamilie, einige von der Familie unseres Ehepartners und einige von Freunden. Das Ergebnis kann eine *Überbelastung* durch Traditionen sein – zu viele *Zwänge*, sodass die Freude auf der Strecke bleibt. So geschah es Kim. Ihre Liste wurde jedes Jahr länger. Sie hatte es sich nicht erlaubt, dabei den Energieentzug zu berücksichtigen, den die Betreuung eines Kleinkindes mit sich bringt, noch dazu eines temperamentvollen Kindes. Folglich schossen sie und Ellie wie zwei Flipperkugeln von einem Treffer zum nächsten durch die Feiertage.

Erstellen Sie im Vorfeld von Festlichkeiten oder Ferien einen Plan und halbieren Sie ihn anschließend. Sabotieren Sie sich nicht selbst, indem Sie denken, Sie würden alles schaffen oder Sie kämen damit klar, wenn Sie nur fähiger wären. Sie haben ein temperamentvolles Kind. Sie haben dadurch mehr »Arbeit«. Sie erforschen mehr Gefühle, bringen Ihrem Kind mehr Fertigkeiten bei. Sie bereiten ein Kind auf das Leben vor, ein Kind, das in allem mehr ist.

Mit dieser Erlaubnis ausgestattet, ging Kim nach Hause, um bei allem zu reduzieren, was unter *Du musst* fiel. Später erzählte sie mir, dass es mit den Zuckerplätzchen anfing. »Jedes Jahr *müssen* wir Zuckerplätzchen backen, es ist eine Familientradition«, sagte sie.

Ich war dabei, den Teig auszurollen. Die Kinder schrien, mein Mann brüllte sie an, sie sollten aufhören, und der Hund pinkelte an der Tür auf den Boden. Und das sollte Spaß machen? Ich mag Zuckerplätzchen nicht einmal. Ich warf den Teig in den Müll, setzte mich hin und fing an, eine Liste zu schreiben: »Das macht Spaß« und »Das macht keinen Spaß«. Dann fing ich an, die Dinge herunterzurasseln, die wir immer machen: »Zu Tante Vera gehen.« Die Kinder antworteten mit einem Singsang: »Nein, nein, nein. Da gehn wir nicht hinein.«

Ich stimmte zu, hielt vorerst jedoch lieber meinen Mund. »Zuckerplätzchen backen«, fuhr ich fort.

»Ich mag den Zuckerguss, aber das Anrühren und Ausrollen des Teiges ist zu viel Aufwand«, sagte mein Mann.

Das war auch meine Meinung. Wir gingen alle Traditionen durch, die wir angesammelt hatten. Es war eine ziemlich lange Liste. Aber nun habe ich unsere neue Liste. Auf der stehen nur Dinge, die Spaß machen! Dieses Jahr sind wir daheim geblieben und haben Tante Vera zu uns eingeladen. Wir backen keine Zuckerplätzchen, haben aber Plätzchen in der Bäckerei gekauft und von den Kindern mit Zuckerguss überziehen lassen.

Wenn Sie sich selbst gegenüber ehrlich sind und die Realität dessen akzeptieren, was es bedeutet, Elternteil eines temperamentvollen Kindes zu sein, können Sie sich die Erlaubnis erteilen, lieber nach Hause zu gehen als zu einer weiteren Veranstaltung, und Nein zu sagen zum Mittagessen bei den einen Großeltern und Abendessen bei den anderen Großeltern. Es muss nicht alles in diesem Jahr oder in diesen Ferien stattfinden. Wenn Ihr Kind größer und geschickter wird, werden Sie allmählich wieder weiter herumkommen. Dieses Jahr müssen Oma und Opa eben zu Ihnen kommen, aber vielleicht sind Sie und Ihr Kind im nächsten Jahr schon bereit für die Reise. Genießen Sie die Entwicklungsstufen und wachsen

Sie mit ihnen – Schritt für Schritt. Sie müssen nicht hart daran arbeiten, Spaß zu haben. Durch realistische Erwartungen sich selbst gegenüber werden Sie die Ausdauer und das Vorausdenken haben, um Ihrem Kind helfen zu können, die verschiedenen Krisenherde reibungslos zu bewältigen.

## PRÜFEN SIE DIE ERWARTUNGEN IHRES KINDES

»Ich fürchtete mich dieses Jahr davor, die Kürbislaterne zu schnitzen«, sagte Todd. »Ashley regt sich immer so auf, wenn es nicht so wird, wie sie es erwartet. Dieses Jahr wollte ich klüger sein. Ich schlug ihr vor, sich ein Blatt Papier zu nehmen und verschiedene Gesichter für die Kürbislaterne zu zeichnen, bis sie das gefunden hätte, das ihr gefiel. Sie zeichnete etwa zwanzig Minuten lang, bis sie das richtige hatte. Dann nahm sie einen löschbaren Filzstift und zeichnete das Gesicht direkt auf den Kürbis. Als sie damit fertig war, fingen wir mit dem Ausschneiden an. Zuerst schnitt ich die Augen aus, wobei ich den Linien folgte, die sie gezeichnet hatte – kein Problem. Dann kam die Nase an die Reihe. Sie hatte eine runde Nase mit zwei Punkten für die Nasenlöcher gezeichnet. Ich schnitt sie aus und ließ die Punkte stehen, wie bei einem i – auch hier keine Klagen. Ich konnte mein Glück kaum fassen. Ich machte mit dem Mund weiter und schnitt ihn so aus, wie sie ihn gezeichnet hatte. Sie war von dem Ergebnis begeistert! Es hatte keinen einzigen Ausbruch gegeben.«

Temperamentvolle Kinder vergessen ihre Lieblingsbräuche nie. Ihre Aufregung wächst von Tag zu Tag, bis sie es kaum noch aushalten. Ihr Vorstellungsvermögen läuft auf Hochtouren und erzeugt ein Bild dessen, wie das Fest oder die Ferien aussehen und verlaufen sollten. Um einen größeren Aufstand oder Reinfall zu vermeiden, sprechen Sie mit Ihrem Kind darüber, woran es sich vom letztjährigen Fest oder Urlaub noch erinnert. Was gefiel ihm?

Worauf freut es sich in diesem Jahr? Sie werden nicht alle Erwartungen erfüllen können – und das ist in Ordnung –, aber zumindest erfahren Sie zu Hause, im privaten Rahmen davon, nicht in einem Raum mit vielen anderen Leuten.

Vorher darüber zu sprechen, hilft auch, Tränen der Enttäuschung vorzubeugen, wenn Sie die Kürbislaterne »falsch« ausgeschnitten oder das Spiel vergessen haben, das Sie letztes Jahr gespielt haben. So bekommt Ihr Kind Zeit, um herauszufinden, wie es sich selbst um diese Dinge kümmern könnte. Es wird natürlich auch weiterhin Enttäuschungen und Überraschungen geben, aber je weniger, desto besser.

## TEILEN SIE INFORMATIONEN MIT VERWANDTEN UND FREMDEN

»Eva ist das erste Enkelkind. Es ist wirklich wunderbar, mit welcher Aufmerksamkeit sie überschüttet wird, aber die Verwandten schnappen sie sich, kaum dass wir zur Tür hereingekommen sind. Sie reagiert darauf, indem sie sich hinter uns versteckt, sich an mein Bein klammert oder nach ihnen schlägt, wenn sie bedrängt wird. Sie hasst es, geküsst zu werden. Sie wischt sich den Kuss ab, grinst und sagt: ›Bah, igitt!‹ Das tut meinem Vater weh. Mir ist es peinlich, und mein Mann wird wütend. Was für ein Durcheinander!«

Es ist äußerst wichtig, Verwandten und Fremden zu helfen, Ihr temperamentvolles Kind zu verstehen und erfolgreich mit ihm umzugehen. Sie müssen wissen, dass sich Ihr Kind die Küsschen abwischt, weil es empfindlich und introvertiert ist und nicht, weil es liebevolle Zuwendung nicht mag. Es will seinen Anorak nicht sofort beim Ankommen ausziehen und zum Opa rennen, wie seine Cousinen und Cousins, weil es sich nur langsam umstellen kann.

Die meisten Leute wollen eine Beziehung zu Ihrem Kind aufbauen, sind aber vielleicht unsicher, wie sie das am besten machen können. Dafür stehen ihnen nur die Methoden zur Verfügung, die sie in der Vergangenheit gelernt haben, und das, was sie beobachten und von Ihnen und Ihrem Kind erfahren. Teilen Sie mit ihnen, was Sie entdeckt haben. Sprechen Sie über Methoden, die funktionieren, und solche, die nicht klappen, und erklären Sie auch, warum das so ist. Wenn man Ihre neumodischen Ideen über Erziehungsmethoden infrage stellt, erinnern Sie daran, dass auch auf diesem Gebiet immer wieder neue Informationen und Forschungsergebnisse bekannt werden. Es ist hilfreich, Neues zu lernen.

Festlichkeiten und Ferien verlangen von Menschen, sich einander anzupassen. Temperamentvolle Kinder müssen die Fertigkeiten lernen, um in diesen Situationen gut zurechtzukommen. Andere Menschen müssen temperamentvolle Kinder respektvoll behandeln und ihnen erlauben, es zu üben.

»Aber was ist, wenn sie das nicht tun?«, fragte Melissa. »An Thanksgiving trafen wir uns mit meinen Eltern in einem Hotel. Mein Vater nahm Justin mit zum Pool. Justin kann noch nicht schwimmen, aber er liebt das Wasser. Mein Vater setzte ihn in einen Schwimmreifen und fing an, ihn durchs Wasser zu ziehen. Das jagte Justin Angst ein und er schrie ›Halt!‹, aber mein Vater ignorierte das und wirbelte ihn weiter durch den Pool. Ich musste schließlich intervenieren und Justin ›retten‹.«

Manchmal müssen Sie als Eltern eines temperamentvollen Kindes direkt eingreifen und Ihrem Kind helfen. Vielleicht müssen Sie Ihrem Vater sagen, er solle aufhören – was nicht immer leicht ist. Nutzen Sie es als Gelegenheit, ihm etwas nahezubringen. Sie könnten sagen: »Papa, Justin bittet dich aufzuhören. Bitte höre auf ihn. Er lernt gerade erst schwimmen und braucht noch mehr Übung. Er wird sich wohler fühlen und mehr Spaß haben, wenn du mit ihm ins flache Becken gehst.« Oder: »Papa, wenn du ihn erst einmal zuschauen lässt, wird er dir in ein paar Minuten folgen.«

»Aber was ist, wenn Sie dieser anderen Person so etwas sagen und sie nicht darauf hört?«, seufzte Brianna.

»Dann geht man da möglichst selten hin«, meinte Cody.

Wenn andere nicht auf Ihre Vorschläge hören und Ihr Kind nicht gut klarkommt, müssen Sie vielleicht die eine oder andere Wahl treffen. Sie können beschließen, diese Leute weniger oft oder kürzer zu besuchen. Oder Sie können Leute zu sich nach Hause einladen, wo Sie mehr Kontrolle über die Situationen haben.

Wenn Kinder reifer werden und ihr Temperament besser im Griff haben, können sie auch mit schwierigen Situationen umgehen. Die Tatsache, nur begrenzt Besuche zu machen, solange Ihr Kind noch klein ist, bedeutet nicht, dass dies immer so bleiben muss. Es ist jedoch besser, die Interaktionen kurz und erfolgreich zu halten, als sie lang und schauderhaft werden zu lassen. Helfen Sie Ihrem Kind, erfolgreich zu sein – in kleinen Schritten.

## DEN AUFTRITT VORBEREITEN

Es kann für eine Verbesserung der Beziehungen sorgen, wenn Sie Ihrem Kind beibringen, wie es überschwängliche Verwandte und Freunde am besten begrüßen kann. Wenn Ihrem Kind der Anfang gut gelingt, wird wahrscheinlich das ganze Ereignis reibungsloser verlaufen. Das Begrüßen der Leute kann für ein temperamentvolles Kind schwierig sein, vor allem, wenn es introvertiert ist, sich langsam umstellt und seine erste Reaktion ablehnend ist.

Bei der Begrüßung anderer braucht Ihr Kind Ihre Unterstützung. Lassen Sie sich von seinen Tränen oder seiner Abneigung nicht abhalten. Vermitteln Sie Ihrem Kind durch Ihre Worte und Ihr Handeln die Botschaft, dass Sie da sind, um ihm zu helfen. Sie verstehen Ihr Kind. Sie wissen, dass es ihm gelingen kann.

Wenn Ihr Kind noch ein Säugling oder Kleinkind ist, planen Sie, es auf Ihrem Schoß zu halten. Setzen Sie sich nach Möglichkeit mit Ihrem Kind auf den Boden, wenn es erstmals anderen Leuten begegnet und sie begrüßt. Wenn Sie auf dem Boden sitzen, kann sich Ihr Kind ungehindert von Ihnen fort und zu den anderen hinbewegen, ohne die Erfahrung machen zu müssen, abgesetzt zu werden. Wenn Sie auf dem Boden sitzen, ist es für ein Kleinkind sehr viel angenehmer, zu anderen zu gehen und dann wieder zu Ihnen zu kommen, um sich mit Ihnen kurzzuschließen.

Wenn Ihr Kind etwas älter ist, bringen Sie ihm bei, Hallo zu sagen, die Hand oder ein High Five zu geben und sich dann einen bequemen Platz zu suchen, von dem aus es zuschauen kann, bis es bereit ist mitzumachen. Der große Polstersessel im Wohnzimmer kann der perfekte Platz dafür sein oder auch ein Stuhl an der Küchentheke. Geeignet ist jeder Platz, der es Ihrem Kind erlaubt, sich der Handlung etwas zu entziehen, ohne ungesellig zu wirken.

Sprechen Sie mit Ihrem Kind über sein Bedürfnis, die Dinge erst zu prüfen, bevor es sich in eine neue Situation begibt. Bringen Sie ihm bei, andere wissen zu lassen, dass es am besten durch Zuschauen lernt und sich freuen wird, nach einer ersten Aufwärmphase dann auch mitzuspielen. Selbst Profiteams bekommen ein Aufwärmtraining vor dem eigentlichen Spiel und zeigen uns dann, was sie drauf haben. Erinnern Sie Ihr Kind an frühere Erfolge, beispielsweise an das erste Mal, als es seiner Lehrerin begegnet ist. Sagen Sie ihm, dass es schon mehr Erfahrung und Geschick im Begrüßen anderer hat, als es vielleicht meint.

Wenn Sie wissen, dass es ein großes Gedränge geben wird, kommen Sie frühzeitig.

»Das klappt bei uns wirklich gut«, bemerkte Amanda sofort, als ich diesen Vorschlag in der Gruppe machte. »Christopher braucht einen Tag Anlaufzeit. Wenn wir einen Wochenendbesuch machen, ist die Hälfte der Zeit vorbei, bis er bereit ist loszulegen. Inzwischen bemühen wir uns, früher als alle anderen zu kommen – nach Möglichkeit einen ganzen Tag früher. Dadurch haben wir Zeit, die Probleme eines neuen Tisches, eines neuen Betts, eines neuen Hauses und aller anderen Dinge zu bewältigen, bevor die anderen eintreffen.«

Wenn Sie es Ihrem Kind ermöglichen, sich in einer fremden Umgebung wohlzufühlen, bevor es mit neuen Leuten zurechtkommen muss, entzieht ihm dies weniger Energie. Es hilft ihm, besser klarzukommen.

Die Eingewöhnungszeit kann abgekürzt werden, wenn Sie Ihrem Kind Fotos zeigen oder Videoanrufe tätigen. Kinder ab dem Kleinkindalter können davon profitieren, vorab ein Porträt des Onkels oder Bilder vom Haus der Großeltern zu sehen. Suchen Sie im Internet Quellen, in denen neue Orte gezeigt werden, an die Sie kommen werden. Unternehmen Sie online virtuelle Rundgänge. Sprechen Sie über Dinge, die Sie sehen und tun werden und über Leute, die Sie treffen werden.

## VORSICHT BEI GRÖSSEREN MENSCHEN-ANSAMMLUNGEN

An Feiertagen und in den Ferien wird man oft mit größeren Menschenansammlungen konfrontiert: mit vielen Leuten in Warteschlangen, gut besuchten Geschäften, auf vollen Parkplätzen und bei den Großeltern. In einer größeren Menschenansammlung werden temperamentvolle Kinder von einer Flut von Empfindungen überschwemmt. Wie menschliche Schwämme saugen sie die Spannung der Erwachsenen in ihrer Umgebung auf. Der Geruch von Festtagsbraten und Kartoffelpüree, vermischt mit Parfüm- und Schweißgeruch, blinkende, funkelnde Lichter, laut dröhnende Musik, Glockengeläut und singende, fluchende und schwatzende Stimmen – alles wird von temperamentvollen Kindern aufgesaugt. Innerhalb von Minuten können sie von den Empfindungen, die ihren Körper überfluten, überfordert werden. Manche Kinder werden einfach in sich zusammensinken und zu Ihren Füßen quengeln, andere werden ausrasten, kreischen und brüllen oder wild herumrennen.

»Uns allen ist klar, dass wir nicht das ganze Leben lang Menschenansammlungen meiden können«, sagte ich zu der Gruppe. »Wie also können Sie Ihrem Kind helfen, damit umzugehen?«

»Wir haben gelernt, wenigstens einige Menschenmengen zu meiden," erklärte Mike. »Wir haben festgestellt, dass unser Sohn recht gut klarkommt, wenn er nicht jeden Tag mit Menschenmengen konfrontiert wird. Als wir nach Florida gereist sind, planten wir einen Tag in Disneyland, den nächsten faul am Pool. Einen Tag im Vergnügungspark, den nächsten am Strand. Am Strand war es auch voll, aber durch die offene Fläche war das nicht so überwältigend. Solange wir unserem Kind diese Pausen verschafften, ging es ihm gut – und mir auch.«

»Ich habe einfach meine Tante angerufen und gesagt: ›Hör mal, die Jungs werden verrückt, wenn sie den ganzen Tag eingepfercht sind. Bitte räume deinen Keller so weit frei, dass sie dort spielen können‹«, berichtete Nicole.

Die anderen hörten ihr mit vor Erstaunen offenem Mund zu. »Du hast deine Tante angerufen und ihr gesagt, sie solle ihren Keller frei räumen? Wurde sie nicht wütend?«, fragte Erica ungläubig.

»Meine Tante ist eine liebe Frau. Sie weiß nur nicht mehr, was es bedeutet, kleine Kinder zu haben, deshalb habe ich sie daran erinnert. Ich sagte ihr, sie müsse das nicht tun, aber dann würden wir spät kommen und früh wieder gehen. Es hat geklappt. Sie räumte ihren Keller frei, und wir konnten die Kinder hinunterschicken, um herumzurennen und einfach mal von den vielen anderen Leuten wegzukommen. Alle haben sich gut amüsiert. Sie hat uns sogar für das nächste Jahr wieder eingeladen.«

Erica schüttelte erstaunt den Kopf. »Ich traue mich nicht, das so zu machen wie Nicole, aber ich habe einen Rucksack gepackt, den wir mitnehmen, wenn wir nächste Woche bei meiner Schwester zum Thanksgiving-Essen eingeladen sind. Ich habe vier Lieblingsbücher der Kinder eingepackt, eine Tüte mit Knetmasse und eine mit Spielen. Wenn die Kinder wild werden, bin ich vorbereitet.«

»Vor Feiertagen nehme ich die Kinder nie mit zum Einkaufen«, berichtete Jessica.

»Wie schaffst du das?«, fragte Megan.

»Ich warte, bis jemand auf sie aufpassen kann. Manchmal hole ich mir einen Babysitter, vereinbare das mit den Nachbarn oder was auch immer, aber ich nehme sie nicht mit. Es gibt mehr Warenaufsteller als sonst, sie stehen enger beieinander und betteln förmlich darum, dass danach gegriffen wird. Diese vielen Reize sind mir zu viel, und ich habe dann keine Geduld mit den Kindern. Sie sind daheim ohne mich viel besser aufgehoben.«

»Wir sind anscheinend tapfer«, bemerkte Rob. »Wir nehmen unsere Kinder zum Einkaufen mit. Ich hasse aber Einkaufen, deshalb machen wir das nicht länger als etwa eine Stunde. Mit dieser Zeitspanne scheinen sie gut klarzukommen.«

Jede Situation und jedes Kind verlangen einen anderen Ansatz, aber wenn Sie das nächste Mal mit Ihrem temperamentvollen Kind einer Menschenansammlung ausgesetzt sind, überlegen Sie, wie Sie ihm helfen können, die Situation zu bewältigen. Es kann bedeuten, nicht dorthin zu gehen wie bei Jessica oder die Dauer zu begrenzen wie bei Rob und Mike. Es könnte bedeuten, einen Freiraum für das introvertierte Kind oder Platz für eine Auszeit zu schaffen, wie es Nicole machte. Oder Sie bringen, wie Erica, das Material für beruhigende Aktivitäten mit. Egal wofür Sie sich entscheiden, es ist gut. Denken Sie nur im Voraus darüber nach und unternehmen Sie die nötigen Schritte, um Ihrem Kind zu helfen, die Situation zu meistern. Wenn Ihr Kind schon etwas älter ist, beziehen Sie es in die Planung mit ein.

Insbesondere introvertierte temperamentvolle Kinder brauchen Ruhepausen nach der Zeit in Menschenansammlungen. Es ist für Introvertierte kräftezehrend, mit Leuten zu reden, ihnen zuzuhören und ihre Fragen zu beantworten. Wenn Sie wissen, dass Sie einen längeren Zeitraum mit einer Gruppe verbringen werden, brauchen Sie Aktivitäten, die es Ihrem Kind ermöglichen, der Menschenansammlung zu entkommen, ohne ungesellig zu wirken. Egal wie gut die Fertigkeiten Ihres Kindes geworden sind, es wird weiterhin seine Auszeit brauchen. Wenn Sie selbst auch introvertiert sind, brauchen Sie diese Auszeit ebenso.

Wenn Sie oder Ihr Kind extrovertiert sind, bedenken Sie, dass Sie an einer Gruppe mehr Freude haben als die Introvertierten Ihrer Familie. Respektieren Sie deren Grenzen. Achten Sie auf das Reizniveau. Wenn Sie selbst sich gut amüsieren, passiert es leicht, dass Sie Signale nicht erkennen, die anzeigen, dass Reizgrenzen erreicht werden.

## VORSICHT BEI GESCHENKEN

Inwiefern können Geschenke versteckte Auslöser für temperamentvolle Kinder sein? Das temperamentvolle Kind empfindet alles sehr intensiv, ob Glück oder Enttäuschung. Geschenke begeistern uns oder vernichten unsere Träume. Geschenke sind auch mit Überraschungen verbunden. Kinder, die sich langsam umstellen, hassen Überraschungen. Ernsthafte und analytische Kinder bekommen vielleicht Probleme, weil sie sich nicht überschwänglich lobend über das Geschenk äußern. Das kann für den Schenkenden enttäuschend sein, der vielleicht Stunden damit zugebracht hat, genau das richtige Geschenk zu finden, um dann zu sehen, wie ein Kind mit unbeweglichem Gesicht das Päckchen öffnet und noch daran erinnert werden muss, Danke zu sagen. Sind temperamentvolle Kinder undankbare Gören? Sind sie verzogen? Nein, aber sie brauchen Hilfe, um den dankbaren Umgang mit Geschenken zu lernen.

Bereiten Sie Ihr Kind auf einen gelungenen Umgang mit Geschenken vor, indem Sie Dinge kaufen, die zu dem erwünschten Benehmen animieren. Bekommt es zu Weihnachten einen Roller oder ein Fahrrad geschenkt, ist vorprogrammiert, dass es damit durchs Wohnzimmer sausen wird. Wenn Sie nicht wollen, dass Ihr temperamentvolles Kind damit durch die Wohnung rast, schenken Sie ihm bei 5 Grad unter Null keinen Roller und kein Fahrrad. Warten Sie bis zum Frühjahr oder Sommer damit. Achten Sie darauf, dass Sie die Bücher oder die Musik, die Sie kaufen, selbst auch mögen. Beharrliche Kinder werden ihre Lieblingsbücher oder Lieblingsmusik immer und immer wieder hören wollen. Wenn Sie diese nicht ausstehen können, sind Sie gezwungen, unnötig zu leiden. Und Vorsicht vor elektronischen oder batteriebetriebenen Spielsachen, die in einer bereits stimulierenden Umgebung für weitere Geräusche und starke Reize sorgen.

Viele temperamentvolle Kinder lieben Spielsachen, bei denen sie ihre Fantasie einsetzen und mit denen sie experimentieren können. Dinge wie kleine Spielzeugfiguren, Bauklötze, Lego, Spielhäuser, Werkzeugkästen, Musik-CDs und Hörbücher sowie Klamotten zum Verkleiden sind Klassiker, die auf vielfältige Weise genutzt werden können.

Temperamentvolle Kinder haben auch große Freude an aktiv nutzbaren Spielsachen wie Roller, Trampolin, Fahrrad und Klettergerüst. Sorgen Sie für den nötigen Platz, um diese Dinge zu nutzen und aufzubewahren. Spielsachen, die Körpereinsatz verlangen, müssen sorgfältig überwacht werden, um zu verhindern, dass Ihr Kind zu sehr aufdreht. Wenn es zu wild wird, ist es an der Zeit, auf beruhigende Aktivitäten zu wechseln.

Eine Kamera kann ein perfektes Geschenk sein. Geben Sie einem energiegeladenen Kind eine Kamera in die Hand und plötzlich ist es sozial akzeptabel, dass es durchs Zimmer spaziert oder die Treppe hochgeht, um auf die Gruppe herunterzuschauen und Fotos zu machen, anstatt still am Tisch zu sitzen. Eine Kamera gibt einem Kind mit hoher Wahrnehmungsfähigkeit auch einen »Fokus« und eine Aufgabe als Dokumentator des Ereignisses. Falls es sich dabei um eine Handykamera handelt, gehen Sie sicher, dass das Kind weiß, dass es Fotos ohne Erlaubnis der Fotografierten nicht teilen darf.

Es ist bei temperamentvollen Kindern nicht ungewöhnlich, dass sie Probleme bekommen, weil sie ihre Geschenke sofort öffnen wollen! Alle Kinder begeistern sich für Geschenke, aber intensive Kinder können sich kaum zurückhalten. Sie können in Betracht ziehen, es dem Kind zu erlauben, ein paar Geschenke vorab aufmachen zu dürfen, um die Aufregung etwas zu zerstreuen. Vielleicht sollten die Geschenke zuerst geöffnet werden und weitere Aktivitäten erst dann folgen. Egal wie Sie sich entscheiden, sagen Sie Ihrem Kind, womit es zu rechnen hat. Helfen Sie ihm, eine Möglichkeit zu finden, seine Aufregung zu zerstreuen.

Bedenken Sie, dass Überraschung zwar ein wichtiges Element des Schenkens ist, aber auch einen Übergang darstellt, und langsam anpassungsfähige Kinder keine Übergänge mögen. Sie können Ihrem Kind noch weiter helfen, Freude an Geschenken zu haben, indem Sie es dabei unterstützen, mit Überraschungen umzugehen. Geben Sie Ihrem Kind Hinweise darauf, was sich unter dem Geschenkpapier verbirgt. Kleine Informationen können ihm helfen, sich darauf vorzubereiten und mit seinen Gefühlen fertigzuwerden.

Die achtjährige Asher hatte sich zum Geburtstag sehnlichst ein Mikrofon gewünscht. Sie liebte es zu singen. Um ihr nicht zu verraten, dass sie eins bekommen würde, sagte ihre Mutter, Mikrofone seien zu teuer, sie dürfe daher nicht erwarten, eins zu bekommen. Ohne Wissen ihrer Mutter war Asher am Boden zerstört und versank tagelang in Enttäuschung. Allmählich verarbeitete sie diese Enttäuschung jedoch, und als ihr Geburtstag direkt bevorstand, hatte sie sich darauf eingestellt, etwas anderes zu bekommen. Ihre Mutter strahlte, als sie Asher den Karton mit dem Mikrofon überreichte. Sie war mit sich selbst zufrieden, dieses Mal ein Geschenk zu haben, das Asher sich wirklich wünschte. Doch Asher öffnete das Päckchen, warf einen Blick darauf, brach in Tränen aus und rannte aus dem Zimmer. Ihre Mutter rang erst vor Überraschung, dann vor Wut nach Luft. Sie war verärgert und enttäuscht, dass sie tun konnte, was sie wollte, es schien Asher nie zu gefallen.

Was sie nicht verstand, war, dass ihre Tochter nicht undankbar war. Asher war überfordert. Sie war gezwungen, sich viel zu schnell umzustellen, und unfähig, sich zu fangen, daher flüchtete sie, um ihre intensiven Gefühle zu verbergen. Wenn Sie wissen, dass Sie Ihrem Kind ein erhofftes Geschenk nicht machen können, seien Sie ihm gegenüber ehrlich. Lügen Sie nicht, wenn nur ein Sonderangebot infrage käme. Machen Sie Andeutungen, wenn es mit dem Geschenk klappen wird. Zwingen Sie Ihr Kind nicht, vor anderen mit seiner starken Enttäuschung oder Überraschung fertigwerden zu müssen.

Natürlich werden Sie nicht immer wissen, was in einem Päckchen ist. Es lassen sich nicht alle Überraschungen vermeiden, aber Sie können Ihrem Kind helfen, indem Sie mit ihm zum Beispiel »Was wäre, wenn« spielen. »Was wäre, wenn du das Gefühl hast, weinen zu müssen?«, könnten Sie fragen. »Was würdest du tun? Wohin würdest du gehen? Würdest du auf die Toilette laufen, dich auf meinen Schoß setzen oder in dein Zimmer gehen? Wenn die Begeisterung dich packt, kannst du dann jauchzen und schreien? Kannst du durch die Küche sausen, oder musst du nach draußen? Was geschieht, wenn dein Bruder ein Geschenk bekommt, das dir besser gefällt als deines? Was ist, wenn nur jemand anders Geschenke bekommt? Wie wirst du dich dann fühlen?« »Was wäre, wenn« hilft Ihrem Kind, mit allen Möglichkeiten umzugehen und sich auf Enttäuschungen einzustellen. Wenn Ihr Kind vorbereitet ist, ist die Wahrscheinlichkeit sehr viel größer, dass es sich gut benehmen kann.

Analytische temperamentvolle Kinder schließlich müssen gute Manieren lernen, wenn es um Geschenke geht. Sie haben einen geschärften Blick für Qualität, Stil und Menge. Das ist praktisch, wenn Sie eine größere Anschaffung zu tätigen haben, kann aber auf einer Geburtstagsparty etwas peinlich werden. Ohne nachzudenken lassen analytische Kinder Kommentare los wie: »Igitt, schau dir nur diesen Fummel an«, »Was für ein hässliches Shirt«, und »Das Buch habe ich schon« – die Art von Kommentaren, bei denen Sie sich hochrot im Gesicht am liebsten irgendwo verkriechen möchten. Wenn Sie wollen, dass Ihr Kind respektvoll und taktvoll ist, bringen Sie ihm die richtige Ausdrucksweise bei, wie: »Tante Sue, was für ein interessanter Pullover!« oder: »Oma, das ist eines meiner Lieblingsbücher!« Lassen Sie Ihr analytisches Kind nicht ohne gewisse Richtlinien und Übung.

Während Ihr Kind lernt, höflich mit dem Thema Geschenke umzugehen, achten Sie auf Dinge, die es schon gut macht. Machen Sie Bemerkungen über seine Begeisterung, wie gut es ihm gelungen ist zu warten, bis es an die Reihe kam, oder wie nett es seinen Opa zum Dank umarmt hat. Heben Sie dabei auch seine Geschenke hervor.

## SEIEN SIE AUF DAS WECHSELN VON KLEIDUNG VORBEREITET

Feste und Feiern verlangen häufig steife, kratzige, schicke Kleidung, die man nicht alle Tage trägt. Bei temperamentvollen Kindern, die sich langsam umstellen und auf Texturen empfindlich reagieren, kann das Umziehen schwere Auseinandersetzungen hervorrufen. Aber das muss nicht sein.

Sorgen Sie dafür, dass Ihr Kind nicht erst am Tag des Ereignisses sein neues Outfit zum ersten Mal sieht. Vergessen Sie nicht, dass temperamentvolle Kinder Zeit brauchen, um sich an etwas zu gewöhnen. Legen Sie die Kleidung bereits mehrere Tage vorher heraus, erlauben Sie Ihrem Kind, sich die Sachen anzuschauen, anzuprobieren und zu tragen, und sich auch an deren Geruch zu gewöhnen. Wenn es die Sachen anziehen möchte, stellen Sie den Wecker, damit es keinen Kampf darum gibt, wann die Sachen wieder ausgezogen werden müssen, falls sie Ihrem Kind gefallen und es sie nicht bis zu dem Ereignis aufheben will. Mit Übung können Sie dafür sorgen, dass sich das Outfit nicht mehr brandneu anfühlt, wenn die besondere Gelegenheit dann gekommen ist. Hat das Kind seine erste negative Reaktion bereits hinter sich, können Sie damit rechnen, dass es beim nächsten Mal Anprobieren kooperativer sein wird.

Wenn Ihr Kind ein Kostüm tragen wird, verwenden Sie ihm gegenüber den Begriff Verkleidung. Alle Vorschulkinder lernen bereits den Unterschied zwischen dem, was real ist und was nicht. Temperamentvolle Vorschulkinder mit ihrer reichen Fantasie werden sich mit Kostümen vielleicht unwohl fühlen, weil sie nicht ganz sicher sind, ob sie zu der Figur werden, deren Kostüm sie tragen. Selbst wenn sie festgestellt haben, dass sie nicht wirklich diese Figur sind, verhalten sie sich vielleicht so. Wählen Sie Kostüme, die die Art von Benehmen fördern, die Sie sich wünschen!

Berücksichtigen Sie bei der Auswahl schicker Kleidung den Stil Ihres Kindes. Temperamentvolle Kinder sind kreative Denker. Ihre Stilvorstellungen werden sich vielleicht deutlich von denen Ihres Kindes unterscheiden. Sie dürfen sich sagen: »Mein Kind ist eine eigenständige Person. Ich kann ihm die grundlegenden Standards beibringen und kann mich dann zurücknehmen und mein Kind seinen eigenen Stil finden lassen, ohne mich beschämt zu fühlen.« Angenehm an temperamentvollen Kindern ist, dass sie uns frühzeitig auf die Jugendjahre vorbereiten. Während andere Eltern mit ihren Teenagern über die Kleidung streiten, haben wir diese Probleme bereits vor Jahren gelöst.

Es ist nicht immer leicht, sich zurückzunehmen und dem Kind seinen eigenen Stil zuzubilligen. So war es zumindest für Tiffany mit ihrer Tochter Libby – einer modernen jungen Frau schon im zarten Alter von fünf Jahren.

»Ab dem Moment, als Libby sprechen konnte, machte sie klar, dass sie Kleider hasste«, erzählte mir Tiffany. »Ich musste regelrecht mit ihr ringen, um sie in ein Kleid zu stecken, und dann schmollte sie. Ich hielt diese Meinungsverschiedenheiten nicht aus, daher fing ich an, mich zurückzuhalten, und bestand nur zu ganz besonderen Gelegenheiten auf einem Kleid. Einmal waren wir in ein piekfeines Restaurant eingeladen, um den Hochzeitstag meiner Eltern zu feiern. Libby war fünf und hatte ein schickes Outfit mit Hose aus dem Schrank genommen, das sie anziehen wollte. Ich überlegte hin und her. ›Sollte ich sie die Hose tragen lassen?‹, fragte ich mich beunruhigt. Wird es meine Eltern stören, wenn sie so ins Restaurant kommt?

Schließlich entschied ich, dass es ein hübsches Outfit war. Ich würde es sie anziehen lassen, weil sie sich darin viel hübscher fand als in einem Kleid.

Ich war noch immer ein nervöses Wrack am Tag der Feier. Da kam meine Mutter aus ihrem Zimmer und trug – eine Hose!

›Kann ich das anziehen?‹, fragte sie, zu mir gewandt. ›Es ist einfach viel bequemer als ein Kleid.‹

Libby klatschte begeistert. ›Oma, du bist wohl auch temperamentvoll‹, quiekte sie vor Freude, fasste sie um die Taille und umarmte sie.

Ich lachte. Nicht nur Libby scheint davon zu profitieren, wenn Temperament anerkannt wird.«

## DEM KIND SCHLAFEN HELFEN

Das Zubettgehen kann einer der frustrierendsten Krisenherde in den Ferien oder an Feiertagen sein – so zumindest war es bei Emily. »Damon braucht Stunden, um in einem Hotel oder bei anderen Leuten zu entspannen. So war es schon immer. Meine Schwester hat natürlich eins dieser Kinder, die man einfach ins Bett legt und schon schlafen sie, egal wo. Sie kann sich mit allen unterhalten, während ich mit einem heulenden Kind im hintersten Schlafzimmer festsitze. Das erscheint mir nicht fair. Das Schlimmste aber ist, dass ich mich als untauglich empfinde, aber ich bringe ihn einfach nicht dazu zu schlafen. Ich kann nicht mehr tun, als ihm zu helfen, sich zu entspannen. Je älter er wird, desto kürzer wird diese Phase, aber es war ein langer, unangenehmer Weg.«

Es ist immer wichtig, genügend Schlaf zu bekommen, aber besonders während der Feiertage oder in den Ferien. Wenn Ihr Kind gut ausgeruht ist, hat es die nötige Energie, um zurechtzukommen; aber temperamentvolle Kinder haben häufig Probleme, in einer neuen und anderen Umgebung zu schlafen.

Zeigen oder sagen Sie Ihrem Kind schon vorab, wo es später schlafen wird, damit dies keine Überraschung mehr ist. Planen Sie ein, es beim Zubettgehen mehr unterstützen zu müssen als zu Hause. Je jünger das Kind ist, desto schwieriger wird es sein, weil Sie ihm nicht erklären können, wodurch es gestört wird. Rechnen Sie damit, dass es länger dauern wird, bis Ihr Kind entspannt und einschläft. Sie werden vielleicht bei ihm sitzen bleiben oder es wiegen müssen, damit es sich leichter beruhigt.

Gehen Sie sicher, Ihre Requisiten mitzunehmen – sein eigenes Kissen oder seine Decke und alles, was Ihrem Kind sonst noch helfen kann, sich wohlzufühlen und ihm signalisiert, dass nun Schlafenszeit ist. Verteidigen Sie seinen Mittagsschlaf und seine Zubettgehzeit rigoros. Vermeiden Sie es, den Mittagsschlaf auszulassen oder die Zubettgehzeiten von einem Tag auf den anderen zu ändern.

Wenn Ihr Kind größer wird, sprechen Sie mit ihm über das Bedürfnis, in neuen Situationen die Möglichkeit zum Ruhigerwerden zu bekommen. Animieren Sie es, selber zu lesen, tief zu atmen und jeden einzelnen Muskel zu entspannen. Lassen Sie Ihr Kind wissen, dass mit ihm alles in Ordnung ist. Es ist nur aufgeregt.

## AUF REISEN – ERWARTUNGEN KLARSTELLEN

Reisen erweitern Feiertage und Ferien um eine weitere Dimension. Viele Stunden, die Sie eingepfercht in einem Auto oder Flugzeug verbringen, können Ihnen Kopfschmerzen bescheren, noch bevor Sie überhaupt am Ziel angekommen sind. Daher muss die Reise gut geplant werden.

Ich habe meine Freundin Vickie immer für ihre Energie und ihre Fertigkeiten als Mutter bewundert. Aber an dem Tag, als sie mich anrief und mir erzählte, sie habe fünf Kinder – zwei davon temperamentvoll, drei aufgeweckt – im Alter zwischen zweieinhalb und dreizehn Jahren in ein Auto geladen und sei 1700 Kilometer mit ihnen gefahren, begann ich, an ihrem Realitätssinn zu zweifeln. Bei ihrem Bericht über diese Fahrt verwendete sie sogar den Begriff Ferien.

Wie überlebte sie das? Sie plante den Erfolg. Sie überließ ihn nicht dem Zufall, es war nicht Glück. Sie war vorbereitet. Sie formulierte klare Erwartungen an gutes Benehmen. Es ist alles andere als entspannend, auf der Autobahn zu fahren und die Kinder auf der Rückbank anzuschreien. Besser, es werden klare Erwartungen formuliert, die zu gutem Benehmen animieren, sodass Sie sich auf die Straße konzentrieren können.

»Ich stellte den Wecker auf meinem Handy und hatte einen Stapel Pokerchips dabei«, erzählte mir Vickie. »Ich sagte den Kindern, für jede Viertelstunde im Auto, in der sie nicht streiten, sondern ruhig spielen und angeschnallt auf ihren Plätzen sitzen würden, bekämen sie einen Pokerchip.«

An diesem Punkt zweifelte ich an der Intelligenz ihrer Kinder, aber sie war noch nicht fertig.

»Wenn sie vier Chips gewonnen hatten, konnten sie diese in einen Dollar umtauschen.« Das war nun etwas, womit ich etwas anfangen konnte.

»Sogar dem Zweijährigen gefiel das«, verkündete sie. »Ich stellte den Wecker auf fünfzehn Minuten. Wenn er klingelte, bekam jedes Kind, das die Erwartungen erfüllt hatte, einen Pokerchip. Ich probierte, auf zwanzig oder dreißig Minuten zu verlängern, aber das klappte nicht. Es mussten Abstände von fünfzehn Minuten sein. Wenn es hinten lauter wurde, musste ich lediglich fragen: ›Werdet ihr euch eure Chips verdienen?‹ und schnell wurde es wieder ruhig.«

»Was hat dich der Spaß gekostet?«, fragte ich.

»21 Dollar pro Nase«, antwortete Vickie. »Und das war ihr Taschengeld für die Reise. Es war großartig, keine Bettelei um dies oder das. Ich sagte ihnen einfach, das sei nun ihr Geld und sie könnten es ausgeben, wofür sie wollten. Es hat ihnen sehr geholfen, den Wert eines Dollars zu verstehen. Der Achtjährige fragte mich immer wieder, was dies oder das kostete – er hatte noch 15 Dollar, als wir heimkamen, weil er das Geld für etwas Besonderes sparen wollte.«

Die klar verständliche Erwartung hatte die Voraussetzung für die Kooperation geschaffen. Die Kinder wussten, welche Wahl sie hatten und was geschah, wenn sie dem nicht folgten. Es gab einen Anreiz für gutes Benehmen.

Klare Erwartungen allein genügen jedoch nicht. Ein Wecker, Pokerchips und Dollarscheine sind nicht alles, was Sie brauchen, um sich friedliche Stunden im Auto zu erkaufen. Vickie gab zu, dass es noch mehr gebraucht hatte. Sie hielt alle zwei Stunden an und schnallte alle ab, sodass sie die Möglichkeit hatten, etwas herumzurennen. Sie hatten in Parks Picknick gemacht und an Raststätten angehalten, auf denen die Kinder rennen, klettern und mit den Bällen spielen konnten, die sie dabeihatten. Jedes Kind hatte einen Plastikeimer mit Papier, Stiften, Büchern und einfachen Spielen. Sie sangen Lieder und spielten Ratespiele, wobei Fragen über bekannte Kinderreime und Geschichten gestellt wurden, die den älteren Kindern bekannt waren. Wegen des hohen Reizpegels war das Spielen von Videospielen und Anschauen von Filmen im Auto begrenzt. Übernachtet wurde in Hotels mit einem Pool.

Um sicherzustellen, dass Sie am Ferienort oder bei den Großeltern nicht völlig erschöpft ankommen, planen Sie die Reise. Nehmen Sie Spielsachen mit, rechnen Sie damit, zu singen und Geschichten zu erzählen, und erkennen Sie, wann es an der Zeit ist, eine Pause einzulegen. Oft ist das größte Vergnügen eines Festes oder Urlaubs die Reise dorthin.

## Schaffen Sie Reise-Stützpunkte

Letztes Jahr haben Sie ein idyllisches kleines Cottage gemietet und zwei Wochen die Sonne genossen. Ihr temperamentvolles Kind schwamm im See, grub im Sand und schlief nach der ersten Nacht immer tief und fest. Es war ein wunderbarer Urlaub.

Dieses Jahr beschlossen Sie, den Urlaub etwas aufregender zu gestalten. Sie fuhren mit dem Auto die Ostküste entlang, wohnten jede Nacht in einer anderen Stadt in einem anderen Hotel. Es war eine Katastrophe. Ihr Kind war ebenso ein Wrack wie Sie selbst.

Was ist passiert? Ein Kind, das sich nur langsam umstellt und dessen erste Reaktion ablehnend ist, kommt nicht damit zurecht, wenn Veränderungen und neue Erlebnisse zu schnell aufeinander folgen. Damit Ihr Kind besser zurechtkommt, könnten Sie jeweils einen Stützpunkt wählen – ein Hotel, das Haus eines Verwandten oder einen Campingplatz, wo Sie zwei oder drei Tage bleiben, bevor Sie zum nächsten Stützpunkt weiterfahren. Durch solche Stützpunkte geben Sie Ihrem Kind Zeit, sich an neue Orte zu gewöhnen. Es hat die Chance, Dinge zu erkunden und sich sicher zu fühlen. Es wird besser schlafen und mehr Energie haben, um mit dem Neuen klarzukommen.

Sie können Ihren Stützpunkt auch erweitern, indem Sie Lebensmittel und Wasserflaschen kaufen und mitnehmen. Empfindliche Kinder reagieren auf neues Essen und anderes Wasser. Je vertrauter ihnen die Umgebung und das Essen sind, desto einfacher werden sie sich anpassen können.

Je jünger ein Kind ist, desto wichtiger ist ein solcher Stützpunkt. Mit der Zeit und vielen erfolgreich gemeisterten Situationen wird ein älteres Kind flexibler, und solche Stützpunkte werden weniger wichtig. Erfolg baut auf Erfolg auf. Schon bald wird aus der Zweijährigen, die sich nur schwer umstellte, eine erfahrene Neunjährige, die bereit ist, quer durchs Land zu reisen.

## Planen Sie Zeit für körperliche Bewegung ein

Sam ist ein sehr guter Schwimmer. Als seine Mutter ihn daher zu einer Konferenz mitnahm, erstellte sie einen Plan. Nach dem Flug und einer zweistündigen Autofahrt zu ihrem Ziel würde die erste Aktivität Schwimmen im Pool sein. Das war genau das, was beide nach der anstrengenden Reise zum Entspannen brauchten. Danach aßen sie eine Zwischenmahlzeit mit vertrauten gesunden

Sachen und machten sich dann zu dem abendlichen Empfang auf. Der sechsjährige Sam war der Star des Abends, ein perfekter Gentleman, das Schwimmen hatte seinen Körper mit beruhigenden Hormonen versorgt, und der gesunde Imbiss garantierte, dass er keinen Hunger hatte. Körperliche Betätigung beruhigt den Körper und erleichtert es, mit neuen Situationen umzugehen, mit Menschenansammlungen zurechtzukommen und geduldig zu warten. Berücksichtigen Sie tägliche Bewegung in den Zeitplänen Ihrer Familie. Davon werden alle profitieren.

## KOMMENDE ENTTÄUSCHUNGEN VORHERSEHEN

Lebhafte Kinder neigen dazu, sich während Feierlichkeiten und Ferien im Höhenflug zu befinden und anschließend abzustürzen. Sie können wirklich beides in Extremform durchleben. Seien Sie darauf vorbereitet. Verlangen Sie sich nicht zu viel ab, damit Sie noch genügend Energie haben, Ihrem Kind beim Übergang zurück zur normalen Routine zu helfen. Ältere Kinder können selbst planen. Die elfjährige Hazel sagte zu ihrer Mutter: »Ich liebe das Gefühl an Weihnachten, aber ich hasse das Gefühl danach. Dieses Geschenk hebe ich mir auf und öffne es erst, wenn ich mich mies fühle.« Und so machte sie es dann auch.

Feiertage, Festlichkeiten und Ferien verlangen mehr Planung, wenn Sie ein temperamentvolles Kind haben. Manchmal kann sich das nach harter Arbeit anfühlen. Aber wenn Sie Ihre Aufgabe gut erfüllt haben, sind diese Ereignisse mit einem temperamentvollen Kind voller besonderer Freuden. Sie werden durch die Begeisterung, den Eifer und den Überschwang dieser Kinder bereichert.

# 21

# Erfolg in der Schule

*»Ich wollte nicht, dass über ihn ›gesprochen‹ wird. Ich wollte, dass er geschätzt wird.«*

*Katie, zweifache Mutter*

Warum ist es gar nicht so einfach, temperamentvolle Kinder zur Schule zu schicken? Man könnte doch meinen, dass Sie dann ganz zufrieden sind – dankbar für die Verschnaufpause. Und vielleicht sind Sie das auch. Es ist eine Erleichterung, ein Meilenstein. Und doch werden Sie vielleicht merken, wie Tränen in Ihre Augen steigen und Ihren Blick verschleiern, wenn Ihr Sohn oder Ihre Tochter das erste Mal in den Schulbus steigt – allein – oder Ihre Hand loslässt und das Klassenzimmer der Vorschule betritt – und Sie zurücklässt. Ihr Kind allein gegen den Rest der Welt. Sie schlucken und hoffen, dass es von den Menschen, denen es begegnet, geschätzt werden wird, und dass über Ihr Kind nicht als komischer Vogel oder Störenfried gesprochen wird. Sie wissen es aber nicht, stehen da und beten, Ihr Kind möge erfolgreich sein, Freude an der Schule haben, Freunde finden und auf das Gesicht seines Lehrers eher ein Lächeln als ein Stirnrunzeln zaubern.

Lebhafte Kinder können in der Schule gut vorankommen. Man findet sie als Mitglieder des Blasorchesters, in Hauptrollen beim Schultheater, als Mitglieder der siegreichen Sportteams und in Lernprogrammen für Fortgeschrittene. Diese Kinder können in einer Montessori-Schule ebenso erfolgreich sein wie in einer örtlichen öffentlichen Schule, einer Konfessionsschule oder einer Privatschule. Art und Ort der Schule sind nicht wirklich wichtig. Wichtig ist, dass dort eine warmherzige, positive Atmosphäre herrscht, dass auf die Sichtweise der Kinder Rücksicht genommen wird, und es differenziertes Lernen und proaktives Verhaltensmanagement gibt. In einer Schule, die das bietet, können temperamentvolle Kinder aufblühen.

Temperamentvolle Kinder machen nur 15 bis 20 Prozent der Bevölkerung aus, daher kann es schwierig sein, die richtige Schule für sie zu finden. Sie brauchen ein Klassenzimmer mit einem bunten Zubehör für den Unterricht und einer individuellen Struktur, sonst wird sich das Kind immer unter Druck fühlen, sich einem Lernstil anpassen zu müssen, der ihm nicht entspricht. Kinder, die ständig dazu gezwungen sind, sich anzupassen, fühlen sich nie völlig wohl. Sie werden erschöpft und frustriert und können am Ende entweder ausrasten oder aufgeben. Manchmal erfolgen die Ausraster in der Schule, häufiger jedoch zu Hause, wo das Umfeld dafür sicher ist. Zum Glück brauchen lebhafte Kinder nicht das perfekte Klassenzimmer, das 100 Prozent der Zeit zu ihrem Naturell passt – es reicht, wenn dies zum großen Teil der Zeit der Fall ist. Wenn Kinder die meiste Zeit in dem von ihnen bevorzugten Stil lernen können, ist es kein großes Problem, gelegentlich in einem anderen Stil zu lernen. Wie also helfen Sie Ihrem temperamentvollen Kind, in der Schule Erfolg zu haben? Es gibt drei Schlüsselfaktoren: (1) ein gutes Klassenzimmer finden, (2) mit der Schule zusammenarbeiten und (3) Schritte unternehmen, um das Kind zu Hause zu unterstützen.

## DARAN ERKENNEN SIE EIN GUTES KLASSENZIMMER

Eines Tages während eines Workshops sagte ich zu der Gruppe: »Wenn Sie in einem Stadtgebiet leben, gibt es wahrscheinlich eine ganze Reihe von Schulen, die Ihr Kind besuchen kann. Wenn es nur eine einzige Schule gibt, hat diese wahrscheinlich mehrere Klassenzimmer für jede Jahrgangsstufe, von denen Sie sich eins aussuchen können. Und selbst wenn es nur wenig oder gar keine Auswahl gibt, ist es wichtig zu erkennen, ob sich Ihr Kind in einem guten Klassenzimmer befindet oder nicht.«

Ein lautes Seufzen erhob sich im Raum, als ich diese Mitteilung machte. Ich wandte mich Nicole zu, einer jungen alleinerziehenden Mutter.

»Worauf muss ich denn dabei achten?«, fragte sie. »Ich habe keinen Master in Pädagogik. Ich weiß nicht, woran ich einen guten Lehrplan erkenne. Ich bin nicht einmal sicher, ob ich weiß, was ein guter Lehrer ist.«

»Das ist ganz einfach«, antwortete ich, »weil Sie Ihr Kind kennen. Sie brauchen kein Pädagogikstudium, um eine gute Schule auszusuchen. Sie müssen lediglich in ein Klassenzimmer gehen und beobachten. Suchen sich dabei ein Kind aus, das Sie an Ihr eigenes erinnert, und schauen Sie, wie es ihm ergeht. Achten Sie dabei auf drei Schlüsselelemente: emotionale Unterstützung, erzieherische Unterstützung und Klassenmanagement. Ich gebe Ihnen eine Prüfliste, um Ihnen zu zeigen, was ich meine.«

### *Emotionale Unterstützung*

- **Freude:** Lehrer, Kinder, Teammitglieder und Eltern, die das Klassenzimmer besuchen, wirken zufrieden.
- **Ruhe:** Ihr »Bauch« entspannt sich in dem Moment, in dem Sie durch die Türe treten. Ihr Magen verkrampft sich nicht plötzlich, Ihre Nackenmuskeln spannen sich nicht an, Sie ziehen die Schultern nicht hoch und reißen die Augen nicht weit auf. Vielmehr sind Sie entspannt und fühlen sich angezogen. Sie wollen Teil dieses Klassenzimmers sein. Es meldet sich kein inneres Alarmsystem, das Ihnen sagt: »Flüchte, solange du noch kannst!«
- **Wertschätzung:** Bilder vom Familienleben, den Kulturen und Interessen der Kinder hängen an den Wänden, bringen Farbe in den Raum und übermitteln die klare Botschaft: »Hier sind alle willkommen.« Die Kinder werden namentlich angesprochen. Fragen über den neuen Welpen, das Baby oder die kranke Oma bestätigen schnell, dass die Erwachsenen diese Kinder wirklich kennen.
- **Respekt:** Es werden echte Gespräche geführt. Die Meinungen und Ideen der Kinder werden geschätzt. Wenn ein Kind bei der Beantwortung einer Frage des Lehrers das Thema verfehlt, erntet es dafür keine verächtliche Erklärung wie etwa: »Das ist doch gar nicht unser Thema!« Stattdessen gibt es Anerkennung und respektvolle Umlenkung: »Oh, du hattest noch eine ganz andere Idee, und ich werde gerne später mit dir darüber sprechen.«

### *Erzieherische Unterstützung*

- **Sachkundig:** Sie werden hören, wie Kinder munter rufen: »Herr Lehrer/Frau Lehrerin«, begierig darauf, ihre Entdeckungen zu teilen. Ihre Augen funkeln. Begeistert erzählen sie Ihnen, was sie lernen, was sie wissen, warum sie das lernen und inwiefern es wichtig für sie ist.

- **Lebendig:** Es gibt anregende Unterrichtsmaterialien, vielfältige Aktivitäten, und der Unterricht erfolgt visuell, verbal und physisch. Bewegung wird den ganzen Tag über in den Unterricht integriert. Es gibt viele Modelle und Demonstrationen. Die Kinder werden zu Kreativität animiert. Sie arbeiten in kleinen Gruppen oder einzeln. Egal ob Ihr Kind introvertiert oder extrovertiert ist, hier findet es das Richtige für sich.

***Atmosphäre im Klassenzimmer***

- **Sicher:** Die Erwartungen sind klar, einfach, gleichbleibend und sichtbar. Ein Erwachsener, der hinzukommt, wird als helfende Hand gesehen, nicht als Bedrohung. Die Kinder wissen, was angemessenes Benehmen ist, und wurden proaktiv in wirksamen Strategien zur Konfliktlösung unterrichtet. Es überrascht Sie nicht, wenn Sie hören, wie ein Kind von einem anderen verlangt: »Du musst teilen!« Aber deshalb bricht kein Krieg aus, sondern das andere Kind antwortet: »Na ja, das ist nur eine Möglichkeit. Warum tauschen wir nicht lieber?«
- **Organisiert:** Es gibt eine Routine in diesem Klassenzimmer, die unmissverständlich vermittelt wird.
- **Warmherzig:** Mut machende Umarmungen, sanfte Berührung und ein offenes Ohr werden als Gegenmittel zu Tränen und wütendem Geschrei eingesetzt. Es gibt kein Bloßstellen oder Gebrüll.
- **Bequem und gemütlich:** Die Atmosphäre des Klassenzimmers unterstützt Gesundheit und Wohlbefinden. Die Kinder rümpfen nicht die Nase, zwicken nicht die Augen zusammen oder zeigen andere Hinweise auf Unbehagen oder Irritation. Sie scheinen sich körperlich wohlzufühlen. Wenn Sie innehalten, um tief zu atmen und die Gerüche des Raums aufzunehmen oder sich auf Beleuchtung und Temperatur zu konzentrieren, fühlen Sie sich ebenfalls wohl.

Wenn Sie ein Klassenzimmer finden, das so aussieht, sich so anfühlt oder so klingt, haben Sie zweifellos ein großartiges Klassenzimmer gefunden.

»Ich schaue mir diese Woche eine Schule an«, antwortete Nicole. »Ich werde das ausprobieren.«

In der nächsten Woche war ich gespannt, über Nicoles Erfahrung zu hören, und den anderen in der Gruppe ging es ebenso.

»Es war fantastisch«, platzte sie heraus, noch bevor wir uns überhaupt hatten setzen können.

Ich habe mir zwei Klassenzimmer in einer Schule angeschaut. Was für ein Unterschied! In beiden Klassen fand ich ein Kind, das mich an meinen Sohn Marc erinnerte. Eines sah ihm sogar ähnlich, und beide hüpften gerne im Zimmer herum wie Marc. In der einen Klasse schien die Lehrerin sich sehr wohl damit zu fühlen, dass sich die Kinder im Raum zwischen den verschiedenen Tischen und Arbeitsgruppen hin und her bewegten. Alle waren in den Lernstoff vertieft und unterhielten sich darüber – dennoch waren alle sehr fokussiert. Die Lehrerin ging hin und her, war mit den Kindern zusammen in Bewegung, scherzte und lachte. Sie schien wirklich alle Kinder zu mögen. Ich hörte, wie sie den kleinen Jungen, den ich beobachtete, nach seinem neugeborenen Brüderchen fragte, und bei einem anderen Kind erkundigte sie sich, ob sein Papa noch immer in Japan sei. Ihre Aufrichtigkeit und ihr Interesse waren offensichtlich.

Nick, der kleine Junge, den ich beobachtete, hüpfte durchs Zimmer, um ihr eine Zeile mit dem Buchstaben A zu zeigen, die er geschrieben hatte. »Schau!«, rief er, »ich habe einen Apfel gemalt!« Sie merkte, dass er sich etwas aus einer früheren Lektion gemerkt hatte, ihr entging nichts. »Wow, das ist ja super! Du hast den Buchstaben A geschrieben.« Das A lang gedehnt sprechend, fuhr sie fort: »Aaaaapfel fängt tatsächlich mit einem A an.« Dann bot sie an: »Lass uns auf der Buchstabentabelle nachsehen, ob dein A zu dem Buchstaben dort passt.« Nick studierte voller Ernst die Tabelle auf der Suche nach einem passenden Buchstaben. Als er ihn schließlich gefunden hatte, hüpfte er vor Freude und deutete triumphierend darauf. Sie gab ihm einen High Five, und er lief davon, um weitere Male den Buchstaben A zu schreiben.

In einer Pause befragte ich die Lehrerin über Nick. Sie lächelte und sagte: »Er ist mein bester Botenläufer und hat sehr viel Humor.«

In der Gruppenzeit drängten sich alle, mit Ausnahme von zwei Kindern, eng um sie. Das eine lag am Rand der Gruppe auf dem Boden, ohne die Gruppe zu stören. Das andere Kind war mit einer technischen Spielerei beschäftigt und schaute alle paar Sekunden auf, wenn die Lehrerin eine Seite ihres Buches umblätterte. Es war offensichtlich, dass der kleine Junge zuhörte, und auch er störte die Gruppe nicht. Es gab keinerlei Tadel.

Dann jedoch überschritt er die Linie. Er versah sein Spielzeug mit einem »Motor« und hob die Stimme. Alle Köpfe wandten sich ihm zu. Die Lehrerin bedeutete ihm, er solle zu ihr kommen. Einen Arm um ihn gelegt, zog sie ihn zu sich und flüsterte ihm ins Ohr. Er konnte wählen, sich der Gruppe anzuschließen oder sich zu einer Auszeit zurückzuziehen. Er entschied sich dafür, sein Spielzeug wegzulegen und sich neben ihren Stuhl zu setzen. Sie las daraufhin weiter. Es gab kein Geschrei, keine Drohungen, kein Beschämen oder Schimpfen. Die Linien waren klar und wurden respektvoll und souverän bekräftigt.

Im zweiten Klassenzimmer suchte ich mir Alex zum Beobachten aus, auch ein Junge, der mich an Marc erinnerte. In dieser Klasse saßen die Kinder viel länger auf ihren Stühlen. Alex drehte und wendete sich und biss auf seinen Stift. Die Lehrerin sagte den Kindern, wenn sie ihre Buchstaben nicht so schreiben würden wie die

Beispiele, würden sie wieder in den Kindergarten zurückgeschickt werden. Ich glaube, sie meinte das scherzhaft, aber am Gesichtsausdruck von Alex konnte ich sehen, dass er es ernst nahm.

So wie Nicole können Sie eine Klasse erkennen, in die Ihr Kind passt. Sie spüren und sehen das, indem Sie einfach ein Kind in dieser Klasse beobachten, das Ähnlichkeit mit Ihrem eigenen Kind hat. Hören Sie zur Bestätigung auf die warmherzige Unterhaltung, die bestätigt, wie einfühlsam die Lehrerin ist. Genießen Sie die lebhaften Diskussionen der Kinder untereinander. Achten Sie auf das, was in der Pädagogik als Scaffolding bezeichnet wird, auf die Worte, die ein Kind behutsam auf die nächste Verständnisstufe stupsen oder zu einer komplexeren Art des Denkens hinführen. Glauben Sie dem, was Sie sehen, dem Lächeln, der fröhlichen Körpersprache und der stolzen Vorführung der Ergebnisse harter Arbeit und persönlichen Wachstums. Wenn ein Kind doch einmal zurechtgewiesen werden muss, hören Sie auf Ihr Bauchgefühl. Verkriecht es sich vor Scham oder wird klar, dass es einfach nur einen Fehler gemacht hat und weiterhin die volle Unterstützung seiner Lehrer hat und sich beim nächsten Mal besser entscheiden kann? Lassen Sie sich den Blick nicht durch den Ruf einer Schule oder durch die Meinungen anderer vernebeln und lassen Sie sich auch nicht von Ihrer Intuition abbringen. Eine Klasse, die für ein Kind großartig ist, kann für ein anderes Kind eine Katastrophe sein, weil beide anders veranlagt sind. Daher können Sie sich nicht auf die Empfehlungen Ihrer Nachbarin verlassen, insbesondere wenn Ihr Kind eine völlig andere Persönlichkeit hat als das Kind von nebenan. Sie müssen in die Klassen gehen und die Klasse finden, die zu Ihrem Kind passt.

Wenn es sich um eine Kita handelt, achten Sie darauf, ob die Kinder dort schlafen. Wenn Kinder dort einen Mittagsschlaf halten können, deutet dies auf eine positive emotionale Atmosphäre hin. Kinder müssen sich emotional sicher fühlen, um schlafen zu können. Und wenn Ihr Kind extrovertiert ist, achten Sie darauf, ob sich die Lehrer beklagen, wenn sich Kinder zu oft melden und zu viele Fragen stellen, oder ob diese Kinder als Schnelldenker angesehen werden, die Vertrauen in ihr Wissen haben.

Wenn sich Ihr Kind nur langsam umstellt, achten Sie auf Übergänge. Sehen Sie an der Tafel einen Tagesplan, damit jeder weiß, was er zu erwarten hat? Gibt es eine vorhersehbare Routine? Hören Sie Vorwarnungen, wenn ein Übergang bevorsteht? Wie viele Übergänge gibt es, und schafft ein Kind, das Ihrem Kind ähnelt, diese Übergänge reibungslos, oder kommt es ins Stolpern?

Wenn Ihr Kind intensiv ist, achten Sie sehr genau auf das emotionale Klima. Schauen Sie sich an, wie die Lehrer auf intensive Emotionen reagieren und welche Aktivitäten zur Verfügung stehen, um die Intensität aufzulösen. Ein Kind in der roten Zone erlebt kurzzeitig eine Abschaltung seines neuronalen Netzwerkes, wodurch seine Lernfähigkeit unterbrochen wird. Megan Gunnar von der University of Minnesota sagt dazu: »Wie Kinder sich fühlen, ist genauso wichtig wie die Frage, wie sie denken.«

Wenn Ihr Kind eine hohe Wahrnehmungsfähigkeit hat, achten Sie auf die Art der Anweisungen. Sind diese unmissverständlich und werden sie sowohl verbal als auch visuell vermittelt?

Wenn Ihr Kind energiegeladen ist, schauen Sie sich an, ob Bewegung in dieser Klasse eine Rolle spielt. Wissenschaftler haben festgestellt, dass sich die Aufmerksamkeitsspanne durch etwas Bewegung verlängert. Vor fünf Jahren begann das Programm ›Lesen und Radfahren‹ an der Grundschule Ward Elementary in North Carolina. Das Klassenzimmer wurde mit genügend Fahrradtrainern für eine komplette Klasse ausgestattet. Die Lehrer animierten die Schüler immer wieder, diese zu nutzen. Die Kinder, die

die längste Zeit auf den Fahrrädern verbrachten, erreichten 83 Prozent Lesekompetenz. Die Kinder, die am wenigsten Zeit auf den Fahrrädern verbrachten, hatten schlechte Punktzahlen – sie erreichten nur 41 Prozent Lesekompetenz. Es kommt auf die Bewegung an.

Ein hochsensibles Kind muss wissen, wo es zu Mittag essen wird. Wenn es keine Kantine in der Schule gibt und die Kinder an ihrem Schreibplatz essen, hat dieses Kind vielleicht zu kämpfen, den Nachmittag mit dem Geruch von Bananen und Thunfischsandwich zu überstehen.

Vergessen Sie auch ein introvertiertes Kind nicht, das ein Plätzchen braucht, wo es eine kleine Pause einlegen kann, um ein paar Minuten Ruhe zu genießen! Überprüfen Sie, wie die Merkmale, die für Ihr Kind wichtig sind, in diesem speziellen Klassenzimmer gehandhabt werden.

»Was mache ich, wenn ich die richtige Klasse gefunden habe?«, fragte Nicole. »Ich weiß, dass ich Marc in die Klasse von Frau Jensen geben möchte, die ich mir zuerst angeschaut habe, aber laut Schulpolitik können sich Eltern den Lehrer für Ihr Kind nicht aussuchen.«

»Die Schulen geben solche Richtlinien heraus, damit sich nicht fünfzig Eltern Frau Jensen wünschen und dann sauer werden, wenn nicht alle Kinder sie bekommen können«, erklärte ich. »Das ist eine Schutzmaßnahme.«

Tatsächlich wollen Schuldirektor und Lehrer mit Ihnen aber zusammenarbeiten. Sie wollen, dass Ihr Kind erfolgreich die Schule besucht. Es ist absolut in Ordnung und ratsam, dass Sie dem Schuldirektor einen Brief schreiben, in dem Sie die Merkmale Ihres Kindes und den Lehrertyp beschreiben, mit dem es Ihrer Meinung nach am erfolgreichsten sein könnte. Nicole könnte beispielsweise folgenden Brief schreiben:

*Sehr geehrter Herr Direktor,*

*mein Sohn Marc wird ab September Ihre Schule besuchen. Ich würde Ihnen gerne etwas über ihn erzählen. Er ist sehr energiegeladen und sportlich. Er spielt mit Begeisterung Fußball und Basketball. Er scheint am besten bei einer Lehrerin lernen zu können, die sich mit Aktivitäten in ihrem Klassenzimmer wohlfühlt und den Kindern viele Gelegenheiten gibt, sich zu bewegen. Er ist auch sehr empfindlich und reagiert am besten auf jemanden mit einer sanften Stimme. Laute Stimmen erschrecken ihn.*

*Ich habe kürzlich Ihre Schule besichtigt. Frau Jensen schien viele Eigenschaften zu haben, die gut zu Marc passen würden. Ich hoffe, dass Sie das bei der Zuteilung von Marc in eine Klasse berücksichtigen können. Sollte es nicht möglich sein, die Klasse von Frau Jensen zu besuchen, wäre ich dankbar, wenn Sie ihn zu einer Lehrerin/einem Lehrer mit einem ähnlichen Unterrichtsstil geben könnten.*

*Vielen Dank. Sollten Sie Fragen an mich haben, erreichen Sie mich telefonisch oder per E-Mail unter …*

Die meisten Schuldirektoren werden Ihre Bitte nach Möglichkeit berücksichtigen. Sie wollen, dass sich Ihr Kind wohlfühlt, und werden Ihre Informationen beachten. Schreiben Sie Ihren Brief im Frühjahr, solange der Direktor die Zuteilung noch flexibel handhaben kann. Je später im Sommer Ihr Brief ankommt, desto schwieriger wird es, Ihr Kind in einer bestimmten Klasse unterzubringen. Fassen Sie sich in Ihrem Brief kurz, bringen Sie Ihr Anliegen auf den Punkt. Teilen Sie dem Direktor den für Ihr Kind wichtigsten Faktor mit. Lassen Sie ihm aber auch die Möglichkeit offen, eine andere Wahl zu treffen. Vertrauen Sie darauf, dass er sein Team gut kennt. Vielleicht wird er, nachdem er Ihren Brief gelesen oder Ihr Kind gesehen hat, feststellen, dass eine andere Lehrerin/ein anderer Lehrer noch besser zu Ihrem Kind passt. Vielleicht weiß er auch ein paar Dinge über Frau Jensen, die Sie bei Ihrem ersten Besuch nicht bemerkt haben. Arbeiten Sie im Team und glauben Sie daran, dass Sie sich beide bemühen, die beste Lösung für Ihr Kind zu finden.

Wenn Sie sich vor Schulbeginn die Zeit nehmen, eine gute Klasse für Ihr Kind zu finden, haben Sie viele potenzielle Probleme abgeschwächt. Sie werden eine Umgebung gefunden haben, die für Ihr Kind förderlich sein könnte. Sie werden Vertrauen haben, und damit wird auch Ihr Kind Vertrauen haben. Vertrauen versetzt uns in die grüne Zone ruhiger Energie, bereit zum Lernen.

## ENGAGIEREN SIE SICH IN DER SCHULE

Jahrelange Studien zeigen übereinstimmend, dass Kinder, deren Eltern sich in ihre Schule und im Unterricht einbringen, erfolgreicher sind als Kinder, deren Eltern sich nicht einbringen. Nutzen Sie jede Gelegenheit, um in der Schule Ihres Kindes mitzumachen. Das kann aufgrund anderer Verpflichtungen natürlich nur in begrenztem Umfang möglich sein, aber nehmen Sie so oft es geht an Besprechungen, offenen Schulhaus-Veranstaltungen und Vorführungen teil. Übernehmen Sie ehrenamtliche Arbeiten in der Klasse oder bei einem Ausflug. Je mehr sie sich in der Schule Ihres Kindes engagieren, desto wahrscheinlicher werden Sie eine gute Kommunikation mit der Schule entwickeln. Ein paar Stunden, die Sie bei einem Schulpicknick oder einer sonstigen zwanglosen Veranstaltung verbringen, bei der Sie mit dem Schuldirektor sprechen oder andere Kinder der Klasse mit ihren Eltern kennenlernen, können dafür sorgen, dass manche Probleme erst gar nicht auftreten. Gibt es doch Probleme, zahlen sich diese freundlichen Unterhaltungen beim Schulpicknick vielleicht aus und ermöglichen es, die Probleme schneller und freundlicher zu lösen.

## TEILEN SIE INFORMATIONEN

»Soll ich die Lehrer warnen?«, scherzte Ben. »Aber im Ernst, was sollte ich Cassidys Lehrern sagen? Soll ich lieber den Mund halten und sie es selbst herausfinden lassen, oder soll ich ihnen erzählen, wie er zu Hause ist? Ich will nicht, dass sie voreingenommen sind, aber ich will natürlich nach Möglichkeit auch helfen.«

Sie müssen die Lehrerin Ihres Kindes nicht warnen, sollten sie aber vielleicht informieren. Am ersten Schultag begegnet sie ihrer Klasse, einer Gruppe von Kindern, die ihr zugeteilt wurden. Sie muss schnell lernen, was an jedem einzelnen Kind speziell und einmalig ist. Sie können ihr mit ein paar Informationen helfen. Bedenken Sie dabei, was wir in Kapitel 2 über Etiketten besprochen haben. Verwenden Sie Begriffe, die die Stärken Ihres Kindes hervorheben und seine Schwächen minimieren.

»Ach, dann habe ich es ja richtig gemacht«, warf Katie ein. »In der Schule, die Ethan besucht, gab es einen Vormittag, an dem die Eltern mit ihren Kindern kommen konnten. Als ich an diesem Tag mit seiner Lehrerin sprach, erwähnte ich einfach, wie er ist. Ich erzählte ihr, der Schulstart könnte vielleicht schwierig für ihn werden. Ich bat sie, es mich wissen zu lassen, wenn ich an irgendetwas besonders mit ihm arbeiten sollte. Ich erfuhr auch, dass in der nächsten Woche ein ›Clown‹ die Kinder fotografieren würde. Ich sagte ihr, dass er Angst vor Clowns hat und vielleicht etwas Unterstützung brauchen würde. In der folgenden Woche rief ich sie an, um zu hören, wie es lief. Sie sagte, ich hätte recht gehabt, er mochte den Clown nicht, und da sie es wusste, hatten sie vorab ausgemacht, dass er direkt neben ihr stehen würde. Das tat er und war sehr stolz auf sich.«

»Ich informierte die Lehrerin darüber, dass Libby sehr introvertiert ist«, berichtete Lindsey. »Ich glaube, sie war erleichtert, als ich ihr erzählte, dass Libby oft am besten arbeiten kann, wenn sie ein Stückchen hinter einer Gruppe sitzt. Sie übt gerne erst in Gedanken, bevor sie mitmacht. Manchmal mag es so wirken, als würde sie nicht zuhören, aber sie nimmt alles auf!«

Durch eine Beschreibung der typischen Reaktionen Ihres Kindes und Hinweise darauf, mit welchen Methoden man gut mit ihm arbeiten kann, geben Sie der Lehrerin/dem Lehrer die Informationen, die diese(r) braucht, um erfolgreich zu sein. Wenn die Lehrer merken, dass Sie sie unterstützen und zum Lernerfolg Ihres Kindes beitragen wollen, haben alle einen guten Start.

## WENN ES EIN PROBLEM GIBT

»Ich bin es so leid«, seufzte Tara leise. »Ich bin es so leid, dass sich Karas Lehrer immer über sie beklagt. Was kann man tun, wenn man alles versucht hat, worüber wir gesprochen haben, und es dennoch nicht klappt? Kara hat inzwischen öfter in der Schule gefehlt, als am Unterricht teilgenommen. Sie war krank und anfangs dachten wir, sie hätte eine Grippe, aber ich weiß, dass es noch etwas anderes war. Wir glauben, sie hat Angst vor ihrem Lehrer. Sie hatte bisher noch nie einen Lehrer, und dieser brüllt ganz gerne. Er schreit nicht sie an, aber sie ist so empfindlich, dass sie schon bei dem Gedanken ängstlich wird, jemand könne wütend werden. Wir haben mit dem Lehrer gesprochen und ihm E-Mails geschickt, aber er scheint zu meinen, dass ich sie nur herausreden will. Ich schwöre Ihnen, sobald ich etwas sage, denkt er sich Erwiderungen aus, anstatt mir einmal zuzuhören. Wir haben uns auch an den Schuldirektor gewandt, aber der sagte lediglich: ›Sie wird im Leben öfter schwierigen Leuten begegnen und muss lernen, damit umzugehen.‹ Da ist ein Körnchen Wahrheit dran, aber mein kleines Mädchen leidet – das ist schlecht. Kann ich von einer ganzen Institution erwarten, dass sie sich wegen eines Kindes ändert?«

Tara litt wirklich, das spürten wir alle. Ihre hängenden Schultern zeigten den Kummer einer Mutter, das tiefe, herzzerreißende Gefühl, das einem den Magen zuschnürt und einen nach Luft schnappen lässt vor Angst, man könne sein Kind nicht beschützen, weil man nicht weiß, wie man ihm helfen kann.

»Manchmal wird Ihr Kind trotz bester Bemühungen Ihrerseits in der Schule mit Herausforderungen konfrontiert«, bestätigte ich ihr. »Um eine Lösung zu finden, werden Sie sich für Ihr Kind einsetzen müssen. Sie müssen Fragen stellen und die Antworten und die Unterstützung suchen, um Ihrem Kind zu helfen, dass es klarkommt. Es ist nicht einfach, so ein Fürsprecher zu sein. Es braucht viel Zeit, Energie und emotionale Ausdauer. Zeitweise werden Sie sich machtlos fühlen, das sind Sie aber nicht. Es gibt definitiv Dinge, die Sie zur Verbesserung der Situation unternehmen können.«

Ich wandte mich der Gruppe zu und sagte: »Überlegen Sie einmal. Was können Sie tun, um sich für Ihr Kind einzusetzen?«

»Man sollte nicht davon ausgehen, dass eine negative Erfahrung die nächste mit sich bringt«, antwortete Cal. »Letztes Jahr war es mir unmöglich, mit dem Direktor an der Schule meines Sohnes auf einen Nenner zu kommen. Ich versuchte es, aber es gelang nicht. Ich wurde schon auf das ganze System sauer, aber dann empfahl mir jemand, mit dem Vorgesetzten des Direktors zu sprechen. Das tat ich. Der Typ war großartig. Er gab mir schriftliche Informationen, sprach mit mir über das Problem und setzte sich mit dem Direktor und mir zusammen und half uns, das Problem zu lösen. Ich bin diesem Mann bis heute dankbar.«

Es tut uns weh, wenn unsere Kinder Probleme in der Schule haben. Es tut sehr weh. Es kann beschämend sein und uns an unsere eigenen schulischen Erfahrungen erinnern, als wir uns machtlos fühlten oder Kummer hatten. Solche Emotionen können Barrieren errichten, die alle in die Defensive treiben. Lehrer merken, wenn Eltern wütend sind, aber auch Lehrer sind nur Menschen. Sie haben vielleicht zu Hause und auch in der Schule Stress. Und sie haben fünfundzwanzig oder mehr Kinder, die sie jeden Tag unterrichten müssen. Wenn wir sie unbedacht angehen, empfinden sie unsere Forderungen vielleicht als überfordernd und weichen vor uns zurück. Sie sollten aber auch keinen Kurs in Selbstbehauptung absolvieren müssen, um mit dem Lehrer Ihres Kindes sprechen zu können. Mehr denn je müssen Sie mit dem Schulpersonal und sonstigen Personen Ihre guten Kommunikationsfertigkeiten nutzen.

Vereinbaren Sie einen Termin mit dem Lehrer Ihres Kindes. Durch ein Gespräch von Angesicht zu Angesicht lassen sich Probleme sehr viel wirksamer lösen als mit E-Mails. Wenn Sie wollen, dass Ihnen jemand zuhört, beginnen Sie damit, etwas zu finden, was der Lehrer geäußert hat und dem Sie zustimmen können, auch wenn Sie eine negative Aussage dafür in eine positive umkehren müssen. Wenn Karas Lehrer beispielsweise gesagt hat, sie sei zu emotional, könnte Tara sagen: »Wir finden zu Hause auch, dass sie sehr einfühlsam und fürsorglich ist.« Wenn Sie etwas gefunden haben, dem Sie zustimmen können, haben Sie für eine kooperative Atmosphäre gesorgt. Die Bereitschaft zum Zuhören ist dann größer.

Hören Sie dem Lehrer oder der Lehrerin Ihres Kindes aufmerksam zu und stellen Sie so gut Sie können Ihre eigenen Interessen zurück, während Sie versuchen, ihn/sie zu verstehen. Wenn er/sie eine Aussage macht, die Sie nicht verstehen, bitten Sie um eine Erklärung. Achten Sie auf Ihren Tonfall. Sprechen Sie in einem Tonfall, der dem Lehrer/der Lehrerin zeigt, dass Sie versuchen, ihn/sie zu verstehen und dies kein Verhör ist. Erzählt der Lehrer beispielsweise, dass Ihr Kind mit seiner Arbeit nicht fertig wird, fragen Sie: »Könnten Sie mir bitte ein aktuelles Beispiel nennen?« Bohren Sie nach, um zu erfahren, wann das Problem auftritt. An bestimmten Tagen, in jedem Fach oder nur bei Mathe-Arbeitsblättern? Falls es sich um ein problematisches Benehmen handelt, was ging diesem Problem voraus? Und vergessen Sie nicht, den Lehrer zu fragen, was Ihr Kind seiner Meinung nach in dieser Situation empfindet. Damit können Sie die Emotionen Ihres Kindes besser erkennen, die sein Benehmen vielleicht anheizen. Wenn der Lehrer bemerkt, Ihr Kind sei einfach dickköpfig oder faul, erinnern Sie sich an die in Kapitel 7 besprochenen Verhaltensmuster zum »Abschalten«, die zeigen, dass irgendetwas den Stress Ihres Kindes verursacht.

Wenn Sie nicht herausfinden können, welche Gefühle und Bedürfnisse dem Problem zugrunde liegen, schauen Sie sich die Merkmale seines Temperaments noch einmal an, um zu erkennen, wo die Problematik liegen könnte. Weint Ihr Kind zu Beginn des Schultags, weil es einen Übergang verkraften muss? Kämpft Ihr Kind beim Stehen in einer Reihe, weil es introvertiert ist und mehr Platz braucht? Wird es abgelenkt, weil es eine hohe Wahrnehmungsfähigkeit hat und neben dem Aquarium sitzt? Braucht es lange, um eine Aufgabe zu erledigen, weil es wegen seiner hohen Wahrnehmungsfähigkeit erst alle Details betrachtet, bevor es einen Anfang finden kann? Entdecken Sie, wo das wirkliche Problem liegt, dann können Sie Ihre gemeinsamen Interessen finden. Beziehen Sie Ihr Kind in die investigative Arbeit mit ein, indem Sie es fragen, was es beim Lernen denkt oder was es erlebt. Seine Antwort wird Sie vielleicht überraschen.

Gehen Sie, wenn Sie mit dem Lehrer sprechen, nicht davon aus, dass er mit den verschiedenen Temperamenten und Wesenszügen vertraut ist. Deren Erforschung wird im Lehrplan der Universität oft sehr kurz abgehandelt, sodass Sie möglicherweise Informationen haben, die der Lehrer gar nicht kennt. Geben Sie dem Lehrer dieses Buch. Sagen Sie ihm, dass diese Informationen für Sie sehr hilfreich waren. Es kann durchaus sein, dass der Lehrer nicht einmal daran gedacht hat, Verhaltensprobleme mit den Merkmalen des Temperaments in Verbindung zu bringen.

Lassen Sie zuerst den Lehrer zu Wort kommen, das beruhigt ihn und macht ihn offen dafür, anschließend auch Ihnen zuzuhören. Wiederholen Sie, was ihm wichtig ist, um sicherzugehen, es auch richtig verstanden zu haben. Diese Schritte zur Problemlösung sind dieselben wie die in Kapitel 9 besprochenen.

Sobald sie geklärt haben, was dem Lehrer wichtig ist, überlegen und erklären Sie, was Ihnen wichtig ist. Fokussieren Sie sich auf das, woran Sie besonderes Interesse haben, nicht auf Ihren Standpunkt. Tara könnte beispielsweise sagen: »Ich will, dass Kara sich in der Klasse wohlfühlt«, nicht: »Ich will, dass Kara in eine andere Klasse kommt!« Indem Sie sich auf Interessen fokussieren, vermeiden Sie Schuldzuweisungen. So werden Verteidigungsbarrieren abgebaut und der Weg für kreative Lösungen wird frei.

Diese Lösung kann bereits im Klassenzimmer erfolgen. Wenn Sie im Klassenzimmer waren, um bei etwas mitzumachen oder zuzuschauen, weisen Sie auf das hin, was der Lehrer bereits so macht, dass es für Ihr Kind passt. Hat Ihr Kind beispielsweise Probleme bekommen, weil es nicht still sitzen blieb, könnten Sie sagen: »Ich habe bemerkt, dass Dylan sich wirklich gut konzentrieren konnte, als er auf dem Boden liegen durfte.« Die besten Lösungen sind die Dinge, die der Lehrer bereits macht – er muss dann nur mehr davon anbieten. Die zweitbesten Lösungen sind Dinge, die der Lehrer bereits macht, die aber in einer anderen Reihenfolge wirksamer wären. Beispielsweise könnten Sie sagen: »Ich habe bemerkt, dass Dylan still saß, nachdem Sie nach der Hälfte der Gruppenzeit Freiübungen gemacht hatten. Wäre es vielleicht möglich, diese Freiübungen zu Beginn der Gruppenzeit zu machen?«

Wenn es in der Klasse einmal nicht gut läuft, überlegen Sie, welche Erfolge es in der Vergangenheit gab. Sie könnten sagen: »Letztes Jahr hat Dylan es geschafft, seine Aufgaben fertigzustellen, als

Frau Romero die Kinder in Arbeitsgruppen eingeteilt hat. Wäre es möglich, dass Sie diese Methode auch nutzen?« Oder: »Würde es Ihnen etwas ausmachen, mit Frau Romero darüber zu sprechen? Vielleicht hat sie hilfreiche Ideen.« Eine andere mögliche Lösungsquelle sind Ideen, die zu Hause funktionieren. Vergewissern Sie sich aber, dass diese auch für eine Gruppe geeignet sind.

Bedenken Sie beim Anbieten von Lösungen, dass auch Lehrer ihr eigenes Temperament haben. Sie können eine negative erste Reaktion haben, sich langsam umstellen oder leicht blockieren. Erzwingen Sie eine Lösung nicht. Bieten Sie Ihre Ideen an und stimmen Sie zu, später erneut darüber zu sprechen, nachdem Sie beide Zeit hatten, darüber nachzudenken.

Seien Sie sich auch Ihres eigenen Temperaments bewusst. Wenn Sie intensiv sind, bedenken Sie, dass Ihre eigene Intensität dazu führen kann, dass Sie nicht ruhig bleiben können. Nehmen Sie eine Freundin oder Ihren Mann mit, die ebenfalls sprechen und zuhören können, sodass Sie sich bei Bedarf aus dem Gespräch heraushalten und tief durchatmen können. Wenn Sie introvertiert sind und Zeit brauchen, um die Information zu verarbeiten, bitten Sie um ein erneutes Gespräch.

Es kann auch hilfreich sein, sich weitere Unterstützung zu holen. Bitten Sie den Direktor oder den Schulpsychologen, zu einem Gespräch mit Ihnen und dem Lehrer dazuzukommen. Wenn Sie eine Kinderbetreuung, Großeltern oder sonst jemanden haben, der Ihr Kind gut kennt, könnten diese Personen ebenfalls hilfreich sein.

Wenn Ihr Kind ein Problem hat, gehen Sie davon aus, eine Lösung zu finden. Die meisten Lehrer sind in ihrem Beruf sehr engagiert. Sie wollen, dass Ihr Kind in ihrer Klasse gut zurechtkommt. Seien Sie flexibel und kreativ in der Zusammenarbeit mit ihnen und vergessen Sie nicht, dass temperamentvolle Kinder nicht 100 Prozent der Zeit die perfekte Klasse brauchen, die zu Ihrem Temperament passt – nur zu einem Großteil der Zeit.

Drei Wochen später sah ich Tara wieder. Selbstsicher betrat sie das Zentrum. »Wir sind wieder in die Schule gegangen, wir waren bereit, Fürsprecher zu sein«, sagte sie, »wir wollten keine Schuld zuweisen.« Sie betonte diese Begriffe und drückte ihr Unbehagen damit aus, wobei sie dennoch feststellte, dass sie für sie hilfreich gewesen waren. »Ich versuchte herauszufinden, wie ich meine Sorgen erklären könnte«, sagte sie. »Ich saß im Schwimmunterricht dabei, und da wurde mir klar, dass wir die Kinder anfangs nicht ins tiefe Wasser lassen. Wir beginnen mit ihnen im flachen Wasser, wo sie sich sicher fühlen. Ich ging wieder zum Schuldirektor und stimmte ihm zu. Ich sagte: ›Sie haben recht, meine Tochter wird Menschen begegnen, mit denen sie nicht zurechtkommt.‹ Das gefiel ihm, dann sagte ich: ›Aber wissen Sie, wenn wir Kindern das Schwimmen beibringen, tauchen wir sie nicht unter Wasser, und ich denke, das gilt auch, wenn wir Kindern beibringen, mit anderen Leuten zurechtzukommen. Ich glaube, Kara ist mit dem Kopf unter Wasser und kurz vor dem Ertrinken.‹ Er hörte zu! Er rief den Lehrer dazu, und wir setzten uns. Gemeinsam beschlossen wir, Kara in eine andere Klasse zu geben, nicht weil er ein schlechter Lehrer war, sondern weil es für Kara in dieser Klasse nicht funktionierte. Es fühlte sich für alle richtig an und der Erfolg stellte sich sofort ein. Kara hat in den letzten zehn Tagen nicht einen Tag in der Schule gefehlt.«

Temperamentvolle Kinder können in der Schule erfolgreich sein. Eltern, Lehrer und Kinder, die ihr Temperament verstehen und wissen, wie sie gut damit umgehen können, können die Schule zu einer positiven Erfahrung werden lassen, die Spaß macht – zu einem Ort, an dem Individualität geschätzt wird und das Temperament aufblüht.

## UNTERSTÜTZEN SIE DEN SCHULERFOLG ZU HAUSE

VOR BEGINN DES SCHULJAHRS: Selbst wenn Sie nicht wählen können, welche Klasse oder welche Schule Ihr Kind besuchen wird, können Sie seinen Erfolg dennoch zu Hause planen. Sprechen Sie mit Ihrem Kind über die Schule. Wofür begeistert es sich? Was bereitet ihm Sorgen?

»Bei Mica, unserem Ältesten, fand ich eher durch Zufall heraus, dass er schreckliche Angst vor dem Schulbus hatte«, antwortete Crystal. »Ich hätte nie gedacht, dass das ein Problem sein könnte, aber für ihn war es das. Zum Glück war unsere Nachbarin die Busfahrerin, daher nahm sie Mica eines Tages mit und ließ ihn in einen Bus einsteigen.«

Wenn Ihr Kind mit dem Schulbus fahren wird, sorgen Sie dafür, dass es nicht erst an dem Tag, an dem es allein damit fahren muss, das erste Mal einen solchen Bus von innen sieht. Finden Sie heraus, wo die Busgarage ist und schauen Sie sich dort einen Schulbus an. Die Leute, die für einen Schulbezirk in der Transportabteilung arbeiten, nehmen ihren Job sehr ernst. Sie sind stolz auf ihre Arbeit und werden normalerweise überglücklich sein, Ihnen einen Bus zu zeigen.

Sie können sich auch bei Ihrer örtlichen Schulbehörde oder bei anderen Veranstaltern erkundigen, ob Exkursionen geplant sind, die die Fahrt in einem Schulbus beinhalten. Melden Sie sich dafür an, damit Ihr Kind seine erste Busfahrt mit Ihnen unternehmen kann, dem Menschen, dem es am meisten vertraut.

Wenn Ihr Kind zu Fuß zur Schule geht, üben Sie vor dem ersten Schultag den Schulweg und das Überqueren der Straßen mit ihm. Erkundigen Sie sich danach, wie das Absetzen der Kinder an der Schule gehandhabt wird. Viele Schulen bestehen darauf, dass die Kinder in der Nähe der Einfahrt zur Schule abgesetzt werden und allein ins Schulhaus gehen. Sollte dies der Fall sein, üben Sie das. Wählen Sie dafür einen ruhigen Morgen am Wochenende. Fahren Sie bis zu dem Punkt, an dem die Kinder aussteigen sollen, öffnen Sie die Tür und lassen Sie Ihr Kind aussteigen. Dann soll es so tun, als ob es in die Schule ginge. Übung macht den Meister.

»Die Frage, welche Lehrerin oder welchen Lehrer sie bekommen würde, trieb Sarah sehr um«, warf Brent ein, als unsere Diskussion weiterging. »Sie wollte auch wissen, wie das Klassenzimmer aussehen würde und wo die Toilette ist.«

Viele, aber nicht alle Schulen geben vor Schulbeginn bekannt, welches Kind welcher Klasse zugeteilt ist. Falls Ihre Schule dies nicht macht, rufen Sie etwa eine Woche vor dem ersten Schultag dort an und fragen Sie, welchen Lehrer Ihr Kind bekommen wird und welche Nummer sein Klassenzimmer hat. Sie können auch fragen, wann die Lehrer ihre Klassenzimmer vorbereiten werden. Gehen Sie dann mit Ihrem Kind in die Schule, besuchen Sie sein Klassenzimmer, schauen Sie sich gemeinsam an, wo die Toiletten sind, die Mensa, der Pausenhof, die Bücherei und die Turnhalle; Dieser entspannte und angenehme Besuch kann einem Kind, das sich langsam anpasst oder anfangs zurückhaltend reagiert, viel Stress abnehmen.

Ob es um das Busfahren geht, ob es darum geht, wer seine Mitschüler sein werden, welche Kleidung es tragen will oder dass es den Lehrer vorab kennenlernen kann – tun Sie alles dafür, dass Ihr Kind sich an seinem ersten Schultag wohlfühlt. Wenn der Stress für das Kind reduziert wird, steigt die Wahrscheinlichkeit, dass es einen guten Start ins Schulleben haben wird. Sie können sogar überlegen, für den gesamten September alle Verpflichtungen außer Haus zu streichen. Dann kann Ihr langsam anpassungsfähiges Kind seine gesamte Energie darauf fokussieren, sich in seiner neuen Klasse wohlzufühlen.

SCHICKEN SIE IHR KIND IN DER GRÜNEN ZONE ZUR SCHULE: »Ich hatte Braden etwas länger schlafen lassen«, erzählte Cody der Gruppe. »Er war spät ins Bett gegangen. Ich dachte, dann würde morgens alles reibungsloser laufen, aber dann waren wir sehr spät dran und mussten hetzen. Ich hatte seine Anziehsachen bereitgelegt, aber er war mit seiner Hausaufgabe noch nicht fertig – er hasst Hausaufgaben. Ehrlich gesagt, hasst er auch die Schule! Schließlich musste ich ihn zur Bushaltestelle zerren.«

Verbessern Sie die Chancen für den erfolgreichen Schulbesuch Ihres Kindes, indem Sie dafür sorgen, dass es körperlich fit ist. Der Psychologe Gahan Fallone von der Mercy Clinic Behavioral Health in Lark in Springfield, Missouri, sagt: »Wenn Eltern wollen, dass ihre Kinder gut in der Schule sind, ist es ebenso wichtig, sie rechtzeitig ins Bett zu bringen, wie sie rechtzeitig in die Schule zu bringen.« Das gilt für alle Kinder, ist bei temperamentvollen Kindern jedoch besonders wichtig.

Familienmahlzeiten sind ebenfalls entscheidend wichtig. Studien zeigen übereinstimmend, dass die Familienmahlzeit ein besserer Indikator für schulischen Erfolg ist als die Teilnahme am Sport- oder Kunstunterricht. Vermutlich beruhigt die zusätzliche Zeit mit Ihnen Ihr temperamentvolles Kind, und erhöht die Wahrscheinlichkeit, dass es gehaltvolles Essen zu sich nimmt und sich sein Wortschatz durch die Gespräche beim Essen verbessert. Erstellen Sie daher einen Familienplan, der eine regelmäßige Zubettgehzeit und vorhersehbare Mahlzeiten umfasst, und halten Sie diesen Plan dann ein!

Stehen Sie schließlich morgens Ihrem Kind emotional und physisch zur Verfügung. Das ist schwierig, weil Ihre Zeit auch von vielen anderen Dingen beansprucht wird, aber ein paar Minuten, die Sie sich komplett auf Ihr Kind konzentrieren, bewirken viel. Brenda stellte fest, wie wahr das ist.

»Ricky bekam jeden Morgen einen Wutanfall, weil er nicht in die Schule gehen wollte. Aber sobald er dort war, ging es ihm gut«, erzählte Brenda der Gruppe. »Mir fiel ein, dass er dieses Verhalten auch gezeigt hatte, als er anfing, in den Kindergarten zu gehen, das war aber nur an drei Tagen pro Woche für jeweils einen halben Tag und die Ausraster waren weniger explosiv. Seine Lehrerin äußerte die Vermutung, er bräuchte etwas Zeit zum Warmwerden und wir müssten ihn vielleicht beim Übergang in die erste Klasse etwas unterstützen. Ich fing an, mir mehr Zeit zu nehmen und ihm zu helfen, morgens fertig zu werden. Diese zusätzliche Unterstützung war anscheinend alles, was er brauchte. Nach etwa vier Wochen hörten die Wutanfälle auf.«

HEIMKOMMEN: Oft halten temperamentvolle Kinder in der Schule gut durch, geraten jedoch außer Rand und Band, wenn sie wieder nach Hause kommen. Selbst wenn die Schule gut für Ihr Kind passt, ist es harte Arbeit, mit den vielen Reizen, dem Umgang mit Gleichaltrigen, dem Befolgen von Regeln und dem Konzentrieren auf den Unterricht zurechtzukommen. Zu dem Zeitpunkt, an dem Sie Ihr Kind wiedersehen, ist es wahrscheinlich erschöpft, und da Sie sein emotionaler Hafen sind, fällt alles von ihm ab. Sie können vorhersehen, dass dieser Übergang schwierig wird, und können planen, damit dieser besser gelingt.

Sprechen Sie mit Ihrem Kind. Helfen Sie ihm zu verstehen, dass es nach der Schule ausgelaugt ist und dass dies in Ordnung ist, dass es jedoch nicht akzeptabel ist, wenn es dann schlägt, tritt, schreit oder grob wird. Schmieden Sie stattdessen gemeinsam einen Plan, um diesen Übergang leichter zu machen. Fragen Sie Ihr Kind, was es braucht, damit es ihm nach der Schule besser geht. Möchte es eine kleine Mahlzeit? Braucht es jemanden zum Reden oder Spielen oder wäre es lieber eine Weile für sich alleine? Will es aktiv sein oder seine Ruhe haben? Hat es gerne eine Geräuschkulisse oder Ruhe? Braucht es Platz? Braucht es Wahlmöglichkeiten? Würde es nach der Schule gerne einer Aktivität nachgehen oder lieber nach Hause gehen? Ist es ihm lieber, seine Hausaufgaben sofort zu erledigen, oder braucht es erst einmal eine Pause? Verwenden Sie die Tabelle der Temperamentsmerkmale, um über jedes Wesensmerkmal nachzudenken und zu überlegen, wie Ihr Kind am besten wieder in die grüne Zone zurückkommen kann.

Erstellen Sie anschließend gemeinsam einen visuellen Plan für die Zeit nach der Schule. Extrovertierte Kinder werden in ihren Plan vielleicht aufnehmen wollen, etwas zu essen, zu reden, aktiv zu spielen, mit einer Wecker-App darauf hingewiesen zu werden, wann es Zeit ist, damit aufzuhören, die Hausaufgaben zu erledigen und wann es Abendessen gibt. Es gibt keine richtigen oder falschen Pläne. Erstellen Sie einfach einen Plan, der für Sie und Ihr Kind passt, der den Ablauf vorhersehbar macht und Ihr Kind wieder in die grüne Zone zurückbringt.

HAUSAUFGABEN: »Aber wie bringe ich mein Kind dazu, seine Hausaufgaben zu erledigen?«, fragte Katie. »Imogene fängt immer an, mit hoher Stimme zu jammern und zu sagen: ›Es ist so schwer. Ich kann das nicht. Du musst mir helfen.‹ Ignoriere ich das? Sage ich ihr, sie soll aufhören? Ich bin es so leid, immer mit ihr aneinanderzugeraten.«

Ihr Kind muss ruhig sein, um seine Hausaufgaben machen zu können. Wenn es heult, sich auf dem Boden wälzt, wegläuft, sich weigert oder klagt, dass es nicht anfangen kann, zeigt es Ihnen, dass es in der roten Zone und nicht in der Lage ist, klar zu denken.

Daher ist ein Plan für die Zeit ab dem Heimkommen so hilfreich. Er bringt Ihr Kind wieder in die grüne Zone, bevor es mit den Hausaufgaben anfängt, und lässt keinen Raum für die Überraschung, wann diese zu erledigen sind. Sie können Ihrem Kind beibringen, innezuhalten und auf Folgendes zu achten. Sind seine Arme, Beine und seine Stimme ruhig? Atmet es langsam und tief? Das sind Anzeichen dafür, dass es in der grünen Zone ist. Ist das nicht der Fall, kann es tief atmen, kaltes Wasser trinken oder einen schönen Ort visualisieren.

Wichtig ist auch, die richtige Umgebung zu finden. Probieren Sie mit Ihrem Kind aus, was am besten passt. Kann es besser arbeiten, wenn es in Ihrer Nähe am Küchentisch sitzt, oder braucht es einen ruhigen Platz? Hilft ihm Hintergrundmusik, sich zu fokussieren, oder wird es davon abgelenkt? Sitzt es lieber auf einem Gymnastikball anstatt auf einem Stuhl, und sitzt oder steht es lieber?

Ist Ihr Kind ruhig und hat sich in einem passenden Arbeitsumfeld niedergelassen, helfen Sie ihm, die Aufgaben in kleine Schritte zu unterteilen. Stoppen Sie die Zeit, die es braucht, um eine Seite zu lesen oder ein Arbeitsblatt zu erledigen. Wenn es zehn Seiten zu lesen hat und für jede Seite drei Minuten braucht, dauert die gesamte Aufgabe etwa eine halbe Stunde. Will Ihr Kind lieber dreimal zehn Minuten lesen mit Pausen dazwischen oder die Aufgabe auf einmal erledigen? Ihr Kind kann wählen und entsprechend planen. Sie können gemeinsam beschließen, wie die Pausen aussehen sollen, ob Ihr Kind ein Glas Wasser bekommt, um den Tisch spaziert oder sich ein Lied anhört. Oder werden längere Pausen eingeplant, liest Ihr Kind beispielsweise nach der Schule zehn Minuten, am nächsten Morgen wieder zehn Minuten und die restlichen zehn Minuten am nächsten Tag?

Wenn mehrere Hausaufgaben zu erledigen sind, animieren Sie Ihr Kind, mit einer leichten Aufgabe zu beginnen. Ein schneller Erfolg hilft ihm, motiviert zu bleiben. Und wenn es einen langen Text zu schreiben hat, bringen Sie Ihrem Kind bei, nach einem halben Satz aufzuhören, dann ist es einfach, dort weiterzumachen.

Die Hausaufgaben müssen nicht zu täglichen Auseinandersetzungen führen. Wenn Sie sich die Zeit nehmen, den Erfolg Ihres

Kindes zu planen, helfen Sie ihm zu verstehen, was es braucht, um möglichst effizient arbeiten zu können und geschickt im Projektmanagement zu werden. Schon bald wird Ihr Kind dann für die Hausaufgaben nur noch wenig oder keine Hilfe mehr von Ihnen brauchen.

BOHREN SIE NACH: Das Temperament ist ein Schlüsselfaktor beim schulischen Erfolg und es ist wichtig, dieses zu erforschen. Es ist jedoch nicht der Kernpunkt jedes Problems. Wenn Ihr Kind in der Schule weiter zu kämpfen hat, kann dies an einem unausgeglichenen Naturell liegen, aber auch das Ergebnis von unterschiedlichem Lernniveau, einer schlechten Gesundheit oder vielen weiteren Faktoren sein.

Ben erzählte uns im Kurs: »Courtney hatte schwere Magenprobleme. Wir dachten, das komme vom Stress, aber die Schule nahm einige Änderungen für uns vor, und die Schmerzen hielten dennoch an. Schließlich wurde festgestellt, dass sie ein Nierenproblem hatte und operiert werden musste.«

Wenn Ihr Kind trotz aller Bemühungen weiter zu kämpfen hat, vereinbaren Sie eine vollständige körperliche und psychologische Untersuchung. Holen Sie alle benötigten Informationen ein, bevor Sie entscheiden, wie Sie weiter vorgehen wollen.

Prüfen Sie auch Ihren eigenen Stresspegel. »Wir gingen schließlich alle zur Familienberatung«, berichtete Rob. »Elizabeth war in der Schule außer Rand und Band, aber das eigentliche Problem war, dass es in der Beziehung zwischen meiner Frau und mir Probleme gab. Elizabeth griff unseren Stress auf und rastete in der Schule aus. Es hatte mit irgendwelchen Vorkommnissen in der Klasse überhaupt nichts zu tun.«

Bedenken Sie, dass temperamentvolle Kinder das emotionale Barometer Ihrer Familie sind. Wenn Sie innerhalb der familiären

Beziehungen großen Stress empfinden, müssen Sie vielleicht erst diesen Stress in Angriff nehmen, bevor Schulprobleme gelöst werden können.

Beziehen Sie den Beratungslehrer und einen Schulpsychologen mit ein. Sie können mit Ihrem Kind arbeiten, um ihm zu helfen, mit einer Scheidung, einem Todesfall oder anderen traumatischen Situationen umzugehen. Einige Schulen haben sogar Selbsthilfegruppen für Kinder, die sich wegen solcher Probleme schwertun.

Temperamentvolle Kinder können in der Schule erfolgreich sein. Wenn es in diesem Schuljahr nicht gelungen ist, geben Sie nicht auf und arbeiten Sie weiter an der Verbesserung der Schulsituation. Warten Sie nicht ab. Sie können Lösungen finden. Ich habe es gesehen. Das können Sie mir glauben.

# FÜNFTER TEIL

## Das Temperament genießen

# Epilog:
# Die Rose in meinem Garten

*»Und jedes Mal, wenn ich eine Rose in der Hand hielt,*
*Meinte ich, nur die Dornen zu spüren …«*

*Billy Joel*

Ich wünschte mir, Sie könnten nach der Lektüre dieses Buches sagen, dass Sie ab jetzt glücklich und zufrieden leben werden – ohne Schmerz, ohne Auseinandersetzungen, in perfekter Harmonie mit Ihrem temperamentvollen Kind. Ich war das ganze Buch über ehrlich zu Ihnen. Ich habe nur wirkliche Emotionen und erprobte Methoden mit Ihnen geteilt. Ich möchte Sie auch jetzt nicht belügen: Ich kann Ihnen nicht versprechen, dass es keine Auseinandersetzungen mehr geben wird. Es wird sie geben. Veränderungen brauchen Zeit. Der Aufbau einer Beziehung ist ein Vorgang, der sich über Jahre hinweg erstreckt, und jede Entwicklungsstufe bringt neue Herausforderungen mit sich, die Sie dazu zwingen, in immer wieder anderer Richtung flexibel zu sein, zu lernen und zu wachsen. Vergessen Sie nicht, unser Motto lautet: *Fortschritt, nicht Perfektion.*

Es wird auch weiterhin Tage geben, an denen Sie glauben, Zeit damit zu verschwenden, darauf zu warten, dass Ihr langsam anpassungsfähiges Kind sich umstellt. Tage, an denen Sie sich abmühen und keuchen und an den Zügeln ziehen, bereit weiterzuziehen, und sich von Ihrem Kind angekettet fühlen. An solchen Tagen lesen Sie am besten wieder dieses Buch. Nutzen Sie es als Freund, als Leitfaden von denen, die vor Ihnen auf diesem Weg gegangen sind. Wenn Sie den Inhalt erneut lesen, werden Sie Ideen finden, die nicht anwendbar schienen, als Ihr Kind vier Jahre alt war, die aber nun, da es vielleicht acht Jahre alt ist, äußerst wirksam sind. Übernehmen und nutzen Sie sie.

An den guten Tagen klopfen Sie sich selbst anerkennend auf die Schulter und sehen und schätzen Sie, was Sie bereits gut machen. Manchmal verbessert sich die Beziehung zu Ihrem temperamentvollen Kind einfach nur dadurch, dass Sie noch mehr von dem tun, was Sie bereits gut machen.

Fürchten Sie sich nicht vor der Intensität. Lassen Sie sich davon nicht einschüchtern. Intensität ist Leidenschaft, Eifer und Vitalität. Es stimmt, dass Sie an manchen Tagen davon fertiggemacht werden. Dann geben Sie Ihrem Kind ein Abschiedsküsschen, machen einen Spaziergang und gönnen sich eine Pause.

Wenn Sie etwas über Ihr temperamentvolles Kind lernen, lernen Sie zugleich auch etwas über sich selbst. Machen Sie sich bewusster, wie sie selbst durch Reize, Übergänge und neue Situationen beeinflusst werden. Machen Sie sich Ihr Energieniveau, Ihr eigenes Bedürfnis nach Routine, Ihre Freude an Veränderung bewusster.

Lieben Sie Ihr temperamentvolles Kind so, wie es ist. Lassen Sie sich von ihm zum Lachen bringen. Lassen Sie sich von Ihrem Kind mitteilen, wie es die Dinge um sich herum sieht, hört und erlebt. Erlauben Sie ihm, Ihr Leben zu bereichern. Da Ihr Kind mehr ist, wird es auch Sie zu *mehr* machen.

Temperamentvolle Kinder sind wie Rosen in meinem Garten. Sie brauchen mehr Aufmerksamkeit. Gießen Sie andere Blumen ein wenig, und sie werden wachsen. Nicht so die Rose – sie braucht eine besondere Behandlung. Sie muss geschnitten und in ihrem Wachstum angeleitet werden.

Andere Blumen können von einem Vorschulkind gepflückt oder herausgerissen werden und halten dennoch teilweise wochenlang in der Vase auf dem Esstisch. Wenn Sie hingegen eine Rose grob behandeln, welkt sie in Ihren Händen oder sticht Sie mit ihren Dornen und lässt Sie bluten.

Aber in meinem Garten gibt es keine andere Blume, die der Rose gleichkäme. Ihr kräftiger, wohlriechender Duft regt meine Sinne an. Ihre seidenweichen Blütenblätter streicheln meine Finger. Ihre leuchtende Blütenpracht berührt meine Seele. Temperamentvolle Kinder sind wie Rosen – sie brauchen eine besondere Pflege. Und manchmal müssen Sie die Dornen überwinden, um ihre Schönheit wirklich genießen zu können.

# Danksagung

Diese überarbeitete Auflage wäre ohne die Beiträge vieler Menschen nicht entstanden. Ich bin ihnen zu tiefstem Dank verpflichtet.

Ich danke allen Eltern, Lehrern und Kindern, die ihre Geschichten mit mir geteilt haben. Sie haben mich gebeten, ihre Namen nicht zu nennen und das werde ich auch nicht tun. Ich habe so viel von ihnen gelernt, ohne sie wäre dieses Buch nicht möglich gewesen.

Ich danke Lynn Jessen, meiner Freundin, Kollegin, der Direktorin des Paidea Child Development Center, einer außergewöhnlichen Emotionscoachin – sie hat mir so viel Wissen vermittelt!

Ich danke meiner Freundin und Kollegin Kim Cardwell, die jedes Wort, jedes Jammern und Klagen und jeden Moment des Hochgefühls mit mir erlebt hat, als ich die erste Ausgabe geschrieben habe.

Ich danke Heide Lange, meiner Agentin, die immer an mich und meine Arbeit glaubt.

Ich danke Janet Goldstein, der Lektorin der ersten Ausgabe von *Raising Your Spirited Child*, die mir auch dieses Mal die nötige Unterstützung gab, um diese Nachauflage zu vollenden.

Ich danke Nancy Peske, deren Fähigkeiten als Redakteurin und deren Sachkenntnis für die Fertigstellung dieses Projekts entscheidend waren.

Ich danke der Redakteurin Lyssa Keusch und der Redaktionsassistentin Rebecca Lucash, die dieses Projekt reibungslos durch den Veröffentlichungsprozess geleitet haben.

Ich danke der inzwischen verstorbenen JoAnne Ellison, die immer an mich geglaubt hat.

Dem gesamten Team von ECFE danke ich, insbesondere Marietta Rice, Jenna Ruble, Janey Whitt, LeeAnn McCarthy, Barbara Dopp, Shannon Dufresne, Beth Hersman, Leta Fox und Joan Kane, die mich, jede auf ihre Weise, von Anfang an unterstützt haben.

Ich danke Vicki Cronin, Freundin, Kollegin und Mutter der anderen überaus temperamentvollen Kinder, deretwegen dieses Buch geschrieben wurde – deine Erkenntnisse und Geschichten sind und bleiben unendlich wertvoll.

Ich danke der Autorin und Lehrerin Susan Perry, die mich beim Schreiben angeleitet hat.

Ich danke Kelsey K. Sather, meiner Lehrerin im kreativen Schreiben – Sie haben mich sehr inspiriert.

Ich danke meiner Freundin Joanne Burke, die immer auf der Suche nach neuem Wissen ist – du stellst die besten Fragen!

Ich danke der inzwischen verstorbenen Dr. Stella Chess, Begründerin der Longitudinal Temperament Research (Längsschnittforschung zu den verschiedenen Temperamenten), die meine Fragen liebenswürdig beantwortet und sich immer für meine Arbeit eingesetzt hat.

Ich danke meinen Schwiegereltern Joseph und Mary Kurcinka, die meine Bemühungen geduldig unterstützt haben.

Ich danke meinen Schwestern Barbara Majerus, Kathy Kurz, Helen Kennedy und Sue Nelson, die immer mein Fanclub waren.

Ich danke dem Team des Paidea Child Development Center: Ich habe so viel gelernt, während ich euren einfühlsamen und wohlwollenden Umgang mit den euch anvertrauten Kindern beobachtet habe.

Ich danke Norm Wallace, meinem Englischlehrer von der Highschool, der mir sagte, ich könne schreiben.

Vielen Dank an alle!

# Über die Autorin

**Mary Sheedy Kurcinka, Ed. D.,** ist eine international anerkannte Dozentin, die Eltern coacht. Geboren wurde sie in einem in der dritten Generation geführten Milchbetrieb in Minnesota und lebt heute mit ihrem Mann in Bozeman, Montana. Sie ist stolze Mutter eines Sohnes und einer Tochter – inzwischen beide erwachsen –, mit denen sie gerne Zeit verbringt. Mary, die ehemalige Leiterin eines der größten Bildungsprogramme in Minnesota für Familien, mit Schwerpunkt frühe Kindheit, ist die Gründerin der Workshops für temperamentvolle Kinder, Eltern und Machtkämpfe und Leiterin der Eltern-Kind-Hilfe. Sie ist die Autorin der Bestseller *Raising Your Spirited Child; Raising Your Spirited Child Workbook; Kids, Parents, and Power Struggles* und *Sleepless in America.*

376 Seiten
17,90 € (D) | 18,40 € (A)
ISBN 978-3-636-06246-8

Dr. Elaine N. Aron

**Sind Sie hochsensibel?**

Wie Sie Ihre Empfindsamkeit erkennen, verstehen und nutzen

Beeinträchtigen Lärm, Gerüche oder Stress Ihr Wohlbefinden? Haben Sie eine reiche Vorstellungskraft und lebendige Träume? Können Sie sich auf Ihre Intuition verlassen? Hochsensible Menschen nehmen sowohl äußere als auch innere Eindrücke stärker wahr als ihre Mitmenschen. Elaine N. Arons Buch gilt als Pionierwerk und gibt einen umfassenden Einblick in das Phänomen Hochsensibilität.

mvgverlag

488 Seiten
19,90 € (D) | 20,50 € (A)
ISBN 978-3-63606-356-4

Dr. Elaine N. Aron

**Das hochsensible Kind**

Wie Sie auf die besonderen Schwächen und Bedürfnisse Ihres Kindes eingehen

Reagiert ein Kind ängstlich auf laute Geräusche, unbekannte Menschen oder Änderungen im Tagesablauf, könnte es hochsensibel sein.
15 bis 20 Prozent aller Kinder sind auf diese besondere Art und Weise empfindsam. Und oftmals sind es gerade die klugen, kreativen Kinder. Bei manchen führt die gesteigerte Sensibilität aber auch zu Schüchternheit oder Konzentrationsschwierigkeiten. Elaine N. Aron gibt in diesem Standardwerk Eltern Hilfestellungen, wie sie die Hochsensibilität ihres Kindes erkennen und es seiner besonderen Empfindsamkeit gemäß fördern und begleiten können.

mvgverlag